NAPOLEÃO
Uma biografia política

STEVEN ENGLUND

NAPOLEÃO

Uma biografia política

Tradução:
Maria Luiza X. de A. Borges

ZAHAR

Para Lisa Drew

Título original:
Napoleon: A Political Life

Tradução autorizada da primeira edição norte-americana
publicada em 2004 por Scriber, um selo de
Simon & Schuster Inc., de Nova York, Estados Unidos

Jorge Zahar Editor Ltda.
rua Marquês de S. Vicente 99 – 1º andar
22451-041 – Rio de Janeiro, RJ
tel.: (21) 2529-4750 / fax: (21) 2529-4787
editora@zahar.com.br
www.zahar.com.br

Capa: Miriam Lerner
Ilustração da capa: Hippolyte Delaroche (s/d), Napoleão em seu gabinete
Copyright © Bridgeman Art Library
Projeto gráfico e diagramação: Victoria Rabello
Mapa e vinhetas: Andy Beltz

CIP-Brasil. Catalogação-na-fonte
Sindicato Nacional dos Editores de Livros, RJ.

Englund, Steven
E48n Napoleão: uma biografia política / Steven Englund; tradução, Maria Luiza X. de A. Borges. – Rio de Janeiro: Zahar, 2005.
il.

Tradução de: Napoleon: a political life
ISBN 978-85-7110-845-5

1. Napoleão I, Imperador da França, 1769-1821. 2. Imperadores – França – Biografia. 3. França – Política e governo, 1789-1815. I. Título.

CDD: 923.144
05-1135 CDU: 929NAPOLEÃO I

Sumário

LIVRO II
Le jour de gloire est arrivé

LIVRO III
Contre nous, de la tyrannie

LIVRO IV
L'Etendart sanglant est levé

"La Marseillaise"

(Hino nacional francês)

Allons enfants de la Patrie
Le jour de gloire est arrivé.
Contre nous, de la tyrannie,
L'Etendart sanglant est levé. [bis]
Entendez-vous, dans nos campagnes
Mugir ces féroces soldats?
Ils viennent jusque dans vos bras
Egorger vos fils, vos compagnes.
Aux armes, citoyens! Formez vos bataillons;
Marchons, marchons!
Qu'un sang impur abreuve à nos sillons.

Filhos da Pátria, marchemos*
O dia da glória chegou!
Contra nós, o estandarte ensangüentado
da tirania ergueu-se. [bis]
Ouvis nos campos rugir
esses ferozes soldados?
Vêm eles até vós
degolar vossos filhos e vossas mulheres!
Às armas, cidadãos! Formai os batalhões!
Marchemos, marchemos!
Nossa terra do sangue impuro se saciará!

---

* Trecho da tradução da *Marselhesa* exposta no *site* da Embaixada da França: http://www.ambafrance.org.br/. (N.T.)

O abismo nos contempla de volta.
Túmulo de Napoleão, Hôtel des Invalides, Paris
© Giraudon / Art Resource, NY

Frisson

Visite aquele chalé em Berchtesgaden, no sul da Baviera. Apesar do panorama bucólico, você não sentirá senão repugnância por seu mais famoso morador nazista. Vá à Praça Vermelha. É possível que a Revolução de Outubro lhe provoque alguma palpitação, mas sentirá apenas ódio do homem que a traiu, com a tirania assassina que exerceu sobre o império soviético de 1923 a 1953. Indo ao memorial ao estilo de mausoléu ao rei Luís XVI e à rainha Maria Antonieta erguido no 8º *arrondissement* de Paris, talvez sinta reverência por um passado rico, mas ele parecerá irrecuperavelmente distante e remoto. Quanto ao Panthéon Republicano dedicado aos "grandes homens" da França, o lugar o desapontará por seu vazio espiritual — é sem dúvida mais vazio que a igreja paroquial de Sainte-Geneviève cujo lugar ocupou.

Agora visite Les Invalides — complexo que reúne um hospital para veteranos, um museu do exército e uma grande igreja, na margem esquerda do Sena, em Paris. Ali jaz Napoleão Bonaparte, num sarcófago gigantesco, pousado sobre um alto pedestal que emerge das profundezas da igreja de Saint-Louis. O túmulo situa-se exatamente em baixo da cúpula grandiosa, de mais de 60m de altura. O visitante o contempla de cima, apoiado numa balaustrada de mármore.

Visitar Les Invalides é como visitar o Lincoln Memorial: em meio ao mármore fúnebre e ao espaço geométrico abafado, *há algo vivo*. Reverenciamos Lincoln, lamentamos não o ter conhecido ou ao menos ouvido, orgulhamo-nos por ser parte da república que o gerou, e, se nascemos ao norte da linha Mason-Dixon, de descender dos que lutaram por ele.

Quando visitamos *le tombeau de l'Empereur*, porém, há alguma coisa de diferente. Aqui, o abismo nos contempla de volta.

O sarcófago imperial é uma suntuosa laje de pórfiro — dura e cara rocha cristalina — avermelhada, esculpida como uma onda, uma forma recortada de um bloco contínuo: densa e pesada, congelada na pedra e não obstante a encapelar-se eternamente. A pedra tem uma cor-de-carne inesperada, quase chocante, não os costumeiros branco ou preto, o que a relegaria mais facilmente a um passado morto. É lívida e viva, da cor de um peito esfolado numa autópsia, a expor um coração cru, ainda pulsante. O túmulo é notavelmente moderno para a época em que foi construído, a década de 1850, completamente impessoal, nada pitoresco; não tem nenhuma história a contar ou simbolismo a comunicar. Não é nem mesmo caracteristicamente francês, mais parecendo o monolito de *2001* de Stanley Kubrick — imóvel e poderoso, consciente e vivo, domina o impressionante cenário eclesiástico e militar em que se encontra. Esquecemo-nos de que estamos numa igreja e num hospital, e, apesar da presença de todas as bandeiras de batalha, troféus que o guia Michelin nos avisou que veríamos, chegamos a esquecer que se trata de um estabelecimento militar.

Se a grande presença não está retratada, é porque o arquiteto do túmulo, Louis-Tullis Visconti (1791-1853), tinha perfeita consciência da insignificância da caracterização nesse caso. Diferentemente de historiadores e escritores, o arquiteto satisfez-se em evocar, sem tentar descrever ou (menos ainda) explicar, e nesse aspecto logrou seu intento com uma força nietzschiana: o poder, a vontade, a ameaça, a emoção estão todos aqui. Pois como descrever ou explicar esse homem, embora isso tenha sido incessantemente tentado — e vá ser tentado mais uma vez nas páginas deste livro? Como caracterizar Napoleão? Como Hitler? Como Prometeu? Ambas as analogias, e até o próprio Jesus Cristo, foram invocadas, mas o homem que jaz nessa tumba está muito distante de qualquer deles. Melhor seria, talvez, dizer que Napoleão é um personagem, como Hamlet; e, como Hamlet, um enigma — repleto de contradições, sublime e vulgar. Somos impelidos em direções opostas.

Em contraste com o Lincoln Memorial, esse túmulo não desperta nenhum pesar ou dor. O visitante não sente a garganta embargada pela emoção, nem o coração arrebatado por grandes ambições. O que sente é o espírito perturbado mas inteiramente alerta, em reação ao que se esconde lá em baixo — igualmente ameaçador e palpitante, com qualidades esfíngicas de bem e mal e de mistério. Acima de tudo, o que se faz presente ali é o senso aterrorizante da *possibilidade* humana, o que é diferente de esperança. O assombro desse túmulo transforma-se num corcel que nos transportará para um futuro desconhecido, ainda que ele só valha cem dias.

> A França não é capaz de pensar nele sem tremer, e em seu tremor, por mais que isso a incomode, tem medo dele, medo da saudade que ainda sente dele.
>
> ANDRÉ SUARÈS*

* "De Napoléon", *Cahiers de la Quinzaine* (1912). Suarès foi um escritor francês que viveu boa parte de dois séculos (1868-1948). Seus ensaios e outras obras, marcados por certo misticismo e o culto da criação artística, merecem mais que o descaso de que hoje são objeto.

LIVRO I

Allons enfants de la Patrie

I

Napoleone di Buonaparte

A glória de um homem não lhe advém do passado, começa com ele. A fonte do Nilo só é conhecida por um punhado de etíopes, mas quem desconhece sua foz?
CHATEAUBRIAND

A ilha destronada: a Córsega no século XVIII

Que há, no mundo todo, de tão nu,
tão abrupto quanto esta rocha?
SÊNECA, NO EXÍLIO

Na verdade, são muito poucas as coisas que precisamos saber sobre a Córsega da infância de Napoleão. Quando ele a deixou às pressas no verão de 1793, foi para sempre, nunca tendo olhado para trás — na verdade, no final da vida qualificou a Córsega de "ruinosa para a França" —, pelo que os nacionalistas corsos nunca o perdoaram. Apesar disso, tons corsos banham toda a sua pessoa e sua vida, assim como a famosa *idée fixe* dá forma à totalidade da *Symphonie fantastique* de Hector Berlioz, e, se vamos tentar conhecer Napoleão, devemos tentar tanger essas cordas.

No século XVIII (e ainda hoje), a Córsega certamente não era lugar para medrosos ou indecisos; apavorava os anêmicos, horrorizava os indolentes, e deixava os ambivalentes, bem, inseguros. A *île de Corse* exigia do visitante certa tolerância ao desconforto inabitual em paragens européias ao norte do paralelo 35. Ajudava se ele fosse versado em contrastes, um colecionador de paisagens e idéias, um amante de emoções fortes e de algum perigo, um admirador de paisagens com uma vegetação inóspita, quilômetros de estradas estreitas e esburacadas pontuadas por curvas fechadas, demarcadas por íngremes rochedos calcários. O emaranhado do maqui recuava apenas provisória e desafiadoramente ante o intruso humano. Partes da Suíça tinham a mesma intratabilidade, quietude e beleza da Córsega, a mesma impressionante mistura de céu, terra e água elementares; mas faltava-lhes o fogo.

O fogo corso ardia no século XVIII como arde no XXI. Não se paga entrada para desfrutar da vista soberana da Rocha do Leão em Roccapina, o único preço a pagar é o medo da morte que nos invade quando lá chegamos. Essa escultura natural, ali desde os tempos neolíticos, é fustigada, centenas de metros abaixo, pela rebentação de um Mediterrâneo cobalto; o sol poente pode incandescer tão intensamente que, por um instante, o vemos como uma estrela morrendo, e essa rocha, como o Armagedom. O visitante demora-se um pouco; não irá embora calmo e confiante, mas pensativo e grato por estar vivo. Em suma, não imaginará prontamente a mão branca e aristocrata de um Edward Gibbon pegando da pena a uma mesa numa *villa* revestida de estuque caiado, sobranceira ao porto de Bonifacio, para dali contemplar com equanimidade os conflitos hiperbólicos do Império Romano declinante. Não, no tempo de Sêneca, como sempre desde então, a Córsega não promete nenhuma equanimidade. O próprio Rousseau, o grande caçador dos bons selvagens, pensou muito em se mudar para lá, mas não teve coragem. Tente Lausanne, senhor Gibbon.

A Córsega sempre impressionou o forasteiro muito mais do que se deixou impressionar por ele. A ilha faz lembrar a observação de C.S. Forester sobre o contratorpedeiro: "Sua missão era dar, não receber." Assim foi com a Córsega. As pessoas dali oriundas que tiveram grande impacto nas sociedades "mães" de Gênova, da Inglaterra e sobretudo da França, agora em seu 236º ano de possessão, destacam-se na maior parte das línguas cultas. Um francês sorriria, é claro, se você lhe pedisse para "citar um corso que afetou profundamente a França", mas, mesmo que você se apressasse a acrescentar "isto é, outro que não *aquele*", ele ainda poderia desfiar nomes: Paoli, Pozzo di Borgo, Sebastiani, Piétri, Pasqua — todos eles políticos. Com algum esforço, conseguiria lembrar alguns nomes nas artes (o filósofo J.T. Desanti; os cantores Tino Rossi e César Vezzani; a bailarina Pietragalla), mas o saldo é claro: o principal produto que a Córsega exportou para a França não foi azeite, vinho, nem castanhas; foram políticos, entre os quais uma vasta multidão de funcionários públicos graduados, quase sempre com nítido viés autoritário. Por outro lado, peça a um corso, instruído ou não, que mencione um francês (ou mesmo um italiano) que tenha influenciado sua ilha de maneira duradoura, que tenha sido conhecido e estimado ali tal como os nomes acima afetaram a França e foram por ela recebidos — decerto ele fará um longo silêncio. Por fim, talvez responda "De Gaulle", ou, se for sincero, "Pétain". Uma lista curta para 236 anos.

Repetidamente conquistada e colonizada desde os tempos clássicos, a partir de meados do século XVI a Córsega esteve sob permanente domínio de Gênova. A cidade-Estado republicana na costa oeste da Itália controlou as finanças da ilha, fundou algumas cidades costeiras (inclusive Ajaccio) e ergueu ali aquelas torres características que lhe dão um curioso quê histórico; apesar disso, de modo geral os genoveses não tiveram grande influência sobre a Córsega ou seus habitantes. No fim das contas, a história da ilha foi sempre a mesma: ela pertence essencialmente a ela própria. As inúmeras rebeliões que ali se fizeram nunca tiveram um desfecho feliz; terminaram em derrota, prisão, execução e exílio. No século XVIII os corsos tentaram de novo: uma rebelião em 1729 desdobrou-se em revolução — a primeira, dizem eles, das "revoluções democráticas" que deram ao século a sua fama nos tempos modernos. Um olhar mais atento perceberia que o papel principal continuava cabendo ao tradicionalismo religioso, a clãs antagônicos e a poderes oligárquicos que posavam de liberais, mas que seja. As décadas seguintes foram de guerra contínua até que, em 1755, os corsos conseguiram adotar um governo e eleger um chefe: Pasquale Paoli, 30 anos, filho de um líder da revolução de 1729.[1]

Esse nome foi muito mais conhecido em seu tempo do que é no nosso, salvo na Córsega e em certa cidade no leste da Pensilvânia. Nascido em 1725, Paoli passou grande parte de sua vida exilado em Nápoles. Morreria na Inglaterra em 1807, mas sua história nesse ínterim é sob muitos aspectos nossa, pois a ebulição política e intelectual que criou provou-se o berço do homem — também corso, e na juventude um patriota — cujo nome eclipsaria por completo o seu, tal como na Macedônia, um outro lugar pedregoso, o de Alexandre eclipsou o de Filipe. Talvez tão bem-dotado intelectualmente quanto Napoleão, Paoli recebeu uma educação clássica no reino das Duas Sicílias. Como Napoleão, deleitou-se com Plutarco, o biógrafo grego do século I que celebrou para sempre, em suas *Vidas paralelas*, as grandes figuras da Antigüidade clássica. Mas Paoli fez melhor por seus contemporâneos: emulou conscientemente a altivez e a abnegação olímpicas dos "nobres gregos e romanos". Parecia heróico até a seus adversários.

Em novembro de 1755, Paoli proclamou um Estado independente, o que franceses e genoveses, perturbados pela guerra dos Sete Anos, toleraram. Durante os 13 anos de sua luminosa existência (1755-68), "a nação da Córsega" ou "o reino da Córsega" (não se qualificava uma "república", pois era assim que se denominavam os odiados genoveses) levou adiante sua experiência de autogoverno. Este foi conduzido com benevolência, mas com mão firme, pelo "general da nação", Paoli. A grande maioria camponesa dos 140.000 habitantes da ilha chamava-o *Babbù* ("pai" em corso) e muito provavelmente achavam suas idéias impenetráveis, mas gostavam de seu timão forte. Ele *haveria*, declarou, de impor um governo àquele povo rixento, dado ao assassinato, à dissensão, à disputa, mas haveria também de ensiná-lo a governar a si mesmo. O escritor anglo-escocês James Boswell, que esteve na ilha em 1765, rendeu-se aos encantos austeros de *Babbù*. Nessa altura, Paoli havia fundado uma tipografia, um jornal e uma universidade em Corte, a capital — todos, gestos surpreendentes de fé e investimento democrático num país tão pobre e atrasado, mas que a Paoli não pareciam luxos. Boswell fez uma observação verdadeira ao escrever sobre ele: "Sua grande meta era formar os corsos de tal maneira que pudessem ter uma Constituição firme e se tornassem capazes de subsistir sem ele. Nosso Estado, ele disse, é jovem e ainda precisa de rédeas. Meu desejo é que os corsos aprendam a se conduzir por si mesmos."

Isso era novo. Os corsos haviam conhecido a rebelião, mas a revolução de Paoli envolvia a educação política programada de uma sociedade, o início da formação de cidadãos. O reino insular e seu líder despertaram, por conseguinte, grande interesse à opinião esclarecida da Europa e da América do Norte, de Voltaire a Benjamin Franklin. Em *O contrato social*, sua obra-prima política, Jean-Jacques Rousseau observa: "Tenho a impressão de que um dia essa pequena ilha assombrará a Europa", e chegou a dedicar um opúsculo ao projeto de uma Constituição para o pequeno Estado. Graças à maneira singular como misturava o progressista com o ditatorial, bem como à sua irrepreensível moralidade pessoal e total dedicação ao bem comum, Paoli deu à Córsega um dos governos mais originais na Europa e o status de celebridade como uma nação muito admirada. Na verdade, deu margem a alguns resmungos por seu estilo cesariano de governo, mas acabou sendo visto sobretudo como uma figura saída de Plutarco, um genuíno astro do Iluminismo, e, de fato, da história da Europa desde então.[2]

O que impressiona o leitor de hoje é o paradoxo entre, por um lado, a paisagem e o povo corso, a vitalidade física e o primitivismo bruto e, por outro, sua manifesta promessa como uma experiência social avançada. Para Boswell, esse contraste pareceu inteligível e óbvio, mas afinal o escritor, com seus 25 anos, mal passava de um adolescente numa era iluminada que tinha ela mesma todos os atributos da adolescência: ardente, impetuosa, insensata, frívola, curiosa, capaz de escalar picos de otimismo e sentimentos elevados, descambando ao mesmo tempo na verbosidade, na malícia e no egocentrismo não temperados pelo autoconhecimento.

Embora os pensadores do Iluminismo francês louvassem a iniciativa corsa, e muitos cortesãos em Versalhes se sentissem profundamente impressionados com a coragem e a nobreza de Paoli, o rei Luís XV, por razões de Estado, aliou-se aos genoveses contra a república corsa. Tinha plena consciência da posição estratégica que ela ocupava no Mediterrâneo e da importância de conservá-la longe de mãos inglesas. Os genoveses, de sua parte, estavam inteiramente convencidos da verdade do velho provérbio: "Os corsos não valem a corda necessária para enforcá-los." Acabaram se cansando dos gastos com o policiamento da ilha e entregaram seu governo à França. Uma força expedicionária francesa vastamente superior infligiu uma derrota arrasadora ao pequenino "exército" corso num vale remoto e árido no nordeste da ilha, num local chamado Ponte Nuovo. Dumouriez, um oficial francês que lá se encontrava, comentou com um suspiro: "Os corsos amavam a liberdade; chegamos para conquistá-los; prepararam armadilhas para nós; estavam certos."[3] Com infinita tristeza, no dia 13 de junho de 1769, Paoli embarcou numa fragata britânica para retornar ao exílio que lhe era tão familiar.

Essa luta pouco conhecida pode ser vista em perspectiva histórica como o ensaio do conflito imensamente maior que irrompeu em 1789, e o Estado paolista pode ser visto como um momento da história européia, não apenas da história corsa.

Os Buonaparte de Ajaccio

Pouco antes do confronto final em Ponte Nuovo, um homem com pronunciado talento retórico fez um discurso perante a "Corta", ou assembléia nacional, corsa. A peroração — um apelo à coragem e à união — teria certamente comovido Boswell (ou o jovem Patrick Henry), para não falar de muitos na corte francesa, tivessem eles ouvido falar dela: "Se estiver escrito no livro do destino que o maior monarca da Terra deve medir forças em batalha com o menor povo da Terra, temos então razão para nos orgulhar, e haveremos por certo de viver e morrer em glória, [pois] ... lutamos como homens sem nenhuma esperança e não obstante decididos a vencer ou morrer."[4] Em Santa Helena, Napoleão ficaria tão comovido com esse discurso, que dizia ter conhecido a vida toda, que produziu um parágrafo de igual beleza e muito maior poder de persuasão: "Se para ser livre bastasse desejar a liberdade, todos seriam livres. Mas a história mostra que poucos recebem os benefícios da liberdade porque poucos têm a energia, a coragem ou a virtude que ela requer."[5]

A lenda da família Bonaparte sempre sustentou que o discurso original perante a Corta foi pronunciado por ninguém senão Carlo Buonaparte, quando tinha 22 anos. Hoje parece mais provável que tenha sido proferido por Paoli. O inegável é que Carlo, um jovem encantador, competente e bonito, aproximara-se rapidamente de Paoli e tornara-se um de seus colaboradores de confiança, talvez seu secretário. Após a queda do "reino da Córsega", porém, pairaram ameaças sobre a reputação de Carlo Buonaparte, quando ele aceitou a transição para o domínio francês com "chocante" rapidez aos olhos de muitos. Por exemplo, dois meses apenas depois da batalha de Ponte Nuovo, Carlo jantou com o brutal comandante militar francês da ocupação. Isso, de par com sua conhecida ambição, levou a alguns a duvidarem de sua sinceridade patriótica básica e a apresentarem a vida árdua e curta (1746-85) do pai de Napoleão como típica do arrivista social, não do revolucionário político. É inegável que Carlo foi um clássico patrício provinciano de punhos puídos, descendente de uma longa linhagem de tipos semelhantes, que sempre se casavam com moças de família ligeiramente mais bem-sucedida socialmente. Foi um homem que, depois de conhecer Paoli, teve poucos pensamentos, os poucos passos que deu tendo sido para obter alguma coisa para si e para sua família (termos que, a olhos corsos, eram redundantes). Mas isso não significa que fosse incapaz de reconhecer ou de ser profundamente afetado por coisa inteiramente diversa, mesmo muito tempo depois de ela ter acabado. Ao ressaltar o papel que desempenhou quando jovem no movimento paolista — e quatro anos não é um tempo assim tão curto — damos uma ênfase diferente à vida de Carlo e lhe conferimos outra dignidade.

Além de político, Paoli era um moralista e um professor carismático, famoso pelo impacto que exerceu sobre pessoas muito mais velhas e astutas que Carlo. A decisão inicial de Carlo de se tornar um *paolisto* pode ter tido seu lado interesseiro, mas, se teve, permaneceu oculto. Sem dúvida a própria família conservadora do rapaz e seus contraparentes, os Ramolino, viram seu mergulho na política revolucionária mais como arriscada do que proveitosa. Se logo se conformaram, deve ter sido graças, em parte, ao efeito combinado da sinceridade de seu filho (genro), do patriotismo deles mesmos e do prestígio internacional de *Babbù*. Além disso, lembremos: Carlo foi leal a Paoli até o fim sangrento do "reino" em Ponte Nuovo, onde ele próprio esteve presente — algo que muitos *paolisti* não tiveram coragem de fazer. O discurso da Corta — quem quer que o tenha pronunciado — não foi um mero exercício acadêmico; foi um ato de palavra numa guerra colonial, um golpe desferido em prol de uma causa democrática cujo tempo chegara. Eventos futuros na América do Norte e na França durante a geração seguinte iriam ilustrar implacavelmente o impacto histórico de jovens com diferentes graus de sinceridade e a idéia da mudança na cabeça.

Duas coisas são inegáveis: o regime de Paoli afetou profundamente a geração de corsos nascida na década de 1740 e esses efeitos foram transmitidos a seus filhos. Na verdade, a luz do sol paolista poderia ter brilhado menos sobre a geração de Napoleão, *se* a Revolução Francesa não tivesse levado o próprio Paoli de volta para a Córsega. O *Babbù* armara seu intrépido e simples povo com novos conceitos e um novo vocabulário e os conduzira ao palco da história. Uma vez ali, eles iniciaram o processo de tornar-se um povo, não mais apenas uma população. A Córsega passara a ser mais que um último refúgio para gente da cepa de um Carlo Buonaparte; doravante a antiga *patria* devia ser vista como uma nação, no sentido moderno e democrático do termo.

Sem a revolução corsa, da qual foi o produto genuíno, Carlo Buonaparte teria passado a vida como gerações de seus ancestrais: cuidando de modestos negócios e propriedades da família. Na realidade, não demorou a retornar a essa tarefa, mas como um homem diferente. Graças a Paoli, fora, por algum tempo, um cidadão da nova ordem secular, por cuja causa estivera pronto a morrer em Ponte Nuovo. Em troca de sua audácia e coragem, recebeu uma educação *política* e desenvolveu uma abordagem *política* da sociedade. "Meu desejo é que os corsos aprendam a se conduzir por si mesmos", dissera Paoli a Boswell, e temos todas as razões para pensar que Carlo Buonaparte foi um dos muitos *paolisti* que assimilaram a concepção essencialmente política de que a vida social é, e deveria ser, feita por "cidadãos" e "patriotas" agindo como membros da "nação" e em seu favor. Carlo nunca se esqueceu daqueles anos; eles foram o que os gregos antigos chamavam o tempo do *kairos* — do êxtase, do significado. Nunca cessou de mitificá-los, embelezando o papel que neles coubera a si mesmo e à sua mulher, Letizia, aos olhos dos filhos — que por sua vez trataram de embelezá-lo ainda mais, e com razão. Esses foram os grandes anos de Carlo. Sua tragédia pessoal seria, como Napoleão compreendeu, não ter vivido para participar da revolução imensamente maior, mas semelhante, que varreria a França e a Europa após 1789. Carlo teve uma vida acanhada e grandes sonhos. A maior parte de seus anos, após 1769, foi gasta inegavelmente na longa marcha forçada da labuta social e econômica. Ainda assim, enfatizar isso é supervalorizar o implacável correr de *chronos*, o tempo medido pelo relógio, e deixar escapar o que houve de especial. O *kairos* de Carlo foi o tempo que ele passou com Paoli.

A vida de Carlo foi também prenhe de um outro tipo de sentido, não menos expressivo: sua mulher, Letizia (nascida Ramolino), estava em estado adiantado de gravidez quando Paoli embarcou no *Rachel* rumo à Inglaterra. Dois meses depois ela deu à luz seu segundo filho, a quem batizaram de Napoleone em homenagem a um tio do pai. O menino nasceu, como o irmão José, no alvorecer. Tal como José, e como os irmãos e irmãs ainda por nascer, Napoleone seria um apaixonado pela "nação" e a "igualdade perante a lei" e teria gosto pelo "político" — isto é, a perspectiva de ser atuante na arena pública parecia-lhe natural e desejável.

Os Buonaparte[6] moravam em Ajaccio, cidade então com 4.000 habitantes; sua casa ficava na rua São Carlos, perto da catedral de Notre-Dame, do século XVI. Os franceses haviam transferido a capital de Corte para Bastia, a maior cidade da ilha, com 5.000 habitantes. Quando Carlo se viu sem seu emprego de secretário revolucionário e orador em meio expediente, era pai de dois filhos: José, nascido em janeiro do ano anterior (1768), seis meses antes que Gênova cedesse a Córsega aos franceses; e Napoleão, nascido em 15 de agosto de 1769, cidadão francês por nascimento. A eles se seguiriam Luciano (1775), Elisa (1777), Luís (1778), Paulina (1780), Carolina (1782) e Jerônimo (1784). Um casal atraente, Carlo e Letizia não tinham um casamento decidido no céu. Carlo amara uma outra mulher, de parcos recursos, e sua família se opusera firmemente a seu casamento com ela. Foi sob a pressão dos parentes que ele foi levado a uma aliança com os abastados, ainda que longe de ser ricos, Ramolino. Sobre os sentimentos de Letizia, que tinha apenas 15 anos quando se casou, nada sabemos, a não ser que não teriam tido nenhuma importância na Córsega do século XVIII. Carlo era um bom partido (tinha boas chances de herdar todo o patrimônio dos Buonaparte um dia); era o que bastava.

Por razões de peso, no entanto, não houve casamento no religioso. Ao contrário do que reza a lenda e do que seus filhos acreditavam, os Buonaparte não foram à catedral no dia 1º de junho de 1764 para se unir pelo sacramento do matrimônio. Ao que parece, ressentido por ter sido forçado a trocar a mulher amada por uma por quem nada sentia, Carlo recusou-se à hipocrisia das bodas planejadas na catedral. A união civil seria suficiente, embora, para salvar as aparências, a família (provavelmente na pessoa do tio Lucciano, um arquidiácono) tenha alterado o registro eclesiástico para dar a impressão de que fora rezada uma missa nupcial. Esse deslize nunca pesou sobre Carlo; exceção entre os corsos, ele era um homem inteiramente secularizado, tendo uma atitude voltairiana em relação à religião e à Igreja.

Pouco depois de seu casamento, Carlo cometeu a única transgressão grave de sua vida. Deixando a mulher grávida,[7] partiu de repente para a Itália, pretensamente para continuar seus estudos, mas de fato para passar vários meses bancando o dândi esbanjador. Isso terminou quando ele se uniu aos *paolisti*. Por pouco essa estroinice juvenil, somada a uma tendência posterior a certo esbanjamento com roupas, viagens e bons jantares, quando a oportunidade aparecia — o que às vezes o deixava sem um tostão ou endividado com parentes —, não arruinou a reputação de Carlo, inclusive aos olhos de seus filhos, e injustamente. Ao contrário do que reza o mito, a família estava longe da pobreza, ainda que sua liquidez fosse baixa. Tanto os Buonaparte como os Ramolino eram de respeitável cepa do norte da Itália cujos antepassados mercenários haviam se estabelecido em Ajaccio não muito tempo depois da fundação do porto, em 1492, e, se nenhuma das duas famílias desfrutava da ilustre genealogia de que se gabava, ambas viviam confortavelmente. Os esforços de Carlo, sob a administração francesa, para provar a condição nobre da família deram resultado e ele conseguiu tirar considerável proveito disso. Em suma, se os Buonaparte eram arraia-miúda se comparados aos ricos da ilha, as janelas de sua espaçosa casa de três pavimentos ostentavam metafóricas cortinas de renda.

Na verdade, havia um elo estreito entre Carlo e Letizia: a intensa insatisfação dos dois com sua posição social e a insistência e constância com que se empenharam em melhorá-la. Era a ambição, não *l'amour*, que os unia. Letizia apoiou Carlo desde o instante em que ele se ligou a Paoli, e continuou a apoiá-lo no curso da longa década e meia que se seguiu à derrota do chefe — anos que Carlo Buonaparte e a esposa devotaram-se inteiramente ao projeto de melhorar a condição da família. Com a mesma energia com que servira ao *Babbù*, ele empreendeu tarefas nada românticas requeridas para a promoção social: conseguir um emprego público para si, obter um certificado de nobreza, arrancar algum lucro de um olival, obter um subsídio governamental para um projeto de drenagem, disputar judicialmente uma casa com um vizinho, ganhar um cargo no governo local etc. Morreu aos 39 anos, com a saúde arruinada, e quem pode garantir que sua labuta nesses vinhedos não contribuíram para isso? Certa vez, em carta a um amigo, ele escreveu que sua vida daria um romance; a verdade, porém, é que sua vida conteve apenas as primeiras e promissoras páginas de um romance. Depois de Ponte Nuovo sua história tornou-se abruptamente prosaica.

Servir ou não servir aos suseranos franceses não era exatamente uma questão existencial que atormentasse a maioria dos corsos, nem mesmo a muitos *paolisti* devotados. Afinal de contas, os franceses dominavam, e os corsos tinham uma longa história de se haver com conquistadores. Jogador por temperamento, sedutor por personalidade e bajulador em estilo, Carlo conseguiu ser apresentado ao bem mais velho Marbeuf, o governador militar francês da Córsega. Este acabou por gostar de Carlo e apreciar seus conselhos e informações sobre como governar aqueles irritadiços, desconfiados e vingativos corsos. Mas se Marbeuf se afeiçoou a Carlo, tudo indica que se afeiçoou ainda mais a Letizia. Dorothy Carrington faz uma séria defesa da velha e polêmica tese, sustentada durante dois séculos por adversários de Napoleão, segundo a qual, no início da década de 1770, Madame Buonaparte iniciou um caso de uma década de duração com o intendente, homem quase três vezes mais velho que ela.[8] Já se afirmou até, talvez levando as coisas longe demais, que Marbeuf era o pai de Luís, futuro rei da Holanda e pai de Napoleão III. Na verdade, os indícios realmente sugerem que Carlo ficou absolutamente desvanecido com o prestígio e os benefícios proporcionados à família pela relação do casal com Marbeuf. Nas palavras de Carrington, "a primeira grande chance de sua vida",[9] e sem dúvida a segunda — de um tipo diferente, mais familiar —, foi a associação com Marbeuf.

A infância de Napoleão

Nasci quando a pátria
estava morrendo.

No exílio de Santa Helena, a Córsega retornou. Napoleão falava interminavelmente, e com detalhes afetuosos, sobre sua infância. Isso gera uma imagem estranhamente modesta e atraente de nosso tema, mas não deveríamos investigá-la muito a fundo, pois se a história é uma peça que pregamos nos mortos, a espécie de autobiografia que Napoleão estava tentando fabricar em Santa Helena é a mais fraudulenta. O testemunho de Santa Helena serve mais para nos revelar o estado de espírito de Napoleão na última ilha de sua vida do que para nos fornecer alguma informação segura sobre seus primeiros anos na primeira ilha de sua vida. Como tantas vezes ocorre com figuras históricas de séculos anteriores ao nosso, temos poucos dados idoneamente comprovados sobre os primeiros anos de Napoleão.

Mas esta declaração — "Nasci quando a pátria estava morrendo" — merece ser lembrada. Escrita numa carta a Paoli em 1789, ela lança luz sobre a disposição de espírito que esse filho de um *paolisto* manteve durante toda a vida. A frase continua: "Trinta mil franceses vomitados em nossas costas, mergulhando o trono da liberdade em mares de sangue: foi essa a visão odiosa que meus olhos primeiro depararam." Apesar da dureza dessa retórica, o importante aqui não é o sentimento antifrancês, mas a paixão difusa que lhe é subjacente. Napoleão herdou claramente a predileção de Carlo pelo "político", como evidencia sua invocação aparentemente neutra da "pátria", pois a palavra não deve ser confundida com a *terra* nem com o *povo* da Córsega. Nem uma nem outro estavam morrendo sob os ataques dos franceses, apesar do elevado número de baixas em Ponte Nuovo. O que os franceses haviam destruído era "o reino da Córsega" — isto é, o experimento político republicano de Paoli, destruição que foi bem simbolizada pela medida de fechar a Universidade de Corte. A significação extremamente emocional do regime Camelot de *Babbù*, encerrada no coração de todos os *paolisti*, não deve fechar nossos olhos para o quanto havia nele de construto *político*. Napoleão em Santa Helena, percorrendo com o olhar o arco de sua vida, assinalou instintivamente que ela teve uma origem política, não apenas patriótica, na *patrie*.

Os primeiros anos de Napoleão na Córsega foram tudo menos romanticamente tempestuosos. Não havia lugar para famílias nucleares na Córsega. O menino Napoleão foi parte de uma família numerosa, extensa e "funcional" que incluía até seu tio-avô Lucciano, que morava na casa ao lado. Eclesiástico graduado (era arquidiácono) que servia na catedral, Lucciano era uma figura muito conhecida em Ajaccio; na família, desempenhava papel relevante, embora controverso. Pró-genovês e antifrancês convicto, o velho Lucciano tinha sua cota de discussões com o sobrinho Carlo, porém, por mais irascível ou avarento que fosse, ninguém podia ser mais confiável, e sua presença constante foi um elemento importante na vida de Napoleão. Vez por outra, eram seus empréstimos e doações — para não mencionar a herança que deixou ao morrer em 1791 — que permitiam à família se safar de apuros.

Em geral, no entanto, Napoleão estava cercado por mulheres — Minana (avó materna), Saveria (avó paterna), Geltrude (irmã do pai), e sua babá, Camilla Ilari. As poucas que sobreviveram até o Império foram amplamente contempladas com a generosidade do imperador em recompensa pela infância feliz que sempre, sem hesitação, afirmou ter gozado. De fato, como recompensa pelos anos que passou tentando abrandar o mau gênio do pequeno Napoleão, a extremosa Camilla Ilari teria um dia a honra de uma audiência privada de uma hora e meia com Sua Santidade o papa Pio VII, durante a qual o Sumo Pontífice da Igreja Católica nada fez senão crivá-la de perguntas, curiosíssimo de saber "como ele era quando criança".[10]

O centro do mundo emocional do menino Napoleão era a mãe, embora ele, talvez como a maioria dos meninos, tivesse talvez preferido que fosse o pai. Não haveria de ser. Sem dúvida as duas convicções que davam sentido à vida de Carlo — sua politização por Paoli e sua busca de promoção social — marcaram seus filhos, como o fizeram os valores intelectuais e culturais do homem.

Os filhos cresceram na presença de uma biblioteca de mil volumes (entre os quais, é claro, um exemplar do *Account of Corsica*, de Boswell), o que só pode ter representado enorme despesa e luxo — de fato, uma espécie de investimento *paolisto*. Napoleão, José e Luciano desenvolveram o gosto da leitura na infância e o conservaram a vida toda. O romancista Stendhal aventou que o jovem Napoleão devia estar exposto a conversas patrióticas inflamadas entre os ex-*paolisti* reunidos *chez* Carlo.[11]

Carlo foi também o pai indulgente e de bom gênio que esperaríamos que fosse, embora, quando visto a partir das memórias dos filhos, torne-se uma presença um tanto fraca na família se comparado à mulher. Volta e meia o patriarca passava um bom tempo fora de casa — viajava para Bastia, para sessões da assembléia corsa, onde representava a nobreza de Ajaccio, ou para a França, para tratar de negócios da família. Os julgamentos que mais tarde Napoleão emitiu sobre Carlo, embora não de todo depreciativos, tendem à aspereza (p.ex., ele "gostava demais do prazer"), o que nos faz pensar que o filho nutriu algum ressentimento ou desapontamento permanente em relação ao pai. Apesar disso, uma profunda cumplicidade — de maturidade política e de impulso para o reconhecimento — uniu basicamente pai e filho, e Napoleão nunca se esqueceu disso. Em dezembro de 1804, na catedral de Notre-Dame, depois de coroar a si mesmo e à sua mulher Imperador e Imperatriz dos Franceses e de ser abençoado pelo Sumo Pontífice da Igreja Católica, que nunca fora a Paris para evento semelhante, logo depois de se levantar Napoleão se inclinou para José e sussurrou: "*Si babbù ci vidi!*" (Se papai pudesse nos ver agora!)

A ausência física e talvez psicológica de Carlo deixava Letizia no comando da família — um arranjo muito corso. Ela era uma mulher formidável: jovem, bonita e vigorosa, de uma absoluta franqueza, carinhosa sem ser indulgente; seus filhos a amavam mas também a temiam. Como o expressou seu segundo filho (que era também seu favorito): "Sua ternura era severa ... Ali estava a cabeça de um homem no corpo de uma mulher." Um grande elogio da parte de um garoto corso à mãe, mas Napoleão reconheceu que devia seu sucesso à formação de caráter que recebera de Letizia — em particular à sua ênfase no trabalho e no padecimento sem queixas. Nenhum dos outros filhos de Letizia assimilou suas lições de autodisciplina tão bem quanto Napoleão. Como expressou a inimitável Carrington, ele "foi sua obra-prima, modelada em nove anos de afetuosa intimidade entre a orgulhosa, entusiástica e bonita jovem mãe e seu intrépido filhinho".[12]

Os irmãos haveriam de desempenhar papéis importantes na vida de Napoleão, mas só mais tarde. No palco da sua infância, apenas José teve um lugar, porque Luciano, Elisa e Luís ainda eram bebês em 1778, quando os dois mais velhos partiram para a escola; quanto a Paulina, Carolina e Jerônimo, nem tinham nascido. Ao que tudo indica, José foi uma criança feliz, de temperamento plácido, até sereno, em marcado contraste com o do irmão. Para o menino Napoleão, os adjetivos costumam ser distribuídos em duas categorias: por um lado, "turbulento", "combativo", "nervoso" e "desatento" (sobretudo à sua aparência; as meias estavam sempre caindo sobre os sapatos); por outro, "inteligente", "sagaz", "dotado para matemática", "autoconfiante" e "obstinado". Mas, deveríamos acrescentar, Napoleão era também afetuoso e propenso a sentimentos de culpa, um menino que tendia a ver com bons olhos os que o acolhiam bem. Em seu pequeno corpo alojava-se uma grande inteligência e uma vontade ainda maior, que, se o tornavam teimoso e voluntarioso, também o faziam atraente e fascinante. Embora José fosse 18 meses mais velho e sempre fisicamente maior, Napoleão exercia completa ascendência sobre ele (obrigando-o, por exemplo, a fazer seu dever de casa). Por outro lado, e este não é um aspecto desprezível, a maneira como os dois lidavam com as coisas os tornava extremamente próximos, quase como gêmeos podem ser. Na maturidade, o imperador comentaria que "amava muito poucas pessoas"; uma delas era José.

À falta de material para pintar um retrato completo do jovem Napoleão, deveríamos nos abster de especular se o jovem possuía qualquer dos traços que foram atribuídos ao adulto em sua forma extrema. Como criança, Napoleão destacou-se na família por seus talentos intelectuais e caráter obstinado, mas não era manifestamente genial, nem megalomaníaco, nem neurótico. Não vejo no menino conflitos ou uma neurose muito arraigada que expliquem ou mesmo lancem muita luz sobre seu comportamento posterior. Não havia ali um homem psicologicamente vacilante, nem um caso fascinante de psicopatologia infantil. Napoleão era acima de tudo, penso eu, um menino muito confiante, corajoso e agitado a quem, provavelmente, era fácil amar — e achar exasperador.

As carreiras de José e Napoleão foram escolhidas com base em suas personalidades: a Igreja para José; o exército para Napoleão. Ele já deixara claro que era isso mesmo que queria — quando garotinho, brincava de soldado, vestia-se de soldado, fazia amizade com os homens da guarnição próxima e comia pão preto com eles. José tinha menos certeza de sua vocação, mas uma carreira eclesiástica parecia boa escolha, já que o irmão do conde de Marbeuf era bispo de Autun e poderia lhe assegurar um excelente futuro. Uma carreira eclesiástica significava grande prestígio e era muitas vezes procurada exclusivamente como meio de ascensão social. Se já não gozava da hegemonia de tempos passados, a Igreja de Roma ainda era a espinha ideológica do Ancien Régime — era o primeiro estado na França; a nobreza vinha em segundo lugar.

Enquanto isso, porém, os meninos eram no máximo cidadãos de segunda classe. Quando chegou a hora de encetarem estudos sérios, foi realmente uma grande sorte para eles que o pai tivesse tramado tão bem para conseguir a inscrição da família na lista da nobreza francesa. Isso era muito mais que mera questão de vaidade. A França do Antigo Regime, ao contrário da Córsega, era uma sociedade rigidamente estratificada que beneficiava os dois estados superiores. No total, o governo de Luís XVI integrou 78 famílias corsas à nobreza francesa — expediente útil para forjar lealdade à Coroa entre muitos que continuavam nutrindo sentimentos *paolisti* ou pró-Gênova. Se não tivesse sido permitido à família de Carlo acrescentar a seu nome a tão almejada "partícula", passando a assinar-se "*de* Bonaparte",[13] José e Napoleão teriam sido inelegíveis para freqüentar escolas destinadas a "cavalheiros" franceses e não teriam podido aspirar a todas as outras formas de promoção social que agora se abriam para eles na Igreja e no exército. (Tampouco teria sido permitido a Carlo continuar representando a nobreza de Ajaccio na assembléia corsa, posição que lhe conferia alguma notoriedade e influência tanto na França como em seu país.)

Foi assim que, em 12 de dezembro de 1778, José e Napoleão Bonaparte, acompanhados pelos pais, partiram de Ajaccio para Bastia, onde embarcaram para a França. Seguiu também com eles o jovem meio-irmão de Carlo, José Fesch, de 15 anos de idade, que logo ganharia uma bolsa para fazer estudos sacerdotais no seminário de Aix-en-Provence. A viagem até Bastia levava vários dias — era preciso seguir a leste, para o interior, atravessando as planícies que cercavam Ajaccio, depois rumar para o norte, por uma estrada cada vez mais íngreme à medida que cortava densas florestas de pinheiros e castanheiros. Chegaram por fim a Morosaglia, vila natal de Paoli; logo estavam margeando montanhas escarpadas, bastante altas, algumas com mais de 2.200m de altitude, em cujos picos a neve perdurava, mesmo no verão. Nessa viagem até a capital, a família Bonaparte fez duas coisas muito características de sua "posição" no passado e no presente corso. Primeiro, fizeram uma parada em Corte, a antiga capital, e lá permaneceram algum tempo com os camaradas *paolisti* de Carlo; segundo, Letizia fez a última etapa do percurso na berlinda de Sua Excelência o governador militar.

II

A construção de um patriota

Conheço minha fraqueza: uma percepção demasiado apurada do embotado coração humano ... [embora] ainda conserve o entusiasmo que tantas vezes se evapora sob um conhecimento aguçado dos homens.

NAPOLEÃO BONAPARTE, 1788

Rumo à França (Autun e Brienne)

Talvez o menino de nove anos que embarcou em Bastia naquele dia de meados de dezembro não se sentisse afortunado por estar indo para a França, tanto mais que sabia que seus estudos não lhe permitiriam voltar para casa tão cedo (de fato, só voltaria quase oito anos depois). Mas era de fato afortunado — historicamente afortunado. Não tivesse Gênova cedido a Córsega à França, Napoleão não estaria indo a parte alguma nessa altura, pois os genoveses não davam bolsas de estudos para filhos de corsos da pequena nobreza. Teria talvez, com mais idade, ido para uma universidade italiana, provavelmente a de Pisa, como fizera seu pai, ou quem sabe Nápoles, onde Paoli estudara. Em uma ou outra dessas antigas, veneráveis academias, teria recebido uma educação decente — em letras, provavelmente uma educação melhor que a que de fato recebeu nas escolas militares reais da França —, mas depois, em que posição estaria? A república de Gênova, em declínio havia décadas, oferecia poucas esperanças de promoção para seus jovens nobres, que dirá para filhos da colônia. A França era outra coisa. Com seus 22 milhões de habitantes, era o país mais populoso da Europa. Ademais, o esplendor de sua monarquia, o vigor de sua economia, o brilho de sua cultura, tudo isso fazia do reino de Luís XVI o centro do mundo civilizado. As perspectivas que podia oferecer a um provinciano sem fortuna deviam ser (e de fato eram) incomparáveis.

Em poucas palavras, o mais provável é que um menino tão esperto e ambicioso como Napoleão Bonaparte percebesse sua boa sorte e contemplasse com entusiasmo seu futuro ao chegar ao *collège* (segundo o uso francês) de Autun, uma das mais antigas e bem conceituadas escolas preparatórias da França. Ali ele passou o inverno, estudando francês; depois, na primavera, transferiu-se para uma das 12 escolas militares reais distribuídas pela França, a que se localizava em Brienne, 56km a leste de Paris, na região da Champagne. Após cinco anos (1779-84) nessa escola, completou seus estudos militares cursando a École Militaire em Paris durante um ano. Nada disso aconteceu fácil ou naturalmente. Essa conversa de *collèges* e estudos não nos deveria fazer esquecer que Napoleão não passava de um menino nessa altura, um menino que estava sendo obrigado a fazer malabarismos numa língua estrangeira, que falava (e sempre falaria) com forte sotaque. Seu parco domínio do francês o punha em permanente desvantagem nos cursos de literatura, obrigando-o em geral se esforçar mais que os outros. Ademais, era o mais jovem aluno da sua turma. Tinha apenas 16 anos, por exemplo, quando recebeu sua patente na Artilharia Real em 1785.

Por mais que fossem instituições severas, até draconianas, Autun, Brienne e a Escola Militar proporcionaram uma educação extraordinária para um nobre provinciano empobrecido. Apesar disso, a experiência teve um lado sombrio para Napoleão. Nos registros de Autun, pode-se encontrar a seguinte entrada na letra elegante de um dos padres-professores: "*M. Néapoleonne de Bounaparte* [sic] *pour trois mois vingt jours, cent onze livres, douze sols, huit deniers 111, 12, 8.*" As palavras não dizem muito: só que o aluno mencionado passara três meses e vinte dias no *collège* (que estava prestes a deixar) e devia dinheiro. Dois detalhes ressaltam: Primeiro, a soma devida representa, por si só, 10% do salário anual de Carlo como fiscal do condado de Ajaccio, seu principal emprego. A família tinha outras fontes de renda, mas quando somamos o custo da educação de Napoleão ao da dos outros filhos, temos uma idéia da grandeza relativa do investimento feito por Carlo na educação dos filhos. Ele estava sempre pedindo dinheiro emprestado para fazer face a esses pagamentos.

Em segundo lugar, notamos o assassinato ortográfico do nome de Napoleão por um professor que o considerava "esplêndido". É um sinal de que alguma coisa andava errado em Autun, e continuaria a andar errado em Brienne e na École Militaire. O sacerdote em questão, o admirado padre Chardon, talvez pronunciasse o nome de Napoleão corretamente, mas os colegas do menino, não. Em suas caçoadas, "Napoleone" transformava-se no tolo "*paille au nez*" (palha no nariz). Isso não surpreende muito. Um provinciano de nove anos, proveniente de um território recém-conquistado, chega num internato de elite num reino famoso pelo esnobismo e um rígido sistema de classe. Era possível adotar uma de duas estratégias gerais diante das provocações inevitáveis, que todos que freqüentaram um internato de meninos conhecem bem. Tentar ganhar as boas graças dos colegas, ou isolar-se; misturar-se a eles e ganhar-lhes a estima ou sobressair e ser notado. José Bonaparte adotou a primeira. Em Autun, onde passou seis anos, era respeitado e unanimemente apreciado, embora suas memórias deixem claro que a experiência teve algum custo para ele e que não se sentia tão feliz ali quanto em geral se diz. Napoleão adotou a segunda opção. Tornou-se taciturno, distante, irascível, fazendo-se extremamente malquisto e temido. O preço do caminho que escolheu foi consideravelmente mais alto que o de José.

Embora todos os relatos dos contemporâneos que conheceram Napoleão durante os anos que passou estudando na França tenham sido escritos décadas depois, e reflitam os fortes sentimentos dos autores em relação a ele,[1] há neles alguma relevância por coincidirem não só entre si como com vários comentários que o próprio imperador teceu mais tarde sobre Brienne. Segundo todos eles, Napoleão foi infeliz como estudante na França, e, em conseqüência, tornava ou tentava tornar infelizes as pessoas à sua volta. Os que descrevem o adolescente Napoleão utilizam em geral os adjetivos usuais: "inadaptado, insociável, antipático e agressivo", "excessivamente carrancudo e colérico", lançando "olhares penetrantes, esquadrinhadores" etc. Com certeza não é difícil acreditar que Napoleão fosse tudo isso. Podemos facilmente imaginá-lo em Brienne, por exemplo, como uma vez ele se descreveu, sentado à sombra de seu carvalho predileto, macambúzio, sentindo uma pena desesperada de si mesmo, acalentando seu amor-próprio ferido a meditar sobre o quanto odiava os colegas franceses, e o quanto era por eles odiado (mais, porém, sobre seu próprio ódio), e sobre o "mal" que haveria de fazer um dia "àqueles franceses".

Mas nem tudo era comoção, nem tão grave: a disposição de ânimo e os humores de Napoleão *não* o conduziram a um impasse psicológico nos cinco anos que passou em Brienne, nem o impediram de fazer amigos (inclusive um genuíno confidente, Bourrienne) ou de estudar com afinco e alcançar sucesso acadêmico. Napoleão era generoso, raramente guardava rancores e possuía uma imaginação poderosa. Sentiu prazer em aprender nas várias escolas francesas que freqüentou, em especial Brienne. Bom em matemática — ganhou um prêmio na matéria —, o menino gostava mais ainda de história antiga. Realmente, é difícil subestimar o impacto do modelo romano sobre a cultura política do Antigo Regime; ela mais ou menos substituía o cristianismo como fonte, por excelência, de máximas para os políticos. Nem as ordens católicas dedicadas ao ensino resistiam: volta e meia seus monges destacavam as histórias e os personagens de Plutarco, Nepos (autor de *Sobre homens ilustres*), Lívio, Virgílio, Cícero etc., ao mesmo tempo em que despachavam todas essas almas pré-cristãs para o inferno ou o limbo (contradição que bastou para fazer o adolescente Napoleão perder a fé.)

Em Brienne, Napoleão provavelmente descobriu César, o que não é nenhuma surpresa, dada a atenção que Plutarco dedica ao fundador do Império Romano. Plutarco forneceu-lhe modelos que o mundo do século XVIII levava muito a sério. A força que impele a narrativa de Plutarco, cujo efeito é apresentar suas grandes figuras (Alexandre, César, Cícero, Brutus etc.) como heróis indiferenciados, deve ter deixado sua marca em Napoleão. Como Plutarco, ele admirava tanto Brutus quanto César, sem que a comparação entre um e o outro lhe inspirasse as mesmas prudentes lições morais ou políticas que aos romanos. O que importava é que ambos eram *viri illustres*: grandes homens.

Em suma, Brienne não foi apenas um suplício pessoal ou intelectual para Napoleão. Ele venceu brilhantemente grande parte dos desafios que ali deparou, e sabia disso. Como observou em Santa Helena: "Eu era o mais pobre dos meus colegas ... eles sempre tinham uns trocados no bolso, eu nunca. Mas eu era orgulhoso e fazia todo o possível para que ninguém percebesse ... Nunca aprendi a rir e a brincar como os outros." Muito provavelmente, isso não foi dito com raiva, mas com certo grau de merecida satisfação. Durante sua permanência em Brienne, Napoleão recebeu uma visita dos pais. Letizia achou o filho "assustadoramente magro" e queixou-se de uma mudança em seus traços. Essas alterações que desagradam às mães não são raras em adolescentes enviados muito jovens para uma escola preparatória exigente. Em que pese a Letizia, elas talvez não fossem um mau sinal.

Um hábito que Napoleão manifestou em Brienne e que perseveraria ao longo de toda a sua vida foi a expressão de preocupação com a família. É notável quanto tempo um adolescente com grandes preocupações, muito mais imediatas, a pressioná-lo dedicava a pensar nos parentes, a inquietar-se por eles — e a escrever-lhes também. Apenas poucas dessas cartas sobrevivem e nos permitem vislumbrar o caráter do jovem Napoleão. A primeira, datada de julho de 1784 e dirigida a um tio, foi escrita logo após a visita de Carlo a Brienne. O pai fora até lá para confiar "Lucciano" (Luciano) aos cuidados da escola e dos irmãos. O orgulho de Napoleão pelo menino de nove anos e o evidente prazer que sentia por tê-lo ao seu lado são mais paternais que fraternais:

> Meu querido Tio,
>
> ... Lucciano está com 9 anos, e mede 1 metro, 2 centímetros e 44 milímetros. Está na sexta classe de latim e vai aprender todas as matérias do currículo. Está cheio de disposição e de boas intenções. É de esperar que se saia muito bem. Está com boa saúde, é um garoto íntegro, esperto e travesso, e até agora estão contentes

> com ele. Sabe francês bem e esqueceu seu italiano. Vai acrescentar uma mensagem para o senhor no fim da minha carta. Não lhe direi o que escrever, e assim poderá ver por si mesmo seu *savoir-faire*. Espero que ele lhe escreva com mais freqüência do que durante sua passagem por Autun.[2]

Em outra carta, que escreveu após saber que José iria para a escola de Brienne, Napoleão escreve: "*Mon cher Père*, ... estarei abraçando José antes do fim de outubro", assim os três irmãos estarão juntos — perspectiva que traz "consolo" para seus corações. O que preocupa Napoleão dessa vez é a saúde do pai: diz-lhe esperar que o retorno de Carlo à Córsega acelere sua recuperação, de modo que "sua saúde fique tão boa quanto a minha".[3]

No final do ano acadêmico de 1783, o inspetor dos colégios militares visitou Brienne e declarou que o "*Cadet de Buonoparte*" lhe parecera "dócil [*caractère soumis*], meigo [*doux*], sincero, grato [*reconnaissant*], [e] regular em seus hábitos". Considerou-o pronto, embora tivesse acabado de completar 14 anos, para ir para a École Royale Militaire, em Paris, para o término de sua formação antes de receber a patente. Os professores de Brienne discordaram: objetaram fortemente que ele ainda era novo demais. Após passar mais um ano em Brienne, partiu para a capital.

Muitos anos depois, Napoleão teria de partir às pressas para a Itália para tratar de assuntos críticos do Império. Era abril de 1804 e a guerra recomeçara, pondo a França em desavença com diversas grandes potências. Isso não o impediu, porém, de fazer uma escala de dois dias em Brienne. Caminhou pelo terreno de sua escola, agora em ruínas, examinou junto à municipalidade local a possibilidade de reconstruí-la (fez uma contribuição de 12.000 francos para esse fim) e expressou decepção ao não encontrar por lá o padre que lhe dera a primeira comunhão. No dia seguinte saiu a galope em seu cavalo árabe, cavalgando pelos campos que cercavam Brienne, contemplando as vistas de que se lembrava do passado distante. Durante três horas os homens de sua comitiva o seguiram tão bem quanto puderam; depois almoçaram. Um deles escreveu: "Raras vezes ele se mostrou tão afável." No último testamento que escreveu em Santa Helena, Napoleão destinou um legado de um milhão de francos para Brienne. Nada disso se assemelha às palavras ou ações de um homem afligido por memórias infelizes de seu tempo de escola — ao contrário.

Cavalheiro e oficial

Ao entardecer do dia 19 de outubro de 1784, Napoleão e quatro colegas de escola chegaram a Paris para se matricular na École Royale Militaire, na margem esquerda do Sena. Foram de barco, mas talvez só um ilhéu como Napoleão teria podido descrever a chegada deles como um "desembarque" num "porto de escala" (estaria ciente de que Paris é o centro da *île de France*?). A escola, projetada por um dos mais destacados arquitetos da época, Jacques-Ange Gabrielo, ocupava um magnífico conjunto de prédios neoclássicos, com fachadas imponentes e colunas coríntias.[4]

Tratava-se de uma instituição tão exclusiva que, para nela se matricular, todos os meninos precisavam de uma autorização assinada não só pelo ministro da Guerra como pelo próprio rei. A escola era de origem recente (1776), e embora decerto tivesse o propósito de formar oficiais competentes, essa não era sua meta principal. A promoção e o progresso ali não eram baseados em realizações ou no intelecto. A instrução, nessa escola, cedia a primazia à formação de jovens de sangue azul no amor e serviço da monarquia e nos costumes da corte. Essas lealdades não eram automáticas, essas disposições não eram favas contadas — a nobreza francesa era uma classe notoriamente independente e dividida que se gabava (não há palavra melhor para expressá-lo) de uma longa história de insubordinação ao rei, e até de rebelião contra ele. Além disso, as famílias nobres mais importantes alimentavam a idéia preconcebida de que seus filhos não precisavam, afinal de contas, de formação, pois haviam "nascido para a vida militar" e eram capazes de comandar regimentos com suas genealogias. Desde o início do século, a linha de ação da Coroa tinha por fulcro convencer as famílias da alta aristocracia a aceitar uma aliança com as camadas média e baixa da nobreza na obediência e serviço a "seu" rei. Esse segundo estado recém-unificado devia, a um só tempo, ser adequadamente adestrado na *élégance* a ser exibida em Versalhes e treinado para o comando efetivo de tropas e a formulação de estratégias.

Esse não era um cenário feliz para um rapaz cuja nobreza era recente e "*petite*". A voz tradicional que ecoa a partir das biografias napoleônicas sustenta que o jovem Bonaparte — *extraordinaire* abelha operária subitamente introduzida numa colmeia de zangões e rainhas — reagiu com repugnância a seu novo ambiente. A partir dos indícios limitados que temos das idéias de Napoleão na época, o novo cadete foi crítico da École Royale desde o início, tendo relatado que passou uma primeira noite muito ruim ali porque "o tom era diferente". Em Brienne, sob a direção de monges, o *ethos* fora espartano; mas no Champ-de-Mars, escola dirigida por oficiais do exército, respirava-se o ar da antiga Persépolis. Havia ali 215 alunos, e o dobro de criados, professores e todo tipo de factótum (p.ex., peruqueiros). Napoleão detestou esses mimos régios da nobreza e, um dia, promoveu reformas destinadas a fazer dos cadetes guerreiros auto-suficientes, não esnobes de sangue azul.

Mas esse não foi um cenário apenas de sofrimento para o jovem Napoleão. O problema com a idéia de que o cadete estava em total desarmonia com a École Royale é que ela é "infectada" por suas concepções tardias, professadas em Santa Helena. Toda a sua bombástica linguagem pós-revolucionária sobre os aristocratas como "a maldição da nação" e "imbecis que odiavam todos os que não eram 'inúteis hereditários' como eles mesmos" nos atrapalha a perceber o que um menino de 15 anos pode ter realmente sentido quando vestiu o uniforme azul de cadete, com seus alamares prateados e toques de escarlate e amarelo nos punhos. Reconstruções tardias nada revelam do impacto que esse adolescente intoxicado de Plutarco sentiu ao ver, pela primeira vez, as pinturas, placas, estátuas e outros memoriais das glórias marciais da monarquia francesa (e, um dia, da glória do Império).

Um lado positivo, admitido até por Napoleão, foi que a École Militaire, diferentemente de Brienne, orgulhava-se de ter alguns professores realmente excelentes, entre eles um dos mais eminentes cientistas e sábios da França: o marquês de Laplace, astrônomo e matemático renomado. Na École Royale Militaire Napoleão tomou gosto pela literatura, que não o atraíra em Brienne. Seu professor, Domairon — o autor do mais conceituado manual de língua e literatura —, instilava em seus pupilos um conhecimento seguro dos diferentes estilos literários e de suas regras (inclusive o gênero "arenga para tropas"!), fornecendo os exemplos mais relevantes de cada um. Napoleão, que já gostava muito de ler, adquiriu com Domairon um mapa certeiro do vasto continente da literatura a ser explorado (mais tarde, nomearia o ex-professor inspetor geral da Universidade Imperial). Napoleão brilhou também em matemática e por sua prodigiosa capacidade de concentração no trabalho. Valeu a pena: foi um dos 17 rapazes escolhidos a dedo para prestar os exames finais em 1785, após um ano apenas na École Royale Militaire em vez dos dois usuais. Classificado em 42º lugar entre 56 alunos de escolas militares em toda a nação, foi um dos mais jovens a ingressar no oficialato na condição de único tenente de artilharia corso. A ênfase na pouca idade de Napoleão ao receber a patente de oficial leva a se negligenciar, contudo, o quanto o rapaz tinha de "velho" em sua personalidade, quanta *gravitas* natural exalava — "um adulto em miniatura", como Christian Meier diz de César.[5] O que foi uma bênção, porque, como César, Napoleão perderia o pai aos 15 anos e dali em diante teria de amadurecer ainda mais depressa.

Ele deixou a École Royale Militaire com uma ambivalência das mais agudas. O único ano que passara na escola mostrara-lhe a monarquia francesa sob um de seus aspectos menos atraentes. À medida que o Ancien Régime se aproximava da perdição, questões de "sangue" tinham importância, e no exército mais que em qualquer outro lugar. O empenho da Coroa em bajular a alta aristocracia resultara num sistema de promoção em que só as estirpes mais puras e mais antigas podiam aspirar realisticamente a galgar os postos mais elevados. A Revolução viria por muitas razões, mas essa questão do aguçamento da consciência da casta nobre — e seus efeitos sobre as classes inferiores — não seria nem de longe a última da lista. Por outro lado, mesmo que fosse filho de um nobre sem eira nem beira, o jovem Napoleão *não deixava de ser um nobre.* Como o pai, o menino não contestava as bases sociais da sociedade francesa. Como o pai, não deixava de se orgulhar dessa condição. Na École Royale, como antes em Brienne, fez boa amizade com um aristocrata: Alexandre des Mazis. "O fiel Des Mazis" era, como Bourienne, um nobre de velha cepa; mais tarde tomaria partido contra a Revolução sem hesitar e emigraria como tantos outros oficiais monarquistas formados na École.[6] Em suma, o Napoleão que emergiu da École Royale era um homem dividido, deslocado. Isso não impedia que se tivesse tornado não só, bem ou mal, um oficial (ainda tinha muito que aprender sobre artilharia), como, bem ou mal, um cavalheiro, adornado com certo grau do charme, do verniz e da eloqüência que caracterizavam a elite do Ancien Régime.

Família

A história de Carlo provoca com freqüência a zombaria reservada ao burguês de uma cidade pequena que tenta se elevar acima de sua condição ... É preciso admitir, [contudo,] que seus esforços valeram a pena. Se um dia algum homem mereceu ter um filho como Napoleão, foi ele.
DOROTHY CARRINGTON[7]

Inquietações por causa da família perturbaram constantemente, até estragaram, os últimos anos de Napoleão na escola. O imperador expressou isso com veemência: "Elas influenciavam meu estado de espírito e tornaram-me grave antes do tempo ..."[8] A preocupação do jovem já era clara antes que ele deixasse Brienne, mas depois que ingressou na École Royale Militaire, os acontecimentos produziram nuvens muito mais escuras do que o pequeno problema da vocação de José. Os sonhos de sucesso financeiro alimentados por Carlo Bonaparte caíram por terra rapidamente em seu dois últimos anos de vida, quando vários de seus esquemas ruíram (em especial o projeto de uma plantação de amoreiras numa terra de propriedade da família na Córsega). Nada disso, é claro, levou Carlo a parar de gastar dinheiro e de fazer viagens que não tinha como custear, entre as quais uma com Letizia ao *très chic* balneário de

Bourbonne-les-Bains, onde se misturaram à fina flor da nobreza — sem nada lucrar com isso. A leitura das cartas patéticas de Carlo às autoridades francesas reivindicando e implorando subsídios e pagamentos é deprimente. Ao mesmo tempo, uma outra fonte de patrocínio retraiu-se: o conde de Marbeuf ficou viúvo e, pouco depois, casou-se de novo em 1783, escolhendo para noiva a filha de 18 anos de uma casa de alta linhagem. O conde continuou benevolente em relação aos Bonaparte, mas Carlo e Letizia tornaram-se presenças menos freqüentes em suas várias casas.

O pior foi que, a essa altura, a saúde de Carlo deteriorou-se por completo. Na virada de 1784-85, quando as aulas de Napoleão na École Militaire já haviam começado, o pai ouviu dos médicos em Montpellier que sua doença estomacal era terminal. Em face da morte, o cético de 38 anos apelou para o catolicismo de sua juventude. O Napoleão de Santa Helena torna-se irônico ao avaliar o fervor tardio de Carlo: naquele momento, "diante da morte, não havia em toda Montpellier padres suficientes [para apaziguá-lo]". Na época, porém, seu filho de 15 anos provou-se menos insolente. Numa carta ao tio Lucciano escrita logo após a morte do pai, ele se refere cinco vezes à "vontade implacável" do "Ser Supremo" que "nos priva do que nos é mais caro". Nessa carta, apesar das expressões estilizadas acrescentadas para satisfazer à direção da escola, que vigiava toda a correspondência dos cadetes, as emoções do rapaz soam profundas, ainda que castas; ele não esconde seu pesar por terem ele e a família perdido alguém extremamente importante. A carta que o menino escreveu uma quinzena depois para Letizia, embora mais contida, também revela estoicismo. Quando a École Royale Militaire prontificou-se a lhe proporcionar os serviços de um padre, em seu luto, Napoleão declinou.

Carlo Bonaparte morreu como vivera — endividado até o pescoço. A família devia a médicos e boticários, comerciantes e agentes funerários, e, é claro, às escolas de José, Luciano e Elisa. Foi nesse momento que o tio Lucciano interveio e assumiu um importante papel na família Bonaparte. Mas ela estava vivendo circunstâncias financeiras extremamente apertadas e assim continuou até a morte do arquidiácono em 1791, quando herdou seu razoável patrimônio. Napoleão sobreviveu exclusivamente de seu diminuto soldo de oficial (1.100 francos por ano), não pedindo nenhum dinheiro à mãe e tentando enviar algum para casa quando podia. Apesar disso, Letizia volta e meia era obrigada a fazer empréstimos — expediente abominável para todo corso. Aceitou, por exemplo, 600 francos do general-de-divisão que comandava as forças francesas em Ajaccio e, algum tempo depois, propôs-lhe pagar a dívida com sua prataria. O oficial recusou galantemente.[9]

Por todas essas razões, ao deixar a École Royale Napoleão quis voltar para casa e cuidar dos negócios da família. Mas isso estava fora de cogitação porque sua formação militar ainda não se completara. Foi designado para o regimento La Fère, estacionado em Valença, no sul da França, ao qual se apresentou no fim de outubro de 1785. Os dez meses que Napoleão passou ali estão entre os períodos mais felizes, se não foi o mais feliz, de sua vida, embora não tenha conhecido praticamente ninguém e quase nunca saísse: faltavam homens, faltava interesse.

Foi em Valence, às margens do Ródano, que a mente do jovem Napoleão começou a se abrir e sua idéias a se cristalizar. Livre de um currículo restritivo e de uma instrução não raro medíocre, o autodidata nato se revelou. Seus interesses abarcavam desde a astronomia e a matemática até a geografia. Dividia seus dias e noites entre a artilharia prática (p.ex., aprender como disparar um canhão e comandar uma bateria) e a leitura (comprar livros era seu único vício, ao preço de racionar a comida). Era tudo, menos um leitor passivo; atirava-se de cabeça nos livros, fazia extensas anotações e se regalava com listas sobre tudo quando há, desde as partes de um discurso até os preços de produtos de fundição. Refletia também intensamente sobre o que lia, e escrevia um pouco, sem nada publicar. Mas a reflexão gerou frutos.

O que preocupava o "oficial" de 16 anos (ele sempre preferia esse título ao modesto "segundo-tenente") não eram tópicos militares por si mesmos, como se poderia esperar de um soldado, mas história e política — história como política e política como história. A guerra o fascinava, é verdade. Muito menos, porém, pela estratégia e a tática envolvidas do que no sentido clausewitziano: como extensão da política por outros meios. Mas havia um interesse específico, que punha essas disciplinas em foco na sua mente: a Córsega. Por que a Córsega? Por que não a França?

Enfant de la patrie (Psicologia)

O "patriotismo" foi uma cria do século XVIII — não o sentimento, que é tão velho quanto o homem, mas a palavra.[10] De fato, a palavra *patriote* fazia brotar uma miríade de conotações e teve grande significação na vida cultural do Iluminismo. Mas, embora sua aplicação fosse muitas vezes, e por vezes intencionalmente, vaga, a palavra não designava uma pessoa que amava seu país. Em Brienne e na École Militaire, Napoleão passava seus dias lado a lado com franceses que amavam sua terra natal, mas poucos deles se intitulavam "patriotas"; na verdade, alguns até torciam o nariz para as figuras públicas que usavam esse termo, que viam instintivamente como radical, traindo falta de lealdade ao rei. Mas torciam o nariz reservadamente, pois a palavra "patriota" conservava muito da conotação de amor à terra natal, de interesse abnegado pelo bem comum para que valesse o risco de ser menosprezada. Aí residia a estranha eficácia do termo.

A Córsega era, é claro, a terra natal de Napoleão, sua pátria. A ilha pesou em seu coração e o oprimiu desde sua chegada a Autun até seu retorno a Ajaccio em setembro de 1786: "sete anos e nove meses após minha partida", em sua contagem exata. Amar a Córsega era algo de que muito se orgulhava no seu tempo de escola. Uma típica carta de Brienne (1783) mostra Napoleão implorando ao pai o precioso exemplar da família da "*Histoire de Corse* de Boswel [sic]". Na época de Boswell, "patriota" significara "aquele que acreditava em Paoli e lutava a seu lado contra os suseranos genoveses e seus patrões franceses". Depois que a Córsega passou ao domínio francês, tornou-se mais difícil para os corsos chegar a um acordo quanto ao novo significado da palavra. Poderia ser amar e servir a França, de cujo grande reino a Córsega era agora parte integrante. Esse teria sido o ponto de vista do conde de Marbeuf, apoiado com fervor ou relutância por muitos corsos no seio da nobreza recém-reconhecida em que os Bonaparte se incluíam. Para um outro grupo de ilhéus, no entanto, ser "patriota" significava odiar os franceses e rebelar-se contra eles por meio de ações terroristas e guerrilha sempre que a oportunidade se apresentasse. A década de 1770 na ilha foi toda marcada por rebelião desesperada e repressão aterradora.

Mas nenhum dos Bonaparte participou de levantes; se simpatizavam com os rebeldes, não o declaravam publicamente, e, pelo que sabemos, nem privadamente. Longe disso: Carlo Buonaparte mudou seu nome para Charles de Bonaparte e foi apresentado na corte em 1779. Tornou-se aquela conhecida criatura de duas faces que caçava com os cães e corria com as raposas. Potencialmente, isso poderia gerar conflitos tanto dentro quanto fora da família.

Memórias e declarações, sem o apoio de qualquer indício no tocante a um período inicial, só nos ajudam até certo ponto a formar uma idéia precisa da relação entre Carlo e Napoleão no início da década de 1780, ou dos pensamentos de Napoleão sobre o pai por ocasião de sua morte ou nos primeiros anos depois dela. De todo modo, uma declaração enfática de 1785 vai diretamente contra qualquer conclusão de que o filho considerava o pai um traidor. Na carta que escreveu ao tio Lucciano por ocasião da morte de Carlo, Napoleão enumera as razões por que o pai será pranteado. Há razões pessoais, o papel de Carlo como irmão, pai, marido etc. Mas em seguida Napoleão diz algo mais, algo que não tinha obrigação estrita de dizer — algo que teria feito seus professores na École Royale torcerem o nariz, mesmo que o relevassem. Escreve: "Eu chegaria mesmo a dizer que a pátria perdeu, com sua morte, um cidadão esclarecido e íntegro."

O amor à pátria corsa acarretaria automaticamente ódio à França?[11] Por que Napoleão não escolheu um meio-termo — abraçar a França, guardando ao mesmo tempo em seu coração um sentimento terno pelo velho "reino da Córsega" paolista, como fizera Carlo? Afinal, mesmo na época em que pedira o volume de Boswell, a língua que o menino falava era o francês. De fato, por ocasião de sua primeira visita à família, teve praticamente de reaprender o italiano. E, o que é mais relevante, em janeiro de 1786 ele era um oficial de artilharia do rei Luís XVI.

O que não foi superado pelo inexorável processo de afrancesamento por que passou, no entanto, foi o abismo *político* que separava Napoleão da vasta maioria de seus colegas oficiais. Os meninos que conheceu em todas as suas três escolas, seus futuros irmãos oficiais, tornaram-se adversários da Revolução. Napoleão foi o único oficial de artilharia formado na École Royale a servir à República Francesa; seus colegas, com suas famílias, emigraram ou enfrentaram a guilhotina, e muitos lutaram contra a Revolução com unhas e dentes (do pequeno número que ficou, um foi o futuro marechal napoleônico Louis-Nicolas Davout). Todos os colegas oficiais de Napoleão no regimento de La Fère, sem exceção, emigraram.

Em suma, é bem provável que Napoleão logo tenha sentido que estava se tornando um francês — na língua, nas roupas, nos hábitos — e que se submetesse a esse processo ao mesmo tempo com agrado e cumplicidade. Que ele declarasse isso ou proclamasse o contrário tinha a ver com temperamento e humor, com a psicologia da "formação reativa", em que a reação de uma pessoa é indiretamente proporcional à atração que sente. Com o tempo, porém, esses humores passaram e não fizeram nenhuma diferença para a verdade maior do processo inexorável que tornou Napoleão um francês. Seu desenvolvimento como oficial francês lhe trouxe satisfação, exceto por um problema: o fosso social que se abria entre *la petite* e *la grande noblesse*. Na altura do final do século, isso havia se transformado num incipiente mas forte divisor de águas político e ideológico. O Ancien Régime cedeu terreno a seus próprios reformadores "patriotas" em muitas áreas à medida que o Iluminismo foi desaparecendo, como na tolerância religiosa; porém no *sanctum sanctorum* do Exército Real a monarquia absoluta permitia à sua alta nobreza manter uma posição segura. E eles a mantinham em nome da "honra", da "família" ou do "rei", mais do que em nome da "pátria".

À medida que a década de 1780 avançava, essa exclusividade de casta nas Forças Armadas acentuou-se em vez de decrescer — uma reação inflexível e arqui-reacionária a uma sociedade mergulhada na crise, quando gritos claros por reforma eram emitidos e ouvidos em todas as outras partes. Quando ingressavam no exército, os jovens da pequena nobreza se refugiavam nas fileiras menos graduadas. Na melhor das hipóteses, um ou dois acabavam chegando à patente de coronel ou *maréchal de champ*, e isso só longos e inúteis anos depois que seus confrades de sangue mais azul o faziam. Não pode ter escapado ao jovem Napoleão, em suas leituras de história antiga, o fato de que Alexandre era filho do rei, enquanto César nascera no patriciado e casara-se no mais ilustre círculo social da República. Sem isso esses heróis plutarquianos não teriam tido acesso à estrada principal da história do mundo. Napoleão, em contraposição, tinha de encarar a probabilidade de não conseguir avançar na hierarquia militar apesar de seu celebrado talento e por mais árduo que fosse o seu trabalho. Foram seus protestos contra esse preconceito social que o mantiveram em divergência e conflito com seu meio fardado na escola, mesmo que, dia a dia, o menino progredisse bem em seu *métier*.[12]

Em termos psicológicos, o adolescente Napoleão, apanhado num círculo vicioso de ser desprezado e desprezar, reagia a seus algozes e ao sistema exclusivista que os sustentava com provocação: "Aceitava a identidade corsa que lhe era impingida. Não só a aceitava como se ufanava dela."[13] A primeira caricatura que temos de Napoleão, entre as literalmente centenas produzidas, foi desenhada por um colega — na certa um menino cujo caminho para um futuro generalato era direto e sem entraves. O cartum mostra uma imagem grande do jovem Napoleão pronto para defender Paoli, enquanto um professor, representado com uma espécie de inseto, o puxa por seu rabo-de-cavalo na tentativa de contê-lo. A legenda diz: "Bonaparte corre, voa em socorro de Paoli." A "identidade corsa" de Napoleão era uma reação a um sistema social que ele encontrou instalado nas escolas francesas que freqüentou, uma resposta raivosa — mas frágil e recente — de emoção e temperamento. Consta que ele exclamou em Brienne: "Farei a esses franceses todo o mal que puder." Talvez possamos ver nisso uma "declaração ditada pela emoção", no sentido jurídico, nada mais. "Os franceses" a que se referia não eram os habitantes do reino, mas o bando janota de "*aristos*" da Escola Militar. Em Santa Helena, ele refletiu: "Não sou corso. Fui criado na França, portanto sou francês, como meus irmãos"; "na minha maneira de ver, Brienne é minha pátria ... sou mais um champanhês que um corso." O tom de verdade dessas verdades deveria soar como um sinal em meio a todo o "ruído" do patriotismo corso de 1785-93. O jovem Napoleão tornou-se o que seu pai era: um *paolisto* ardoroso que era, de fato, em grande parte francês, mas frustrado pelos obstáculos que lhe bloqueavam o progresso na sociedade francesa.

Enfant de la patrie (Idéias)

Para Napoleão, o processo de se tornar um patriota — de fornecer um fundamento intelectual para uma emoção vaga e um conflito interior profundo — foi árduo. Iniciado a sério em Valence em 1785-6, e prolongando-se pelos sete ou oito anos seguintes na Córsega e Auxonne, ele exigiu muitas noites escuras da alma, interrompidas uma vez ou outra, imaginamos, por lampejos de euforia. Ao fim e ao cabo, abriria caminhos e fundamentos promissores para a ação política. Nesse meio tempo, contudo, vestir o manto do patriotismo envolveu certo grau de exploração da alma, juntamente com os meses de leitura e reflexão concentradas e escrita apaixonada.

A parte mais fácil foi decidir em que obras deveria se concentrar em suas leituras. A direção e o prestígio da cultura da época consagravam plenamente certos estilos e corpos de pensamento crítico associados ao Iluminismo e ao início do Romantismo. De 1750 a 1800, escritores como Voltaire, Mably, Raynal, Ossian e uma dúzia de outros exerceram uma influência celebremente sedutora sobre mentes jovens oriundas de todo o espectro social — da aristocracia à plebe. Dada a origem provinciana do jovem Bonaparte, sua personalidade apaixonada e imaginação desbragada — e dado, acima de tudo, seu gosto pelo raciocínio rígido, inflexível e por conclusões absolutas —, não surpreende que nenhum autor lhe falasse tão de perto quanto o recém-falecido (1778) filósofo político Jean-Jacques Rousseau. Obras tão variadas quanto *O contrato social* e *A nova Heloísa* ou *As confissões* abarcavam toda a época, exemplificando tanto a razão crítica quanto a imaginação apaixonada. O jovem Napoleão reagia de imediato, em apóstrofes evocativas a "Rousseau" (ou até, mais intimamente, "J.-J."), cuja leitura nos faz sorrir.

É uma sorte termos um quadro detalhado do processo de pensamento de Napoleão tal como ele se desdobrou nesses anos. Seus textos, cerca de 12, variam em extensão de um parágrafo incompleto a um tratado formal de 15.000 palavras; em conjunto, perfariam um volume pequeno.[14] O estilo é raramente discursivo, tendendo antes ao evocativo e enfático, passando algumas vezes ao queixoso e confessional, outras ao irônico, alternadamente elegante e desajeitado. Como pensamento político em si, a posteridade não os leria não tivesse o autor se tornado quem se tornou; mas, isto dito, os ensaios são em geral uma produção notável para a pena de um oficial de artilharia ainda adolescente. As obras como um todo tratam de três tópicos centrais, em ordem ascendente de importância: as crenças políticas básicas do autor, sua crítica da religião e das relações Igreja-Estado e seus sentimentos e pensamentos relativos à Córsega. Um tema estreitamente relacionado a este último, que se cristaliza à medida que a perspectiva de ação política levanta a cabeça, é a vontade de pôr a nu o que na época passava por pureza de motivação patriótica.

O jovem Napoleão não explicita seu pensamento político em detalhe em lugar algum — razão para se evitar o termo "ideologia" —, mas diz o bastante nesses primeiros escritos para nos permitir inferir suas idéias. Antes de mais nada, é preciso dizer que, apesar do tão propalado apetite do jovem Napoleão por Rousseau, ele *não* partilhava a visão benévola do filósofo genebrino sobre a natureza humana. No fundo, escreveu Napoleão, "o espírito natural do homem é o desejo de dominar".[15] A visão hobbesiana é inequívoca: "O homem na natureza não conhece outra lei senão o interesse próprio: preservar-se, destruir os inimigos, esses eram seus deveres diários."[16] A conseqüência de uma visão tão sombria é que o Estado (palavra que Napoleão escreve com inicial maiúscula, à maneira francesa) deve ser forte.

Mas nem todos os Estados. Napoleão, como Rousseau, tem coisas ásperas a dizer sobre monarquias. Em 1788 ele escreveu o início de uma "Dissertation sur l'autorité royale", que vê o poder monárquico essencialmente como uma usurpação da soberania da sociedade ("foram muito poucos os reis que não mereceram ser destronados").[17] Só quando representa a vontade geral o Estado possui soberana majestade e grandeza. O fascínio de Napoleão pelo Estado emerge com inesperada clareza num curioso documento que ele produziu em 1788: o esboço de uma "Constituição" para a sociedade dos oficiais novatos (chamada "*la calotte*") de seu regimento — tarefa que solicitou. Seus colegas tenentes acharam graça da seriedade com que o Sólon de 19 anos entregou-se ao trabalho de "legislador", ficando bestificados com a complexidade das estruturas propostas por esse documento de 4.500 palavras. Em conformidade com Rousseau, a Constituição de Napoleão estabelecia a igualdade formal de seus membros e o soberano direito que lhes assistia de formar um grupo, mas em seguida mergulhava numa descrição mais rebuscada do poder e dos atributos do "chefe" (o tenente veterano) e de seus dois subordinados (chamados "*Infallibles*"). O chefe é, "para cada membro individual do grupo, o órgão de opinião pública. A noite não pode possuir nenhuma escuridão para aquele que superintende, nada que pudesse comprometer de alguma maneira seu posto ou sua farda. Os olhos penetrantes da águia e as cem cabeças de Argo mal lhe bastariam para desempenhar as obrigações e deveres do seu mandato." Ele só pode ser deposto por nada menos que o voto unânime dos membros! Assim, apesar de todas as suas referências ao "bem comum" e à "prosperidade e felicidade de nossa querida República", essa Constituição é o projeto de uma liderança fortíssima.

O Estado de Napoleão é ativista, se não francamente invasivo. Tem o dever de dirigir a consciência dos cidadãos, de formar e educar os jovens e de impor justiça onde a injustiça prevalece: "A meta do governo é dar a mão aos fracos contra os fortes, permitindo a todos partilhar de doce tranqüilidade, encontrar-se no caminho da felicidade."[18] Por outro lado, além do direito básico à construção do Estado, não há quaisquer louvores à liberdade ou aos direitos humanos. Suas afirmações pressupõem ou sugerem a liberdade, mas nenhuma lhe tece loas, nenhuma a desenvolve. O que toma o lugar da liberdade é o patriotismo, ao estilo iluminista.

Numa contestação a Roustan, um clérigo suíço que refutou a crítica de Rousseau ao cristianismo em *O contrato social*, Napoleão considera a questão do Estado e da religião. Esse ensaio é uma de suas peças mais originais. "Refutation de Roustan" foi escrito num jato, praticamente sem mudanças, como se dessa vez o autor realmente soubesse o que queria dizer, sem ser perturbado pela necessidade de imitar autores famosos e gêneros estabelecidos. Napoleão não demonstra o mínimo interesse por crenças e doutrinas religiosas, nem pelo *homo religiosus* como fenômeno antropológico. A questão que o interessa é uma só: a religião de Cristo, sob alguma de suas formas, atrapalha o bom governo? Sua resposta é um retumbante "Sim!" Por mais que Igrejas se proclamem pacificadoras, que afirmem pregar a obediência à autoridade, elas são na realidade concorrentes do governo. "Suponhamos que um exército estrangeiro nos pedisse permissão para entrar em nossa cidade, assegurando não ter nenhuma má intenção... nós o permitiríamos?"

O ideal de Napoleão é a Roma pré-cristã, onde a religião era um assunto do Estado. Essa "unidade original" entre religião e política foi rompida pela chegada do cristianismo, com a nociva distinção que estabelece entre o que é devido a Deus e o que é devido a César. Aos olhos de Napoleão isso é letal e foi a fonte de 15 séculos de desavença, divisão e guerra civil, para não mencionar a repulsiva competição entre clero e governo. "O padre está sempre pronto a fomentar a rebelião contra a injustiça no seio do povo", escreveu, como se isso fosse ruim. Censura os imperadores romanos que se converteram ao cristianismo e sugere que, se o Ocidente pudesse substituir o cristianismo por credos desenvolvidos pelo Estado, sem um alto custo e derramamento de sangue, os resultados poderiam ser frutíferos. Isso não é mais possível, ele admite; mesmo assim, não deveríamos esquecer que, onde a religião floresce, "dá-se adeus à pátria".

Novamente, o lugar reservado a Deus ou à liberdade no coração de muitos é ocupado, no do jovem Napoleão, pela obsessão da pátria. E aqui vemos novamente aquela estranha combinação do corso e do francês. A Córsega recebe mais atenção em seus primeiros escritos que princípios políticos ou vociferações anticlericais. Duas obras, *Nouvelle corse* e *Lettres de Corse*, são lamentações acerca do que o autor percebe como os elementos constitutivos da história de sua pátria: perfídia, intriga, assassinato, tortura, fome, praga e vingança — acima de tudo, o grito por vingança ("Cidadãos, se a luz do alto não golpeia esses malfeitores e vinga os inocentes, é apenas porque o homem forte e justo está destinado a desempenhar esse nobre ministério").[19]

Apesar dessa grandiloqüência operística, não temos nenhuma dificuldade em perceber uma postura política por trás da emoção exacerbada. O jovem Napoleão pode ter *experimentado* o patriotismo sem aspas como o apelo profundo a amar e servir sua ilha, mas de sua avalanche de adjetivos inebriados emergem conclusões políticas sobre a Córsega que não são meras exclamações emocionais. Napoleão quer transformar a Córsega numa espécie de Estado espartano ou romano. Invectiva contra a mansidão e a covardia dos ilhéus, sua corrupção pelo luxo francês, seu servilismo e falta de autocontrole, sua falta de heróis e de sacrifício heróico. Os corsos claramente não são heróicos o bastante para merecer o Estado com que sonha Napoleão. Nosso autor-Brutus nos informa que correria para a Córsega e "cravaria a lâmina da vingança no peito" do César francês, se ao menos a morte de um homem pudesse bastar para inverter o lamentável estado de coisas, mas não poderia. Assim, restam poucas opções: "[Quando] a pátria não existe mais, o bom patriota deve morrer." Na falta da morte, restavam a escrita e o ativismo político.

A última opção deixava o jovem Napoleão em conflito com a pureza da motivação. Lidar com as próprias motivações torna-se perturbador para o jovem oficial. Tome-se, por exemplo, "Sur l'amour de la patrie", um ensaio de 2.500 palavras, de que temos a sorte de possuir tanto a abertura que ele rejeitou como a que usou. Eis a primeira:

> Mal atingi a maioridade, aqui estou, escrevendo história. Conheço minha fraqueza: uma percepção demasiado apurada do embotado coração humano, embora, para o que escrevo agora, esse talvez seja o melhor estado de espírito e alma. Ainda conservo o entusiasmo que tantas vezes se evapora sob um conhecimento aguçado dos homens. A venalidade que vem com a idade não manchará esta pena. Haverei

> de respirar somente a verdade, e acredito ter a força para expressá-la. Ao lerdes este breve esboço de nossa infelicidade, caros compatriotas, posso sentir vossas lágrimas correrem. Sempre fomos filhos da desgraça. Hoje, como parte de uma poderosa monarquia, só colhemos de seu governo sobre nós os vícios de sua sociedade. Não vemos no horizonte alívio algum do mal que nos está sendo feito.[20]

Um apelo tão franco não pode sustentar a vacilante autoconfiança do autor; ele recua rapidamente, trocando-o, no segundo rascunho, por uma abertura inteiramente prosaica em que, usando *à imitação de Carlo* o estilo cortesão francês, dirige-se não a seus "caros" e desesperadamente "infelizes" compatriotas, mas a uma *mademoiselle* da convenção literária.

> Nem bem à idade em que a paixão desperta, e tenho o coração ainda agitado pelas fortes reações produzidas por um primeiro conhecimento dos seres humanos. Ainda assim me verás, *mademoiselle*, falando com profunda compreensão do coração humano.

O corpo do ensaio examina a motivação patriótica sob uma lupa de joalheiro. Napoleão celebra a genuinidade do patriotismo antigo e condena a ânsia por glória que passa por patriotismo entre os franceses. A peça exala fervor e sinceridade, fazendo-nos lembrar a dificuldade que o patriotismo deve ter representado para os que pretensamente o abraçavam. Estavam constantemente fixados na "pureza" de seu próprio compromisso e do de todos os demais com bem público. Mas essa era uma prova que não se podia vencer, especialmente alguém que se intitulava um Brutus e alimentava idéias e disposições mais próximas das de César. Napoleão estava pronto para cravar uma adaga no peito de qualquer versão aristocrática francesa daquele pretenso rei, mas que dizer da versão "patriótica" corsa de César que se escondia dentro dele mesmo? Certamente percebia que sua causa era política e seus próprios motivos dúbios, mas reagia com declarações cada vez mais ásperas sobre sua inocência e zelo, fazendo exigências cada vez maiores de rigor e pureza, de sacrifício e heroísmo — de sua parte e dos outros.

Retornos à Córsega

Em outros lugares quer-se parecer rico, nobre ou instruído, mas na Córsega é dos parentes que nos gabamos, são eles que fazem um homem elogiável ou temido.
NAPOLEÃO BONAPARTE

Fossem quais fossem suas distrações e preocupações, Napoleão sempre permaneceu em estreito contato com a família. No final do ano que passou em Valence, o jovem oficial conseguiu uma longa licença que lhe permitiu finalmente ir para casa. Em setembro de 1786, fez a primeira de cinco viagens à Córsega; ao todo, passaria três dos sete anos seguintes na sua ilha natal. Estava mais que na hora de aparecer na *casa* Bonaparte, pois havia grande necessidade dele ali. A viúva Letizia com quatro filhos pequenos para criar, sem muito dinheiro nem ajuda de empregada, estava lutando para não soçobrar. Tio Lucciano, com quem em geral ela podia contar, estava fora de combate, acometido por uma gota severa.

Napoleão mergulhou de cabeça nos problemas da família. Tendo deixado o lar ainda um menino, voltou como um homem responsável e competente. Seu cuidado e a qualidade de seus esforços em prol da família são de impressionar. A carta que escreveu em nome do tio Lucciano para o renomado médico francês dr. Tissot (autor de um famoso tratado de condenação ao onanismo) não foi respondida, mas revela por que era sobre Napoleão, e não sobre o primogênito José, que sempre recaía o trabalho de escrever para escolas e seminários solicitando matrículas e bolsas de estudo para as crianças, redigir memorandos e acompanhar processos legais e projetos administrativos da família em vários tribunais e ministérios.

Apesar de todo esse trabalho, Napoleão reservava um tempo para refletir e ler e para fazer longas caminhadas com o irmão favorito. José estava de volta à Córsega desde 1784, mas agora, graças ao retorno de Napoleão, poderia partir para a Universidade de Pisa. Os momentos que passou com Napoleão antes de partir foram para ele dos melhores que jamais haviam passado juntos.[21] No outono de 1787, após breve estada em Paris para tratar de negócios da família, Napoleão apresentou-se de volta em seu regimento, agora estacionado em Auxonne, na Borgonha. Ali, retomou sua escrita, para o que se levantava às quatro horas da madrugada. Mas se agora acabava dispondo de menos tempo para si do que em Valence, era porque tinha consigo Luís, seu irmão de nove anos. Letizia e Napoleão haviam concluído que a vida ficaria mais fácil para ela e em geral melhor para o menino se ele fosse para a França com o irmão. Os dois moravam perto um do outro e mal tinham recursos para comer, que dirá para prazeres. Mas saíram-se bem: Napoleão fazia as vezes de preceptor e pai; chegou até a ensinar o catecismo ao menino antes de sua primeira comunhão. Luís, por sua vez, ajudava o irmão revendo as provas de seus textos.

No início de 1788 Napoleão estava de volta à Córsega — em Bastia, para tratar de assuntos do seu regimento. Teve oportunidade de jantar com vários oficiais franceses que estavam servindo na ilha. Um deles, monarquista devoto, escreveu sobre um jantar com Napoleão:

> Não me lembro em absoluto de seu rosto e menos ainda de sua personalidade, mas sua mente era arguta e sentenciosa para um homem da sua idade. A idéia de fazer amizade com ele não me passou pela cabeça. Meu conhecimento de história antiga e moderna era muito parco para que eu pudesse discutir com ele ... Nossos camaradas também o acharam ligeiramente ridículo e pedante ... falando longamente num tom professoral ... defendendo vigorosamente os direitos das nações, em especial da sua [Córsega]. Você ouviu essa? [*Stupete gentes!*] Um dos oficiais lhe perguntou: "E você sacaria da espada contra um soldado do rei?" Ele não disse nada ... Separamo-nos friamente. Foi a última vez que esse homem me recebeu para jantar.[22]

José, que fora estudar direito em Pisa, também estava se tornando um "patriota", embora com menos fervor. Freqüentava os círculos dos exilados *paolisti* em que era bem recebido na condição de filho de Carlo Bonaparte. A conversa, é claro, sempre recaía em política, embora José tenha registrado em suas memórias que não participaria dela se fossem feitas declarações contra os franceses, porque tinha muitos amigos e ligações na França e, de certo modo, considerava-se francês. Mas logo as coisas se tornaram mais fáceis para ele, porque a França começou a parecer aos olhos de todos, em Pisa, Bastia ou Paris, estar caminhando célere para uma enorme mudança. José escreveu: "Meu entusiasmo não tinha limites."

III

A implosão de um patriota

É estranho que um homem naturalmente dotado de sentimentos tão ardorosos pela humanidade tenha, em anos futuros, adquirido a alma de um conquistador.

STENDHAL[1]

Annuit coeptis: a Revolução Francesa e o surgimento do "político"

Quando se tenta apreender a força e o caráter de um evento decisivo na história do mundo, é útil começar recordando o que conhecemos, o escritor e o leitor, de magnitude remotamente proporcional. Assim como o final do século XVIII, o final do século XX não desconhece o formidável e o inesperado: temos em mente a queda da União Soviética (que os bem aparelhados serviços de informação do Ocidente não previram) ou a reunificação da Alemanha; ou ainda a formação da União Européia. Mesmo que tenhamos familiaridade com o cataclísmico, o surpreendente e o auspicioso, desconhecemos o grau da esperança gerada pelo evento extraordinário ocorrido no final do século XVIII: a Revolução Francesa (1789-1815).[2] É essencial recobrar o sentido dessa esperança — na realidade, dessa fé — se quisermos compreender o que impeliu Napoleão, o jovem. Mas isso não é fácil, pois vivemos em meio ao colapso de grandes eventos desencadeados por 1789 — em especial a Revolução Bolchevique de 1917[3] e a primeira unificação da Alemanha —, e desenvolvemos uma carapaça de informações, tanto falsas quanto reais, que nos põe a salvo do que chamaríamos de "credulidade". Mas se essa carapaça nos protege contra certa decepção e surpresa, ela também nos distancia do imenso investimento emocional feito pelo "partido da esperança" (expressão de Emerson) do fim do século XVIII, investimento que o moto latino inscrito na nota de um dólar, *Annuit coeptis* — "um novo começo é declarado" —, expressa perfeitamente. Aquele era de fato um admirável mundo novo, sem querer fazer ironia (ou citação). Como disse Wordsworth em palavras famosas: "Era uma bem-aventurança estar vivo naquela aurora/ Mas ser jovem era o próprio Céu!"

Os novos começos forjados ou tentados pelos franceses nesse quarto de século, o mais inusitado de sua improvável história, não envolveram apenas a abolição do feudalismo ou a derrubada da mais importante monarquia européia; não cessaram com a proclamação da República Francesa e os subseqüentes julgamento e execução do rei francês, nem com o exílio de grande parte da antiga classe dominante; foi além da racionalização econômica de um país que tinha ainda mais costumes legais do que queijos, além da expropriação do maior latifundiário institucional da França (a Igreja) e da venda de suas terras (cerca de 20% das terras produtivas do país). Afinal de contas, essas eram medidas de que uma ou outra das revoluções anteriores (inglesa, holandesa, americana ou corsa) haviam pelo menos cogitado seriamente, ou até empreendido; não eram pois o bastante para os franceses depois de sua arrancada.

Não, depois que 1789 se tornou 1792 e levou à República Jacobina, em seguida às medidas de 1793 e 1794, os franceses se propuseram a remodelar a paisagem social e psicológica: mudaram a maneira como os exércitos eram recrutados e comandados, como as guerras eram lutadas, como jornais eram escritos e publicados, como as pessoas se vestiam e falavam. Chegaram até a pensar em remodelar o tempo e o espaço. Varreram as antigas províncias da França e as substituíram por 83 departamentos de dimensões aproximadamente iguais; e não hesitaram em abolir o calendário gregoriano (cristão) e trocá-lo por um revolucionário na tentativa de eliminar o que fora, ao longo de 13 séculos, a religião da França. Sob alguns aspectos, o catolicismo era o autor da própria França — certamente da monarquia francesa —, e ali estava a Igreja de Roma, vendo-se substituída pelo patriotismo e por cultos seculares organizados pelo Estado.

Em suma, a França propôs ao mundo um novo sentido secular, efetivamente destinado a substituir aquele significado cósmico que Cristo e os apóstolos lhe haviam oferecido no século I. Descobrira-se que Deus era nada mais, nada menos que o próprio homem. *Novus ordo seclorum* substituiu *Anno domini*, mas a um alto preço. Tão importante para nossa história como o impacto das forças de mudança foi a reação dialética provocada em termos de violência contra-revolucionária e terror, guiada por sua própria variante das ideologias e políticas de *Glausbenkrieg*.[4] Como Arno Mayer afirma com eloqüente insistência, a história de 1789 é inelutavelmente a das fúrias da guerra — tanto civil quanto entre nações —, mais cruel e violenta do que todas as guerras haviam sido até então.

A Revolução Francesa fez uma outra coisa que é difícil qualificar hoje de assombrosa, pois nos parece óbvia: ela "descobriu a política", como expressou um eminente historiador francês.[5] Poderíamos dizer que ela promoveu "o nascimento de uma nação", entendendo pela palavra "nação" milhões de cidadãos (não mais súditos reais) que passaram por um rápido aprendizado do que era para eles uma nova dimensão da vida: o político. Nessa dimensão, antigas injustiças sociais e econômicas, pânicos perenes, fomes e medos foram transferidos para novos canais, que os transformaram em matéria de eleições, partidos, ideologias e representantes — acima de tudo, uma dimensão em que a consciência coletiva foi remodelada e elevada por uma difusão generalizada de novos símbolos (inclusive 60.000 "árvores da liberdade"), e em que, finalmente, para que tudo ficasse muito claro para todos, dúzias de "Rousseaus da imprensa sensacionalista" produziam centenas de artigos e panfletos populares para milhares de leitores comuns — uma verdadeira plebe intelectual —, para lembrá-los, por assim dizer, do que era politicamente correto. Em suma, a política como um fenômeno de massa, não de casta.

Assim a Revolução atingiu milhares, na verdade milhões, de vidas; afetou profundamente todas as classes da sociedade em toda a Europa (e não só nela). Mais do que qualquer outro grupo, exceto a burguesia liberal, porém, ela feriu a pequena nobreza, de que Napoleão provinha. De maneira mais específica, desfechou um golpe retumbante no corpo dos oficiais das Forças Armadas, empurrando a maior parte deles para o exílio e abrindo possibilidades quase ilimitadas para os poucos que restaram. Num nível mais pessoal, a Revolução tocou profundamente jovens soldados (e escritores) românticos, turbulentos, talentosos e ambiciosos — homens enlevados por Ossian e Plutarco, que misturavam política com literatura, "suicídio" com patriotismo. E quanto ao (nessa altura) primeiro-tenente Napoleão Bonaparte, sua vida foi transformada pela Revolução tão drasticamente quanto ele, um dia, transformaria a Revolução. Isso não pode ser dito com tanta segurança sobre mais ninguém.

A reação de Napoleão ao tumulto da primeira hora — o que Hannah Arendt chama a violência da revolta, antes ainda que ela seja revolução[6] — foi uma irritação de oficial, seguida pela dúvida quanto à importância de longo alcance que aquelas revoltas poderiam ter.[7] Mas depois, quando ficou claro que algo maior era iminente, veio o assentimento. Em certo sentido, Napoleão Bonaparte já havia sido conquistado pela Revolução desde o momento em que um aristocrata arrogante em Autun ou Brienne o esnobara. Mas em outro sentido

— o de tolerar a violência popular —, ele nunca se entusiasmara. O foco de sua atenção consciente no despontar de 1789 não foi o que a Revolução prometia para ele pessoalmente (pensamento ignóbil para um patriota), mas para a pátria corsa. Havia grandes razões para otimismo. Os homens que estavam se afirmando rapidamente na França também se intitulavam patriotas. Em junho os Estados Gerais se haviam autoproclamado, atrevidamente, como Assembléia Nacional Constituinte, atribuindo-se a missão de esboçar a Constituição que transformaria o regime numa monarquia liberal. Mas os acontecimentos se sucediam numa rapidez que espantava a todos e, em poucas semanas, a Assembléia estava na prática governando o país, enquanto Luís XVI e seus ministros observavam, engolindo em seco. Como disse Napoleão, não foi uma das menores "loucuras da Revolução Francesa que aqueles que antes nos executavam como rebeldes sejam hoje nossos protetores, sejam motivados por nossos sentimentos".

Se 1789 pareceu aos corsos afrancesados, como o tenente-de-artilharia que servia em Auxonne, uma época estonteante, a maior parte dos que continuavam na sua ilha mal ergueu os olhos de suas prensas de azeitona. Não lhes ocorria — não ocorrera nem a Napoleão — que os sentimentos que moviam os "patriotas" em toda parte poderiam encobrir profundas linhas de falha no plano das idéias. Para um "patriota" corso, *liberté* significava autonomia nacional; dizia relativamente pouco sobre ideais democráticos. Para os franceses, porém, *liberté* queria dizer outra coisa; em 1789 o patriotismo glorificava uma pátria diferente daquela sobre a qual Napoleão escrevera em *Nouvelle corse* ou *Lettres de Corse*, e fazia um conjunto diferente de reivindicações para ela. Os franceses não estavam interessados em independência nacional como os holandeses e os americanos haviam estado. A revolução na França envolvia o enfrentamento da monarquia em nome da soberania nacional; consistia das idéias de liberdade e democracia, de governo do, pelo e para o povo, de "Liberdade! Fraternidade! Igualdade" e "Vive la Nation!", de partidos políticos e eleições livres, de todo o aparato do governo democrático.

A partir do instante em que deixou a estação, essa locomotiva arremessou-se com tal velocidade que deixou o povo primeiro desnorteado, depois estupefato, a começar pelos próprios revolucionários. Rei "absoluto" na primavera de 1789, Luís XVI viu-se reduzido, primeiro, a um soberano "constitucional" durante o verão e o outono; depois se viu simplesmente sem coroa e por fim, em janeiro de 1793, sem cabeça onde usá-la. De meados de 1792 em diante, a França foi uma república, mas não como aquela que os corsos haviam sido de 1755 a 1768. Esse agora era um regime belicoso, paranóico — com certa razão para ser uma coisa e outra —, em guerra contra os vizinhos e, pior, contra boa parte de seu corpo de cidadãos. Graves advertências cederam lugar à guilhotina e ao Terror.

Tudo isso teve um efeito devastador sobre a pequena Córsega, ainda que fornecesse possibilidades e desafios radicalmente novos para certos patriotas corsos de formação e cultura francesa.

Divergências: a Córsega e Napoleão na revolução

Napoleão passou nessa época por um processo de desilusão, embora nunca o tivesse admitido. Ainda não era um homem capaz de se ver criticamente, menos ainda de reconhecer que sucumbira a uma ilusão. Mas foi o que ocorreu, e o efeito dos acontecimentos desse período sobre ele foi profundo e indelével. Numa idade em que as pessoas podem mudar, ele mudou.

O jovem oficial lançou-se entusiasticamente ao trabalho de levar a Revolução para a Córsega, convencido de que nela residia não só um futuro melhor para si mesmo, como o meio de libertar sua ilha do pesado jugo do governo monárquico. No final de setembro de 1789, Napoleão estava em Ajaccio, coordenando a distribuição de rosetas tricolores francesas, fundando clubes patrióticos como os que brotavam por toda a França, fazendo discursos e escrevendo proclamações. Mas não estava sozinho. Os Bonaparte, representados por três irmãos politicamente talentosos e diligentes — José, Napoleão e por fim Luciano, que se tornou politicamente atuante desde os 14 anos (em 1789) —, deram à Revolução um apoio irrestrito. O clã Bonaparte de Ajaccio agia em bloco e, pelo menos no início, seria injusto qualificar Napoleão como seu líder inconteste. Como ocasionalmente ele ficava atado a seu regimento no continente, José tornou-se o chefe nominal da família na ilha. Os irmãos aconselhavam-se, corrigiam-se e orientavam-se uns aos outros, bem como à sua mãe. A família foi uma das primeiras a tirar proveito da nacionalização das terras da Igreja promovida pela Revolução, comprando, graças a informação privilegiada, algumas excelentes glebas a preço escandalosamente baixo, mal foram postas à venda.

No final de 1789, a Córsega ainda definhava sob a tutela do governo monárquico, sob o comando do conde de Barrin, sucessor de Marbeuf. O velho aristocrata via com maus olhos tudo que estava transpirando em Paris e se esforçou o quanto pôde para mantê-lo longe de sua ilha. Tratava-se de uma batalha perdida, mas estando no comando das forças militares na Córsega e detendo o aparelho formal do poder em suas mãos bem cuidadas, Barrin conseguiu retardar a luta. Mas a Córsega não demorou muito a cair numa guerra civil como a que se alastrou por grande parte da França provincial.

A única questão que importava para os corsos era: E nós? Podemos usar a atual situação para ganhar nossa liberdade? E que significa "liberdade"? Independência completa ou alguma forma de autonomia sob o governo francês? A ilha estava dividida quanto à ultima questão, mas muitos jovens ativistas fizeram forte pressão desde o início pela opção francesa, muito embora, no caso de Napoleão, a *Nouvelle corse* nos tivesse levado a concluir que a separação da odiada França era a única meta desejada. No entanto, já se passara cerca de um ano desde que ele escrevera essa novela na tranqüilidade de seu alojamento em Auxonne. Agora, diante da luta iminente com as forças locais da anti-Revolução — grupo estreitamente associado à antiga aristocracia, fato que dificilmente o deixaria indiferente —, ele se via enredado no próprio processo político, na luta política. Tratava-se de uma batalha decisiva para o futuro da ilha, mas, para vencê-la, os jovens radicais precisavam do apoio irrestrito da Assembléia Nacional, e isso dificilmente seria obtido por meio de uma declaração de independência ao estilo americano, que ignorasse o "passo à frente revolucionário" da França.

Assim, embora Napoleão tenha mergulhado na vida política subitamente encrespada da Córsega, levando consigo toda a sua devoção à sua pátria, ainda era pela França que se orientava e era dela que tomava seu vocabulário e estilo político. Seu entusiasmo pela abertura dos Estados Gerais (maio de 1789) — evento em grande parte desconsiderado na Córsega — suscitou nele um inusitado hino de louvor à liberdade. "Num instante tudo mudou. Das profundezas desta nação, uma centelha elétrica explodiu ... Homem! Homem! Como és desprezível em tua escravidão, como és grandioso quando o amor da liberdade te inflama!" escreveu ele a Paoli, na famosa carta "Nasci quando a pátria estava morrendo" de 12 de junho, citada no Capítulo I. E assinou-a "Napoleão Bonaparte, oficial do regimento La Fère": somos extremamente tentados a imaginar que ali estava um homem envergonhado de sua posição naquele exército mesmo (o francês) que se sujou de sangue reprimindo sua terra natal.

O peculiar tipo franco-corso de patriotismo de Napoleão fica evidente numa proclamação assinada por um grande número de outros corsos pró-Revolução que imploraram a "*Nos seigneurs* da Assembléia Nacional": "dignai-vos conceder-nos vossa atenção ... Dignai-vos lançar os olhos vez por outra naqueles que foram outrora os mais ardorosos defensores da liberdade." Uma outra petição, que por algumas características parece ter sido escrita por Napoleão, "lembra" à Assembléia Nacional que a Córsega desejava se tornar "uma parte integrante da França", acrescentando, "por nossa segurança, deixai-nos ser franceses para sempre."[8] Em meio a tudo isso, Napoleão se mantinha em contato com um deputado corso na Assembléia Nacional — um homem chamado Christophe Saliceti, que teria futuro na ilha. Este, por sua vez, agia em estreita ligação com outro deputado, muito talentoso, mas ainda relativamente desconhecido, chamado Robespierre.

O resultado foi que em 30 de novembro de 1789, a Assembléia Nacional proclamou "a ilha da Córsega" parte integrante do "Império Francês", sujeita à mesma (futura) Constituição que regeria o resto da França. Agora a Córsega era tão francesa quanto a Champagne. Quando, pouco depois, a Revolução reformou a geografia administrativa da nação, a ilha tornou-se um departamento, com o mesmo status dos demais 83. Esse desdobramento, se satisfez os corsos francófilos, deixou muitos outros desconcertados.

A surpresa seguinte não gerou nenhuma ambivalência na massa dos ilhéus: o amado Paoli retornou de seu exílio londrino. O venerável general não ficara tão atônito quanto os outros com a rápida sucessão dos acontecimentos, conseguindo reagir de maneira hábil. Após uma viagem triunfal a Paris, onde jurou lealdade à nova Constituição francesa, Paoli retornou à Córsega em julho de 1790. Napoleão e José participaram do comitê organizado para recebê-lo em Ajaccio. Paoli foi eleito presidente do Conselho Geral da Córsega e nomeado comandante da Guarda Nacional na ilha. Esta última era uma milícia de cidadãos, existente em toda a França, que competia com o antigo Exército Real.

Embora seu prestígio na ilha continuasse sem igual e sua posição fosse forte, Paoli não desfrutava mais de nada parecido com a situação de poder que desfrutara em 1775, quando governava a Córsega sozinho, com seu punho de ferro em luva de pelica. Os tempos eram muito diferentes. Agora estava sujeito à Revolução e, mais especificamente, a seus fortes defensores locais. Estes não eram os Bonaparte — que sem dúvida contavam, mas estavam em posição subalterna —, eram homens como Christophe Saliceti, Barthélemy Aréna e outros — *paolisti* nascidos na Córsega. Saliceti foi eleito um dos quatro deputados da ilha aos Estados Gerais, onde aprendeu rapidamente a complicada política de barganha "radical" que permitia o avanço (ainda que também gerasse ansiedade e desunião) na Assembléia Nacional, e usou sua situação cada vez mais favorável em proveito de si mesmo e da ilha, nessa ordem. Inicialmente Saliceti foi nomeado por Paris administrador do recém-criado departamento da Córsega; no início de 1793, a Convenção Nacional (o corpo que sucedeu à Assembléia Nacional) o designou como seu procônsul efetivo *in situ* na ilha. Sua missão "sagrada" e desafio incessante eram impor o programa revolucionário numa terra consideravelmente mais ambivalente com relação a ele e menos desenvolvida culturalmente que a maior parte da França continental. Especificamente, devia promover o prestígio e o poder das distantes assembléias governantes de Paris na política corsa, manipulando localmente a linguagem da Revolução para impor os editos de Paris. Para os politicamente habilidosos, o papel oferecia um poder irresistível e isento de supervisão, mas era também um papel difícil e ingrato que expunha quem o desempenhava tanto ao perigo físico quanto à constante ameaça de súbita destituição por Paris, seguida por desgraça, prisão e (muito facilmente) execução.

Saliceti não tinha aliados mais leais e empenhados que os Bonaparte de Ajaccio, o que não quer dizer que eles (ou o próprio Saliceti) fossem hostis a Paoli — longe disso. Publicamente, não se colocava a questão de a quem os Bonaparte eram leais numa escolha entre Saliceti e Paoli. Durante muito tempo, a alternativa nunca foi formulada, embora mais tarde tenha se tornado necessário pensar sobre ela. Sacileti lembrava orgulhosamente às pessoas que nunca permitiria que uma sombra de discórdia surgisse entre ele e o *Babbù*; eles partilhavam a mesma visão de uma Córsega livre numa França livre. O potencial para a rivalidade, contudo, estava presente não só na diferença de idade entre os dois homens como, acima de tudo, nos modos profundamente diferentes como se inseriam no processo político em andamento, que os absorvera tão completamente. Paoli tinha sua base na Córsega e uma visão corsa; Saliceti pautava-se por Paris.

Nesses primeiros tempos, Paoli parecia satisfeito com os acontecimentos e disposto a marchar de mãos dadas com a França revolucionária rumo à reconstrução de uma Córsega democrática, administrada e tributada com mais justiça. José e Napoleão foram visitá-lo no mosteiro franciscano em Corte onde ele mantinha seu centro de operações. Paoli os recebeu como amigos; anteriormente dera uma lembrança a José — uma carta de baralho que outrora servira a Carlo e a ele como uma identificação secreta. Mas Paoli continuava o que sempre fora: por um lado um autoritário por inclinação filosófica e temperamento, por outro um político flexível e pragmático inteiramente devotado ao bem-estar de sua terra natal, medido em grande parte por sua unidade. Era também católico e um leitor voraz de Montesquieu.

Napoleão tinha muito em comum com o *Babbù*, a começar pelo temperamento e o amor à Córsega; para não mencionar que tinha Paoli em tão alta estima quanto este a si mesmo. Aos 20 anos, porém Napoleão não era o político flexível e pragmático que se tornaria. Naquele momento e lugar, a despeito de seu grande amor pela Córsega, ele era um devoto *inconditionnel* e intransigente da Revolução. Numa carta a José, comentou que um nobre fora morto em duelo por um dos líderes da Assembléia Nacional, e acrescentou: "Um aristocrata gordo a menos." Esse tipo de observação o aproximava estilisticamente de Saliceti, não de Paoli, um conciliador social.[9]

Napoleão queria permanecer na Córsega para ali impor a Revolução. Isso valeu a ele e aos irmãos a reputação de radicais: eram coletivamente conhecidos como "os Graco", em alusão aos irmãos romanos do século III a.C. que defendiam os direitos dos plebeus *vis-à-vis* o Senado oligárquico. Tal papel punha Napoleão em conflito com seus superiores militares. Para um oficial da Coroa, fomentar rebeliões em unidades da Guarda Nacional Corsa contra elementos locais do Exército Real, como Napoleão fez muitas vezes, era assumir uma posição extremamente vulnerável, em que só o poder político da Assembléia Nacional poderia salvá-lo de ser degradado, quando não julgado e preso.

Em contrapartida, Napoleão aplicou golpes certeiros em prol da Revolução. Em 1791, fizera-se republicano — algo que negaria mais tarde[10] —, passando a cultivar um humanismo cívico de feição maquiavélica. Nesse mesmo ano, seu pendor para a luta política interna levou à sua primeira publicação, a *Lettre à Matteo Buttafoco*, um panfleto escrito por injunção do Clube Patriótico de Ajaccio, a que todo o clã Bonaparte pertencia. O clube o imprimiu e distribuiu. Buttafoco era um homem da geração de Paoli, filho de uma família corsa mais prestigiosa que os Bonaparte, e que, como Napoleão, estudara na França e fora oficial do exército francês. Servira a Paoli como diplomata, negociando o destino da ilha com o primeiro-ministro francês, Choiseul, em Versalhes. Embora os indícios não sejam claros, parece que desse momento em diante Buttafoco havia trabalhado mais para os franceses do que para Paoli. Em 1771 Versalhes já lhe outorgara o título de conde. Quando a Revolução Francesa irrompeu, a lógica das escolhas anteriores do conde o pôs naturalmente em conflito com os igualitaristas da Assembléia Nacional.

No estado de coisas que prevalecia em 1790, Buttafoco era um alvo fácil. A *Lettre* de Napoleão, contudo, é uma obra-prima de polêmica rápida que lança mão da ironia com eficácia. Satiriza o conde ao defendê-lo com um tipo de cinismo comum no final do Antigo Regime (e muito apreciado por "patriotas sinceros"). Buttafoco escreveu uma resposta mas nunca a publicou. Nesta, sem se desculpar, declarava sincera lealdade à França, salientando que em razão da precariedade de sua situação e da geopolítica, o caminho da independência estava vetado para a Córsega. Era preciso mantê-la livre dos ingleses. Não contente, Buttafoco acrescentou: "A liberdade é uma quimera; o princípio democrático repousa na virtude e na Córsega tudo é vício. O regime monárquico nos convém mais do que instituições republicanas." Paradoxalmente, não há aí nada que Bonaparte, o primeiro-cônsul, não tivesse subscrito, se tivesse se dado ao trabalho de explicar por que a Córsega devia permanecer francesa — essa decisão lhe parecia óbvia demais para requerer justificação. Quando, em 1801, mostraram-lhe cópias da *Lettre à Matteo Buttafoco*, ele reagiu bruscamente: "Esse panfleto é um disparate, deveria ser queimado."[11]

Na *Lettre*, Napoleão fez também um grande elogio a Paoli, cujas boas graças desejava ardentemente obter. Descreveu os atos da Assembléia Nacional Francesa como uma atualização das reformas que ele, Paoli, promovera em sua Constituição de 1755. Era um retrato lisonjeiro daquele regime anterior, na verdade mais próximo de uma democracia autoritária, "consular", do que de uma monarquia liberal como a da França de 1789. Mas Paoli não se deixou impressionar pela arenga de Napoleão. Em 2 de abril de 1791, em Auxonne, onde fora finalmente obrigado a reingressar em seu regimento, o tenente recebeu dele uma carta, escrita em italiano, em que o repreendia por se envolver em polêmicas partidárias: "Não se dê a tanto trabalho para refutar as falsidades de Buttafoco", escreveu Paoli, em claro tom de queixa. Essa repreensão contradizia todo o *ethos* da Revolução, que exigia dos "patriotas" a ardorosa contestação de posições "aristocráticas" (e vice-versa), mas afinal Paoli, o pai de seu país, retornara à pátria com a intenção de conduzir uma política de paz e união, ao passo que Napoleão, Saliceti e companhia estavam mergulhados até o pescoço no processo francês de radicalização política que os incompatibilizava com seus compatriotas corsos.

Paoli reprovou igualmente as *Lettres de Corse* de Napoleão, que leu mais ou menos na mesma época. Embora também esse texto o cumulasse de elogios e o comparasse a Cincinato, Catão e Temístocles, o "ingrato" estadista o recebeu sem uma sílaba de agradecimento ou incentivo. Na verdade, negou-se mesmo a prestar uma ajuda a Napoleão e não lhe enviou os documentos que pedira para poder concluir sua obra. O texto pareceu a Paoli dramático e contencioso, não aquilo de que se precisava. "A história não é escrita na juventude", ele acrescentou, exigindo "maturidade e equilíbrio".

Podemos nos perguntar se, mesmo que Paoli tivesse tido a reação "certa", isso teria estimulado Napoleão a completar uma obra que interrompe a narrativa da história corsa precisamente no momento em que a ilha passa ao domínio francês. Por dever de coerência, ele deveria ser tão duro em relação aos franceses como fora (em sua *Nouvelle corse*) em relação aos genoveses, ou aos franceses monarquistas, e naquele momento isso não teria sido político. A Revolução alterara as percepções de Napoleão. Como ele observou numa carta ao filósofo francês Raynal, "doravante temos os mesmos interesses, as mesmas preocupações, já não há um mar nos separando".[12] Em suma, seja com seu regimento em Auxonne e Valence, seja em Paris observando a eclosão dos eventos em primeira mão, seja palmilhando a Córsega inteira a serviço de Saliceti, a perspectiva de Napoleão era a francesa — foi ela a chave de seu sucesso e de seu fracasso na batalha para levar a Revolução para a Córsega. E essa, não a questão anteriormente sagrada da autonomia insular ou independência, era agora *a* questão.

Estilos de patriotismo: Paoli *versus* os Bonaparte

A união com a França revolucionária proporcionou aos corsos muito mais do que haviam esperado. A Revolução Francesa fomentou conflitos mesmo entre seus defensores mais empedernidos, que nunca afrouxaram. Os novos corpos de governo da França — primeiro a Assembléia Legislativa (1791-92), depois a Convenção Nacional (1792-95) — levaram adiante a política religiosa nacionalista, ou galicana, de seu predecessor. Após expropriar as terras da Igreja e abolir as ordens monásticas, o regime passou a procurar controlar a prática da religião transformando os padres em funcionários públicos remunerados e obrigando-os a fazer um juramento cívico de lealdade à nação. Cerca de metade do clero da França, inclusive praticamente todos os bispos, considerou o juramento incompatível com a obediência espiritual devida a Roma, e o país ficou profundamente dividido quanto a apoiá-los ou não.

Pouco a pouco, à medida que a situação degenerou num ataque completo à religião cristã, o ritmo da mudança política também se acelerou. Luís XVI e sua rainha, Maria Antonieta, surpreendidos em amplo conluio com contra-revolucionários dentro e fora da França, foram depostos e a República foi declarada (setembro de 1792). Ao mesmo tempo, ataques populares a prisioneiros desarmados, que resultaram em julgamentos irregulares e na execução (massacre) de bem mais de mil pessoas, horrorizaram tanto a Córsega quanto a Europa. O julgamento e a execução do rei por traição tiveram igual efeito.

Em 1792-93 a Córsega era um teatro de operações de pouca importância para os franceses, mas não, é claro, para os corsos. Embora muitas facetas da Revolução se mostrassem em conflito ali, o que os corsos tinham mais dificuldade de engolir era o que dizia respeito à religião. Não é preciso visitar a Córsega para compreender a importância que a religião tem na ilha, mas ajuda. Os campanários que despontavam acima das cidades, a profusão de sepulcros que guardam ossos de santos e mártires com nomes como santa Restituta, as procissões das confrarias, em que rapazes taciturnos carregam sobre andores relicários de madeira com restos mortais de santos, dão alguma idéia do que os revolucionários tiveram de enfrentar na tentativa de subjugar a Igreja nessa ilha.

Os corsos não aceitavam, se é que chegavam a apreendê-la, a concepção revolucionária no tocante à religião. Não que fossem tão religiosos assim, é que o catolicismo era um traço forte da auto-imagem patriótica e da história corsa. Da perspectiva dos ilhéus, por exemplo, os monges franciscanos haviam dado amplas provas de suas credenciais patrióticas ao apoiar várias rebeliões e a experiência paolista de 1755-68. E agora lá estavam os franceses, abolindo a ordem simplesmente porque seus membros eram religiosos. Esse tipo de lógica revolucionária não encontrava acolhida na Córsega, especialmente junto à velha guarda. Para Lucciano Buonaparte, tio de Napoleão, falecido em 1791, a França, fosse monárquica ou revolucionária, nunca tivera nenhuma serventia, muito menos aquele anticlericalismo que agora a Revolução estava exportando.

Paoli, por sua vez, estava determinado a aceitar tudo de boa vontade e a manter-se favoravelmente disposto em relação à França. Apesar da profunda afeição que pudesse ter desenvolvido pela Inglaterra nos 20 anos que ali passara, sua política oficial era honrar seu juramento à Constituição francesa. O problema, no início de 1793, era que a Constituição da França, junto com a monarquia liberal que produzira, havia sido relegada à lata de lixo da história. Luís XVI desaparecera (Saliceti fora o único deputado corso a votar a favor da decapitação do "Cidadão Capeto").

Agora o juramento de Paoli ao rei era letra morta, sua fé católica fora ultrajada. A situação ficou pior ainda quando toda a Europa ficou sabendo que o papa Pio VI condenara a Revolução Francesa. Mesmo assim, o *Babbù* relutava em tentar separar a Córsega de "*la mère patrie*", como chamava de bom grado a França. Assegurou à Convenção Nacional que tudo que desejava para si e para sua ilha era "viver e morrer livre e francês".

Nesse ínterim, Napoleão avançava na direção oposta, tornando-se cada vez mais um soldado da Revolução, esperando contra todas as esperanças que esse movimento, contrariando as aparências, fosse proveitoso para a Córsega — e, nela, para si próprio. Tomou partido do clero que aceitou fazer o juramento contra os católicos legalistas, tentou provocar duelos com aristocratas importantes e era em geral o cabeça dos "amigos da França". A expressão "soldado da Revolução" não era apenas metafórica. Em março de 1792 Napoleão foi eleito tenente-coronel (o segundo na hierarquia de comando) de um batalhão voluntário da Guarda Nacional de Ajaccio. Era um privilégio para homem tão jovem, mas obrigou-o a arcar com mais trabalho ainda, às vezes o trabalho sujo, da Revolução, inclusive o de fomentar a desordem e a dissensão civil. Assim, Napoleão viu-se reprimindo as insurreições contra-revolucionárias que surgiam entre os corsos, movidas, por exemplo, por padres que se recusavam a fazer o juramento cívico e seus defensores. Chegou até a enfrentar homens de seu próprio regimento La Fère, que estava estacionado em Ajaccio, que condenavam os colegas empenhados em propagandear a Revolução entre os soldados. Em suma, como Saliceti, Napoleão teve um comportamento imprudentemente irresponsável e enganoso, apostando que suas ações seriam desculpadas pela Convenção Nacional. Em geral, foi o que aconteceu, mas houve momentos de ansiedade.[13]

Em maio de 1792, Napoleão e José foram recebidos friamente pelo *Babbù* em Corte. Paoli estava furioso com eles por o terem envolvido em suas atividades, usando seu bom nome para acobertar as próprias ações. Depois desse encontro, José instou o irmão categoricamente a desaparecer por algum tempo. Napoleão partiu para a França sem demora e não voltaria à Córsega antes de outubro.

Interlúdio: nasce um escritor?

A idéia de que o gênio de Napoleão não é apenas político e militar, estendendo-se ao reino das letras, é antiga e teve defensores notáveis — Stendhal e Hugo no século XIX, Jacques Bainville e André Malraux no XX. Paul Valéry, o poeta francês, lamentou: "Que pena ver um homem tão grande como Napoleão dedicado a coisas triviais como impérios, eventos históricos, o estrondear de canhões e de homens ... Como pôde deixar de perceber que o que realmente importava era algo completamente diferente?"[14]

A produção literária madura de Napoleão — suas cartas vigorosas, suas proclamações declamatórias — é esplêndida, talvez comparável à de César (ou De Gaulle); por outro lado, suas obras de juventude — várias dúzias de fragmentos, novelas, histórias, diálogos e ensaios datados escritos até 1791 — recaem na mesma categoria que as pinturas do presidente Eisenhower e de Henrique VIII ou as composições musicais de Frederico o Grande. Mas isso já é notável quando se considera que Napoleão era um adolescente ou um rapazola de não mais que 20 e poucos anos quando escreveu todas essas composições, com uma só exceção. Sua juventude transparece; as peças são escritas numa caligrafia indecifrável, contêm erros ortográficos execráveis e algumas páginas são decoradas com caricaturas e desenhos nas margens. Esses escritos tratam de filosofia da vida (suicídio, amor, felicidade), de história e de política, e revelam mais sobre o escritor do que suas obras maduras, com que contrastam vivamente sob esse aspecto. Em seu patente idealismo, os escritos juvenis fornecem um sem-número de citações com que ironizar o Napoleão maduro — por exemplo, esta frase, fecho de uma história muito curta chamada "Le masque prophète": "A que extremos deve a necessidade de ser famoso levar uma pessoa?" Mas fazê-lo seria fácil e injusto; a maioria dos líderes políticos era idealista na juventude.

Em qualidade, as composições da juventude variam do extremamente prolixo, grandiloqüente e plagiado (em geral de Rousseau) — "efeminados modernos, estais definhando, quase todos vós, em vossa doce escravidão, aqueles bravos heróis [do passado] estão acima de vossas almas covardes" — a momentos de ternura e viva imaginação. As peças propagandísticas sobre a Córsega, apesar de suas torrentes de emoção, são as que revelam menos originalidade, baseando-se num uso extremamente seletivo de pesquisa em segunda mão. Mesmo assim, esse conjunto de obras deve com certeza figurar como parte da mais encantadora e penetrante prosa escrita por um oficial de artilharia adolescente.

> Sempre só no meio dos homens, retorno ao meu alojamento para estar junto de mim e sonhar, para me entregar à pungência [*vivacité*] de minha melancolia.
>
> A hera abraça a primeira árvore que encontra. É essa, numa palavra, a história do amor.
>
> Minha alma, animada pelos vigorosos sentimentos que a caracterizam, fez-me suportar o frio com indiferença; mas quando minha imaginação esfriou, então senti os rigores da estação e me refugiei.[15]

A mais notável peça literária de Napoleão como jovem adulto foi um ensaio, "Discours sur le bonheur", que submeteu à Academia de Lyon em 1791 em resposta à pergunta: "Quais são as verdades e os sentimentos mais importantes a instilar na humanidade para sua felicidade?" O prêmio foi equivalente ao soldo anual de um tenente. Em organização e sentimento, as 15.000 palavras são puro Rousseau — da glorificação do sentimento à glorificação da liberdade ("Quando o estóico Catão estripou-se para não sobreviver à república, ... senti-me orgulhoso de minha espécie"). A crença forçada na perfectibilidade humana é ferida por estocadas do conhecido pessimismo napoleônico ("enfado, tristeza, negra melancolia, desespero sucedem-se no coração de um homem e, se esse estado perdura, ele se mata"), e o tom geral é de tristeza e solidão. Verdade seja dita, o tema fora mal escolhido para esse jovem escritor.[16]

Embora Napoleão estivesse ansioso por voltar à Córsega quando escreveu esse ensaio, nada nele sugere ódio à França ou desejo de romper com ela. Nos louvores à liberdade, à emoção e à natureza, e até no fecho desalentador de lacrimosa sentimentalidade (um pai moribundo derrama banalidades sobre o filho), tem-se a impressão de que ali estava um homem que desejava alcançar a fama na República Francesa das Letras e que supunha que a melhor maneira de fazê-lo era imitar os mais decantados filósofos franceses do momento. Dá a impressão de ter consultado tudo menos seus verdadeiros sentimentos, usado tudo menos seu verdadeiro estilo. Anos mais tarde, Talleyrand, ministro das Relações Exteriores do Primeiro Império, desencavou maliciosamente um exemplar desse "Discours" e deu-o de presente ao autor, congratulando-o por ter ganhado a medalha de ouro. Isso, é claro, não ocorrera — o júri rejeitara o ensaio por muitas razões, entre elas por ser "mal organizado, desigual e digressivo". O imperador passou os olhos em algumas páginas e jogou o escrito no fogo.

Em agosto de 1792, Napoleão, que logo estaria profundamente envolvido na política corsa, registrou que "já não tinha aquela ambição tacanha de se tornar um escritor". Com uma única exceção, não faria outros esforços literários. Embora cativado por muitas das paixões comuns à sua idade (amor, morte, fama literária), Napoleão não deixava de retornar à política em todos esses primeiros ensaios. Descreve assim um de seus personagens ficcionais: "Ele se acreditava guiado pela mais terna amizade, mas de fato uma outra paixão se apossara dele, ainda mais furiosa por estar escondida, até dele mesmo."[17] Nessa história, a paixão é o amor secreto do personagem pela mulher do melhor amigo, mas as palavras poderiam se aplicar ao próprio Napoleão e sua paixão pela política. A penosa sinceridade desses primeiros escritos certamente oprimia seu patriótico autor, equivalendo a um mito romântico-nacionalista em que ele não conseguia deixar de acreditar. O erudito francês Jean Tulard observou, com seu gosto característico pelo paradoxo: "Foi só quando parou de escrever que Napoleão se tornou um escritor."[18] Ou por outra, ele adquiriu sinceridade e mestria em sua escrita quando parou de tentar impressionar a si mesmo (e a seu leitor) com sua sinceridade; encontrou sua verdadeira voz quando deixou de se preocupar tanto com o efeito que causava, o que aconteceu quando subordinou sua escrita à política que amava, ou, como Natalie Tomiche expressou tão bem, "ao ritmo nervoso dos fatos".[19]

Napoleão na França (maio-outubro de 1792)

Ao retornar à França, Napoleão tinha outro objetivo além do de se esquivar de desforras na Córsega. A família achava que ele devia reingressar no regimento

La Fère, onde sua reputação estava em perigo, até porque estivera afastado desde o verão anterior. Felizmente para ele, o exército perdera a maior parte de seu corpo de oficiais para a emigração, e estava desesperadamente necessitado de chefes preparados. Assim, não só os superiores fizeram vista grossa às longas ausências do tenente Bonaparte como ele foi promovido a capitão e recompensado com uma polpuda soma. Quanto às suas ações questionáveis na Córsega, Napoleão acreditava, com razão, que um arranjo político o salvaria. O ministro da Guerra, com base em relatórios enviados pelo coronel regimental monarquista em Ajaccio, declarou que arrastaria Napoleão imediatamente para uma corte marcial, mas o assunto foi tirado de suas mãos e confiado ao Ministério da Justiça, onde morreu.

A gratidão de Napoleão tomou a forma de uma profunda fascinação pelos eventos políticos franceses.[20] Mas o desafio consistia em mais que acompanhar os atores num drama complexo. Na Paris revolucionária, a rua oferecia perigo até para o mero transeunte. No dia 10 de agosto teve lugar o grande ataque da multidão às Tulherias. Quando seguia pela rue des Petits-Champs para ir olhar o tumulto, Napoleão encontrou um "bando de homens medonhos"; estes, julgando-o razoavelmente bem vestido, tomaram-no por um nobre, como aliás, tecnicamente, era. Desafiaram-no a gritar "*Vive la Nation!*" em prova da sua boa fé. "O que fiz sem pestanejar", ele contou. Mas o que mais impressionou Napoleão foi o que viu ao chegar ao palácio. A Guarda Suíça de Luís XVI fora instruída a não atirar na plebe, mas esta investiu e matou centenas de guardas. Cadáveres espalhavam-se pelos jardins, enquanto mulheres da "mais vil ralé" cometiam indecências e atrocidades com eles. Mais uma vez a aparência de Napoleão, a expressão impassível — e, muito provavelmente, reprovadora — de seu rosto, despertou olhares hostis e desconfiados. O terror oficial — o uso da violência pelo Estado — era um recurso que ele compreendia; a violência de baixo para cima era coisa bem diferente.

A experiência dessa que foi a mais famosa *journée* da Revolução desde a queda da Bastilha, marcou Napoleão gravemente, como marcou a muitos, inclusive alguns dos mais fervorosos adeptos da Revolução. Em 1791, quando seu regimento fizera o juramento à nova Constituição, o velho "patriota" de 22 anos sentira um forte impulso democrático. Até então, comentaria ele com Emmanuel Las Cases em Santa Helena, "se eu tivesse recebido ordem de apontar meus canhões para o povo, não duvido de que o hábito, o preconceito, a educação, o nome do rei, tudo isso me teria feito obedecer. Mas, uma vez prestado o juramento nacional, superei essas coisas. Agora eu só conhecia a nação. A partir desse momento minhas inclinações naturais estiveram em harmonia com meus deveres e elas se ajustavam maravilhosamente à metafísica da Assembléia [Nacional]."

Porém, depois de um ano inteiro de intensa ação política na Córsega e na França, Napoleão tornara-se insensível e desiludido em relação ao que ele próprio fizera e vira outros fazerem. Suas idéias sobre muitas coisas estavam evoluindo, especialmente no tocante àquele grande ideal do século XVIII, "o povo". "Quando realmente nos defrontamos com ela", disse com relação ao dia 10 de agosto, "a multidão dificilmente se mostra merecedora do grande esforço que fazemos para lhe ganhar as boas graças". Os parisienses, continuou, eram essencialmente iguais aos corsos em sua "mesquinhez, crueldade e disposição para difamar e denegrir". Quanto à qualidade da liderança política na época, não era mais otimista: "Devo dizer que os que lideram [a massa] hoje são pobres exemplares de homens." De fato, por mais profundo que fosse, esse sentimento era sobretudo reflexo da opinião dominante da época, mesmo entre os adeptos da Revolução. Mas a solução que Napoleão propôs para o problema foi realmente sua, nada teve a ver com educação, reforma social ou refinamentos da Constituição. Numa carta de 10 de agosto para José ele escreveu: "Se Luís XVI tivesse montado num cavalo, a vitória teria sido dele."[21] Em outras palavras, tivesse Luís assumido o papel do rei "patriota", em vez de suplicar por ajuda estrangeira, poderia ter salvado a monarquia.

Na segunda metade de 1792 outros irmãos de Napoleão fizeram sua entrada na cena política. Quando Luís, de 14 anos, redigiu uma proclamação, Napoleão escreveu-lhe: "Li sua proclamação, é imprestável. Tem palavras de mais e idéias de menos. Não é buscando *pathos* que devemos nos dirigir às pessoas. Elas têm mais bom senso e tato do que você pensa. Sua prosa fará mais mal do que bem."[22] Napoleão aconselhou também Luciano, de 17 anos, a ser moderado "em todas as coisas". Luciano, o arqui-revolucionário da família, levava-se tão fastidiosamente a sério que teria deixado um diácono jansenista orgulhoso. As cartas que escreveu nesse período teriam sido divertidas, não fosse pelo dano que provocavam: ele fala de si mesmo como "patriota sensível" e fervoroso democrata; está convencido de possuir "a coragem de cometer tiranicídio", e de que "morrerá com uma adaga na mão". Luciano idealizava Napoleão muito menos que Luís. Na verdade, de sua perspectiva como ideólogo, Napoleão tornara-se um pragmatista. Luciano escreveu a José: numa revolução, é essencial ser intransigente, não "seguir o vento" ou "mudar de lado de repente". Napoleão, a seu ver, era capaz das duas coisas: "Há muito percebi nele uma ambição completamente egoísta que supera seu amor pelo bem comum. Eu realmente acredito num Estado livre, ele é um homem perigoso."

As observações de Luciano são constantemente citadas por historiadores e biógrafos de Napoleão, mas, se um dia seriam confirmadas, a curto prazo mostraram-se errôneas. O notável, de fato, foi o grau em que "o homem perigoso" revelou-se inabalável, não volúvel, nos meses finais do drama corso. No fim do verão Napoleão estava ansioso por regressar à sua família e à sua terra. Tendo resolvido seus problemas com o regimento La Fère, manobrou para conseguir mais uma licença, apanhou a irmã Elisa em seu elegante internato e chegou de volta a Ajaccio em meados de outubro. Foi uma feliz volta ao lar, especialmente para Letizia: pela primeira vez, tinha todos os seus filhos juntos na *casa* da rue Saint-Charles.

Partida forçada (1793)

É curioso ver a sinceridade com que Napoleão parece ter acreditado que podia implementar zelosamente as medidas da Revolução e manter ao mesmo tempo sua relação com Paoli. Quando na França, aconselhara José a "permanecer firme ao lado de Paoli" apesar de tudo que acontecera. "Ele é tudo e pode tudo." Mas Paoli, além de bloquear a eleição do Bonaparte primogênito para a Convenção, recusou um emprego a Luciano em seu círculo. José resumiu a situação: Paoli estava "impressionado" com os talentos de Luciano, "mas não quer se aliar a nós. Esse é o cerne da questão". Paoli chegou até a tentar impedir o retorno de Napoleão à condição de coronel da Guarda Nacional, forçando-o a recorrer à pressão política parisiense. Havia muito que o *Babbù* se aliara a outras famílias — notadamente com o clã rival dos Bonaparte, que ostentava o magnífico nome "Pozzo di Burgo" (poço do burgo). Os Pozzo, como os Buttafoco, eram uma antiga família corsa com mais status que os Bonaparte. Charles-André Pozzo di Burgo tornou-se o braço direito de Paoli na Córsega — e o maior inimigo de Napoleão. A lógica das escolhas de Charles-André não demorou a levá-lo para a causa contra-revolucionária, e ele faria uma eminente carreira em Viena e São Petersburgo, lutando contra a Revolução e contra Napoleão e tomando o partido de Wellington em Waterloo. O imperador perdoaria Paoli pela ruptura política de 1793, mas Pozzo nunca teve o seu perdão.

O acontecimento que desencadeou o drama final foi a expedição da pequenina Córsega contra algumas ilhas, as Madalenas, situadas ao largo da costa da Sardenha. A expedição de 1793, em que Paoli nomeou Bonaparte chefe de um batalhão de voluntários corsos, foi um desastre, mas os indícios disponíveis não deixam claro por quê. Segundo alguns historiadores, Paoli teria instruído secretamente o comandante da expedição a fazê-la fracassar e "perder" Napoleão no processo. De fato, Napoleão quase foi abandonado, com sua bateria de artilharia, numa praia sob ataque. Outros historiadores isentam Paoli e põem a culpa na comunicação precária, na confusão e na ação do inimigo. O fato é que cabia a Paoli, como chefe de Estado, a responsabilidade final pelo que aconteceu, e o resultado — qualquer que tenha sido a causa — provavelmente o agradou.

Napoleão dirigiu uma queixa para o ministro da Guerra, pedindo a punição dos culpados. Não citou o *Babbù*, mas a reputação deste na Convenção, que já estava baixa graças a Saliceti, foi finalmente liquidada com o caso da expedição às Madalenas. Saliceti e dois outros deputados foram enviados à Córsega com plenos poderes para investigar o ocorrido. De volta à sua terra natal no papel do ideólogo inflexível e do tirano mesquinho, Saliceti encontrou "tendências contra-revolucionárias" e aplicou uma justiça diabólica, fazendo prisões arbitrárias e agindo com demagogia.

A ruptura iminente entre os Bonaparte e Paoli foi precipitada por José e Luciano. Era sabido que o irmão mais velho estava malversando e embolsando fundos públicos, provavelmente com a complacência de Saliceti, mas sob a severa reprovação e desgosto do nobre Paoli. Quanto a Luciano, era ele, não Napoleão, que estava se revelando o Bonaparte volúvel. No curto espaço de um ano, deixou de idolatrar Paoli para desprezá-lo e caluniá-lo. Agora Luciano despontava como imbatível no papel de criador de problemas, e, se não dava a impressão de ser um consumado egoísta, isso se deve apenas à confusão completa que fazia entre si mesmo e "a Revolução".

Graças à influência de Saliceti, Luciano Bonaparte conseguiu o cargo de secretário de um graduado diplomata francês, condição em que viajou para o continente. Ali, no clube jacobino de Toulon, seis semanas antes de completar 18 anos, fez um digressivo discurso de duas horas de duração, estimulado pelos aplausos da audiência. As palavras que jorraram de sua boca, impressas e promulgadas por toda a França, eram um ataque frontal a Paoli. O *Babbù*, cujos "carinhos" o haviam "embriagado de prazer" apenas cerca de um ano antes, era agora acusado de todas as perfídias, inclusive de colaboração secreta com a Inglaterra. Nesse meio tempo, em Paris, a Convenção, graças à ação preliminar de Saliceti, destituiu Paoli de seus cargos na Córsega e o convocou a comparecer perante seu tribunal. Ao se negar, foi destituído de seus direitos legais.

Um drama de família desdobrou-se então dentro do drama histórico. Napoleão não tivera conhecimento do discurso de Luciano, mas soube da violenta investida que fora montada contra Paoli na França. Embora tivesse colaborado na sua criação, a realidade o fez recuar. Duelar com Paoli na política corsa era uma coisa, outra bem diferente era ver o amigo de seu pai, o grande herói de sua família, ser injustamente acusado de crimes políticos hediondos que o levariam à guilhotina se a Convenção pusesse as mãos nele. Napoleão sabia perfeitamente que Paoli, mesmo após a morte de Luís XVI, continuava favorável ao vínculo com a França.

Assim, Napoleão Bonaparte pegou da pena e redigiu o que foi provavelmente a mais eloqüente defesa de Paoli jamais escrita. Com expressões contundentes e lógica implacável, demonstrou o absurdo que era para a Convenção sustentar que "o patriarca da liberdade, o precursor da República Francesa" iria, aos 70 anos e com saúde precária, abjurar uma vida de dedicação à causa da democracia e tomar o partido da contra-revolução. O fecho soa sincero: "Nós [corsos] lhe devemos tudo [a Paoli], inclusive a felicidade de nos termos tornado cidadãos da República Francesa." Em seguida partiu para Corte para ficar ao lado de Paoli na crise.

O que o jovem Napoleão, flagrado nesse último e dramático lampejo de seu antigo patriotismo corso, parecia não estar entendendo era o quanto essas especulações e declarações já estavam fora de hora: suas próprias intenções e as de Paoli, engolidas no bojo da Revolução Francesa, os haviam lançado inexoravelmente um contra o outro. Fazer vista grossa para a lógica profunda e coercitiva de escolhas e dos fatos foi um erro que muitos cometeram na Revolução Francesa, mas surpreende em alguém tão astuto quanto Napoleão. Ou será que só se tornou astuto depois da grande decepção e fracasso da sua juventude? Estaria seu "patriota" corso interior ainda em conflito com seu patriota francês aparente? Ou será que sonhava que Paoli o nomearia seu generalíssimo?[23]

Paoli defendeu-se com tranqüilidade. Numa declaração igualmente eloqüente enviada à Convenção, reiterou seu próprio compromisso e o de seus compatriotas com a França e a Revolução. Isso não fez diferença alguma. As posições estavam presas à polaridade de revolução e contra-revolução. Chegou então a Corte a notícia do discurso de Luciano em Toulon. O costume corso do clã exigiria que, nesse momento, Napoleão matasse ou renegasse Luciano, ou endossasse suas palavras e deixasse a Córsega. Napoleão não hesitou em apoiar o seu sangue. Apesar disso, escreveu ao ministro da Guerra francês, em quem confiava, admitindo francamente que a presença de Luciano no sul da França era "perigosa não só para ele, como para o bem público" e pedindo ao ministro que despachasse o irmão de volta para a Córsega.

Finalmente, após meses de tergiversação e hipocrisia, as adagas eram abertamente sacadas entre Napoleão e Paoli, assim como entre a Revolução e a Córsega.

Nessa altura, os Bonaparte viram seu pai ser caluniado: no decreto que o governo paolista emitiu condenando a família à "morte civil" (perda de todos os bens e da cidadania) foram feitas alusões à rápida deserção da causa corsa por Carlo Bonaparte e às suas estreitas relações com o conde de Marbeuf. Ironicamente, os Bonaparte sofreram o mesmo destino que os Buttafoco: a desgraça — a expulsão de sua terra natal por razões políticas — e sob a mesma acusação: traição em favor da "causa francesa". A *casa* da rua Saint Charles foi pilhada, talvez incendiada; seus moradores esconderam-se e depois fugiram da ilha.[24] Não antes, porém, que Napoleão, sob ordens de Saliceti, desfechasse um ataque militar à fortaleza de Ajaccio, usando as tropas republicanas (legalistas franceses) disponíveis. Foi um fiasco tão melancólico quanto o da expedição às Madalenas. Os Bonaparte embarcaram rumo à França e ali aportaram no dia 13 de junho no golfo Juan, onde, no futuro, Napoleão faria um famoso desembarque.

Com sua paranóia, a Convenção promoveu a confirmação de seus temores na Córsega. Paoli foi impelido a fazer o que seus inimigos haviam suposto, erroneamente, que queria fazer o tempo todo: abrir a Córsega para os ingleses. Era isso ou esperar sentado em Corte pela prisão e a guilhotina. O regime anglo-corso do rei Jorge III foi estabelecido em 1794; sua Constituição monárquica concedeu a Paoli muito menos poder do que ele tinha sob os franceses. O *Babbù* se deu tão mal com o vice-rei inglês que foi obrigado a partir para Londres em 1795. A ilha foi retomada pela França em 1796. Quando se tornou primeiro-cônsul, Napoleão teve a esperança de persuadir Paoli a deixar o exílio para retornar à Córsega e governá-la para a França. Isso não haveria de acontecer, embora o *Babbù* tenha de fato se reconciliado com o imperador antes de morrer em 1807 (em seu testamento — fiel até o fim a seus princípios iluministas —, Paoli deixou dinheiro para a recriação de uma universidade em Corte). Os homens que Napoleão escolheu para governar a Córsega foram, sem exceção, ex-*paolisti*. Sua missão: tornar a Córsega definitivamente francesa — meta que nem eles, nem sucessivos governos franceses jamais alcançaram plenamente.

A ruptura com Paoli foi algo de que Napoleão se envergonharia e passaria o resto da vida tentando explicar. A desculpa que inventou foi que aquilo era inevitável e não ocorrera por culpa sua (no que havia certo grau de verdade). Em Santa Helena, Napoleão explicou o problema alegando que Paoli fora o tempo todo, secretamente, um anglófilo e um contra-revolucionário, ao passo que os Bonaparte eram leais à Revolução Francesa. É claro que isso é parcialmente falso. Não há dúvida de que Paoli, diferentemente de Napoleão, nutria grande afeição e admiração pela Inglaterra, mas ele não desejava romper com a

França e com a Revolução. Certa vez Napoleão escreveu que a única ação imperdoável na história ocorria quando um homem empunhava armas não contra seu rei, mas contra sua pátria — isto é, o que ocorreu quando Paoli voltou com os ingleses para reivindicar a Córsega. Mas a situação real era mais complexa do que isso sugere. A Revolução Francesa podia se alimentar da idéia de pátria, mas ao mesmo tempo patenteava a ambigüidade da palavra e a dificuldade de se seguir um programa patriótico coerente. Por muito tempo, Paoli e Napoleão haviam *ambos* considerado a Córsega sua pátria. A França revolucionária surgiu muito depois, criando uma situação em que os dois homens acabaram por atacar sua pátria: Napoleão em aliança com seus antes odiados franceses; e Paoli alinhado com seus antes bem-amados ingleses.

De fato, se alguém evoluiu em sua compreensão do que a pátria significava, foi certamente Napoleão, não Paoli. Uma frase num relatório de auto-exoneração que Napoleão escreveu no verão de 1793 para o ministro da Guerra francês demonstra isso. Ele observa que Saliceti e os demais delegados franceses que haviam ido à Córsega "devem certamente ter encontrado ali um grande número de bons patriotas".[25] Embora fosse uma frase inteiramente casual, ela refletia uma virada da maré, pois o que o autor das *Lettres de Corse* entendia nessa altura por "patriota" não era mais o corso que lutava pela liberdade, mas alguém que era, não apenas pró-franceses — *isso Paoli era* —, mas pró-Convenção, pró-jacobino e também anti-Paoli. Foi esse o novo significado de que a língua e a lógica da Revolução dotaram a palavra, e que Napoleão veio a aceitar tão inconscientemente quanto Luciano e José. A idéia sagrada da pátria, em suma, fizera em sua mente um giro de 180 graus em relação ao que era três anos antes. Para Napoleão, Saliceti e companhia, "pátria" deixara de ter uma significação em grande parte irredentista ("Córsega independente para sempre!"), para se tornar um elemento nuclear de uma política complexa de revolução democrática e agressão imperial.

O teor do relatório ao ministro da Guerra consistia em recomendar uma incursão militar francesa a fim de retomar a Córsega para a Revolução. Militarmente, isso seria fácil, afirma o autor. Por quê? Bem, porque "Paoli encontra-se sem nenhum general".

A superação do patriotismo

Lembrando a fraqueza confessada do jovem Napoleão, sua "consciência demasiado apurada do embotado coração humano", podemos perguntar se seu entusiasmo juvenil não teria a essa altura "evaporado sob um conhecimento aguçado dos homens". A nosso ver, ao partir de Calvi com a família no dia 11 de junho de 1793, ele era um homem que se conhecia a si mesmo e aos "homens" melhor que antes — talvez melhor que desejasse. Seu tempo de *kairos* terminara mal havia começado.

Essa partida às pressas fez dele um corso ou um francês? É verdade que Napoleão sempre conservou a tez morena de alguém "que foi amamentado com azeite", mas isso poderia caracterizar tanto um corso quanto um francês do Sul. Se "a ausência reduz as pequenas paixões e expande as grandes, como o vento apaga uma vela mas atiça o fogo", como disse La Rochefoucauld, o ciclone da Revolução destruiu em Napoleão todo e qualquer resíduo de paixão pela Córsega. Muitos especulam que a indiferença do imperador pelos assuntos corsos era um resultado direto da derrota e da desilusão do capitão-de-artilharia. Certo dia, em Santa Helena, Napoleão declarou a Gaspard Gourgaud: "De todas as maledicências espalhadas sobre mim em libelos, aquela a que fui mais sensível foi ver-me chamado de corso." É verdade que em outras ocasiões ele confessou que teria gostado de ouvir os sinos das igrejas de Santa Helena tocarem o *Angelus*, como ouvia quando menino na Córsega. Mas que tal se, em vez de insistirmos em tentar discernir se Napoleão permaneceu corso e/ou se tornou francês, considerássemos que ele não era uma coisa nem outra? César, nascido na aristocracia, foi um *outsider* por opção; Napoleão, nascido numa família boa e sem fortuna da província, foi um *outsider* nato. E foi como *outsiders* que ambos acabaram sendo vistos. Napoleão, como César, não permaneceu criança por muito tempo; os dois cresceram depressa porque precisavam fazê-lo. E poderíamos acrescentar que Napoleão tampouco possuiu alguma nacionalidade por muito tempo (tal como Christian Meier afirma sobre César).[26]

As ações de Napoleão na Córsega no período de 1789-93 pouco prometeram, e pouco disseram, sobre seu futuro. Não há dúvida de que ele deu mostras de coragem e, em alguns momentos, de audácia, mas o mais das vezes revelou inconseqüência e imprevisão. Demonstrou um irrealismo e deficiência de julgamento estranhos para um corso que deveria ter um conhecimento melhor dos homens e de várias coisas — em especial, que deveria se dar conta de como a Revolução Francesa estava dividindo e destruindo sua bem-amada terra natal, de como seu aliado mais próximo (Saliceti) era um espécime deplorável de ser humano, e de como seus dois irmãos estavam solapando suas próprias metas. Esses foram defeitos da juventude e do idealismo; não foram sinais de que grandes coisas estavam por vir. Mesmo em termos estritamente militares, o início da carreira de Napoleão foi no mínimo irregular — marcado com mais freqüência pela derrota (p.ex., as insurreições de Ajaccio, a expedição às Madalenas) do que pelo sucesso.

Os anos que Napoleão passou na Córsega só têm importância intrínseca pelo aprendizado político que lhe propiciaram. Quando deixou definitivamente a ilha em 1793, ele estava se tornando, como César, um cidadão da república genérica — isto é, da *res publica*, ou "coisa pública" em geral —, não de alguma versão particular (p.ex., "patriota") dela. Estava a caminho de se tornar um adepto do processo político — ou simplesmente de "o político" (*le politique*), como o denominam os franceses. Ao discutir o poder do mito sobre as mentes humanas, o escritor britânico C.S. Lewis distingue entre verdade e realidade. "A verdade sempre diz respeito a alguma coisa", diz, "mas a realidade diz respeito ao que é a verdade, e por isso todo mito torna-se o pai de inúmeras verdades no nível abstrato".[27] A Revolução Francesa, com suas cenas hediondas e desilusões profundas, provou-se um mestre impiedosamente eficiente para Napoleão, desvencilhando-o de suas idéias sobre verdade política, ao mesmo tempo em que o manteve fascinado pelos mitos e realidades que são subjacentes a essas idéias e as geram. Sua paixão pela política redobrou à medida que ele ganhou sabedoria e discernimento com relação ao modo como a sociedade distribuía, usava, outorgava e justificava o poder.

Em meados de 1793, se não antes, Napoleão já perdera sua virgindade política, que era seu patriotismo corso. Esse patriotismo não resistiu à sua inserção na Revolução e à "transvaloração" de valores, para usar a linguagem de Nietzsche, que a Revolução operou na política do Iluminismo. Napoleão passou a ver o "patriotismo", entre aspas, como os modernos o teriam visto — isto é, como uma forma (uma máscara), entre outras, de ação pública. Isso não causa enorme surpresa. O "patriotismo" era essencialmente a linguagem da oposição. Como expressaria mais tarde um primeiro-ministro britânico: "Todo governo é deficiente nele [o patriotismo], toda oposição resplandece com ele."[28] Isso poderia não ter sido condizente com o estatizante que estava brotando em Napoleão. "A França [sob o Antigo Regime] não era um Estado", ele costumava dizer. Depois que se tornou um, com a Revolução, Napoleão gravitou para o ponto de vista do Estado, não para o da oposição. Isso podia ocasionar, como veremos, algumas propensões e alinhamentos políticos esquisitos, dependendo de quem encabeçava o Estado. De todo modo, explica por que Napoleão viu a Revolução Francesa, de maneira tão estável, não como uma insurreição do povo contra o chefe do Estado, o rei, mas como uma insurreição da classe média contra a nobreza. Nessa versão, se Luís XVI fosse esperto, teria assumido a liderança da revolta.

A evolução de Napoleão pode ser vista também em seus escritos. Quanto mais político o tema, melhor ele se saía, mais rápido e forte o ritmo do texto, mais incisivas as imagens e mais fluente a narrativa. É isso que torna seus escritos políticos de 1793 em diante vigorosos e centrados, dotados de uma força que empurra o leitor para diante. Falta-lhes o idealismo opressivo das peças anteriores, mas eles tampouco são cínicos. Aqui está, por exemplo, uma carta que Napoleão escreveu não muito depois que parou de tentar redigir ensaios dignos de prêmio sobre abstrações filosóficas:

> A Europa está dividida entre soberanos que comandam homens e soberanos que comandam gado e cavalos. Os primeiros entendem perfeitamente a Revolução, estão aterrorizados com ela, e fariam de bom grado sacrifícios financeiros para contribuir com sua destruição, mas jamais lhe rasgariam a máscara, por medo de que ela ateasse fogo em seus países ... Quanto aos soberanos que comandam cavalos, eles não compreendem a Constituição; desprezam-na; acreditam que ela é um amontoado de idéias incoerentes que provocarão a ruína do Império Francês.[29]

Vemos que Napoleão passou a entremear seu Rousseau com doses de Maquiavel e Voltaire. Tem um ponto de vista, mas não alimenta nenhum sentimentalismo em relação a ele, e, em todas as circunstâncias, equilibra-o com sua capacidade de observação e análise: "Não deveríamos julgar os homens numa revolução como em tempo de paz. A revolução é um estado de guerra ... Ademais, trata-se de vigiá-los, não de encolerizar-se ou de falar como alguém que pediu licença da sua razão."[30] Ele diria em Santa Helena: "Meu grande talento, o que melhor me caracteriza, é que vejo com clareza em tudo ... Consigo ver o cerne da questão sob todos os seus aspectos." Uma opinião que, aliás, não primava pela modéstia.

Ao navegar de Calvi para o golfo Juan, Napoleão tinha mais ou mesmo a mesma idade que César ao fim da grande guerra civil movida por Sula. Ambos aprenderam a mesma coisa de sua experiência na guerra e na grande luta civil: a lição de que vale tudo. Podemos dizer de Napoleão o que Meier diz do jovem César: ele não estava "mais preso a seu ambiente". Ao contrário de seus opositores, não acreditava mais em suas próprias justificações, nem nas de quem quer que fosse.[31] Do ponto de vista do verdadeiro crente — p.ex., o de Luciano — isso fazia de Napoleão um "homem perigoso", um cínico, um vira-casaca. Se foi isso que ele se tornou depois da experiência de anos de poder "mundano" é outra questão, mas no verão de 1793 não era isso que ele era.

Que era ele, então? É aqui que Napoleão diverge de César, ainda que apenas por terem os dois vivido em épocas tão diferentes. A Roma antiga conhecia a política, é claro, mas não conhecia a política ideológica, tal como estava sendo introduzida pela Revolução Francesa na massa da população. Na Roma do tempo de César, não se fazia distinção alguma entre Estado e sociedade, e certamente os membros desta última não contestavam de saída o propósito e a intenção fundamentais, a *natureza*, do primeiro. Os habitantes de Roma eram cidadãos, mas não aprendizes do "político", como usamos o termo — isto é, muitos ou a maior parte deles não eram o que hoje poderíamos chamar "verdadeiros crentes". Mas se ninguém na *res publica* romana contestava sua existência, na França da década de 1790 praticamente todo mundo tinha uma opinião (e muitos tinham um projeto) sobre o que o Estado devia ser.

Napoleão, na curta década entre 1784 e 1893, viveu a verdadeira crença que era a mais característica de seu tempo: o patriotismo. De maneira incrivelmente rápida e completa, foi conduzido pela experiência nua e crua a "ver através" dele — a vê-lo, por assim dizer, entre aspas. Segundo um ditado francês, "só escapamos da ambigüidade correndo um risco". Após sua partida forçada da Córsega, Napoleão abraçou a ambigüidade. Isso não o tornou mau nem bom; tornou-o moderno — talvez o primeiro, sem dúvida o mais importante, *homo politicus*.

IV
Robespierre a cavalo

"A ceia em Beaucaire"

Apesar das torrentes — na verdade, cataratas — de defesas e explicações, poucos, talvez ninguém, formaram uma opinião ou mudaram de idéia por força de palavras.
WILLIAM DOYLE[1]

A família de refugiados corsos estabeleceu-se primeiro na aldeiazinha de La Valette, perto do porto de Toulon, depois em Marselha. Sua situação, bastante precária, teria sido desesperadora não fosse o zelo de Saliceti, que conseguiu para eles o pequeno conforto de uma pensão do governo. Durante algum tempo, foi com ela, o soldo de Napoleão como capitão e trabalhos de costura que Letizia e as meninas faziam para fora que a família subsistiu. Napoleão voltou para seu regimento, que estava estacionado em Nice servindo com o Exército da Itália. Ali, quis a sorte que encontrasse o irmão de seu antigo comandante, Du Teil. Inusitadamente para um aristocrata, Du Teil *frère* apoiara a Revolução e simpatizou com Napoleão. Tomou-o como seu ajudante-de-ordens e o pôs para trabalhar no serviço das baterias costeiras francesas, montadas para atirar em navios britânicos de passagem.

O país para o qual os Bonaparte fugiram estava no mínimo em pior situação do que a ilha que haviam deixado. O Exército da Itália, apesar do nome, logo se veria envolvido na guerra civil que devastava o Sul francês. Foi no verão de 1793 que a República experimentou o pior momento em suas batalhas contra o inimigo. Todas as notícias eram ruins: as políticas fiscais da Convenção estavam se provando ineficazes contra a primeira inflação da história, ao mesmo tempo em que os controles draconianos exercidos sobre salários e preços nada faziam para impedir que tumultos por causa de comida afligissem as maiores cidades do país. A região da Vendéia, no oeste, explodiu em revolta declarada em favor do rei, enquanto em Paris um destacado radical da época, Jean-Paul Marat, morreu apunhalado durante o banho. Por fim, as duas facções políticas mais importantes da Convenção, os girondinos e os jacobinos, estavam literalmente se esganando. Quando os Bonaparte desembarcaram no golfo Juan, os jacobinos — também conhecidos como "a Montanha" porque seus deputados ocupavam as fileiras de assentos mais altas do anfiteatro onde a legislatura se reunia — haviam expulsado seus inimigos, que logo seriam mandados para o cadafalso. Resultado: grande parte da França, em especial as cidades portuárias, em que os girondinos tinham forte apoio, declarou-se independente da Revolução Francesa.

Essa revolta federalista — assim chamada porque seus protagonistas, muitos deles girondinos, tentaram derrubar a autoridade central em favor de maior autonomia regional — começou em abril na cidade de Marselha e espalhou-se para Bordeaux e outros lugares, enquanto Paris lutava desesperadamente para reafirmar (e endurecer) sua autoridade sobre o país. Ao mesmo tempo, na guerra externa em que a França se opunha à maior parte da Europa, um dos mais graduados generais franceses (Dumouriez) desertou e uniu-se ao inimigo; pouco depois, o grande porto naval de Toulon, base da frota francesa do Mediterrâneo, rendeu-se aos britânicos.

Os jacobinos não precisaram de Dumouriez e Toulon para compreender que sua república estava cercada de inimigos. O "Governo Revolucionário" que proclamaram pouco depois foi um regime de tempo de guerra, caracterizado tanto por extrema centralização quanto pela suspensão do estado de direito normal. Quem não fosse um "patriota comprovado" (conceito vago) era um traidor (conceito muito específico). No momento em que Napoleão estava reingressando em seu regimento em Nice, a guilhotina em Paris estava liquidando "traidores" à razão de duas a três dúzias ao dia, dando novo sentido à recriminação que Edmund Burke fizera antes à Revolução: "Começastes doentes, porque começastes desprezando tudo que vos pertencia."

Seis semanas após chegar à França, o capitão Bonaparte partilhou uma refeição com vários homens de negócios locais, durante a qual eclodiu um inflamado debate sobre os acertos e erros da luta civil que dilacerava naquele momento o Sul. A discussão deu a Napoleão a chance, que vinha buscando arduamente, de cair nas boas graças das autoridades jacobinas. De volta a seu alojamento, escreveu "A ceia em Beaucaire" — uma conversa entre cinco pessoas: um oficial favorável à Convenção (ele próprio), e quatro homens de negócios civis simpatizantes dos federalistas. Destes, o principal interlocutor do oficial é um negociante de Marselha, cidade sob o cerco de forças republicanas. Cedo ainda na discussão, ele diz ao oficial: "O senhor vai tão depressa que me estarrece." Esta iria se tornar uma queixa comum entre os oponentes de Napoleão.

Alguns elementos novos ressaltam no escrito — por exemplo, certo grau de realismo, abertura para a exposição de pontos de vista opostos e uma combinação de raciocínio militar e geopolítico. O que mais impressiona o leitor familiarizado com a obra anterior de Napoleão, no entanto, é o tom. Desapareceram a emoção densa, a indignação intensa, a ideologia ubíqua (o "patriotismo" de "Le discours sur le bonheur"); desapareceu também a ironia sarcástica (ainda que eficaz) da *Lettre à Matteo Buttafoco*, substituída pelo entendimento frio, analítico, de alguém que está alinhado mas nem de longe apaixonadamente *engagé*. O texto difere, portanto, de grande parte da polêmica jacobina da época. É verdade que o autor usa as expressões correntes "gênio da república" e "gênio da revolução", em vez de usar o termo ligeiramente reacionário "França", mas reconhece também (mais de uma vez) que os líderes jacobinos foram "sanguinários". Além disso, permite ao negociante lavrar alguns tentos, como em seu argumento de que os habitantes de Marselha também são "cidadãos" que hasteiam a bandeira tricolor, não realistas como os camponeses da Vendéia, e têm razão para estar cansados do derramamento de sangue e do facciosismo gerado por Paris. As respostas do oficial a argumentos desse tipo são menos esmagadoras que cumulativamente persuasivas; chamam a atenção não para quem fala e para a doutrina jacobina, mas para considerações materiais como a proteção da propriedade privada. Acima de tudo, ele insiste em sua demonstração militar de que Marselha não pode se erguer contra "toda a República", e que tentá-lo é fazer o jogo dos britânicos.

Em suma, "A ceia em Beaucaire" é uma peça rematada de polêmica política, e não surpreende que a liderança jacobina tenha mandado imprimi-la e distribuí-la. Sentimo-nos nas mãos de um escritor plenamente cônscio da dialética da "guerra e da revolução", de como elas se alimentam uma à outra e interagem. Assim, aparece no diálogo uma série de percepções que não demorarão a se concretizar na realidade material, quando Napoleão partir para a guerra de maneira menos literária. Desde já, ele compreende as vantagens de uma guerra de movimento sobre uma de linhas e posições, do ataque sobre a defesa. De fato, o argumento de maior peso usado pelo *militaire* foi que os federalistas estavam lutando não apenas por uma causa errada, mas por uma causa perdida.

Os fundamentos ideológicos de "A ceia em Beaucaire" são de um teor mais sutil que as chicotadas atrevidas do jacobinismo clássico: o *militaire* adota a perspectiva do Estado, a qual, segundo sua definição, não é um ponto de vista político — leia-se, faccioso —, mas a voz do bem comum. De fato, facções são precisamente o que o *militaire* reprova e quer deslegitimar. Em certa altura, ele sugere que talvez os adversários girondinos não fossem *realmente* culpados de conspiração. O que importava, contudo, não era um ideal abstrato de verdade, mas o fato prático de que haviam sido julgados "culpados" pelo governo em tempo de guerra. O que o oficial defende, em suma, é a razão de Estado, embora Napoleão fosse hábil o bastante para pôr as idéias cruciais não na boca do oficial, mas na de um dos quatro negociantes, chamado à razão pela força de seus argumentos.

A República recapturou Marselha em 25 de agosto, mas dois dias depois Toulon se abriu para a frota inglesa do almirante Hood.

Reconhecimento

No dia 16 de setembro, o capitão Bonaparte, quando escoltava um lento comboio de carroças de pólvora de Marselha para Nice, fez uma pausa para apresentar seus respeitos a Saliceti em Le Beausset. O ex-procônsul corso era agora um deputado em missão junto ao exército republicano diante de Toulon, e tinha um problema. A força de sitiamento ficara sem chefe de artilharia porque o tenente que ocupava o posto sofrera um ferimento e se encontrava fora de combate. Reza a lenda que Napoleão estava por acaso na presença de Saliceti no momento crítico em que isso ocorreu e ficou com o cargo, mas é mais provável que ambos estivessem maquinando desde julho para que Bonaparte assumisse uma posição importante em que pudesse trabalhar com e para Saliceti.

Toulon, como Marselha, foi mais uma prova do argumento de Napoleão em "A ceia em Beaucaire" de que o que começava como desobediência civil tornava-se inevitavelmente parte da guerra circundante. A população de Toulon sem dúvida queria ser deixada em paz por todos os beligerantes para se governar livremente — por exemplo, a cidade estava permitindo um recrudescimento da atividade religiosa católica, enquanto por toda a França jacobina a campanha de descristianização chegava ao paroxismo. O povo de Toulon não era majoritariamente monarquista, e menos ainda pró-ingleses, mas estava sob cerco, e portanto sem comida. A frota inglesa prometia víveres, com a condição de que a cidade acolhesse seus navios e reconhecesse Luís XVII, o filho infante de Luís XVI. Após dias de angustiante debate, o povo de Toulon aceitou relutantemente a proposta de Hood. Foi um desastre para a República — uma derrota tão grave quanto a lhe infligiram os ingleses em Trafalgar em 1805 —, pois os britânicos queimaram 12 navios de guerra franceses e rebocaram outros nove, sem perderem eles mesmos um só barco. A frota britânica passou a controlar as enseadas de Toulon, enquanto uma combinação de tropas de Toulon e algumas tropas espanholas ocuparam posições entrincheiradas em terra em torno do porto. Dispostas em ordem de batalha, viam formar-se contra eles um exército cada vez maior de tropas republicanas, enviadas de vários pontos do Sul.

Como foi em Toulon que Napoleão surgiu no palco mais amplo da história, é importante compreender o que esteve envolvido nessa prova. Para começar, o que a situação exigia não era inteligência estratégica *per se*, mas discernimento. Toulon não requeria um cerco em regra, como acreditavam alguns líderes militares e políticos. O exame atento de um mapa com relevo mostra que a chave estratégica para o porto é uma colina chamada L'Aiguillette, situada num promontório que se projeta na baía interior logo ao sul do porto. Sob esse aspecto, aliás, o porto de Toulon assemelhava-se um pouco ao de Ajaccio, dominado pela colina Aspreto — o que não deve ter passado despercebido a Napoleão. Se controlassem L'Aiguillette, os republicanos poderiam pôr a artilharia em posição e despejar uma chuva contínua de tiros sobre os navios ingleses ancorados na enseada, forçando-os a evacuá-la, e com isso a cidade estaria perdida. Depois que um ataque inicial de infantaria a L'Aiguillette foi repelido, os britânicos construíram uma fortaleza para proteger a ponta. A estratégia de Napoleão exigiu que as forças republicanas cavassem trincheiras e desfechassem um prolongado bombardeio de artilharia no "petit Gilbratar", como os franceses batizaram a fortificação britânica, e só depois de abalá-la seriamente lançar outro ataque, mais determinado, de infantaria.

O que se impunha na ocasião era um aumento constante do poder de fogo francês, em especial da artilharia, seguido finalmente por um ataque por terra coordenado, contínuo e certamente oneroso. O desafio soa óbvio, mas cabe lembrar que as forças da República não estavam em mãos de profissionais, a maioria dos quais emigrara. O comandante por ocasião da chegada do capitão Bonaparte, por exemplo, era um ex-pintor da Corte, absolutamente ignorante sobre guerra de cerco e compreensivelmente receoso de que um desastre pudesse lhe custar a cabeça. O comando mudaria várias vezes antes de passar para um soldado (Dugommier) com experiência em chefia militar. Manter a atenção fixada em L'Aiguillette em vez de fazer um ataque geral à cidade ou cercá-la por inteiro não foi fácil. Como a República estava lutando em uma dúzia de linhas de frente, a transferência de artilharia para esse setor não estava nem de longe assegurada, pois todos os seus comandantes militares estavam requisitando reforços.

O sucesso em Toulon exigiu, portanto, mais que habilidades analíticas e estratégicas; foi preciso sagacidade, capacidade de se impor em meio a uma profusão de planos, exigências, vozes e necessidades concorrentes; saber quem contatar entre várias autoridades militares e políticas, localmente e em Paris, saber como e quando pressionar. Significou saber como resistir eficazmente à indecisão, à confusão e à incompetência entre indivíduos de patente e posição (com freqüência) muito superior, sem ser exonerado ou marginalizado. Acima de tudo, exigiu perseverança: manter a pressão até que as pessoas no poder fizessem o que precisava ser feito. E, é claro, exigiu por fim, uma vez chegada a hora da verdade, assegurar a execução militar do plano com precisão e eficácia.

Como mero capitão-de-artilharia (major a partir de 19 de outubro), Napoleão não teria tido a chance de impor suas idéias para a tomada de L'Aiguillette, muito menos de liderar a operação, se Saliceti e outros não lhe tivessem dado ouvidos. Através de Saliceti ele conheceu outros deputados em missão — inclusive Paul Barras e Louis-Stanislas Fréron, homens mais importantes na Convenção que o próprio Saliceti — e impressionou-os não simplesmente por sua confiabilidade ideológica — questão ponderável numa República que ainda se curava da defecção de Dumouriez —, mas por sua competência técnica: simplesmente parecia saber do que estava falando. O grande número de cartas que Napoleão escreveu e os planos que propôs às autoridades durante três meses, de meados de setembro a meados de dezembro, atestam inesgotável energia e perspicácia infalível: ele impôs seu plano; a seguir, pensou em todas as contingências, lidou com cada novo desdobramento, descobriu diferentes maneiras de se repetir, vezes sem conta. Conseguiu, a um só tempo, esquadrinhar o terreno em busca de material — reunindo 11 baterias de quase cem canhões na costa oeste da enseada menor — e impor-se paulatinamente junto ao comando (argumentar, aconselhar, adular e impressionar). Pensava mais depressa, levantava-se mais cedo, ia para a cama mais tarde e falava mais que todos os outros.

O plano de Napoleão funcionou: como se pretendia, a frota britânica evacuou a enseada interna quando percebeu que a artilharia francesa estava no controle da entrada do porto e podia impedir o ingresso e a saída. Em seguida foram feitos vários ataques às posições de infantaria dos aliados. No ataque final, em 17 de dezembro, além de figurar como principal planejador e coordenador, Napoleão participou da luta. Foi derrubado do cavalo que montava, que fora atingido por um tiro, e levou um golpe de baioneta na coxa, o único ferimento verdadeiro jamais lhe infligido.

Em recompensa por serviços prestados — serviços cuja autoria Saliceti, Barras, Fréron e Dugommier fizeram todos os esforços para reivindicar para si próprios — Napoleão foi promovido a general-de-brigada em 22 de dezembro e mais tarde nomeado comandante da força de artilharia do Exército da Itália. Tinha 24 anos — jovem para o posto, mas não de maneira extravagante. Davout, Hoche e Marceau tinham todos 23 ou 24 anos quando se tornaram generais. Se algo distinguia Napoleão dos demais jovens agraciados com o generalato, não era a idade, mas as relações mais estreitas que mantinha com os jacobinos; era um general político. O capítulo de Toulon valeu-lhe mais de um prêmio. Conheceu também dois de seus futuros marechais do Império: Andoche Junot, que tomou como seu ajudante-de-ordens, e Auguste Marmont, homem que um dia trairia espetacularmente o soberano de quem aceitara tantos favores.

O jantar em Ancona

Houve bons jacobinos. Em certa altura, um homem de inteligência não podia deixar de ser um deles. Eu mesmo fui.
NAPOLEÃO BONAPARTE

Passados pouco mais de três anos, em meados de fevereiro de 1797, após dez meses de brilhantes campanhas, o general-em-chefe do Exército da Itália preparava-se para marchar com suas tropas vitoriosas sobre Roma. Durante um jantar com vários oficiais na cidade adriática de Ancona, por duas horas deu vazão a reflexões sobre a França e seu governo no Ano II da Revolução (1793-94). O fascínio que Bonaparte tinha pelo assunto era conhecido por seus companheiros mais chegados, mas não pelos comensais daquela noite, para quem seus pensamentos representaram uma "desagradável surpresa".

O foco dessas meditações napoleônicas foi aquele momento extravagante da Revolução Francesa que a marcou para a literatura e a posteridade. Foi a época em que as pessoas se dirigiam umas às outras como "cidadão" [*citoyen*] (inclusive "cidadão ministro"), usando barretes vermelhos (frígios) e calças listradas, em vez dos "aristocráticos" calções até os joelhos — os chamados culotes, donde a expressão *sans-cullotes* para designar os revolucionários da época. A correção política proibia o uso de títulos do Antigo Regime até o ridículo; assim, ao se falar de abelhas, considerava-se mais conveniente dizer "abelha presidente" em vez de "abelha rainha". As massas de *sans-cullotes* calçavam pesados tamancos de madeira, ou *sabots*, que podiam ser brandidos destrutivamente (daí "sabotagem"). Um importante revolucionário gabou-se: "Dentro de 20 anos ninguém em Paris saberá fazer um par de sapatos."

Um leitor moderno pode ver no que acaba de ser dito meros exemplos curiosos ou interessantes de ultra-radicalismo, mas o Ano II teve outras facetas que até hoje despertam inquietação. As principais foram, claro, a guilhotina e o Terror, mas o ataque frontal à religião não fica muito atrás. Por toda a França, igrejas foram fechadas, ruas com nomes de santos rebatizadas, o uso de vestimentas clericais em público proibido, e feriados como o "Banquete de Brutus" criados para substituir a Páscoa ou o Natal. Enquanto isso os apropriadamente chamados *enragés* (furiosos), seguindo demagogos talentosos como Roux e Hébert, tentavam impor a "vontade da Nação" à Convenção. Quando até líderes revolucionários radicais como Danton foram levados para a guilhotina, pareceu a muita gente — talvez à maioria — que as "coisas tinham ido longe demais", "estavam fora de controle".

O soberano de fato da França nessa época singular era um ex-procurador de Arras que tinha nas mãos, pessoalmente, o controle tanto do Comitê de Salvação Pública quanto do grupo de 12 pessoas denominado Convenção Nacional. Seu nome: Maximilien Robespierre. Foi sobre ele que o general Bonaparte discorreu longa e arrebatadamente durante o jantar em Ancona. A admiração que alimentava por "esse homem que era superior a tudo que o cercava", criador "do único governo forte que a França teve desde o início [da Revolução]",[2] deixou seus companheiros de mesa perplexos, como deixaria mais tarde os estudiosos de sua vida. Afinal, o primeiro imperador dos franceses é visto em geral como a última palavra em governança pragmática e como o grande sufocador da Revolução Francesa, ao passo que o "Incorruptível" é concebido como seu mais avançado avatar, um *illuminé* jacobino que pôs a ideologia à frente de tudo.

As explicações mais comuns para a associação de Bonaparte com os jacobinos são necessidade e ambição. Saliceti, lembremo-nos, era a única coisa que se interpunha entre a família Bonaparte e a miséria, e Napoleão queria subir mais, sobretudo depois de seu êxito militar em Toulon. Mas se essas motivações foram um elemento-chave do pacote, elas não explicam o estranho fascínio que ele sentia por Robespierre. Na primavera de 1794, o general Bonaparte conhecera Augustin Robespierre, irmão de Maximilien, um jacobino representativo que estava em missão no Sul. Augustin impressionou-se com o oficial corso (a quem conheceu através de Saliceti), a tal ponto que escreveu para Maximilien em Paris: "Eu acrescentaria à lista de patriotas o nome do cidadão Buonaparte, general-em-chefe de artilharia, um oficial de mérito transcendente. É ... um homem que resistiu aos afagos de Paoli, e que [por isso] teve sua propriedade destruída por esse traidor."[3] "Mérito transcendente" era uma expressão forte; era mais do que se disse sobre generais republicanos mais famosos e mais bem-sucedidos como Hoche ou Masséna.

Com o apoio de Augustin, Napoleão e suas idéias receberam atenção na cúpula do regime jacobino durante seus últimos meses de vigência, embora seja difícil avaliar a medida exata da influência que ele chegou a ter, pois o Comitê de Salvação Pública estava concentrado sobretudo no conflito político cruento e sem quartel que assolava Paris, e as propostas do general Bonaparte tinham a ver com estratégia militar. Ele nunca se encontrou com o Robespierre mais velho e recusou o único posto que este talvez lhe tenha realmente oferecido, o de comandante da Guarda Nacional de Paris. O controverso Incorruptível caiu seis semanas depois, e é improvável que mesmo Bonaparte pudesse tê-lo salvado. Se o tivesse tentado e fracassado, isso lhe teria valido a guilhotina, como ele entendia perfeitamente, e essa foi sem dúvida uma razão para que deixasse passar a "oportunidade".

O que Napoleão de fato se tornou foi um "urdidor de planos" (*faiseur de plans*) para o teatro do norte da Itália na política externa do regime. E, mais importante, gozou, graças a seus freqüentes contatos com Augustin Robespierre, de uma visão panorâmica do que estava transpirando em Paris. Napoleão refletiu intensamente sobre os eventos do Ano II pelo resto de sua vida, e as idéias que desenvolveu sobre Robespierre, que tanto chocaram seus convivas em Ancona, são interessantes tanto por si mesmas — historicamente astutas, penetrantes — quanto pelo que nos dizem sobre ele.

Essencialmente, Napoleão via os jacobinos como um partido moderado no governo, como administradores conservadores de seu bem-amado Estado. O Robespierre de Napoleão não era o radical apaixonado do retrato convencional, mas um opositor do terror e do facciosismo — acima de tudo, um defensor do governo central forte. A democracia, para *esse* Robespierre, não era o "povo soberano" erguendo-se em massa e pavoneando-se como "a nação"; era o império da lei e das instituições representativas. O Comitê de Salvação Pública que ele dominava agia audaciosamente para esmagar as facções de rua, mandando vários de seus líderes para a guilhotina. Como Napoleão observou, foi enquanto Robespierre esteve no leme do Estado que, "pela primeira vez, desde o início da Revolução, pessoas foram sentenciadas à morte por serem ultra-revolucionárias, não por tentarem deter a revolução".[4] Além disso, Napoleão atribuía a Robespierre um vasto plano para "regenerar tanto o século quanto o país", para dotar a França e o mundo de novas instituições e costumes. Em suma, via o Incorruptível como um homem sem ambição pessoal que lutava pelo "triunfo da Revolução", o que para Napoleão significava contê-la, consolidá-la e defendê-la, mas não expandi-la.

Um apêndice curioso ao exposto acima foi a evolução de Napoleão no tocante à religião. Conhecemos sua idéia anterior de que a religião era perigosa pela concorrência que fazia ao Estado. Mesmo após testemunhar durante vários anos os golpes que a Revolução desfechava no cristianismo, e o radicalismo destrutivo, gerador de discórdia, que acompanhava isso, Napoleão foi levado a reconsiderar o valor da crença religiosa para a conservação da ordem social e o refreamento dos impulsos dos homens. Passou a perceber a verdade do preceito de Voltaire: "Se Deus não existisse seria preciso inventá-lo." Assim, parte considerável da admiração que alimentava por Robespierre resultou da tentativa que ele fez de sustar o ataque à religião. Julgando a religião indispensável a uma sociedade harmoniosa, Robespierre lançou um culto estatal do Ser Supremo — do qual, de fato, tornou-se praticamente o sumo sacerdote. Esse excêntrico episódio teve poucos admiradores — seja na época ou posteriormente —, mas Napoleão Bonaparte foi um deles.

O que mais deve ter chocado os que se sentaram à mesa com o general Bonaparte em Ancona, porém, foi sua visão sobre a dramática queda do poder de Robespierre no 9 Termidor (27 de julho) de 1794.[5] Segundo Napoleão, Robespierre morrera "por ter desejado deter a Revolução", enquanto seus interlocutores viam nele um ditador encharcado de sangue, que galgara merecidamente o mesmo cadafalso a que enviara tantas vítimas inocentes. Para eles a morte de Robespierre fora a salvação da França; para Napoleão, fora "um grande infortúnio".

O Termidor resultou em morte para Robespierre e seus colaboradores mais próximos, inclusive seu irmão. Resultou também em punição para os grandes e (por vezes) pequenos colaboradores do Incorruptível. Se Napoleão fosse um oportunista, se tivesse se tornado jacobino por interesse, teria abjurado sua fé no pós-Termidor, como fizeram inúmeros outros jacobinos. O sucesso dos autodenominados Brutus que conspiraram contra Robespierre — homens não menos sanguinários que ele, diga-se de passagem — residiu em convencer o maior número possível de pessoas a vê-los como moderados e a seu adversário como um louco. No Termidor, pela primeira vez, "jacobino" tornou-se um termo de opróbrio, enquanto multidões de linchadores bem vestidos substituíam o terror vermelho da guilhotina. "O Terror", como Isser Woloch observou argutamente, "mudou o destino da França ... [pois] desencadeou um ciclo de recriminação, ódio e conflito local endêmico que tornou muito obscuras as perspectivas futuras de uma política democrática no país. O general Bonaparte representava uma saída possível desse dilema, ou uma cura pior do que a doença, dependendo do ponto de vista".[6]

A queda de Robespierre, Napoleão reconheceu, "afetou-me bastante, pois gostava muito dele". Não foi nada que se comparasse à amarga decepção que sofrera nas mãos de Paoli. Havia porém um toque de idealismo político na apreciação que expressou obstinadamente sobre o Incorruptível — mesmo que não houvesse nela a coragem arrebatada (e irrealista) do apoio de última hora que dera a Paoli no início de 1793. Como primeiro-cônsul, Napoleão concederia uma pensão à irmã de Robespierre, Marie, e em Santa Helena declarou que, como imperador, deveria ter mandado imprimir o discurso final dele à Convenção. Esse pesar foi no máximo uma veleidade, e mais provavelmente uma manifestação de hipocrisia, mas o fato é que havia algo de Robespierre em Napoleão, e vice-versa. Germaine de Staël, perspicaz observadora da cena francesa, percebeu sob as aparências ideológicas o homem de Estado (se não o estadista) em Robespierre e em Napoleão. Pouco depois do golpe de Estado do 18 Brumário, contemplando o primeiro-cônsul, ela o denominou Robespierre a cavalo.

Napoleão foi, em suma, um jacobino fiel à linha do partido por menos tempo e com menos fervor do que fora um *paolisto* convencional. Seu jacobinismo, se podemos chamá-lo assim, foi um prolongamento de sua gratidão à Revolução por tê-lo libertado dos efeitos do preconceito de casta aristocrático. Permanecer franca e escancaradamente leal à sua versão de Robespierre foi uma maneira de não renegar a si mesmo, apesar das decepções de 1789-93 na Córsega e do 9 Termidor na França.

Dez meses após a detenção de Bonaparte, foi a vez de Saliceti entrar em conflito com a Convenção, que o destituiu de seus direitos legais. Napoleão sabia exatamente onde seu antigo colaborador se escondera, mas nada disse às autoridades.

Os planos do urdidor

Um rapaz de cerca de 27 anos [sic] que deve ser temido como perturbador, de ardente espírito republicano, de vasto conhecimento em coisas militares, de grande atividade e grande coragem ...
DESCRIÇÃO DE NAPOLEÃO EM 1794
POR UM MINISTRO AUSTRÍACO[7]

É preciso não esquecer que a República francesa estava em guerra durante todo esse tempo. Tentar explicar o Terror de 1793-94 considerando apenas a lógica da história interna da França — tendência que prevaleceu em anos recentes — é como tentar analisar um jogo de xadrez unicamente a partir do movimento das peças brancas. Guerra, luta civil e terror estavam com freqüência estreitamente entrelaçados. Pode-se expressar isso com convincente concisão, como Arno Mayer: "A guerra revoluciona a revolução,"[8] ou explicá-lo brilhantemente, como Paul Schroeder: "O paralelo do terror como meio revolucionário de combater a insegurança interna foi a guerra como meio de combater a insegurança externa. Em ambos os casos, os problemas eram reais e sérios, os métodos, naturais e quase inevitáveis, mas desastrosos. A ampliação do terror tinha por objetivo produzir um consenso revolucionário genuíno, espontâneo dentro da França; a expansão do poder e da influência francesa através da guerra tinha por objetivo pôr fim ao cerco e à hostilidade da parte do resto da Europa. Ambas as coisas visavam resolver problemas refratários agindo com mais dureza, tentando superar a realidade, em vez de enfrentá-la."[9] O regime jacobino combateu nada menos que seis Estados (Grã-Bretanha, Áustria, Prússia, Espanha, Holanda e a monarquia do Piemonte-Sardenha do norte da Itália), bem como muitos inimigos internos no oeste e no sul da França. Contra todos esses adversários, pôs 14 exércitos em campo. Algumas vezes alguns deles venceram, outras vezes, perderam, mas num caso ou no outro a situação era perigosa, onerosa, e gerava constante ansiedade em toda a extensão do país. Era sem dúvida para a guerra, mais que para a política de Paris, que se voltavam os pensamentos e as preocupações do general Bonaparte.

A República "nacionalizou" a guerra, para usar a expressão lançada por um destacado jornalista jacobino. A condução da política exterior pelo novo regime constituiu uma ruptura com a diplomacia tradicional: permitiu o debate parlamentar aberto sobre as relações exteriores, muitas vezes pontuado por intervenções dos espectadores nas galerias; publicou correspondência diplomática secreta e promulgou decretos declarando que "o povo francês" estendia "fraternidade e assistência a todos os povos que buscassem reconquistar a liberdade" (de tão realista, essa medida foi revogada cinco meses depois). Esse "discurso nacional" * ameaçou subverter as monarquias: dali em diante "o povo francês" declarou guerras somente a soberanos, não a seus povos; por outro lado, só firmou tratados "nacionais" com outras nações, não com suas cabeças coroadas ou governos monarquistas; a França tinha eleições e tentou instituir regimes democráticos nos territórios que conquistasse. Embora fosse verdade

---

* No original, *nation-talk* — expressão cunhada pelo autor. Seu sentido se elucida à medida que retorna ao longo do livro, mas é no capítulo VIII, na seção '. . . e a solução "nacional"' [p.225] que está mais bem definida. Para distingui-la, manteremos a expressão sempre entre aspas. (N.T.)

que a substância real das relações entre os Estados europeus — p.ex., as terras em disputa — teria soado familiar a Henrique IV ou Luís XIV, não podemos daí concluir que o novo elemento ideológico tivesse desaparecido ou se tornado menos importante. Mais que qualquer outro fator, foi ele que levou a República Francesa a demonstrar "uma relutância em negociar acordos de alguma importância com outros Estados".[10] Isso, por sua vez, acrescentou às relações européias uma dimensão de desconfiança, ódio e vingança duradouros, dimensão que é imprescindível lembrar quando se quer compreender a natureza da guerra — e do papel dos generais — de 1792 a 1815.

É verdade, no entanto, que a Primeira Coalizão não se cristalizou *apenas* porque seus integrantes estavam apavorados com a Revolução Francesa ou com medo de seu potencial de subversão. Com o passar do tempo, o que impeliu a França no caminho da expansão territorial não foi o revolucionarismo missionário, mas a velha cobiça e a velha estratégia militar, além de — talvez sobretudo no período em que o general Bonaparte apareceu em cena — necessidade econômica: a guerra tinha de *compensar*, não só para se pagar, como para sustentar o regime, em termos de subsídios que fluíam para um Tesouro público esvaziado pela inflação e pelos reveses econômicos. A República tinha grande apreço pela doutrina geopolítica que afirmava a legitimidade da expansão da França até suas "fronteiras naturais": o Reno, os Alpes, os Pireneus. Um exame mais atento de mapas regionais, no entanto, mostra que essas não são as linhas ou paredes geográficas nítidas que pareceriam ser, para não mencionar que desrespeitavam um sem-número de realidades culturais, étnicas e econômicas.

De fato, sucessivos regimes franceses convenceram-se de que a "segurança nacional" do país não estaria garantida a menos que a República controlasse, por meio de regimes fantoches ou de ocupação, um naco do território alemão ocidental até (e mesmo além) da margem esquerda do Reno; grande parte dos atuais países Benelux; e, no sudeste, os condados de Nice e da Sabóia, que então pertenciam ao reino da Sardenha. A França desejava, em resumo, a hegemonia na Europa ocidental. A Inglaterra, de sua parte — além do controle dos mares —, queria uma França fraca. Essa foi, em última análise, a causa da duradoura inimizade entre os dois países.

Afora interesses convencionais, a guerra obedecia também a uma nova e irresistível lógica gaulesa própria. Movida pela República com enormes exércitos de cidadãos recrutados por *levée en masse*, a guerra era a principal arena em que o elã revolucionário de centenas de milhares de homens se expressava, agora que a era das insurreições internas se encerrara. Esses exércitos inchados venciam batalhas para a Revolução, mas isso por sua vez tornava a República ainda mais propensa a recorrer à solução militar. Mais do que na maior parte das eras, a França nos anos 1792-1815 foi uma sociedade cujas elites políticas e econômicas, bem como militares, tinham os olhos voltados para a guerra.

No raiar de 1794, com Napoleão emergindo de sua brilhante ação em Toulon, a Guerra da Primeira Coalizão vinha sendo declarada e interrompida havia quase dois anos em vários *fronts* nos Países Baixos, na Alemanha ocidental, no Pireneus e na Riviera franco-italiana. Este último teatro era o menos ativo e, em alguns sentidos, o menos importante. É essencial ter isso em mente, pois o motivo não formulado de todos os escritos de Napoleão nesse período foi um ardente desejo de que mais atenção, efetivo, material e fundos fossem destinados ao Exército da Itália, permitindo-lhe fazer jus a seu glorioso nome. No início de 1794 as duas unidades francesas desse setor, o Exército da Itália e o Exército dos Alpes, estavam dominando um mesmo terreno havia mais de um ano, muito embora seu principal inimigo, os sardos, estivessem quase falidos (seu rei logo seria obrigado a empenhar as jóias da Coroa) e paralisados pela desconfiança de seus aliados mais poderosos, os austríacos.

Napoleão tinha palpitações de impaciência. Alguns meses antes, a glória marcial e espólios de guerra haviam começado a fluir de volta para os cofres — raramente vazios, mas nunca cheios o bastante — de jovens generais franceses em toda parte, *exceto* a Itália. Em abril, Jourdan, com 30 anos, salvara a República em Fleurus, na Bélgica. Pichegru, de 31 anos, passara de tenente a comandante do Exército do Norte em menos de dois anos e estava famoso em toda a França. Marceau, aos 24 anos, estava se saindo brilhantemente como comandante do Exército do Oeste; Moreau, aos 29, acabara de ser promovido a general-de-divisão; e Desaix, 25, era general-de-divisão no Exército do Reno. Dois notáveis oficiais republicanos — Bernadotte, 30 anos, e Hoche, 25 — eram generais-de-divisão, estando este último prestes a se cobrir de glórias rechaçando as forças combinadas de ingleses e *emigrés* * no Quiberon. É verdade que Napoleão galgara a condição de estrela com menos idade do que qualquer desses homens, exceto Marceau, mas estava abaixo deles em hierarquia e sucesso. Por fim, diferentemente deles, não tinha um comando seu nem em perspectiva, pois tudo estava tranqüilo no *front* sul. O comandante do Exército da Itália era o general Dumerbion, um soldado tarimbado, mas velho e doente. Na primavera, o general sofreu grande pressão de seu comandante de artilharia, Bona-

* Termo pelo qual eram conhecidos os que se viram obrigados a deixar a França depois da Revolução. Sinônimo portanto de "realista", "antipatriota". (N.T.)

parte, tanto diretamente como através das ligações que o jovem tinha com os vários deputados em missão junto ao Exército da Itália, sobretudo Saliceti e Robespierre *le jeune*. Napoleão submetia-lhes estudos e eles os passavam adiante, sob seus próprios nomes, ao Comitê de Salvação Pública em Paris. Esses memorandos tinham de ser notáveis a ponto de impressionar homens que lidavam diariamente com um mar de documentos. Torneio de frases e estilo polêmico importavam pouco; o que contava era raciocínio meticuloso e, acima de tudo, a noção de como se dirigir a políticos. As séries compactas e conectadas de observações, considerações e deduções, ou conclusões, formuladas por Napoleão alcançavam seu objetivo brilhantemente.

A melhor delas foi a "Nota sobre a posição militar e política de nossos exércitos do Piemonte e Espanha", uma jóia de 1.500 palavras em que, sob a prosa mais comezinha, escondem-se idéias de alcance extraordinário. Passo a passo, o autor avançou da necessidade trivial de mais arreios para a cavalaria até a questão primordial da "absoluta necessidade, numa luta imensa como a nossa, de um governo revolucionário e de uma autoridade central única". Napoleão foi transpondo contradições, como se estivesse numa corrida com obstáculos. Primeiro, precisou reiterar o mito de que a guerra ali, como em toda parte, é de natureza primordialmente defensiva, para, em seguida, passar a detalhar uma estratégia inteiramente ofensiva. Em segundo lugar, precisou despertar interesse pelo *front* italiano num momento em que outros — p.ex., o da Espanha — estavam tendo um sucesso atrás do outro. Ele não podia, porém, ignorar o fato de que o maior inimigo baseado em terra da França *não* eram os sardos, mas a potência que se emboscava atrás deles: a Áustria (a Grã-Bretanha estava financiando os exércitos dos Habsburgo). Era preciso demonstrar, portanto que a campanha na Riviera e no norte da Itália produziria resultados diretos na forma do enfraquecimento da Casa de Habsburgo. É verdade que uma estratégia desse tipo fora outrora uma linha de ataque francesa clássica contra seu inveterado inimigo austríaco, mas nos últimos anos o pensamento estratégico francês vinha se concentrando quase exclusivamente na via principal para Viena, seja cruzando o Reno ou atravessando a Alsácia ou a Suíça. Nada resume melhor o gênio casuístico da "Nota" de Napoleão, portanto, que a frase: "Golpear a Alemanha, nunca a Espanha e a Itália", que é seguida por detalhes para uma campanha na... Itália."[11]

Napoleão raciocinava, portanto, que o Exército da Itália era o mais bem situado para desferir os golpes mais eficientes em "nosso mais implacável inimigo" (a Áustria). Os franceses deviam introduzir uma cunha entre os dois aliados — os sardos e os austríacos —, e depois tratar de liquidar cada um de ponta a ponta. Uma vez que o rei da Sardenha tivesse firmado a paz com a França em separado, o Exército da Itália atacaria o Tirol, no coração da Áustria. Era um projeto metódico, a que a "Nota" de Napoleão dava a aparência de uma ação contínua, em que cada passo levava natural e facilmente ao seguinte. Na verdade, é claro, tratava-se de uma desbragada fantasia. Nenhum general francês estacionado no teatro do Sul — Dumerbion, Masséna, Scherer etc. — estava propondo planos tão ousados como esse, apenas projetos para embates localizados com as forças sardas na Riviera ou em suas proximidades, ou na costa liguriana.

Assinado por Augustin Robespierre e entregue por ele ao irmão, esse texto constituía também uma habilidosa mistura do político e do militar, pois o autor, antecipando Clausewitz, julgava que a guerra nada mais é que uma extensão da política. A República estava comprometida com guerra e revolução, e uma devia impelir à outra. Napoleão fala de "governo revolucionário" e defende a "derrubada do trono" [da Casa de Sabóia]. Tem clara consciência de que seu principal leitor acalenta o sonho radical de revolucionar toda a Itália. Para um jacobino arguto como Robespierre, Napoleão pode ter parecido um equivalente militar de Saint-Just, seu leal colaborador e ideólogo do Comitê.

Para azar de Napoleão, sua "Nota" só chegou à mesa de Robespierre no máximo uma semana antes do 9 Termidor. Com a queda do Incorruptível, as idéias do general-de-artilharia foram parar nas mãos de homens como Lazare Carnot, o maior estrategista militar e geopolítico da República, muito menos propensos a mover *la guerre à outrance*. De fato, para Carnot, um dos vários "crimes" de Robespierre fora seu desejo de levar adiante uma guerra de agressão tão arriscada na Itália, expondo a República a ataque e contra-ataque. O evangelho da guerra revolucionária, na concepção de Carnot, ditava que cada centímetro do solo nacional devia ser protegido — uma idéia de que as idéias de Napoleão zombavam.[12]

Os deputados pós-Termidor em missão no Sul continuaram receptivos aos projetos belicosos de Napoleão. Seus planos para a Itália passaram a sugerir que se insuflasse o povo genovês contra seus governantes oligárquicos e se distribuíssem cópias da correspondência diplomática como um meio de obrigar os governantes a cumprir as ordens dos franceses. De modo geral, contudo, depois da queda de Robespierre as notas de Bonaparte passaram a exalar menos odor ideológico — seu autor, como sempre, estava avaliando os propósitos de seus leitores ao mesmo tempo em que procurava promover os próprios. Com a saída de cena de Robespierre, a moderação de Carnot prevaleceu, ilustrada pela nomeação de generais comandantes hesitantes, em geral mais velhos, para o Exército da Itália. De um ponto de vista estritamente militar, os franceses sem dúvida perderam uma oportunidade de promover operações militares com êxito na Lombardia, mas ninguém compreendia melhor que o general Bonaparte que a guerra tendia à política. De todo modo, nessa altura outros assuntos lhe exigiam a atenção.

Vendemiário, ano IV

O período de 15 meses decorrido entre a queda de Robespierre e a criação do primeiro Diretório é oficiosamente conhecido como Termidor, ou Reação Termidoriana, pelo contraste que fez com o anterior. O Termidor proporcionou alívio sob vários aspectos decisivos: encerrou o regime de emergência e do Terror, acabou com o controle dos preços, e a vida religiosa e a social ficaram mais intensas. A principal missão do regime era escrever uma nova Constituição, e ele a cumpriu, mas o governo revelou certa ambigüidade em sua natureza e irresolução em sua política. Se as coisas mudaram em estilo e tom, *institucionalmente* o Termidor não representou mudança. Os membros da Convenção Nacional — expurgada, é claro, de Robespierre e companhia — transformaram-se em ex-jacobinos penitentes. O Termidor foi em parte um período de hipocrisia, de revolucionários empenhados em se desconstruir no intuito de conservar o poder.

Napoleão tinha alguns defensores e admiradores importantes entre os termidorianos (Barras, Fréron e outros), mas não se deu ao trabalho de tentar parecer um novo homem. Isso poderia lhe ter acarretado problemas, não fossem a relativa modéstia de sua reputação — era mais conhecido no Sul que em Paris — e a grande qualidade de seu trabalho. Apesar disso, os novos rostos no Comitê de Salvação Pública e o novo ministro da Guerra, Aubry, viam o grupo de Robespierre com desconfiança e não conseguiram chegar a uma decisão conseqüente sobre que uso fazer do general-de-artilharia. No inverno de 1795, Napoleão foi removido do *front* da Riviera e da Itália e encarregado de fazer planos para a invasão da Córsega — projeto que foi cancelado quando ficou claro que os franceses não tinham como desafiar a hegemonia naval britânica. Em maio, Napoleão recebeu ordem de se apresentar ao Exército do Oeste, sob o comando de Lazare Hoche.

Diz um velho ditado latino que "os franceses se atacam uns aos outros como lobos". Talvez isso seja injusto — para os lobos, que parecem viver bem em alcatéias. Poucos conflitos em toda a longa história da França atestam de maneira mais deplorável a inimizade mútua dos franceses que a guerra entre os exércitos camponeses (*les Chouans*), muitas vezes liderados por padres e monarquistas, e os exércitos de casaco azul da República, que grassou na Vendéia de 1792 a 1795. Suas vítimas foram tão numerosas quanto as do Terror. E no entanto foi um francês, Chateaubriand, que fez a fascinante observação de que "a guerra civil é menos injusta e revoltante, bem como mais natural, que a guerra externa". Há uma verdade mais profunda e mais purgativa no conflito fratricida, em matarmos alguém que amamos por uma razão que nos parece inarredável, do que em matar alguém que não conhecemos por ganhos territoriais que pouco significam para nós. Para um comandante militar, o conflito civil é particularmente arriscado e perigoso; mas pode compensar. Assim, todos os louros ganhos por César em seus oito longos anos de batalhas na Gália não tiveram o mesmo valor que a única vitória que obteve em Farsala sobre as legiões romanas de Pompeu. Napoleão compreendia muito bem os dois aspectos, aterrador e atraente, desse tipo de conflito.

A única coisa boa que se poderia dizer sobre essa designação para a Vendéia é que ela proporcionou a Napoleão uma brigada própria, pois ele estava ansioso por sair de trás de uma mesa. Mas as desvantagens eram muitas. Além de servir na infantaria — ficando um degrau abaixo, em status, de um oficial-de-artilharia —, teria de enfrentar um perigo político e vencer uma aversão pessoal. O próprio general Hoche tentara evitar uma função que o obrigasse a fazer guerra a compatriotas, missão que contrariara outros excelentes oficiais, como Kléber e Kellermann. Hoche, como tantos colegas oficiais, enfrentara a prisão em conseqüência de acusações políticas insignificantes, tendo numa ocasião escapado por pouco da guilhotina. No início de 1795, ele escrevera ao ministro da Guerra queixando-se do grande número de seus oficiais na Vendéia que estavam solicitando transferência.[13] Por fim — uma consideração não irrelevante para Bonaparte — na verdade a guerra no oeste já havia terminado, em abril de 1795, quando a Paz de Prévalaye fora firmada entre os rebeldes e a República. Com isso, só restava a operação de limpeza a fazer. Os inconvenientes do serviço na Vendéia proliferaram tanto que Marmont qualificou essa designação de "um golpe desastroso na carreira de Napoleão".

Ele próprio, no entanto, parece ter reprimido sua ambivalência e se revestido de coragem para assumir o posto, embora ficasse adiando a partida para a Vendéia. Ele, Junot e Marmont demoraram-se em Paris e, embora sem dinheiro, desfrutaram dos prazeres que a capital oferecia nessa fase de alegria recobrada. Napoleão aproveitou a trégua para ir à Ópera, visitar o Observatório e ouvir palestras de Lalande, o famoso astrônomo.

O verão de 1795 foi uma fase em que, apesar das cartas escritas por Napoleão e das memórias de outras pessoas, não podemos dizer com certeza a quantas andavam sua mente ou seu coração. Podemos tomar os indícios pelo que aparentam ser: o homem parecia sereno, alegre e otimista. Mas podemos também analisar esses mesmos indícios e dizer que eles mentem: Napoleão estava internamente deprimido, melancólico, inquieto.

A mim, impressiona a simples quantidade de espaço epistolar que Napoleão dedicou então aos irmãos — note-se por exemplo o prazer que lhe proporcionou a visita a Paris de Luís, então com 17 anos, e o dissabor que sentiu com a partida dele ("Sinto a ausência dele tão agudamente", escreveu a José em 6 de setembro, "foi de tanta ajuda para mim"). Tentou organizar uma visita a Paris para Jerônimo, de dez anos. Escreveu menos sobre Luciano, embora tenha se dado ao trabalho de fazer diligências para livrá-lo da prisão (Luciano — também conhecido como Brutus Bonaparte — era jacobino demais para o gosto termidoriano). Quanto à sua afeição por José, ela era o sentimento que definia sua vida emocional até aquele momento. Estava constantemente assegurando o irmão de "*mon amitié*", dizendo-lhe que "não se preocupasse com o futuro" (que ele, Napoleão, haveria de garantir). Numa carta, diz que seu sentimento pelo irmão é tão grande, que tem de parar de escrever. As cartas a José constituem a espinha dorsal da correspondência de Napoleão nesse período; eram noticiosas e descritivas, cheias de tagarelice sobre festas, mulheres e a alegria que voltara a definir a vida na capital durante o Termidor.

Em suma, a leitura dessas cartas deixa o leitor com a imagem de um Napoleão de grande autodomínio (talvez conquistado a duras penas), embora tivesse motivos para se sentir ansioso e perturbado: os ganhos de 1794 na Riviera, em parte devidos a seus planos, haviam sido perdidos para a contra-ofensiva austro-sarda; a mulher que amava — ou pensava amar, ou afirmava amar — não vinha respondendo às suas cartas com suficiente freqüência; por fim, o que era mais grave, seu status no exército continuava ambíguo. Oficialmente deveria estar na Vendéia e, no entanto, permanecia em Paris graças a várias licenças por doença e permissões especiais. Curiosamente, queixava-se pouco de qualquer dessas coisas (exceto da indiferença da mulher) em suas cartas.

O que Napoleão revelava, em vez disso, era uma disposição especulativa e filosófica que levou alguns a questionar se estaria feliz. Assim, ele escrevia (12 de agosto): "Quanto a mim, não sou especialmente apegado a coisas. Aproximo-me da vida sem cobiça. Encontro-me no estado de espírito em que mergulhamos na véspera da batalha ... quando seria insensato ficar ansioso. Tudo me torna indiferente ao fado ou destino." O autor poderia estar — fatalmente *de-*

veria estar — ansioso quanto a seu futuro, mas esforçava-se para não deixar que isso afetasse o irmão. "Você não tem nenhuma razão para se preocupar comigo, aconteça o que acontecer; tenho muitos bons amigos que são pessoas decentes, seja qual for seu partido ou opinião" (6 de setembro). "O futuro é um assunto de desdém para o homem de coragem" (8 de setembro). Em público, Napoleão exibia reserva e impassibilidade, ou, como diriam alguns, um "silêncio glacial" e uma inconveniente relutância em dar gargalhadas no teatro. Reações desse tipo poderiam indicar simplesmente seja o incômodo de ser pobre na alta sociedade, seja a ausência de gosto por conviver nesse meio. Para encerrar, fiquemos com o julgamento de um dos mais argutos companheiros que Napoleão teria no futuro, Charles Maurice de Talleyrand: "Seus verdadeiros sentimentos nos escapam, pois ele continua encontrando uma maneira de dissimulá-los mesmo quando realmente existem."

No dia 19 de agosto, Bonaparte foi nomeado para a chefia do Departamento Topográfico do Exército, uma espécie de assessoria geral de planejamento diretamente ligada ao Comitê de Salvação Pública. Essa designação, uma espécie de golpe, mostrou que ele ainda tinha alguma influência, mesmo no Termidor. Uma destacada figura da época, Boissy d'Anglas, recomendou-o ao novo ministro da Guerra, Pontécoulant, que teve um encontro com ele e o descreveu como "um jovem de tez pálida e amarelada, grave e encurvado, parecendo doentio e frágil".[14] Mal impressionado pela falta de conhecimento militar do ministro de 30 anos, Napoleão desistiu de dar seguimento a esse contato, de modo que o político teve de ir em busca do jovem general, que desejava ter a seu serviço. Bonaparte pediu para ser transferido para o serviço do sultão da Turquia (o que o ajudaria a formar sua arma de artilharia), mas o pedido foi recusado, após algumas vicissitudes, porque seus serviços eram considerados importantes para serem dispensados.

Em seguida, em 15 de setembro, aconteceu algo de estranho: o nome de Napoleão desapareceu inexplicavelmente da lista de militares na ativa. Não sabemos precisamente por quê — se por incúria administrativa ou em resultado da fobia sem trégua de que os jacobinos eram alvo. A primeira alternativa é a mais provável, uma vez que no mesmo dia o general foi informado de que podia seguir para Constantinopla (permissão mais tarde revogada). Seja como for, ele ficou enfurecido o bastante para renunciar à missão. Isso teria sido o fim de sua carreira militar, pelo menos por algum tempo, não tivesse a sorte lhe sorrido mais uma vez.

Diante da repressão oficial aos jacobinos, o famoso renascimento da vida política no Termidor beneficiou sobretudo a direita. Os que voltaram à tona na vida pública estavam longe de ser todos monarquistas sinceros; muitos eram simplesmente da burguesia endinheirada, gente que lucrara com a Revolução comprando terras da Igreja ou de nobres, que especulava com os *assignats*, cujo valor estava em queda, ou com o comércio de armamentos, e tentava pôr fim à "anarquia". Apesar disso, a conclusão do historiador John Holland Rose — "a história da Revolução prova que aqueles que de início simplesmente se opuseram aos excessos dos jabobinos foram gradualmente arrastados em direção aos monarquistas" — é incontestável.[15] Os homens do Termidor, sendo sobretudo ex-robespierristas e regicidas (i.e., membros da Convenção que haviam votado pela morte de Luís XIV), só podiam ver o recrudescimento desse sentimento e atividade católicos, aristocráticos e quase-monarquistas como uma ameaça a seu regime.

Eles reagiram com violência: os decretos de 22 e 30 de agosto estipularam que dois terços da nova legislatura, para a qual logo se fariam eleições, deveriam caber a ex-membros da Convenção. A lei provocou desagrado e gerou forte reação. As semanas seguintes foram marcadas também por crescente agitação, na capital, de membros das classes mais baixas para quem o alto preço do pão representava um perigo mortal. Quando surgiram indícios de que a Guarda Nacional de Paris estava apoiando os "moderados" (leia-se: monarquistas), tornou-se imperativo agir. No início de outubro os homens do Termidor puseram seu destino nas mãos de Paul Barras, um líder das forças militares que haviam derrubado Robespierre. Ele enfrentou a efervescente situação de Paris com sagacidade e espírito prático. Como os inimigos — pelo menos seus organizadores e principais esteios — eram direitistas, tirou certo número de jacobinos da prisão para ajudá-lo a opor-se a eles. Nomeou vários oficiais robespierristas para postos de comando, entre os quais Bonaparte, soldado que conhecera em Toulon e respeitava.

Ora, Napoleão sem dúvida partilhava o desejo da direita (mas nessa altura também o desejo da esquerda moderada) de ver a anarquia revolucionária terminada e os ganhos de 1789 consolidados num sistema estável de governo que presidiria a uma sociedade próspera. Qual era, porém, a alternativa a lutar ao lado de Barras, homem que ele desprezava por sua notória corrupção? É provável que o raciocínio de Napoleão aos 26 anos tenha sido o que ele descreveu aos 50: se a Convenção perdesse, que seria "das grandes verdades de nossa Revolução?" A derrota das forças do regime "selaria a vergonha e a escravidão da pátria". Não há como negar essa conclusão, por mais que o raciocínio pudesse ter igualmente por objetivo justificar o interesse pessoal de seu autor. O aniversário do Vendemiário[16] foi celebrado como um feriado nacional até o Consulado.

O dia 13 Vendemiário marcou a última vez que uma multidão parisiense tentou forçar a mão do governo e a única em toda a história da Revolução Francesa em que o regime usou o exército permanente contra o povo. Ninguém ousara isso antes. A luta durou seis horas e meia; centenas de pessoas morreram, mas no fim as eficazes manobras de rua de cinco a seis mil soldados das forças regulares do exército, bem armados e bem conduzidos, derrotaram um número quatro a cinco vezes maior de forças insurretas pessimamente organizadas. A vitória foi em grande parte de Barras, mas Napoleão deu uma contribuição considerável. Não há dúvida de que ele foi, de longe, o mais vigoroso dos subordinados de Barras. Nas palavras de outros militares, suas decisões e ordens eram "claras", "lacônicas", "rápidas"; mostrou um "*aplomb* extraordinário", estava "sempre seguro de si, um líder nato". O general Thiébault escreveu: "Desde o início, sua atividade foi espantosa: parecia estar em toda parte ao mesmo tempo; surpreendia as pessoas com suas ordens lacônicas, claras e diretas; todos ficaram impressionados com o vigor de seus expedientes, e passaram da admiração à confiança, da confiança ao entusiasmo."[17] Napoleão foi também o mais clarividente dos auxiliares de Barras: ordenou a um major da cavalaria chamado Murat que fosse buscar com sua tropa a artilharia de Sablons e a trouxesse para o centro de Paris. Aqueles canhões de oito tiros cuidadosamente dispostos por Bonaparte para controlar as principais ruas que levavam à Convenção — em especial as ruas próximas à igreja de Saint-Roch, onde centenas de insurgentes foram massacrados pela canhonada. A artilharia fez a diferença. Os mal comandados atacantes investiram várias outras vezes, tiveram baixas ainda maiores antes de recuar e voltar para casa.

Sabiamente, a Convenção tratou o adversário com humanidade, pelos padrões da época; só dois líderes do Vendemiário foram executados. A intervenção pessoal de Napoleão poupou Menou (o comandante anterior das tropas da República) de ser levado à corte marcial por incompetência (Menou se juntaria a ele na campanha do Egito três anos depois). Por seu bom trabalho, o próprio Bonaparte foi nomeado general-de-divisão e comandante-em-chefe do Exército do Interior.

Esse dia, o mais decisivo de sua vida até então, não poderia ter terminado para Napoleão antes que ele o partilhasse com José. Assim, às duas da manhã do 14 Vendemiário, puxou para si uma folha de papel para escrever: "Finalmente está tudo acabado e meu primeiro pensamento é lhe dar notícias minhas." Seguem-se os acontecimentos do dia, escritos em frases lapidarmente torneadas. Outras cartas na quinzena seguinte informaram José do proveito que a família teria com sua nova posição, prestígio e soldo (48.000 francos por ano): um consulado para José, um lucrativo cargo governamental para Luciano, a nomeação de Luís como ajudante-de-ordens do irmão, a admissão de Jerônimo numa excelente escola. Haveria recompensas menores para parentes mais distantes. Isso era só o começo. "A família não passará nenhuma privação", ele garantiu a José. O tom dessas cartas é prosaico e inocente; o autor não tinha nenhuma consciência de estar fazendo algo de errado: sua família atravessava terríveis dificuldades e ele estava cuidando de sua gente. Sabia perfeitamente que seu comportamento em nada diferia do da maioria dos homens que alcançavam poder político na época. O abuso — e com ele indícios de consciência pesada — viria mais tarde.

É impossível dizer conclusivamente, afinal de contas, se Napoleão foi nessa fase uma pessoa feliz ou triste, ambiciosa ou estóica. Lendo suas cartas, no entanto, não se pode deixar de ficar impressionado com uma ausência de pessimismo, para não falar de cinismo, nas alegres e esperançosas descrições que faz da vida animada do Termidor. Ele não respeitava os termidorianos — poucos o faziam —, mas estava fascinado pelo processo político, mostrando até certo respeito pelas novas instituições. Afora uma observação negativa sobre "o estado moral do país" (12 de agosto), mostra-se em geral otimista: "O povo de Paris é, em sua maior parte, bom" (24 de agosto) — o que não é uma observação napoleônica usual. Além disso, diz: "[Da nova Constituição] esperamos felicidade e tranqüilidade ..." e, acrescenta, "ela promete ter um longo futuro na França". A Constituição é "o principal objeto das esperanças de todos" (23 de junho, 1º e 12 de agosto). Sente-se feliz também — talvez estranhamente, para um soldado — por causa da paz com a Espanha e Nápoles, e na Vendéia: "A paz é tão necessária para a República"; "a paz será boa para o comércio" (15, 23 de setembro).

Se há farpas de cinismo e pessimismo que incomodam o leitor, elas estão nos pensamentos do Napoleão de meia-idade, quando ele se volta para esse período, passados 20 anos: "Um pavoroso regime de reação afligiu o seio da República ... A Revolução perdera sua novidade. Havia alienado muita gente afetando-lhes negativamente os interesses ... Todos os partidos estavam cansados da Convenção — ela mesma estava cansada da própria existência" etc. O sucesso de Napoleão faria dele um homem diferente, mas o processo estava apenas começando na época de Toulon e do Vendemiário. Ele não nasceu maquiavélico, tornou-se.

LIVRO II

Le jour de gloire est arrivé

V
Amor e guerra

Clisson apaixonado

> Um homem sabe quando sente o golpe. É o golpe do amor.
> BALZAC, *A COMÉDIA HUMANA*

> *Acredito firmemente que o amor faz mais mal que bem.*
> NAPOLEÃO BONAPARTE

A vida política é uma amante exigente; não espanta que os poderosos raramente se tornem amantes célebres — menos ainda quando o amor requer um grande sacrifício profissional. Exceções vêm à mente, mas são poucas: Marco Antônio foi à guerra por Cleópatra; Henrique VIII promoveu uma reforma religiosa para poder se casar com Ana Bolena (embora saibamos bem que outros deuses além de Eros estavam atormentando os Tudor). Luís I da Baviera teria sido uma exceção, não tivesse, na hora H, sacrificado *la* belle Montez aos inimigos dela em seu governo. Será possível, então, que a abdicação de Edward Windsor por amor a Wallis Simpson seja o único caso que podemos apontar de sincera submissão a Eros entre estadistas de primeiro naipe? Terá William Bolitho razão ao sugerir que a "propensão para o sexo ... não faz parte da definição" dos grandes políticos, que tendem a se mover "livres da sua atração quase-gravitacional sobre a trajetória de suas vidas"? Estará certo ao afirmar que "na Lei da Aventura, a aventura masculina, o amor não é mais que o ouro ou a fama — os três não passam de cintilações no horizonte, constelações sedutoras"?[1]

As palavras de Bolitho não se aplicam a Napoleão Bonaparte; nele encontramos uma exceção ao que vem de ser dito, pois, em comum com pelo menos dois de seus irmãos (Luciano e Jerônimo), amou arrebatada, louca, insensata e obsessivamente.

Nosso ingresso nesse teatro de operações é felizmente iluminado pelas muitas indicações claras fornecidas pelo escritor volátil e verboso que havia em Napoleão — e, acima de tudo, pelo amante decepcionado. *L'amour* é um tema habitual de seus escritos, quase uma constante de suas efusões, começando pelo muito citado diálogo com uma prostituta no Palais-Royal, que escreveu aos 18 anos, passando por uma miríade de observações em ensaios dedicados a outros tópicos, até a curta novela *Clisson et Eugénie*, em que o amor retoma o papel de *leitmotiv* de suas meditações. Nessa altura, porém, nosso jovem escritor estava como Catarina a Grande, segundo ela confidenciou a Diderot: "Escrevendo meus desejos não em pergaminho, mas na infinitamente mais sensível [*chatouilleuse*] carne de seres humanos."

Os pensamentos de Napoleão sobre o amor são vastos. "Que é o amor?" ele pergunta a si mesmo duas vezes numa espécie de diário que mantinha aos 21 anos.[2] A resposta que dá não é das mais felizes: alude a "homens solitários ou isolados", "trespassados por sentimentos de fraqueza". A experiência que eles têm do amor é gigantesca, avassaladora; tendo "experimentado as sensações, a embriaguez do amor, temem agora uma horrível solidão do coração, um vazio do sentimento". Não espanta que os homens fujam desse desequilíbrio mergulhando em suas carreiras. Alguns meses mais tarde, porém, um Napoleão mais didático revela uma visão semelhante no bastante revelador *Dialogue sur l'amour*. Dois personagens — Bonaparte e Des Mazis — têm o que é tradicionalmente qualificado de debate, mas é de fato uma descompostura que o corso passa no amigo, que está perdido de amor. Des Mazis se ofende — em parte, na certa, porque mal lhe é permitido abrir a boca. Ouve que mudou para pior desde que conheceu Adelaide, que o amor é "pernicioso à sociedade", tanto quanto "à felicidade individual dos homens". O amor, sentencia Bonaparte, é um "estado doentio, a busca de uma quimera", e Des Mazis, está "escravizado", rompeu o contrato social. Melhor faria pensando em seus amigos e em seus deveres, preparando-se para agir de pronto se a pátria fosse atacada.

Dez Mazis responde que, para ele, essas banalidades nada significam comparadas a um beijo de Adelaide. É óbvio, acrescenta, que Bonaparte "nunca esteve apaixonado".

Embora o personagem Bonaparte — que seria um erro tomar por Napoleão *tout court* — soe um tanto ridículo, é inegável que o autor tem uma apreensão intuitiva de uma verdade profunda: não é fácil entregar-se a *duas* grandes paixões ao mesmo tempo — no caso, o patriotismo e o amor, o que os gregos clássicos chamavam *philia* (amor fraterno) e *eros* (amor romântico). Um homem que tente nutrir ambos profundamente termina em conflito consigo mesmo; se for um homem de Estado, seu amor guerreará com a política; se for um soldado, guerreará com a guerra.

Pelo menos assim é no reino das idéias e da lógica. No reino da vida, a primeira experiência de Napoleão com Eros mostrou que ele não era nenhum Des Mazis, ao passo que suas experiências posteriores só serviram para reconduzi-lo relutantemente ao Bonaparte do *Dialogue*.

No início de 1794, Napoleão, recém-promovido a general, e o irmão José conheceram um abastado negociante de sabão chamado Clary. Os dois jovens sentiram-se atraídos pela filha caçula de Clary, Désirée, de 16 anos. Napoleão não demorou a ludibriar José, convencendo-o de que a irmã mais velha da mocinha, Julie, de 20 e poucos anos, era a escolha certa para ele, pois tinha um caráter firme enquanto ele mesmo era indeciso. Acrescentou que, pelas razões exatamente opostas, Désirée convinha a ele, Napoleão. Engolindo sem protestar essa argumentação interesseira, o indeciso José fez o que, na verdade, acabou se provando uma ótima escolha: casou-se com Julie em agosto e viveu feliz com ela, apesar das muitas amantes que teve. Com isso, a jovial, franca, pequena, graciosa e sobretudo extremamente sensível e terna Désirée sobrou para Napoleão. Ele a teria desposado imediatamente, porque "o desatino do casamento está tomando conta de mim", como disse a José (5 de setembro de 1795). De fato, os homens da família Bonaparte pareciam atacados pela febre do casamento na época. Luciano, loucamente apaixonado, amasiara-se com a filha de um estalajadeiro. Mais tarde, recusou-se a deixá-la, por ordem de Napoleão, para se casar com a infanta da Espanha, assim como Jerônimo se recusou — por algum tempo — a abandonar sua esposa americana, Elizabeth Patterson, a mando do irmão.

Mas Napoleão não se casou com Désirée. O pai da mocinha, embora gostasse do jovem general, não gostou da idéia de ter dois genros promissores, mas ainda sem fortuna, de uma mesma família. Napoleão continuou a visitar Désirée, a quem chamava por seu segundo prenome, Eugénie (rebatizou mulheres muitas vezes na sua vida); não parece, porém, ter ficado perdido de amor da maneira que lhe parecera condenável em Des Mazis. Na verdade, foi a romântica Désirée que foi tomada de profunda paixão por seu extraordinário "*ami*".

A atitude de Napoleão em face da intimidade sexual, diga-se de passagem, estava longe de ser dogmática. A anotação que fez em seu diário depois de sua primeira relação sexual, ao 19 anos, com uma prostituta, é arrematada por uma das mais extraordinárias mesclas de recato e descaramento das letras francesas: "Eu estava longe de me tornar escrupuloso", ele registrou, "irritara-a para que não escapulisse ao se sentir pressionada pela argumentação que eu lhe estava preparando, fingindo uma honradez que queria lhe provar não ter."[3] A insegurança do rapaz ao se ver numa situação nova e vulnerável é comum; o fascinante é a compensação a que recorre: a fantasia ingênua de um completo domínio de si, interior e exterior, antes e depois do fato; o medo de admitir que poderia ter aprendido alguma coisa com uma moça que certamente estava cansada de ouvir histórias como a dele.

Logo depois de se terem (talvez) conhecido intimamente, Désirée e Napoleão tiveram de se separar; ele partiu para Paris, ela para Gênova com a mãe. As cartas que o rapaz escreveu para a moça revelam que, durante algum tempo, ele esteve sob escravidão de Eros. Estava também sempre a perguntar impacientemente a José sobre Désirée, querendo saber por que não tinha mais notícias dela. Refere-se a ela como sua noiva e lhe escreve desafiando-a: "Terna Désirée, és jovem. Teus sentimentos se enfraquecerão ... [mas] não penses que, se assim for, eu te acusarei de injustiça." Em julho ele lhe diz: "Oh! Minha amiga, eu te amo ainda mais, se isso é possível." Ao longo de todos esses meses, ele insiste: "Eu te suplico, não deixes passar um dia sem me escrever para me assegurar de que me amas." Ao mesmo tempo, envia-lhe uma torrente de instruções e conselhos napoleônicos sobre todas as coisas, de roupas a política, passando por etiqueta. Isso faz com que, aos olhos de vários comentadores, essas cartas não pareçam ser as de um homem apaixonado; mais provavelmente, representam uma tentativa do rapaz de se agarrar a várias âncoras emocionais, num tempo de circunstâncias incertas e tensas e de novas experiências.

Para o estudioso de Napoleão, sua relação com Désirée deu origem a algo de maior valor heurístico que a ligação propriamente dita para a compreensão da psicologia do homem — trata-se do estranho conto que ele escreveu em setembro de 1795. *Clisson et Eugénie*, como se sabe, é uma fantasia romântica de nove páginas e de uma simplicidade bíblica.[4] Escrita no auge de sua paixão por Désirée (= Eugénie), deve sem dúvida ser vista como uma expressão transparente de seus próprios ideais e esperanças com relação ao amor e a si mesmo como amante. E para que o caráter autobiográfico do escrito não escapasse a ninguém, Bonaparte riscou "*et Eugénie*" do título quando terminou o manuscrito.

Clisson, 20 anos, é um guerreiro desprovido de senso de humor, que "nada sabia de jogos de palavras ..., cuja força, sangue-frio, coragem e firmeza moral só aumentavam o número de seus inimigos ..., [que] desdenhava o amor e desprezava a sorte." Ele conhece duas irmãs, a mais nova das quais, Eugénie, tem 16 anos. "Sem ser feia, ela não é nenhuma beldade", somos informados, "mas bondade, doçura, uma ternura jovial abundavam nela naturalmente". Para Clisson, Eugénie era "o canto do rouxinol". "Dir-se-ia que a natureza os dotara, a ele e a ela, de coração, alma e sentimentos iguais." Ao conhecê-la, Clisson "pela primeira vez faz um balanço de sua vida, seus gostos, sua condição ... Como a maioria dos homens, desejava a felicidade, mas só alcançara a glória."

A guerra perde a importância enquanto os dois se casam, se estabelecem, têm filhos (só meninos, claro), e "continuam amantes". Vivem isolados, têm poucos conhecidos. Passados seis anos de beatitude chega a notícia de que a guerra não se esquecera do homem que a esquecera. Clisson fora convocado. "A insensatez da humanidade" destruiu mais um lar feliz. Clisson parte para lutar com o comandante do exército. Conquista vitória após vitória, "superando as expectativas do povo e do exército". Eugénie escreve-lhe diariamente; passam-se anos; ele é gravemente ferido e envia seu fiel ajudante-de-ordens, Berville, para informar Eugénie de seu apuro. Ocorre que Berville, que "está na aurora da paixão", é tomado de forte desejo por Eugénie, "ainda mais imperativo porque nem ele mesmo o reconhece". O esperado acontece; Clisson é traído pelo amigo; as cartas do amor de sua vida rareiam, depois cessam por completo. Ele decide morrer, mas antes escreve a Eugénie para lhe dizer que "viva contente, sem pensar no infeliz Clisson". "Beija [meus filhos] por mim", pede; "possam eles não ter a alma ardente do pai, de modo a não serem vítimas dos homens, da glória e do amor." Em seguida, carrega a boca-de-fogo e cai "perfurado por mil rajadas".

A inocência e a seriedade desses retratos idealizados parecem tocantes para alguns, entediantes para outros, mas é inegável que são banais. O mesmo se pode dizer da prosa; tem-se a impressão de que o autor estava aflito demais por contar a história para se preocupar muito com estilo. Tal como escrito, *Clisson et Eugénie* é bem o que um jovem de inclinação romântica, leitor de Rousseau e Plutarco, poderia ter destilado após seu primeiro amor. A diferença é: o jovem comum não teria passado em seguida a viver essa história e o que impressiona em *Clisson et Eugénie* é seu valor profético. Napoleão, como veremos, permanecerá à sombra dessa fantasia quando, pouco depois, encontrar sua verdadeira Eugénie. A realidade, quando ela se apresentar, não lhe trará nesse sentido nada de novo; suas previsões se transformarão em suas coerções; como o sino para Macbeth, elas o convidarão a agir. Seja como for, será graças à autoimagem de Napoleão como homem traído que, um dia, um certo capitão Hippolyte Charles escapará da morte e a adúltera, de um processo de divórcio.

Retornando a Mlle Clary, Napoleão a estava traindo claramente em espírito, se não de fato, no verão e no outono de 1795, e continuou a cozinhá-la em fogo brando até começar a freqüentar os salões em que conheceu uma certa viúva da Martinica. Quando finalmente rompeu com Désirée, em janeiro de 1796, o fez de maneira vergonhosa. Sabendo que ela era menor de idade, escreveu-lhe insistindo em que se casasse com ele imediatamente. A menina só podia negar, mas ficou inconsolável. Quando, alguns meses depois, Napoleão a informou bruscamente de seu casamento com Josefina, Désirée lhe escreveu uma carta que contém uma linha notável tanto pelo *pathos* quanto pela veracidade: "A comparação que deves fazer [entre tua esposa e mim] só poderia me ser desvantajosa, tua esposa sendo superior em todos os aspectos à pobre Eugénie, exceto por não superá-la em sua extrema afeição por ti."

Uma rosa por algum outro nome

No dia 15 de agosto de 1795, o general-de-brigada Napoleone Buonaparte (como ele ainda se autodenominava) fez 26 anos. Era um rapaz esbelto e pálido, de pele azeitonada. É verdade que, com 1,60m de altura, era baixo,[5] mas não extraordinariamente para a época. Em meados do século XVIII, a altura média dos soldados franceses era 1,65m; o arquiduque Charles, o melhor general da Áustria na época, media 1,52m. Assim, compreensivelmente, nem a altura de Napoleão, nem sua tendência a enfiar a mão direita no colete (pose nada estranha em retratos do século XVIII) chamavam a atenção de seus contemporâneos como chamaram da posteridade. Ele podia ser brilhante e loquaz; em geral era simplesmente taciturno e reservado, visivelmente tenso. Mas os retratos que dele se traçam — então como agora — variavam segundo a opinião (em geral, forte) de quem o contemplava.

Os que não gostavam, ou passaram a não gostar, de Napoleão — como muitas mulheres da aristocracia (de Chastenay, de Rémusat, de Staël etc.) — enfatizavam seu cabelo "gordurento", não empoado e despenteado, que usava na altura dos ombros lembrando "orelhas de cachorro". Notavam o chapelão puxado até os olhos, o andar lépido mas incerto, as mãos muito magras e sujas, sem luvas; alguns o descreveram como magro, de faces cavadas e uma "palidez de fantasma"; outros o qualificaram simplesmente de "magricela", acrescentando que suas pernas finas ficavam engraçadas em suas botas grandes, baratas e não engraxadas — davam-lhe um ar de "Gato de Botas", como Josefina o apelidou. Os maledicentes destacavam ainda uma cabeça desproporcionalmente grande para o corpo, em que os olhos eram o traço dominante; o olhar era penetrante, amedrontador, pronto a expressar desprazer. A boca, diziam, tinha uma expressão natural de escárnio, condizente com suas maneiras brutais e rudes. Finalmente, comentavam, aquele corso falava francês com um sotaque italianado.

Os que admiravam ou gostavam de Napoleão, ou se impressionavam com ele — com mais freqüência homens (o banqueiro Ouvrard, o poeta Heine, os pintores Gros e David, os oficiais militares em geral) — comparavam seu rosto às "cabeças de mármore dos gregos e dos romanos". Falavam de olhos grandes e amendoados, de uma expressividade quase feminina, emoldurados por sobrancelhas largas; de um nariz aquilino, maçãs do rosto altas e uma testa larga. Reconheciam que a cabeça era grande para um homem pequeno, mas diziam que ela o tornava impressionante e sugeria inteligência. O lábio superior alongado, nessa leitura, revelava uma boca sensível. No conjunto, um rosto imponente, diziam seus admiradores, especialmente os olhos. Bonaparte talvez não fosse nenhum Hoche — homem de rosto aberto, cabelo anelado, agradável e bonito como um ator —, admitiam, mas insistiam que era imponente e vistoso de uma maneira não convencional.

Quanto às maneiras, o que parecia assustador aos críticos de Napoleão era visto pelos devotos como interessante, imponente. Lembravam que sua entrada numa sala era imediatamente percebida pelos que ali estavam. Para eles o andar desajeitado era uma marcha em grandes passadas — militar, enérgica, decidida. Historiadores favoráveis a Napoleão observaram mais tarde como seu andar foi copiado por militares tão diferentes dele quanto Patton. Se suas maneiras eram estudadas, argumentam seus defensores, era porque esse homem precisava afastar pessoas que nada tinham a lhe dizer e o fariam perder tempo. Admiradores e críticos concordam que Napoleão era um homem usualmente tenso, raramente relaxado; só que para os primeiros essa faceta era expressão de pensamento, orientação, determinação.

Assim é, e sempre será, quando o gosto estético se curva ao julgamento moral, mas raras vezes as divergências são tão impressionantes como no caso de Napoleão Bonaparte, que quase inevitavelmente impressiona as pessoas como bonito ou feio, segundo lhes pareça bom ou mau.

O Napoleão de meados de 1795 era um homem agudamente atento ao sexo feminino. Laure Permon, futura mulher do general Junot (teria o título de duquesa d'Abrantès), expressou isso bem quando ele chegou a Paris naquela primavera: "Ele está apaixonado por todas as mulheres." As cartas que escrevia a José mencionavam vez por outra os encantos femininos e o novo papel das mulheres na Paris do Termidor e do Diretório. Excepcionalmente, sua misoginia corsa parecia contida, não estava dominado pela reprovação do que chamava "o império das mulheres" nos negócios sociais e públicos. "Aqui, o único entre todos os lugares da Terra", escreveu a José, "[as mulheres] parecem segurar as rédeas do governo, e os homens fazem papel de bobos por causa delas, só pensam nelas, vivem só para elas."

A estrela de Désirée logo esmaeceu sob a luz de um sol muito mais próximo e brilhante. Com sua ação no Vendemiário, Napoleão ficou mais famoso em Paris do que ficara no Midi graças a Toulon. Entre outros benefícios, ela o transformou numa espécie de atração na sociedade dos salões, em especial no de uma das maiores beldades da época, Thérèsa Tallien, "Nossa Senhora do Termidor", a mulher de um dos responsáveis pela queda de Robespierre. Mme Tallien era também a amante de Paul Barras (ou uma delas), que estava prestes a se tornar a força motriz do Diretório — o painel de cinco políticos que constituiu a autoridade executiva máxima do governo sob a nova Constituição. Embora os trajes de Napoleão tenham melhorado junto com sua conta bancária quando ele foi promovido a general pleno, sua personalidade e sotaque poderiam ter sido um obstáculo para sua acolhida na sociedade, estivesse ele na Viena dos Habsburgo ou na Roma papal. Em Paris do final da década de 1790, porém, a originalidade era muito mais apreciada que condenada. Talvez ele não tivesse o físico atraente de um Hoche, mas dava a algumas mulheres a impressão de estar fervendo de paixão, sentimento que a mulher certa poderia abrandar, ou pelo menos saborear. Raramente tomava a palavra em discussões genéricas na casa dos Tallien, mas, quando falava, era com um entusiasmo súbito e uma pertinência — por vezes também jovialidade e vivacidade — que surpreendiam e encantavam. O general Bonaparte tornou-se, numa palavra, uma presença, o centro das atenções, como nunca chegara perto de ser até então. Homens e mulheres percebiam que ali estava alguém que sabia aonde queria chegar.

Entre os que percebiam isso estava Rose de Beauharnais, nascida Tascher de la Pagerie, que chegara à França em 1779, vindo da Martinica. Seis anos mais velha que Napoleão, é uma figura mais fácil de descrever que ele, pois há maior concordância quanto a seu retrato. Não mais na flor da idade, rugas se delineando, Rose ainda era uma mulher sedutora que em nada lembrava a adolescente e ingênua Désirée. Tinha olhinhos redondos, longas pestanas e traços delicados. Seu cabelo escuro, que caía em cachos graciosos e ondas suaves, cobria-lhe a fronte e tornava-lhe o rosto ainda mais delicado. A boca, com dentes ligeiramente projetados, dava-lhe um ar de inocência e mistério que seu sorriso realçava. Nenhuma pintura mostra Rose de boca entreaberta, pois a mulher conhecia suas imperfeições, e os dentes eram uma delas. Desenvolvera, assim, um sorriso um tanto enigmático de Mona Lisa, que os escondia. Quando estava séria (o que era raro), seus olhos podiam parecer tristes e seu olhar distante, mas, alegres ou tristes, eram olhos calorosos e amáveis.

Rose era viúva. Um ano e meio antes, após 14 anos de matrimônio, seu marido, o visconde Alexandre de Beauharnais morrera no cadafalso. General e político, ele tivera um papel importante no início da Revolução Francesa — chegara a presidir a Assembléia Nacional por algum tempo. Se tivesse vivido (foi executado pelos robespierristas, sobretudo por ter nascido nobre, quatro dias antes da possível salvação), provavelmente teria galgado posições mais elevadas. Beauharnais e Rose haviam tido dois filhos — Hortense, com 12 anos, e Eugène, com 14 em 1795 — mas seu casamento não fora feliz. Alexandre logo tomara por amante Delphine de Custine, mulher de um general; Rose, de sua parte, sentira-se atraída por Lazare Hoche, o grande rival de Napoleão como promissor general da República. A leal Rose, contudo, juntou-se ao marido na prisão e ficou ao seu lado até o fim. Uma vez viúva, porém, não tardou a se alegrar e começou a se encontrar com Hoche (embora tenha se zangado com ele por ter engravidado a esposa). Ao mesmo tempo, mantinha uma "ligação sentimental" com Paul Barras. Foi através dele que conheceu o general Bonaparte, sobre quem muito se falava.

Em estilo, *la* Beauharnais transmitia uma aura ao mesmo tempo maternal e sexual; atraía tanto como amiga quanto como amante, o que fazia dela uma combinação rara: a mulher apreciada por homens e por mulheres. Suas expressões eram tão vivas e doces, sua maquiagem tão sábia, sua alegria tão contagiosa e suas afeições tão sinceras que, em casa de Mme Tallien, ela conseguia disputar as atenções com mulheres mais jovens e de beleza mais convencional. Um bom conhecedor de pessoas, no entanto, teria percebido que, sob a graça e a delicadeza de Rose, suas poses negligentes, gestos indolentes, seu langor exótico e flexibilidade natural, havia uma mulher em silencioso desespero, dotada de um potencial para a dependência, numa busca feroz de segurança e freneticamente ansiosa por prazer.

Napoleão e Rose — Josefina, como ele logo passou a chamá-la — conheceram-se no início do outono de 1795. Comenta-se tantas vezes que não se apaixonaram com igual intensidade um pelo outro que se esquece de notar a rapidez com que firmaram uma profunda aliança. Os dois começaram a se ver regularmente na noite de 29 de outubro e os proclamas de seu casamento foram lidos em 7 de fevereiro: cem dias. De fato, a química que os unia era tão forte que criava confusão em suas mentes sobre o que, precisamente, um significava para o outro. Não há dúvida de que Napoleão era de longe o mais apaixonado no sentido romântico, embora outras considerações também contassem: ele não era indiferente à posição social de Josefina, por exemplo — a "seu porte sereno, digno da sociedade do Antigo Regime", como expressou mais tarde. Segundo De Rémusat, ele se gabava do fato de sua amada ser uma "viscondessa autêntica". Se for verdade, isso certamente não faz dele uma exceção, mesmo — talvez especialmente — entre políticos republicanos, muitos dos quais tinham amantes e esposas de sangue azul.

Quanto a Josefina, se não se apaixonou no sentido convencional ("Não o amo; mas isso não significa que queira vê-lo pelas costas"),[6] sentiu-se suficientemente impressionada com o jovem oficial para querer desposá-lo de imediato. Estando ela numa idade em que o casamento, em geral, tinha menos a ver com amor do que com cálculo frio, não podemos deixar de notar a rapidez com que decidiu unir seu destino ao do corso. A combinação do sucesso do jovem general com suas perspectivas (logo ficou claro que seria nomeado comandante do Exército da Itália), sua personalidade e intelecto extraordinários e a genuína afeição que mostrava pelos filhos dela, somados ao conselho dos amigos, notavelmente Barras, tudo isso influenciou a decisão da viúva.

Napoleão, porém, apaixonou-se violentamente, embora seja difícil dizer se o objeto dessa paixão era essa mulher particular ou a idéia preconcebida que tinha dela e do amor. Dado o poder da imaginação na sua vida e o conhecimento relativamente parco que tinha de Mme Beauharnais (como teria sido diferente?), somos tentados a atribuir um grande papel à obsessão ao explicar o início dessa história. Ademais, um fator não desprezível na precipitação de "sua primeira paixão sentida com todo o vigor de sua natureza" (Marmont) foi a relativa inexperiência sexual de Napoleão. Embora ele fosse sexualmente ativo desde os 18 anos, relações físicas regulares com uma mulher não faziam parte de seu campo de experiência até então. Em suma, Napoleão era muito mais vulnerável do que se supunha, certamente do que parecia; era propenso à paixão sem esperança e a superestimar a mulher amada. Seu idealismo, como o de Clisson, tendia a se expressar tanto no amor quanto na política. Idealismo político e paixão romântica eram ambos, em Napoleão, a sublimação de um extraordinário ímpeto para Eros.

Casaram-se no dia 9 de março de 1796; Barras foi o padrinho. Dois dias depois Napoleão partiu para assumir seu novo comando e sua relação com a esposa passou a ser epistolar. Foi uma sorte para nós, pelo registro que dela nos restou, e provavelmente também para Josefina, pelo que a presença do marido teria significado, a julgar por suas cartas. Ele lhe escrevia uma carta por dia, às vezes mais — isso, num período em que seu horário (que lhe permitia, no máximo, cinco horas de sono) era o de um comandante de exército em campanha, de um diplomata à frente de negociações e de um procônsul no governo de grandes áreas.

Essas cartas — primeiro curiosamente endereçadas a "Mme Beauharnais", mesmo quando o autor já estava famoso por suas vitórias em campo, depois a "Mme Bonaparte" — chegavam à destinatária numa cascata arrebatada, impetuosa, com uma prodigalidade de dádivas e exigências que lhe deviam tirar o fôlego: "Por que arte cativaste minhas faculdades e concentraste em ti toda a minha existência moral?"; "Se ao menos eu pudesse te encerrar em meu coração, eu te deixaria lá, presa"; "não há em meu coração um canto que não seja teu; não tenho pensamentos que não sejam para ti; toda a minha força, meus braços, meu espírito são teus; minha alma está em teu corpo"; "viver em minha Josefina é viver num elísio". Ele lhe roga que seja menos encantadora, menos gentil e boa, para que a possa amar menos desvairadamente. Numa palavra, é Clisson que está falando.

Mas quem responde *não* é Eugénie. As cartas de Bonaparte muitas vezes permaneciam fechadas porque sua destinatária estava numa festa, exclamando: "*Comme il est drôle, Bonaparte*", ou porque ela não estava disposta a sorver mais uma vez o carregado sotaque corso exalado pela grafia fonética, a pavorosa gramática e a pior escolha de palavras, as passagens eróticas freneticamente sublinhadas com riscos que quase rasgavam o papel (este trazia o timbre: "l'An IVe de la République Française Une e Indivisible, Bonaparte, Général en Chef de l'Armée d'Italie). A relação de Napoleão e Josefina evoluiria pouco a pouco, à medida que, com o passar do tempo e experiências extremamente penosas, passariam a se conhecer; por ora, porém, ele lhe pedia que se atirasse em sua furiosa torrente, coisa em que ela não estava nem remotamente interessada. Não fora para isso que se casara. "Toda a sua indolência se rebelava contra a violência que sentia em Bonaparte", foi o comentário sensível de Evangeline Bruce.[7]

Nada é mais triste e entediante que observar os tormentos auto-infligidos e as elucubrações de Napoleão, tal como expressos nas cartas que escreveu a Josefina nesse primeiro ano. Ele percebia que sua afeição não era retribuída tal como desejava desesperadamente que fosse. Do princípio ao fim, nenhum tema é mais comum nelas que súplicas patéticas e censuras melancólicas por ela não lhe escrever com mais freqüência ou com suficiente arrebatamento. Ao mesmo tempo, ele não está disposto a aceitar essa verdade; não exerce o ato de coragem moral necessário para fazer o que sempre aconselha aos outros: alinhar realidade interna e externa. *Está decidido a realizar sua fantasia*: "Nunca meu destino resistiu à minha vontade", escreve a Josefina, como se a advertindo. Quando ela resiste a desempenhar o papel de Eugénie, ele a lembra do que deve sentir: "Não podes ter inspirado um amor infinito sem o partilhares tu mesma"; "Sabes o prazer que tuas cartas me dão, e tenho certeza de que gostas de escrevêlas também". Ou põe palavras na boca da amada: "Não te esqueças de me dizer que estás certa de me amar além do que é possível imaginar."

Lembrando o nobre conselho que "Bonaparte" deu a Des Mazis (*Dialogue sur l'amour*) acerca do valor superior do serviço ao Estado em relação à "escravização" a uma mulher, só nos resta sacudir a cabeça, pasmos com frases que ele escreveu para Josefina, como: "Que o façam os que amam a glória, que o façam os que servem à pátria; minha alma sufoca neste exílio e quando minha bem-amada sofre e está enferma, não posso fazer friamente os cálculos da vitória [militar]." O fato de Josefina não lhe responder como desejaria enfurecia Napoleão, tal como as recusas dela a ir se juntar a ele na Itália (ela andara lançando mão de subterfúgios, alegando ora que estava doente, ora até que estava grávida). O Diretório começou a temer que, caso Josefina continuasse se recusando a partir para a Itália, o melhor general da República simplesmente abandonasse seu posto e voltasse para Paris. Barras interveio; em julho de 1796, muito a contragosto — nessa altura ela estava tendo um caso com um jovem oficial chamado Hippolyte Charles —, Josefina partiu ao encontro do marido do outro lado dos Alpes. Com incrível atrevimento — ou total indiferença? —, levou Charles consigo.

A união de marido e mulher na Itália provou-se um desastre: a tepidez do sentimento de Josefina ficou evidente até para esse Adão cujo famoso realismo desaparecia quando sua Eva estava em questão. Frente à realidade, Napoleão não conseguiu mais se enganar: Josefina não o amava como uma Désirée. A situação chegou ao clímax no final de novembro, numa volta do general a Milão. Certo de que Josefina o esperava, subiu correndo a suntuosa escadaria do palácio Serbolloni e encontrou um quarto vazio: Mme Bonaparte estava em Gênova, informaram-no. Tudo indicava, diga-se de passagem, que viajara com Charles — desgraça ainda não pressagiada por Napoleão, um dos poucos a não saber do caso.

Depois de quase desmaiar de consternação, o homem que conquistou o norte da Itália caiu doente com enxaqueca. Deixou-se ficar nove dias em Milão, na esperança de que "Madame" retornasse, enquanto derramava raiva e desilusão em cartas comoventes: "Abandonei tudo só para poder te abraçar ... a dor que me causaste é incalculável" etc. O ponto mais baixo fora atingido, a taça se esvaziara. Numa carta, ele diz: "Estava errado ao te pedir que me amasse como te amo. Como pode a *dentelle* pesar o mesmo que o ouro?" Daí em diante, a terrível graça que por vezes acompanha o sofrimento desceu sobre Napoleão, que começou a se libertar do pior da paixão que nutria pela mulher. Continuaria amando-a — de fato, somos tentados a dizer que agora estava livre para amar a *ela*, em vez de simplesmente perseguir sua obsessão — e, ocasionalmente, se mostraria capaz de lhe escrever cartas apaixonadas, repletas de pedidos de uma resposta rápida. Mas o momento da completa rendição da razão passara, e uma profunda mudança é palpável no tom das cartas que ele escreveu a Josefina do final de 1796 em diante.

O que se quebrou em Milão foi o que, no nível político, fora quebrado na Córsega pela "traição" de Paoli: a fantasia de uma entrega e de uma reciprocidade dionisíacas. Napoleão nunca mais amou dessa maneira. O ano de convivência perigosa com Eros terminou com 1796. Paoli e a "primeira" Josefina haviam visto a expressão mais crua, mais completa da considerável capacidade de idealismo altruísta (i.e., orientado para o outro) desse homem. Nenhum dos dois retribuíra plenamente seus sentimentos. Assim, após fazer um esforço hercúleo para curvar a realidade à sua vontade, o jovem fez o que a maioria das pessoas sadias teria feito: curvou-se ele mesmo à realidade; passou a moderar os investimentos que fazia nas pessoas. Na esfera do político, como vimos, isso significou começar a entremear seu Rousseau com doses de Voltaire e Maquiavel (certamente a admiração que tinha por Maximilen Robespierre poderia ter gerado um verdadeiro culto, mas o 9 Termidor abolira essa possibilidade). Em assuntos do coração, significou que o Clisson ficcional deu lugar ao caráter de Bonaparte. Os sentimentos posteriores de Napoleão por Josefina, assim como sua afeição por Marie Walewska, Maria Luísa e companhia, foram o equivalente erótico da breve atração que sentiu por Robespierre: significativos, mas controláveis.

Haveria outros grandes traumas na relação entre Napoleão e Josefina, mas seriam dela, não dele. Em meados de 1799, quando estava no Egito, Napoleão finalmente descobriu (leia-se: deixou de ignorar) o caso da mulher com Charles. Resolveu divorciar-se e escreveu uma carta ao irmão José para informá-lo de sua decisão, acrescentando: "És tudo que me restou na Terra. Tua amizade me é tão cara [que] penso que me tornaria um misantropo se a perdesse ou se tu me traísses" (essa carta foi interceptada pelo almirante Nelson e publicada no *Morning Chronicle* de Londres). Apesar de seu amor arrebatado por Hippolyte, Josefina horrorizou-se diante do que estava prestes a perder — posição, fortuna, um padrasto amoroso para os filhos e, não menos importante, a amizade valiosa de um homem, agora ela se dava conta, extraordinário. Quando Bonaparte voltou do Egito no outono, ela fez o papel trágico diante da porta trancada do quarto dele, suplicando, chorando, pedindo e "argumentando" para reconquistar-lhe a amizade. Napoleão, para a repugnância de muitos, perdoou-a. A mulher do ministro das Relações Exteriores externou sua incredulidade diante "desse homem que manifesta todas as formas de audácia, todo tipo de coragem, e no entanto tolera que seu nome seja desonrado e arrastado na lama" pela esposa, a quem perdoa.[8]

Numa carta a Josefina, Napoleão, falando de seu imenso amor por ela, observou: "Isso, nada cura." Mas no fim das contas ele acabou por se curar de sua paixão e, ao mesmo tempo, mostrou para com a esposa uma generosidade nada trivial. Apesar da amarga decepção de suas fantasias primárias, sua preocupação madura por Josefina como pessoa, seus bondosos impulsos em relação a ela, se não eram "infinitos", sobrepujaram ainda assim o rancor e a egolatria. Napoleão não permitiu que sua raiva e frustração o levassem a fazer com ela o que seu poder lhe teria permitido, inclusive, é claro, expor o tenente Charles a uma severa punição (até fazê-lo ser fuzilado sob algum pretexto) e arruinar-lhe a carreira. O pecado mortal que exibiu nesse caso foi talvez o orgulho — ou a submissão desmedida à esposa, se pensarmos em termos bíblicos —, mas não raiva ou abuso de poder.

Em relação a seu único *grand amour*, como em relação a tudo mais em sua vida, Napoleão desenvolveu uma visão diferente posteriormente, sobretudo em Santa Helena. Tornou-se então vital para ele — para a imagem que fazia de si talvez, mas com certeza no que dizia respeito à idealização popular — minimizar a vitória do amor sobre seu coração juvenil e superdimensionar o seu sábio desdém pelo mundo. Terminada a paixão, ele retornou a uma versão do personagem Bonaparte de *Dialogue sur l'amour*, lançando para seus colaboradores observações afoitas e maliciosas do tipo:

> "O amor não existe realmente. É um sentimento engendrado por costumes sociais. Sou provavelmente a pessoa errada para julgá-lo, porque sou demasiado racional."
>
> "Não devemos nos enredar em discussões com mulheres; é melhor ouvir em silêncio enquanto elas falam irracionalmente."
>
> "Não transformarei de modo algum minha corte num império de mulheres. Esse foi o erro que Henrique IV e Luís XIV cometeram; minha missão é muito mais séria que a desses príncipes, e os franceses tornaram-se sérios demais para perdoar a seu soberano relações abertas com amantes oficiais."

Em seus momentos de maior sinceridade, contudo, Napoleão foi também capaz de lamentar não ter concedido mais tempo a mulheres — até para simplesmente conversar com elas, sentado num sofá. "Poderia ter aprendido muita coisa com elas; as mulheres são um rio a que se deve levar água." E capaz de admitir: "Realmente amei Josefina", para logo se refugiar no orgulho (ou na vaidade do corso), "mas não tinha nenhum respeito por ela". Ou de reconhecer que ela também fora *"une vraie femme"* para ele, e em seguida zombar, "Na verdade, só me casei com ela porque pensei que tinha uma grande fortuna." E assim por diante. Josefina era importante para ele.

Podemos perguntar: teria realmente o jovem Napoleão aberto mão de tudo por amor? Falava sério quando escreveu a Josefina: "Quisera eu poder passar contigo todos os meus momentos, nada tendo a fazer senão amar-te"? A mera formulação da pergunta nos parece tola, sabendo o que sabemos sobre a vida pública subseqüente desse homem. Mas talvez não fosse assim que ele a concebesse na época. Napoleão estava vindo a ser e aprendendo quem era. A aposta em Josefina talvez lhe tivesse indicado aquilo de que já suspeitava: que tinha uma capacidade excepcional de investimento nas criaturas de sua imaginação. E mesmo que tenha descoberto também que havia limites para sua capacidade de fazer a realidade se conformar à sua fantasia, percebeu ainda assim que tinha notável força de vontade.

A pergunta mais interessante é: que teria acontecido se Josefina tivesse reagido como seu marido-amante desejava?

A resposta provável é: nada muito diferente do que de fato aconteceu com eles no final das contas. Não há vitória no reino da fantasia; há apenas, por fim, a morte da fantasia em razão da "mortificação de um milhar de cortes"que a realidade impõe. Napoleão e Josefina logo teriam que passar a levar suas vidas adiante, mais ou menos como o fizeram. Mas nós — a posteridade — estaríamos muito mais pobres, porque nos faltaria esse inestimável, doloroso, retrato da obsessão erótica.

O improvisador da vitória: a primeira campanha da Itália (1796-97)

Aníbal atacou através dos Alpes,
nós os flanqueamos.
NAPOLEÃO BONAPARTE

O Ocidente acaba de sair do mais violento século em sua história e está claramente abatido com a morte e a destruição organizadas. Ainda nos resignamos a guerras para fins contingentes, mas não vemos mais nada de positivo na guerra em si mesma e pouco que possamos associar a palavras como "moral" ou "espiritual". Descontruímos Cristóvão Colombo e o padre Junípero Serra quase a ponto de fundi-los com Cortés como conquistadores.[9] Identificamos Frederico o Grande ou Napoleão a Hitler e Stálin. Respeitamos hoje os generais pela força que se abstêm de exercer, pelas cidades que *não* tomam e pelas vidas que (talvez) salvem, incluindo as dos inimigos. No século XVIII, porém, como em outros períodos do passado europeu, as coisas em geral ainda eram encaradas de outra forma. Certamente não gostavam do sofrimento, da destruição e dos desconfortos da guerra, mas viam nela um empreendimento não apenas enaltecedor como potencialmente enobrecedor. Viam-na como um teatro da vida em que se desdobrava um enorme espetáculo sublime e grandioso — e sim, é claro, de desgraça. Respeitavam a guerra tanto quanto a temiam; acima de tudo, incensavam os grandes guerreiros, em particular quando eram conquistadores. Até (ou especialmente) a esquerda radical defendia uma política exterior belicosa e imperialista; de fato, era em grande parte essa postura que os tornava revolucionários e neojacobinos.

Sem compreender tudo isso, não é possível perceber como os feitos de Napoleão como guerreiro o tornaram tão amplamente respeitado e até amado, não só na França mas entre muitos que viviam em países inimigos.[10]

Deixamos Napoleão no outono de 1795, comandante do Exército do Interior — posto que não preenchia nem o seu tempo, nem suas aspirações. Com 94.236 homens, todos estacionados nas cercanias de Paris, esse era o terceiro maior exército permanente da República — um indício da ausência de tranqüilidade doméstica na França, mesmo após o Terror. Embora seu posto fosse alvo da zombaria de muitos generais, a missão de subjugar os inimigos internos da Revolução faziam do Interior a força mais decisiva da República. Provavelmente Napoleão teria concordado em fazer o trabalho doméstico sujo do Diretório nesse posto apenas durante pouco tempo. Barras não teve especial dificuldade em impor o vitorioso do Vendemiário a seus colegas mais hesitantes (entre os quais Carnot). Para encerrar a discussão em torno da nomeação, foi categórico: "Promovam esse homem, ou ele mesmo se promoverá."

O "general Vendemiário", como Bonaparte era conhecido agora, continuou sendo o general republicano por excelência, sua confiabilidade política ainda mais sólida que a de Hoche. Semelhante reputação exigia certo zelo e inventividade no cotidiano; assim, por exemplo, Napoleão apresentou seu casamento com Josefina como "mais uma prova de minha firme resolução de encontrar minha felicidade apenas na República", enquanto ela usava uma faixa tricolor sobre o vestido de noiva de musselina branca. Como chefe do Exército do Interior, Napoleão dissolveu a politicamente não confiável Guarda Nacional e revogou muitas nomeações cripto-realistas feitas por Aubry para o Ministério da Guerra. Por outro lado, fechou o esquerdista Clube Panthéon, principal sociedade de agitadores neojacobinos na capital. Seus deveres incluíam a convocação de manifestações públicas de patriotismo, e seus relatórios diários para o Diretório nunca deixavam de mencionar quantas vezes a "Marselhesa" fora tocada nos teatros de Paris. Talvez a melhor prova de seu patriotismo tenha vindo de seus inimigos: o monarquista Mallet du Pan, que o detestava por seu papel no Vendemiário, chamou-o de "um terrorista corso ..., um canalha profissional e o braço direito de Barras". Logo no início do novo ano, Bonaparte soube que seria designado para a Itália.

Em 1796, só três Estados ainda lutavam contra a República Francesa. Os Habsburgo da Áustria, com pequenos reforços do evasivo rei saboiano do Piemonte, a ameaçavam por terra, enquanto a Inglaterra dominava os mares e as costas, alimentando generosamente o fundo coletivo de animosidade contra a França. Mas a Espanha, a Prússia e várias pequenas potências haviam sido derrotadas e selado acordos separados com a República. Na verdade, a Espanha era um aliado francês, como também a Holanda, que sofrera sua própria revolução e agora se denominava República Batava. O território da Bélgica, antes pertencente aos Habsburgo, constituía agora cinco departamentos da República Francesa.

A grandiosa estratégia do "organizador da vitória" da França, como Carnot o apelidara em sua longa temporada de sucesso militar em 1794-95, era simples: o Exército do Reno, sob o comando do general Moreau, avançaria pela Suábia, na Alemanha ocidental, enquanto o Exército do Sambre-et-Meuse, sob Jourdan, atacaria o território que se estendia além das fronteiras belgo-alemãs, a oeste do Reno. A margem esquerda — cuja anexação era considerada legítima pelos adeptos da teoria francesa das fronteiras naturais — era um amontoado de cidades eclesiásticas e seculares semi-soberanas e pequenos Estados como o Palatinado Renano, Aix-la-Chapelle, Coblentz, Mainz, Trier e Colônia. Eles formavam partes importantes do antigo e muito prestigioso Sacro Império Romano — a antiga monarquia instituída por Carlos Magno e o papa em 800. O defensor tradicional do império fora a nobre Áustria — séculos antes, os Habsburgo haviam assegurado para si o controle da eleição para o título imperial —, mas a França, e, mais recentemente, a Prússia estavam disputando seriamente com Viena a liderança sobre a Alemanha.

No plano de Carnot, o Exército da Itália exerceria a função meramente diversionária de atacar os domínios da Áustria na Itália; em especial a rica Lombardia, com sua próspera capital, Milão. Isso obrigaria Viena a retirar tropas da frente alemã. Se o Exército da Itália saísse vitorioso de seus embates com as forças austro-piemontesas, seguiria então para o norte para se juntar a Moreau e Jordan para um passeio a Viena. Um plano claro, não resta dúvida, embora seja verdade, como escreveu Karl von Clausewitz, que "em estratégia tudo é simples, mas isso não significa que seja fácil".[11] Sabemos que as forças francesas no Reno poderiam facilmente estacar ou ter de bater em retirada, ao passo que o Exército da Itália só muito recentemente, graças aos planos de Bonaparte, fizera algum movimento agressivo. Ele foi disposto contra as forças aliadas com uma força teoricamente duas vezes maior que a sua, confrontado pelos Alpes e os Apeninos, pelo Pó e seus inúmeros tributários, por fortalezas inexpugnáveis como Mântua, por uma população nativa hostil e por Estados neutros como a Módena ducal, Parma e a Toscana, mais inclinadas à Áustria monárquica do que à França republicana.

A maneira rápida e total como Napoleão impôs sua autoridade sobre o grupo de generais céticos, carrancudos e muito mais velhos que ocupavam os comandos subordinados no Exército da Itália é matéria de lenda. Os preconceitos de Masséna, Augereau ou Sérurier contra o rapaz magricela e inexperiente — "o general político", "o general da guerra civil" — mal duraram um quarto de hora sob o calor de sua intensidade e as marteladas de suas perguntas bem fundadas. Não é absurdo imaginar o respeito que profissionais como esses poderiam sentir pelas ligações de Napoleão em Paris ou por seu alardeado republicanismo. Com seus generais, Bonaparte era estritamente militar: em estilo, linguagem e conhecimento. O grau de autoridade que exercia sobre eles ("esse generalzinho de merda nos assustou", admitiu Augereau) era inaudito na experiência deles, que acabaram se tornando os homens de seu comandante como nunca haviam sido os de ninguém.

A condição miserável do Exército da Itália, com seu efetivo de apenas cerca de 38.000 homens, também é matéria de lenda, embora deva ser dito que todos os exércitos (e não só o francês) estavam em má situação nessa época, e queixando-se constantemente. Bonaparte fez o que podia para equipar melhor os seus homens; os fornecedores de equipamentos militares provavelmente nunca tinham sido tão importunados com exigências e críticas de um comandante-em-chefe. Apesar disso, semanas após o início da campanha, os soldados ainda usavam uniformes puídos (quando tinham algum) e não possuíam comboios de carga, porque não havia carga — embora essa condição sem dúvida agilizasse sua mobilidade. A entrada em Milão em meados de maio — um "evento grandioso" só no relato com que Stendhal abre *A cartuxa de Parma* (1839) — divertiu os espectadores pelo "chocante contraste entre o luxo dos milaneses e os trajes grotescos dos [franceses]".[12] Raramente, contudo, as aparências estiveram tão em desacordo com a realidade, pois, se pareciam a escória da humanidade, os soldados da República Francesa lutavam como as legiões de César na Gália. Não se ingressava nas Forças Armadas esperando ser bem equipado, mas porque a alternativa na aldeia ou no sarjeta urbana era pior.

As guerras geralmente denominadas "napoleônicas" atingiram um grau de violência anteriormente desconhecido na Europa, mas, paradoxalmente, essa primeira campanha, que consolidou o nome de Bonaparte, foi sob alguns aspectos típica da guerra de manobra e de confronto limitado que caracterizou o Antigo Regime. Típica, mas acelerada. Sob seu novo comandante, as compactas divisões francesas não só flutuavam como borboletas e picavam como abelhas, também se arremessavam entre os contrafortes e planícies do norte da Itália tão rápida e repentinamente como colibris. O reino do Piemonte e a França estavam em guerra desde 1792, mas quatro anos de cercos e pequenos confrontos não haviam produzido nenhuma mudança decisiva. Agora, em menos de uma quinzena, tudo estava terminado. Em 11 de abril os aliados atacaram os franceses inesperadamente, mas sua ofensiva foi desorganizada e os franceses ganharam o controle da situação. Doze dias mais tarde, após uma meia dúzia de ações, entre as quais algumas escaramuças em Montenotte e Mondovi, o general piemontês estava pedindo um acordo. Napoleão não fez nada de drástico no plano estratégico ou tático, mas sob seu comando o exército e seus comandantes de divisão efetuavam as rotinas conhecidas de marcha e contramarcha, ataque e recuo, ataques simulados e sitiamento tão bem e tão rapidamente que impressionavam com a força do novo. Após conhecer Napoleão, um oficial piemontês escreveu que "a impressão que se tinha desse jovem era de dolorosa admiração; o intelecto ficava deslumbrado com a superioridade de seus talentos".[13] O rei Vítor Amadeu III — que nutria inveterada desconfiança de seus aliados austríacos (que correspondiam na mesma moeda) — desertou a coalizão e firmou um armistício com a República Francesa em Cherasco.

Em 27 de abril, Bonaparte escreveu ao Diretório: "Amanhã marcharei contra [o exército austríaco sob o general] Beaulieu. Eu o forçarei a recuar para trás do Pó, que cruzarei imediatamente depois dele. Tomarei toda a Lombardia e, ainda este mês, espero estar nos Alpes tiroleses, para ali enfrentar o exército do Reno e, com ele, levar a guerra até a Baviera." Na realidade o plano se desdobrou de maneira muito menos inconsútil do que sugerem essas confiantes declarações; mesmo assim, em grande parte foi isso que ocorreu, embora a vitória final tenha exigido algo mais próximo de um ano que de um mês: os austríacos tinham uma têmpera diferente da dos facilmente desmoralizáveis piemonteses. Aparentemente não se importando com derrotas no campo, Viena despachou general após general, e talvez 1.500 soldados ao todo, para tentar conservar a bem-amada Lombardia de seu imperador. Esses homens lutaram bravamente, algumas vezes lutaram bem, e a campanha esteve longe de ser tão simples quanto os historiadores, julgando apenas pelo resultado, concluíram que foi.

A campanha teve por eixo os esforços franceses para tomar Mântua, o grande baluarte dos Habsburgo no norte da Itália. Os homens que estavam dentro da fortaleza conseguiram resistir por longos meses, enquanto seus camaradas — exército após exército — lutavam desesperadamente para libertá-los. A preocupação austríaca com Mântua era como a obsessão do touro pela capa do toureiro. Se fossem capazes de aprender mais depressa, teriam simplesmente saído ao encontro do toureiro (o exército francês), pondo-o fora de combate ou destruindo-o, pois a vulnerabilidade deste era total. Tal como as coisas se passaram, porém, os franceses sofreram derrotas táticas e quase desastres em Castiglione (3 de agosto) e Caldiero (12 de novembro). Alguns dias depois, em Arcole, lançaram mão de um plano suicida que os deixou abertos à completa destruição nos pântanos de Adige, mas, com muito custo, saíram-se vitoriosos.

O outono de 1796 foi um período especialmente difícil para os franceses. Tivessem os austríacos percebido o quanto o exército da República estava disperso e desfalcado, poderiam ter atacado com concentração e vigor e encerrado a campanha. As cartas e mensagens de Napoleão nessa época transparecem o mais negro pessimismo. Ele e seus homens estavam fazendo equilibrismo sem rede de proteção. Por mais ardis que usassem, um passo em falso podia significar o fim. Por outro lado, a perícia e a ousadia que exibiam aumentavam-lhes a glória, e essa era uma época em que a glória contava muito, e sua forma mais elevada era a glória militar.

O maior problema dos austríacos era que suas forças numericamente superiores, usando o chamado sistema de cordão para defender seu território, estendiam-se por uma grande área. Napoleão, a partir de sua posição vantajosa no centro geográfico das forças conjugadas do inimigo, atacava suas divisões separadamente, derrotando uma e depois passando à seguinte. Embora fosse freqüentemente forçado a passar para a defensiva estratégica, nunca abandonava a ofensiva tática — estava sempre atacando —, pegando assim os austríacos sempre desprevenidos, sendo forçados a lutar na hora e no lugar escolhidos pelo adversário. Os franceses flanqueavam e ameaçavam linhas de comunicação; concentravam suas forças de modo a ter superioridade numérica em momentos críticos; faziam a travessia de rios apenas com os materiais que conseguiam furtar localmente. Nada disso teria sido possível sem um esplêndido comando no nível das divisões, especialmente da parte de Masséna ("*enfant gaté* da vitória", como Napoleão o apelidou), ou sem o completo controle que

Napoleão exercia sobre seus comandantes e cada elemento de seu exército. A disposição dos comandantes a correr riscos assombrosos — expondo seus homens a contra-ataques esmagadores — também contribuía.

Em Rivoli (13 de janeiro de 1797), os franceses derrotaram as últimas forças austríacas de reserva. Mântua finalmente se rendeu no dia 2 de fevereiro. Bonaparte preservara seu exército, surpreendera os adversários e assombrara a Europa. Apesar disso, não infligira ao inimigo o tipo de derrota total que se tornaria a marca do imperador Napoleão em muitas batalhas posteriores, cuidadosamente planejadas e executadas. Arcole e Rivoli — as "grandes" vitórias de 1796-97, em cuja homenagem estações de metrô, monumentos e ruas foram batizados — apararam o desastre e lograram algum reconhecimento graças às reações lentas dos generais austríacos, mais velhos e mais conservadores. Foram obtidas por um triz, frutos de luta renhida, resistência e sorte, mas não foram a total destruição da força, do moral e da firmeza de propósito do adversário. Apesar da engenhosidade napoleônica e da bravura francesa, o exército austríaco sempre escapava de suas garras e sobrevivia para lutar no dia seguinte. Mesmo quando, em março e abril, o Exército da Itália cobriu cerca de 650km em 30 dias e chegou ao desfiladeiro Semmering, a curta distância de Viena, foi com relutância que os Habsburgo pediram um armistício; seu exército não havia sido destruído nem seu governo desmoralizado, enquanto os franceses estavam no limite de suas forças.

"Três para um": os elementos "morais" da vitória

Lutar ... é um julgamento de forças morais e físicas mediado por estas últimas.
CLAUSEWITZ, *SOBRE A GUERRA*

Não há dúvida de que Clausewitz tinha razão ao dizer que a guerra não é realmente uma ciência ou uma arte, embora tenha aspectos de física, coreografia e direção artística. Se for *preciso* comparar a guerra a alguma outra atividade humana, ele continua, deveríamos pensar no comércio (o "choque de atividades e interesses humanos"). Mas o comércio, mesmo nas mãos dos praticantes mais desenfreados, não envolve confrontos diretos violentos e potencialmente mortais entre grande número de seres humanos. Em sua natureza básica, a guerra chega a ser uma atividade mais suprema, competitiva, elementar e imutável que o ganho de dinheiro. É a *ultima ratio regum* — aquilo a que um rei, um governo ou um homem pode recorrer para permanecer vivo.

Além de se prestar mal a comparações, a guerra é uma atividade extrema e multiforme demais para ser captada pela teoria. Sua condução bem-sucedida requer talento e prática, nenhum dos quais decorre de estudos teóricos ou históricos. É certo que Napoleão lera amplamente sobre guerra (sobretudo Du Teil, Guibert), mas nunca afirmou que isso lhe fornecera mais do que pontos de referência ou uma maneira conveniente de descrever campanhas *a posteriori*. Embora sua prática da guerra tenha estabelecido recordes no tocante à originalidade e fornecido inspiração (e provocação) para a obra-prima de Clausewitz, *Sobre a guerra*, o próprio Napoleão não produziu nenhuma teoria sobre o assunto. *Sobre a guerra* tampouco propõe uma teoria, mas explica, entre outras coisas, por que ela não seria verdadeira nem útil.

Se perguntarmos a nós mesmos o que Napoleão fez melhor que sucessivos comandantes austríacos (Beaulieu, Würmser, Alvintzi e o arquiduque Carlos), um traço que ressalta é sua capacidade de esquadrinhar possibilidades num campo de forças complexo e móvel. Percepção e discernimento rápidos, seguidos por rápida tomada de decisão (envolvendo inclusive reconsideração), ágil emissão de ordens e vigilância estrita. Poderíamos talvez comparar isso ao trabalho sob pressão e restrições de tempo de um criptógrafo, um diretor de cena ou um coreógrafo. Por exemplo, Napoleão percebia uma debilidade potencial numa linha de batalha ou uma anomalia geográfica num terreno mais rapidamente que outros. Previa seqüências de eventos mais depressa.

Mas uma percepção superior, por vital que seja, é a parte menos importante na matéria em questão. O elemento-chave do sucesso militar de Bonaparte foi o psicológico. "A condução da guerra", escreve Clausewitz, "assemelha-se ao funcionamento de uma máquina complexa com enorme atrito". Esse atrito produz tensão em todos os atores no palco de batalha, mas em nenhum mais que nos chefes. Um comandante deve exibir vários tipos de coragem, mas a maior não é a bravura física, é a coragem moral: a *aceitação da responsabilidade* por decisões que condenarão muita gente, talvez até um Estado. Tendem a ser mais capazes dessa aceitação aqueles que se sentem em casa no inferno, poderíamos dizer, de tal maneira que aquilo que transpira à sua volta — a presença gigantesca e perturbadora do sofrimento, da morte e da destruição é para eles uma segunda natureza, um ambiente facilmente assimilável. De novo Clausewitz: "A mente só é capaz de alcançar a liberdade de que precisa para dominar os acontecimentos, em vez de ser dominada por eles, se operar dessa maneira abrangente."

Bonaparte florescia fazendo guerra — era na "ação sobre um elemento resistente", que é o combate, que conseguia se apossar plenamente de seu conhecimento e de sua personalidade. Seus adversários aristocratas e mais velhos eram profissionais da guerra de sólida reputação, mas para eles ela era um *métier*, não era um meio de auto-expressão, não era essencial (tampouco era, deveríamos acrescentar, sua fortuna e seu futuro). Embora trabalhassem arduamente, não eram infatigáveis, não eram capazes de roubar algumas horas de seu sono, dia após dia, e ainda funcionar a contento. Não viviam permanentemente no fio da navalha do desespero e da exaltação, num estado próximo à exaustão nervosa, mesmo que oculto sob uma calma aparente. Em suma, para os adversários de Napoleão guerra era um trabalho importante, mas não sua luta pessoal titânica, a imposição de seus próprios eus.

Paradoxalmente, um dos resultados da manifestação da vontade napoleônica era a corrosão da vontade dos adversários. Toda a energia que os generais austríacos reuniam brotava de uma fé acrítica e externa nas convenções da guerra do século XVIII. Assim, bastava desprezar essas convenções, mesmo que apenas acelerando as ações, para desnorteá-los, para ameaçar a ordem das formações e movimentos complexos de seus regimentos, e a desordem num campo de batalha podia se transformar em derrota fragorosa com a rapidez de um raio. Submetidos por Bonaparte a uma dieta constante desse desprezo pelas convenções, os comandantes austríacos em pouco tempo já não sabiam como reagir e se desencorajavam.

No pólo oposto, a confiança e a coragem que Napoleão inspirava às suas tropas eram tais que o moral delas era o "segredo" das vitórias que ele lograva como general, mais que a estratégia ou as táticas que adotava. Isso é ainda mais notável quando consideramos que o moral do Exército da Itália descera ao mais baixo nível possível antes de Napoleão assumir seu comando. Haviam ocorrido motins por causa de soldos atrasados e das condições gerais; pilhagem e violência contra civis haviam se tornado comuns, assim como a insubordinação e a desobediência. As reformas promovidas pelo novo general (p.ex., o decreto pelo qual os homens passariam a receber metade do salário em dinheiro), a posição firme que tomou contra a pilhagem, o tratamento rápido e implacável que passou a dar a infrações, especialmente as cometidas pelos odiados e trapaceiros fornecedores civis, em muito contribuíram para a restauração da disciplina e do vigor no Exército da Itália.

Mais importante ainda, porém, era o controle que Napoleão exercia sobre as psiques dos soldados. Se é que podemos falar de gênio na guerra, é nisso que ele consiste: tendo assumido um exército em petição de miséria, material e moralmente, em um mês ou menos Napoleão o transformou numa das mais excelentes forças de combate do século, talvez de todos os séculos. E os meios que usou foram sobretudo psicológicos, não materiais, o que na época teria sido qualificado de "moral" ou "espiritual". O general sabia não confundir as queixas dos soldados com seu verdadeiro estado de ânimo, seu humor com sua obediência, seu aspecto com sua prontidão para a batalha. Sabia "que a privação mata um cavalo muito antes que um homem" e que forçar homens além dos limites aparentes de sua resistência podia ser uma fonte de inspiração para eles, pois "o soldado se orgulha tanto de superar agruras quanto de superar o perigo". Acima de tudo, compreendia que "de todas as paixões que inspiram o homem, nenhuma ... é tão poderosa e tão constante quanto o anseio de honra e renome ... Segundo suas origens, esses sentimentos devem por certo ser considerados dos mais nobres da natureza humana, e na guerra eles são o verdadeiro sopro de vida que dota o corpo monstruoso de uma alma." Estas palavras são de Clausewitz, mas Napoleão disse a mesma coisa com mais concisão: "Força moral, mais que números, é o que decide a vitória. O moral está para o físico como três para um."

As relações de Bonaparte com suas tropas não eram mediadas por uma hierarquia exagerada de classe social e convenções, como ocorria nas Forças Armadas austríacas. Acresce que os soldados da República Francesa eram em sua maioria franceses, enquanto a Áustria comandava exércitos de sérvios, tchecos, alemães, húngaros etc. Nas proclamações a seu exército, Napoleão partilhava a glória com os soldados e projetava sobre eles sua indefectível confiança no seu próprio destino: "Todos vós quereis poder dizer, quando retornardes a vossas aldeias um dia: eu estava no exército vitorioso da Itália." Napoleão compreendia como poucos que o espírito de corpo e a glória que emanavam da vitória na batalha prevaleceria para muitos soldados sobre o afeto por suas famílias, que eles poderiam vir a amá-lo mais do que amavam suas mulheres e filhos. A maior parte dos generais e muitos soldados do Exército da Itália estariam com Napoleão em seu golpe de Estado três anos depois; de fato, aquele exército foi talvez o mais fanaticamente leal entre todos que ele comandou. O que Plutarco diz de César e seus legionários poderia ser dito sobre o domínio que Napoleão exerceu sobre o Exército da Itália: "Aqueles que em outras expedições não passavam de homens comuns exibiam uma coragem inquebrantável ou irresistível quando se expunham a algum perigo em que a glória de César estava em jogo."

Finalmente, chegamos à dimensão ideológica da eficiência desse exército. Muitos dos mais perspicazes observadores da época acreditavam que o desfecho das guerras revolucionárias e napoleônicas foi praticamente decidido antes do início da luta, na mobilização e no espírito da nação da República Francesa na doutrina da guerra. O sonho perigoso (porque subversivo) dos reformadores militares do século XVIII, como Guibert, fora forjar o supremo exército "patriota" — o conjunto fraterno de cidadãos, liderados por um novo Cincinato, que esmagaria os profissionais lançados contra eles porque lutavam com mais vigor, melhor e por princípios esclarecidos. Com todas as suas deficiências — do difícil manejo e do custo até os tumultos do recrutamento e o alto número de baixas — a *levée en masse* do Ano II pareceu realizar o sonho. Aquelas infernais colunas e hordas francesas a rumar para a batalha aos gritos de "Vive la Nation!" e "Vive la République!" produziam um efeito atordoante.

A elevação da consciência pública no seio da soldadesca francesa atingira o nível máximo no período robespierrista, quando o Comitê de Salvação Pública e muitos comandantes de exército chegaram a publicar oito jornais para serem distribuídos entre os soldados. Essa atividade de propaganda declinou com o Termidor, mas o "estilo *sans-culotte* do Ano II", como Jean-Paul Bertaud o chama, continuou a prevalecer em certos exércitos, sobretudo o da Itália, cuja militância sobressaía do restante. Assim, por exemplo, os habitantes de Salzburgo expressaram surpresa ao ver soldados franceses não baterem continência ao encontrar seus oficiais, ou ao ouvir estes últimos pedirem à população civil da cidade conquistada que não se submetessem à soldadesca francesa.

Mais do que qualquer comandante-em-chefe da época, exceto Hoche, o jovem Bonaparte tinha uma visão elevada, ou idealista, dos soldados como patriotas e cidadãos, não apenas como guerreiros. Além de defensores da pátria, eram mensageiros da Revolução Francesa, e uma função essencial da liderança militar, a seu ver, era promover a politização desses homens. Assim, providenciou a publicação de jornais que, se exaltavam o comandante-em-chefe, também promoviam a correção política. Comparecia também assiduamente à celebração das grandes festas patrióticas da Revolução — não só o Dia da Bastilha (14 de julho), como o mais controverso aniversário da execução de Luís XVI, que ele próprio considerava desagradável. Sua primeira ordem do dia (26 de março) falava de sua "satisfação" com a "devoção à República" de seus homens, seu "compromisso com a liberdade tanto quanto com a disciplina. Encontrariam nele, declarou, "um camarada, forte na confiança do Governo da República, orgulhoso da boa vontade dos patriotas e determinado a realizar um destino digno do Exército da Itália".

Esse destino foi além do papel atribuído na Europa durante séculos aos exércitos na defesa e na conquista militares, passando a difundir vigorosamente os valores, princípios e *institutions* da Revolução Francesa. De início objeto de espanto e zombaria entre os austríacos, essa prática logo começou a gerar embaraço, quando o Exército da Itália passou a acumular vitórias e Napoleão a instaurar repúblicas onde antes houvera governos aristocráticos ou monárquicos. Nenhuma avaliação da eficiência militar do exército e de seu comandante pode desconsiderar esse aspecto de sua ofensiva.

Lodi

"Grancosa"

Lodi é uma cidade às margens do rio Adda, cerca de 32km a sudeste de Milão. Na língua inglesa, o nome evoca um rico filão, como em *mother lode*, um guia, como em *lodestar*, ou até um magneto, como *lodestone*. Na história de Napoleão, Lodi foi tudo isso: um filão de conhecimento, uma estrela-guia e um imã para a lenda. Lodi representou muitas coisas, mas certamente não, a despeito do que o comando do Exército da Itália afirmou, uma grande vitória militar.

Em 10 de maio de 1796 — isto é, pouco depois do início da campanha italiana — a ponte de Lodi foi o cenário de uma ação renhida, mas de pouca importância, entre uma vanguarda francesa de alguns milhares de homens e um número semelhante da retaguarda austríaca. O exército a que esta última pertencia estava batendo em retirada o mais rápido possível, e, se os franceses tivessem simplesmente esperado um dia, teriam tomado Lodi e sua ponte sem disparar um tiro. Mas Napoleão queria ação. Não bastava ter levado a cabo, alguns dias antes, uma magnífica travessia do rio Pó, nas barbas de um inimigo desprevenido. — feito que se tornou um clássico nos anais da história militar pela velocidade e a execução precisa.

Bonaparte sentia necessidade de uma vitória memorável contra o poderoso exército austríaco, tão mais importante aos olhos da Europa que a força dos piemonteses que acabara de derrotar. Assim, a ponte de Lodi foi tomada a ferro e fogo, quando, sob ordens de Bonaparte, a divisão do general Dallemagne forçou o desenlace. Como os austríacos se mantiveram firmes por algum tempo e podiam ver claramente a ponte, a ação francesa terminou numa espécie de desafio temerário e mortífero: grande parte da nata dos oficiais franceses, numa roleta-russa, tomou a frente de uma coluna que investiu contra o fogo inimigo aos gritos de "Vive la République!" Os franceses perderam 350 homens, mais que o dobro do inimigo. Na verdade, o dia 10 de maio, no seu todo, foi uma frustração para os militares franceses, pois o general Beaulieu e seu exército austríaco fugiram. Quatro futuros marechais do Império (André Masséna, Louis-Alexandre Berthier, Jean Lannes e Pierre-François Augereau) arriscaram a vida aquele dia para provar sua coragem. Napoleão, de sua parte, orientou o posicionamento da artilharia francesa que atirava no inimigo no outro extremo da ponte, mas, embora tenha ficado menos exposto ao fogo, foi ele quem colheu os louros por Lodi.

E o fez porque lendas cultivadas desempenham grande papel em nossa concepção do passado, verdade que poucos compreenderam melhor do que esse general. No dia 11, Napoleão jantou com o bispo de Lodi e este lhe perguntou sobre a luta da véspera. "*Non fu grancosa*", respondeu o comandante francês, e mudou de assunto. Nesse mesmo dia, porém, escreveu a Carnot: "A batalha de Lodi entrega a Itália inteira à República." Curiosamente, ambas as afirmações são verdadeiras. Sem dúvida a segunda é exagerada, mas não demasiado: a retirada austríaca, embora pouco tenha devido a Lodi, significava a queda iminente de Milão, que de fato ocorreu quatro dias depois e, por sua vez, significou a passagem da grande e rica província da Lombardia para mãos francesas. Isso não era "a Itália inteira", mas talvez fosse "*grancosa*".

Quanto a Lodi, muitos pares de mãos a imortalizaram no mármore da memória como uma verdadeira batalha, em que Napoleão teria se distinguido pela bravura pessoal sob o fogo inimigo: jornalistas a serviço de jornais destinados ao exército ou ao público interno francês, comissários políticos da República (inclusive Saliceti) em missão junto ao Exército da Itália, e, talvez principalmente, os próprios soldados franceses, mais dispostos que ninguém a exaltar seu general-em-chefe em seus relatos. Os historiadores do futuro cônsul e imperador e um povo francês apaixonado assegurariam a sobrevivência da lenda. Lendas costumam gerar outras lendas, neste caso o diminutivo afetuoso "Pequeno Caporal [cabo]". Diz-se que os soldados franceses o cunharam ao observar Napoleão se esfalfando no trabalho de distribuir e posicionar os canhões na ponte de Lodi, mas na verdade o apelido foi criado muito tempo depois, por propagandistas e memorialistas.

A contribuição do próprio Bonaparte para o mito de Lodi foi substancial. Em Santa Helena, ele confirmou para Emmanuel de Las Cases que "foi só na noite depois de Lodi que comecei a acreditar que eu era um homem superior, e me veio a ambição de realizar os feitos notáveis que até então só me ocupavam os pensamentos como um sonho fantástico". Ninguém pode contradizer um homem no que diz respeito a seus próprios pensamentos, mas essa afirmação pareceu inconvincente a alguns observadores, inclusive alguns que lhe eram devotados (p.ex., Arthur Lévy). A crença de Bonaparte na própria superioridade era forte e clara, e antecedera a Lodi, remontando talvez a Toulon, certamente ao Vendemiário. A campanha italiana tornaria seu nome conhecido em toda a Europa, mas Lodi não marcou o seu fim; foi apenas o começo do fim.

Até aquele momento, Napoleão vencera três ou quatro batalhas modestas numa linha de frente secundária; ainda não exibira seus dons de diplomata e estadista. Naquela noite de primavera, tudo isso, assim como alguns momentos angustiantes para o militar, ainda o aguardava no futuro. Faríamos melhor vendo a famosa declaração de Santa Helena como um bom exemplo da necessidade que acompanhou Napoleão durante toda sua vida de saber tudo antes de todo mundo, de aparentar ter previsto todas as coisas. Seja como for, duas declarações que ele deu imediatamente após Lodi parecem mais plausíveis. Uma foi um comentário feito a Marmont a propósito do Diretório: "Eles ainda não viram nada ... Hoje em dia ninguém tem a mais pálida idéia do que é ser grande. Cabe-me dar-lhes um exemplo." A outra foi escrita numa carta à infiel Josefina: "Ficarei furioso se não receber uma carta sua [amanhã]."

O mito de Lodi seria obscurecido por um outro, por outra batalha disputada em outra ponte: Arcole — uma ação militar de maior vulto, três rios afluentes e 130km a leste de Lodi (e seis meses depois). Antoine-Jean Gros, o mais talentoso discípulo de David, pintou *Bonaparte au pont d'Arcole* para o Salão de 1801 e foi merecidamente celebrado. A obra, um óleo sobre tela, representa um pomposo, ainda que jovem, Napoleão, com uma nobreza grave e severa, bandeira em uma das mãos e sabre na outra, à frente do ataque. A desconstrução da pintura, que Gros produziu ao 26 anos, é um exercício acadêmico comum; afinal, sendo ele um pintor da corte era natural que conferisse ao primeiro-cônsul uma beleza impressionante e o inserisse num cenário mítico (a verdade? Bonaparte caiu da ponte e teria morrido afogado num canal pantanoso se não tivesse sido salvo, a duras penas, por frenéticos ajudantes). Apesar disso, as linhas bem definidas do mestre da pintura revelam algo de profundo sobre Napoleão em seu tempo, sobre sua capacidade de comover e dominar seus contemporâneos, algo que vai além da coragem física e do dinamismo que também estão retratados aqui. Há no Napoleão de Gros uma força que dissipa o medo e inspira coragem e sacrifício. Usando um coloquialismo moderno, poderíamos dizer que ele tinha "a força". O cenário e os adornos não são marcadamente militares; aqui Bonaparte é o líder genérico e incontestável, não um mero general a arregimentar soldados.

Com *Bonaparte au pont d'Arcole*, estamos a um só tempo a uma grande distância da Revolução Francesa — esse é um indivíduo solitário, não o "Povo" ou a "Liberdade" — e muito próximos dela, pois nenhum pintor da corte de Versalhes teria pintado um rei por direito divino em postura tão fugaz (quem quer que Bonaparte esteja liderando *poderia*, afinal, não o seguir); um rei "absoluto" tampouco teria sentido necessidade de ser assim representado.

VI

O aprendizado da arte de governar: Itália e Egito

Quem não desejaria Bonaparte como legislador, capitão, pai e mentor espiritual?
UGO FOSCOLO (1778-1827)
ULTIME LETTERE DI JACOPO ORTIS

Napoleão dedicou mais interesse e imaginação à construção de Estados que a campanhas militares ou à diplomacia. Nesse sentido, difere de Alexandre o Grande, que passou quase todo o seu reinado de 13 anos na Macedônia empenhado em conquistas, e de César, que dedicou a maior parte de seus 14 anos de poder a campanhas militares e ao governo das províncias. Os três homens foram, é claro, politicamente *sui generis* — de fato, a vida de César, como sabemos, deu origem a um adjetivo político comum, "cesariano". Dos três, contudo, só Napoleão pode ser lembrado por seu pensamento político *per se*; somente ele dedicou tanto de sua imaginação e vontade à construção de Estados. Somente ele teve uma chance real de construir um Estado em seu país.

Mas foi pelo estrangeiro que Napoleão começou. Para os maledicentes, os que alimentam as lendas napoleônicas sombrias, a Itália e o Egito representaram um aprendizado de oportunismo, megalomania e exercício da ditadura. Para o historiador e o antropólogo cultural, os dois episódios — consecutivos na vida de Bonaparte, um tendo durado 19 meses, o outro 14 — não apresentam nada senão contrastes. Da perspectiva do biógrafo, no entanto, ambos expressam o impulso para a criação política segundo a ordem e o estilo a que a Revolução Francesa dera origem.

O impacto de Bonaparte sobre a Itália e o Egito foi profundo e de longo alcance e, ao mesmo tempo, ambivalente e imediato; uniu grandeza e originalidade de visão com cobiça, brutalidade e razão de Estado. Por isso o homem foi (e é) ao mesmo tempo odiado e estimado pelos povos que afetou. Sim, Napoleão era um oportunista e um conquistador, e certamente amava o poder, mas amava e pretendia mais que mero poder. Essas escolhas, no que lhe diz respeito, não se excluem.

As Repúblicas "Cister"

Se os italianos conseguirem provar-se agora dignos de recuperar seus direitos e ter um governo livre, veremos um dia sua pátria figurar gloriosamente entre as potências da Terra.
CIDADÃO-GENERAL BONAPARTE
1º DE JANEIRO DE 1797

Dia 19 de maio de 1796: Milão teve de assistir calada ao desfile militar em comemoração à vitória do Exército da Itália e de se submeter a uma rigorosa dieta de reparações. Não havia nada de inusitado nisso; o "direito de conquista" é um velho conceito na história. Mas dessa vez o quartel-general francês emitiu uma proclamação assinada pelo comandante-em-chefe, general Bonaparte.[1] Sem a autorização do Diretório, ela anunciava "ao *povo* da Lombardia" que a "liberdade" estava declarada. Fora esse tipo de retórica — mas seria só isso? — que caracterizara os primeiros anos da Revolução, e ao falar dessa era temos de pôr as palavras "virtude" e "justiça" (mas não "terror") entre aspas. Agora, cá estava ela de novo, dessa vez com a força de baionetas conquistadoras. A declaração era perturbadora, e não só para os homens em Viena que detinham o poder sobre a Lombardia. Mais tarde os historiadores italianos falariam de 19 de maio de 1796 como um momento definidor na sua história nacional, o início do movimento que floresceu em 1870 com a unificação da Itália.

Os 18 meses decorridos de maio de 1796 a novembro de 1797 constituem talvez o período mais complexo de toda a história napoleônica. Na época a Itália compunha-se de mais de uma dúzia de Estados, e cada qual tinha seu conjunto instável de reações à presença francesa. Também a política francesa em relação a esses Estados estava longe de ser uma doutrina homogênea emanada de Paris; era antes uma saraivada de flechas, uma pulverização de vetores, resultantes do conflito entre os diretores — como eram chamados os cinco membros do Diretório — e o procônsul geral *in situ*, bem como as onipresentes e incansáveis forças da ultra-revolução e da contra-revolução que dilaceravam a sociedade francesa. Perder de vista por um instante a política interna francesa é deixar escapar o fator que elucida o campo magnético italiano, de outro modo impenetravelmente denso e carregado.

O Diretório não havia considerado seriamente a possibilidade de uma grande vitória militar na Itália. De repente, a grande e rica província da Lombardia estava a seus pés, e os cinco homens que detinham o poder executivo em Paris mostraram-se indecisos quanto ao que fazer em relação a ela. Todos eles partilhavam com Bonaparte e seu exército a crença inabalável de que o destino da Revolução dependia da manutenção da supremacia francesa numa Europa submetida a regimes hostis, mas discordavam quanto a detalhes — por exemplo, quanto ao limites da expansão desejável: os moderados apegavam-se à tese das fronteiras naturais, enquanto seus colegas radicais gostariam de espalhar a Revolução (e seu poder) por toda parte.

Como grupo, os diretores tinham os olhos fixos na Renânia, com suas cidades florescentes e terras aráveis de qualidade — a meta luminosa para os governos franceses desde Luís XIV, se não antes. A Lombardia, nessa visão, seria um trunfo a ser usado para induzir Francisco I a tolerar a ocupação pela República de parte ou de toda a margem esquerda de seu Sacro Império Romano. Se tivesse a força e a vontade de Robespierre, o Diretório teria traçado uma política francesa para a Itália, e os generais franceses a teriam obedecido, mas aquele pequeno comitê de cinco homens, era um primo pobre do coeso grupo de 12 homens que governara na forma do Comitê de Salvação Pública. No vácuo criado pelas disputas internas e a indecisão do Diretório, um general recém-vitorioso conseguiu criar espaço para trabalhar.

Não foi um espaço tão amplo quanto ele desejava — o Diretório não era *tão* incapaz —, nem tão amplo quanto o sugeria a vida majestática e suntuosa que passou a viver no palácio Mombello, nos arredores de Milão, mas foi o bastante para fazê-lo concentrar-se nas possibilidades que se apresentariam após a queda da Lombardia. Bonaparte não era indiferente à sorte dos franceses da Renânia, mas a chance de experimentar o governo sobre milhões o tentava, como tentara outros generais desde César. De fato, Hoche, tão sedento de glória quanto ele, logo estaria tentando estabelecer "sua" república ("Cisrenana") na Renânia. Mas para o jovem autor de constituições regimentais e ensaios sobre as melhores maneiras de "incutir felicidade nas pessoas", a oportunidade que se oferecia na Itália em 1796-97 era ouro 22 quilates pedindo para ser lavrado. A Itália — tanto a da cultura antiga, berço de sua família, quanto a iminente "república" de seus sonhos ideológicos — o interessava.[2]

Foi assim que o "general jacobino" converteu-se no construtor de um Estado, quando patriotas lombardos (*giacobini*) o pressionaram a derrubar seu velho regime e proclamar uma república. Inicialmente, Bonaparte e o representante do Diretório junto a seu exército, o indefectível Saliceti, pensaram em transformar toda a Itália numa república, ou toda a parte dela que caísse em mãos francesas. Era um projeto grandioso, tão pouco realista quanto o sonho do czar de libertar o cristianismo oriental da suserania muçulmana.[3] Napoleão contentou-se em moldar, com a Lombardia e terras próximas, uma entidade que batizou de República Cispadana (outubro de 1796). Logo ampliada por outras conquistas francesas, ela se tornou a República Cisalpina (julho de 1797).

O Diretório argumentou que deveria ser usado o prefixo "trans", indicando o que ficava além dos Alpes do ponto de vista de Paris, o que daria República Transalpina. Mas, significativamente, Bonaparte adotava a perspectiva de Roma e preferiu "cis", para indicar "aquém" ou "da parte de cá" dos Alpes. Isso certamente lisonjeou os italianos.

A antiga cidade-Estado de Gênova também se reformou por instigação de Napoleão, tornando-se a República Liguriana — o que, se deu grande satisfação a um ex-patriota corso, contrariou a maior parte do Diretório e seu representante em Gênova. Até no Estado mais atrasado da Península, o reino de Nápoles e Sicília, sob os Bourbon, Napoleão insuflou uma revolução. De fato, essa talvez tenha sido a revolução mais autêntica, no sentido de nascida internamente, a ter lugar na Península durante o chamado *Triennio* (os três anos de 1796 a 1799). Lamentavelmente, a experiência napolitana foi tão rápida e sangrentamente reprimida pelos soberanos anteriores que se tornou famosa na história como um monumento da contra-revolução.[4]

Embora alguns de seus membros aprovassem teoricamente a exportação da revolução, o Diretório nunca endossou essas experiências republicanas. O governo em Paris temia que novas repúblicas tomassem a si o trabalho de assegurar o interesse nacional francês com mais vigor. Pelo menos num caso, o Diretório foi firme: não permitiria aos patriotas piemonteses derrubar a Casa de Sabóia, monarquia que consideravam valiosa demais para a França como trunfo contra a Áustria.

Bonaparte não foi o inventor do conceito de "república irmã", mas as experiências que fez com ele na Itália (e no ano seguinte na Suíça) superavam tudo que já fora feito. É verdade que se preocupou com a adoção dos modelos e métodos constitucionais franceses, mas o espaço que proporcionou ao florescimento italiano não foi pequeno; além disso, foram o potencial humano e a energia dos *giacobini* que realmente moveram as rodas dessas repúblicas. Bonaparte precisou até, durante grande parte do tempo, de conter o ardor dos patriotas locais, que julgavam estar vivendo o Ano I da Revolução, e não (como os franceses) o Ano V. Ele declarou aos milaneses: "Podeis, deveis, ser livres, mas sem sofrer os infortúnios que o povo da França conheceu." Mas a situação era paradoxal e delicada: a dinâmica revolucionária, anos depois de se romper na França, estava florescendo num território conquistado. Nenhum general francês teria reprimido os *giacobini* — eles haviam lutado em prol da França na guerra —, mas Bonaparte lhes deu mais apoio que qualquer outro general teria dado, ainda que sua retórica a favor deles soasse provavelmente oca, vinda de um soldado que fechara o Clube Panthéon em Paris.

As coisas não caminharam bem. Os italianos acabaram percebendo "que a presença de um exército, mesmo de um exército libertador, é uma calamidade" (Stendlhal). Todos os italianos, até os patriotas, se ressentiam das cobranças financeiras dos franceses, que se revelaram maiores que as somas extorquidas da Itália por conquistadores no passado. O Diretório, como a Convenção antes dele, cambaleava sob o peso de dívidas e sua salvação dependia de reparações de guerra. Essas reparações não foram suficientes, e o Diretório declarou falência parcial em setembro de 1797, única vez que um governo francês o fez entre 1770 e o dia de hoje.

Reparações não eram novidade para potências européias; o que deu às coisas uma nova feição foi a expropriação indiscriminada de obras de arte pelos franceses. Não se tratou do "estupro da Itália por Bonaparte" de que fala a lenda antinapoleônica — como outros chefes militares franceses, ele apenas aplicou uma política traçada vários anos antes pela Convenção.[5] Segundo uma auto-enaltecedora teoria formulada pelos revolucionários franceses, assim como Roma "herdara" a cultura grega, a "nova Roma" (a República Francesa) poderia "repatriar" arte criada durante a "noite do barbarismo". Segundo essa visão, a verdadeira pátria de Rubens não era Antuérpia, mas Paris. Luís XIV, é claro, se apoderara de arte flamenga sem precisar de uma teoria para justificá-lo. Essa política em relação a obras de arte zombava dos melhores princípios da Revolução Francesa — os *giacobini* imploravam aos franceses que entregassem a arte italiana "ao povo"[6] —, mas praticamente nenhum líder francês da época a questionou seriamente ou se recusou a executá-la.

A "república mãe" não era objeto de igual deferência e gratidão por parte de seus "filhos" na Itália. Além do mais, os governos cisalpino e liguriano estavam isolados na Península. Bonaparte e os *giacobini* descobriram, para sua desolação, como era pequena a ressonância da revolução em toda a Bota. Aquela não era a República Batava, que se beneficiava de uma classe média reformista e de uma longa história de insurreições contra a Áustria. Na Itália os patriotas eram poucos; os camponeses e a maior parte da nobreza manifestavam obstinada resistência à revolução. Quando maiorias antipatrióticas venciam eleições, Bonaparte executava pequenos golpes de Estado para manter os *giacobini* no poder, mas com isso minava ainda mais a legitimidade da República Cisalpina aos olhos de seu próprio povo. Por fim, o problema degenerou no tipo de conflito intratável que destruíra a Córsega: entre princípios jacobino-universalistas, por um lado, e um antiquado nacionalismo irredentista ("Que esses franceses vão para o inferno!") por outro.

Bonaparte discordava também do Diretório em matéria de religião. Paris o instigava não só a ocupar Roma como a derrubar o papado, ou pelo menos a humilhar o papa Pio VI. O general, que aprendera na Córsega o poder que tinha a religião de lançar um povo na guerra civil, e cônscio da lealdade dos italianos à Igreja, só cumpriu em parte as ordens que recebeu. Permitiu ao papa conservar seu cargo, sua dignidade e parte de seu território. Mas não temia contestar a opinião da Igreja de vez em quando. Por exemplo, seu general-de-divisão Vaubois levou seus oficiais a uma sinagoga de Livorno no dia 14 de julho de 1796, para indignação dos numerosos católicos devotos.

Morte em Veneza (de uma reputação jacobina)

Ó França, que zombas do Céu, França adúltera e cega
Patriota apenas em perniciosos labores!
São estas as tuas glórias, Defensora do gênero humano?
Misturar-se com Reis na lascívia sórdida do poder,
Gritar na caçada e partilhar a presa ensangüentada?
SAMUEL TAYLOR COLERIDGE,
"FRANÇA: UMA ODE"

A paz que sucede a um confronto decisivo no campo de batalha pode ser draconiana, mas a paz que encerrou a primeira campanha italiana não foi opressiva, pois o Exército da Itália não obtivera uma vitória esmagadora contra a Áustria. Com o armistício selado em Leoben em abril de 1797, a *Realpolitik* passou a dominar cada vez mais os cálculos de Bonaparte, consciente de que a batalha final e mais importante desse conflito deveria ser ganha sobre o feltro verde de uma mesa, não no vale alpino. A guerra, é claro, fora política o tempo todo, como Clausewitz observou, mas era mais difícil discernir a essa dimensão em meio ao derramamento de sangue, ao drama intenso e à lógica puramente militar de uma campanha. Depois de Leoben, a disputa voltou a ser declaradamente política; a diplomacia era a guerra por outros meios.

O Diretório esperava dirigir as negociações em nome da França. Estava pronto a nomear para a missão homens de brilho e renome: Benjamin Constant e Emmanuel Sieyès, respectivamente, entre os mais eminentes escritores e teóricos políticos da França. Mas Napoleão indicou que trataria das coisas sozinho, muito obrigado, e o Diretório não teve condições de contestar um soldado que lhe dera o dinheiro e a glória tão desesperadamente necessários. Para falar a verdade, afora os próprios Constant e Sieyès, ninguém estava plenamente convencido de que conseguiria se impor a Bonaparte. Anteriormente, o Diretório enviara o general Henri Clarke para representar sua autoridade junto ao comandante do Exército da Itália, e este o convertera num ardoroso admirador. Agora Clarke estava proclamando Bonaparte como "o novo Alexandre" (é verdade que ele admitia que, como Alexandre, o general Bonaparte podia ser abrupto e imperioso, e que queria demais depressa demais).

A diplomacia é com mais freqüência uma maratona que uma corrida de velocidade. As sessões oficiais e oficiosas que culminaram no Tratado de Campoformio[7] em outubro estenderam-se por semanas. Nelas, exigiam-se um espírito ágil e um conhecimento seguro de direito internacional e história. Ajudava saber quando falar mansamente, quando convinha convocar uma sessão tarde da noite (i.e., quando o adversário estava cansado ou bêbado), quando deixar a mesa e quando manifestar emoção (Napoleão era exímio em fingir raiva e indignação). Ajudava também ser capaz de introduzir uma cunha entre o ponto de vista de um diplomata e o governo dele, ou saber quando se afastar da posição do seu próprio governo. Às vezes era preciso livrar a cara de um interlocutor, outras vezes fazê-lo parecer fraco ou tolo perante a opinião pública. Era, em suma, uma luta de tipo subjetivo com poucas regras e em que nem a experiência ajudava muito.

Os austríacos enviaram uma comitiva de primeira chefiada pelo conde Louis Cobenzl, tarimbado diplomata de 44 anos, irônico e astuto, de língua afiada e espírito ágil, um homem com grande futuro político na Áustria. Cobenzl contava encontrar um adversário de 28 anos inepto e impetuoso, que tentaria intimidar a Áustria, atraindo com isso simpatia para ela, e fazendo ao mesmo tempo recair sobre a França a responsabilidade por uma retomada da luta. Napoleão, de sua parte, não estava tão livre quanto gostaria, pois sabia tanto da precária posição militar de seu exército quanto da opinião do Diretório de que a Áustria devia ser tratada com severidade. Ele discordava da visão do Diretório: não se devia tentar empurrar nenhuma imposição pela goela dos Habsburgo; era preciso barganhar com a Áustria.

Napoleão desfechou alguns tiros certeiros. Uma questão que enfurecia os franceses era o fato de Francisco II não reconhecer formalmente nem a República Francesa, nem a Cisalpina. Em resposta, Bonaparte variava entre o desdenhoso ("E daí? Será que o Sol precisa de reconhecimento?) e o ameaçador ("Cuidado para que a Europa não chegue a ver a República de Viena!"). O que impressionou Cobenzl no adversário foi sua estranha preocupação com algo que, aparentemente, não era de interesse próprio nem do da França: garantir a segurança e a magnificência da República Cisalpina. "Por que o senhor tem mais interesse em cuidar dessas republiquetas do que em negociar conosco?" perguntou-lhe uma vez. Cobenzl deve ter ficado impressionado também com a esperteza com que Napoleão intuiu o que realmente amedrontava os austríacos: eles alimentavam um medo nas raias da neurose de que a Prússia substituísse a Áustria como potência alemã, e depois como potência européia. Uma questão interminavelmente discutida foi a da compensação que a Áustria teria pela perda da Lombardia e pelo reconhecimento das reivindicações francesas no Reno. Estas eram concessões enormes, e uma indenização adequada deveria ser paga sem demora, ou a guerra recomeçaria. A indenização deveria ser Veneza — a "república dos Castores", como Montesquieu a chamara. Mas Veneza, além de uma potência neutra, era o mais antigo governo da Europa, gozando de uma precedência que datava do século V. Tratava-se portanto de um cavalo de Tróia tanto para Viena, para cujo lado o doge se inclinara na recente guerra, como para a França, cuja revolução renunciava à conquista e proclamava o direito dos povos à autodeterminação.[8]

Mas, se era neutra e antiga, Veneza não era honrada nem inocente: dominada por uma oligarquia corrupta, não exibia mais que uma sombra da glória e da "virilidade" (para usar uma palavra napoleônica) passadas. Anteriormente Napoleão sonhara ter Veneza como parte de sua bem-amada República Cisalpina. De fato, grupos progressistas da classe patrícia da cidade-Estado apoiaram a Revolução Francesa, mas a massa em geral odiava os franceses e provara isso com uma insurreição em Verona (domínio veneziano), onde 400 soldados franceses, entre os quais homens doentes e feridos, foram massacrados. É possível que os franceses tenham fomentado a insurreição; os indícios não são claros. De todo modo, Napoleão e o Diretório concordaram que a "salvação" da condição republicana de Veneza não valia "40.000 vidas francesas" — o número retoricamente elevado que, segundo Napoleão, isso custaria. Veneza pôde assim ser entregue à Áustria. Essa ação fez do Tratado de Campoformio mais um caso notável do tipo de impostura diplomática revestida de hipocrisia que já levara várias vezes, naquele século, a Rússia, a Prússia e a Áustria a retalharem a Polônia entre si. As cláusulas públicas do tratado asseguravam a integridade de Veneza e da Alemanha, enquanto as secretas as vendiam. Quanto à sorte da Renânia, o tratado transferiu a responsabilidade dos ombros dos diplomatas que o negociaram para os dos delegados que se reuniriam num "congresso de alto nível" a ser realizado "mais tarde" (em Rastatt).

Só um membro do Diretório teve a coragem de votar contra a ratificação do tratado; os outros e seus ministros entenderam que não havia escolha. Sieyès ou Constant não teriam feito melhor, dado o ardente desejo de paz da França, a hostilidade implacável da Inglaterra e a recusa da Prússia de favorecer o jogo dos franceses. Portanto, chamar o tratado de "a paz de Napoleão" é tendencioso, embora apenas ele o tenha assinado em nome da França, ao lado de quatro austríacos. Campoformio não foi o que Napoleão desejava, mas era o melhor que um negociador teria podido obter sem reiniciar uma guerra que o Exército da Itália não estava em condições de empreender. Contrastou também, diga-se de passagem, com os tratados posteriores de Napoleão, por seu caráter ambíguo e vagamente conciliatório. Em carta ao ministro das Relações Exteriores Talleyrand, Napoleão deixou claro que considerava Campoformio um arranjo provisório, até que uma futura guerra trouxesse uma paz definitiva.

Embora extremamente crítico em relação ao Consulado e ao Império, o historiador Michel Vovelle admite que Campoformio pode ter sido uma "ambição pessoal", mas, ao salvar Milão ao preço de Veneza, foi "uma nobre ambição que, em certo sentido, desempenhou papel positivo nas origens do movimento pela unidade italiana".[9] O mesmo pode ser dito da crônica política de Napoleão na Itália. Ela não é tão impressionante como sua crônica militar; e nenhuma das duas é tão impressionante quanto a crônica de César na Gália. A autoridade de Bonaparte, embora ampla, era muito menos absoluta que a de César, e Napoleão encarnava um duplo papel que César, servo de Roma, não conheceu: especificamente, Napoleão estava dividido entre o papel de fundador de uma república italiana e o de procônsul francês. Na primeira condição, era um novo Sólon ou um jovem e idealista Epaminondas, ditando leis e construindo Estados; na segunda, um governador relutante, simulado, e cada vez mais cínico, uma espécie de Pôncio Pilatos. Na tentativa de fazer os dois trabalhos, não fez nenhum a seu contento, e menos ainda a contento dos partidários sem ambivalência que o assediavam com conselhos.

Talvez seja estranho que um homem que tanto insistiu em sua capacidade de prever *tudo* não tivesse se valido de sua recente experiência na Córsega para prever os dilemas políticos insolúveis e as violentas divisões sociais que enfrentaria na Itália. Como governador, Bonaparte fracassou no tocante à exigência mais básica do cargo: manter a ordem, promover a unidade, galvanizar a participação. Apesar das estradas construídas e da infra-estrutura política criada, se a crônica de Napoleão dependesse apenas de sua arte como governante no sentido literal, ele teria fracassado — em parte, sem dúvida, por ter sido tão bem sucedido no papel proconsular de extorquir dinheiro, obras de arte e efetivo das províncias conquistadas. É esse fracasso que explica a decepção e o desagrado que veio a sentir ante o que viu como conservadorismo dos camponeses italianos e obtusidade das autoridades francesas. Com o tempo, passaria a ter uma visão cada vez mais instrumentalista da Itália, mas ela nunca substituiria por completo o idealismo dos primeiros tempos.

Em Santa Helena, Napoleão voltou os olhos para 1796-97 e preferiu ver só a proeminência solar de seu papel como jovem general idealista — "mais italiano que corso", heróico fundador das Repúblicas "Cister", aclamado introdutor da soberania popular numa península decadente, abolidor de velhos regimes corruptos que haviam subvertido a entidade étnica natural que um dia deveria ser uma nação. "Sempre tive a idéia de criar uma nação italiana livre e independente", disse. Chegou até inventar uma engenhosa justificação para a *Realpolitik* de entregar Veneza à Áustria: foi salutar para os venezianos ter sua vocação para a liberdade e a unidade nacional postas à prova — um argumento do tipo "quando não o mata, a prisão faz bem para um homem". Um absurdo, é claro, que não chega nem a ser um absurdo interessante.

Quanto aos italianos — especialmente os patriotas e os *giacobini* —, mostraram-se mais tarde ferozmente críticos de Napoleão: "Nada há de mais horrível que a conduta de Bonaparte na Itália; começou anunciando guerra aos tiranos e paz para as pessoas, e terminou em paz com os tiranos e escravizando as pessoas." Mas essa é a ira de um "irmão" decepcionado, não a do cidadão de um país erguendo o punho para o estrangeiro, e, olhando-se mais de perto, não é surpresa constatar que o *giacobino* que escreveu isso, Pietro Custodi,[10] havia trabalhado na administração durante a *Età napoleonica*.

Curiosamente, a memória nacional italiana tendeu para a mesma visão idealizada de Napoleão em Santa Helena. O fato de que, passados dois séculos, os italianos celebram tanto o *Triennio* quanto o papel que Bonaparte teve nele é um bom indício de que agora, como então, os italianos compreenderam que houve algo mais em jogo além de repressão, reparação e desilusão. Além de *Ultime lettere di Jacopo Ortis* (de que foi tomada a epígrafe deste capítulo), Ugo Foscolo escreveu uma ode a "Napoleone liberatore" em 1799, muito depois de Napoleão ter abandonado a República Cisalpina por outras plagas e quando as coisas estavam indo rapidamente de mal a pior na Itália.

Os italianos nunca se esqueceram de que Bonaparte nascera de seu sangue e tinha o italiano por língua materna. Gabriele Rosseti, pai do poeta inglês, escreveu: "Nesse homem singular que foi o conquistador da Itália, a Itália mostrou ao mundo quem são os seus filhos." Estranha maneira de falar de uma lembrança detestada. Os habitantes da Península, sejam quais forem suas reações à presença francesa, sentem que devem parte de seu Risorgimento e de sua unificação nacional como regime secular liberal ao impulso que lhes foi dado por Bonaparte e seu exército de mentalidade semelhante. Assim, a Itália sempre permaneceu francófila, o que não aconteceu com a Alemanha, que também deveu a Napoleão um forte empurrão inicial rumo à unidade. Mas, afinal de contas, Bonaparte, seja o que mais tenha feito, impôs a Itália à França e ao mundo tão certamente quanto impôs a "Itália" aos italianos.

A França vista do Exército da Itália

La France vue de l'Armée d'Italie e *Le Courrier de l'Armée d'Italie* foram jornais que Napoleão criou, tendo em vista tanto seu exército quanto o território francês, pois, enquanto permaneceu na Itália — não menos que César, quando na Gália — prestava aguda atenção ao que acontecia em Paris. No editorial do primeiro jornal, Bonaparte declarou: "Nosso propósito será publicar a verdade sobre o modo como o Exército da Itália percebe a situação na França e como pode defender ali a causa de seus amigos contra os partidários da tirania ou do terror." Tanto *La France vue de l'Armée d'Italie*, o menos radical dos dois jornais — seu objetivo era unir todas as facções e estratos sociais contra os monarquistas —, quanto o *Courrier* eram "absolutamente republicanos".[11]

Embora aquela fosse uma época de conflitos políticos e ideológicos simples, a nuance subsistia. A polícia de Paris, por exemplo, estabelecia um curioso dualismo entre os rótulos "republicano" e "revolucionário": o primeiro indicava partidários "confiáveis" do regime corrente; o segundo, radicais apaixonados que desejavam um retorno ao Ano II. Se essas classificações tivessem sido aplicadas aos exércitos em campanha, ver-se-ia que o Exército da Itália abrigava muito mais que uma cota razoável de revolucionários. De fato, seria justo dizer que muitos soldados comandados por Bonaparte, caso fossem civis residindo em Paris, teriam pertencido àquele mesmo Clube Panthéon que seu general fechara quando chefiava o Ministério do Interior. Mas o fato é que, em seus soldados e generais, Bonaparte tolerava — na verdade, cultivava — graus de politização muito mais elevados do que em civis.

La France vue de l'Armée d'Italie representava, ademais, uma perspectiva perturbadora para os soldados de Bonaparte que levavam seu patriotismo a sério. Julien, um dos editores do *Courrier*, além de secretário de Robespierre, fora simpatizante de Babeuf (executado por sedição em maio de 1797) e amigo de Buonarotti (deportado da Itália por sedição e levado para a França). Os soldados franceses não estavam gostando do que viam na pátria ou das notícias que de lá chegavam. Aos olhos deles, a ameaça mais grave à República no Ano V (1796-97) não era a agitação "neojacobina", mas a avalanche de propaganda "moderada" e monarquista e o grande número de políticos eleitos afinados com essas tendências. As eleições legislativas da primavera haviam dado maioria esmagadora aos conservadores tanto no Conselho dos Quinhentos como no Conselho dos Antigos, apesar da intensa campanha movida pelo regime em seu próprio favor. Logo em seguida os conselhos nomearam, para substituir um diretor que se aposentou, um novo homem (Barthélemy) cujas posições políticas eram heterodoxas, se não claramente monarquistas.

Enquanto isso a impressa direitista fazia franca oposição aos diretores remanescentes; a Bonaparte, a quem acusava de traição; e à guerra na Itália, que considerava imperialista. Ironicamente, os monarquistas, com o apoio financeiro do governo reacionário da Áustria, defendiam os "direitos dos povos" — p.ex., Veneza. O tumulto, se não teve outro efeito, certamente induziu o Diretório e Bonaparte a se apoiarem mutuamente, com mais firmeza do que o teriam feito em outras circunstâncias, numa política de expansão. Num sentido geral, todos queriam paz, mas pedi-la ao preço de retornar às antigas fronteiras da França (de 1789 ou mesmo de 1792) era uma política marcada pela associação com a contra-revolução.

Até que ponto a direita representava uma ameaça objetiva para a República e a Revolução? É difícil dizer, e seria mesmo se voltássemos no tempo e examinássemos a situação com nossos próprios olhos. Para avaliar uma ameaça desse tipo é preciso fazer um sem-número de julgamentos sobre o modo como indivíduos e grupos teriam evoluído caso tivessem vindo a se estabelecer como centros de poder, como moderados e monarquistas pretendiam. As duas categorias, moderados e realistas, não se confundiam, por mais que a polícia de Paris — que tinha da direita uma visão menos nuançada que da esquerda — desejasse reduzir toda e qualquer expressão de insatisfação com a Revolução a "monarquismo". Por outro lado, o Clube Clichy, onde esses ativistas se reuniam, fazia o possível para dificultar, não para facilitar a tarefa. Uma fórmula estampada num panfleto dizia: "Viva a República de boa fé!" mas quando a folha era dobrada de certa maneira, o que se lia era: "Viva o Rei!"[12] O general Pichegru, eleito para presidir o Conselho dos Quinhentos, tinha idéias manifestamente republicanas, mas estava de fato a soldo dos ingleses e, tivesse tido uma chance, certamente teria ajudado os monarquistas a preparar um golpe, como fez em 1804.

A reação dos exércitos da República aos eventos que se sucediam em Paris acompanhava em grande parte as idéias de seus generais comandantes. Em geral, as mensagens violentas que a soldadesca enviava para frente interna (era precisamente como uma "frente", um campo de batalha, que viam Paris) tinham por finalidade defender o Diretório fazendo ameaças a seus adversários. Por vezes acabavam assustando até a ambos: "Tremei! Da [Itália] ao Sena é só um passo" (Augereau). "Terá a estrada para Paris mais obstáculos que a estrada para Viena?" (Masséna). "Se for isso o necessário para manter a Constituição, poderemos voar sobre as montanhas que nos separam da França com a velocidade da águia" (Napoleão). Por outro lado, o exército do Sambre-et-Meuse, sob o comando de Moreau, destacava-se pelo silêncio: nenhum comunicado a

Paris. O fato é que Moreau era amigo de Pichegru, e estava secretamente em contato com o ministro austríaco.[13] No conjunto, dois temas se destacavam nas mensagens militares a Paris: guerra sem trégua à "aristocracia" e seus aliados; e o exército (não o povo) como regenerador do corpo social da República.

Os diretores fizeram o que "sabiam" que seus adversários teriam feito se ocupassem o poder: deram um golpe de Estado. Nomearam Lazare Hoche — o "Bonaparte do norte", como era conhecido — ministro da Guerra e ordenaram que seu exército marchasse sobre Paris. Embora fosse um soldado corajoso e um republicano leal, Hoche se deixara convencer, ainda que relutantemente, de que um ditador era uma necessidade temporária para enfrentar definitivamente a ameaça monarquista. Mas se era um Galahad em seu idealismo, princípios e ingenuidade, Hoche não era nenhum Lancelot na justa, e quando a legislatura rejeitou sua nomeação (ele estava abaixo da idade fixada para ministros pela Constituição de 1795) e o Diretório voltou atrás na idéia de forçá-los a engoli-la, Hoche afastou-se de seu exército, humilhado.

Os diretores voltaram então os olhos para o Sul, de onde Bonaparte acompanhava atentamente a situação; chegara até a oferecer uma subvenção retirada do Tesouro de seu exército para o desprovido Exército do Norte. O general hesitou; uma ação precipitada em favor do acossado e ridicularizado Diretório poderia "ofuscar-lhe a glória" (especialmente se a ação fracassasse). Assim, preferiu enviar o fanfarrão e afoito, mas limitado, Augereau. Usando as tropas de Hoche, Augereau reprisou a ação do Vendemiário de 1795: Paris foi cercada na noite de 3 para 4 de setembro de 1797 (18 Frutidor do Ano V) e a legislatura expurgou-se de seus membros transgressores. Dois diretores foram destituídos: Barthélemy e Lazare Carnot, que desde o Termidor já não se mostrava tão jacobino quanto outrora. Do ponto de vista do exército, sua ação sob Augereau representava um retorno ao Ano II: os soldados estavam atuando como cidadãos vigilantes em lugar do povo.

Napoleão parece ter tido contatos com Barthélemy, e certamente os teve com Carnot. Este último fato não surpreende, dada a colaboração anterior entre os dois homens e o ceticismo de Napoleão com relação a expurgos ideológicos de homens de qualidade. A participação indireta de Napoleão no Frutidor o tornaria então um cínico, fazendo jogo duplo para salvar a própria pele? Alguns dizem que sim. Um historiador de muito prestígio no século XIX, Henri Martin, escreveu que "nunca um homem se contradisse com menos constrangimento nem foi menos leal à sua palavra". Havia generais na cena em que as palavras de Martin cairiam como uma luva: Pichegru, por exemplo, passou de protegido do Comitê de Salvação Pública a militante em favor do pretendente Bourbon; Bernadotte, provavelmente um camaleão político da mesma laia, ficou muitas vezes paralisado por prudência e por instintos e ambições conflitantes.

Mas no ano V Bonaparte estava longe de ser um Pichegru ou um Bernadotte, e, se pode ser comparado a um outro oficial, é, curiosamente, a Hoche, com quem se costuma contrastá-lo. Ambos jovens e brilhantes generais, fundadores de Repúblicas "Cister", os dois homens se admiravam mutuamente, o que diz alguma coisa, dada sua competição. Numa celebração patriótica, um general menos graduado ergueu seu copo: "A Bonaparte, possa ele...", começou, mas Hoche o atalhou: "A Bonaparte, *tout court*, o nome diz tudo!"[14] Hoche morreu subitamente em setembro, e esse desaparecimento muito sentido permitiu aos contemporâneos e à posteridade verem nele "o mais nobre romano de todos eles", em vez de um ser humano com suas fraquezas, inclusive uma prima-dona de extrema vaidade.

Quando lemos as cartas de Hoche ao Diretório temos por vezes a impressão de que estamos lendo as de Bonaparte: os lampejos de intuição lançados inopinadamente, a autoconfiança inabalável (a mesma capacidade de se identificar com a nação), a impaciência irritada com a perda de tempo, os acessos de orgulho ferido seguidos por manifestações insinceras de resignação, destinadas a pressionar o destinatário; as denúncias de comissários de guerra corruptos e as recriminações a outros comandantes; as oscilações de humor, do pessimismo negro a súbitos rompantes de energia e entusiasmo. Hoche tinha, porém, mais gosto pela vingança do que Bonaparte, e menos talento para o autodomínio. Ficou furioso contra o Diretório por lhe ter feito uma falseta em julho; sua determinação de se desforrar — guardava uma longa lista de nomes que pretendia destruir — parece tê-lo consumido tanto quanto o bacilo de Koch que manifestamente o matou.[15] Morreu convencido de que o Frutidor não chegara nem perto de estabelecer um governo duro na França. Embora Hoche fosse inteligente e reflexivo, faltava-lhe a insularidade e o autocontrole do corso. Se nenhum dos dois homens foi um Washington (mas teriam as circunstâncias e tradições políticas francesas suportado um?), Hoche tampouco foi um César, pois seu orgulho e suas emoções lhe prejudicavam a faculdade de juízo e o impediam de impor sua vontade.

Outro traço que faltava a Hoche era a capacidade de ironia que distinguia Napoleão (como César) — isto é, de manter uma apreciação crítica e distanciada do conjunto, mesmo quando ainda se está comprometido com um ponto de vista. Nas vésperas de sua morte, com 29 anos, Hoche ainda era um *engagé*, que lembrava o jovem Napoleão em sua relação com Paoli. Aos 29 anos, Bonaparte simplesmente interpretava a pessoas e os eventos através de um denso filtro de realismo no tocante ao que considerava possível e desejável numa sociedade construída e dilacerada pela Revolução. Alguns diriam desilusão, mas nesse caso era uma desilusão temperada por genuíno respeito e paixão pela vida política no sentido mais amplo e por certos princípios para a organização do bem-estar público — princípios que, naquele tempo, eram progressistas.

Mas a Itália cobrou um preço pela atitude de Napoleão em face das possibilidades políticas, mesmo que sua vida pessoal ali, cercado por sua família extensa, lhe tenha propiciado muitos momentos felizes. A corte que o jovem herói criou em Mombello transformou-se rapidamente numa das mais brilhantes da Europa, atraindo muitos dos mais destacados escritores, poetas e eruditos franco-italianos da época. Ela passou também por um processo crescente de enrijecimento numa etiqueta severa que não mais permitia ao procônsul partilhar refeições informais com oficiais e ajudantes.[16] Uma olhadela em suas cartas indica que o que o surpreendia e aborrecia não era nenhum evento isolado, mas a constatação de que a maioria da população da Itália mostrava-se indiferente, quando não hostil, à sua própria república e a todo o projeto de progresso social representado pela Revolução Francesa. Sabia que a Cisalpina não poderia ser abandonada — se os franceses tivessem partido, os *giacobini* teriam sido massacrados —, mas entedia que sua preservação e progresso estavam ameaçados "pelo preconceito e caráter, e pelo hábito de séculos [na Itália], que não ousamos desconsiderar". O que talvez se possa criticar é o fato de Napoleão não ter permanecido na Itália para se dedicar ao trabalho de ajudar a jovem república a resolver alguns de seus graves problemas, entre os quais as próprias cobranças francesas que Bonaparte, se realmente o pretendesse, poderia ter modificado. Dissera a um colaborador que não deixaria a Itália "exceto para desempenhar um papel na França", mas o fez, e não para passar muito tempo em Paris. Na ausência de Napoleão, sucederam-se na República Cisalpina — de fato, em toda a Península — desastres que sua presença certamente poderia ter evitado.

Interlúdio parisiense

O general Bonaparte chegou a Paris no dia 5 de dezembro de 1797, à paisana, a cabeça na política. Queixou-se a Bourrienne, seu antigo colega de escola: "Se ficar muito tempo sem nada para fazer, estou perdido. Eles não se lembram de nada [de meus feitos passados] em Paris."[17] Estava ávido por participar do jogo alto em curso na capital francesa. Em uma quinzena, encontrou-se com os principais jogadores de todos os pontos do espectro político, inclusive dois homens que haviam adquirido renome no início da Revolução. O abade Emmanuel Sieyès fora o autor de *Qu'est-ce que le tiers état?*, o panfleto que inaugurara a Revolução Francesa.[18] Nele, praticamente estabelecera os termos do choque titânico que se seguiria entre as castas privilegiadas e a burguesia. Por algum tempo, em 1789, Sieyès causou o impacto e exerceu o tipo de influência com que a maioria dos filósofos políticos pode apenas sonhar. O ensaio o lançou numa carreira política na Assembléia Nacional, para a qual sua personalidade irritadiça, mas tímida, e sua voz fraca e rouca nunca o teriam levado. Mas sua carreira, como tantas outras, foi abreviada pela marcha turbulenta da própria Revolução. Um moderado de escol, conseguiu sobreviver ao Terror ("*j'ai vécu*", sintetizou em frase famosa) tornando-se uma "toupeira", nas palavras de Robespierre.[19] A toupeira saiu da toca em 1795, mais velho e mais experiente que a maioria dos atores políticos em cena e ainda gozando de grande reputação como teórico político. Bonaparte e Sieyès jantaram juntos no início de dezembro, e não se produziram faíscas. O filósofo sentia desprezo pelo oficial, e vice-versa. Até então, nenhum dos dois estava convencido de que não poderia dispensar a ajuda do outro.

O novo confidente político de Bonaparte nessa época foi Charles Maurice de Talleyrand-Périgord, o novo ministro das Relações Exteriores da República. Descendente da mais alta nobreza, Talleyrand fora bispo de Autun sob o Antigo Regime, e seu papel no início da Revolução não fora menor que o de Sieyès. Praticamente às vésperas de abandonar o sacerdócio para fazer carreira na política secular, Talleyrand consagrou os primeiros quatro prelados da Igreja Constitucional, mantendo assim uma sucessão apostólica no culto nominalmente católico e garantindo para si a danação eterna aos olhos de Roma. O período jacobino provou-se impetuoso demais também para a moderação de Talleyrand, e ele partiu para um exílio voluntário na Inglaterra e nos Estados Unidos. Ele e Bonaparte na verdade já se conheciam bastante bem, tendo entabulado uma correspondência política bastante regular no verão de 1797. Agora passaram a se encontrar em Paris, e o que emergiu disso não foi uma amizade — conceito que pressupõe verdade e altruísmo —, mas uma tranqüila *entente cordiale*, baseada em interesse e respeito mútuos.[20]

Em meados de dezembro, estava claro para todos os observadores atentos que o "vencedor de Rivoli" decidira afastar-se da arena política imediata. Não havia um papel ou iniciativa que estivesse disposto a reivindicar na política interna. Ao contrário, reconhecia com absoluta clareza que sua reputação como conquistador da Itália, embora gigantesca, poderia ser desperdiçada no facciosismo político; por enquanto, nada tinha a ganhar ali — e muito a perder. Permaneceu distante de todos os partidos, e passava seu tempo freqüentando reuniões do Instituto Nacional,[21] para o qual fora recentemente eleito.

O problema era encontrar um cargo digno para o herói conquistador da Itália. Ansioso para se ver livre dele, o Diretório nomeou-o (10 de janeiro) para o comando do Exército da Inglaterra — que tinha um projeto teoricamente *muito* grandioso. Mas após passar várias semanas inspecionando tropas e instalações na costa do Canal da Mancha, Bonaparte concluiu que uma invasão estava fora de cogitação. Aconselhou o Diretório a abandonar o plano.

Outra possibilidade surgiu.

Fazia já algum tempo que Talleyrand vinha propondo ao governo uma expedição militar ao Egito, então uma província da Turquia otomana — ou a Sublime Porta, como era conhecida. Na expressão grandiloqüente do ministro das Relações Exteriores em seu relatório do mês de julho anterior: "O Egito foi uma província da República Romana; agora deve se tornar uma província da República Francesa. A conquista romana foi um período de decadência para esse belo país, a conquista francesa inaugurará um período de prosperidade." Quanto a Bonaparte, há registros de que também ele sugeriu ao Diretório que uma política oriental agressiva era desejável. Aconselhara que a República conservasse o porto de Ancona sob seu domínio no armistício que encerrara a guerra austríaca: "Ele nos dará grande influência sobre a Porta Otomana e fará de nós senhores do mar Adriático, como já somos, a partir de Marselha e da Córsega, do Mediterrâneo." Em 16 de agosto ele aprimorou consideravelmente o conselho: "Para verdadeiramente destruir o Egito, teremos de tomá-lo."[22]

Assim o Diretório encampou a idéia de que um ataque indireto à Índia através do Egito era, de certa forma, uma possibilidade realista e um golpe perigoso para a "Pérfida Albion" (Inglaterra). Se havia algo de quimérico nessa linha de raciocínio, é importante lembrar que a França só recentemente perdera a Índia (1763) e seu império norte-americano para os britânicos, e a mancha decorrente em sua honra, bem como o prejuízo comercial, não fora de modo algum esquecida.

As experiências de Napoleão Bonaparte em 1796-97 levavam-no a se manter a boa distância das facções — o que era sem dúvida facilitado pela ausência na cena política da época de alguém com a determinação, a lucidez ou a força de um Paoli ou de um Robespierre. O general aconselhara vigorosamente seu subordinado Augereau, ao enviá-lo a Paris no Frutidor, a não se aliar muito estreitamente nem mesmo ao partido do Diretório, em cujo favor iria dar um golpe militar. Consta também que, mesmo antes de experimentar as lutas internas em Paris, Bonaparte disse a um colaborador italiano que "por enquanto" estava preferindo "marchar com o partido republicano a se aliar à facção Bourbon", mas iria "esperar e ver" para onde seus interesses pessoais o poderiam levar. Ele pode ou não ter dito essas palavras, ou algo parecido; é também muito possível que quem as relatou (Miot de Melito) tenha deixado escapar, intencionalmente ou não, um tom irônico por trás delas. Napoleão era sem dúvida ambicioso, mas sua ambição se erguia sobre certos princípios graníticos da Revolução, não numa escolha puramente *instrumental* de idéias e princípios. Uma forte aversão por partidos e políticos não fazia dele um cínico, a menos que consideremos De Gaulle ou Washington cínicos. Chegaria o dia em que Napoleão romperia com o *partido* republicano, mas, quando isso ocorresse, o rompimento não levaria tudo de roldão; um núcleo de republicanismo permaneceria.

Passagem para a Índia: Egito (1798-99), a operação militar

O mais consumado viajante e o melhor escritor não conseguiriam transmitir ao leitor europeu o que vimos e sofremos aqui.
GENERAL CHARLES-ANTOINE MORAND[23]

Se algum dia um empreendimento foi ditado por um sem-número de causas e razões sem contudo obedecer a um plano diretor, foi a campanha do Egito. Os fatores mais decisivos que levaram à partida da flotilha de 300 barcos de Toulon na primavera de 1798 são no mínimo interessantes — a intriga política interna na Paris do Diretório e as considerações geopolíticas da guerra com o "reino insular", que não podia ser invadido a partir da Mancha. Mas essa é apenas a ponta visível de um grande, misterioso e antigo iceberg. Por volta de 1800, os melhores espíritos, os mais inteligentes e mais politicamente corretos, aprovavam fervorosamente o que hoje seria rotulado de "imperialismo colonial". Os escritos de juventude de Napoleão falam de Alexandre como um conquistador esclarecido, cujo ataque ao Império Persa, que incluía o Egito, haviam sido evidentemente uma boa coisa, pois o governo dos xás representava o antigo regime, enquanto os gregos eram portadores do progresso.

Seria difícil citar um viajante, negociante, pensador ou diplomata francês, mais ainda um soldado, que reprovasse a expedição ao Egito ou não a julgasse manifestamente justificada pela "superioridade" do Ocidente. Como o Império Turco, que governava nominalmente o país, era visto como uma potência imoral e decadente, os franceses viram uma oportunidade de restaurar a civilização numa área onde ela outrora vicejara. Desde sua estada em Ancona (fevereiro de 1797), Bonaparte se enamorara da idéia de uma conquista "alexandrina", meditara sobre a idéia e, em sua correspondência com Talleyrand, dera-lhe corpo. No inverno seguinte, quando ficou claro que uma invasão da Inglaterra era inviável, "o sonho oriental" de Napoleão reviveu prontamente. Mesmo os que criticavam seus métodos ditatoriais tenderam a ver essa aventura com mais tolerância.[24]

Nessa perspectiva imperial, o Exército do Oriente e seu comandante tiveram o apoio de um grupo de cerca de 160 dos mais destacados cientistas, artistas, engenheiros, médicos e eruditos da França (com um poeta e um ator no meio), que, por decisão de Bonaparte, deveriam integrar a expedição com a finalidade de promover o conhecimento humano.[25] A maioria desses sábios aguardara ansiosamente a convocação, embora ignorasse seu destino. O prestígio de Bonaparte era capaz de arregimentá-los por si só, mas ele se deu ao trabalho de se empenhar pessoalmente em lisonjear esses tão facilmente lisonjeáveis intelectuais e cientistas. Em dezembro de 1797 o próprio general fora eleito para a mais importante academia francesa de sábios e desde então "Membro do Instituto" passara a figurar, antes de "General-em-Chefe", entre seus títulos. Uma soma significativa de dinheiro foi desviada dos gastos militares e usada para equipar *les savants* com aparelhagem científica e uma biblioteca transportável. Mesmo nas agruras mais terríveis daquela que seria a mais árdua campanha de Bonaparte até a da Rússia, concediam-se prioridades aos cientistas para explorar terrenos, coletar amostras e fazer experimentos. Em julho de 1798 foi fundado o Instituto do Egito no Cairo. Suas reuniões eram a única ocasião em que Bonaparte tolerava críticas (por vezes descomposturas) a si mesmo e às suas políticas. O exército, de sua parte, sentindo-se desconsiderado, referia-se insolentemente aos *savants* como "a amante favorita do general".[26] De fato, a "amante" sobreviveu a todos os demais na expedição, pois o trabalho que os sábios realizaram no Egito (e depois) praticamente fundou a ciência da egiptologia e foi talvez o único sucesso absoluto de uma aventura extremamente controversa.

A caminho do Egito, os franceses tomaram a estratégica ilha de Malta da ordem de cavaleiros que a governava desde o tempo das Cruzadas. Foi um movimento ousado e também arriscado, pois irritou os russos, cujo czar era o protetor dos cavaleiros. No dia 1º de julho, a bandeira tricolor francesa drapejou pela primeira vez no continente da África, quando o Exército do Oriente desembarcou na praia de Marabout, perto de Alexandria. Contava 36.000 homens — o mesmo efetivo do exército com que Alexandre embarcou para a Pérsia — e fora conhecido até agora como "ala esquerda do Exército da Inglaterra", para confundir a Grã-Bretanha quanto a seu verdadeiro destino. Talleyrand assegurara ao Diretório que a invasão seria relativamente fácil, pouco dispendiosa e rápida, exigindo seis meses de execução. Como essa previsão foi objeto de uma zombaria histórica, lembremos que ela não era de todo absurda, dada a (des)informação reinante sobre o estado das defesas e a riqueza do Egito e dado que a frota britânica deixara o Mediterrâneo no ano anterior.

Num plano puramente militar, não se viram grandes novidades no Egito, por mais legendárias que tenham sido as vitórias conquistadas pelo o Exército do Oriente sob o comando de Bonaparte. As campanhas ali tiveram momentos tão penosos e medonhos como teriam no cenário russo em 1812, mas eles não se deveram à qualidade dos generais, dos soldados ou da estratégia dos mamelucos (ou, mais tarde, dos turcos). Uma infantaria concentrada, disposta em retângulos móveis e com armamento moderno, conseguia vencer facilmente surtidas desorganizadas de cavalaria a brandir cimitarras. Assim, na famosa batalha das Pirâmides (21 de julho), os franceses perderam 300 homens para os 2.500 do inimigo. Nove meses mais tarde, no monte Tabor, duas desfalcadas divisões francesas puseram em debandada um exército turco de 30.000 homens; em Abuquir no mês de julho seguinte (1799), o já dizimado Exército do Oriente quase aniquilou uma força otomana várias vezes maior. Essas vitórias pareceram "alexandrinas" aos contemporâneos, lembrando-lhes as derrotas esmagadoras infligidas pelo rei macedônio às vastas hostes persas de Dario III. Um general do quilate de Jean-Baptiste Kléber, o número dois de Bonaparte na expedição — mas *não* um devoto incondicional de seu comandante — não conseguiu se conter diante de Napoleão no monte Tabor: "General, o senhor é grande como o mundo, e o mundo não é grande o bastante para o senhor."

Por outro lado, os franceses também experimentaram o desastre militar — e isso não demorou muito. Em agosto de 1798, na baía Abuquir, perto de Alexandria, uma frota britânica sob o comando de Horatio Nelson alcançou os franceses e destruiu a frota mediterrânea da República. A batalha do Nilo pôs fim à presença naval francesa no Oriente Próximo e impossibilitou a França de reforçar seu exército ali. Assim começou o processo de erosão da posição francesa no Egito que acabou por transformar em piada as previsões de Talleyrand e destruíram qualquer esperança de sucesso a longo prazo da República no Oriente. Esse foi o primeiro, mas não o último sinal da importância do poderio naval, coisa que Bonaparte ignorava — em detrimento de si mesmo e da França. Sua reação foi minimizar a importância da derrota naval e lembrar ao exército que Alexandre o Grande despachara seus barcos para casa. Disse a seus homens: "É nossa obrigação fazer grandes coisas. E haveremos de fazê-las. Fundar um império? Nós o fundaremos. Mares que não dominamos nos separam da pátria, mas não da África ou da Ásia."

Para exorcizar os fantasmas que agora assombravam os franceses, contudo, era preciso mais do que linguagem bombástica. O Egito era uma sociedade em plena crise econômica; provou-se tão distante do paraíso clássico da imaginação dos invasores quanto a própria França revolucionária estava da República Romana que invocava tão constantemente. Para pasmo e desilusão da expedição, a terra dos faraós revelou-se um lugar estagnado e imundo, cheio de moscas, choças de barro, doenças, uivos de cachorro e superstição. Alexandria não oferecia nada digno de seu nome grandioso.

O Exército do Oriente mal estava conseguindo enfrentar essa realidade quando, no fim de 1798, a Porta declarou guerra — inesperadamente, pelo menos para os franceses. No início de 1799, Bonaparte marchou para o norte com 1.300 homens, rumo à Síria, antecipando uma invasão turca vinda dessa direção. Seu exército acumulou algumas vitórias fáceis, mas em Jafa encontrou o pior inimigo que topara até então: a peste bubônica. A combinação de sede, calor, pestilência e saudade de casa levou muitos soldados franceses ao desespero, alguns a se amotinar, não poucos ao suicídio — o que alguns cometeram diante do comandante-em-chefe. Em seguida Bonaparte sofreu sua primeira derrota militar pessoal. Em São João d'Acre, seu cerco fracassou porque a cidade foi abastecida e reforçada pelos britânicos, por mar. Em 21 de maio, com extrema relutância, ele suspendeu o cerco e marchou de volta com seus homens para o Cairo através do deserto causticante.

Foi então que a situação dos franceses no Egito tornou-se interessante para o estudioso da biografia de Napoleão Bonaparte, porque foi ele, unicamente, que transformou essa retirada na *Anabasis* de Xenofonte em vez de uma desintegração. Uma coisa é invocar a três por dois os nomes clássicos, outra é repetir a grandeza clássica. Como Xenofonte a guiar seus espartanos para fora da Pérsia, Bonaparte encarou o desafio de frente. Com as tropas, era capaz de ser alternadamente grandioso — dizendo-lhes, "Estais esquecendo que, se vos devo minha glória, eu vos dei a vossa?" — e implacável: desdenhando os rumores sobre motim em meio às tropas e os "ultimatos" de seus oficiais (o que levou um de seus porta-vozes, o general Mireur, a se suicidar). Mas era capaz também de ser estóico e paciente. Permaneceu em silêncio enquanto um irado engenheiro, desesperado pela perda de um amigo em combate, insultou-o violentamente em público. Por fim, sabia ser doce. Com os soldados vitimados pela peste em

Jafa, Napoleão não se contentava em tocá-los — contra as enérgicas objeções dos médicos ("Os senhores devem conhecer muito pouco Bonaparte para imaginar que há maneiras fáceis de mudar suas decisões ou intimidá-lo com ameaças", disse-lhes Desgenettes, um eminente médico) —, chegou a trabalhar junto aos doentes durante algum tempo, na tentativa de mostrar-lhes que a doença não era contagiosa (quando, claro, era) e que ele, Bonaparte, não a temia. Era importante para os soldados, parecia-lhe, não mostrar nenhum medo. Mais tarde, numa reunião do Instituto do Egito, teve uma discussão irada com Desgenettes sobre a questão da conveniência ou não de se informar a soldados em campanha que estavam com uma doença contagiosa ou terminal. O doutor considerava acertado informar-lhes; Bonaparte era contra. "O senhor preferiria ver um exército ou uma sociedade perecer a abrir mão de um de seus princípios de manual escolar", gritou para Desgenettes. Teve uma outra briga com os médicos sobre a questão da conveniência de dar uma dose de ópio aos homens moribundos que não podiam ser evacuados antes do avanço dos exércitos turcos. Os médicos achavam a idéia repugnante; o general, sabendo do que os turcos eram capazes, era a favor: "Estarei sempre disposto a fazer por meus soldados o que faria por meu próprio filho." As doses de ópio continuaram a ser ministradas.

Bonaparte tinha, assim, a capacidade de César de tomar decisões moral ou espiritualmente perigosas sem piscar. Sua decisão mais controversa nessa campanha foi a de executar turcos aprisionados em Jafa (março de 1799). Os homens haviam se rendido diante de uma promessa de clemência feita por oficiais franceses que não tinham autoridade para fazê-la. Muitos desses turcos já haviam sido capturados antes e libertados sob o juramento de não voltar a lutar com os franceses; tinham portanto faltado com a palavra. Alegando necessidade militar — o exército não teria como manter tantos homens presos, nem como alimentá-los, ao mesmo tempo em que soltá-los era absurdo —, Bonaparte mandou que fossem executados.

Em suma, a vigorosa proclamação que Bonaparte fez ao exército após a derrota do Nilo — a de que pretendia perseverar — era igualada pela incomparável autoridade que tinha para persuadir, pedir e ordenar a seus homens e oficiais que fizessem o mesmo. Os franceses mantiveram sua posição obstinadamente, e essa foi sua sorte, pois as adversidades que se abateram sobre eles teriam derrotado muitas hostes. Napoleão queria tudo menos ver seu exército desintegrar-se sob os golpes brutais do deserto, da derrota e da doença. O general Morand, amigo íntimo de um oficial que se matou após uma confrontação com o comandante-em-chefe, qualificou Napoleão no Egito de "o maior general do século". Suas memórias, porém, deixam claro que não lhe concedeu esse título por julgá-lo bondoso, humanitário ou justo, como outros generais foram considerados. Kléber, por exemplo, era conhecido por ser bom para seus homens, poupando-lhes o sangue. Desaix, o outro braço direito de Bonaparte, que governou o Alto Egito, ganhou ali a alcunha de sultão El-Adel, o sultão justo. Bonaparte, no entanto, assombrava o inimigo e arrebatava a imaginação de seus soldados. O nome que lhe deram foi sultão El-Kebir, o "soberano de fogo".

Eis aqui uma descrição dele feita pelo jovem retratista francês Michel Rigo (1770-1815), que participou da expedição. Na véspera da batalha de Abuquir, ele dormiu perto de Napoleão e ficou fascinado por seu rosto e seus movimentos. Havia, contou mais tarde a um colega, "algo em [seu rosto] tão agudo, tão reflexivo, tão terrível, que o impressionou para sempre, e nessa noite, quando todos os demais estavam mergulhados no sono, não pôde se impedir de espiá-lo. Por alguns instantes observou Napoleão pegar os compassos e um mapa de Abuquir e do Mediterrâneo, fazer medidas, pegar uma régua e traçar linhas. Em seguida levantou-se, foi até a porta de sua barraca e fitou o horizonte; depois entrou de novo na tenda e consultou seu relógio; passados alguns momentos, pegou uma faca e fez talhos de todo tipo na mesa, como um menino. Depois pousou a cabeça na mão, olhou de novo o relógio por algum tempo, foi outra vez até a porta da tenda e de novo voltou para sua cadeira. Havia algo de peculiarmente sinistro nas circunstâncias — a hora da noite — seus generais dormindo profundamente — os traços fortes de Bonaparte iluminados por uma lâmpada — a sensação de que os turcos estavam acampados ali perto e de que uma batalha pavorosa não demoraria a começar ... Pouco depois Napoleão acordou todos os homens, mandou vir seu cavalo e perguntou quanto tempo faltava para o romper do dia."[27]

O sultão El-Kebir — o governo do Egito

Bonaparte desembarcou na praia de Marabout sem qualquer outro plano a não ser fundar uma colônia, reanimar o mercantilismo ou criar uma república irmã. Havia meditado profundamente, entretanto, sobre o que poderia encontrar ali e sobre como deveria reagir. Tinha aguda consciência de que um evento capital da história do mundo alterara o "Oriente", como o século XVIII chamava o Oriente Próximo desde os tempos de Alexandre: o surgimento do islã. Entre o exército francês e seus venerados antepassados clássicos caía a sombra das Cruzadas. O Exército do Oriente era a primeira força militar européia a pisar no Dar-al-Islam (o mundo islâmico) desde 1250, quando o rei francês Luís IX fora derrotado e aprisionado perto daquela mesma praia em que seu sucessor agora desembarcava. Os séculos de incompreensão mútua e indiferença popular que se seguiram à desventura de são Luís haviam levado Volney, o maior "especialista no Egito" do tempo de Bonaparte, a advertir seus leitores de que não era nem a Inglaterra nem a Turquia que bloqueavam uma penetração francesa no Egito: era o islã.

Bonaparte já estava em guerra com a Inglaterra, e agora com os turcos, mas não tinha nenhum desejo de fazer guerra ao islã. Ao contrário, proclamou aos quatro ventos seus bons sentimentos para com a religião de Maomé. "As legiões romanas haviam protegido a religião", disse, e o exército francês faria mais ainda. Os franceses datavam suas proclamações tanto no calendário revolucionário quanto no islâmico (mas não no cristão); promulgavam-nas não só em francês como em árabe. Freqüentemente as versões árabes continham uma linguagem religiosa mais vigorosa que as francesas.[28]

Mas, se seu interesse pelo islã e o Egito era sincero, Bonaparte não considerava que o intercâmbio franco-egípcio se dava entre iguais em outras esferas além da religiosa. Em cultura, política, tecnologia e organização social, ele, seu exército e os *savants* chegaram ansiosos para dar lições. Se estavam dispostos a proteger e valorizar o islã e a história egípcia clássica, os recém-chegados pretendiam por outro lado levar "esclarecimento" e "desenvolvimento" ao Egito, mesclar os "direitos do homem" com a "lei do Corão". Da perspectiva do Egito, os europeus invadiram de repente seu cenário como uma força estrangeira, hostil e avassaladora. Por pior que tivesse sido a impressão que causou aos franceses, o Egito não era um charco estagnado, nem uma *tabula rasa* ansiosa para ter estrangeiros a impingir-lhes, arma de fogo em punho, suas idéias de modernidade. É verdade que a economia do país estava em depressão, mas fizera significativo progresso no século XVIII, além de estar passando por certo florescimento cultural.

O que escapou às previsões de Napoleão foi o grau e a persistência da desconfiança que os muçulmanos alimentavam dos franceses, de par com sua relativa indiferença a noções ocidentais de reforma. Constatou também que o islã não era tão maleável nas mãos do Estado como esperara. Vendo no maometismo (como era conhecido) uma religião sem hierarquia ou clero, tal como os católicos entendiam essas coisas, supôs que era facilmente controlável pela autoridade leiga. Na verdade, passava-se o contrário: no Dar-al-Islam, o Estado é que era, ele próprio, uma expressão da religião, e todo governo ou instituição política que não fosse um produto da religião era condenado como estrangeiro. Por fim, a imagem que Napoleão tinha do próprio Maomé — inspirada na figura da peça *Mahomet* de Voltaire, um líder popular arrebatador e um filósofo pragmático cujos ensinamentos podiam ser facilmente harmonizados com as idéias iluministas do século XVIII — não coincidia *exatamente* com a dos muçulmanos.

Por algum tempo, surpreendentemente, as coisas caminharam bem, e não apenas em razão do poder francês. Foi possível convencer aos povos do Egito — chamar esses grupos sociais e culturais díspares de "egípcios" é um anacronismo — de que a derrubada dos mamelucos fora realmente um benefício análogo à derrubada do Antigo Regime pelos franceses, e outras reformas francesas — p.ex., obras públicas, instalação de hospitais e postos de saúde — mais agradavam que ofendiam à população. Por fim, as atividades dos cientistas na expedição, longe de se limitar à elevada cultura do delta do Nilo, concentrava-se em projetos que beneficiavam todo o pais (ou o teriam feito, se tivesse havido tempo para implantá-los.)

Mas, verdade seja dita, o encontro entre as duas culturas não foi realmente capaz de produzir centelhas. Os franceses — seus costumes, sua língua — eram tão estranhos e estrangeiros que pareciam vir de outro planeta. Muitas vezes se comportavam como agressores arrogantes. O fato é que, sob muitos aspectos, a interação franco-egípcia lembrava o apreço que cada lado tinha pela música do outro: nenhum. Grande parte da massa do povo egípcio acreditava sinceramente que tudo que valia a pena saber já estava explícito ou claramente implícito no Corão. Pior, muitas medidas napoleônicas ultrajavam as pessoas. Algumas regras eram consideradas invasões da vida familiar e as medidas de segurança militar reforçavam os rumores de que os franceses pretendiam massacrar os muçulmanos. Decretos em favor das mulheres, dos judeus e dos cristãos coptas ou a exigência do hasteamento da bandeira tricolor nos minaretes das mesquitas, tinham um impacto tão negativo quanto a imposição de impostos elevados para sustentar o exército francês.

Decidido a provar ao mundo que conseguiria governar o Egito conquistando os corações e mentes muçulmanos, Bonaparte tentou uma estratégia ousada — ainda mais interessante por colidir frontalmente com as políticas leigas que defendia na França ou na Itália. Tradicionalmente, os otomanos e mamelucos tinham buscado diminuir, tanto quanto possível, a ingerência direta da autoridade religiosa na esfera política. Os franceses resolveram então ampliá-la, acentuando por exemplo a importância que tinha para o Egito o distante "xerife" (ou imã chefe) de Meca, um líder religioso que tinha prestígio mas nenhum poder no Império Otomano. Numa medida mais importante, após expulsar a casta política dos mamelucos, Bonaparte criou um conselho, o divã, para o qual nomeou líderes religiosos e sociais árabes nativos (xeiques e ulemás), bem como negociantes de classe média com fortuna mas nenhuma influência política. O divã, que serviu sobretudo para facilitar a tributação francesa, mostrou-se também eficaz em criar novas elites com ampla influência social, ao mesmo tempo em que as associou a um tipo específico de mudança e a uma tradição autoritária, ainda que populista — representada pelos franceses. Seria difícil contestar a conclusão do historiador francês F. Charles-Roux: "Nunca, desde a conquista turca, [o Egito] foi mais bem governado e dotado de governo tão coerente e eficaz, tão adaptado às suas necessidades, do que sob os franceses".[29]

Singularmente, Napoleão governou recorrendo não raro a linguagem religiosa, citações corânicas e argumentos islâmicos para ilustrar ou justificar sua autoridade. Já em julho de 1798, ao chegar, ele havia proclamado seu "respeito por Deus [Alá], seu Profeta e o Corão", mas isso foi só o começo. O decreto de 21 de dezembro, por exemplo, escrito num árabe elegante por Al-Mahdi, o mais brilhante xeique de seu tempo, ordena aos ulemás que informem a seus rebanhos que só Alá teria sido capaz de dar a vitória a Bonaparte, e que "todo aquele que duvidar disso é um tolo cego". De nosso ponto de vista, após dois séculos de colonialismo e descolonização, essa idéia parece arrogante e imperialista, além de ingênua — quase risível. Mas na época, dada a forma de política missionária e ideológica encarnada pela Revolução Francesa, ela fazia algum sentido.

Fazia mais sentido ainda, sem dúvida, quando sustentada pela mente e personalidade igualmente singulares de Napoleão, que simplesmente deixavam grande parte da população aturdida, quer aprovasse ou não a presença francesa. Era tão difícil resistir à adulação de Bonaparte e ao encantamento óbvio que sentia por muitos aspectos da vida egípcia quanto à sua ira. Quando o divã conseguiu manter a ordem e a paz durante suas viagens à Síria, o comandante-em-chefe prodigalizou paradas, festivais, lisonjas, subornos e elogios; um deles foi o famoso comentário (feito à guisa de piada) de que os egípcios "estavam se revelando bons franceses". Por suas qualidades intelectuais, sua personalidade (às vezes) acessível e jovial, e, sobretudo por sua assombrosa força de vontade e obstinação, o sultão El-Kebir construiu laboriosamente para si, no Egito, um nicho único de autoridade, não meramente de poder. A gente do lugar se levantava quando ele entrava num aposento e permanecia de pé em sua presença.

Mas isso de nada adiantou. A imagem de "amante do islã" que Napoleão projetava era exagerada. Ele era ingênuo e impaciente, demasiado propenso a lançar mão da força ou da corrupção. Tinha uma idéia fixa do que o Egito deveria ser em suas mãos, e um tempo limitado para se dedicar à sua concretização. O domínio francês no Egito continuou sendo o que fora desde o começo: força operando sob uma fachada de hipocrisia, das mais variadas formas de persuasão e manipulação e de uma dose de genuína benevolência. Um contemporâneo registrou que "a influência de [suas] lisonjas era tamanha que ele [Napoleão] controlava os sentimentos de ódio que qualquer muçulmano sentisse nessa época por cada francês". Teria isso sido capaz de se transformar com o tempo num alicerce mais seguro e mais profundo?

O fato é que não houve tempo. O sultão em Constantinopla, como vimos, estimulado pela derrota naval francesa no Nilo e fortemente pressionado pelos britânicos, declarou guerra. Essa declaração fez Napoleão trocar de imagem. Deixou de ser apenas o libertador das classes subalternas egípcias do jugo mameluco, passou a se proclamar também aquele que libertaria os "árabes" do distante suserano turco. O problema, porém, continuava a ser a religião, pois no Egito havia pouca ou nenhuma identidade nacional árabe tal como os franceses a entendiam. Como expressou Henry Laurens, Napoleão não podia ignorar o fato "de que cada vez que falava em arabismo, eles corrigiam, 'islamismo'".[30] O ataque do sultão turco aos franceses veio envolto em linguagem religiosa, com conotações messiânicas e proféticas; tratava-se de um *jihad* contra "o povo francês, uma nação de infiéis inveterados".

Bonaparte devolveu na mesma moeda, procurando (novamente nas palavras de Laurens) "unir em sua pessoa a dupla identidade de Alexandre o Grande e de um novo Profeta do Islã". Uma proclamação francesa de 21 de julho de 1799 pareceu até partilhar o preconceito muçulmano segundo o qual os cristãos eram politeístas — i.e., acreditavam na Trindade, em vez de no "único Deus [Alá], o Pai da Vitória, Clemente e Misericordioso". Dizia ela: Alá "ordenou que eu [Napoleão] viesse ao Egito", e os muçulmanos que tomarem o partido dos britânicos "estão condenados". Mas a estratégia não funcionou, talvez por sua má fé ser tão visível. Ocorreram revoltas, seguidas por repressão brutal, reparações e depois, é claro, desconfiança e rancor muçulmano. Para a massa do povo, os franceses não podiam escapar do ônus de serem vistos como "o inimigo cristão" — os cruzados estavam de volta. Nessa perspectiva, os otomanos e até os mamelucos eram preferíveis, porque pelo menos não eram infiéis. De pouco adiantava os franceses lembrarem de que sua Revolução extirpara o catolicismo; isso só servia para convencer alguns líderes religiosos muçulmanos de que aqueles estrangeiros eram ateus.

Os franceses compreendiam que não passavam de uma gota "gentia" num mar muçulmano. Percebiam cada vez mais, com relutância, que não tinham escolha senão reagir violentamente contra o fanatismo religioso quando ele os atacava e sustentar-se com políticas de punição e represália, inclusive a profanação ocasional de mesquitas. O próprio Bonaparte tentava praticar a moderação e a clemência (irritando com isso seus generais), mas não podia estar em todos os lugares ao mesmo tempo e muitas atrocidades eram cometidas. Os franceses nunca mantiveram relações piores com nenhum povo conquistado até chegarem à Espanha, uma década depois. Mesmo um napoleonófilo tão convicto quanto Vivant Denon temia que eles tivessem "simplesmente substituído os mamelucos". Outros de seus colegas *savants* começaram a desconfiar que sua presença ali passara a ser útil sobretudo para fins políticos: acobertar o desastre palpável que a expedição estava se tornando.

Em julho de 1799, Bonaparte infligiu uma derrota esmagadora a forças turcas e britânicas em Abuquir e, nesse clima de vitória, decidiu deixar o Egito e retornar à França 12 meses após sua chegada.

Diz-se que durante sua permanência no Egito ele ficou mais desiludido com a humanidade. Mais tarde fez o comentário freqüentemente citado de que Rousseau compreendera mal a natureza humana quando exaltara o "homem natural". O Egito, disse, ensinara-lhe outra coisa. Não há dúvida de que o Egito ensinou muito a Napoleão (e ele ao Egito), mas dizer que o desiludiu é sugerir que chegara ali cheio de quimeras sobre a natureza humana, e duvido muito que, depois da Itália, ainda as alimentasse. Já sabia muito bem como os homens, inclusive papas, estadistas e sábios de renome internacional, podiam ser dominados por interesses e paixões, por cobiça, ambição e medo. No Egito, tanto seus compatriotas franceses quanto o povo não o deixaram esquecer isso, se é que ele precisava de lembretes. A vaidade de Vivant Denon, que era tão facilmente melindrada quanto reparada pelas lisonjas de Napoleão, é um exemplo engraçado disso. Menos engraçada foi a corrupção pessoal do velho amigo de Napoleão, Sucy, um comissário de guerra junto ao exército. Por fim, é também possível que o comandante-em-chefe tenha se desiludido com sua própria capacidade de impor a "modernidade" a povos autóctones.

Na altura da primavera de 1799 Napoleão ainda pensava em permanecer no Cairo e até matutava a idéia de mandar reformar seus alojamentos ali. Nunca se sentira tão bem de saúde quanto no Egito; as dores de cabeça, os resfriados e a prostração que o haviam afligido na Itália haviam desaparecido (só para retornar na Europa). Gostava da atmosfera — vistas, sons, aromas — do norte da África, sentia-se em harmonia com seus costumes. Alguns anos depois, discorreu para a jovem Claire de Rémusat sobre sua estada no Egito. Muito expansiva e evocativa até para os padrões de Napoleão, essa passagem é bastante citada — mas, embora mereça ser transcrita e lida, talvez não deva ser tomada demasiado ao pé da letra.

> No Egito senti-me livre dos inconvenientes da civilização. Sonhava todas as coisas e imaginava os meios de realizá-las. Criaria uma religião! Via-me montado num elefante, rumando para a Ásia, um turbante na cabeça, nas mãos um novo Corão que eu teria composto ao meu bel-prazer. Eu teria unido para essa minha empreitada a experiência de dois mundos, escavando o terreno de toda a história, atacando o poder inglês na Índia e renovando ao mesmo tempo nessa conquista minha relação com a velha Europa. O tempo que passei no Egito foi o mais belo de minha vida, porque foi o mais ideal. Mas o destino decidiu outra coisa.

Em suma, podemos admitir que Bonaparte deixou o Egito, como escreveu a Kléber, "com o mais profundo pesar", acrescentando: "Só o interesse e a honra de meu país, o senso do dever e os eventos extraordinários que estavam ocorrendo na pátria poderiam me decidir a correr o risco de viajar por entre frotas hostis de volta à Europa." Alguns historiadores o censuraram por abandonar seu exército; e é verdade que partiu na calada da noite com um grupo pequeno, seleto, de generais e *savants*, pois sabia que os soldados não veriam sua partida com bons olhos. Por outro lado, na condição de comandante-em-chefe, tinha autoridade para fazer o que bem entendesse. Além disso, o Diretório de Maio lhe enviara instruções específicas (que não o alcançaram), autorizando-o a voltar para a França. O governo e Bonaparte haviam previsto uma campanha de seis meses; mais de um ano se passara, e o general estava sendo muito necessário no cenário doméstico. Apesar disso, ele sabia que sua partida seria criticada.[31]

Após a partida de Bonaparte, os franceses permaneceram por mais dois longos anos no Egito. Sob os governadores que o sucederam, os generais Kléber e Menou, ocorreram revoltas ocasionais, seguidas por repressão brutal, que por sua vez suscitaram retaliações dos muçulmanos. Kléber, um excelente soldado, acabou morrendo apunhalado por um fanático religioso. Ambos os sucessores de Bonaparte, sob sua instrução, perseveraram na tentativa de aplicar a política napoleônica, cuja essência era: nada é mais importante que rechaçar a idéia de que os franceses são infiéis, e a melhor maneira de fazê-lo é usar os ulemás como mediadores entre a administração francesa e o povo.

Egito: balancete

Quanto à guerra [de César] no Egito, há quem diga que ela foi tanto perigosa quanto desonrosa, e de nenhum modo necessária.
PLUTARCO

O pé colossal [de Napoleão] deixou uma pegada eterna nas instáveis areias do deserto.
VICTOR HUGO

Em *Campanhas no Egito e na Síria*, Napoleão fez uma síntese lapidar de seus feitos em 1798-99: "Esteve ausente da Europa 16 meses e 20 dias. Nesse tempo, tomou Malta, conquistou o alto e o baixo Egito, destruiu dois exércitos turcos, capturou seus generais, seu equipamento, sua artilharia de campanha, devastou a Palestina e a Galiléia, e lançou os fundamentos dali em diante sólidos de uma magnífica colônia. Havia conduzido as ciências e as artes de volta a seu berço." O parágrafo contém uma mistura de verdade e falsidade. A parte mais verdadeira é a relativa às suas façanhas militares. Como general, Bonaparte acumulou várias vitórias excepcionais e experimentou uma violenta derrota (Acre). O risco desse tipo de ação é que uma única derrota pode ser fatal. Foi o que aconteceu com os franceses no Nilo, e dali em diante — ainda que não inelutavelmente — com a expedição. Mas a batalha naval *per se* não foi perdida por culpa de Napoleão. Em si mesmas, suas vitórias em terra, como se observou, foram alexandrinas pela concentração eficaz de força contra número. Na verdade, ele superou Alexandre, pois o exército francês nunca se amotinou nem lhe impôs sua vontade adversa, como fez a hoste macedônia a seu rei.

No tocante à cultura, é lícito dizer que Bonaparte foi responsável pela recondução das "ciências e da arte a seu berço", embora se deva acrescentar que, em teoria, para isso não teria sido necessário empreender uma expedição militar (talvez só na prática).[32] Como inteligência política, Bonaparte cometeu um erro colossal, mas foi um erro que partilhou com toda a classe política francesa: chegou quase a se convencer de que a Sublime Porta permitira essa intromissão passivamente, e que ela própria estava prestes a desaparecer do pequeno melodrama da história. Na verdade, seria necessário o cataclismo da Primeira Guerra Mundial, mais de um século depois, para desalojar os sultões otomanos de seu controle fraco mas tenaz sobre o trono dos califas. Os feitos de Bonaparte como construtor de Estados também tiveram seus aspectos alexandrinos — por exemplo, o brilhante uso que fez de subordinados excepcionais, como Kléber e Desaix, ou o extraordinário impacto de sua própria personalidade sobre o povo e sobre a história. Além disso, a política religiosa de Bonaparte lembrava o projeto de Alexandre de fusão com os persas. Napoleão era alexandrino em sua gigantesca arrogância e em sua impaciência, embora o general francês de 29 anos tenha permanecido no Egito por um tempo quatro vezes mais longo que o rei macedônio de 24. No todo, os feitos de Bonaparte no Egito foram mais heterogêneos (ainda) que os da Itália.

As *Campanhas no Egito e na Síria*, com seu ritmo ágil e seu vigor, é uma obra que exprime tudo, menos desgosto com a vida ou cinismo. É a escrita de um homem mais velho que está reconstituindo, em sua plena medida, o entusiasmo e a vontade de um outro tempo — que está fazendo contato com o que os franceses chamam de seu *imaginaire*: seu quadro mental com a energia que o anima. O *imaginaire* que Bonaparte tinha do Egito era, é claro, marcado pelo controle, imediatamente reconhecível por nós como colonialista. Temos a impressão de estar lendo Cromer, Faidherbe ou Lyautey. Também nessa veia colonialista estava a afeição de Napoleão por Roustam, o jovem escravo mameluco, e Sultan, o magnífico e negro puro-sangue árabe, ambos levados consigo ao retornar para a França.

Mas a questão é: esses nomes famosos dos anais do governo colonial vieram todos depois. Nesse caso, como em muitos outros, Bonaparte foi o primeiro. Escrever que ele deu meramente "respostas tradicionais para problemas eternos ... nada mais que uma solução empírica para velhos problemas"[33] é, portanto, julgá-lo anacronicamente. O tipo de marca colonial deixada por Napoleão só *se tornou* obsoleta no curso da era contemporânea. Na época da expedição francesa ao Egito, ela era extremamente *nova* — uma novidade que pôs em movimento uma ampla dialética histórica que haveria de afetar muito mais que o Egito. A "missão civilizadora" que a França se arrogou no século XIX tornou-se, na realidade, uma fachada transparente para um colonialismo frio, mas antes que o historiador pudesse deplorá-la e ridicularizá-la, foi preciso que ela acontecesse.

Historicamente falando, no entanto, esse descontentamento que os franceses provocaram pouco ou nada significou para eles. Construtores de Estado não esperam nem exigem aprovação popular. Bonaparte sabia perfeitamente que os xeiques e ulemás que nomeou para o divã não gostavam dele nem confiavam nos franceses. Não era esse o seu propósito; o que lhe importava era: eles o permitiriam governar por meio deles? Estava seu governo se impondo gradualmente? E a resposta a ambas as perguntas era "em grande parte, sim", embora isso provavelmente tivesse menos a ver com sua política religiosa, que não convencia muita gente, e mais com o poder e a utilidade dos franceses. Se perguntarmos se Napoleão criou os "fundamentos sólidos" de uma "magnífica colônia", a resposta será "não, não a curto prazo", e como esse foi o único "prazo" que existiu, a resposta a registrar é não.

Mas isso não esgota a questão.

Os franceses foram levados a sair do Egito *unicamente por fatores externos*. É preciso retornar às conseqüências da batalha do Nilo, que lhes roubou tempo, para ver se seu investimento poderia ter sido compensador. Se a República tivesse encontrado meios — e o primeiro-cônsul Bonaparte certamente teria tentado isso — para reforçar e reabastecer a colônia, os franceses provavelmente teriam conseguido conservá-la, pois Kléber e Abdallah Menou revelaram-se bons governadores coloniais (embora Menou fosse um mau general). Durante grande parte de 1800-1, a Grã-Bretanha esteve quase resignada a deixar os franceses ali, e sua principal preocupação foi assegurar uma compensação adequada para si mesmos. No verão de 1801, uma força expedicionária britânica finalmente derrotou, por muito pouco, um exausto e desfalcado exército francês. Se Menou tivesse conseguido resistir por mais alguns meses — isto é, até que as discussões de paz em Amiens fossem entabuladas —, a posição da França no Egito teria sido um dado no complexo conjunto de negociações, em que os franceses figuraram desde o início como o vencedor geopolítico geral.

Certa vez Bonaparte perguntou a si mesmo o que "50 anos de prosperidade e bom governo" teriam proporcionado ao Egito francês.[34] O Egito viria a se revelar de fato, como Napoleão pensava, um país compatível com o "desenvolvimento" e a "nacionalidade" nos sentidos europeus desses termos. Provavelmente a invasão francesa teria se transformado numa colonização forte mas fundamentalmente pacífica, cada vez mais bem ajustada à paisagem religiosa e cultural do país. O órgão transplantado poderia ter sobrevivido facilmente por várias décadas, como aconteceu com a ocupação colonial do Egito pelos britânicos, que perdurou de 1882 a 1952.

É revelador que, quando o processo de modernização realmente teve início, menos de uma década após a partida dos franceses, seu líder foi um estadista autoritário: Mehemet Ali, que fez uma fabulosa carreira política e se gabava de "ter nascido no mesmo país que Alexandre e no mesmo ano que Napoleão". Ele expulsou os mamelucos do Egito e nunca se cansou de falar com uma entonação napoleônica, ao mesmo tempo em que invocava a memória francesa (sem contudo, é verdade, requisitar a ajuda do imperador Napoleão). Os documentos legais que Ali mandou compor para justificar sua tomada do poder em 1805 foram redigidos pelo mesmo velho xeique que escrevera as proclamações de Napoleão, e a linguagem que o sábio e cético Al-Mahdi emprestou ao novo cliente é tão deliciosa que não resistimos à tentação de citá-la: "Segundo os costumes antigos e a legislação do islã, *o povo tem o direito de se levantar e derrubar príncipes opressivos e injustos*."[35]

Talvez o sinal mais seguro da persistência da presença franco-napoleônica no Egito seja a tradição de discuti-la, que já dura dois séculos. As sementes exógenas que Napoleão plantou no jardim egípcio podem ter florescido sob Mehemet Ali, mas em geral não são matéria de consenso entre os egípcios (agora o termo pode ser usado). Se por um lado os partidários da ocidentalização e os desenvolvimentistas na história egípcia (p.ex., o rei Fouad, o coronel Nasser) invocam a influência francesa, os defensores da islamização a rejeitam como uma intervenção estrangeira. Os primeiros participaram das comemorações do bicentenário da expedição francesa; os últimos a ignoraram. Em suma, os franceses introduziram, ou ampliaram, no Egito os mesmos conflitos ideológicos que sua Revolução suscitou na França, na Córsega, na Itália e em toda a Europa. Essa era sua índole, poderíamos dizer.

Em 1991 um balé intitulado *As três noites da Esfinge* foi apresentado no Cairo. Neles, os personagens de Napoleão e Mahemet Ali dançam, diante da Esfinge, um longo *pas de deux* em que permanecem a maior parte do tempo abraçados. Se é um abraço de amor ou uma luta, porém, é impossível dizer.

VII
O poder (I): Tomá-lo (O Brumário)

Basta de vasculhar o passado em busca de exemplos que só nos atrapalharão. Nada na História se assemelha ao final do século XVIII; nada no final do século XVIII se assemelha a este momento.
BONAPARTE, AO CONSELHO DOS ANTIGOS
9 DE NOVEMBRO DE 1799

Bonaparte partiu do Egito em 23 de agosto e, após uma parada de cinco dias na Córsega (sua última visita à ilha), desembarcou na França no dia 9 de outubro. Exatamente um mês depois, ele e uma conspiração de políticos participantes do poder derrubaram o Diretório e estabeleceram o regime do Consulado. Começou a trabalhar na manhã seguinte e, num prazo de 30 meses, supervisionou a elaboração do projeto de uma nova Constituição para a República, encerrou a guerra civil nas províncias, assegurou à França um grau de tranqüilidade interna de que ela não gozava havia uma década, venceu a Guerra da Segunda Coalizão contra exércitos muito maiores do que os que haviam lutado na primeira, e impôs a paz a uma relutante Grã-Bretanha, pondo fim a nove anos de guerra anglo-francesa contínua. Trabalhando com uma esplêndida equipe de associados, lançou os fundamentos legais, políticos, institucionais e administrativos — os chamados blocos de granito — sobre os quais grande parte do Estado francês repousa até hoje. E mais: fez as pazes com Josefina, comprou (com ela) uma pequena preciosidade, o castelo chamado Malmaison, sobreviveu a uma tentativa de assassinato e inventou uma saborosa receita de galinha ao molho de tomate que não leva creme.

Em suma, o período de outubro de 1799 a meados de 1802 caracterizou-se por um tal número de atividades e realizações de grande importância que escritor e leitor podem facilmente se afogar numa torrente de cor e narrativa, assim como a biografia de Napoleão Bonaparte pode se afogar na história mais ampla de que é uma parte decisiva e singular. É preciso tentar seguir um rumo certeiro, mesmo que isso signifique dedicar algum tempo, no princípio, ao estudo meticuloso de cartas marítimas e mapas. Se admitirmos que não é possível resumir a evolução política de Bonaparte dizendo que ele era um tubarãoazul que tragava tudo que flutuava à sua volta, precisaremos de tempo e de algumas ferramentas para elucidá-la.

"A política" e "o político"

O conceito de Estado pressupõe
o conceito do político.
CARL SCHMITT,
THE CONCEPT OF THE POLITICAL

A língua francesa permite uma nítida distinção entre *la politique* e *le politique*. *La politique* é um termo comumente usado e de fácil definição: significa a política, e é o que vem à mente quando um noticiário fala de políticos, campanhas, *lobbies* e diplomacia. Na França, como nos Estados Unidos, a política tem má reputação, embora esse seu *déclassement* seja ele mesmo, num nível mais sutil, um curioso fenômeno político. É o nível em que *le politique* entra em jogo. Este é "o político" no sentido mais amplo, mas quando o estudamos mais a fundo surge a discordância, uma vez que o termo não tem uma definição sucinta ou inconteste. Para alguns pensadores, *le politique* diz respeito à nação ou à pátria — isto é, à bem-amada comunidade do todo, o conjunto dos cidadãos. O teórico político americano Sheldon Wolin, por exemplo, considera que "o político [é] uma expressão da idéia segundo a qual uma sociedade livre, composta de diversidades, pode não obstante gozar de momentos de 'comunalismo', em que ... o poder coletivo é usado para promover ou proteger o bem-estar da coletividade".[1] O historiador francês de tendência liberal Pierre Rosavallon sustenta que *le politique* é "o lugar em que as múltiplas linhas das vidas dos homens e das mulheres se entretecem ..., o terreno em que a face da verdadeira comunidade é progressivamente construída".[2]

Para outros, no entanto, *le politique* diz respeito ao Estado, não à nação. Para Carl Schmitt, um filósofo alemão conservador (1888-1985) muito citado e discutido ultimamente apesar de ter servido ao Reich nazista, "o político" (*das Politische*) emerge do conflito irremediável entre os grupos — e, mais particularmente, da discriminação entre o grupo a que se pertence e os "outros". Nessa esfera de "amigos ou inimigos" em que a *Realpolitik* reina, é o Estado, não a comunidade, nem o direito, nem algum ideal de justiça que tem, ou deveria ter, o monopólio do "político".[3] Qualquer coisa menos que isso é eufemismo liberal e hipocrisia.

Em suma, a própria noção do "político" é tendenciosa, tal como o ato de distingui-lo da "política",[4] e o modo como o termo é definido e usado é função das idéias e dos objetivos de quem o manipula. Mas, seja qual for seu referencial, o conceito tem prestígio, pois denota algo poderoso e grande, ainda que vago, e as pessoas gostam de ser vistas usando essa moeda (por comparação, a mera "política" é dinheiro desvalorizado). *Le politique* transfere a atenção da luta áspera e desordenada pelo ganho na arena pública para o quadro mais amplo das formas, dos usos e da distribuição do poder na sociedade. Como tal, indica um vasto âmbito de fenômenos — da organização social e da estrutura econômica à cultura e à produção intelectual. É possível mostrar, por exemplo, que algo aparentemente tão distante da "política" como a fé religiosa participa do "político", pois a mera presença do cristianismo organizado numa sociedade tem um efeito profundo sobre a ação do poder nessa sociedade, quer os praticantes dessa religião o queiram ou não.

A distinção o/a não só é útil para iluminar a evolução de Bonaparte como animal político, como o faz em termos que ele próprio teria compreendido. Bonaparte era apaixonadamente interessado em "o político" e compreendia implicitamente que ele dizia respeito a todas as dimensões da vida social. Gostava de ler teoria política, e chegou a experimentar escrevê-la. Escritores como Maquiavel davam-lhe elementos para refletir sobre o uso e a legitimação do poder no sentido mais amplo. E, como Maquiavel (ou Carl Schmitt), tendia a acreditar que "o político" — o uso do poder e a contenção do conflito — dizia respeito ao Estado. Formas de comunidade, como pátria e nação, pareciam-lhe ser muito mais emanações do Estado — construtos ideais (e ideológicos) e projeções do poder oficial — do que a união real do "povo" em afeição e apoio mútuos.

Mas não simplesmente *qualquer* Estado. *L'État*, na visão de Bonaparte, não era um mero recipiente vazio a ser preenchido por um líder "sábio" (termo de Aristóteles) de *qualquer* forma que escolhesse, como, aos olhos da Alemanha do século XX, *der Führer* teria feito. O Bonaparte do outono de 1799 ainda era o filho da Revolução em sua convicção de que só poderia ser legítimo um Estado que se configurasse como uma *res publica* — a "coisa pública" — e dela derivasse sua justificação. O que uma república exigia em termos de instituições governamentais continuava sendo um tópico de debate encarniçado entre os franceses, e Bonaparte, como sabemos, abandonara o rousseaísmo de sua juventude. A Itália e o Egito haviam fortalecido nele a crença de que os homens são fracos e maleáveis, se não necessariamente maus, e de que a verdadeira liderança política, portanto, é menos uma questão de doutrina ou de Constituição corretas, como outrora acreditara, que de salvaguarda de alguns "interesses" básicos. Cruciais entre eles eram: a unidade nacional, a igualdade civil, a segurança da pessoa e da propriedade e uma liderança forte, justa, neutra (não partidária). Além disso, o Estado promovia a glória...

Embora não gostasse de ideologias e só recorresse a ideais de maneira moderada e um tanto instrumentalista, Napoleão enfeitava esse prato frugal de "interesses" com um raminho teórico de salsa, a saber: a "soberania nacional" ou "popular", de que o Estado era, claro, o fiador e a encarnação suprema. "[A soberania do povo]", escreveu ele a Talleyrand em 19 de setembro de 1797, "é, pelo que posso ver, a única coisa que realmente definimos nos últimos 50 anos." "Definimos" é sem dúvida uma palavra mal escolhida, pois "nacional" e "popular" estavam entre as palavras mais flexíveis e vagas no léxico já elástico do discurso revolucionário francês. Mesmo assim, a formalidade da democracia, com seu talismã sagrado da "soberania do povo" tornara-se significativa para Bonaparte. Fora isso que a Revolução introduzira, e não havia recuo possível, por maior que fosse o hiato que estivesse agora se abrindo, reconhecidamente, entre ideal e realidade na prática turbulenta da democracia.

Todas as outras idéias, no entanto — a doutrina da separação dos poderes, um Judiciário independente, uma legislatura ativa, ministros responsáveis, sufrágio universal, uma carta de direitos individuais, um Executivo múltiplo etc. —, não passavam, para o modo de pensar de Bonaparte, de bandeiras das diferentes facções, matéria de *la politique*. Salvaguardar a "república" genérica, em suma, não era o mesmo que defender a Primeira República.[5]

O aprendizado de Napoleão na Itália e no Egito confirmou sua crença numa hierarquia de "*politiques*": *le* e *la*. A política cotidiana emanava do "político", mas este último era idealmente o pai da primeira. Poderíamos quase dizer que, para ele, "a política" era o personagem ficcional de "o político" numa saga histórica cujos co-autores deveriam ser o poder e o Estado. Pelo menos assim deveria ser. Na realidade, surgia o problema de que "a política" estava sempre se revelando uma criação com vida própria, uma criação que se opunha teimosamente a representar um personagem para o "autor" do Estado, e que de fato se voltava contra o Estado. "É a política que leva à catástrofe sem que haja um crime real", observou certa vez Napoleão, e a confirmação de seu julgamento veio de sua experiência na Itália, onde os *giacobini* cisalpinos haviam sido tão perturbados por doutrinas e facções que não conseguiram se unir efetivamente no apoio às idéias magistrais de seu Sólon francês sobre a fundação do Estado e da comunidade. Bonaparte previra resistência ou subversão da parte dos monarquistas e dos pró-austríacos, mas foi pego desprevenido pela paixão de seus próprios patriotas pela política e a ideologia. Eles se revelaram, a seu ver, doutrinários rígidos que reivindicavam a herança errada da Revolução Francesa — o invencível facciosismo oculto sob a cantilena do patriotismo, o gosto pela vingança emboscado nos apelos em prol da paz social, a devoção rígida mas sempre móvel e hipócrita à "ideologia" e à "metafísica", em vez de ao exame crítico (e irônico) das idéias.

Nessa depreciação da "política", Napoleão era acompanhado pela maioria dos seus compatriotas. Quando não desprezavam o livre jogo dos partidos que caracterizava a vida parlamentar britânica, os franceses tendiam a julgá-lo simplesmente inaplicável à França. Tanto no Ancien Régime como após a Revolução, viam a abordagem "anglo-saxã" ao controle do poder por meio de um governo descentralizado e de partidos ativos de uma oposição leal como um convite à dissolução social num vale-tudo de forças de mercado e interesses faccionais ou corporativistas. A maneira britânica dispersava "o político" em "o social" e "o econômico" e deificava a política partidária. Bonaparte estava longe de ser o único entre seus compatriotas a acreditar que só um Estado muito forte poderia proteger a sociedade francesa das forças centrípetas dos interesses particulares, da religião, das doutrinas e dos partidos. Só um Estado assim — apoiado numa base formal compilada numa Constituição escrita (a dos britânicos era apenas consuetudinária) — poderia servir à "Vontade Geral" e preservá-la inflexivelmente. Em suma, fosse revolucionário, monárquico ou moderado, o Estado francês deveria avançar resolutamente em sua missão de centralizar e administrar a nação — e reduzir e conter "a política".

Napoleão descobrira na Itália e no Egito que preferia a vida política à militar, ainda que preferisse a guerra à "política". Ao voltar à França, após quase três anos de ausência, ele acreditava que "a política" era apenas um meio, e não o melhor, de servir a "o político" — isto é, de construir o Estado e formar a comunidade. Por outro lado, dominou brilhantemente as técnicas, sombrias ou transparentes, da "política" de seu tempo — inclusive a demagogia, a manipulação (as ameaças de se demitir que fez ao Diretório para impor sua vontade), a dissimulação (p.ex., os relatórios obviamente maquiados que enviou do *front*) e o recurso à propaganda. De fato, alguns diriam que o Instituto do Egito nada mais foi que relações públicas, embora outros vejam nele uma iniciativa séria motivada por razões sinceras. Talvez o grande historiador francês Jules Michelet tivesse razão ao dizer que a melhor impostura é a sincera.[6]

Com o passar do tempo, Napoleão foi percebendo mais claramente o que via como as limitações da "política". Nas visitas que fez à França em 1796-98, por exemplo, convenceu-se de que era um erro grave ser indulgente com as facções revolucionárias em seu ataque frontal à religião, na forma da "descristianização" ou do anticlericalismo militante. Passou a reprovar também as alternativas doutrinárias à religião que surgiram na forma de cultos patrióticos fomentados pelo Estado, o último dos quais, a teofilantropia, pareceu-lhe ridículo. Chegou a concordar com a idéia de seu antigo mentor, Robespierre, de que o povo precisa de religião, mas acreditava que o ditador cometera um erro ao imaginar que ele ou qualquer outro político fosse capaz de improvisar uma religião significativa a partir de elementos seculares e naturais.

Assim, se "a política" como um meio de executar "o político" (a organização do poder) tinha seus limites, *que mais tinha importância?* Duas coisas: liderança e ação. A Itália e o Egito deram a Bonaparte uma convicção redobrada, temperada pela experiência, da influência do líder — de sua pessoa e personalidade, de suas qualidades, estilo, temperamento e, acima de tudo, de suas ações: do fato da ação.

Quase escrevi "do simples fato da ação", mas uma ação, se é eficaz, em geral não é simples, só parece ser. A decisão do que fazer e do momento preciso em que fazer requer inteligência. Clausewitz observa que nunca houve um grande comandante militar que não fosse intelectualmente brilhante. Não faltavam aos franceses desse período (ou de qualquer outro) estadistas e generais inteligentes (Talleyrand, Fouché, Constant e Chaptal são exemplos), mas o cérebro de Bonaparte tinha um impacto excepcional sobre as pessoas e esse foi um fator ponderável da ascendência que conquistou sobre seus contemporâneos. O naturalista Geoffroy de Saint-Hilaire, membro da expedição francesa ao Egito, comentou a extraordinária capacidade que o general tinha de prestar atenção a várias coisas ao mesmo tempo. Lembrou uma cena a que assistira na véspera do retorno de Napoleão à França: simultaneamente, ele ouvia um ajudante fazer-lhe a relação das provisões embaladas para a viagem e um ordenança relatar-lhe um problema; despedia-se de seus fiéis ministros (ressentidos porque ele não os estava levando consigo); e mantinha uma discussão com Gaspard Monge, o mais eminente físico matemático da França. O tema em debate era: Isaac Newton já havia ou não "solucionado tudo?" Não, sustentava Bonaparte, não havia: restava a grande questão das pequenas partículas que percorriam pequenas distâncias em altas velocidades — ou seja, o que hoje chamamos física das partículas, e que de fato teve de esperar pelos Newtons dos nossos dias. O "César dos quatro pensamentos",[7] como Saint-Hilaire o chamou nessa ocasião, era freqüentemente qualificado como notável, até de intimidante, por sua inteligência, embora possamos suspeitar de que as reações de seus contemporâneos fossem também função da arrogância, da autoconfiança e talvez, sobretudo, da juventude de Bonaparte,

Na Itália e no Egito, ele aguçou vários dos traços (políticos, no sentido mais amplo) mais impressionantes de sua "grandeza", no sentido que o mundo clássico dava a esta palavra e, em conseqüência, o século XVIII: qualidades de liderança raras por ser muito difícil adquiri-las de maneira permanente: por exemplo, capacidade de isolamento, distanciamento e autodomínio. Esses traços figuram no retrato que Aristóteles traçou do "homem sábio", que é indiferente à opinião alheia. Se Bonaparte não os possuía no mesmo grau que César, tinha-os em dose suficiente para se ver comparado a ele.[8] (No entanto, confidenciou certa feita a Louis Roederer: "Experimento com freqüência uma agitação extremamente penosa, que não me impede de parecer sereno aos que me cercam. Contento-me em lhes dar um sorriso radiante, como uma grávida ...")

Qualidades como essas raramente florescem sozinhas; produzem frutos, alguns mais saborosos e saudáveis, outros menos. Embora fosse reservado e evitasse identificar-se estreitamente com pessoas ou grupos, Bonaparte tinha maneiras afáveis que surpreendiam os que alimentavam noções convencionais sobre o comportamento dos "grandes". Com a família e os amigos, com seus soldados e oficiais, Napoleão costumava ser afetuoso, leal e generoso, até pródigo, e tolerante com seus pequenos pecados e defeitos. Em público, vestia-se e portava-se com uma modéstia "republicana", ouvindo muito, falando ocasionalmente, de maneira persuasiva e simples. Seu estilo, em suma, conflitava com o gosto do período do Diretório pela ostentação, a afetação e a loquacidade. Bonaparte tinha faro apurado para a presunção sinuosa ou o esnobismo, e pavio curto com os incautos que as exibiam; nesses casos, porém, reagia no ato, mas não guardava rancor. O espírito de vingança e o gosto por rixas prolongadas dos corsos não eram do seu feitio.[9]

Mas se, como César, Bonaparte não era particularmente vaidoso, era (também como César) orgulhoso — e também o orgulho, num líder, pode se tornar uma qualidade política no sentido mais amplo. Os gregos e os romanos esperavam dos "homens sábios que pecassem o pecado da *hybris*. Bonaparte, como Alexandre, sentia pouca ou nenhuma necessidade de reconhecer sua dependência de pessoas à sua volta ou mesmo da comunidade. Amava a França, sem dúvida, mas declarou: "A França precisa de mim mais do que eu dela." Raramente, até o fim de sua vida, refletiu sobre sua vulnerabilidade aos estremecimentos que agitam a condição humana: perda, infortúnio, culpa, fragilidade de significado, mortalidade. Manifestava pouco sentimento de gratidão, e deu-nos poucos indícios de sentir-se em dívida para com alguém ou alguma coisa, exceto talvez a Revolução.

O que se cristalizou em Bonaparte enquanto ele permaneceu no estrangeiro foi a convicção de ser sempre o seu melhor juiz, de que as opiniões que outros tinham dele eram, na melhor das hipóteses, incompletas e em geral tacanhas. Sua pouca inclinação a admitir erros foi se enrijecendo numa recusa a partilhar méritos. Sua frieza interior — que lhe permitia ser tão agudamente sensível às próprias intenções, à voz do próprio coração — acarretava uma insensibilidade correspondente aos pensamentos e exigências dos outros. Como o macedônio que tomara o Egito antes dele, Bonaparte passou a tolerar cada vez menos oposição; ele sempre "sabia melhor", "sabia" que seus motivos eram mais puros, "sabia" que sua apreensão do essencial era mais segura que a de qualquer rival ou pseudo-rival.

Por fim, nada do que Bonaparte viu na Itália ou no Egito alterou a idéia, que já sustentara em 1791, de que, se os fortes podem certamente ser bons, os fracos são quase inevitavelmente cruéis. Também essa atitude, quando sustentada por um estadista, tinha profundas implicações políticas. O olhar imperturbável que Napoleão dirigia aos acontecimentos e às pessoas levaram-no cada vez mais à opinião de que os fracos eram pérfidos, traiçoeiros e dissimulados, que se sobrecarregavam a si mesmos e a outros com uma bagagem ostentatória de princípios e ideais — "liberdade", "amor à humanidade" etc. — em que não acreditavam realmente e só usavam em proveito próprio. Para Bonaparte, "o jogo da política", para ser bem jogado, não podia ser jogado com mesquinharia: o embuste tinha que ser grande, mas em certo sentido sincero — era preciso jogar com alguma esperteza, sem dúvida, mas sem esconder ambição rasteira e interesse pessoal sob um falso idealismo.

Teoricamente, é claro, nada distingue as idéias de Bonaparte de outras similares alimentadas por ditadores de qualquer época, que sabiam (e sabem) todos eles como "mentir grande". As diferenças — e elas são acentuadas — talvez residam de fato não num senso moral ou consciência — órgão que parece ser atrofiado em "heróis" de qualquer época—, mas no que seus contemporâneos lhes permitiram fazer. Que formas e ações de "grande ambição" os tempos toleram? Se uma sociedade deseja evitar a ditadura, não pode esperar fazê-lo estrangulando no berço todos os ditadores potenciais; pode apenas tentar criar um ambiente em que a ditadura (e o gosto pela conquista e a glória) não floresça e não seja amplamente abraçada. A França que despontara da Revolução não era um lugar assim, ainda que também não fosse um lugar em que um déspota pudesse se colocar inteiramente à margem da lei, rejeitando abertamente as instituições mediadoras e governando inteiramente em regime de exceção. Para os franceses da virada do século a boa ordem política exigia normas (leis) a serem respeitadas, mesmo que eles reconhecessem igualmente que situações de emergência podiam surgir. Quando isso ocorria, o líder soberano devia estar pronto a determinar "a exceção" e a tomar a "decisão", mas apenas no intuito de melhor defender a regra do governo fundado em normas e instituições.[10] Como escreve J. Christopher Herold com graça e sabedoria incomparáveis: "Talvez seja um processo oneroso para a humanidade produzir Napoleões, mas se um dia a humanidade deixasse de produzi-los, seria um sinal de que suas energias se exauriram. Para interessar seus Napoleões em empreendimentos melhores que conquista e guerra, a humanidade teria primeiro de recusar a guerra. Para provar que Napoleão errou, a humanidade tem de mudar."[11]

Temperamento (e gênio) heróico, grande inteligência e conhecimento, notáveis qualidades de personalidade e até reservas nietzschianas de vontade, energia e ambição equivaliam, contudo, a uma base ou pedestal. Só o ato os realizou e redimiu. A grande liderança política, tal como o século XVIII a entendia — e ele vira um Danton, um Robespierre, um Frederico o Grande e criara mitos em torno de heróis clássicos como Alexandre e César —, devia resultar em algo forte e dramático que deslumbrasse milhares ou milhões, e mudasse perceptivelmente suas vidas. Os contemporâneos de Napoleão, que haviam experimentado o período encarado em geral como repulsivo e enfadonho do final do Diretório, aspiravam pelo tipo de ação ousada e notável que, segundo imaginavam, teria caracterizado um tempo passado. De um guerreiro, só se podiam esperar feitos deslumbrantes.

E o prêmio reservado ao autor de grandes feitos de batalha era o maior de todos os prêmios, ainda que os modernos o tenham relegado ao museu das idéias humanas: a glória. *La gloire* era uma noção tão romana — e tão política — quanto *res publica*. A *gloire* inspirara a monarquia francesa e florescera na Revolução, permanecendo sempre fortemente associada à conquista militar. Como escreve Albert Sorel, para os contemporâneos de Napoleão, "parecia tão natural que a Revolução ... invadisse, conquistasse, pilhasse e desmembrasse nações e reconstituísse Estados e povos como para Luís XIV parecia natural disputar, repartir e apoderar-se da herança de reis".[12] Era disso, muito mais do que da elaboração de leis e do trabalho nos corredores do poder, que emanava a glória, e ignorar ou menosprezar a glória é reduzir Bonaparte a um mero maquiavelista astucioso a mais, ficando-se assim incapaz de compreender por que seus contemporâneos, mesmo antes do golpe de Estado de 9 de novembro de 1799, já o alçavam acima de todos os outros homens.

Poucos captaram tão bem quanto esse general o papel da glória na organização do poder — tanto internamente ("afogamos a vergonha anterior da Revolução [o Terror] em torrentes de glória") quanto no exterior. Quando o governo provisório da Lombardia implorou a Bonaparte leis que pusessem sua futura república a salvo de contra-revolucionários, ele respondeu: "Mas não vedes garantias de vossa independência nas vitórias diárias do Exército da Itália? Cada vitória é mais uma linha de vossa carta constitucional. Atos tomam o lugar de uma declaração que por si só seria pueril."[13] No fim da vida, Bonaparte escreveu — entre as palavras de despedida em seu testamento, portanto em seu último pronunciamento público — estas linhas: "O amor à glória é como a ponte que Satã construiu através do Caos para passar do Inferno ao Paraíso: a glória vincula o passado ao futuro por sobre um abismo sem fundo. Nada para meu filho, exceto meu nome!" *Voilà le politique*, no estilo napoleônico.

No outono de 1799, porém, Bonaparte ainda não alcançara nem o Paraíso nem o Inferno. Na manhã de 9 de outubro ele estava apenas contemplando a República da França do quarto convés da fragata *La Muiron*[14] que apontava no horizonte do porto de Fréjus. Em comum com praticamente todos os seus compatriotas, tinha a sensação de que os "homens fortes" de 1789-94 haviam desaparecido havia muito e, em muitos casos, faziam grande falta. Logo veria como suas vitórias estavam repercutindo na França — entre que estratos sociais — e de que maneira isso lhe permitiria agir. Descobriria o que poderia fazer, com sua combinação de idéias, qualidades e glória, com a forma republicana — quão vasta ela poderia se tornar nas mãos do grande sábio.

"A pocilga nacional": o Estado da França (1798-99)

Como entre os que querem tomar o poder e os que têm medo de perdê-lo porque serão enforcados, os últimos têm mais a perder.
MME. GERMAINE DE STAËL

Enquanto Bonaparte estava no Egito, os acontecimentos no continente europeu haviam tomado um rumo lamentável para a França e as repúblicas irmãs. Se algo poderia nos convencer de que Bonaparte e a Itália teriam feito melhor um pelo o outro se o general tivesse permanecido mais um ano em Milão, foi o que transpirou na Península após sua partida. O Tratado de Campoformio mal vigorou por 17 meses. Os austríacos simplesmente não conseguiram se conformar com suas perdas na Itália nem tolerar as incessantes maquinações francesas ali; a cobiça da República fora muito mais saciada que a deles. Por fim, nem os Habsburgo nem Hanover conseguiram engolir a França inchada até suas "fronteiras naturais". No entanto, tipicamente, foi o Diretório, em sua busca à maneira de Diógenes de uma solução para os problemas domésticos na expansão externa, que reiniciou as hostilidades. Os franceses não foram capazes de poupar nem o papa, que esbulharam e prenderam; soltaram *giacobini* em todas as direções, fundando em Roma e Nápoles repúblicas que não puderam sobreviver; e sugaram os recursos e a boa vontade de todos os aliados até a última gota.

No início da Guerra da Segunda Coalizão a sorte sorriu para os aliados, cujas fileiras foram amplamente aumentadas por um exército russo sob o comando de um general chamado Alexander Suvorov. Os franceses foram derrotados na Alemanha em março de 1799 e forçados a evacuar a Suíça diante de um exército austro-russo superior. Na Itália, as novas e antigas repúblicas irmãs caíram todas, deixando Masséna sitiado em Gênova. O exército francês enviado para restaurar a situação na Itália foi destroçado na batalha de Novi (15 de agosto), em que Joubert, o comandante, foi um dos mortos. Ao mesmo tempo, chegou a Paris a notícia de que uma expedição anglo-russa chegara à Holanda, aliada dos franceses, e que a frota holandesa investira contra os britânicos. Para culminar, os grupos monarquistas e os camponeses que os apoiavam, depois de manter a cabeça abaixada durante um ano, sentiram-se estimulados pelas vitórias aliadas e insurgiram-se no sul e no oeste da França com apoio dos britânicos. Um exército esfarrapado de 10.000 homens uniu-se em defesa da *fleur-de-lis* Bourbon.

Em suma, os franceses estavam diante do que foi qualificado de uma "pocilga nacional". Pela primeira vez desde 1793, a República enfrentava o risco de invasão e subversão iminentes movidas pela contra-revolução. No Egito, Napoleão estava relativamente bem informado dessa situação graças a um engenhoso comandante naval britânico, Sir William Sydney Smith, que fazia jornais europeus chegarem a seu adversário, sem dúvida na esperança de que as notícias o convencessem a voltar para a França. Internamente, segundo a maior parte dos relatos, o estado da República era quase igualmente crítico, embora fosse improvável que Bonaparte tivesse informação detalhada sobre isso até desembarcar na França. Guerra, cisma religioso e social, conflitos políticos letais entre Legislativo e Executivo não costumam gerar uma democracia liberal de funcionamento harmonioso. O golpe extremo que fora o do Frutidor de 1797 deixara o Diretório apenas vivo; não em boa saúde. Todas as eleições legislativas do ano seguinte deram resultados "inaceitáveis", elegendo ou "moderados" em excesso, ou "anarquistas" em excesso, o que por sua vez levou a novas medidas oficiais ilegais destinadas a "corrigir" a situação. Aos duelos mortais entre contra-revolução e revolução somavam-se conflitos entre os revolucionários — opondo os lutadores, que desejavam consolidar os ganhos, aos *zelanti*, que queriam ir adiante.

Assim, o Diretório seguia cambaleando; mas, apesar de toda a sua corrupção e das disputas internas que o dividiam, conseguiu arcar com o fardo da guerra e do conflito doméstico sem sucumbir durante quatro anos,[15] tornando-se com isso o regime de vida mais longa da tumultuosa década revolucionária. Preservou uma república que se tornara territorialmente maior do que o reino da França jamais fora desde o tempo de Carlos Magno, e iniciou algumas reformas internas, especialmente nas finanças. O que o Diretório não pôde fazer foi eliminar as arestas que rasgavam o tecido da sociedade francesa (justiça seja feita, nenhum regime francês conseguiu isso no século seguinte). Com seus golpes políticos, o Diretório solapava-se a si mesmo, mas não podia deixar de desferi-los.[16]

Para que o Diretório conseguisse domar a fera, teria sido preciso que o governo não fosse visto como hipócrita, reduto de *parvenus* e políticos facciosos. Esses rábulas ataviados em uniformes ostentosos, desenhados por David, teriam precisado exibir mais que plumas de avestruz; faltava-lhes audácia. O único princípio a que se agarravam obstinadamente — um republicanismo ortodoxo, embora socialmente conservador[17] — os tornava propensos, em momentos de crise, a uma política de "evitar criar inimigos à esquerda". As condutas que isso acarretava geravam zombaria e fúria generalizadas (p.ex., viajantes podiam ser impedidos de entrar na cidade de Paris por não estarem usando a roseta tricolor; ou a produção de uma peça sobre o general romano Adriano podia ser proibida de chamar o personagem central de imperador, como o exigiria a fidelidade histórica).

O que de fato se impunha era que o Diretório rompesse com esse facciosismo e desse um grande voto de confiança a seu próprio povo. Deveria abrir mão de algumas de suas políticas e de seu estilo, mostrar-se magnânimo para com seus inimigos jurados e depois manter firmemente sua posição. Mas nenhum diretor tinha o grau de coragem ou de imaginação, reputação moral, autoridade política ou união corporativa com os colegas para levar isso a cabo. Nenhum parece ter sido sequer capaz de conceber tal plano, exceto talvez Carnot, que fora alijado como reacionário no Frutidor. A República e a Revolução ainda inspiravam mitos e lealdades, mas em geral os diretores não eram tomados como suas personificações; ao contrário, eram vistos como homens acuados, vingativos, arbitrários, intolerantes e fracos. A Revolução tivera momentos cruentos, mas poucos ou nenhum em que o espírito e o moral público tivessem estado num nível mais baixo. Lafayette, de seu exílio no estrangeiro, falou da situação na França como "a pocilga nacional" (*le margouillis national*).

Foi então que, para lembrar às pessoas de que a história pende por um fio, a sorte virou. Durante a viagem de seis semanas do *La Muiron* até a França, intervalo em que seu ilustre passageiro ficou sem notícias, a insurreição monarquista no Midi foi sufocada, Suvorov foi derrotado na Suíça e as forças anglo-russas foram expulsas da Holanda. Haveria ainda, afinal, alguma necessidade de um "salvador"?

O retorno do prodígio

As experiências de César ... talvez o tenham inclinado a considerar a ordem existente como provisória, suas instituições como superficiais, e a julgar os que as regiam não segundo sua posição, mas segundo sua natureza — vestindo togas institucionais que por um lado lhes ficavam muito apertadas, mas, por outro, tinham se tornado folgadas demais. Ele não foi capaz de avaliar os enormes fardos que carregavam. Talvez não tenha sentido nenhuma compaixão deles. Seus padrões exigiam que fossem medidos não pela régua do possível, mas pela do necessário.

CHRISTIAN MEIER[18]

Bonaparte era famoso ao deixar seu país; retornou ainda mais famoso. Ao longo de sua ausência, porém, havia deixado pouco a pouco de ocupar os pensamentos e os planos das pessoas; seus inimigos monarquistas chegaram a publicar que estava morto. Assim, a rapidez com que sua fama se reacendeu ao seu regresso é impressionante, e deve ter-lhe sido extremamente agradável. Antes mesmo de pôr o pé no continente, ele se tornara o assunto principal das conversas em toda a França, como fora em 1796-97. Seu avanço vitorioso pelo Midi no início de outubro de 1799 pouco ficou a dever ao triunfo esmagador de seu retorno da Itália. Multidões entusiásticas reuniram-se nas aldeias; Lyon, a segunda cidade da República, iluminou suas casas e improvisou uma peça teatral em sua homenagem: *O retorno do herói*. Sua chegada a Paris, no dia 16 de outubro, antecedeu em um dia a da notícia de sua "gloriosa vitória" em Abuquir.[19] Foram oferecidos banquetes grandiosos, um deles patrocinado pelo governo, no qual — o que dá uma medida da impostura reinante na época — o convidado de honra comeu apenas os ovos e as pêras que Berthier levou nos bolsos, tal o temor de ser envenenado. Luciano Bonaparte, um próspero político, foi nomeado presidente do Conselho dos Quinhentos (ao que tudo indica, o jovem de 24 anos deu essa demonstração de estima ao seu irmão como um reconhecimento tardio de seu próprio gênio).

Bonaparte retornou, portanto, triunfante, e a acusação de que desertara seu exército foi suscitada apenas extemporaneamente por meia dúzia de adversários políticos. Seu retorno foi o de um Cipião ou Fábio, não o de um Augusto ou Adriano — isto é, foi festejado como um soldado *republicano* conquistador, não como um potentado imperial ou criptomonarquista. Se já não era mais conhecido como o general jacobino, ainda estava protegido sob forte carapaça republicana. Críticas e dúvidas sobre suas intenções e projetos estavam latentes nos dois extremos políticos, mas muito mais entre os monarquistas que entre os neojacobinos. Estes últimos, que experimentavam um pequeno ressurgimento, nutriam sentimentos ambivalentes em relação a Bonaparte. Em geral, não tentavam impugnar-lhe a reputação como oficial republicano, mesmo porque era junto a uma parte importante do eleitorado que a fama do general era maior: os trabalhadores da periferia de Paris, que "cantavam os triunfos de nosso exército e o retorno de nosso pai, nosso salvador, Buonaparte".[20]

Convém formular tudo isto claramente, pois há uma tentação irresistível a sugerir que Napoleão retornou a seu país furtivamente, em desgraça, ansioso para ser escolhido como o general encarregado de um golpe de Estado iminente e se transformar num ditador. Isso é um equívoco não só com relação à sua situação ao chegar, quando sua estrela ofuscava a de qualquer outro soldado na Europa, como provavelmente com relação às suas intenções iniciais. Bonaparte deixou o Egito quando o fez porque as notícias da França pintavam um quadro medonho, e ele acreditou, com razão, que o Diretório estava precisando desesperadamente dele. Não sentia grande admiração por essa instituição, nem estava disposto a se amarrar a seu mastro. Era crítico "desses causídicos"; certa vez perguntara a um companheiro próximo, Miot de Melito: "Você imagina que foi para a glória de ... um Barras que triunfei na Itália?" Mesmo assim, confidências relatadas décadas depois por um político hostil devem ser contrabalançadas pelo *fato* de que, ao chegar do Egito, Bonaparte hipotecou apoio ao regime que o apoiava desde 1795.

Paul Barras esperava usar Bonaparte para ajudá-lo a dar ele próprio uma espécie de golpe, depois que os dois concordaram que o Frutidor não fora longe o bastante na "consolidação" do governo (leia-se: não investira Paul Barras de suficiente poder). Para esse fim, Barras pretendia fazer de Bonaparte um diretor, mesmo que isso exigisse uma emenda à Constituição, que fixava a idade mínima dos membros do Diretório em 40 anos. Ele esperava que o general Vendemiário ainda sentisse gratidão pelos favores que lhe prestara no passado; mas percebia também que muita coisa mudara.[21]

A cena política em Paris no momento da reinserção de Bonaparte faria a Bizâncio do século X parecer simples e inocente. Adversários de todos os matizes — organizados em torno de jornais, clubes, embaixadas estrangeiras e organizações secretas, quando não de órgãos de governo — enfrentavam-se em busca de vantagens. O Diretório só a custo conseguia se equilibrar no topo desse monte trepidante, o que foi especialmente difícil durante as primeiras derrotas da Guerra da Segunda Coalizão. Depois, mantivera o poder ao preço de medidas radicais que evocavam de maneira sinistra o Grande Terror do Ano II: medidas renovadas contra os padres; leis permitindo a manutenção de membros (reféns) de famílias *émigrées* ou nobres sob custódia; medidas obrigando os ricos a emprestar dinheiro ao Estado; um recrutamento militar em massa semelhante à terrivelmente impopular *levée en masse*; e, para completar, medidas que reduziam a liberdade de imprensa e de associação. Nada disso surpreendia Napoleão, que conhecia bem a tradição que induzia os governos franceses a lançar mão do "legado jacobino" quando ameaçados por crises externas (ele faria o mesmo). Só que perdera a crença na eficácia de políticas desse tipo.

Um dos lados curiosos do facciosismo francês no último período da década revolucionária foi o ressurgimento do jacobinismo após a queda de Robespierre e de seu Comitê de Salvação Pública. Os neojacobinos, como eram chamados, floresceram após 1795, apesar de perseguidos periodicamente pelo governo, e em junho de 1795, graças ao reinício da guerra, gozaram de "cem dias" de influência e poder que lembraram vagamente o Ano II.[22] Napoleão não acompanhara nada disso; ignorava inclusive o que ocorrera mais recentemente: a virulenta reação anti-radical do Diretório quando o inimigo externo passara à defensiva.

Seria um erro ver o neojacobinismo como a contrapartida extremista do monarquismo. Para começar, ao contrário do monarquismo, essa nova esquerda não era formalmente ilegal; ademais, estava longe de ser universalmente abominada pelas elites políticas e intelectuais revolucionárias da França. O neojacobinismo era amplamente percebido como a consciência da Revolução e ouvido como sua verdadeira voz, e nem seus firmes adversários no governo ousavam condená-lo em princípio. Afinal, os arautos do neojacobinismo (como seus predecessores) haviam "feito" a República e "salvo" a Revolução no Ano II. Em todas as crises desde então, sempre que o monarquismo levantara a cabeça, o governo mobilizara a esquerda. Muitos membros do Diretório e ministros eram homens assombrados pelos fantasmas do jacobinismo passado e do neojacobinismo presente. Opor-se a eles, portanto, não era o mesmo que combater os monarquistas; era como lutar contra um irmão. Quando se voltou novamente contra a esquerda, o governo se acobertou sob desculpas arrevesadas, alegando, por exemplo, que o "patriotismo extremo" dos radicais era de certa maneira "uma frente monarquista" — ou pelo menos um pretexto para uma reação monarquista. O que só atesta a consciência pesada dos diretores.

Isto dito, o neojacobinismo tinha alguns aspectos genuinamente perturbadores aos olhos de certos grupos sociais e de seus representantes políticos. O novo programa revolucionário social do movimento fazia apelo aos estratos urbanos dos trabalhadores e da classe média baixa e significava um avanço dialético em relação à política e à ideologia de 1789. Inspirando-se no pensamento semicomunista ou socialista de homens como Gracchus Babeuf, o programa neojacobino reivindicava "igualdade econômica" para "completar" a igualdade civil (a facção de Babeuf denominava-se o Movimento dos Iguais). Isso horrorizava os novos-ricos da Revolução, o grupo que sustentava o Diretório. No fundo, a França desse período era uma espécie de oligarquia caracterizada e governada pelo que poderíamos chamar "arrivismo revolucionário". Essa nova classe média comprara terras estatizadas e obtivera enormes lucros, que reinvestira no abastecimento do exército e na especulação com ações ou em câmbio. Por um lado, esse grupo devia suas fortunas à Revolução, por outro, sentia-se desesperado para deter-lhe a marcha, temendo que o furacão acabasse por engolir seus ganhos. Em suma, os ex-jacobinos arrivistas do governo e seus abastados partidários burgueses estavam em crescente conflito ideológico com os neojacobinos idealistas dos clubes. O fosso entre eles ainda não se transformara num abismo de conflito de classe (proletários *versus* burguesia) completo — na verdade, os neojacobinos eram políticos o bastante para saberem moderar seu socialismo babeufista —, mesmo assim, havia no governo mais que uma querela sobre puramente política sobre quem manda no quê.

Nesse conflito com o jacobinismo ressurreto, ou neojacobinismo, quem teve uma atuação decisiva no Diretório foi Emmanuel Sieyès, a conhecida e respeitada figura do cenário político que Bonaparte conhecera no final de 1796/início de 1797, antes de partir para o Egito. Os princípios e o senso de escrúpulo de Sieyès são bem ilustrados pelo fato de, ao ser eleito para o Diretório pela primeira vez, ele ter declinado do posto por não aprovar a Constituição do Ano III, muito embora tivesse tido grande influência em sua elaboração. Se aceitara um lugar alguns meses antes de Bonaparte voltar do Egito, fora porque pretendia mudar as coisas. — implantar um "sistema conservador",[23] para usar sua expressão. Mas a emenda da Constituição exigia um processo de nove anos, e Sieyès tinha pressa. Entre os que o apoiavam estavam os maiores luminares do firmamento cultural — por exemplo, a escritora Germaine de Staël e seu companheiro, o filósofo Benjamin Constant. Estavam também os chamados ideólogos, principal facção política do Instituto Nacional — aquele clube das melhores cabeças da França, que enviara vários *savants* ao Egito. Todos eles partilhavam a convicção do século XVIII de que os problemas da sociedade podem ser resolvidos mediante um *documento* melhor: no caso, uma Constituição melhor e mais abrangente — o que trocado em miúdos significava a criação de um Executivo menor e mais forte.

O diretor Sieyès investira contra a esquerda em mais um daqueles pequenos golpes conhecidos pela data (esse chamado Prairal, junho de 1799) que praticamente definiram esse regime aos olhos do povo. Com ele, foi defenestrado o grupo de diretores e ministros neojacobinos que haviam em geral assumido seus cargos durante a crise da guerra; entraram moderados com que Sieyès sentia que podia contar para mudar as coisas; por isso os chamaremos "revisionistas" (como eram anti-radicais, podemos chamá-los também "moderados").

Mas houve uma exceção: um notável veterano jacobino entrou no governo graças a seu puro talento, a despeito de seu passado político e de suas crenças. Joseph Fouché (1759-1820), o novo ministro da Polícia, merece que nos detenhamos nele porque tornou-se mais tarde um dos associados de Bonaparte mais hábeis e que por mais tempo o serviram. Fouché partilhava de algumas das qualidades do chefe, embora nunca tenha sido mais que um simulacro dele. Ex-clérigo[24] como Sieyès e Talleyrand, fez muito mais que sobreviver ao Terror; foi um dos mais eficientes acólitos da Convenção, insistindo no ataque à contra-revolução em muitas cidades por toda a França provincial, onde seu nome foi escrito com o sangue de milhares de executados (às vezes massacrados) em 1793-94. Voltou-se depois contra "o tirano, Maximiliano I" (Robespierre), e teve papel de destaque na conspiração para derrubá-lo. Nem por isso Fouché converteu-se à moderação termidoriana; continuou a ser um jacobino da velha cepa. Chegou a se associar a Babeuf e aos "Iguais" e só escapou da prisão ou do exílio graças à qualidade do serviço de espionagem que prestava a Barras. Sempre que o Diretório enfrentava uma ameaça monarquista (isto é, com freqüência), Fouché estava lá para ajudar a resolver o problema. Não tinha a educação ou a cultura de Napoleão, mas possuía um brilho intelectual parecido — Balzac o qualificou de um "gênio singular", "a melhor cabeça que conheço". Diferentemente de muitos políticos da época, Fouché não era corrupto, levava uma vida familiar tranqüila e era leal e generoso para com seus muitos amigos.

Um traço de Fouché que chamava especial atenção, ao que se diz, era o oportunismo. Ele é tido, ao lado de Talleyrand, como um dos maiores cínicos da história da França. Mas se "cínico" descrevia bem o ex-bispo de Autun, não está claro que seja a melhor palavra para qualificar esse ex-oratoriano, a menos que consideremos "desconfiado", "astuto" e "precavido" sinônimos de "cínico". Fouché sabia proteger seus flancos e garantir-se em meio às marés turbilhonantes e mutáveis do poder, mas era um homem fiel a crenças básicas, e, como ministro, ornamentou sua competência com a virtude da caridade e certa aceitação da natureza humana. Provou-se "o último recurso contra o antijacobinismo violento, o defensor da Revolução", nas palavras de Michel Vovelle,[25] e, quando se voltou contra o Diretório, o fez porque o considerava "fraco, portanto opressivo". A última frase, muito citada, das memórias de Fouché — "Eu quis vencer para a Revolução" — não é uma fantasia extravagante de sua imaginação *se* tivermos em mente que ele, como Bonaparte, considerava que "vencer" incluía pôr fim ao ímpeto crescente da Revolução precisamente para preservá-la em seu próprio benefício. Tal como seu futuro chefe, Fouché acreditava que a consolidação da Revolução Francesa exigiria uma contemporização com as elites do Antigo Regime, que não se transformaria tão cedo numa conciliação harmoniosa.

O Prairal tornou Sieyès mais poderoso que ninguém desde Robespierre, mas isso *não* quer dizer que o tornou capaz de reconstruir o regime segundo seus desejos. Ele precisava de "uma espada", embora não para ser sacada — só por precaução. Os neojacobinos, de sua parte, entrincheirados nos conselhos legislativos, no exército e em seus clubes notórios espalhados por toda a França, sonhavam com um governo mais próximo da imagem de 1793. Mas a extrema esquerda estava numa espécie de beco sem saída. Com Sieyès e os moderados avançando contra o regime do Diretório, os neojacobinos acabaram caindo numa defesa legalista tática de uma Constituição que não era deles e que muitos teriam até gostado de derrubar. Lutaram arduamente contra Sieyès e companhia acusando e atacando violentamente os moderados pelos jornais. Em julho conseguiram até a exoneração de Talleyrand como ministro das Relações Exteriores. Ambos os lados tinham seus generais — os sieyesianos valiam-se de Moreau e Joubert; os neojacobinos, de Jourdan e Bernadotte. Bonaparte estava no Egito, mas qualquer dos lados teria podido recorrer a ele. A maior parte desses oficiais fazia jogo duplo. Joubert, por exemplo, embora jacobino declarado, não só tramou um golpe com Sieyès, como mantinha contatos com monarquistas. É lícito supor que praticamente qualquer um dos generais mais importantes teria se associado a um golpe quer dos jacobinos, quer de Sieyès — de fato, alguns teriam se associado até a um golpe monarquista, se fosse bem dado.

Assim que *La Muiron* aportou com seu ilustre passageiro, porém, esse jogo de pôquer entre os militares de mais alta patente terminou; as apostas se encerraram. O súbito retorno de "*le grand absent*" suscitou resmungos e sussurros entre as dragonas e as plumas de avestruz, mas quando Bonaparte fez sua entrada triunfante em Paris, ninguém estava preparado para enfrentá-lo. Joubert, mesmo que não tivesse sido morto em ação na Itália, não teria sobrevivido ao desastre de sua derrota em Novi com a reputação intacta. E mesmo que tivesse, teria ele se disposto a encarar o comandante (Bonaparte) a quem devia suas estrelas de general? Augereau teria podido esboçar uma reação e ameaçar, mas é duvidoso que também ele tivesse se voltado contra o ex-chefe, mais ainda que pudesse ser vitorioso. O orgulhoso Bernadotte teria sido o mais propenso a se opor a Bonaparte, mas lá estavam sua mulher, Désirée Clary, e o cunhado, José Bonaparte, para lembrá-lo incessantemente de que aquele era também um assunto de família. Por fim, havia Moreau, o único general cuja reputação militara assemelhava-se remotamente (mas não era igual) à de Bonaparte. Mas ele compreendia a situação: não era possível rivalizar com o "conquistador da Itália e do Egito"; e, de todo modo, costumava evitar a política ativa. De fato, Sieyès estava tentando convencê-lo a se unir a seu grupo no exato momento em que a notícia da volta de Bonaparte chegou a seu gabinete. Moreau virou-se para ele e observou: "Esse é o seu homem."

Em suma, embora hoje seja moda afirmar que a "cultura política" da Revolução Francesa reprovava o "culto a personalidades", o fato inescapável é que a França *fin-de-siècle* recebeu Napoleão Bonaparte de braços abertos, vendo nele ao mesmo tempo o árbitro do conflito interno e o homem que a salvara da derrota militar, que lhe trouxera a glória. Se havia alguém capaz de arrasar a Coalizão, dizia-se, era o corso. "*Ah, Monsieur Pitt*", escreveu um jornal, "que notícia terrível lhe chega ao mesmo tempo em que a da derrota anglo-russa na Holanda! Seria melhor para o senhor perder mais três batalhas do que ter Napoleão Bonaparte de volta".[26]

Bonaparte compreendeu a nova situação. Como a crise já não estava catastrófica, o Diretório ficou desconcertado com sua volta. Um pensamento deve ter sido recorrente nas reflexões dos diretores: "Irá ele nos culpar pelo que aconteceu?" Para Bonaparte, o regime não só continuara politicamente inepto, como perdera "sua" República Cisalpina. Não lhe teria sido possível, portanto, hesitar por muito tempo em se juntar à ação contra os diretores. A convicção de que ele, Bonaparte, era de longe a pessoa mais indicada para tomar as rédeas da República lhe veio de maneira profunda e natural — tanto mais quanto a esquerda e a direita política estavam ambas lhe suplicando que fizesse exatamente isso.

O xis da questão, portanto, era com *quem* deveria agir, e esse problema permaneceu sem resposta por uma boa semana ou dez dias depois de seu retorno. Até hoje se discute quais eram exatamente as inclinações políticas de Napoleão nesses dias pré-Brumário. Segundo alguns ele pensou em se aliar aos neojacobinos, que, afinal, representavam seu passado e eram fortes no exército. Além disso, alguns de seus líderes o cortejavam. Outros especialistas observam que o antijacobinismo que o general alimentava na época "condizia bem com Sieyès".[27] O melhor a fazer é ter em mente que a decisão a tomar era menos uma questão de ideologia que uma briga de foice pelo poder entre facções republicanas. Além disso, Emmanuel Sieyès não estava com a faca e o queijo na mão — isto é, *não* estava em condições de escolher. Bonaparte impôs-se a todos com seu simples retorno, e os contendores estavam menos preocupados com os detalhes precisos dos mais recentes pensamentos do general sobre o instável jogo político francês do que em se atrelar à sua *gloire* incomparável.

Para Bonaparte, o que estava em jogo era mais uma decisão entre dois homens que entre idéias política. Havia Barras, o antigo protetor e conselheiro conjugal do general, e que, embora um político inteiramente corrupto e degradado aos olhos do povo (sua última proeza fora tentar extorquir milhões dos monarquistas em troca de sua ajuda), tinha inegavelmente acesso a ele. E havia Sieyès, que José e Luciano haviam cortejado na ausência de Napoleão (e em seu nome), mas a quem ele mesmo considerava enfadonho, petulante e presunçoso. A preferência de Bonaparte por lealdades antigas refletiu-se no tempo e no esforço que investiu para sondar Barras, que era com quem, no fundo, provavelmente mais teria gostado de trabalhar. Mas Barras, ao contrário de Sieyès, não tinha nenhum plano preparado, nem aliados seguros. Além disso Sieyès compreendia algo que lhe escapava: "Bonaparte é o mais civil [dos generais]." Sieyès deixou mais claro que Barras que valorizava as qualidades *políticas* de Bonaparte, não apenas o gênio militar, e que lhe reservava um futuro político, não apenas militar, no novo regime.

Apesar disso, a vaidade de Bonaparte e de Sieyès era tal que nenhum dos dois homens se dispunha a dar o primeiro passo em direção ao outro; só a incansável intervenção de padrinhos conseguiu promover por fim esse "casamento por amor". Ademais, Sieyès suspeitava desde o início que a glória, a perícia e a ambição de Bonaparte não tinham limites. "*J'ai vaincu*" (Eu venci) sempre leva melhor sobre "*J'ai vécu*" (Eu sobrevivi), como bem sabia o teórico.[28] Em sua primeira audiência com o Diretório de Sieyès, Napoleão levou a mão ao punho da sua espada, num gesto dramático, e jurou "nunca puxar [de sua] espada exceto em defesa da República e de seu governo". Essas palavras logo se revelariam falsas, mas a má-fé estava na ordem do dia. Entres os próprios homens que pressionavam Napoleão a agir incluíam-se diretores, ministros e legisladores — isto é, homens que *eram* "o governo". Atrás deles postava-se a elite da nação, ávida por promover uma mudança, embora alguns fossem se arrepender depressa. Quanto a só usar de força "em defesa da República", *todos* os lados naquela briga alegavam ser essa sua motivação; no século XVIII, "república" era uma palavra de muitos matizes, prenhe de possibilidades.

Por pouco o projeto teria sido abortado. No dia 30 de outubro, quando cavalgava na propriedade de seu irmão José, Mortefontaine, Napoleão foi jogado a mais de quatro metros de seu cavalo. Ficou prostrado, inconsciente, enquanto os parentes horrorizados aguardavam. Ao cabo de algumas horas, voltou a si. Se tivesse morrido, "teria entrado para a história como o soldado republicano por excelência, mais que Hoche, pois já mostrara mais gênio que seu rival em glória".[29]

Brumário: o pesadelo de um ator

A modernidade do golpe de Estado dado por Napoleão está no fato de o 18 Brumário não ter sido uma mera tomada do poder pela violência, mas uma nova maneira de conquistar o poder mediante uma fachada de legalidade parlamentar.
CURZIO MALPARTE[30]

Quase um século mais tarde, um outro general e político francês chamado Georges Boulanger, soldado considerado napoleônico por muitos, tanto defensores como oponentes, seria pressionado por um de seus principais apoiadores a dar um golpe contra a Terceira República, em vez de se arrastar tediosamente, obtendo onerosas vitórias eleitorais, como vinha fazendo. O apoiador salientou que Boulanger tinha obviamente a França atrás de si, devendo portanto fazer aquilo de que o país "precisava". Boulanger respondeu, com mais sabedoria que de costume: "Para dar um golpe é preciso saber de antemão que se tem nove chances em dez de sucesso, e mesmo nesse caso se hesita." Teria sido esse o pensamento de Bonaparte por ocasião do Brumário? Talvez.

As formas tinham importância vital, quer no tempo de Bonaparte ou no de Boulanger. A classe política francesa não via seu regime como uma república de banana, à mercê da primeira conspiração militar à vista. O objetivo do drama que deveria começar a ser encenado para o povo no 18 Brumário (sábado, 9 de novembro) era, portanto, o equivalente político da fidelidade às unidades dramáticas clássicas: no caso, permanecer no terreno das formas e posturas legais, convencendo ao mesmo tempo a platéia de que os inimigos estavam violando as regras (ou prestes a fazê-lo) — isto é, que eram eles os rebeldes, para usar o rótulo mais abominável do léxico revolucionário. O plano dos revisionistas exigiu a precipitação de uma crise de governo por via da demissão súbita da maioria do Diretório, se não de todo ele. Esse seria o pretexto a usar para convencer (ou forçar) a maioria da legislatura a declarar o regime extinto e nomear uma comissão para elaborar uma constituição para um novo regime.

A justificação imediata para esse teatro era a necessidade de prevenir um ataque pelos chamados bebedores de sangue e os partidários de um novo Terror, os inimigos da paz, da ordem e da propriedade — isto é, os próprios jacobinos com quem Bonaparte trocara galanteios quase até a reta final.[31] A principal justificação para a ação, contudo, estava convincentemente ancorada na opinião pública: a crise em que estava mergulhada a legitimidade do Diretório como regime. Foi a desilusão popular, e somente ela, que permitiu aos céticos e aos bem informados fazer vista grossa à improcedência da propalada "ameaça anarquista" e engolir a loucura que se seguiu, pois era consenso quase universal na França que alguma coisa *tinha* de ser feita. Sabia-se que a maior parte do Conselho dos Antigos e grande parte do Conselho dos Quinhentos estava do lado dos atores; diversos membros dos dois conselhos faziam parte do elenco. Dois dos cinco diretores — Sieyès e sua sombra, Roger Ducos — eram arquiconspiradores, e supunha-se (corretamente) que a aquiescência de um terceiro (Barras) poderia ser rapidamente comprada. Por fim, não foi difícil encontrar banqueiros preparados para patrocinar a estréia dessa "peça" (eles a financiariam quantas vezes fosse preciso). Uma semana antes do golpe, Bonaparte perguntara a Pierre-Louis Roederer, um colaborador, se achava que a coisa seria difícil. Recebeu ótima resposta, embora ela traísse uma precária experiência naquelas coisas: "Difícil seria *não* dar o golpe; ele já está três quartos dado."[32]

O sábado raiou com cartazes espalhados pela cidade inteira invocando a glória de Napoleão e afirmando que o Diretório tentara "exilá-lo" no Egito. "Mas sua glória, sua vida e suas capacidades nacionais são necessárias na França, não no estrangeiro." Paradoxalmente, esse blablablá de glória concluía que "Bonaparte devia ficar em Paris para nos dar paz"; a estranheza de esperar a paz de um general só se dissipa um pouco quando lemos uma proclamação aos soldados que falava de "vitória e paz devolvendo à República seu lugar na Europa". A classe política francesa dessa época nunca teve em mente uma paz *qualquer*.

No primeiro dia, ou no primeiro ato, os eventos se desdobraram com uma precisão que já não faria falta no dia seguinte. O Conselho dos Antigos, reunidos no recinto de costume nas Tulherias (desfalcado porém de alguns deputados da ala esquerda, que não haviam recebido a convocação), exerceram seu direito de reunir todo o governo, considerado sob ameaça; a reunião se daria no belo castelo de Saint-Cloud, alguns quilômetros a sudoeste da capital, previamente escolhido para esse fim.[33] Isso proporcionaria aos golpistas um teatro de operações mais isolado, mais facilmente controlável — um foro sobre o qual uma insurreição popular em Paris não teria impacto decisivo. Os Antigos nomearam também o general Bonaparte para o comando dos 7.000 soldados estacionados na região de Paris. Sieyès e Ducos entregaram suas renúncias no momento esperado, e Barras fez o mesmo um pouco mais tarde, estimulado por uma bela soma de dinheiro e a ameaça de divulgação de suas torpezas. Depois que Barras saiu, sob escolta, o Diretório foi extinto como um corpo coletivo, não obstante os diretores Louis Gohier e Jean Moulin, ambos simpatizantes dos jacobinos, terem se recusado a apresentar suas renúncias.

Foi para as tropas formadas diante das Tulherias que o general fez o único discurso forte daqueles primeiros dias — mais forte ainda porque pareceu improvisado (na verdade, inspirava-se num discurso que proferira dias antes num clube neojacobino em Grenoble!). Durante a proclamação, o secretário pessoal de Barras chegou para entregar uma mensagem a Bonaparte. Com certeza se arrependeu de ter aparecido por lá, pois o general, ao avistá-lo, passou-lhe uma descompostura diante dos soldados e retomou sua fala: "Que fizestes com a França que vos deixei tão brilhante? Deixei-vos a paz, encontro a guerra! Deixei-vos conquistas, encontro o inimigo nas nossas fronteiras! ... Deixei-vos os milhões da Itália, encontro miséria e leis extorcionárias! ... Onde estão os bravos cem mil soldados que deixei cobertos de louros, meus companheiros na glória? ..." Durante o resto daquele sábado, Sieyès pôde se dedicar à sua aula de montaria; começara alguns dias antes, para se preparar para o golpe — compreendia o atrativo de um líder a cavalo.

Bonaparte percebeu que o domingo poderia não ser tão fácil, pois os revisionistas não teriam mais o elemento surpresa a seu favor. Não se enganou, embora se deva dizer que resistiu à sugestão de Sieyès de mandarem prender 40 líderes da oposição e cancelou a ordem de fechar as portas de Paris dada por Fouché. "Por que tantas precauções", perguntou, "quando marchamos com a nação e com sua força apenas?" O que devia ter feito, contudo, era se preparar e dar a seus partidários nos dois conselhos instruções mais precisas sobre como lidar com uma forte oposição parlamentar. O drama do Dia Dois, diferentemente do da véspera, desenrolou-se diante de uma platéia — e que platéia. De fato, no domingo *le tout Paris* tomou o caminho de Saint-Cloud, ávido para ver alguma coisa acontecendo. Personalidades, carruagens elegantes, cestas de piquenique e sombrinhas pontilharam a paisagem dentro e em volta do castelo. Aquilo mais parecia Longchamps, tal a tensão misturada ao alvoroço. Não poucos espectadores tinham os bolsos recheados de dinheiro e uma parelha de cavalos descansada a postos.

O que Sieyès e Bonaparte haviam subestimado era a obstinação com que a oposição tentaria resistir. A esquerda, apanhada de surpresa e excluída dos eventos da véspera, tivera 24 horas para abrir os olhos e enxergar o que estava acontecendo. Agora via claramente que o general Vendemiário optara por agir, mas não com ela. Envergando suas dramáticas togas vermelhas, muitos representantes neojacobinos nas duas casas da legislatura deixaram de lado suas divisões internas, sua surpresa e seu remorso e encontraram, *in extremis*, vestígios da nobreza e coragem que tinham caracterizado tantos senadores da antiga Roma a quem imitavam em garbo, linguagem e empáfia.

A oposição no Conselho dos Quinhentos e, em menor medida, no dos Antigos enfatizou, com grande efeito, o "ultraje" representado por aquela transferência inopinada do governo para Saint-Cloud, a inadequação dos motivos alegados para tal e a muito comentada violência com que alguns diretores haviam sido forçados a renunciar. A esquerda no Conselho dos Quinhentos era o único grupo em condições de agir, e pretendia fazê-lo. Os representantes alardeavam a ameaça do cesarismo; faziam discursos de "liberdade ou morte" e juramentos dramáticos àquela mesma Constituição que muitos teriam rasgado de bom grado, se apenas Bonaparte tivesse tomado o partido deles. Mesmo no Conselho dos Antigos, em que eram minoria, os jacobinos faziam barulho, insistindo em saber por que não se podia resolver aquela crise simplesmente designando três novos diretores e voltando todos ao trabalho. Ambas as casas atolaram-se em discussões e apupos.

Bonaparte e Sieyès tinham perfeita consciência de que o tempo não trabalhava a seu favor e de que haviam perdido o ímpeto. Sem este, sua força atual era nada, ao passo que a da oposição, toda *in potens*, poderia se materializar rapidamente. Gohier e Moulin estavam se provando homens de inesperada coragem que, se tirados da prisão domiciliar pelo general Moreau, poderiam se tornar a espinha dorsal de uma oposição. Podiam contar com vários ministros e com generais graduados como Bernadotte e Jourdan, que só haviam recuado a contragosto e temporariamente para observar os resultados da jogada dos colegas. A esquerda controlava também a administração municipal de Paris, enquanto a população dos bairros periféricos, embora não se sublevasse desde 1795, representava sempre uma possibilidade apavorante. Por fim, havia o enigmático Fouché. Por ora, o chefe da polícia apostava em Bonaparte e o apoiava, mas continuava analisando os acontecimentos atentamente e poderia mudar de lado a qualquer hora num piscar de olhos.

Em última análise, o que os neojacobinos nos conselhos mostravam era uma capacidade vaga e não formulada de tocar os corações e as mentes de vários colegas, inclusive os mais moderados e talvez até alguns revisionistas sieyesianos. Se fossem capazes de, com seus atos, dar um exemplo de bravura e, com suas palavras, caracterizar o que estava acontecendo como um ataque à República e à Revolução, o golpe seria repelido. Enfatizamos antes o notável "autodomínio" de Napoleão; agora, defrontamo-nos com uma rara situação em que essa qualidade lhe falhou por completo. A estranha e impressionante peça teatral de Christopher Durang, *An Actor's Nightmare*, conta a história de um ator que se vê num palco sem saber suas falas e ameaçado de morte se não as disser corretamente. A situação em que Napoleão se viu com relação aos dois conselhos no 19 Brumário não foi muito melhor.

Uma coisa é um oficial, entre camaradas, atirar clichês desdenhosos aqui e ali sobre "um bando de rábulas"; outra é entrar num plenário de legisladores convocados, todos mais velhos (a maioria muito mais), envergando togas romanas e formalmente imbuídos do status de "representantes da nação". Momentaneamente perturbado por esse desafio inteiramente novo, Bonaparte perdeu o autocontrole e — de maneira extremamente inusitada — ficou desorientado. Não se preparara, e descobriu que não era capaz de improvisar estando tão nervoso e irado. Entrou intempestivamente no Conselho dos Antigos e, "com a franqueza de um soldado", admoestou-os com uma metáfora infeliz: "Estais sentados num vulcão." Em seguida, num tom irritado, declarou estar "cansado de ser caluniado como um César ou um Cromwell", acrescentando que, se sua intenção fosse tomar a frente de "um governo militar", não teria passado aqueles dois últimos dias paralisado, à espera dos legisladores.

"E a Constituição?" alguém gritou.

Arvorando-se em promotor, Bonaparte desfechou uma resposta de índole acusatória, quando não havia ali nenhuma platéia a impressionar, apenas representantes do povo, cujo apoio, tão necessário, imaginara ter. "A Constituição?" exclamou num arremedo de incredulidade. "Vós mesmos a destruístes. No dia 18 Frutidor vós a violastes; no 22 Floreal vós a violastes, e a violastes de novo no 30 Prairal. Ninguém mais a respeita." Os Antigos insistiram em que fosse mais específico sobre a "conspiração anarquista". Deu uma resposta vaga: "Se a liberdade perecer, sereis responsáveis perante o universo, a posteridade e vossas famílias." Foi pressionado a revelar os nomes dos "traidores"; ele gaguejou: "Barras e Moulin" — grande novidade!

Napoleão percebeu que estava numa enrascada. Parecia não saber o que dizer e, em desespero, partiu para a ameaça: "Não esqueçais", vociferou, "eu caminho com o deus da guerra e o deus da vitória!" Palavras desse teor poderiam ter operado maravilhas junto a xeiques no Cairo, mas era um escândalo pronunciá-las para os decanos do Estado (como o próprio Napoleão admitiu mais tarde.) Ouviram-se murmúrios. Agravando seu erro, Bonaparte instruiu os soldados que estavam à porta: "Se algum destes oradores, a soldo do estrangeiro, ousar declarar vosso general um proscrito, que um raio o fulmine instantaneamente." E retirou-se, para alívio de seus defensores.

Em seguida sua mão pesada estraçalharia o Conselhos dos Quinhentos. Luciano estava na presidência da Casa quando o irmão irrompeu no recinto — ilegalmente, pois estava armado e não fora convidado; foi a primeira violação aberta da lei. Conseguira se controlar perante os Antigos, mas tinha os maxilares trincados. À sua aparição, ouviram-se gritos de "Morte ao tirano!", "Abaixo o ditador!" e "Rebelde!" Os representantes se aglomeraram em volta do general; um dos mais corpulentos agarrou-o pelo ombro e gritou-lhe na cara: "Foi para isso que ganhaste?" Os oficiais de Bonaparte e vários granadeiros acorreram para salvá-lo, houve troca de socos e um soldado foi levemente ferido. O vencedor de Rivoli, cercado por granadeiros, foi retirado do plenário. No pátio, montou seu cavalo e logo, para alarme de seus homens, caiu. Se de fato desmaiou ou se fingiu estar ferido, não podemos dizer, o certo é que pareceu arrasado; nada semelhante lhe acontecera antes. Luciano Bonaparte, não tendo conseguido dominar "seu" conselho (que estava propondo uma medida que cassava as proteções e direitos legais do irmão), juntou-se aos soldados lá fora. Ali, espalhava-se o rumor de que um dos Quinhentos sacara uma adaga e ferira um dos guardas com um golpe destinado ao general. O que vinha à mente dos soldados e de todos os demais era o precedente Brutus-César, embora hoje poucos historiadores atribuam veracidade à teoria do punhal. A fúria dos Quinhentos podia ser ouvida do pátio e, somada ao aspecto lívido do general e à sua evidente desorientação (ele chamou Sieyès de "general"), causou grande impacto sobre os soldados.

A tentativa de golpe chegara a seu ponto mais baixo. Sieyès temeu que a causa revisionista estivesse perdida. Fez-se uma longa pausa, mas nenhum Mirabeau emergiu dos Quinhentos, como acontecera nos Estados Gerais de 1789, para forjar uma unidade entre os amedrontados representantes e endurecer-lhes a espinha quando as tropas reais entraram. Nenhum general jacobino tentou assumir o comando dos soldados no pátio de Saint-Cloud, em nome dos "representantes da nação", contra o tirano, Bonaparte. Foi Luciano Bonaparte quem se mostrou à altura da situação. Conhecido por seu descontrole, percebeu duas coisas muito claramente naquele momento: permitir que os

Quinhentos levassem adiante o debate sobre a "cassação" de Bonaparte seria desastroso. Por outro lado, os soldados não agiriam se pensassem estar cometendo atrocidades contra os representantes da nação. Assim, improvisou um discurso para os livros de história.

"Cidadãos soldados", disse, usando a excelente fórmula revolucionária, "o presidente do Conselho dos Quinhentos vos comunica que a grande maioria do Conselho está, neste momento, sendo vítima do terror de um pequeno número de representantes armados com facas ... e sem dúvida a soldo da Inglaterra." Advertiu os granadeiros de que, se não fossem detidos, esses representantes restaurariam o Terror e decapitariam "algumas das cabeças mais necessárias da pátria". "Em nome deste povo [francês] que, por tantos anos já, tem sido o joguete desses miseráveis filhos do Terror", proferiu Luciano, "confio a vós, guerreiros", a missão de libertar a maioria do Conselho das facas da minoria. Ato contínuo, pegou uma espada e, apontando-a para o coração de Napoleão, declarou: "Juro cravar esta espada no peito de meu próprio irmão se um dia ele ameaçar a liberdade dos franceses!"

Foi isso, em essência, o que se passou. Ao rufar de tambores, Murat conduziu os soldados para fora do plenário improvisado onde os Quinhentos estavam reunidos. Os neojacobinos, em vez de resistir, amontoaram-se para escapar às baionetas. Resistir, é claro, teria sido imprudência — exceto politicamente: uma carnificina de mártires teria operado maravilhas para a causa deles e manchado a nova ordem de maneira indelével, tal como muitas centenas de mortos mancharam o golpe de Estado do sobrinho de Bonaparte em 1851. Réal, o número dois da polícia, que tomara o partido dos revisionistas mais abertamente que seu chefe, Fouché, qualificou o Brumário de "farsa", e talvez esta palavra realmente se aplique melhor a ele do que à "tragédia" da mais famosa frase de Marx.[34]

Depois que os jacobinos saíram do palco à direita e à esquerda (ou pularam na platéia), os granadeiros voltaram para o quartel entoando o hino revolucionário "Ça ira". Estavam sem dúvida convencidos de ter salvo a República. O ex-padre e o general puderam retornar à seu maçante jogo com as formas. Os membros revisionistas dos dois conselhos tiveram permissão para ir jantar, devendo retornar em seguida para uma sessão que duraria a noite toda. Ali, no grande salão barroco de Saint-Cloud, suavemente iluminado por archotes e velas, mas ainda um tanto lúgubre, cerca de 100 (de um total de 750) legisladores deram o simulacro de um *imprimatur* à dissolução do velho regime e à criação de um novo. Bonaparte, Sieyès e Ducos emergiram como "cônsules" interinos (óbvio reflexo de Roma), e, às quatro horas da manhã do 20 Brumário, fizeram seu juramento à República. Foi formada uma comissão para elaborar o projeto de uma nova Constituição.

Reação popular? Praticamente nenhuma. Os trabalhadores e artesãos dos bairros periféricos de Paris ficaram em casa. O equivalente contemporâneo da bolsa de valores, contudo, deu um salto de 10%, numa expressão da confiança do investidor no rumo dos eventos. "Os grandes oradores que dominam as assembléias políticas com o brilho de suas palavras são em geral os mais medíocres estadistas", diria mais tarde Napoleão, certamente voltando seu pensamento, defensivamente, para o Brumário. Poderia ter acrescentado a seguinte anedota: quando perguntaram a Demóstenes qual era a qualidade mais importante em sua arte, o maior orador da Grécia clássica respondeu: "Ação." E a segunda qualidade, perguntaram. "Ação", foi a resposta. A terceira? "Ação".

Por mais importante que tenha sido na época, o Brumário provou-se ainda mais carregado de conseqüências para a história. Por quase dois séculos, foi o grande divisor de águas de uma visão clássica da biografia de Napoleão. Pierre Larousse — o dicionarista e enciclopedista francês — fixou os termos de maneira admirável. Em seu *Grand Dictionnaire Universel du XIXe Siècle* — publicado em 1862 e talvez a obra mais influente na França no século XIX e início do XX —, abriu dois verbetes: um para "Bonaparte" e outro para "Napoleão I". A definição sucinta que dá de "Bonaparte (Napoleão)" é:

> general republicano, nascido em Ajaccio (Córsega), 15 de agosto 1769, *morto em Saint-Cloud* [o grifo é meu] no 18 Brumário do Ano III.

Hoje os historiadores franceses pensam de outra maneira. Thierry Lentz, por exemplo, demonstra conclusivamente que o Brumário foi entendido na França rural como um golpe desfechado sobre a ala direita, em favor da Revolução.[35]

As percepções mudam.

VIII

O poder (II): Usá-lo (O Consulado)

Uma coisa é acompanhar a música;
outra é dançá-la.

SAKI[1]

O pastiche do ano VIII

Bonaparte: Uma Constituição deve ser curta e...
Roederer: Clara.
Bonaparte (distraído): Certo. Deve ser curta e obscura.[2]

Muito pouca gente, ao acordar na manhã do dia 20, concluiu que, pelo fato de um general estar no poder, passara-se a viver num Estado *militar*. O aparato de repressão — de tribunais especiais e justiça sumária a eleições forjadas e governo por decreto — já era bastante visível desde 1797. Além disso, Bonaparte era, literal e metaforicamente, um general à paisana. Como ele disse a um colega: "Se eu morresse dentro de três ou quatro dias, deixaria uma advertência à nação, acautelando-a contra um governo militar, aconselhando-a a nomear um civil para a chefia do Estado."[3]

Os cônsules interinos eram Bonaparte, Sieyès e Roger Ducos — este último um ex-diretor com o tipo de passado radical e presente moderado característico dos políticos desde o Termidor.[4] Estreitamente ligado a Sieyès, Ducos estava pasmo com Bonaparte. Quando os cônsules se reuniram no dia seguinte ao do golpe, Ducos declarou que a presidência do Consulado deveria caber ao general "por direito [de conquista]". Bonaparte recusou o privilégio e propôs que os três se alternassem diariamente no posto — uma expressão da modéstia que o caracterizava nessa época. A mulher de um político descreveu-o então como "modesto mas prepotente", acrescentando que contrastava agradavelmente com os fúteis e fracos diretores.[5] O povo ficou satisfeito ao ver que a "revolução" do Brumário não ocasionava decapitações ou prisões. Sieyès, numa medida de represália, ordenou a deportação de jacobinos, mas Bonaparte cancelou a medida;

recusou-se a inaugurar o novo regime nessa toada tão conhecida. Além de repelir também a lei referente à manutenção de reféns e à exigência de resgates, os cônsules promulgaram uma nova lei de anistia, convidando muitos *émigrées* a retornar (entre os quais Lafayette). Na síntese eloqüente de Jean-Paul Bertaud: "As baionetas da República teriam se transformado na República das baionetas, não fosse a inteligência de Bonaparte, que compreendeu que, se por um lado o exército garantia seu poder, nunca subjugaria a sociedade francesa".[6]

A meta do governo provisório era produzir uma Constituição para um novo regime — sob implacável pressão de Bonaparte, isso foi feito em tempo recorde (menos de sete semanas). Mas nesse meio tempo, o Consulado tinha de governar, e Bonaparte queria que isso fosse feito a partir do centro, não de extremos. A maioria dos ministros nomeados pelos cônsules foi escolha de Bonaparte, como atesta o fato de que muitos mantiveram as pastas que já detinham (ou foram promovidos). As nomeações tendiam a desestabilizar a ortodoxia política estrita. A escolha de Fouché para a Polícia pareceria desmentir esse desvio da correção política revolucionária, mas ele foi nomeado unicamente graças à sua competência, e a despeito do seu passado. O Ministério da Justiça coube a Jean-Jacques Cambacérès, um ex-nobre e, coisa rara, antigo *conventionnel** moderado. Charles Maurice de Talleyrand-Périgord, que recebeu o Ministério das Relações Exteriores no início de 1800, era o melhor exemplo de um sangue azul de 1789 que aprendera havia muito a dançar conforme a música. "Sei que ele não pertence à Revolução exceto por suas vilanias", disse Bonaparte a um hesitante Cambacérès, "... seu egoísmo [como desertor de seu status de nobre e de sua condição de bispo] fala por ele."

Durante o Consulado provisório não houve nenhuma discussão acalorada pela predominância entre Sieyès e Bonaparte. Os eventos se sucederam como nas semanas anteriores, sem que Sieyès alegasse *nolo contendere*. Tinha pouca escolha; seus partidários, de Cambacérès e Boulay a Roederer e Lebrun, haviam todos se passado para o "inimigo" sem sequer dizer "*adieu*". Segundo algumas crônicas, para evitar novos conflitos, Sieyès chegou a aconselhar submissão a seus seguidores: "Tendes um senhor. Bonaparte quer fazer tudo, sabe como fazer tudo e pode fazer tudo." Curiosamente, na única área em que se esperava uma contribuição do filósofo político Sieyès — a elaboração da Constituição —, revelou-se que ele não tinha nenhum projeto pronto, ao contrário do que afirmara antes, e as noções que disseminou não passavam de uma salada

* Deputado que servira na Convenção Nacional, 1792-95.

de contradições, em acentuado contraste com as linhas claras e convincentes de seu ardoroso panfleto de 1789, *Qu'est-ce que le tiers état?*[7]

Embora os conspiradores do Brumário tivessem convencido o Conselho dos Antigos de que "a Constituição já não pode salvar a República", nas palavras de Bonaparte, a República precisava de uma nova Constituição. Um projeto improvisado às pressas foi promulgado no dia de Natal de 1799, embora só tenha sido votado no mês de abril seguinte. A Constituição do Ano VIII não continha nenhuma declaração de direitos, apenas um curto preâmbulo que concluía com uma definição do regime: "Cidadãos, a Revolução está atada aos princípios que a iniciaram ..." Depois a frase bíblica: "Ela está terminada." O documento era um prodigioso pastiche de paradoxo sieyèsiano e exigência bonapartista. Embora contivesse estruturas que se equilibravam e eram mutuamente interessantes do ponto de vista teórico, a importância da Carta era muito reduzida em face da personalidade e vontade do homem cuja arte de governar ele deveria amparar e realçar. Consta que, numa leitura pública da nova Constituição, uma mulher perguntou a uma colega o que significava aquilo tudo. "Significa Bonaparte", foi a resposta.[8]

Já em 1797, numa carta a Talleyrand, Bonaparte dera forte indicação de suas intenções. Comentou francamente que o "Poder Executivo" (não o Legislativo), "em toda a latitude que lhe darei, deverá ser *o verdadeiro representante da nação*" (o grifo é meu). Nisso Sieyès concordava com ele, pois o axioma que os dois homens adotaram em 1799 foi "a confiança vem de baixo, o poder, do alto". Diante disso, não surpreende que a nova Constituição reduzisse o Poder Legislativo a duas câmaras de pouca relevância. O Corpo Legislativo tinha o augusto direito de votar, mas não de propor ou discutir projetos de lei enviados pelo Executivo, ao passo que o Tribunato podia discuti-los, mas não emendá-los. Apesar do prestígio clássico de seu nome, os tribunos não detinham nenhum dos poderes de interferir em favor do povo de que gozavam os tribunos da Roma antiga. Esses dois conselhos resultavam só remotamente de sufrágio universal; um processo em três níveis e rigidamente hierarquizado assegurava que os eleitores comuns não podiam expressar muito mais do que confiança.

"O verdadeiro representante da nação" era, como pretendia Bonaparte, o próprio Consulado. Esse executivo era composto por três magistrados — um primeiro, um segundo e um terceiro cônsules, sendo que o poder dos dois últimos era meramente consultivo. O primeiro-cônsul recebia um salário anual de 500.000 francos; seus colegas recebiam 150.000 francos cada um. O primeiro-cônsul detinha a maior parte dos poderes administrativos e diplomáticos, civis e militares sobre a República. Era assistido por um Conselho de Estado, que reunia muitos dos melhores cérebros da França. Bonaparte não tinha escrúpulos em esfalfar esses homens, fazendo-os trabalhar até de madrugada; em compensação eles participavam de debates verdadeiros, que conduziam a decisões importantes, satisfação que a legislatura estava longe de proporcionar. As medidas que eles logo implantaram continuam sendo a base do Estado francês moderno.

Havia nessa mistura um elemento genuinamente sieyesiano. Um novo corpo, o Senado, ganhou vida. Versado em história romana, Bonaparte não queria nenhum viveiro de oposição e conspiração, mas como Sieyès fez questão de um Senado, admitiu-o. Em sua origem o *Sénat Conservateur*, como foi denominado, não era um corpo legislativo eleito pelo povo (seu epônimo americano na época tampouco o era). A missão de seus 60 (mais tarde 80 e finalmente 120) membros, nomeados em caráter vitalício, era semelhante à da Suprema Corte dos Estados Unidos: julgar a constitucionalidade das medidas tomadas pelo Executivo. Mas o Senado logo assumiria outras funções e viria a ser uma parte central do(s) regime(s) de Bonaparte.

A Constituição, como as de 1793 e 1795, foi apresentada para "a aceitação do povo francês" num plebiscito (instituição romana) onde o "sim" pareceu ter angariado três milhões de votos contra alguns milhares de "não", num universo de 5,5 milhões votos possíveis. Diante das taxas de abstenção verificadas sob o Diretório, aquilo pareceu uma formidável vitória. Há alguns anos, porém, um estudioso francês pôs a verdade a nu: os resultados do plebiscito foram fraudados pelo ministro do Interior, Luciano Bonaparte, e o "sim" obteve de fato apenas metade dos votos proclamados. Em outras palavras, só 20% do eleitorado aprovaram o novo regime.[9] Alguns historiadores vêem isso como uma derrota, mas é preciso lembrar: os contemporâneos *sequer suspeitaram* da fraude de Luciano. O povo (como a posteridade, até 1972) aceitou os resultados da votação como uma vitória do regime. Além disso, mesmo que nos limitemos aos números corrigidos,[10] o plebiscito do Ano VIII *ainda* foi um sucesso, pois a crise socioeconômica dominante não favorecia o voto. Mesmo que o "sim" tenha obtido menos votos que no plebiscito para a aprovação da Constituição jacobina de 1793, continua sendo verdade que o regime de 1799 recebeu a aprovação de centenas de milhares de pessoas a mais que a Constituição do Diretório em 1795; a aprovação foi igualmente maior que em qualquer eleição realizada nesse intervalo.

E Sieyès? Em troca de sua submissão à vontade do general (e talvez também à vontade geral), foi por este autorizado a nomear os três novos cônsules que substituiriam os interinos. Foi uma formalidade; os nomes, a começar pelo de Napoleão, já estavam decididos: para segundo-cônsul, Cambacérès e para terceiro, Charles-François Lebrun, um ex-deputado do terceiro estado em 1798 e um monarquista moderado no Conselho dos Antigos. Esperava-se que Lebrun apaziguasse, talvez arregimentasse, a opinião "moderada". Esse gesto em relação a Sieyès foi essencialmente uma dispendiosa coroa de flores enviada para o funeral político do homem. Eram favas contadas que ele não serviria como segundo ou terceiro-cônsul — entre as declarações que pretensamente teria feito a Napoleão, consta: "Você quer ser rei" e "eu não quero ser seu ajudante-de-ordens". Foi o Senado que Sieyès "recebeu" como seu domínio, além de um domínio concreto — um castelo e terras chamadas Crosnes, no valor de 480.000 francos (mais do que Bonaparte e Josefina pagaram por sua propriedade, Malmaison). Ao aceitar esse suborno, após ter-se vendido e ajudado a elaborar uma Constituição que sacrificava suas idéias, Sieyès agiu de maneira lamentavelmente característica. Há um *pathos* instrutivo no rápido declínio desse intelectual, que era uma espécie de ditador no verão de 1799 e foi enxotado do palco da história pelos fatos no outono do mesmo ano.

Com uma revolução e um regime a consolidar e uma guerra a vencer, Bonaparte estava impaciente para pôr-se mais uma vez em ação no novo Consulado. Roederer lembrara-lhe recentemente — não que precisasse disso — que momentos certos não são freqüentes nem duram muito. Observe Lafayette, Roederer dissera; o jovem general era talvez até *mais* popular que Bonaparte agora, "no entanto provou-se incapaz de criar qualquer coisa".[11] Napoleão estava absolutamente determinado a evitar o mesmo destino, mas isso lhe dava uma pressa terrível.

O Consulado, uma vez estabelecido, enfrentou perturbações maiores e suscitou mais oposição que o golpe do Brumário, mas em geral o novo regime se impôs — e de maneira bastante rápida. Na verdade, impôs-se mais facilmente que um regime neojacobino, diretorial ou moderado-monarquista o teriam feito em seu lugar, e isso graças à simplicidade das idéias de Bonaparte, à superioridade de seu preparo e de sua mente, e ao uso ocasional que fazia de sua mão de ferro. Os cônsules mantiveram a política de conciliação e moderação — por exemplo, os ossos de Turenne, o grande general do século XVII, foram trasladados para a igreja dos Invalides e enterrados com grande pompa (um ato muito pouco revolucionário).

Por outro lado, atestando a crença de Bonaparte de que para ser confiavelmente moderado precisava ser forte, o governo fechou praticamente todos os dez jornais políticos de Paris, sob o pretexto de que o país estava em guerra e a opinião pública não podia ser exposta a artigos "contrários ao respeito devido ao pacto social, à soberania do povo e à glória dos exércitos". A medida não era inusitada; provavelmente teria sido adotada por qualquer partido que estivesse chegando ao poder naquele momento crítico na França. Desde suas origens, a imprensa na França esteve ligada ao Estado; no Ancien Régime, os jornais eram praticamente um instrumento dos ministros do rei, embora isso não os isentasse de censura e restrição.[12] Um cerrado controle oficial sobre a imprensa era uma política a que grande parte da sociedade francesa não fazia objeção, pois a imprensa ainda não gozava do prestígio que tem hoje; as pessoas a viam como parcialmente responsável pela atmosfera superaquecida da Revolução e sabiam que desde 1793 os governos republicanos a haviam reprimido.

Além disso, de maneira geral Bonaparte agiu com mais rapidez e eficácia contra o banditismo (criminal e político) no oeste e no Midi do que o fizera o Diretório, o que lhe valeu a gratidão de muitas comunidades, mesmo que isso acarretasse renovada violência oficial e lei marcial. O novo regime instalou alguma "justiça de botas",[13] como Howard Brown chama o recurso a tribunais militares especiais, em áreas do oeste e do sul em que a contra-revolução ressurgira, mas há pouca dúvida de que os franceses em geral estavam dispostos — muitos, *plenamente* dispostos — a apostar em Bonaparte.

Poucos franceses faziam rodeios; reconheciam o novo regime como uma ditadura potencial, mas no limpo e claro estilo romano de uma ditadura de emergência ou de segurança pública, sob a mão forte de um consulado — não mais a opressão difusa e ineficaz do Diretório. José Garat, um simpatizante do neojacobinismo com longo passado em assembléias revolucionárias ("o otimista da Revolução", como alguns o chamavam, embora outros preferissem dar-lhe o epíteto "eunuco político"), superou suas apreensões com relação à nova Constituição consular e fez um discurso celebrando-a. Quanto à Europa, ela conhecia muito mais Napoleão Bonaparte que o ex-abade Sieyès. Para alguns o novo primeiro-cônsul era um grande herói; para outros, uma maldição divina; e para outros ainda, como a rainha de Nápoles e da Sicília, um pouco de cada coisa. Os contemporâneos referiram-se ao último golpe de Estado com a mesma palavra que haviam empregado para os anteriores: "revolução", mas poucos deixavam de perceber que dessa vez havia novidades importantes: o Brumário foi compreendido como um afastamento do radicalismo, como uma tentativa de firmar a Revolução num pedestal de propriedade, ordem e grandeza. Até um arquiinimigo tão ferrenho de Bonaparte e da República como William Pitt perguntou a si mesmo por algum tempo se aquele não poderia ser o advento de uma república "moderada" ou de "estilo americano" na França.

A segunda campanha da Itália (1800)

Não foram conflitos de interesses fundamentais que tornaram inevitável uma guerra austro-francesa; foi a crença numa guerra inevitável que gerou um conflito de interesses.
PAUL SCHROEDER[14]

Diz-se que em 1821, quando o corpo do primeiro imperador dos franceses foi levado até o seu túmulo em Santa Helena, a mortalha que cobriu o caixão foi a capa que usara na batalha de Marengo. Verdade ou não, teria sido apropriado. Raramente Napoleão precisou mais desesperadamente ou auferiu tantos benefícios de uma vitória como daquela que tirou da cartola na tarde de 14 de junho de 1800 numa planície da Lombardia. A França estava em guerra e as sinuosidades da nova Constituição não bastariam para garantir a sobrevivência do "deus da guerra". A Constituição equivalia a uma cara aparelhagem para exercícios de acrobacia comprada por um doidivanas, esquecido de que o importante era sua habilidade, ou não, de andar na corda bamba. Pois o general Jourdan estava certo: "O povo via em Bonaparte apenas um general sempre vitorioso, destinado a restaurar a honra das armas da República."[15] A primeira proclamação do cônsul Bonaparte aos franceses após o Brumário falou da necessidade de tornar a República novamente "*respeitada no estrangeiro e temida por seus inimigos ...*"[16]

Quando o Consulado assumiu o poder, a Áustria, como de costume, era o único inimigo ainda em atividade, já que o czar russo Paulo I se retirara da Segunda Coalizão, ofendido com seus aliados, enquanto os britânicos, como sempre, lutavam apenas no mar. Bonaparte, como se esperava, fez um gesto de paz, mas adotou a forma inesperada (e heterodoxa) de apelos pessoais dirigidos diretamente a Jorge III e ao sacro imperador romano por uma paz fundada no retorno ao *statu quo* de Campoformio. Mas por que os aliados aceitariam isso? A Inglaterra permanecia intacta, enquanto os austríacos continuavam ocupando quase todo o norte da Itália — e, em se tratando de avidez territorial, Francisco I não ficava atrás de nenhum diretor ou cônsul francês. Não, as cartas às cabeças coroadas (escritas no dia de Natal de 1799) destinavam-se na verdade a um público francês ansioso por se certificar de que seu novo governo desejava a paz, mesmo que fosse compelido à guerra. A arrogância tipicamente inglesa com que Jorge III sequer se dignou a responder ao apelo de Napoleão ("está muito aquém da minha atenção", escreveu o hanoveriano em seu diário) só pode ter provocado em Bonaparte um sorriso de satisfação, porque tamanha impertinência enfureceu os franceses.

A grande estratégia do primeiro-cônsul era atacar a Áustria ao longo de uma enorme frente que se estenderia do Reno aos Alpes suíços na costa liguriana.

Infelizmente, seus subordinados — Moreau, na Alemanha, e Masséna, perto de Gênova — não conseguiram fazer a parte deles. Moreau não se deslocou com a necessária rapidez, enquanto Masséna dividiu suas tropas e deixou-se encurralar pelo comandante austríaco Melas no porto de Gênova. Diante disso, Bonaparte reformulou sua estratégia; "O que [Moreau] não ousa fazer no Reno, eu farei através dos Alpes", declarou ele ao chefe do estado-maior de Moreau.

Bonaparte reuniu então secretamente o Exército de Reserva nas vizinhanças de Dijon, perto da fronteira suíça. Precisava atrair Melas para o combate e obter uma vitória rápida, decisiva, não podendo se dar ao luxo de se enredar numa campanha prolongada como em 1796-97. Não era mais um general novato querendo provar sua capacidade militar; era um chefe de Estado aflito — como suas cartas o demonstram amplamente — para voltar a Paris e enfrentar o trabalho da construção do Estado. Com assombrosa ousadia, Bonaparte arremeteu pelos Alpes, transpondo o elevado passo de São Bernardo ainda no início do ano (maio), com um exército de 35.000 homens totalmente equipado. Tão incrível movimento não tinha precedentes modernos; à mente de um mundo espantado veio inevitavelmente a lembrança do único soldado da Antigüidade que o fizera: Aníbal.

Ao desembocar no norte da Itália no final de maio — "Caímos sobre os austríacos como um raio", ele escreveu a José (24 de maio), "o inimigo não nos esperava e parece mal poder acreditar nos seus olhos" —, o Exército de Reserva investiu contra a retaguarda austríaca, cortando-lhe as linhas de comunicação e, numa quinzena, recuperou a maior parte do território que fora tomado da República na primavera de 1799.

Logo após levar a cabo tão assombrosa estratégia, porém, Bonaparte cometeu um grave erro tático: deixou-se ficar totalmente aberto para um contra-ataque austríaco. O idoso Melas, trocando por uma vez seu papel de grave general austríaco pelo de adversário, *atacou* — rápida e inesperadamente. Cruzou o rio Bórmida ao amanhecer e investiu contra os franceses numa planície próxima à aldeia de Marengo. Pegou Napoleão com suas forças desfalcadas, pois ele enviara a unidade de Desaix para o sul — tinha pouco mais da metade da força austríaca. Só no final da manhã Bonaparte percebeu a situação e enviou um ajudante-de-ordem com a missão de encontrar Desaix onde quer que estivesse, com a mensagem: "Eu havia pensado em atacar Melas. Ele me atacou primeiro. Pelo amor de Deus, venha se ainda puder."

Esperando reforço, Bonaparte conseguiu safar-se com seus homens com terrível dificuldade. Mesmo assim, ao chegar, às três horas da tarde, Desaix concluiu: "Esta batalha está completamente perdida." Olhando porém de relance para o sol, ainda alto no céu, acrescentou: "Mas ainda há tempo de ganhar uma outra." Avançou então com sua divisão em brigadas, combinando perfeitamente o bombardeio da artilharia com a investida da infantaria. Os austríacos foram apanhados de surpresa mas resistiram tenazmente. Logo um de seus carros de artilharia explodiu com um estrondo que abalou a terra e seu moral. Nesse momento, o jovem general Kellermann, filho do comandante que conquistara a primeira vitória da Revolução sobre os austríacos (em Valmy no ano de 1792), decidiu lançar todo o seu regimento de cavalaria contra o atordoado flanco esquerdo austríaco. Como escreve Chandler, "foi a hora da verdade que converteu uma quase derrota em esmagadora vitória".[17]

Mas ela teve um preço: Desaix — o inestimável braço direito de Bonaparte no Egito, o homem que mais chegou perto de ser seu amigo — morreu, alvejado no peito, quando entrava em ação à frente de uma brigada. Quase ao mesmo tempo, 2.400km ao sul, o igualmente talentoso Kléber, governador militar do Egito, era assassinado no Cairo por um fanático muçulmano. E assim o primeiro-cônsul obteve o sucesso de que tanto precisava, embora, verdade seja dita, mesmo que Melas tivesse vencido em Marengo, os austríacos continuariam em tais apuros do ponto de vista estratégico, graças à descida de Napoleão dos Alpes, que teriam perdido a guerra. Na realidade, cabe lembrar que, se Moreau e Masséna tivessem conseguido levar a cabo a estratégia original do primeiro-cônsul, a vitória francesa teria sido mais rápida e maior. Mesmo assim, vem-nos à mente uma carta que Bonaparte escrevera para Talleyrand alguns anos antes (7 de outubro de 1797): "Da vitória ao desastre é só um passo. Minha experiência é que, numa crise, é sempre algum detalhe que decide a questão."

Apesar de sua pressa em voltar para Paris, o primeiro-cônsul dedicou algum tempo à tentativa de reparar o dano causado à Península durante seus dois anos de ausência. A infeliz Itália enfrentara tempos difíceis em 1798-99, primeiro em mãos francesas, depois em austríacas. Em suas dificuldades financeiras, o Diretório anexara o Piemonte, arruinara as Repúblicas Cisalpina e Liguriana achatando-as economicamente e permitira aos governadores militares franceses agir com violência. As políticas adotadas nas Repúblicas Cisalpina e Liguriana pareciam caricaturas daquelas antes formuladas por Bonaparte; haviam imposto o anticlericalismo oficial à própria Roma (Pio VI foi preso e morreu em cativeiro francês) e permitido aos *giacobini* promover revoluções em locais onde isso só poderia produzir, e produziu, reação violenta. A guerra voltou à Itália em 1799, e, sem nenhum Bonaparte em campo, os austríacos envolveram-na numa onda selvagem de repressão, reação e pilhagem. A maioria dos homens eminentes e progressistas da Lombardia foi presa. Foi o que bastou para que os italianos sentissem saudades dos franceses (pelo menos até eles voltarem).[18] O primeiro-cônsul reinstaurou as repúblicas irmãs em Gênova e Milão, mas proibiu atos de vingança ou desforra contra grupos que haviam cooperado com os austríacos. Deu mais território à Cisalpina, juntamente com uma nova Constituição, alinhada com a francesa. Logo depois, consentiu que adotasse o novo e profético nome de "República Italiana".

Também o Egito foi fonte de graves preocupações para Napoleão nesses meses. Ao se tornar primeiro-cônsul, ele começou a imaginar maneiras de aliviar a carga da força expedicionária ali, de modo a poder manter a colônia. Ordenou ao almirante Ganteaume que embarcasse para Alexandria com reforços (inclusive uma trupe de atores para divertir os homens), mas a peste adiou a partida da frota e, quando ela finalmente zarpou, os britânicos impediram Ganteaume de desembarcar homens e materiais na nova colônia francesa.

O primeiro-cônsul voltou à sua capital a tempo para a comemoração do 14 de julho. Ele notificara Luciano previamente de que seu retorno deveria ser "inesperado" e ordenara ao ministro do Interior não promover nenhuma parada da vitória nem construir arcos do triunfo. "Tenho-me em conta muito alta para dar valor a ninharias desse tipo. O único triunfo que desejo é a aprovação popular." Esta, ele teve. E teve mais alguma coisa. Ganhou um amigo poderoso em Paulo I, talvez o mais temerário e astucioso czar que jamais reinou sobre Todas as Rússias. Pouco tempo antes, Paulo se retirara da Segunda Coalizão, convencido de que a Inglaterra e a Áustria não haviam nem usado nem apoiado adequadamente suas forças expedicionárias. Mas não parou aí: depois de Marengo, passou de repente de inimigo jurado da Revolução Francesa e aliado do pretendente Bourbon, a grande admirador do primeiro-cônsul, em que via a personificação da sua própria força. O autocrata cancelou subitamente a ajuda financeira que dava ao conde da Provença, Luís XVIII, e ordenou-lhe deixar Mitau (na Polônia russa), onde vinha vivendo e conspirando confortavelmente. Para pasmo e inquietação dos britânicos, o autocrata e o ditador passaram a discutir por carta projetos para o Egito e a Índia.[19]

Por fim, o primeiro-cônsul conseguiu algo que se provou mais duradouro que tudo já mencionado: uma receita. Na véspera da batalha, o *chef* Dunand, sem creme para o molho de um prato de galinha que preparava para o comandante, improvisou um batendo tomates, vinho branco e alho — *et voilà, poulet Marengo.*

O triunfo militar dos franceses em Marengo, por si só, não bastou para obrigar os austríacos a suplicarem a paz. Apesar do eloqüente apelo pessoal pela paz que Bonaparte lhe enviara do campo de batalha, o Habsburgo Francisco I tergiversou. Em teoria, a aliança de Francisco com a Grã-Bretanha o impedia de concluir uma paz separada; mas como Bonaparte se recusava a negociar com a Grã-Bretanha e a Áustria ao mesmo tempo — e de todo modo o primeiro-ministro Pitt não estava disposto a jogar a toalha —, os austríacos não tiveram escolha. Enviaram o leal Cobenzl para abrir negociações dilatórias em Lunéville (na Lorena).

Em dezembro, porém, mais um general austríaco (o arquiduque João, irmão do imperador) foi esmagado pelo general Moreau na batalha de Hohenlinden, na Alemanha. Com as tropas de Moreau preparando-se para marchar sobre Viena, e com Masséna efetuando uma operação de limpeza na Lombardia, Cobenzl passou a negociar a sério. A Áustria implorou condições favoráveis — e saiu, é claro, em pior situação por ter esperado. Quando se estava prestes a chegar a uma solução em Lunéville (inverno de 1801), o governo Pitt caiu. Seu sucessor, Henry Addington, era tão francófilo quanto um membro da classe política britânica podia ser. Os diplomatas negociaram primeiro em Londres, depois na cidade de Amiens, no norte da França — José Bonaparte representando a República; lorde Cornwallis, famoso por sua rendição em Yorktown, a Grã-Bretanha (o último fez do primeiro a seguinte avaliação: "Um homem de boa vontade, não de grande habilidade"). Desavenças em torno do controle do Egito levaram à interrupção das conversas por algum tempo — o primeiro-cônsul insistia em ter permissão para reforçá-lo; os britânicos recusavam.

Os tratados de Lunéville (1801) e Amiens (1802) foram apenas os pontos altos de um notável conjunto de acordos firmados todos nessa época entre a França e oito diferentes países. Juntamente com a Concordata firmada com o papa Pio VII, eles equivaleram a um *summum bonum* que deu a Bonaparte uma reputação como pacificador quase tão grande quanto à que tinha como guerreiro. A França obteve alguns ganhos territoriais expressivos em seus domínios coloniais, mas, essencialmente, reemergiu nas mesmas condições de depois de Campoformio. Mas as coisas não eram mais como em 1797. Campoformio fora como o encerramento de um jogo de dados inconclusivo; os jogadores mais sensatos sabiam que um dia as coisas recomeçariam. Os tratados de 1801-2, porém, foram concebidos como algo mais próximo de um verdadeiro ajuste de contas. A França não dominou simplesmente a Europa ocidental; *foi autorizada a fazê-lo*. A Grã-Bretanha, como sempre, conservou os mares, e a

Rússia, que se retirara da guerra antes das derrotas (1799) na Itália e na Suíça, ficou, em termos vagos, com o leste.

The Morning Chronicle, um jornal britânico de oposição, passou um sermão no governo no início de outubro de 1801: "Teria sido melhor para nós todos se tivéssemos aceitado uma paz no início de 1800 [quando o novo regime consular oferecera condições pela primeira vez]." O jornal recapitulou as vitórias e os ganhos franceses de 1800, concluindo: "Agora nada temos, a França tem tudo ... Só o que conseguimos fazer foi gastar quase 400 milhões de libras e contribuir para firmar a República nos alicerces da glória eterna e inabalável."[20]

Os blocos de granito: *le politique*

[A Revolução] destruiu tudo: agora é tempo de reconstruir. Temos governo e seus poderes, mas que dizer da nação? Está reduzida a grãos de areia: espalhados, sem sistema, unidade ou conexão ... Pensais que a República está definitivamente estabelecida? Estais incorrendo em grave ilusão. Estamos em condições de fazê-lo, mas não o fizemos, e não o faremos até que tenhamos erguido alguns grandes blocos de granito sobre as areias da França.

BONAPARTE AO CONSELHO DE ESTADO
8 DE MAIO DE 1802

Afinal de contas, talvez a Revolução não estivesse tão terminada assim. Os "blocos de granito" que o governo autoritário do Brumário dedicou-se a erguer, num período de três anos depois que seu chefe retornou de Marengo (julho de 1800), consistiu em estruturas solidamente implantadas de conciliação sociopolítica, religião, direito, administração, educação e sociedade. Consistiu também numa tentativa de recriar um império colonial francês com propósitos mais amplos e modernos. Em alguns casos, essas políticas foram inspiradas por idéias novas, até chocantes; em outros, eram reformas que haviam sido debatidas durante anos, mas deixadas incompletas por regimes anteriores, por falta de tempo, vontade, acordo ou energia. Em uma área (colônias), as medidas provaram-se um tal fracasso que a posteridade deixou de ver essa política como fundadora (em intenção). Todas elas exibem a clara impressão digital do primeiro-cônsul; na maioria, essa é a marca principal. Homens muito mais velhos que Bonaparte, muito mais experientes no governo e nos negócios, impressionaram-se com a "sagacidade ímpar de suas opiniões com referência a cada parte do enorme sistema da administração pública".[21] As novas estruturas perdurariam, resolutamente conservadas por regimes posteriores, tão diversos politicamente do Consulado e do Império quanto estes eram do Antigo Regime. Muitas reformas ainda persistem na Quinta República Francesa, tornando plausível a afirmação do primeiro-cônsul: "[Estou] apenas fazendo o que o povo quer, governando-o como a maioria quer ser governada."

E Bonaparte? Certo dia um conselheiro de Estado pensou em advertir seus colegas sobre a carga de trabalho que teriam de enfrentar com relação a determinada matéria. É possível, declarou ele solenemente, que ela exija "30 sessões" do Conselho. O primeiro e o segundo-cônsul (Cambacérès), ambos *workaholics* inveterados, trocaram um olhar e sorriram. "E daí?" perguntou Bonaparte, "qual é o problema? É só mais um punhado de saborosos ossos para roermos."

A ação consular era norteada por várias premissas, que os americanos do século XVIII teriam tachado de "preconceitos", a tal ponto o temperamento nacional variava entre as duas repúblicas dos dois lados do Atlântico. Os franceses tendiam em geral para a noção totalmente alheia ao pensamento anglo-saxão de que o Estado na prática incluía a sociedade; realmente personificado no governo, ele não era apenas um agente regulador, mas um agente normativo, um verdadeiro produtor do social e o guardião da especificidade francesa.[22] Nas palavras de Bonaparte, "o governo é o centro da sociedade como o Sol: todas as várias instituições devem orbitá-lo sem jamais se desviar ... de modo que tudo se reúna em uma harmonia geral." O general Thiébault observou certa feita que o povo francês se tornara "frouxo" sob o Diretório. O primeiro-cônsul discordou. "Uma nação", disse, "é sempre *aquilo que se sabe torná-la* [o grifo é meu] ... Para um bom governo não existe um mau povo, assim como não há maus soldados servindo sob bons generais". Em suma, considerava-se que o sucesso na organização da sociedade dependia inteiramente de sua liderança política.

Se Bonaparte atirava em todas as direções, os atos que realizou ou supervisionou, do pequeno e simbólico ao grande e material, foram caracterizados por elevado grau de coerência. O primeiro-cônsul executou projetos de centralização administrativa da Revolução, levando um eminente jurista da época (Portalis) a exaltar, satisfeito, "a grande nação, composta de muitos diferentes homens imbuídos de um só sentimento, um pensamento, marchando e conduzindo-se como se o todo dependesse completamente de cada um".[23]

Essa coerência consular foi peculiarmente francesa, e conviria ao leitor americano deter-se um momento em uma outra era e outra mentalidade. O reino da França fora um agregado de costumes, direitos e instituições provinciais distintos, à maneira dos estados americanos ou dos condados e regiões britânicos. Mas enquanto os falantes da língua inglesa operavam facilmente o truque paradoxal do *e pluribus unum*, a Revolução Francesa via essa "sociedade de sociedades" não como uma cornucópia, mas como um "imenso caos"[24] — um baluarte de aristocracia e despotismo monárquico (embora os reis sempre tivessem feito o possível para violar a independência provincial). O Consulado, como antes fizera a Revolução, decidiu racionalizar a nação.

A pedra angular dos blocos de granito era a paz social. Todos, na França e fora dela, concordavam em que a paz era a meta das metas; já a forma de alcançá-la era nessa altura uma questão extremamente controversa. Devia-se buscar exaustivamente a recomposição, enrijecendo, cingindo "a nação" de maneira mais firme, com a exclusão peremptória da nobreza, da realeza e da Igreja? Assim procedera a Revolução, mas seu fracasso — amplamente proclamado por alguns dos próprios homens (como Sieyès) que antes haviam defendido convincentemente esse caminho — era a justificação do Brumário. Bonaparte deixou claro desde logo que pretendia agir audaciosamente nessa matéria. Um dia depois do golpe, apareceu numa prisão de Paris para libertar os reféns políticos do Diretório; dali em diante, procurou tomar medidas para curar a sociedade ferida, abrandando a política para os exilados e o clero.

Até aí, mesmo muitos bons jacobinos, como Fouché, dispunham-se a ir. Mas o primeiro-cônsul queria um remédio mais forte e, na primavera de 1802, conseguiu a aprovação do Senado para uma lei que concedia anistia plena a todos os *émigrées* que retornassem à França antes do dia 23 de setembro daquele ano. O projeto pretendia beneficiar nada menos que três ou quatro milhões de pessoas, se incluirmos as famílias dos 145.000 proscritos. Essa medida de reparação e pacificação, que previa a admissão de vários *émigrées* eminentes ou talentosos no serviço público, foi, como observa o historiador francês Albert Vandal, um ato de "patriotismo e coragem". Representou um início incisivo do tipo de política generosa de que a República necessitava desesperadamente na época, mas que o Diretório, apesar de sua *astuce*, não se provara capaz de promover: uma política de largueza de espírito, de imaginação e coração.

Foram dois os amplos movimentos encetados pelo primeiro-cônsul em prol da conciliação social. O outro, que suscitou ainda mais indignação que a anistia, disse respeito à religião.

A Concordata

O progresso, longe de consistir em mudança, baseia-se na conservação. Quando a mudança é absoluta, nada resta a aperfeiçoar e nada aponta a direção de um possível aperfeiçoamento; e quando a experiência não é conservada, como entre selvagens, a infância é perpétua. Quem não é capaz de lembrar o passado está condenado a repeti-lo.
GEORGE SANTAYANA[25]

Embora a palavra "religião" venha do latim *religere*, que significa "religar", a religião sempre foi na França a causa das mais drásticas divisões. Talvez mais que vitória em guerras externas, "paz" significava, na República Francesa de 1800, o apaziguamento do conflito interno. O fim das lutas civis, por sua vez, era inseparável da questão religiosa. Bonaparte voltou do Egito mais cônscio que nunca do impacto das instituições e crenças da religião organizada sobre "o político" no sentido mais amplo, e não menos convencido de que os ministros da religião precisavam ser estritamente controlados em seu poder de influenciar a "política" do dia-a-dia. Após Marengo, poucos se aproximavam dele sem ouvir um discurso sobre "o papel crucial da religião na sociedade", mais ou menos na seguinte linha: "Vejo na religião não o mistério da encarnação, mas o mistério da ordem social". Ou ainda: "Se um homem que está morrendo de fome vê um outro se empanturrar, só pode aceitar isso se houver um poder capaz de lhe dizer, 'Deus quis assim... mas na eternidade será diferente'."[26]

O primeiro-cônsul nunca pensou em adotar como solução a não-intervenção do Estado na questão religiosa, com a tolerância de todos os cultos — constitucional, católico, protestante, judaico — e do livre-pensamento. A religião, acreditava, era importante demais para ficar a cargo de seus praticantes; um descaso benevolente podia funcionar numa nação nova como os Estados Unidos, mas não na França, onde, durante séculos, instituições e conflitos religiosos haviam praticamente definido a história nacional. A separação Igreja-Estado já fora muito criticada, tanto por partidários da Revolução, por diminuir o controle sobre a "soberania nacional", quanto por católicos, por "relegar" a religião à esfera privada da vida das pessoas. Essa política não pusera fim ao conflito social; sobretudo, não aplacara a animosidade feroz entre os dois cultos, ambos nominalmente "católicos" (a Igreja Católica Romana e a Igreja Constitucional), que continuavam disputando as almas dos 30 milhões de franceses.

Apesar disso, um regime republicano que optasse por iniciar uma política de conciliação religiosa, deveria lealdade, presumivelmente, à "sua própria" Igreja

Constitucional. Esta, embora privada do apoio governamental em 1795, era uma instituição inspirada pela Revolução, em certos sentidos o equivalente gaulês do anglicanismo. Desde sua independência, contudo, a Igreja Constitucional vira o número de seus fiéis despencar, até porque muitas autoridades republicanas zombavam dela ou até a perseguiam. A Igreja Constitucional não conseguira arregimentar a maioria dos católicos da nação, nominais ou devotos. Dados empíricos do tipo que Bonaparte levava a sério — p.ex., sondagens feitas por autoridades locais — reforçavam sua impressão de que o grande rival da Igreja Constitucional, a Igreja Católica Romana, florescia em muitas áreas e estava longe de ter morrido mesmo em algumas regiões onde fora feito intenso trabalho de "anticristianização". Os milhares de padres católicos que, sem abjurar, haviam optado por permanecer na França e zelar por seus rebanhos, viviam sob grandes ameaças e em condições semiclandestinas, mas é na adversidade que essa religião tende a florescer. O catolicismo estava experimentando um grande ressurgimento e gozava de ampla autoridade moral.[27] Verdade seja dita, muitos dos anticlericais inflamados do Ano II estavam agora pedindo que fosse permitido a seus filhos fazer a primeira comunhão. Essa era a prova viva do fracasso do frio e altaneiro ideal representado pelos substitutos civis do cristianismo; de fato, pior que fracassar, eles haviam caído no ridículo.

Além disso, o papado era uma instituição política potencialmente útil e, de todo modo, era perigoso demais não reconhecê-lo. A venda dos bens da Igreja, a abolição do antigo dízimo e a secularização dos nascimentos, casamentos e mortes permaneciam sob uma permanente sombra de contestação, muda ou expressa, desde 1791. Por fim, e talvez o mais importante, a Igreja era uma arma poderosa nas mãos dos contra-revolucionários no oeste e de seus aliados britânicos. Um acordo com Roma permitiria a Napoleão retirar da contra-revolução suas duas maiores armas: a coroa e o altar. Em suma, ignorar a Igreja era, na inigualável metáfora de Napoleão, o mesmo que dizer: "Há homens andando pela casa com tochas acesas; melhor deixá-los em paz e só os prender se atearem fogo nela."[28] No final das contas, a Igreja de Roma dominava o caminho, tão imutável e inexpugnável como sempre. Bonaparte passou a estender seus tentáculos para a Santa Sé.

As forças políticas que se formaram *contra* a sua tentativa de reconciliar a República Francesa com "o verdadeiro papa — o católico, apostólico e romano, aquele que vive em Roma"[29] — foram dignas do primeiro-cônsul. Toda a classe política francesa e mais o exército opunham-se violentamente à religião revelada. Para eles, a Igreja era o mais maligno dos tumores extirpados pela Revolução. Qualquer acordo que devolvesse a padres e papas influência sobre a vida dos franceses era uma blasfêmia contra o grandioso ídolo da "soberania popular". Um eminente erudito, membro destacado da expedição egípcia, Volney, fez um violento ataque a Bonaparte na presença dele numa reunião do Instituto.[30] Talleyrand, o ex-bispo, ficou fora de si e Fouché, que gostava do seu cargo, foi exonerado do ministério da Polícia por se recusar a aceitar de bom grado essa política.[31]

Recapitulando as árduas negociações que resultaram no restabelecimento do catolicismo romano na França, um ator de destaque no drama disse que o projeto foi a "obra de um herói e de um santo".[32] A posteridade não endossou essa afirmação. O Vaticano não patrocinou a canonização de Pio VII, enquanto o papel de Bonaparte, nesta como em todas as situações, permanece sujeito a violentas críticas e discordâncias. Apesar disso, alguma coisa pode ser dita em defesa dessas palavras. No início o "herói" beneficiou-se de um grande golpe de sorte: o "santo" que a Providência pôs no seu caminho era um monge beneditino chamado Luigi Chiaramonti, recentemente coroado papa Pio VII. Um bispo francês contaria a história de que Chiaramonti, após examinar uma cópia da "constituição do clero" de 1790, comentou a propósito que, se fosse um padre francês, teria assinado o juramento.[33] A ser verdade, essa história é assombrosa, pois, se não demonstra cabalmente que o papa *acreditava* na Revolução, demonstra que era um moderado, propenso a procurar o melhor nas coisas novas. O primeiro-cônsul, de sua parte, instruiu um subordinado a tratar o papa "como se ele tivesse 200.000 soldados". A analogia é imprópria. Pio, para bem ou para mal, era um homem de fé e humildade genuínas, que abordava os problemas de um ponto de vista resolutamente espiritual. Isso favoreceria Bonaparte a curto prazo, e o prejudicaria a longo prazo. O papa revelaria possuir, ao mesmo tempo, muito menos e muito mais que "200.000 soldados".

Pio ficou radiante com a graça inesperada que viu na possibilidade do retorno da França, a "Filha Mais Velha" da Igreja, ao seio dela. Seria fiel à gratidão, ao orgulho e à admiração que sentia pelo "filho" que proporcionou essa graça não durante meses de penosas negociações, mas ao longo dos anos futuros, quando o comportamento de Napoleão tivesse esgotado a boa vontade de muitos corações eclesiásticos menos importantes. No altar da conciliação e no desejo de mostrar ao mundo que a Igreja estava menos preocupada com fortuna, privilégios e poder do que afirmavam seus inimigos, Pio evitou transformar em pomo da discórdia a questão dos domínios territoriais do papado na Itália tomados pelos franceses na guerra recente.

A elaboração de uma Concordata, que exigiu oito meses extenuantes e 21 rascunhos, foi levada a cabo secretamente em Paris, pois Bonaparte temia que notícias de semelhante discussão provocassem celeuma no governo. O principal negociador pela República foi o padre Bernier, um ex-monarquista da Vendéia que se transformara em "bonapartista" devoto. A Igreja foi representada por seu secretário de Estado, o cardeal Hercule Consalvi, um prelado decente e hábil (Bonaparte o chamava de "um leão em pele de ovelha"), a quem os franceses trataram sem dó nem piedade.[34] Para Pio VII, sendo ele quem era, a parte mais difícil do acordo foi eliminar toda a leva de bispos franceses do Antigo Regime: um ato de ingratidão e autoritarismo papal sem precedentes (um *coup d'Eglise*, como foi chamado). Os velhos bispos galicanos haviam sido leais à Santa Sé ao preço do exílio e da expropriação. Agora, pedia-se a esses servos pacientes, oriundos de algumas das mais nobres famílias da França, que renunciassem às suas dioceses para dar lugar a um episcopado a ser nomeado por um ditador republicano. Felizmente, nessa altura o papa ainda não sabia que Bonaparte pretendia, em prol da verdadeira reconciliação, nomear para as novas dioceses uma dúzia de bispos não-arrependidos da antiga Igreja Constitucional. E se recusaria resolutamente a obrigar esses "cismáticos" (do ponto de vista de Roma) a fazer qualquer retratação pública de seus votos e idéias anteriores.

Os apelos de Pio foram inúteis; mais tarde, historiadores católicos como d'Haussonville o censuraram por não ter interrompido as negociações nesse ponto e confiado a Igreja à fé das centenas de milhares de católicos franceses dispostos a sofrer por sua religião. Bonaparte, por sua vez, foi criticado por sua intransigência nas negociações, embora deva ser dito que, nesse caso, ele estava num limbo e não podia voltar a seu povo com condições menos que draconianas para um catolicismo restaurado. Se o papa estava rumando para "a soleira do inferno", como ele mesmo disse, era porque ele e Consalvi compreendiam perfeitamente que o *único* francês de alguma estatura ou poder que estava a favor da restauração do catolicismo romano, e disposto a sacrificar para isso a cismática Igreja Constitucional, era o primeiro-cônsul. O papa assinou a Concordata e aceitou até os Artigos Orgânicos unilateralmente declarados — a legislação pela qual a República introduziu a Concordata no direito francês —, embora eles fossem ser sempre um espinho na sua carne.[35]

A antiga e orgulhosa *Eglise de France* — o vasto, opulento e independente primeiro estado do primeiro reino da Europa (que contava, em 1798, 130.000 clérigos distribuídos em 135 dioceses, governados por 150 bispos) — tornou-se assim a Igreja da Concordata, um reduzido corpo de funcionários públicos que ocupavam 60 dioceses espúrias e desajeitadas. Esses 60 bispos e 36.000 padres foram chamados "chefes de departamento de púrpura" ou "prefeitos de preto",[36] mas isso é demasiado lisonjeiro, um vez que esse clero não mais cuidava dos prestigiosos registros de nascimento, casamento e morte. A maioria das ordens monásticas desaparecera por completo, e nenhum corpo de capelães fora criado para os exércitos da República — ainda bem, dadas as idéias dos militares sobre religião.

O tratado equivaleu a uma revolução (e a uma contra-revolução) dentro da Revolução que ninguém na época previra, e que ninguém, exceto talvez um herói e um santo, teria podido promover: um imenso ato não forçado de reconciliação (raridade, para a Revolução Francesa), que mostrou "que os princípios de 1789 podiam ser batizados", como expressou Martyn Lyons.[37] Quando a nuvem de poeira baixou, todos os líderes haviam logrado seus principais objetivos: o pontífice viu o catolicismo ser de novo publicamente reconhecido como "a religião da grande maioria do povo francês" — o que teria deixado estupefato seu predecessor, Pio VI, falecido em cativeiro francês. Obteve mais uma coisa — não menos real por ter sido involuntária e gradual: ao remover sozinho todo um episcopado nacional e designar outro, Pio VII lançou os fundamentos da moderna "monarquia" católica, baseada na infalibilidade papal — a lamentável resposta da Igreja para os desafios do mundo moderno. Consalvi fez um trocadilho a pretexto dos "trabalhos de Hércules" que teve de realizar em suas negociações com o padre Bernier, mas o maior mérito foi do papa, que muitas vezes engoliu seu orgulho. Seus sucessores seriam gratos pelo maior poder acrescentado a seu santo ministério.

E quais foram os ganhos de Bonaparte? Bem, no domingo de Páscoa de 1802 ele pôde ouvir os sinos de Notre-Dame de Paris repicarem alegremente pela primeira vez em uma década. Pôde assistir a uma missa pontifical solene na catedral (cujas estátuas desfiguradas haviam sido cobertas às pressas) e ouvir um sermão enunciado pelo prelado que ocupara o púlpito na coroação de Luís XVI em Reims em 1775. (O general Delmas, porém, não se impressionou: "Uma bela encenação", resmungou para Bonaparte, "não faltou nada, exceto o milhão de homens que perderam a vida para derrubar o que o senhor está tentando reerguer.")[38] O primeiro-cônsul podiá agora dar aos céticos a prova viva de que a Revolução estava ao mesmo tempo *terminada e salva*. A Concordata e os Artigos Orgânicos equivaleram, da perspectiva do regime, a "pôr uma clava na mão de Hércules",[39] pois num só movimento Bonaparte privou os monarquistas de metade de seus atrativos e recrutou um formidável aliado em suas relações com territórios católicos ocupados na Bélgica, Itália, Holanda e Alemanha.

Lembrando o comentário pueril de Bonaparte a Mme de Rémusat sobre "fundar uma nova religião", a Concordata foi o que ele conseguiu fazer de mais parecido com isso. Ao assegurar um dos mais profundos impulsos da Revolução — seu agnosticismo —, o Grande Consulado deu um passo decisivo rumo à modernidade política. Absorvera tanto a crítica filosófica iluminista à religião quanto a nítida laicidade da Revolução — isto é, a dissociação operada por ela entre a sociedade e a religião revelada. Bonaparte rejeitou com firmeza o veemente apelo do papa para que o catolicismo fosse reconhecido como "a religião nacional [francesa]". O primeiro-cônsul via o catolicismo como um culto, e todos os cultos como iguais — justificáveis não por seu valor de verdade, mas por sua utilidade. Jean Étienne Marie Portalis, o jurista católico que trabalhou arduamente pela Concordata, formulou isso assim: "O essencial para a ordem e os valores públicos não é que os homens tenham a mesma religião, mas que cada um seja fiel à sua."[40] As coisas na França nunca haviam sido assim, e certamente não era assim que Pio VII queria que fossem, mas assim eram agora. Os regimes napoleônicos iriam praticar uma espécie de "laicidade positivista",[41] que contrastava nitidamente com a indiferença ou a hostilidade não declarada à religião característica das eras tanto anteriores quanto posteriores da história francesa. Se isso foi bom ou mau, não cabe ao historiador decidir; depende do modo como o leitor concebe a religião e o Estado.

Economia, Estado e sociedade: consolidação burguesa?

Como conceber uma ciência quando não há acordo entre os cientistas quanto aos princípios que formam sua estrutura teórica?
PHILIPPE STEINER[42]

Não foi só em matérias eclesiásticas, mas em muitos outros campos, que Napoleão buscou políticas pragmáticas que promovessem a paz social. Sem dúvida esperava ganhar aplausos entusiásticos enquanto tentava impor ou fortalecer seu governo; muitas das reformas têm um característico sabor "bonapartista", talvez até corso. Porém, se elas fossem um mero reflexo da filosofia e das metas de um homem, não teriam sobrevivido na cultura política crescentemente democrática da França moderna.

Finanças

Em 1799, quem tinha algum discernimento político compreendia muito bem que a crise que derrubara o Diretório fora desencadeada por aflitivos problemas tributários e de crédito; percebia ainda mais claramente que as finanças do Estado durante a Revolução e suas guerras — acarretando a emissão de papel-moeda e de fatídicas obrigações do Tesouro — acabara por piorar as coisas. Os apuros em que o Diretório se vira persistiam, e exigiram a atenção imediata dos homens do Brumário. O Tesouro estava praticamente sem fundos; a situação das finanças públicas era quase desesperadora. Bonaparte teve excelentes conselheiros em Gaudin, Barbé-Marbois, mais tarde em Mollien, Chaptal e outros, além de ser ele próprio capaz de perceber o que era necessário fazer. Não devemos permitir que os segredos da política monetária e fiscal nos desviem do fato de que, sob os gráficos e números, havia uma clara questão de psicologia social: a necessidade imperiosa de criar um ânimo confiante nos que tinham poder e influência sobre a economia da nação e devolver a esperança à grande massa dos que pagavam impostos.

Isso, Bonaparte entendeu instintivamente, era uma questão política. Há algo que é importante notar de saída: a abordagem geral de Bonaparte dos problemas econômicos era resolutamente política e pragmática, como seria de esperar de um chefe de Estado, embora ele até tivesse certo interesse pela nova ciência da economia política e dedicasse uma admiração moderada às teorias do livre-comércio do grande filósofo econômico da época, Adam Smith (1723-90). Mas, mesmo quando admiravam Smith, os franceses, inclusive seus economistas, compreendiam que não fora por meio da aplicação literal dos ideais do *laissez-faire* que a Grã-Bretanha conquistara seu status econômico, e sim graças a um protecionismo e a um dirigismo estatais bastante impiedosos. Os ideais de livre-comércio só vieram depois, quando a Grã-Bretanha, já em posição de poder, desejou impor sua indústria, seu comércio e seu crédito aos vizinhos menos desenvolvidos. Na França, o que se debatia não era nenhuma suposta "pureza" dos motivos e das ações econômicas — *au contraire*, compreendia-se muito bem que a economia desempenhava um papel político decisivo na sociedade, sendo portanto um objeto adequado para a ação governamental —, mas o grau de dirigismo que se fazia necessário. Em suma, uma grande e vaga simpatia pela "liberdade de comércio" era o ideal "apolítico" que todos nessa época cultivavam — e violavam.[43]

A mera expressão da vontade de atuar nessa área já aliviara a situação. Do ponto de vista de um estadista, a questão do crédito — do verbo latino *credere*, "crer (em)" — sobrepunha-se a todas as outras. O regime carecia dos tipos de estrutura financeiro-fiscal capazes de garantir reservas seguras, suficientes e duradouras para o Estado. Essas estruturas eram bem conhecidas na Inglaterra ou na Holanda, mas não na República Francesa. Para que uma crença desse tipo se materializasse, o dinheiro deveria ser posto numa base segura. Tudo dependia de uma moeda estável, embora fosse igualmente verdade — então, como agora — que um regime que brincasse com o dinheiro punha em jogo a sua vida. Bonaparte aconselhou-se e agiu rapidamente. Com o franco "germinal", batizado segundo o mês do calendário revolucionário em que foi criado (7 de abril de 1803), foi criada uma moeda única e estável. Se ela durou até 1928, foi porque, pela primeira vez, o dinheiro era conversível em metal (sobretudo prata, mas também ouro).[44] Lamentavelmente, porém, nem o primeiro-cônsul teve coragem de confiscar das classes mais baixas os inúmeros tipos de moeda que competiam com o franco, de modo que alguma confusão monetária reinou na França até Waterloo (e depois), precipitando ou incrementando crises econômicas ocasionais, mas sem ameaçar gravemente a atividade econômica.

O sistema tributário também não requeria propriamente inovações; precisava apenas exibir a qualidade inovadora de ser capaz de gerar uma receita segura, permitindo ao Estado fazer suas guerras em paz, por assim dizer, em vez de ser a toda hora obrigado recorrer a medidas *ad hoc* para alimentar e vestir seus homens. Bonaparte não só preservou os impostos diretos criados pela Revolução Francesa, como restaurou sem titubear vários impostos indiretos impopulares ou até odiados (p.ex., taxas de importação) do Antigo Regime. (Cabe observar que a Grã-Bretanha tributava seus cidadãos por cabeça duas vezes mais que a França, mas tinha na época metade da população francesa.) O sistema resultante, embora não democrático, foi propício ao crescimento econômico, pois tendeu a gerar grandes margens de lucro nas mãos dos maiores agentes econômicos. Durou até a Primeira Guerra Mundial, quando o imposto de renda gradativo fez sua aparição, relativamente tardia, na França.

Foi preciso criar instituições de crédito a partir do zero. A mais célebre — embora não a maior (esta foi o Fundo de Amortização, destinado a reduzir a dívida herdada do Estado) — foi o Banco da França. Fundado em 1800 como um negócio semiprivado (uma legião de parentes de Bonaparte figurava entre os acionistas), ele tirava proveito de seu nome imponente e do monopólio que lhe era conferido pelo Estado para imprimir dinheiro e descontar títulos privados e empréstimos (só aceitava os mais seguros). Assim como o franco germinal, o Banco da França não foi em absoluto um sucesso imediato; juntamente com o Fundo de Amortização, ele gerava sobretudo um efeito de aparência — inspirar a confiança no investidor e na população. O Banco da França só passaria a desempenhar na vida econômica francesa o papel pretendido pelo primeiro-cônsul anos mais tarde, muito depois da instauração do Primeiro Império.[45]

Administração

A despeito de tudo o que dizem sobre o esplendor e a majestade do Estado Francês, a França, como país, foi *sub*administrado durante o Consulado (e o Império). O número de burocratas ministeriais, que era de 6.500 no Diretório, caiu consideravelmente.[46] Na falta de servidores civis e estruturas administrativas suficientes para executar a política do Estado com eficiência — prestar serviços (em especial, prover segurança) a uma população de cerca de 37 milhões (incluindo os territórios anexados), ou recolher o que se considerava que ela devia na forma de impostos, informações ou recrutas —, o Consulado criou novos níveis de *fonctionnaires*: notavelmente, um "prefeito" (título romano) no governo de cada departamento e um "subprefeito" à frente de cada um dos 400 *arrondissements*. Foram a produtividade e a eficiência desses homens, não seu número, que se revelaram extraordinárias e marcaram a época. Por seu exemplo pessoal de trabalho e seu altíssimo nível de exigência, Bonaparte foi em grande parte responsável por isso. Ao contrário dos "prefeitos" da Antigüidade, os novos chefes de departamento não gozavam do poder de governar independentemente; o "prefeito" napoleônico era um mero porta-voz do Estado (leia-se, do primeiro-cônsul) na província. Além de "prefeitos" e "subprefeitos", o governo central passou a nomear também funcionários de nível inferior (inclusive prefeitos para comunas com mais de 5.000 habitantes). Isso representou um grande recuo em relação à política de eleição de servidores civis e magistrados que caracterizara a Revolução.

A nomeação dos chefes de departamento foi apresentada como uma reforma propícia aos interesses locais — o que não é de todo implausível quando consideramos a perturbação gerada *en province* por delegados *ad hoc* da Revolução (lembremos Saliceti na Córsega). No entanto, ao anular a vida político-eleitoral local, o novo sistema implantou uma grande mudança. Poucas das antigas instituições intermediárias que complicavam o antigo regime — tribunais soberanos, assembléias provinciais, agências alfandegárias, corpos eclesiásticos etc. — continuaram a se interpor entre o cidadão e Paris. A administração dos departamentos, nas palavras de um jovem historiador, era "unidimensional e de cima para baixo", o que representou uma guinada em termos de concepção de poder.[47] As estalactites de autoridade que chegavam até em baixo eram poucas, longas e grandes; as estalagmites de confiança que chegavam ao topo eram difusas, numerosas e pequenas.

Código legal

Bonaparte admitiu certa vez que "sonhara com a possibilidade de reduzir todo o direito a simples demonstrações geométricas, de tal modo que todos que soubessem ler, escrever e alinhar idéias seriam capazes de se pronunciar acerca dele". Um sonho extremamente *étatiste*, pois na prática retirava o direito do campo da política. Na frase seguinte, o primeiro-cônsul reconheceu que esse era "um ideal absurdo", mas não disse que deixava por isso de ser um ideal.

O bloco que, aos olhos da posteridade, seria mais inseparável do próprio Bonaparte foi o Código Civil, renomeado Código Napoleão ou Napoleônico em 1807. Após escolher a dedo um pequeno número de juristas para compilá-lo, o primeiro-cônsul o pressionou implacavelmente até o trabalho ficar pronto. Compareceu em pessoa a quase metade das reuniões do Conselho de Estado em que o Código foi discutido e opinava com freqüência, e de maneira tão imperiosa que ganhou o título de "o Aquiles do Conselho". É por ser facilmente manejável e concisamente cinzelado que esse Código é uma tal raridade entre os grandes produtos jurídicos. Stendhal afirmou que o relia todos os anos para apreciar o estilo.

O Código parece enunciar pomposamente banalidades do tipo "a família é a base da sociedade", ou "a lei se aplica a toda a nação" ou "o Estado é a única fonte dessa lei". Quando consideradas em seu tempo, porém, essas formulações são relevantes: por exemplo, o casamento e a família não são mais "alianças" no sentido aristocrático, mas células no tecido da pátria; Deus e a Igreja não são mais fonte de lei. Por outro lado, para o francês médio, o Código parecia perfeitamente "natural".[48] Nem os reis Bourbon restaurados se atreveram a abandoná-lo, embora sua conservação sacralizasse a derrubada jurídica do mundo pelo qual haviam lutado e morrido durante um quarto de século. O Código tem também suas originalidades, suas filigranas. Ao mesmo tempo em que, de modo geral, exprime a busca iluminista por um universalismo racionalista, ele sepulta silenciosamente algumas leis individualistas e democráticas da Revolução. Em relação a alguns tópicos, o Código retorna a certos direitos consuetudinários antigos, que a Revolução revogara. Por exemplo, o respeito corso (= napoleônico) à família patriarcal transparece no endurecimento das leis do divórcio e na subordinação da mulher ao marido e ao pai.[49] Basicamente, porém, o Código reafirma a legalidade da expropriação do primeiro e do segundo estados em benefício do terceiro operada pela Revolução. Bonaparte substituiu "liberdade, fraternidade e igualdade" por "propriedade, igualdade e liberdade".

O primeiro-cônsul tinha grande apreço pelo Código; ordenou que um exemplar fosse posto à disposição de cada cidadão da República. Tinha mais estima por ele do que por qualquer Constituição, e não é difícil ver por quê: o Código tornou-se de fato a Constituição da França, muito mais que o pastiche do Ano VIII (ou seus sucessores) jamais foram.[50] O Código foi recebido por uma população cansada de lutas como a libertação da vida pública francesa da "política" de elaboração de constituições e confecção de leis por um poder legislativo movido por partidos. Com ele, a sociedade foi confiada às mãos de juízes nomeados pelo Estado, que aplicavam o "direito público", e a prefeitos de departamento, que o administravam.

Instrução pública

O regime criou escolas secundárias mantidas pelo Estado, os *lycées*, ou liceus, palavra prezada pelo primeiro-cônsul por suas associações clássicas. Mas os liceus eram caros e só 41 foram realmente criados. Um total de 6.400 bolsas era concedido a estudantes do sexo masculino, sendo 2.400 delas destinadas a filhos de militares e de administradores civis. Restavam portanto 4.000 para os melhores entre os demais, mas quase nunca um menino pobre e raramente filhos da classe média baixa passavam à frente de um filho da *grande bourgeoisie* na disputa por uma vaga, digamos, no Lycée Charlemagne.

Os liceus e *les grandes écoles* — também instituições de elite e em número muito pequeno — dessa época lembravam em suas metas e métodos os liceus de Aristóteles ou Platão. De estilo militar e currículo preponderantemente técnico-científico, eram estabelecimentos de instrução pública, não de educação no sentido anglo-americano. Originada do verbo latino *instruere*, a palavra "instrução" significa "edificar, suprir ou formar", ao passo que "educação" provém de *educere*, "extrair". Bonaparte pôs em prática a idéia revolucionária de instrução pública, criando instituições destinadas a "edificar" um cidadão politicamente cordato e "provê-lo" de um currículo técnico sólido.

Bagatelas

Por fim, criada em 1802, a Legião de Honra também chegou aos nossos dias em plena forma. Mais um bloco 100% napoleônico na inspiração e na execução, a condecoração era (e é) única por premiar a excelência civil *e* militar. Romana no nome (tomado da *Legio honoratorum conscripta* da Antigüidade), no simbolismo (águias) e na organização (16 "coortes" distribuídas pela França), rompeu com as normas do Antigo Regime por ser aberta a todos,[51] não apenas a nobres, oficiais e ricos. Apesar disso, a ordem decepcionou muita gente da época, que viu em seu prestígio e em sua hierarquia de quatro graus uma fissura no tecido da igualdade cívica. Bonaparte considerou essas objeções numa reunião do Conselho de Estado: "Desafio-vos a mostrar-me uma república, moderna ou antiga, que tenha prescindido de distinções", disse. "Vós as chamais 'bagatelas', permitam-me porém assegurar-vos que é com bagatelas que se conduzem homens!" Os franceses, afirmou, não haviam mudado muito em dez anos de Revolução: "Ainda são os orgulhosos e volúveis gauleses de outrora, e ainda são motivados por um só sentimento: a honra ..."[52] Apropriadamente, adotou-se como moto da Legião "Honra e Pátria". Poucos, então ou agora, declinaram a distinção (em 2001 contavam-se 113.271 "legionários"), mas o marquês de Lafayette foi um deles.

Império colonial: uma política fracassada

As políticas coloniais do primeiro-cônsul entre 1801 e 1803 refletem seu ardente desejo de anular a humilhante derrota de 1763, quando a França perdeu seus vastos domínios na América do Norte e na Índia para os britânicos e espanhóis, e de desviar os franceses de sua obsessão pela política interna, propondo-lhes um grande empreendimento nacional. O famoso artigo escrito por Talleyrand em 1797 tratara da necessidade em que se via uma "nação inquieta" de buscar "novas avenidas" na expansão colonial — na época, o Egito. Para Bonaparte, o Egito era apenas o primeiro passo na direção do que o final do século XIX chamaria de "imperialismo social" — isto é, a manutenção de colônias não mais por meras razões mercantis, mas como objeto de um vasto e multifacetado investimento nacional: político, social, moral, tanto quanto, é claro, econômico. Essa visão idealista foi primeiro desenvolvida em *Atala* (1801), de René Chateaubriand, romance ingênuo e extremamente influente sobre o antigo Canadá Francês, dedicado a Bonaparte.

De imediato, as políticas de Bonaparte acarretaram: o envio de uma frota e um exército para sufocar a rebelião nativa nas possessões insulares dos franceses no Caribe (São Domingos, Guadalupe); a restauração[53] da escravidão nas colônias francesas, abolida pela Convenção em 1794; e o envio de missões militares de reconhecimento ao Egito[54] e à Índia sob o disfarce de expedições comerciais e científicas. O neocolonialismo napoleônico teve forte apoio do poderoso *lobby* colonial e da grande maioria da classe política, pois, se fosse bem-sucedido, tomaria o Egito de volta da Inglaterra, fortaleceria o domínio francês sobre as comercialmente promissoras Antilhas Menores e permitiriam à França pôr um pé firme na Índia (sob controle britânico). Além disso, o primeiro-cônsul, em colaboração com o Instituto, seu grande aliado na expedição egípcia, elaborou um "grande plano" para uma expedição à Austrália (em grande parte sob controle britânico).[55]

O sucesso teria acarretado também — talvez em primeiro lugar, na mente de Napoleão — a exploração do território da Louisiana, que, tal como o Egito, o primeiro-cônsul pretendia desenvolver, administrar e por fim colonizar. Uma Louisiana novamente afrancesada, orientada geopolítica e economicamente para São Domingos e o Caribe francês, teria sido a jóia da coroa colonial francesa, mesmo ao preço de uma guerra com os Estados Unidos.[56] Mas o reinício prematuro da guerra com a Inglaterra em 1803 destruiu essas esperanças e levou Bonaparte, com extrema relutância, a vender a Louisiana para os Estados Unidos por 15 milhões de dólares. "Sei o valor do que estou abandonando", disse a um associado, "... Renuncio a ele com o maior dos pesares."

Nada disso, nem mesmo o restabelecimento da escravidão nas colônias, suscitou objeções como as que outros blocos de granito (p.ex., a Concordata ou a Legião de Honra) tiveram de enfrentar. O abolicionismo só se tornaria uma força na Europa ou na América na geração seguinte. A política colonial só era alvo de crítica quando fracassava; assim, protestou-se contra o extermínio da força expedicionária francesa de 30.000 homens comandada pelo cunhado do primeiro-cônsul, o general Leclerc pela doença e nas mãos do grande líder haitiano, Toussaint L'Ouverture — o "Bonaparte Negro" como ele se intitulava.

Fosse sincera ou ditada por interesses pessoais — provavelmente era uma coisa e outra —, a visão colonial de Bonaparte foi marcada pelo messianismo da Revolução.[57] Iria se revelar uma aventura dispendiosa para as nações que a abraçaram mais tarde, a tal ponto que gerações futuras homenageariam "sinceramente" a si mesmas e a seus sacrifícios com eufemismos do tipo "assumir a responsabilidade do homem branco" e "*la mission civilizatrice*". Pois convém não esquecer: antes de ganhar uma série de rótulos pouco lisonjeiros, o imperialismo social foi por muito tempo visto como um benefício para a humanidade. A política napoleônica nesse campo provou-se dispendiosa, inclusive em termos dos princípios revolucionários, e terminou em clara derrota militar e num xeque-mate diplomático após o prematuro recomeço da guerra com a

Inglaterra. Apesar disso, para seu tempo, a pretensão colonialista de Napoleão era uma ousada novidade, e se tivesse tido algum sucesso, mesmo parcial, teria sido proclamada um dos mais importantes blocos de granito.

Uma síntese das reformas consulares trai o escritor pelo que ele escolhe destacar: a consolidação da Revolução ou reação a ela? a postura cautelosa perante o futuro ou uma nova abertura para o passado? É impossível resumir os blocos de granito em algumas pinceladas nítidas. A Legião de Honra "uniu partidários da Revolução", mas serviu também ao desejo de seu criador de armazenar "grupos de interesses ligados ao regime, dos quais se esperava que, em troca de vantagens e honrarias, garantissem a lealdade da massa popular em virtude de sua influência sobre as classes assalariadas".[58]

Nem medidas tão técnicas como as da reforma financeira permitem conclusões incontroversas. O franco germinal e o Banco da França prepararam o país para um século de crescimento econômico, mas equivaleram ao mesmo tempo a "uma espécie de escrupulosidade minuciosa de contador e a uma ortodoxia pusilânime".[59] O objetivo de ambos era extirpar a úlcera das finanças governamentais da esfera do conflito político, mas isso foi feito por um decreto que transformava as finanças numa matéria de burocracia, não de confiança no setor privado ou no Parlamento. Não surpreende, portanto, que os créditos que essas instituições passaram a fornecer fossem inadequados às políticas de Estado que mantinham as finanças sob tão estreito controle. O Banco da Inglaterra permitia à Grã-Bretanha financiar suas guerras contra Napoleão fazendo empréstimos ao Tesouro para cobrir o déficit orçamentário, mas os regimes napoleônicos, traumatizados pela experiência da Revolução com os *assignats*, rejeitavam tanto dívidas estatais quanto a emissão de papel-moeda.

Também o Código Civil, um documento moderno ao excluir a religião e o privilégio da esfera do direito, ainda continha muitos elementos que representavam um retrocesso em relação à democracia proposta pela Revolução em seus primórdios. O Código é freqüentemente estigmatizado por eminentes historiadores como "burguês", e de fato o era. No tempo e no lugar em que foi elaborado, porém, dificilmente poderia ter sido pró-classe trabalhadora, ou mesmo, após o Terror, resolutamente democrático. Além disso, "burguês" é uma palavra de sentido amplo, de que muito se abusa. Afinal, a burguesia participou da Revolução e beneficiou-se dela, e, além disso um burguês, fosse comerciante ou industrial, de 1800 não teria considerado o Código Civil particularmente adequado ou previdente, porque o conceito de "propriedade" nele adotado baseava-se sobretudo em formas de riqueza fundiária — era de fato, um conceito "aristocrático".

Os blocos de granito foram, portanto, os meios pelos quais uma classe possuidora de bens de raiz do século XVIII, conduzida por um general inspirado pelo Iluminismo, procurou escapar com vida do mais extravagante suplício político dos tempos modernos — um tormento que parecia ao próprio general e a seus partidários extremamente admirável e extremamente pernicioso. Eles tinham vivido Dickens antes que ele escrevesse; tinham visto o melhor dos tempos e o pior dos tempos e enfrentaram o grande desafio de distingui-los. Seu sofrimento pelo que tinham visto era menor que seu temor do que poderia acontecer se o suplício continuasse — não só por meio de uma guerra de invasão, como por meio do fervilhamento e das exigências populares. Sentiam medo social em *crescendo*. Em prol da meta de paz interna em seus próprios termos sociais, promoveram reformas ou consolidações que, na prática, sacrificavam a política à administração.

Mas os homens do Brumário procuraram também obstinadamente conservar os ganhos sociais da Revolução, e acreditavam que sua própria disposição ao sacrifício na esfera política não era sem limites.

O líder que haviam escolhido — sobretudo por sua glória militar e brilho intelectual — provinha da pequena nobreza de uma sociedade rural tradicional (e estrangeira). Em matéria de visão social e econômica, ele estava ligeiramente aquém da maioria dos homens com quem trabalhou. Sob a pressão do curto prazo — e o governo estava sempre escapando de uma crise para cair em outra —, o general tendia a se apoiar naquilo que conhecia melhor e em que confiava mais — a sociedade tradicional e católica dos proprietários rurais, vivendo em suposta harmonia —, em vez de se esforçar para alcançar as classes mais novas do comércio e da indústria, o que poderia tê-lo projetado para o futuro. Nada disso, porém, se verificou um problema grave.

O mesmo não pode ser dito acerca do temperamento e da personalidade do general e suas conseqüências políticas, voluntárias ou não.

A política da despolitização...

Dia a dia as notícias políticas perdem o interesse premente que sentíamos outrora quando, a cada manhã, éramos inteirados de algum grande crime ou conflito, ou líamos o anúncio de uma grande lei que fora concebida, elaborada e adotada no espaço de quinze minutos ... Hoje, até o partido mais ardoroso se ajustou a uma nova tranqüilidade e parece ter renunciado às suas facções. O tempo que costumávamos passar combatendo erros pode agora ser dedicado a projetos de utilidade pública.[60]

LA DÉCADE PHILOSOPHIQUE

Lembremos o Terror: Robespierre, embora um ditador, era refém das classes populares e dos jornais políticos dos quais ao mesmo tempo desconfiava e precisava, os quais eram seus braços e pernas na soturna e cega fuga em que ele e o Comitê de Salvação Pública escolheram se lançar. Implacavelmente, com amarga relutância, os Virtuosos enviavam seus adversários políticos, às dezenas de milhares, para a prisão e para a guilhotina. Robespierre suspendeu as eleições e passou a governar por decreto, e nunca um partido político ou oposição estiveram menos seguros (e nunca foram tão necessários). Apesar disso, o número de seus inimigos não diminuiu, e a febre política nunca abrandou numa terra revirada por representantes-em-missão. Isser Woloch escreve pertinentemente sobre o "paradoxo cruel" que foi "a expansão e contração simultâneas do espaço democrático".[61] Tanta política, e no entanto tão pouca escolha, tão pouco progresso; tanta conversa sobre "virtude" e pátria e tão pouco patriotismo.

Segundo o historiador H.A.L. Fisher, uma das melhores intuições políticas de Bonaparte foi esta: "Não podemos governar uma nação a menos que ajustemos nossos dispositivos políticos a seu temperamento peculiar."[62] Bem, a "nova tranqüilidade", esplendidamente descrita no trecho de jornal citado acima, foi o principal "dispositivo político" adotado pelo primeiro-cônsul para livrar a sociedade da "política", para tirá-la da "ditadura dos fatos". Bonaparte aprendera, na juventude e no início da vida adulta na Córsega revolucionária, o que é ser desprovido de poder, portanto politizado. A experiência lhe parecera vertiginosa, desmoralizante, desastrosa para uma carreira. Em sua decisão de deixar para trás o drama da polarização política, estava simplesmente em sintonia com a classe política de sua geração. A política era ou devia ser a província exclusiva do poder, do Estado — especificamente, do chefe do Estado. "Os grandes estadistas que julgais violentos, cruéis, e assim por diante", admoestou com impaciência convidados seus em Malmaison, "*estão simplesmente sendo políticos.*

[O grifo é meu.] Eles se conhecem a si mesmos, são melhores juízes de si mesmos do que vós poderíeis ser." O resultado era previsível. Mme de Rémusat o expressou assim: "Foi com o poder mágico dessa expressão sacramental, *ma politique*, que ele esmagou o pensamento, os sentimentos e até as impressões [das pessoas] ..."[63]

Em suma, o ardoroso desejo de pôr fim "àquilo tudo" motivou a reforma consular e o modo como foi recebida. Em lugar da ofegante vida política diária da Revolução, o regime do Brumário ofereceu formas de política moldadas para uma sociedade pós-política. A política podia ser necessária em doses mínimas, acreditava Bonaparte, mas não devia ser séria demais, não devia lidar com o fundamental, sob pena de gerar excessiva discórdia. Nesse sentido, Napoleão partilhava a visão liberal e legalista. Por gosto, talento e temperamento, absorveu a causa, o poder, a política e o carisma. Ele e seus feitos eram o espetáculo — e eram sem dúvida um espetáculo —, e a maior parte da vasta platéia parava para ver, em atitude de passividade e aprovação. O interesse francês por eleições vinha declinando constantemente desde 1793. Em vez de eleições locais com suas facções e jornais, havia funcionários públicos que prestavam "serviços públicos" eficientes. Em vez de eleições locais, havia raros plebiscitos sobre questão singulares, simples. Com tais estruturas, e em uma nação onde 46% dos homens (e 66% das mulheres) eram analfabetos, isso era percebido como um meio seguro e engenhoso de ressuscitar o sufrágio masculino universal — uma maneira de criar a forma da "democracia".

O que a França consular se propôs a fazer foi governar por meio da administração. Nas palavras do primeiro-cônsul: "Quando tudo está organizado ... é natural que o trabalho da administração aumente e que o da legislação diminua."[64] O governo por decreto, seja de Napoleão ou de um chefe de departamento, invocava a lei "derivada da administração, aplicada pela administração, interpretada pela administração. Teoricamente a doutrina da soberania popular é preservada; mas o controle exercido pela legislatura é necessariamente reduzido".[65] Se a palavra "tecnocrata" já existisse, Bonaparte teria podido usá-la para descrever o que estava buscando ao nomear pessoas: acima de tudo, homens competentes; a maioria deles tinha um passado revolucionário — passados dez anos, poucos na classe política não o tinham —, mas haviam sido "reconvertidos" pelos acontecimentos; havia até ex-jacobinos inteiramente arrependidos. Talvez um ou outro simpatizasse com alguma forma de monarquia, mas praticamente nenhum apoiava o Antigo Regime.

Tudo isso entrou mais ou menos nos eixos após 1802, como Bonaparte desejava. Aquele amplo campo de ação política, que na Grã-Bretanha pertencia à esfera do Parlamento e nos Estados Unidos ao Congresso, foi entregue, na França, à burocracia.[66] Os resultados foram captados de maneira inimitável por Balzac em sua descrição do Império como regime: "A mais meticulosa, a mais burocrática, a mais formalista, arroladora, controladora, verificadora, cautelosa, em suma, a mais faxineira das administrações — passadas, presentes ou futuras." Uma oposição política chegou a se desenvolver, como veremos, mas não passava de uma pequena (ainda que prestigiosa) fração da elite. Para a ampla base da sociedade na maior parte da França, o relatório do chefe do departamento de Seine-Inférieure é ilustrativo: "Depois de efetuar uma boa e séria delegação do poder público, o melhor que um povo tem a fazer é cuidar de outra coisa."[67] Assim, segundo Adolphe Thiers: "As melhores mentes, cansadas do tumulto político, voltaram-se alegremente para qualquer coisa que tivesse a ver com indústria e comércio."[68]

... e a solução "nacional"

E como os senhores podem adivinhar, eu gritei:
"Vive la Nation!"
NAPOLEÃO BONAPARTE contando sua discussão com um grupo de *sans-cullotes* desconfiados. 10 de agosto de 1792

Ideologia é a relação imaginária que as pessoas mantêm com as condições reais de sua existência.
LOUIS ALTHUSSER

Bonaparte desdenhava a teoria, mas a teoria não o desdenhava. Por mais que o primeiro-cônsul repelisse a "metafísica", certos traços característicos de seu *modus operandi* impressionaram alguns de seus contemporâneos. No final de 1797, por exemplo, o neologismo "bonapartismo" já circulava no norte da Itália; reconhecidamente vago, denotava algo que era simultaneamente uma doutrina, um partido, um princípio e um temperamento — sem que nada disso se confundisse com as formas ambientes de jacobinismo que também tentavam se impor em círculos progressistas de Milão, Turim ou Gênova.[69] Veremos adiante o que o bonapartismo poderia significar, por ora vejamos como ele falava.

Uma evolução curiosa e tácita ocorrera na linguagem de Bonaparte. Em suas cartas e escritos de 1793-97 ele se expressa no discurso "correto" de uma etapa posterior da Revolução: o ponto de referência é sempre "a República". Para proteger a República e glorificá-la o general conquista suas vitórias, dispondo-se até — pelo menos é o que diz a Carnot (14 de maio de 1797) — "a sacrificar ... todas as idéias de minha cabeça". A palavra "França", menos politicamente correta, é rara na pena de Napoleão.[70] Quanto à carregada palavra "Nação", ele a usava, como todos os republicanos, como um sinônimo fácil para "República"; é esse uso que vemos numa frase do influente bispo constitucional Grégoire, que o Bonaparte pré-consular poderia ter pronunciado facilmente: "Não há um 'povo' de Menton, nem de qualquer outra cidade da França. Há cidadãos de Menton, Nice, Paris; *'povo', há apenas um, o de toda a República, ... de toda a Nação.*" [71]

Mais tarde, no verão de 1797, uma nova locução fez sua estréia no repertório napoleônico: *La Grande Nation*. A expressão enaltecedora tornou-se imediatamente moeda corrente no final do Diretório,[72] pois presumia claramente a expansão territorial da República Francesa ao norte e ao sul. Nação "Grande", ou engrandecida, era uma nova maneira, convenientemente vaga, de dizer "fronteiras naturais" ("nacional" e "natural" sendo praticamente sinônimos no século XVIII). Mas a expressão prestou serviços maiores que esse. Como Jean-Yves Guiomar observa astutamente, ela era "mais do que um conceito espacial e territorial, era a França se pondo ao lado da Grécia e de Roma no ápice da história humana, como a mais recente (a última?) grande civilização libertadora". A Grande Nação, Bonaparte parecia sugerir, "não era grande por ser quantitativamente extensa; sua grandeza era simplesmente a expressão normal, merecida e visível, de grandeza interior".[73]

Embora o catecismo revolucionário não admitisse sombra de diferença entre os três substantivos clássicos, "República", "Nação" e "França", continuavam existindo entre eles matizes decisivos, e Bonaparte tinha perfeita consciência disso. Observamos que, quando ele voltou do Egito, "França" e "nação" estavam se tornando as expressões preferidas em suas cartas, despachos e proclamações, embora na linguagem oficial ele não pudesse evitar "República". Num banquete oficial, ele brindou "à união de todos os franceses", enquanto o general Moreau, que estava sendo homenageado junto com ele, ergueu seu copo "aos leais aliados da República". Os convidados mais bem-avisados certamente captaram o esforço de fusão ou conciliação presente na versão de Bonaparte — a disposição de estender a mão aos moderados usando uma palavra menos carregada que "República", enquanto Moreau optou pela ortodoxia revolucionária. Foi por volta da mesma época que Bonaparte repreendeu o Diretório: "Que fizestes com esta França [*não* esta República] que vos deixei tão brilhante?" É verdade que, na proclamação feita imediatamente após o golpe, ele usou alternadamente "Aos franceses", "França" e "República", mas, se examinarmos a declaração cuidadosamente formulada (28 de dezembro de 1799) "Aos habitantes dos departamentos do oeste", notamos que ela fala prudentemente de "República". Numa terra em que a contra-revolução cozinha em fogo brando, Bonaparte preferiu escrever: "Aqueles que desejam a *glória da França*, separemonos dos homens que persistem em querer nos enganar."

Numa carta ao barão Beyts, que residia nos territórios ocupados da Bélgica (24 de novembro de 1799), o novo cônsul disse desejar que ele e outros notáveis locais tentassem "arregimentar as massas. O simples título de 'cidadão francês' vale muito mais que o de 'monarquista', 'clichiano', 'jacobino', 'feuillant', ou qualquer outro dos mil e um rótulos que, nos últimos dez anos, brotaram do espírito de facção e que estão lançando a *nação* num abismo de que é chegada a hora de salvá-la, de uma vez por todas." Há uma arrogância velada no desconhecimento de que, para os belgas, "patriotismo" talvez signifique querer ver os malditos franceses pelas costas, mas o mais interessante para o nosso propósito é que as palavras "França" e "nação" são preferidas a "República", pois esta última soa demasiado partidária. (Beyts realmente arregimentou, o povo e acabou sendo nomeado prefeito do departamento de Loire-et-Cher.)

O regime consular tangeu ainda mais ruidosamente as cordas da "nação" e da "França". Uma outra proclamação "Aos franceses", datada de 8 de março de 1800, exortava os cidadãos a pagar impostos e amar a pátria: "Franceses, quereis a paz. Vosso governo [*não* a República] a deseja ainda mais ardentemente." Seguiam-se quatro referências a "França", duas a "governo", duas a "nação" — e nenhuma a "República".[74] Mais tarde, os funcionários do Judiciário substituíram seu antigo juramento de fidelidade "à República una e indivisível, fundada na liberdade, na igualdade e no sistema representativo" pela promessa "de permanecer fiel à Constituição e desempenhar escrupulosamente as funções a eles confiadas".[75] Em mensagem ao Senado (20 de maio de 1803) informando sobre a probabilidade de um reinício da guerra com a Inglaterra, Bonaparte não fez nenhuma menção à República; o que disse foi: "Não está no poder do governo [britânico] sujeitar a majestade *do povo francês*" [o grifo é meu].

Que significa tudo isso? A mudança de "República" para "nação" reflete, no nível da linguagem, a fuga de *la politique* rumo a *le politique* na França consular. Um leitor apaixonado de Rousseau como Bonaparte havia sido outrora não podia deixar de compreender a ânsia de unidade dos franceses.[76] Em 1789, "nação" fora a palavra sagrada que expressava esse anseio, que recriava no nível imaginário a unidade e a harmonia que as condições da existência social negavam aos franceses. Esse desejo de unidade e harmonia reunia uma forte significação normativa e expressiva num par de palavras, "nação" e pátria. Elas eram consideradas sagradas, como seus detratores eram os primeiros a compreender.

Em 1793-94, um homem podia ser preso simplesmente porque seu filho ou sua mulher haviam gritado "Para o diabo esses patriotas!" Um rapaz que soltou essa exclamação ao perder uma partida de baralho num café foi para a guilhotina. Um homem mais velho que foi ouvido murmurando *"Merde à la nation!"* numa rua apinhada teve a mesma sorte.

As palavras contavam. "Nação", "nacional" e "patriota" eram talismãs que significavam o não-partidarismo na imaginação popular revolucionária. Um clube jacobino que se apresentava como "Os Antipolíticos" floresceu em Aix-en-Provence durante a Revolução; seus membros se comprometiam unicamente com o "verdadeiro patriotismo" e evitavam "*la politique*".[77] No entanto, na realidade da vida social — no turbulento redemoinho de "*le politique*" — "nação" e "patriota" eram palavras *partisans*, como aqueles dois azarados sujeitos acabaram compreendendo, e como o próprio Bonaparte compreendia, mesmo que apenas de maneira semiconsciente. De fato, numa frase famosa, o primeiro-cônsul anunciou que *seu* partido não era um partido: "Governar por meio de um partido é fazer-se mais cedo ou mais tarde dependente dele. Não vereis isso acontecer comigo: eu sou *nacional*." Parafraseando a carta de Bonaparte a Carnot antes citada, poderíamos dizer que uma das "idéias" que ele próprio se demonstrou disposto a "sacrificar" em prol da "França" foi a de "República".[78]

Em 1800, porém, já estava tarde até para "nação". A essa altura o "discurso nacional" já havia sido, durante uma década interminável, um veículo notório de trabalho subversivo. Sieyès iniciara esse movimento com *Qu'est-ce que le tiers état?*: a resposta à pergunta do título era "a nação". Assim, com quatro palavras curtas, ele excluíra as castas mais poderosas e abastadas do reino (o clero e a nobreza) da condição de francesas. Conta-se que, passados dez anos, quando Bonaparte gabou-se para Sieyès dizendo "Eu construí a Grande Nação", este teria retrucado: "Isso não lhe teria sido possível se não tivéssemos antes construído a Nação."[79] Uma contestação bastante inteligente, mas cínica, na medida em que punha a nu a distorção de algo que se tornou, como os dois homens admitiam, uma espécie de estratagema. A impressão que se tem é que dali em diante a palavra "nação" deveria passar a ser escrita entre aspas. Bonaparte sintetizou o uso revolucionário de "nação" com a franqueza brusca de costume: "Quando a ralé leva a melhor, deixa de ser ralé. Passa a ser chamada 'a nação'. Quando não leva — bem, então alguns são executados, e são tachados de ralé, bandidos, ladrões etc. Assim é o mundo." Segundo Karl Marx, um socialista relativamente influente do século XIX, os trabalhadores não têm nações. Poderíamos também parafrasear o filósofo socialista Pierre-Joseph Proudhon (1809-65): "Todo aquele que invoca a nação quer trapacear."[80]

Todo nobre *gravitas* e censura...
Bonaparte au pont d'Arcole, Antoine-Jean Gros (1771-1835)

A verdade: como aconteceu...
Bonaparte franchissant les Alpes au Grand-Saint-Bernard, Paul Delaroche (1797-1856),

... a "verdade": o que significou
Napoléon franchissant les Alpes au col du mont Saint Bernard, Jacques-Louis David (1748-1825),

Um rei que não precisa ser visto como um imperador romano...
Louis XIV, Hyacinthe Rigaud (1659-1743), © Réunion des Musées Nationaux / Art Resource, NY

... *versus* um imperador francês que é o flagelo dos reis.
Napoléon en costume de sacre, François Gérard (1770-1837) © Réunion des Musées Nationaux / Art Resource, NY

"Se Leipzig e Waterloo tivessem deixado apenas um parco ganho de uns mil dólares para a família, ela os teria contado." — William Bolitho, *Twelve Against the Gods* (1929)

Madame Mère, François Gérard

Invariavelmente certo, nunca vitorioso, sempre lá.

Charles-Maurice de Talleyrand, Ary Scheffer (1795-1858)

O praticante (e político) da virtude.
Pape Pie VII, Jacques-Louis David © Réunion des Musées Nationaux / Art Resource, NY

Em sua tentativa de seduzir Alexandre, Napoleão esbarrou com as areias movediças da personalidade indolente, sentimental e solipsista do czar.
Czar Alexandre, François Gérard © Erich Lessing / Art Resource, NY

A verdade como propaganda?
Napoléon sur le champ de bataille d'Eylau, Antoine-Jean Gros

Abdicação, prostração, abjeção.
Napoléon à Fontainebleau. 31 mars 1814 – Veille de son abdication.
Paul Delaroche © Giraudon / Art Resource, NY

Charge publicado durante os Cem Dias: roubando a coroa do papa.
Cliché Bibliothèque Nationale de France, Paris

Napoleão em Santa Helena: todo *gravitas* e (auto) censura.
© Alinari-Scala / Art Resource, NY

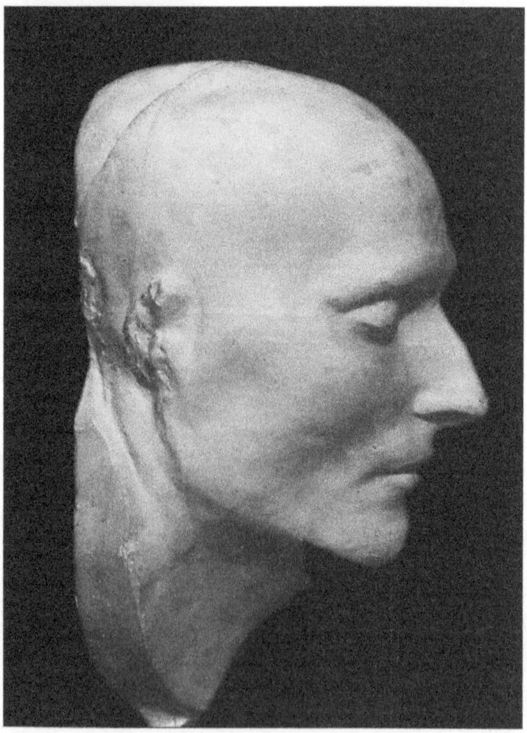

A máscara mortuária.
© Giraudon / Art Resource, NY

Para Bonaparte, como para Sieyès, o termo "nação", fosse qual fosse o significado original em seus corações, veio a se tornar uma abstração a ser manipulada. No curso de uma conversa fascinante — porque inconclusiva e sincera — mantida em 1803 com Claire de Rémusat, a mulher de 23 anos do conde de Rémusat, um nobre que se aliara a Bonaparte e logo seria nomeado prefeito do Palácio, o primeiro-cônsul fez, de passagem, o seguinte comentário: "sempre soubera", desde os primeiros momentos da Revolução, que as "vantagens" desse conhecimento nunca beneficiariam o verdadeiro "povo", aquele que a aclamou e em cujo nome suas vastas obras foram feitas.[81] A palavra "nação" era crucial pelo que *não* denotava — isto é, o rei (ou "deus") —, não propriamente pela população que representava.

A expressão "discurso nacional", que passaremos a usar aqui, não denota, em suma, meramente uma expressão *qualquer* de patriotismo. Referências ocasionais a "nação" são pandêmicas entre os atores na cena política moderna; nesse sentido, a França pode realmente ser vista como "uma nação de patriotas"[82], como a qualificou o grande historiador C.J.H. Hayes. Entretanto, se reservarmos a expressão "discurso nacional" para designar o uso reiterado, intenso e significativo do conceito "nação", e seu derivado crucial, "nacional", veremos rapidamente que ele inclui apenas *alguns* (de fato, muito poucos) partidos e indivíduos. Embora todos os atores no cenário político (e fora dele) "amem a França", e professem reiteradamente "amar a França", e cheguem mesmo a invocar por vezes a "nação francesa", *nem todos o fazem de maneira sistemática*. Revela-se difícil invocar "nação" e "nacional" sistematicamente, pois com isso se despertam expectativas e possibilidades com que atores políticos, especialmente os que ocupam posições de poder no Estado, têm dificuldade de conviver.

O "discurso nacional", em suma, configura um estilo particular de política — a teoria do estadista que finge não acreditar em teorias nem em partidos. Embora aconselhado a fazê-lo, Bonaparte recusou-se a criar um partido bonapartista. Usou o "discurso nacional" precisamente para não ser visto como partidário ou político. Precisou entregar Veneza à Áustria? Preparou o caminho para isso afirmando que os venezianos eram corruptos e afeminados demais para ainda serem considerados "uma nação". A França era sem dúvida uma nação na versão do primeiro-cônsul, mas sua nacionalidade precisava ser mais solidamente "constituída". Isso exigia "a centralização do poder e o aumento da autoridade do governo". Consideremos a justificação que deu à "instrução pública": "Enquanto as pessoas não forem ensinadas desde seus primeiros dias se devem ser republicanos ou monarquistas, cristão ou infiéis, o Estado não pode ser propriamente chamado uma nação." De um ponto de vista externo, "constituir a nação" significava impor, a pretexto de unidade, uma uniformidade de caráter extremamente político. Há até certo grau de absurdo orwelliano envolvido nisso; assim, Bonaparte encomendou a Méhul a composição de um "*Chant national*" com a mensagem: "A vitória, a vitória vencerá a paz."

Se o marquês de Lafayette, como vimos, exasperou-se com "a pocilga nacional" (*le margoullis national*) em que a França mergulhara, Bonaparte, por assim dizer, tentou resolver o problema aplicando-lhe a solução "nacional". Em última análise, as aspas em torno do termo são necessárias. Bonaparte foi um corso que experimentou um patriotismo sinceramente apaixonado, sobreviveu a ele e rejeitou-o. Nada expressa melhor sua concepção fundamental sobre nações que as palavras que escreveu em 1805 numa carta a seu vice-rei (e enteado) na Itália: "Você acabará compreendendo que há pouca diferença entre uma nação e outra."

Napoleão e os Bonaparte

Em se tratando de Napoleão, não se dever julgar o homem privado pelo homem público.
ARTHUR LÉVY[83]

A imagem de Napoleão continuava variando segundo os olhos de quem o via. Alguns o descreviam como "razoavelmente forte em razão do uso freqüente de banhos", enquanto para outros "parecia muito magro e amarelo". Há unanimidade quanto ao fato de que agora usava o cabelo (já rareando no cocuruto) curto, mas outros aspectos geravam discordâncias e poucos à sua volta conseguiam apreender o conjunto. Para alguns secretários e camareiros, Bonaparte era predominantemente calmo, para outros, grave ou meditativo; Bourrienne, por exemplo, o considerava bastante temperamental. Todos concordavam que, quando se zangava ("e ele parecia ter total controle sobre suas explosões", observa Méneval), "seus olhos soltavam chispas, suas narinas se dilatavam, e essa tempestade interior o inflava". Quando de bom humor, ou interessado em agradar ou encantar, sua expressão era "doce e meiga, a face se iluminava com um belíssimo sorriso". Esse sorriso, quer fosse visto como forçado ou sincero, era sempre lembrado.

Napoleão tendia a se vestir com simplicidade, exceto quando deliberava ostentar — o que condizia com seu aristocrático estilo antiaristocrático. Numa magnífica recepção para lorde Cornwallis nas Tulherias, em meio aos pomposos pavões de sua corte, ele se destacou pela simplicidade de seu uniforme de Chasseur,[84] mas também pelo fulgor do diamante Régent que faiscava no punho de sua espada. Quando pensativo, ou trabalhando, andava de um lado para outro, as mãos espalmadas atrás das costas, fitando atentamente o assoalho. Mas quando olhava um interlocutor nos olhos, era intimidante. Um monarquista que teve uma entrevista com ele para discutir a reconciliação, tomou-o a princípio por um criado. Mas de repente "ele levantou a cabeça. Crescera em estatura, e o fogo do olhar que me foi subitamente lançado revelou Bonaparte."[85]

Sua personalidade era, em tudo e por tudo, condizente com esse olhar e com o papel de um chefe de Estado de primeira grandeza (e francês). Costumava surpreender as pessoas por sua naturalidade. O embaixador prussiano rendeu-se rapidamente a seu encanto: "Ele fala de maneira franca e verdadeira. Tem um conhecimento prático dos homens e dos negócios e, acima de tudo, o dom de inspirar confiança." Marmont atribuía esse famoso encanto, "que ninguém podia deixar de perceber", à simplicidade de coração de Bonaparte. "Poucos homens", ele escreveu, "se deixam enternecer mais facilmente pelo sentimento verdadeiro, ... [tinha] um coração grande e acolhedor, eu poderia até dizer sensível." Charles James Fox, um líder da oposição inglesa, teve uma impressão diferente do primeiro-cônsul quando visitou Paris em 1802. O que o mais lhe chamou a atenção foi o "desencantamento" do homem, o que atribuiu — *a priori*, percebe-se — ao fato de Napoleão ter passado por uma revolução que, iniciada em prol da humanidade, naufragara em sangue."[86]

Mesmo que seus inimigos pudessem insistir em aventar sua condição de estrangeiro (corso), o próprio Bonaparte sentia-se inteiramente francês. Num jantar oficial oferecido por Talleyrand ao rei da Etrúria (norte da Itália), o monarca chamou Napoleão de lado e lhe disse em italiano: "Cá entre nós, o senhor é italiano, é um dos nossos." Resposta seca do primeiro-cônsul: "*Je suis français.*"

Nos primeiros anos do novo século, uma das ocupações de Bonaparte foi a procura de um lar verdadeiro, como o que tivera em Ajaccio. Nunca o encontrou, mas não foi por falta de empenho. Ao voltar do Egito, instalara-se na casinha de Josefina na rue de Chantereine (que tivera seu nome trocado para rue de la Victoire,[87] em sua homenagem). Algumas semanas depois, eles se mudaram para uma deliciosa casa de campo a oeste de Paris, que haviam comprado juntos, cada um arcando com a metade do preço.[88] Malmaison, apesar do nome ("mal", porque fora outrora um sanatório), tornou-se um lugar de felicidade conjugal e familiar. Como os Bonaparte eram um casal expansivo e sociável, com extensas parentelas, Malmaison tornou-se o foco luminoso de muitas vidas no início do Consulado — *vidas jovens*. Josefina, com 39 anos em 1802, tinha consciência de estar ficando "velha", mas tudo à sua volta era juventude e celebração da juventude. Seus filhos tinham então 19 e 21 anos, o marido, 33, os irmãos, os cunhados e cunhadas e os oficiais que freqüentavam a casa estavam todos na casa dos 20 e no início da dos 30. (Até os conselheiros de Bonaparte eram jovens; os homens mais velhos com que ele trabalhava regularmente no governo não tinham mais de 40 anos.) Eugène de Beauharnais, o filho de Josefina, se lembraria pelo resto da vida dos esplêndidos dias que passara em Malmaison — as mulheres (as moças, na verdade) vestiam-se de branco, como o primeiro-cônsul preferia; os oficiais, de maneira bem mais vistosa, envergavam seus esplêndidos uniformes. Os futuros marechais Ney, Macdonald, Bessières e Lannes conheceram todos suas esposas em Malmaison. Parecia um baile de fim de ano em West Point, com a diferença de que, em Malmaison, os rapazes não eram cadetes — eram generais de verdade.

Mas Malmaison era apenas um refúgio de fim de semana; não tinha grandiosidade bastante para ser a residência principal do primeiro-cônsul da República Francesa. Além disso, era — e sempre seria — a casa de Josefina (ela se refugiaria ali após o divórcio e ali morreria em 1814). Assim, após o Brumário, Bonaparte passou a ocupar apartamentos no Petit-Luxembourg, na margem esquerda do Sena. Mas só ficou ali por uns dois meses, porque, além de não passar de uma miniatura, esse palácio estava demasiadamente associado ao Diretório. Em fevereiro de 1800 mudou-se para o antigo palácio real das Tulherias, do outro lado rio. "Mudar-se para as Tulherias não basta", disse ele a Bourrienne. "É preciso ficar lá."

O primeiro-cônsul decidiu que sua "corte" deveria ter extrema imponência, ainda que apenas para mostrar à Europa monárquica que a França republicana podia ganhar também nesse jogo, por mais que, pessoalmente, Bonaparte o achasse tedioso. Os ex-revolucionários que participaram do Brumário não se queixaram, pelo menos abertamente. Um aristocrata sueco que conhecera bem o Antigo Regime em Versalhes comentou o "grandioso esplendor público, muito maior do que o que se vê em nosso tempo na maioria das cortes", e o embaixador prussiano informou a seu soberano que a opulência das librés e da etiqueta rigidamente imposta nas Tulherias do Consulado eram "inimagináveis" em Berlim.[89]

Nada disso, porém, impedia que o primeiro-cônsul continuasse a se dirigir às pessoas chamando-as de "cidadão" — o hábito ou capricho, de difícil interpretação, chamou a atenção de muitos.

O palácio das Tulherias, em que Luís XVI suportara as ignomínias finais de seu malfadado reinado, tampouco satisfez inteiramente o primeiro-cônsul, embora tenha continuado a ser sua residência oficial (e do imperador). Ele queria algo diferente, mais natural, mais próximo da natureza.[90] Escolheu então o palácio onde sua própria grandiosa história tivera início: o elegante castelo de Saint-Cloud. Esse castelo clássico, a residência favorita de Maria Antonieta — o que o agradava. Com muitos acres de belos parques e nos arredores dos bosques, erguia-se sobre um penhasco à margem do Sena, a sudeste de Paris. Do centro da cidade até lá, de carruagem, não se gastava mais que um quarto de hora (bem menos do que no tráfego de hoje). A módica quantia de três milhões de francos, gastos entre 1801 e 1803, pagou as reformas necessárias para elevar Saint-Cloud aos padrões consulares.

Napoleão teria outras residências, *muitas* delas — em especial Fontainebleau, o "pavilhão de caça" do rei Francisco I; e, depois de seu casamento com Maria Luísa, Compiègne — mas nenhuma lhe enchia realmente os olhos. Certa vez ele reclamou: "Por que todos os arquitetos que construíram residências para soberanos se saíram tão mal? Não vi nenhum castelo, nenhum palácio que pudesse me agradar."[91] É possível que fosse por razões outras, não arquitetônicas, que o guerreiro não conseguia encontrar repouso em nenhum edifício.

Com a maior parte de seu tempo ocupado com atividades públicas, Bonaparte passou a ter menos conversas de caráter genérico com seus colaboradores, embora continuasse a confiar tacitamente num punhado deles, especialmente em Cambacérès, o segundo-cônsul, a quem delegava as missões políticas mais importantes e delicadas tarefas. Mas o primeiro-cônsul não tinha amigos — fato muito comentado, embora não seja raro entre grandes chefes de Estado. Bourrienne poderia ter continuado a ser o fiel Acates de seu ex-colega de escola. De fato, sua presença era indispensável na vida cotidiana do cônsul, mas, por cupidez, abusou da proteção que recebia ("tinha os olhos de uma pega", disse Napoleão do ex-colega) e se envolveu num escândalo comercial. A necessidade de afastá-lo foi um grande peso para o primeiro-cônsul; a medida o embaraçava e entristecia tanto que ele a protelou enquanto pôde, até que finalmente, certo dia de 1802, abriu o jogo com o ex-colega: "Entregue todos os meus papéis e chaves que estejam em seu poder a Menéval, e vá embora. E que eu nunca mais o veja."[92]

Na vida cotidiana e emocional de Napoleão, os parentes substituíam pretensos amigos e associados íntimos. Diz-se muitas vezes que, em sua devoção à família ele continuou sendo "muito corso", mas, para que isso fosse verdade, seria preciso demonstrar que entre franceses, irlandeses ou americanos os parentes também não se gostam muito, sentem extremo prazer em estar juntos e se ajudam sistematicamente na consecução de seus projetos. Notoriamente, os irmãos Bonaparte brigavam muito entre si e não demonstravam para com Napoleão a docilidade agradecida que este desejava, mas, com uma única exceção, ele permaneceu próximo deles, dedicando-lhes seu tempo livre e cumulando-os de riqueza e posições.

José, como sempre, não tinha igual na confiança que inspirava a Napoleão e dele recebia. Tinha 34 anos quando negociou a Paz de Amiens em nome da França. Em Mortefontaine, onde viveu uma vida de luxo com a mulher e duas filhas, costumava receber muitos dos mais eminentes intelectuais, literatos e políticos da época. Luciano, sempre brilhante, sempre perigosamente descontrolado, foi nomeado ministro do Interior — um prêmio pelo seu inestimável desempenho no Brumário. Ao ficar viúvo, na primavera de 1800, precisou de um mês inteiro para se recobrar do "profundo desespero" em que mergulhou e começar a namorar de novo. Luís, cheio de amor filial por Napoleão, aceitou fazer-se soldado, a contragosto seu (não tinha queda pela vida militar, nem a fibra que ela exigia). Foi coronel aos 21 anos (em 1800). Jerônimo, o caçula da família, ingressou na marinha francesa como oficial em 1802.

A mais velha e menos atraente das irmãs de Bonaparte, Elisa, casou-se em 1797, aos 20 anos, com Felix Bacciochi, um capitão do exército corso sem muitas luzes nem grandes ambições. Napoleão, embora desgostoso com essa aliança, concordou em promover o cunhado. Em 1802, o casal passou a viver à grande em Paris, onde Elisa manteve um salão freqüentado pelo escritor católico Chateaubriand e por Fontanes, uma estrela ascendente na política. Felix logo seria general e senador. A irmã predileta de Napoleão, Paulina — mulher bonita, cheia de vivacidade — apaixonou-se por Victor Leclerc, um dos oficiais mais bem-dotados do irmão. Casaram-se em 1797 em Mombello, na presença de toda a família. Cinco anos depois, Leclerc, que teve a sorte de não cair nas mãos dos rebeldes haitianos que fora enviado para reprimir, sucumbiu à febre amarela em São Domingos. Napoleão arranjou o segundo casamento de Paulina com o rebento de uma das mais ilustres famílias de Roma, os Borghese, e assegurou cidadania francesa ao casal, para ter sua querida "Paulette" — talvez a irmã que mais o amava — morando perto de si, em Paris. Carolina, a mais ambiciosa das irmãs ("Nela", diria Napoleão, "a cabeça de um estadista firma-se nos ombros de uma bela mulher"), casou-se com Joaquim Murat, o mais famoso general do irmão e grande comandante de cavalaria, que logo foi agraciado com o prestigioso cargo de governador militar de Paris.

Mas o epicentro da vida emocional de Napoleão continuou sendo Josefina. Como vimos, o clímax das crises do casal, quando ele voltou do Egito, instigou sua obsessão desmedida. Dali em diante, a cicatrização dessa ferida (uma questão de sobrevivência)[93] e o fato de Josefina — inesperada, mas verdadeiramente

— ter-se apaixonado pelo marido permitiram ao casal assentar-se numa relação feliz. Napoleão escreveu um dia a Josefina sobre o "fluido magnético" que, segundo imaginava, circulava entre os dois, como entre todas as "pessoas que se amam". A adoção de seus filhos por Bonaparte foi para ela uma enorme satisfação (Eugène distinguira-se na expedição egípcia aos 17 anos, e em 1802, aos 21, já era general-de-brigada; Hortense logo se casaria com Luís Bonaparte). Josefina sempre conhecera bem o seu homem, mas agora dava provas disso. No fim de sua vida, Napoleão diria: "Josefina possuía um conhecimento exato das complexidades de meu caráter."

O casal não vivia num mar de rosas. Josefina sofria de inseguranças psicológicas intensas, muitas delas (p.ex., sua esterilidade) bem fundadas. O fato de a família de Napoleão continuar resistindo obstinadamente a aceitar "aquela mulher" — como a chamavam — ou mesmo a tratá-la com gentileza era uma fonte de profundo desgosto para ambos. Ele obrigava os parentes a aceitá-la, mas o convívio de Josefina com os cunhados e cunhadas foi sempre marcado por uma tensão de que ela não conseguia se abstrair. Para culminar, vez por outra Napoleão tinha amantes — como a atriz Mlle George ou Eléonore Denuelle de la Plaigne, com quem teve um filho natural (o conde de Leon). É verdade que ele insistia que essas mulheres não representavam nenhuma ameaça para Josefina: "Ela teme muito mais do que deveria que eu me apaixone seriamente", disse ele a Mme de Rémusat. E, após fazer a pergunta retórica, "Afinal, que é o amor?", propôs a resposta romântica comum: "É uma paixão que põe o universo inteiro de um lado e o amado, sozinho, de outro." E completou: "Certamente não está em minha natureza render-me a um sentimento avassalador dessa espécie." O leitor de Mme de Rémusat espera para ver se a autora — uma observadora benévola de Bonaparte, embora crítica e sempre perspicaz — responderá a essa última pilhéria, mas ela nada diz. Afinal, não podia ter conhecimento das cartas que o primeiro-cônsul escrevera para a mulher de 1796 a 1799.

Teria o próprio Napoleão esquecido aquelas efusões? Suas palavras foram um exemplo espantoso de repressão clínica ou um exemplo espantoso de dissimulação? Ou, quem sabe, ele estava apenas querendo impressionar a linda e jovem mulher do prefeito?

LIVRO III

Contre nous, de la tyrannie

IX

O poder (III): Nomeá-lo

(De cidadão-cônsul a Imperador dos Franceses)

O mais perigoso inimigo do povo é o povo: a fluidez de seu caráter, a inconstância de suas idéias e afeições. É essa propensão à paixão insensata que faz com que uma única falha apague cinqüenta anos de virtude a seus olhos, e com que os erros de um século inteiro desapareçam diante de uma só promessa de corrigi-los.

BISPO (CONSTITUCIONAL) GRÉGOIRE

Vidas paralelas, tramas paralelas (1800-2)

Alguns cronistas — os hostis — datam o início do "reinado" do primeiro-cônsul (como se seu regime já fosse uma monarquia) de seu retorno de Marengo. Isso faz sentido se estivermos avaliando o passado pelo que se seguiu, mas talvez o próprio Bonaparte não tenha visto as coisas desse modo. Ele foi celebrado por sua vitória e recebeu praticamente carta branca para esculpir os "blocos de granito", mas ainda estava longe de acumular o puro cobalto do poder, e o nome "Napoleão Bonaparte" não deveria por si só nos cegar para o contexto mais amplo: a República Francesa continuava sendo o único Estado na Europa em que o poder derivava formalmente da "nação". O plebiscito podia ter notórias deficiências, mas, fosse ou não uma impostura, não era considerado necessário nas autocracias da Rússia, da Prússia, da Áustria ou de Nápoles. As fraudes de Luciano Bonaparte no referendo que ratificou o Brumário provam até que ponto o governo se dispunha a chegar para obter legitimidade popular, "ou pelo menos aparentar possuí-la".[1]

Em seus primeiros anos no poder, o primeiro-cônsul enfrentou oposição. Como César ou Robespierre, era obcecado por ela e talvez a superestimasse, pois, na verdade, em geral foi de pequena monta. Afinal, apenas 13 jornais tinham sua publicação permitida — só oito em Paris, com um público leitor total de 20.000 pessoas numa população de 500.000. De fato, a oposição representava uma única ameaça grave para o primeiro-cônsul: a morte. Politicamente falando, tentativas de assassinato de um chefe de Estado podem ser (e nesse caso certamente eram) um sinal de que os opositores se reconhecem incapazes de contestar com êxito seu poder e legitimidade. Mas o que os adversários de Bonaparte de fato fizeram foi o contrário: promoveram o fortalecimento de sua posição.

A debilidade da oposição tinha muitas faces e muitas razões — desde habilidade até a popularidade do adversário —, mas a principal era sua própria incongruência: os opositores eram diversificados e desunidos; com freqüência se odiavam e temiam uns aos outros mais que a Bonaparte. Incluíam liberais desgostosos do Instituto, dos salões e da legislatura; jacobinos radicais que se haviam oposto ao Brumário; monarquistas ensandecidos diante do sucesso de um regime moderado com laivos monárquicos; e, por fim, uma cabala de generais do exército bastante frívolos e irresponsáveis, alguns simpatizantes dos jacobinos, outros monarquistas e outros ainda (os dois mais importantes) um pouco de cada coisa.

Os liberais não desejavam a morte, nem literal nem política, de Bonaparte; queriam apenas que ele reconhecesse o papel decisivo que desempenhavam na vida pública como uma oposição leal. A Constituição criara uma legislatura cujos membros eram regiamente pagos, não tinham funções nem eram valorizados de maneira compatível com seus salários, e isso os perturbava.[2] Haviam apoiado o Brumário e execravam (e temiam) o ressurgimento do jacobinismo; enalteciam o brilhantismo intelectual de Bonaparte e não eram avessos ao surgimento de um regime forte. Foi só aos poucos que começaram a se opor sistematicamente ao primeiro-cônsul, mas então já era tarde demais.

Era desejo de Bonaparte — na verdade, ele ansiava por isso — manter com os deputados parlamentares relações como as que mantivera com os *savants* no Instituto. Volta e meia sugeria: "Em vez de perorar da tribuna, por que não vêm falar pessoalmente comigo? Poderíamos conversar em família."[3] Mas a ambição dos legisladores com ideais e ambições elevados o bastante para fazer carreira como paladinos parlamentares era conquistar, para o Parlamento ou o Congresso, algum grau de prestígio e peso que contrabalançassem os do Executivo. O primeiro-cônsul, no entanto, concebia o governo como um trabalho de administração, em contraste com o qual os encargos dos deputados eram leves: rever o orçamento, receber petições do "povo", e ratificar *pro forma* os projetos de lei enviados pelo Executivo. Parecia esperar que se entediassem um pouco e se sentissem subutilizados, quase incentivando-os a isso. Disputas e discussões tinham um papel, mas isso nas sessões a portas fechadas do Conselho de Estado — não nos recintos públicos do Tribunato e do Corpo Legislativo, onde a crítica poderia dar munição a jornais e facções, ambições e interesses. Esta, na visão de Bonaparte, era a maneira anglo-saxã, não a francesa.

A grande maioria dos tribunos e legisladores concordava com esse ponto de vista, ou pelo menos o admitia. Outros, porém — entre os quais alguns dos mais brilhantes (p.ex., Benjamin Constant) —, tentavam contestá-la. A retórica crítica destes era recebida pelo primeiro-cônsul com fúria, choque e gestos de retaliação (Bonaparte irritava-se menos com legisladores que faziam críticas serenamente, evitando discursos altissonantes). Para se defender, a oposição legislativa limitava-se a tratar de trivialidades ou de questões de princípio, conseguindo por vezes fazer as duas coisas ao mesmo tempo: por exemplo, ao discutir o uso da palavra "súditos", em vez de "cidadãos", num artigo de um tratado com a Rússia. Os legisladores eram capazes de fazer grande estardalhaço em torno de um projeto irrelevante sobre arquivos, e de não dizer uma palavra de protesto ante o retorno da escravidão colonial ou a anexação da Renânia. O que mais irritou o primeiro-cônsul foi a recusa do Tribunato e do Corpo Legislativo a aprovar a Concordata por unanimidade, como ele lhes pedira especificamente. Uma minoria ruidosa opôs-se também à criação da Legião de Honra, outra "reforma" que lhes pareceu contra-revolucionária.

O que a oposição liberal parlamentar primou por *não* fazer, porém, foi desenvolver uma forte política de protesto em torno de valores "republicanos", ou um protesto "nacional", como oposições anteriores haviam conseguido fazer. *Au contraire*, era o governo que conseguia atacar de maneira devastadora seu facciosismo. (Uma declaração napoleônica típica: "Há 12 ou 15 homens que se imaginam um partido inteiro ... contra meus inimigos, eu oporei O POVO FRANCÊS."[4]) Objetivamente, as raras e incoerentes investidas da oposição tiveram um parco resultado — um punhado de projetos rejeitados, que o governo conseguia levar todos a cabo, por outras vias. Pessoas experientes em legislaturas revolucionárias comentavam com Bonaparte que ele conseguira escapar ileso.

O primeiro-cônsul discordava. Críticas o indignavam e não estava acostumado a derrotas; aqueles discursos, a seu ver, o faziam parecer ridículo. Os agentes secretos de sua polícia lhe relatavam cada detalhe inútil do que os deputados diziam no Parlamento ou nos salões de elite que eles freqüentavam, e Bonaparte levava tudo em conta. Como Irene Collins observa, havia "algo de fantasioso na maioria desses rumores, e algo de ópera cômica nas tentativas da polícia de espionar [os legisladores]".[5] Em outra época, a opinião pública poderia ter apoiado os deputados, muitos dos quais eram homens competentes e bem-intencionados, mas aquele era um tempo de generalizada "fadiga da razão pura" (ou de hipocrisia), e qualquer sinal de oposição da parte dos deputados era interpretado pelo povo como obstrucionismo, deslealdade ou promoção de interesses pessoais. Bonaparte expressou-se a esse respeito com reveladora aspereza: "Pensam esses frasistas e ideólogos que podem me atacar como se eu fosse um Luís XVI? Não vou tolerar isso. Sou um filho da Revolução, nascido do povo, e não admito ser insultado como se fosse um rei."

A maior ameaça enfrentada pelo Consulado veio da extrema esquerda e da extrema direita. Em outubro de 1800, um grupo de jacobinos descontentes tramou o assassinato de Bonaparte, mas o plano foi frustrado pela polícia de Fouché. O primeiro-cônsul preferiu aguardar que o desenrolar dos acontecimentos lhe desse uma oportunidade para acertar contas com os "anarquistas". Não teve de esperar muito. Na véspera do Natal, uma bomba devastadora ("uma máquina infernal") explodiu assim que a carruagem que o levava para um concerto passou por certo ponto da rue Nicaise. Bonaparte não foi atingido, mas alguns soldados e passantes morreram. Convencido, tal como alguns associados, de que se tratara de uma conspiração jacobina, Bonaparte ficou tão enfurecido que declarou que estava "pronto a me constituir em tribunal de justiça e convocar os culpados a responderem perante mim".[6]

Mas Fouché desconfiou que a "máquina infernal" fora obra dos monarquistas e conseguiu prová-lo com um trabalho policial extremamente competente.[7] Nessa altura, porém, o primeiro-cônsul, ávido por tirar proveito da indignação pública, já estava no encalço dos jacobinos. Isso era muito típico de Bonaparte: matar dois coelhos de uma cajadada só. Os tribunais especiais constituídos para julgar os inimigos do Consulado suscitaram um clamor geral na legislatura, que acusou o regime seja de estar retornando ao Terror, seja de estar abandonando a Revolução (como se o Terror não fosse a base mesma da Revolução). As acusações dos deputados realçaram um contraste no uso de termos-chave: agora, a palavra "República" era contraposta a "nação" e "França": "Que o governo se una com mais entusiasmo do que o vem fazendo em torno de princípios *republicanos*, de instituições *republicanas*, da opinião *republicana* ... Que as rédeas do governo fiquem exclusivamente em mãos *republicanas.*"[8]

Outra iniciativa jacobina veio de oficiais do exército descontentes. Uma conspiração em Rennes, que talvez incluísse Bernadotte, escondeu em potes de manteiga panfletos com dizeres do seguinte tipo: "Soldados, não tendes mais uma pátria, uma República. Esta é uma palavra vã ... Agora um pequeno corso vos dita as suas leis ... Não demora e um Bourbon estará no trono, ou Bonaparte se tornará imperador."[9] Também nesse caso a polícia se mostrou mais esperta que qualquer conspirador, mas isso não impediu que Fouché, fazendo jus a suas raízes políticas, fizesse o possível para jogar a culpa sobre os monarquistas.

Na esteira do ataque da rue Nicaise, prevaleceu a idéia de que aquele não era o momento de se protestar contra os meios escolhidos por Bonaparte para castigar seus atacantes; o regime e seus defensores afirmaram, convincentemente, que havia mais perigo no abuso da liberdade por parte de seus inimigos que no uso de autoridade especial pelo governo. Bonaparte percebia o medo social que os jacobinos despertavam entre os ricos. Decidiu deportar 130 "terroristas" como "um grande exemplo", que iria, disse ele, "ligar-me a uma classe média extremamente cansada de ser ameaçada por lobos, sempre à espera do momento certo para saltar sobre sua presa." Punir aqueles "anarquistas" era uma questão de "garantia da ordem social", e nenhum protesto do Legislativo apoiado por uma meia dúzia de "metafísicos" — uma referência aos autodenominados Ideólogos do Instituto — o demoveria. Esse foi um dos mais injustos e abjetos atos de abuso do poder praticados por Napoleão em toda a sua carreira. Na opinião de Adolphe Thiers, o mais admirável defensor da burguesia jamais produzido pelas letras ou a política francesa, a deportação desses homens por Napoleão sem o devido processo foi "o único erro que cometeu nesse período [1800-2] de conduta perfeita".[10]

A contundência do primeiro-cônsul ao perseguir a velha guarda revolucionária não significava que ele estava se descuidando dos monarquistas. Seus críticos dizem que ele favorecia a direita em detrimento da esquerda, e é verdade que era mais ávido por conquistar a nobreza do que em arregimentar a esquerda. Bajulava muito mais os nobres *ralliés* que os jacobinos *ralliés*, mas, afinal, conhecia melhor estes últimos e não lhes dava grande valor. E, diga-se a bem da verdade, tinha uma chance muito maior de converter à sua causa alguns ou a maioria dos 150.000 exilados que algumas centenas de neojacobinos intransigentes. Estava em casa com os dois extremos: a nobreza representava suas origens sociais, por mais que ela torcesse seu nariz azul para o *nobliau* corso; os jacobinos representavam a Revolução, portanto sua família ideológica (ou adotada). E uns e outros, é claro, eram, ou podiam ser, *frères ennemis*, inspirando-lhe um tipo especial de medo e aversão. No fim das contas, o primeiro-cônsul era severo com recalcitrantes conhecidos de ambos os lados, e sempre ávido por conquistar seus rebanhos anônimos.

De início, o pretendente Bourbon ao trono ficou tão aliviado ao ver um regime antijacobino implantar-se na França que o confundiu com um governo anti-revolucionário. Após o Brumário, escreveu a Bonaparte para sondá-lo acerca de uma restauração de Luís XVIII. Mas estava redondamente enganado no tocante à nova moderação, que era muito limitada, e ao orgulho do primeiro-cônsul, que não tinha limites. Bonaparte não era homem de se impressionar com promessas de generosidade régia. Sua resposta foi cortês mas sucinta: "Sacrificai vosso interesse e vosso repouso à felicidade da França. A história vos agradecerá."[11]

As conspirações, tentativas de assassinato e convulsões da luta civil continuaram, como continuaram a ação policial e as medidas repressivas bem-sucedidas do Consulado. No final de 1802, tanto o partido contra-revolucionário quanto o partido revolucionário radical já estavam dizimados e desmoralizados. Germaine de Staël resumiu isso de maneira mordaz: a repressão "foi o único tipo de justiça imparcial de que ele nunca se esquivou, de tal modo que só conseguiu ganhar a amizade daqueles a cujos ódios satisfazia."[12]

No auge desse regozijo febril gerado pelas vitórias da República, só perturbado pela preocupação com a vulnerabilidade em que ficava a nação ao ter sua sorte dependente da vida de um único homem, Luciano Bonaparte, com a provável conivência do irmão, lançou um arriscado plano para aumentar o poder do primeiro-cônsul. Em novembro de 1800, na condição de ministro do Interior, Luciano providenciou a redação e distribuição de um panfleto intitulado *Un parallèle entre César, Cromwell, Monck et Bonaparte.*[13] Sem assinatura, ele deveria se materializar num envelope oficial na mesa de todos os prefeitos de departamento da República. Seja o que for que os alarmasse nesse ensaio, sua contundência não deixaria de impressioná-los.

> Surgem em certas épocas indivíduos que fundam, destroem e restauram impérios. Todas as coisas se curvam à ascendência deles. Têm um destino tão extraordinário que arrasta até os que outrora se imaginavam seus rivais. Nossa Revolução gerou mais eventos grandiosos do que homens capazes de controlá-los ... A Revolução Francesa pareceu impelida por não se sabe que força cega que ao mesmo tempo criava e derrubava tudo. Por dez anos temos procurado uma mão forte e sábia que pudesse detê-la e ao mesmo tempo preservá-la ... Essa pessoa apareceu.

A ousada originalidade do panfleto estava em traçar um paralelo entre César e Bonaparte — este pode parecer óbvio para nós, mas, para prosélitos do primeiro-cônsul em 1800, era uma jogada afoita estabelecê-lo. Luciano estava disposto a correr o risco de assumir a perturbadora bagagem política de César como fundador da República Romana, de modo a poder reivindicar-lhe a força e a glória incomparáveis: "Bonaparte, como César, é um desses caracteres dominadores ante os quais todos os obstáculos e todas as vontades recuam; eles parecem movidos por uma inspiração tão sobrenatural que, nos tempos clássicos, supunha-se que viviam sob a proteção de um gênio, ou deus." Nem se aventava a idéia da designação de Bonaparte para cônsul vitalício, com direito a nomear seu sucessor, mas isso não era necessário: o autor podia apostar que os destinatários do panfleto, membros da elite política da França, conheciam as linhas gerais da vida de César.

O *Parallèle* apontava uma única *diferença* entre Bonaparte e César. Este último, afirma, foi "o chefe dos demagogos"; impôs seu poder arregimentando as massas. Bonaparte, em contraposição, "arregimentou proprietários e homens instruídos contra a multidão insensata ... César foi um usurpador e um tribuno do povo; Bonaparte é o cônsul legítimo." Para um leitor de 1800, isso era uma chicotada nos opositores reunidos no Tribunato (que se consideravam "tribunos do povo"), bem como nos jacobinos do Ano II. César, em suma, era criticado *não* por ter aberto caminho para o império, mas por ter sido uma espécie de antecipação de Robespierre. (Na verdade, a façanha de Bonaparte estivera mais próxima de ser *tanto* uma arregimentação do *demos* — a democracia — quanto um acúmulo de poder baseado numa classe média alta, ou burguesia, de fortuna independente [*rentière*].) Se tivesse parado por aí, o *Parallèle* talvez não viesse a desencadear uma tempestade, mas ele ia resolutamente à frente. A peroração simplesmente reunia "Bonaparte, Alexandre e César" no "mesmo teatro de glória" ao suscitar uma nova interrogação: "Que sucederia se, subitamente, a pátria se visse privada de Bonaparte? Onde encontraríamos um herdeiro? ... *O destino de trinta milhões de pessoas está na dependência da vida de um homem!* Franceses, que seria de vós se de repente uma voz fúnebre vos informasse de que a vida desse homem findara?" Era esse, portanto, o objetivo: não fazer uma apoteose, mas gerar ansiedade.

O *Parallèle*, que apareceria notavelmente cedo, antes mesmo que o Brumário completasse um ano (só o faria dentro de seis semanas), atraiu os olhos de águia de Fouché, que insistiu com o primeiro-cônsul que não era hora de distribuir semelhante texto. O ministro da Polícia teve o apoio de Josefina, que tinha verdadeiro horror da questão da hereditariedade — o problema dos problemas para essa mulher agora estéril. Em círculos políticos e na família, sabia-se que, na opinião de Luciano, ele próprio, não José, deveria ser o herdeiro presuntivo caso Napoleão ganhasse o privilégio cesariano de nomear seu sucessor.[14] Por causa disso, houve uma briga furiosa entre Luciano e Fouché na frente do primeiro-cônsul. Este tomou o partido do seu ministro da Polícia, afastou o irmão do Ministério do Interior e o enviou para a Espanha como embaixador. "Meu único herdeiro natural é o povo francês; *os franceses* são meus filhos", declarou, e tratou de se dissociar rapidamente do *Parallèle*. Fouché tomou medidas para que o panfleto fosse destruído,[15] mas a mão de Napoleão em sua criação era evidente.[16] Como ele declarou a Pierre-Louis Roederer: "Os franceses só podem ser governados por mim. Estou convencido de que nenhum outro homem, fosse Luís XIII ou mesmo Luís XIV, conseguiria governar a França neste momento. Se eu morrer, será uma desgraça [*malheur*]."[17]

Se a Constituição do Ano VIII tivesse conferido ao Executivo o direito de dissolver o Legislativo, à maneira do parlamentarismo, é quase certo que os críticos de Bonaparte no Tribunato e no Corpo Legislativo não teriam conseguido se reeleger. Não tendo esse direito, o melhor que o primeiro-cônsul tinha a fazer, dizia-se, era ignorar seus detratores — coisa que não fazia, ou talvez não pudesse fazer. Mas é possível que sua inquietação com a oposição tivesse alguma razão de ser. Se fossem ignorados, quem sabe seus opositores teriam conseguido se transformar na oposição madura e leal que desejavam ser? Se por um lado eles tinham pouca importância, por outro a legitimidade do Consulado continuava frágil. De todo modo, Bonaparte tornou-se tão obcecado com "essa cabeça de Medusa" que via no Parlamento, a fuzilá-lo com os olhos, que se preparou para efetuar um expurgo em regra.

Mas expurgo fora o método do Diretório — e devia ser evitado a qualquer preço. O imaginoso Cambacérès encontrou uma opção preferível. O Senado era o fiador da Constituição e cabia-lhe designar os legisladores; se fosse possível levá-lo a publicar um decreto — um *senatus consultum*, no latim bombástico que o Senado francês por vezes usava —, os legisladores dissidentes seriam eliminados na renovação legislativa seguinte, planejada para 1802.[18] Assim foi feito, e a operação não foi ilegal nem mesmo do ponto de vista técnico, pois a Constituição não explicitava exatamente como deveriam ser efetuados os procedimentos de renovação.

Na primavera de 1802, o Tratado de Amiens foi assinado com a Grã-Bretanha, o que interrompeu temporariamente as tramas que estavam sendo fomentadas por monarquistas dependentes do ouro e dos espiões da Inglaterra. A direita já perdera sua base na Vendéia, quando a região fora pacificada por Bonaparte, sem falar que os ventos haviam deixado de soprar a seu favor com o retorno de milhares de *ci-devants* (ex-nobres) beneficiados pela anistia.[19] Uma nova era raiou para ela, exemplificada pelo retorno de René de Chateaubriand, que retomou sua militância. Admirador tanto do conservadorismo social do primeiro-cônsul quanto de seus sonhos de restauração colonial, o jovem escritor católico era amigo de Luciano e Elisa Bonaparte. O livro que concluíra, *Atala* — considerado o primeiro fulgor do grande arco-íris do Romantismo francês — contém pródigos elogios ao primeiro-cônsul, descrito como "um desses homens que a Providência envia como sinal de desagravo quando Ele está cansado de nos punir".

Chateaubriand estava projetando uma obra mais ampla, de que *Atala* era uma pequena parte, intitulada *O gênio do cristianismo*. Embora de medíocre valor literário ou teológico, essa obra tem extraordinária importância ideológica. Dedicado a Bonaparte,[20] *O gênio* foi publicado no ano da Concordata, pela qual transborda de entusiasmo. O livro desmente a idéia de que os *émigrées* "não aprenderam nada e não esqueceram nada" no exílio, pois mostra como um conservador católico foi levado pela Revolução e seu anticlericalismo de inspiração patriótica — Chateaubriand é assombrado pelas objeções e temores dos jacobinos anticristãos — a remodelar os termos de sua fé, não como um engodo, mas em conseqüência de uma mudança absolutamente sincera em sua maneira de pensar. *O gênio* revela-se uma apologia do cristianismo por seu valor patriótico (não por sua Verdade), mas vai além disso. Postula o patriotismo como um instinto que nos foi dado por Deus, o primeiro dos deveres de todo cristão; para todos os efeitos, subordina o catolicismo à pátria (francesa), pondo-a a serviço dela.[21]

Bonaparte aprovou. *O gênio do cristianismo* tornou-se uma de suas armas ideológicas, a ser brandida contra os opositores da Concordata.

Cônsul vitalício (1802-4)

Desgraçados, negareis vosso aplauso por temerdes que o movimento da grande máquina produza sobre vós o mesmo efeito que Gúliver sobre os liliputianos, quando ao mover a perna ele os esmagou?
NAPOLEÃO BONAPARTE[22]

Tendo conseguido a paz em 1802, a França, pela primeira vez em dez longos anos, estava em harmonia consigo mesma e com a Europa. Mas estava também em harmonia com o primeiro-cônsul? Nessa altura Bonaparte possuía uma reputação legendária; Marengo, Amiens e os blocos de granito lhe haviam valido tanto prestígio que até um adversário admitiu: "Com exceção de Washington na América, nenhum primeiro magistrado de nenhuma República foi tão universalmente popular."[23]

Mas prestígio e promessa de fama eterna seriam suficientes para ele? Uma república pode conferir a um homem medidas infinitas de reconhecimento e glória; não haveria limites, porém, para o poder que lhe pode conceder enquanto permanece sendo uma república? Esta foi a grande questão com que contemporâneos lidaram (como o faz a posteridade) durante a segunda metade do Consulado. Alguns condenam Bonaparte; outros acusam a nação que se cegou ao idolatrá-lo. Georges Lefebvre escreve que a aura que cercava Napoleão em 1802 impedia o povo de "perceber que ele estava abusando de seu poder e contemplando objetivos que contrariavam seus interesses. O povo francês continuou a vê-lo como um herói da nação quando ele não o era mais".[24]

Ao repudiar o *Parallèle* de Luciano, Napoleão disse a Roederer: "Sucessão não é algo que se possa impor, acontece por si. Isso é absurdo demais para ser matéria de lei."[25] "Absurdo" era o modo como a Revolução concebia a sucessão; sua "imposição" era o que Luciano queria. Em 1802 e novamente dois anos depois, Napoleão agiu habilmente para fazer com que ela "acontecesse por si". Foi tão bem-sucedido que gerou a impressão de que os eventos que levaram da iniciativa de torná-lo primeiro-cônsul vitalício à sua coroação como "Imperador dos Franceses" foram o desdobramento natural de um processo inevitável. Talvez tenham sido mesmo, em sua mente. Essa foi também a crença de muitos historiadores. Mas o que impede que essa lógica interna tenha no mundo a mesma coerência que teve (*se* é que teve) em sua mente é a imponderabilidade dos eventos externos. Numa palavra, deixar as coisas "acontecerem por si" era pô-las na dependência do inesperado reinício da guerra.

Mas por enquanto, na primavera de 1802, tudo ia bem. Parecia mais do que apropriado conferir ao grande restaurador da paz e da prosperidade um "admirável penhor do reconhecimento da nação". Essa sugestão foi transmitida a um Tribunato favoravelmente disposto, com muito tato, pelo fiel Cambacérès, tantas vezes (mas nem sempre) disposto não só a obedecer ao chefe, mas a lhe antecipar os desejos. O problema foi que os legisladores não conseguiram enxergar através dos modestos protestos de Bonaparte de que "nada desejava senão servir ao povo"; não souberam adivinhar corretamente seu real objetivo — o consulado vitalício com o direito de nomear seu sucessor. Fora esse o "presente" que César recebera de um Senado romano agradecido, e Bonaparte não podia pedir menos. Os senadores franceses — talvez mais, talvez menos *rusés* que os de Roma — optaram por levar a sério a falsa modéstia do primeiro-cônsul: concederam-lhe apenas um outro mandato — até 1820.

Desgostoso, Bonaparte convocou uma reunião do Conselho de Estado em que Cambacérès maquinou uma estratégia para passar a perna no Senado. O governo, num expediente inusitado, apresentaria ao povo a pergunta: "Deve Napoleão ser designado primeiro-cônsul em caráter vitalício?" Um conselheiro zeloso acrescentou uma segunda pergunta: "Deve ter o direito de nomear seu sucessor?", mas Napoleão descartou-a como controversa. Uma coisa de cada vez, parecia-lhe; uma vez assegurado o consulado vitalício, a questão da sucessão poderia ser resolvida. É possível que a decisão de realizar um plebiscito *depois* de o Senado ter-se pronunciado, oferecendo a Bonaparte um novo mandato de dez anos com um *senatus consultum*, fosse ilegal e configurasse um golpe de Estado.[26] Humilhado, o Senado tomou isso como um castigo por não ter satisfeito a verdadeira vontade do primeiro-cônsul. Só poucos conselheiros de Estado, como Théophile Berlier, expressaram alguma apreensão ante a direção cesariana que os eventos pareciam assumir, mas nada fizeram e deram um voto de confiança a Bonaparte como "filho da Revolução".[27]

O "povo", é claro, aprovou esmagadoramente o novo status de Bonaparte (lembremos: nos referendos, a votação era feita em registros públicos; era preciso ter considerável coragem e convicção para votar "não"). O *oui* obteve 3.653.600 votos, mas esse foi um número inflado; o número verdadeiro deve ter sido mais próximo de 2,8 milhões. Os *nons* foram 8.272. Pela primeira vez na história da França, um chefe de Estado foi efetivamente escolhido pelo sufrágio masculino universal. Pelos padrões eleitorais da época, e mesmo em comparação aos números de 1799,[28] tratou-se de um desempenho impressionante; a taxa de comparecimento crescera inegavelmente, ainda que tenha correspondido apenas a pouco mais da metade do eleitorado. O regime ficou mais ancorado que nunca na estima popular, pois o voto lastreou o carisma pessoal do primeiro-cônsul e seu halo de glória militar com uma "eleição democrática".[29] Em que pese ao *Parallèle* de Luciano Bonaparte, o recurso ao plebiscito foi um ato cesariano — democrático, populista, demagógico —, não um ato elitista ou aristocrático. E logrou o efeito desejado: conferiu base jurídica à legitimidade já esmagadora e incomparável de Bonaparte — uma legitimidade que de fato engolia a de qualquer outra instituição ou competidor possíveis. A pouca capacidade ou desejo que corpos como o Senado ou as duas Casas menores ainda possuíam de levantar objeções a novos desdobramentos foi sem dúvida esmagada.

Entre os opositores do consulado vitalício estavam Lafayette e o tribuno Lazare Carnot, embora ambos tenham concordado em não cristalizar nenhuma oposição. Talvez a tentativa mais pungente de diminuir a marcha de Bonaparte tenha sido a de Antoine Thibaudeau, um membro do Conselho de Estado e ex-*conventionnel*. A "Nota ao primeiro-cônsul", enviada privadamente, é um documento queixoso e franco que chegava mesmo a reconhecer que ninguém seria capaz de deter Bonaparte, já que todos os que cercavam o primeiro-cônsul estavam cansados e com medo — com medo tanto de encolerizá-lo quanto de perdê-lo. Talvez, acima de tudo, estivessem desejosos de agradá-lo, em gratidão por suas realizações. Thibaudeau viu-se reduzido a rogar a Bonaparte que se contivesse — que desejasse a "verdadeira glória", querendo dizer com isso: que aceitasse ser um George Washington francês.[30]

Em 1º de agosto, um *senatus consultum* do Senado, designou "Napoleão Bonaparte" (foi a primeira vez que seu nome figurou num documento público) cônsul vitalício. No dia seguinte, o primeiro-cônsul "monopolizou" o Conselho de Estado com seu projeto para um novo conjunto de "leis orgânicas" que consolidariam seu poder e configurariam o regime mais claramente como uma ditadura democrática.[31] Podemos pensar que uma nova Constituição seria supérflua, mas isso seria esquecer da obsessão de Bonaparte pela forma; ele desejava ser livre para fazer o que bem entendesse, mas "legalmente".

A Constituição do Ano X (1802) encerrou poucas modificações. Agora o Senado tinha o direito de dissolver o Tribunato e o Corpo Legislativo, e o governo o direito de prorrogá-los. O Tribunato foi reduzido a 50 membros divididos em cinco seções, as quais se reuniam separadamente para "deblaterar" em sigilo, não publicamente. Fontanes, o co-autor do *Parallèle*, foi designado seu novo presidente. O primeiro-cônsul recebeu poucos novos poderes; não sobravam muitos que já não detivesse. Os tratados de paz que negociasse não mais precisariam de ratificação legislativa, e agora ele disporia do direito régio do perdão. Recebeu também o direito de nomear seu sucessor (de fato teria sido supérfluo incluir essa questão no referendo). Por outro lado, este último poder tornou patentes problemas que se armavam havia muito no seio da família Bonaparte. Qual dos irmãos poderia sucedê-lo? Ou seria um sobrinho? Ou ele adotaria alguém, como Eugène de Beauharnais? Ou, quem sabe, se divorciaria da esposa aparentemente estéril?

O Conselho de Estado viu-se suplantado por um novo conselho privado, muito menor, que aconselhava o primeiro-cônsul sem contestá-lo tanto. Debates abertos estavam se tornando coisas do passado, à medida que o antigo conselho se transformava sobretudo num foro para técnicos e especialistas. O corpo político cujo status foi mais elevado pela nova constituição foi o Senado Fiador, que, em face das mudanças que sofreu sob a pressão de Bonaparte e a direção de Cambacérès, talvez devesse ter tido seu nome trocado para Senado Consentidor (ou até para Senado Lambe-Botas). Seus poderes de interpretar e emendar a Constituição foram ratificados, e a instituição adquiriu o direito de suspender os julgamentos por júri ou impor lei marcial em departamentos especificados.[32] Seria mais verdadeiro dizer que o Senado passou a deter esses poderes *em nome* do governo, pois só os podia exercer por requisição deste. Mas o governo recompensou seus senadores. Aproximadamente um terço deles foi aquinhoado com propriedades rurais (chamadas "senatoriados") que geravam uma renda equivalente a seu já exorbitante salário.

O Senado, em suma, pairava acima de todas as outras instituições do regime, exceto o próprio Consulado. Aos olhos de certos historiadores jurídicos, ele foi tão característico do regime quanto o próprio primeiro-cônsul; sua presença tornou até o consulado vitalício "uma monocracia imperfeita".[33] Ainda que a instituição não fosse o pleno equivalente teórico do Senado romano — até Nero e Calígula haviam exercido seu poder, formalmente, "Em Nome do Senado e do Povo Romano" (S.P.Q.R., ou *Senatus polulusque romanum*), o que não ocorria na França consular —, o Senado francês continuou sendo a única instituição de governo que tinha, remotamente, condições de contestar o cônsul. Por muitos anos, contudo, foi apenas um dócil aprovador.

A única mudança de vulto introduzida pela Constituição foi um novo método para a eleição popular dos candidatos à legislatura, em substituição às antigas listas de notáveis — uma idéia de Sieyès que o primeiro-cônsul tolerara com impaciência (parecia-lhe complicada e sem vida). Os novos "colégios eleitorais" foram a mistura, feita pelo próprio Bonaparte, do *demos* com os *notáveis*, do local com o nacional. Em sua base, o nível cantonal, os membros dos colégios eram escolhidos por sufrágio universal; no topo, isto é, nos departamentos, eram integrados pelos mais ricos (os maiores pagadores de impostos). A condição de membro desses colégios era vitalícia, e o regime fazia o possível para estimular o ingresso de notáveis neles. Bonaparte chegou a obrigar a isso muitos dos mais eminentes militares e políticos da época; os colégios departamentais revigoravam a vida local, merecendo de certo modo o qualificativo que Napoleão lhes dava: "a voz da nação".[34]

As constituições dos anos VIII e X, em suma, tornaram o primeiro-cônsul bem menos importante que o déspota oriental ou o tirano grego que por vezes o acusavam de ser. Para citar Albert Vandal, elas "fizeram de Bonaparte o senhor do governo, mas não fizeram do governo o senhor da França"[35] Foi por isso que os homens do Brumário — homens partidários da autoridade, mas não do despotismo, e profundamente imbuídos da noção de que "sem poder não se realizam ideais" — continuaram, com poucas exceções, a bordo da nave consular após 1802. Nem sempre felizes, e com crescentes dúvidas e premonições, mas a bordo. Só ao cabo de algum tempo alguns deles compreenderiam que, "com poder, ideais raramente sobrevivem".[36]

Os poderes que as constituições conferiram ao primeiro-cônsul, embora mais amplos que os detidos por Luís XVI quando rebaixado a monarca constitucional, em 1791, e mais amplos que os conferidos por Rousseau a um ditador de emergência, ainda não se desviavam do poder tal como concebido pela Revolução. Para citar o eminente estudioso do bonapartismo Frédéric Bluche, "não se tratava em absoluto de usar meios autoritários no interesse da autoridade, mas sim de usar a autoridade a serviço de uma concepção de ordem pública que, por mais intrusiva que fosse, não era desprovida de justificação dados dez anos de perturbação revolucionária".[37] Se Bonaparte tinha maior supremacia que Robespierre, era porque razões contingentes de carisma e glória o tornavam mais amplamente celebrado e menos freqüentemente contestado que O Virtuoso; era porque soube construir uma base social de poder que combinava *tanto* as massas *quanto* a burguesia, ao passo que Robespierre governara apenas com as primeiras. Se o primeiro-cônsul tinha maior supremacia que o Diretório, era por ser um homem, não um desunido corpo de cinco.

Comenta-se muitas vezes o verniz "monárquico" do Consulado Vitalício. O governo continuou a dar relevo aos feriados nacionais e religiosos que haviam substituído as datas revolucionárias e republicanas. O principal entre os novos feriados era o dia 15 de agosto, em que se comemorava a Assunção de Maria e (principalmente) o aniversário de Bonaparte. Além disso, Napoleão logo permitiu que seu perfil fosse gravado em moedas — em clara violação à prática republicana. Depois que o rosto de Luís XVI fora removido das moedas pela Revolução, ninguém fora retratado nelas. O primeiro-cônsul e sua ilustre esposa, "a consulesa", fizeram uma viagem pela Normandia que alguns compararam à expedição dos soberanos do Antigo Regime por seu reino. O general Duroc, embora fosse um resoluto soldado republicano, aceitou o cargo de governador do Palácio; sob sua direção, "camaristas" e "prefeitos" impuseram um cerimonialismo que se esforçava por parecer monárquico. O embaixador francês na Suécia, ao apresentar suas credenciais na corte, fez um estranho discurso sobre as constituições monárquica e consular, concluindo que a diferença entre elas era "nominal". Isso suscitou em Paris tal tempestade em copo d'água que *Le Moniteur*, o jornal do governo, teve de negar que a fala do embaixador refletisse a política oficial.[38]

Devemos concluir que o primeiro-cônsul foi, para todos os efeitos, um rei? Não, não na concepção que essa época tinha de rei. O Consulado tardio não foi uma monarquia absoluta como as que a Europa continuou a ter até 1914. Nenhum austríaco, russo ou napolitano esclarecido teria confundido o estilo consular e a pompa militar do regime com as monarquias sob as quais viviam. Vários nomes clássicos dos estudos históricos, como Georges Lefebvre e Pieter Geyl, consideram que o primeiro-cônsul conciliou poder e reforma de tal maneira que se tornou "o último e mais ilustre representante" da tradição do déspota esclarecido — uma tradição que inclui um monarca absoluto como Frederico o Grande.[39] É uma comparação lisonjeira, e que teria parecido precisa a Napoleão, mas grandes diferenças o separam dos déspotas esclarecidos — diferenças que vão além do mero fato de que, como cônsul vitalício, ele não mais dependia dos sábios nem bajulava a opinião da elite, como fizera outrora, e como Frederico e Catarina haviam feito durante seus reinados inteiros.

Napoleão Bonaparte não era agora, e nunca seria, o verdadeiro equivalente de Luís XIV. Luís não tinha *absolutamente* nenhuma oposição parlamentar a enfrentar, nem mesmo uma oposição subjugada. Luís era incontestável; Bonaparte podia ser contestado, e era, ainda que gradativamente com menor freqüência. Luís não perdia debates em seu conselho, como às vezes ocorria com Napoleão — por exemplo, na questão crucial da imposição ou não à nobreza *émigrée* da obrigação de aceitar a anistia (fazendo a implícita admissão de culpa), obrigação que o primeiro-cônsul considerava humilhante para eles.[40] Diferentemente de Luís XIV, o cônsul vitalício não podia aprovar o orçamento ou criar novos impostos sem a aprovação legislativa. Não podia destituir juízes, suspender procedimentos processuais nem submeter regiões à lei marcial sem recurso ao Senado. Os procedimentos dos tribunais extrajudiciais do Consulado, instituídos em áreas afligidas por *brigands*, ou bandidos, ainda equivaliam a um regime legal que o historiador Howard G. Brown qualifica de "liberal autoritário", isto é "limitado por um sistema legal liberal". Segundo ele, "mesmo sob Napoleão, os tribunais exigiam provas cabais antes de condenar".[41] Em suma, o poder do cônsul vitalício não é bem descrito como despótico, esclarecido ou monárquico segundo a compreensão que a época tinha desses termos; eles caíram em obsolescência na França por força da mesma revolução democrática que permitiu a Napoleão se tornar chefe de Estado. O poder que ele deteve, tanto consular quanto imperial, tendeu a algo novo: uma forma de autoritarismo democrático.

O *senatus consultum* orgânico de 4 de agosto de 1802, que proclamou a nova Constituição, suscitou todas as expectativas de que o Consulado Vitalício seria duradouro — se não durasse por toda a vida do cônsul, certamente duraria uma década. Ainda que, como agora muitos acreditam, a semente do Império já estivesse germinando no seio da República, nada em sua natureza a teria feito florescer tão rapidamente como ela o fez. O ensejo para as mudanças que surpreenderam a todos, inclusive ao primeiro-cônsul, veio de fora.

A guerra dos golpes sujos

Não se pode reinar numa terra coberta de ignomínia e glória quando se tem apenas a ignomínia do seu lado.
JOSÉ FIÉVÉE
MONARQUISTA CONVERTIDO
EM BONAPARTISTA

Ninguém previu que o Tratado de Amiens viraria letra morta apenas 14 meses após sua assinatura. Dado o fervor com que a paz fora acolhida um ano antes, a complacência generalizada diante do retorno da guerra, por ambos os lados, é de pasmar.[42] O esforço de guerra britânico, dessa vez, foi sobretudo marítimo e econômico, mas teve um importante componente baseado em terra, para o qual o gabinete Addington destinou um grande orçamento: operações secretas, da espionagem e da agitação interna (p.ex., fomento de insurreições contra-revolucionárias na França provincial) até a propaganda. Esse novo tipo de esforço de guerra incluiu o patrocínio cego pela Grã-Bretanha, em colaboração com os príncipes Bourbon, de ação terrorista contra a pessoa do primeiro-cônsul. Digo cego porque nem o governo de Sua Majestade, nem o pretendente Bourbon, o conde da Provença, aprovavam formalmente o assassinato como arma política; um lado e outro, porém, sabiam do que estava em curso e faziam vista grossa.

Na verdade, o serviço secreto britânico havia desempenhado papel decisivo no assassinato do czar Paulo I (março de 1801), depois que o autocrata desertara a Segunda Coalizão para se aliar a Bonaparte.[43] No início de 1804 os britânicos infiltraram na França um punhado de agentes monarquistas, entre os quais se destacava um notável líder *chouan* da época do general Hoche, Georges Cadoudal (nome que significa "cavaleiro cego" em bretão). "Georges", como era conhecido, era renomado por sua coragem. Passadas algumas semanas, introduziu-se na França o general da Revolução Jean-Charles Pichegru, que conquistara a Holanda em 1794 e se passara para o inimigo um ano depois. O plano desses homens e de seus aliados era seqüestrar Napoleão quando ele se dirigisse, com sua guarda, para Malmaison; caso resistisse, como julgavam que provavelmente faria, seria morto: uma fatalidade de guerra portanto, *não* um assassinato (distinção importante nesse cenário).

Dessa vez os franceses levaram a melhor sobre o serviço secreto britânico. Mas demoraram para se organizar, e nesse ínterim os anglo-realistas quase chegaram a levar seus planos a cabo. A vida do primeiro-cônsul só foi salva graças à prisão de um homem e às suas revelações. Elizabeth Sparrow mostra o papel decisivo que o próprio Bonaparte desempenhou no trabalho prático de esquadrinhar documentos e na direção das operações de contra-espionagem.[44] Por fim, os franceses foram beneficiados pela colaboração de Jean-Claude Méhée de La Touche, principal agente dos príncipes Bourbon no estrangeiro, que começou a dar informações em sigilo, talvez diretamente ao primeiro-cônsul. Este recebeu também excelentes informações do escritor-jornalista José Fiévée, um monarquista baseado em Londres que se rendera à sua superioridade.[45] Fiévée pôs sua notável lucidez a serviço de Bonaparte na correspondência secreta que com ele manteve; sua percepção aguçada e seus bons conselhos foram bem aproveitados e regiamente recompensados.

O sonho dos espiões anglo-monarquistas na França era selar uma aliança tática com os jabocobinos que restavam e com todos os recém-desiludidos republicanos do Brumário. Essa idéia preocupava Bonaparte, sempre pronto a confundir generais enciumados, tribunos loquazes e ideólogos do Instituto com espiões, conspiradores e lançadores de bombas. Em retrospecto, fica claro que essa união eclética era improvável. A França estava decididamente em pé de guerra; os tribunais estavam suspensos para casos de traição e a pena para todos os condenados por abrigar conspiradores era a morte; generais republicanos e independentes como Bernadotte e Augereau estavam sabidamente longe de postos importantes; ademais, o Legislativo expurgado e encolhido estava mais submisso que nunca e certamente nem pensou em criticar a retomada da guerra.

O único soldado ainda em cena que alguns viam como rival do primeiro-cônsul era o general Jean-Victor Moreau, o vencedor de Hohenlinden.[46] Na verdade, porém, ele mais exasperava do que competia com Bonaparte. Era do conhecimento geral que o republicano Moreau se arrependera de ter apoiado o Brumário e criticava o desvio "despótico" no poder consular. Talvez pior ainda, ele parecia, aos olhos de Bonaparte, sentir grande prazer em criticar o regime vez por outra. Assim, para zombar da Legião de Honra, que ele próprio recusara, Moreau apelidara seu cozinheiro *"chevalier de la casserole d'honneur"*. Na verdade, o general não passava de um homem vaidoso, sem grande talento nem ambição política; Napoleão dizia a seu respeito, com certa acuidade, que a reputação militar "era pesada demais para ele", e acrescentava: "Há homens que não sabem carregar sua glória."[47] Se Moreau representava algum perigo, era por ser famoso, por seu nome estar sempre na boca das pessoas: inevitavelmente, o mais insignificante complô militar acabava com soldados gritando: *"Vive Moreau!"*[48] Ele era, em suma — e esse é um indicador da ascendência de Bonaparte —, o que de melhor havia na época para exercer a liderança visível de uma *fronde* (uma conspiração), de tal modo que os partidos de oposição, aí incluídos os monarquistas que atuavam sob Pichegru, recorriam a ele e atiçavam sua vaidade, se não sua coragem e energia.[49]

Informada dos encontros de Moreau com Pichegru e Cadoudal, a polícia francesa o prendeu em 15 de fevereiro. O ato deixou a opinião pública estupefata e poderia ter prejudicado o regime se outras prisões feitas logo depois — de Pichegru, Cadoudal e seus cúmplices — não tivessem revelado a existência de uma ampla e perigosa rede de conspiração em que Moreau estava parcialmente envolvido. Algo mais surgiu: ele era um mero testa-de-ferro nos planos monarquistas — na melhor das hipóteses um general Monck: um títere a ser descartado se não caísse fora por si. Depois que Bonaparte tivesse sido atingido por um golpe moral e o regime caísse, uma figura maior da Casa de Bourbon aportaria à França como lugar-tenente do rei e abriria caminho para Luís XVIII.

Quem seria esse príncipe? Várias possibilidades eram aventadas, mas o candidato mais provável parecia ser o duque d'Enghien, então com 31 anos, neto do príncipe de Condé e sobrinho do conde de Provence. Enghien vivia, com uma pensão paga pelos ingleses, em Ettenheim, pouco além da fronteira alemã, na região de Baden. Sua ampla correspondência — sistematicamente lida pela polícia — indicava ser ele um fanático que, embora admirando Bonaparte sob alguns aspectos, ansiava por participar de sua derrubada.[50] Consta também que contava com a cumplicidade de Dumouriez, o famigerado general-traidor dos primeiros tempos da Revolução. O primeiro-cônsul passara todo o inverno extremamente nervoso, à medida que novas peças do quebra-cabeça revelavam a ampla rede anglo-monarquista dirigida pessoalmente contra ele. Sua reação a esse último comunicado foi iracunda: "O quê? Os senhores vêm me dizer *agora* que o duque d'Enghien está a poucos quilômetros de minha fronteira tramando conspirações? Acaso sou um vira-lata que se abate na rua, cujo assassino deve ser abençoado? Eles estão me atacando pessoalmente! Responderei à guerra com guerra!"

O golpe que desfechou esteve de fato próximo de ser um ato de guerra: enviou tropas francesas para capturar Enghien, embora isso significasse cruzar uma fronteira internacional sem o consentimento do soberano do país vizinho, em clara violação do direito das nações. O duque foi levado para Paris, aonde chegou ao entardecer do dia 20 de março, e preso em Vincennes.[51] Nessa mesma noite, foi submetido a uma corte marcial, condenado por traição — embora não tivesse sido possível provar que estava mancomunado com Cadoudal — e fuzilado imediatamente, tendo seu corpo sido enterrado às pressas num dos fossos do castelo. Segundo versões posteriores, se "ao menos" a carta que escreveu à mão pedindo para ver o primeiro-cônsul tivesse chegado a Malmaison, Enghien teria sido recebido e poupado. Estudos mais sérios, porém, indicam que todo o curso dos acontecimentos, do seqüestro à execução, estava previsto desde a decisão inicial. Assim queria o primeiro-cônsul.[52]

É indiscutível que esse ato ecoou com estridência na França e na Europa inteira, assustando a aristocracia e várias cortes reais ou imperiais, particularmente a Rússia. O periódico parisiense *Le Journal des Débats* — para burlar a censura — publicou a tradução de um trecho do poema *Punica*, de Sílio Itálico, em que um pai implora ao filho que desista de seu intento de assassinar Aníbal. Chateaubriand renunciou à sua sinecura na embaixada do Consulado em Roma e voltou à oposição política.[53] Josefina, os aristocratas e os nobres anistiados de seu círculo ficaram horrorizados, mas pelo menos para estes Bonaparte fez esforços para se explicar. É importante considerar os efeitos desse gesto, pois as atenções que o "grande homem" dedicou a esse grupo de pessoas o ajudaram bastante a manter sua ascendência sobre elas. Um membro desse círculo que manifestou seus sentimentos foi Mme de Rémusat, nessa altura dama-de-companhia de Josefina, e suas palavras falam por muitos: "Ainda não me sentia forte o bastante para vencer uma luta contra a afeição que tendia a nutrir pelo [primeiro-cônsul] ... Seu apelo [após Enghien] tivera efeito também junto a M. de Caulaincourt, que, reconquistado por suas atenções, recobrou pouco a pouco a serenidade e tornou-se nesse período um de seus mais íntimos confidentes."[54]

Os ecos do caso Enghien ressoaram pelos corredores de dois séculos, enquanto historiadores, fazendo coro com contemporâneos e memorialistas, interpretaram a morte do duque ora como um crime, ora como um erro, ora ainda como uma execução ao estilo do submundo do crime organizado, tramada por um corso enfurecido, propenso a uma vendeta contra os que lhe eram superiores. Em 1799, também em Baden, agentes secretos britânicos haviam planejado o massacre pelos soldados austríacos dos plenipotenciários franceses enviados ao Congresso de Rastatt.[55] Os principais associados do primeiro-cônsul (Cambacérès, Talleyrand, Fouché) — embora suas idéias fossem sofrer conveniente mudança mais tarde, durante a restauração Bourbon — não protestaram contra o plano de seqüestro e morte de Enghien quando Bonaparte os reuniu em Malmaison para expô-lo e pedir seu conselho. Alguns, como Murat, defenderam enfaticamente sua realização, alegando que não era mais tempo para clemência ou legalismos, fadados a ser mal interpretados pelo inimigo.

Seria difícil exagerar o clamor contra Bonaparte por parte das famílias reais e aristocráticas da Europa. O príncipe Condé, para insultar Bonaparte, chamou-o "o novo Robespierre" e "o jacobino de botas", mas esses epítetos contêm uma importante verdade histórica: com esse ato, reminiscente do regicídio, o primeiro-cônsul imprimiu pela primeira vez a seu(s) regime(s) a marca — a cicatriz — da Revolução. O fato de o Império ter nascido dessa luta de vida ou morte com a direita política não é um detalhe desprezível ou meramente contingente de sua origem.[56]

Não há dúvida de que, num primeiro momento, o violento golpe desfechado pelo regime consular sobre os Bourbon estimulou os republicanos franceses, poucos dos quais teriam sido favoráveis a um perdão para Enghien enquanto Moreau permanecia preso. Partilho da especulação de Lentz de que, *mesmo* que soubesse que Enghien não desempenhava nenhum papel direto na conspiração de Cadoudal, Bonaparte teria desferido o golpe de Ettenheim.[57] O primeiro-cônsul prestou a Enghien a "homenagem" de tomá-lo pelo que o próprio duque se considerava: um inimigo em tempo de guerra. No dia seguinte à sua execução (21 de março), Bonaparte declarou soturnamente: "Derramei sangue, e teria derramado mais ainda, não por ira, mas simplesmente porque um ato sanguinário faz parte das combinações de meu remédio político. Eu sou um estadista. Eu sou a Revolução Francesa. Repito-o e ajo de acordo."

O chefe da Polícia observou que a reação popular ao caso Enghien em Paris (a cidade estava em estado de sítio desde 28 de fevereiro) foi fortemente favorável ao primeiro-cônsul. A impressão geral era a de que sua ação provava que o regime estava alerta, forte e pronto para agir.[58] Foi Thiers, como sempre, quem melhor resumiu a situação: "As pessoas aceitaram seu Bonaparte, não menos glorioso, mas menos puro agora. Elas o haviam aceitado com seu gênio, mas o teriam aceitado sem ele; teriam-no aceitado de qualquer maneira, contanto que fosse poderoso, tamanho era seu desejo de que o fosse nos dias que sucederam às grandes desordens."[59]

As coisas pioram: o advento do Império

Como foi possível, perguntamos cheios de pasmo, que, após o curto espaço de quinze anos, um movimento de amplitude mundial dependesse de uma única vida, que as infinitudes de 1789 sobrevivessem apenas na forma do primeiro-cônsul e por seu desejo? Há sem dúvida aqui uma encarnação política sem paralelo em todo o curso da história humana.
JOHN HOLLAND ROSE[60]

[Napoleão] quer que a necessidade de sua existência seja sentida de maneira tão direta, e como um tão grande benefício, que todos abominem qualquer outra possibilidade ... Se alguém pudesse dizer que as coisas no país iam tão bem que se Bonaparte morresse continuariam bem, meu irmão deixaria de se sentir seguro.
JOSÉ BONAPARTE[61]

Teriam os dois anos do Consulado Vitalício sido uma espécie de nota musical em falso, só corrigível quando o grande coro imperial cantasse afinado? Em 1812 o imperador diria a um colaborador que a questão de Enghien, bem como praticamente todos os demais eventos da época, fora parte de seus cuidadosos preparativos para o restabelecer uma monarquia na França.[62] A ser verdade, isso seria característico do planejador meticuloso que havia em Bonaparte, mas, por outro lado, era igualmente característico dele querer atribuir-se o mérito por uma onisciência e uma coreografia política que, no calor dos acontecimentos, nem ele mesmo notava. Para os contemporâneos, 1803-4 trouxe a guerra e uma renovada ansiedade, além de novas opiniões acerca das inadequações do regime vigente ou da necessidade de transformá-lo. Fossem quais fossem suas outras inquietações, o primeiro-cônsul estava preocupado com assuntos militares — acima de tudo, com a concentração de uma força expedicionária em Boulogne, de onde ela poderia investir contra a Inglaterra assim que a frota francesa assumisse o controle do Canal, mesmo que brevemente.

O efeito de tudo isso foi tornar a antes chocante questão do retorno da França a alguma forma de monarquia passível de discussão — *em condições de guerra*, que envolvessem grave perigo pessoal para o chefe de Estado —, depois de racionalização. E, mesmo nessas circunstâncias, seria apenas uma espécie de monarquia — marcada por símbolos ecléticos, características estranhas e paradoxos ideológicos. Seria *um novo tipo de monarquia*, democrática e representativa em origem e legitimidade, romana em estilo, liberal em aspiração, ditatorial em substância, ocasionada pela guerra mas não a exigindo, sustentada pela glória. O Consulado Vitalício fora conferido a um homem como recompensa por realizações; o Império lhe seria concedido como um seguro que a nação pagava contra seu próprio desaparecimento. O que Bonaparte faria com ele, porém, dependeria em grande parte de sua própria escolha.

Recapitulemos a cronologia dos eventos. Poucos dias após a execução de Enghien, Bonaparte convocou seus co-cônsules, Cambacérès e Lebrun, a Malmaison para discutir "o desejo nacional" que, aparentemente, brotava de toda parte: que o primeiro-cônsul aceitasse o poder supremo hereditário. Bonaparte advertiu que, caso o governo não agisse prontamente, haveria o risco de o exército reivindicar a questão para si e "proclamá-lo" "Imperador dos gauleses". O título "imperador", afinal, era o posto do supremo comando militar na antiga Roma e todos os presentes tinham ciência dos numerosos casos em que a guarda pretoriana passara por cima do Senado romano e proclamara um novo imperador. Lebrun, o ex-monarquista, não abriu a boca, mas Cambacérès, o ex-*conventionnel*, dessa vez relutou. Velha raposa que era, não comprou a idéia de uma pressão externa, sustentando bravamente que transformar o regime numa monarquia seria insensato e visto por todos como uma traição à República. Ele tinha outros dois temores, que não expressou: o de que, tendo a coroa na cabeça, nada mais restringisse a conduta de Bonaparte; e ainda o de que não houvesse lugar num império para um segundo-cônsul.[63]

Como costumava fazer com colaboradores que se limitavam a discordar dele privadamente, Napoleão não forçou a questão e deixou Cambacérès com a última palavra. O homem decisivo para seu empreendimento seria Fouché, que, segundo parece, o vinha instigando havia algum tempo a tomar a coroa. ("Fouché", escreve Thiers, "agitou como uma dessas pessoas que têm o talento de empurrar quem já caminha por conta própria".)[64] Em parte, o ex-chefe da Polícia estava simplesmente ansioso por voltar às boas graças de seu protetor após a exoneração que sofrera em 1802 por ter sido contrário à Concordata e ao Consulado Vitalício, mas é também verdade que o ex- jacobino passara a acreditar que, naqueles tempos de reinício da guerra e de conspiração monarquista, a melhor esperança da Revolução residia em Bonaparte, mesmo (ou sobretudo) com coroa. Essa idéia foi perfeitamente resumida num panfleto inspirado pelo governo que dizia: "Para melhor salvar a pátria, Bonaparte deve aceitar tornar-se rei da Revolução."

O governo comunicou os detalhes da perfídia anglo-monarquista ao Senado, que respondeu com uma moção de congratulação ao primeiro-cônsul. O problema era acanhamento: ninguém queria ser o primeiro a pôr o mesmerizante projeto em palavras claras. Fouché interveio; seu jugo era suave e sua carga, leve. Dessa vez, por causa das trapalhadas atribuídas à legislatura durante o projeto do Consulado Vitalício, foi fácil convencer os políticos a se organizarem. Fouché, que era senador, disse enigmaticamente aos colegas que conversara com o primeiro-cônsul e que aquela seria uma ocasião oportuna para lhe enviar mais que cumprimentos. O Senado votou prontamente uma mensagem a Bonaparte com o convite: "Consumai vossa obra, Grande Homem, tornando-a imortal como vossa glória." Uma carta branca, sem dúvida, mas as palavras "imperador hereditário" ainda não tinham sido pronunciadas (em todo romance há um pouco de negaça). O primeiro-cônsul respondeu com uma frase empolada que lembra o que escrevera em seu diário depois de se encontrar com uma prostituta aos 18 anos.[65] Estava pronto, declarou, para cumprir seu dever e "adotar tudo que a experiência dos séculos e dos povos demonstrou ser necessário para garantir os direitos que a nação julgou necessários à sua dignidade, liberdade e felicidade".

Essa troca de rapapés cortesãos poderia ter continuado, caso o Tribunato não tivesse entrado em cena. Ansioso por apagar qualquer mancha que restasse em seu caderno, essa assembléia pôs em debate uma proposta de tornar Napoleão Bonaparte "imperador hereditário dos franceses". Daí em diante, o que fora uma hábil tergiversação transformou-se numa corrida de velocidade. Os discursos "debatendo" a moção, o convite ao primeiro-cônsul para aceitá-la e a votação do Senado ratificando sua aceitação não tomaram mais que seis semanas. Em 16 de maio um *senatus consultum* proclamou: "O governo da República está confiado a um imperador que tomará o título de 'Imperador dos Franceses'." Dois dias depois Cambacérès — de volta à ativa no "ilustre cargo" de "grão-chanceler do Império" — foi o primeiro a tratar Napoleão por *Sire* na cerimônia em Saint-Cloud em que o Senado anunciou formalmente a elevação.

Napoleão *queria* ser imperador? Alguns tinham certeza de que ele viera procurando isso com argúcia e pertinácia o tempo todo. Diz-se que Lafayette comentou ironicamente com o primeiro-cônsul que, na verdade, ele só fizera a Concordata para "poder um dia ser ungido pelos padres com o crisma sagrado [dos reis]."[66] Não é uma suposição absurda, considerando-se a imaginação naturalmente agigantada de Bonaparte. Talvez seja até enfadonho observar que ele não conseguiria sossegar enquanto não fosse tão longe quanto possível, enquanto não conseguisse — para expressar as coisas nos termos pouco refinados do que os psicólogos chamam de "processo primário" — olhar de cima os aristocratas insolentes de Brienne ou da Escola Militar, enquanto não se tornasse ele mesmo capaz de conferir nobreza. De fato, mais ou menos nessa época ele disse a Roederer: "Não tenho nenhuma ambição, ou, se tenho, ela é tão inata em mim que é parte de minha própria existência, como o sangue que me corre nas veias ou o ar que respiro."[67] E em Santa Helena declarou: "Durante o Consulado, meus verdadeiros amigos e defensores mais entusiásticos me perguntavam aonde eu queria chegar. Sempre respondia que não tinha a menor idéia. Isso os espantava e provavelmente os aborrecia, mas eu estava dizendo a verdade."

Ambas essas afirmações poderiam, é claro, ser mentiras ou ilusões; mas é também possível que a ânsia por uma glória sempre crescente que corria nas veias de Napoleão e lhe impregnava o ar — uma vontade que tinha pouco a ver com metas aristocráticas de serviço e honra de família, menos ainda com patriotismo burguês e nada com humildade e amor cristão — fosse inconsciente nele. Talvez não fosse parte da imagem que ele tinha de si mesmo, nem estivesse presa a algum projeto de carreira definido que alimentasse. Não era do estilo de Bonaparte nem fazer autocrítica nem alegar justificações e atitudes triviais, e uma enorme ambição era um tema comum — de fato, um *leitmotiv* — dessa época grandiosa que mitificava Alexandre, César e Frederico. Nos dias de hoje, a glória, no sentido de imortalidade individual, soa um tanto extravagante a nossos ouvidos, tornou-se um motivo ambivalente e muito menos confessável. Hoje as carreiras políticas são planejadas praticamente antes de começarem, deixando-se pouco espaço para o destino, que Bonaparte considerava tão importante. "Quanto mais velho fico", disse ele no início de 1802, "... mais compreendo que cada um tem de cumprir seu próprio destino."

Aos próprios olhos, Napoleão simplesmente cumpria seu destino — não o estudava ou planejava. Julgava compreender melhor que ninguém o que precisava ser feito na França e o fazia. Por que não deveria então seguir colhendo recompensas proporcionais a esses trabalhos hercúleos? Embora pagãs e clássicas, as idéias de destino, glória e reconhecimento são muito apropriadas para se interpretar Napoleão. Nesse caso, concluímos não só que estava fora do seu alcance aspirar a ser mais sábio em vez de mais brilhante, cultivar a modéstia em vez do orgulho, ser senhor de sua paixão pela glória em vez de senhor do Império, como que talvez esses ideais alternativos nunca lhe tenham passado pela cabeça. O ímpeto napoleônico não foi a única força irresistível nesse processo de fundação de um império. Bonaparte foi antecipado, talvez até ultrapassado, pelos que o apoiavam na classe política e mesmo na nação. É possível, de fato, que o primeiro-cônsul e seus conselheiros se encontrassem sobre o equivalente político de um vulcão.

O fascinante na discussão que teve lugar no Tribunato é o misto de sinceridade e má fé, de percepção genuína e distorção deliberada, que aparece nos discursos dos deputados. Eles proporcionam um estudo de caso desse fenômeno caracteristicamente humano que é atribuir mais importância a palavras e nomes que às coisas a que eles se referem. Os oradores reconhecem isso abertamente. Uma das passagens mais brilhantes afirma francamente: "Ninguém aqui ignora — já o experimentamos por tempo demais — *o império das palavras e o prestígio dos nomes*."[68] Em 33 falas sobre "esta, a mais importante questão jamais submetida a nossas deliberações" (191), apenas uma (a de Carnot) opôs-se à proposta. As demais foram tão parecidas entre si que duas citações são suficientes para delinear todas elas:

> Jamais poderia um desejo contrário a nosso sagrado princípio da soberania popular partir desta instituição; o desejo nacional que propomos tem por único objetivo a consolidação das instituições [revolucionárias], as únicas capazes de proporcionar segurança à Nação no exercício de seus direitos. (201)
>
> Que outra glória não se ofusca e apaga ante aquela do incomparável Herói que as conquistou todas, que arrancou todas as coisas do caos e criou um outro universo para nós? *Stupete Gentes!* [Pasmai, Povos!] (83)

A impressão que esses discursos dão é que os tribunos estavam plagiando o *Parallèle* de Luciano. Ébrios de história, elaboraram excêntricas versões do passado, extraíram dele estranhas verdades para explicar para si mesmos sua realidade presente. Revelava-se agora que a Revolução Francesa, que decapitou Luís XVI, nunca pretendera realmente abolir a monarquia; ao votar o Império, a legislatura de 1804 estava apenas consumando as verdadeiras intenções de 1789. (Segundo um tribuno, se Bonaparte tivesse aparecido em junho de 1791, quando a família real tentou fugir da França, teria sido coroado rei pela Assembléia Nacional!)[69] A França não estava "restaurando a monarquia" — repetiam seus legisladores —, estava simplesmente assegurando-se uma liderança forte "para sempre", como se a ressurreição da hereditariedade resolvesse de algum modo os eternos problemas do conflito e da mudança. Nessa linha, conferir uma coroa a Bonaparte era preservar a liberdade e a igualdade. Afinal, poderia alguém alegar, chamá-lo imperador — título ambíguo e ressonante que evocava Roma e Carlos Magno ao mesmo tempo em que jogava o regime anterior na lata do lixo —, não era uma boa maneira de repelir reis?

Três temas dominantes nesses discursos merecem ser brevemente considerados, pois demarcam o contexto político inusitado, para não dizer singular, em que o novo imperador vigorou: conservar a República; agir em nome da Nação; honrar Bonaparte.

A República nunca brilhou com tanto esplendor quanto na véspera de sua morte. Os tribunos asseveraram que proclamar o Império era proteger a República Francesa. Por mais absurdo que soe aos nossos ouvidos, é possível que os contemporâneos o dissessem com sinceridade. Talvez a Primeira República Francesa não tivesse o prestígio (ou a longevidade) de sua irmã na Roma antiga, mas tinha o suficiente para que até o mais irresoluto de seus amigos fosse incapaz de repudiá-la de maneira ignóbil. Para os romanos não houvera alternativa à forma republicana; ela era tudo que qualquer deles, mesmo César, teria podido conceber. Para os franceses, o espectro da alternativa — a monarquia Bourbon restaurada — assombrava quase todos os discursos. Napoleão, como César, *tinha* de ser visto por seus partidários como o protetor da República, *não como o seu assassino*. Império, insistiram os tribunos, era *apenas uma forma de governo*. A França, mesmo sob um imperador, continuaria sendo a "República una e indivisível".

Continuaria mesmo? Chegamos ao segundo tema, a Nação. Essa era uma palavra que os romanos antigos não usavam no sentido moderno e que se sobrepôs a "República". Um dos oradores (Leroy) teve a hombridade de dizer: "*República* e *religião* são palavras que já derramaram sangue demais." O novo império se justificava, segundo ele, "pela felicidade e a glória da Nação"; ele era "nacional" (213). Um colega expressou a "verdade eterna" segundo a qual os governos só tinham valor na medida em que contribuíam para a felicidade da Nação. O Império era indubitavelmente nacional, disse, numa inequívoca sugestão de que a República talvez não o fosse. "O desejo verdadeiramente nacional que vamos votar está presente há muito no coração e na mente do povo francês" (144). Em suma, a nação era o tribunal de última instância. Mas não se mantinha sozinha como a *ultima ratio* do Império.

Enfim, depois dessas abstrações, é agradável tratar do próprio corso, em carne e osso. Napoleão Bonaparte, nunca é demais repetir, era o Herói — com H maiúsculo — desses homens, seu Carlos Magno. Na verdade, era até mais, porque não dependia da espada de outrem como o grande franco dependera da de Carlos Martelo. Bonaparte, ao contrário, era o maior líder militar já havido desde César. "Não há título mais valioso que imperador *para a glória de Bonaparte* e a dignidade do chefe supremo da Nação Francesa" (206). "Elevemos pois a medida tanto da majestade nacional quando da clarividência daquele que está tão adiante de seu tempo" (163).

Uma observação final: o Tribunato (e mais tarde o Senado) tentaram aliviar a consciência decretando medidas para limitar o poder imperial que estavam concedendo. Elas deveriam assegurar o "exercício pela Nação de sua soberania, da qual não será despojada" (201), e estabelecer garantias de liberdade e igualdade. Teriam ficado surpresos quando Bonaparte descartou tudo isso sem nenhuma discussão? Fiévée advertiu: "Jamais se conseguirá impor uma constituição de tipo inglês a um soberano que comanda 300 a 400 mil homens." Os legisladores deram de ombros; perdidos por um, perdidos por mil.[70]

Talvez Bonaparte sentisse mais afinidade com a linguagem usada nas petições que chegaram em grande número dos exércitos da República, a mais importante das quais foi escrita pelo general Berthier, ministro da Guerra:

> É vosso dever para com a França que vos escolheu como seu chefe e vos considera seu segundo fundador. É vosso dever para convosco assegurar para vossa obra a mesma imortalidade que vosso nome possui ... Doravante os exércitos franceses marcharão para a vitória unicamente sob os estandartes de Buonaparte [*sic*] ... É hora de a Nação, orgulhosa de seu chefe, investi-lo de um esplendor que se refletirá sobre ela mesma. É hora de ela lhe conferir um título mais condizente com suas façanhas, com a posição que ele ocupa na Europa, e com a extensão do Império francês ...[71]

Qualquer referência à República havia desaparecido; agora tudo era só merecimento e glória — tanto a glória real que "Buonaparte" produzia como a glória de tipo reflexo em que a nação se deleitava. Esse é um documento notável.

Foram tão poucas as pessoas que ergueram a voz contra o Império que o camarista de Napoleão, Constant Wairy, não estava longe da verdade quando escreveu em suas memórias: "Se o imperador tivesse usurpado o trono, teria tido mais cúmplices que todos os tiranos da tragédia e do melodrama combinados, pois três quartos do povo francês teriam participado da conspiração."[72] Alguns, como Rouget de L'Isle, o compositor da "Marselhesa", e o escritor Courier criticaram o ato em conversa privada com Bonaparte. Outros, como o conselheiro de Estado Berlier, afirmaram em sua jurisdição institucional que o Império hereditário os poria a todos numa "falsa posição" permanente *vis-à-vis* à Revolução.[73]

Lazare Carnot foi o único a se pronunciar publicamente (no Tribunato) contra o Império, tendo chegado a declarar que a maioria dos observadores acreditava que Bonaparte tivera a meta imperial em mente desde a instituição do Consulado Vitalício, se não antes. Recusou-se a jogar com o sentido da palavra "república"; era tudo muito simples, disse: desde Amiens, Bonaparte tivera de escolher entre o sistema republicano e o monárquico, e escolhera o segundo. Teria feito melhor lembrando-se de que o Império Romano não durara mais que a República Romana. Carnot deixou claro, no entanto, que sua oposição não iria além daquele discurso. "Estou sempre pronto", afirmou, "a sacrificar minhas mais caras afeições aos interesses da pátria comum" (68).

A declaração do Império não levou praticamente ninguém a passar do domínio das palavras para o das ações. Chateaubriand, como vimos, renunciou a seu cargo. O poeta Lemercier devolveu a Legião de Honra. Alguns membros do Instituto recusaram-se a fazer o novo juramento imperial. Num gesto mais notório, Ludwig van Beethoven mudou o título de um brilhante *opus* da "Sinfonia Bonaparte" para *Eroica* (um herói). Inúmeros republicanos tiveram dúvidas, mas se obrigaram a engolir a conversa oficial: "Não tenham medo, o homem que governa a França ... é ele próprio filho da Revolução."[74]

Uma Primeira Derrota Política

Foi então que o imperador novo em folha dos franceses se provou absolutamente incapaz de impor sua vontade e levar o general Moreau às barras da justiça — ou da injustiça, como querem alguns. Pichegru suicidou-se na prisão em 6 de abril,[75] enquanto Cadoudal e vários de seus confederados foram guilhotinados em 28 de julho.[76] Mas liquidar o vencedor de Hohenlinden não foi fácil. Napoleão escolheu e instruiu um júri ("este é um caso político, não judicial") esperando que ele condenasse Moreau à morte por alta traição. O general então suplicaria o perdão e ele lhe seria indulgentemente concedido por Sua Majestade, encerrando assim um período penoso com o selo da conciliação.*

* Uma das peças favoritas de Napoleão era *Cinna* (1640), de Corneille, que conta a história de um colaborador de Augusto que liderou uma conspiração contra ele. Descoberto, Cinna reconhece o erro e implora perdão ao imperador, que o concede. Recebe mais que isso: Augusto oferece-lhe em troca a amizade. O primeiro-cônsul declarou a Mme de Rémusat

Mas não foi dessa maneira que as coisas se passaram. A ação movida contra ele pelos procuradores foi considerada fraca pelos juízes. De fato, do ponto de vista atual, a única acusação séria que pesava contra Moreau era o fato de não ter comunicado às autoridades seus encontros com Pichegru e Cadoudal, mas isso não causou grande impressão a juízes propensos à crença do século XVIII de que tal delação teria parecido vil, vergonhosa, para um soldado com a elevada *virtù* de Moreau.[77] Com base na acusação registrada, os juízes decidiram absolver plenamente o general, e só não o fizeram quando o presidente do júri, que estava em contato direto com o imperador, os fez compreender que tal veredito forçaria o governo a lançar mão de procedimentos ilegais. Assim, Moreau foi julgado "culpado mas desculpável", e sentenciado a insignificantes dois anos de prisão ("como se tivesse roubado um lenço", resmungou um indignado Napoleão).

Igualmente irritante para o imperador foi que a volúvel opinião parisiense lhe virou as costas por completo na questão Moreau, ao contrário do que fizera no caso Enghien, em que só os exilados haviam ficado contra ele. Houve muita diversão e ironia à custa do novo regime imperial — forma muito parisiense de entretenimento. Napoleão, é claro, tomava tudo pessoalmente. Em 24 de setembro de 1804, *La Gazette de France* publicou um artigo não assinado cujo autor "especula[va] sobre os motivos" que poderiam ter levado os imperadores romanos Constantino, Diocleciano e Maximiano a remover a sede de seus governos da cidade de Roma. O texto termina com uma nota de hipocrisia diante da qual é difícil conter o riso: "Será possível que só os melhores espíritos não possam protestar contra a ingratidão?" Apesar de tudo, o novo imperador dos franceses comutou a pena de prisão de Moreau e exilou-o.[78]

Uma Vitória Política

Melhores dias chegaram para ele com o plebiscito de junho, realizado para ratificar a hereditariedade e a sucessão imperial dentro da família Bonaparte.

---

que por muito tempo julgou o gesto de Augusto inadmissivelmente sentimental. Contudo, ao ver um ator sutil desempenhando o papel de imperador, Bonaparte compreendeu que Augusto fora muito mais perspicaz do que ele admitira. "Compreendi que seu 'Vamos então ser amigos, Cinna', falado de forma incisiva e *rusé*, podia ser tudo, menos puerilidade; era, mais que isso, a dissimulação de um tirano, e eu aprovo o ato como cálculo onde o desaprovei como sentimento."

Era isso, mais que o título de "imperador", que representava um rompimento dos princípios pós-1792 da Revolução. Nesse terceiro plebiscito napoleônico, "o último ato do povo soberano da França até 1815",[79] o voto foi esmagadoramente favorável a Napoleão: 3.572.329 "sim" para 2.579 "não". Se os votos a favor somaram 80.000 a menos que em 1802 (2 a 3%), isso foi de certo modo compensado pela redução de 70% dos votos contrários; mas, para subtrair a fraude governamental de costume, podemos reduzir o "sim" a menos de três milhões num universo de 7,5 milhões de votantes qualificados — em suma, a 40% do eleitorado. Dos 60% que optaram por se abster, não há dúvida de que havia muito mais opositores do que o indica a proporção entre o "sim" e o "não". De todo modo, levando-se em conta os baixos padrões de participação eleitoral que prevaleceram durante a Revolução, o número de votos favoráveis pareceu um razoável sucesso,[80] reforçando a afirmação constantemente reiterada de que o Império representou a vontade nacional. Para Napoleão, o plebiscito foi certamente mais significativo que o *senatus consultum* orgânico pelo qual o Senado criara o Império (mesmo que este tivesse tido mais força do ponto de vista legal).

Medir ou mesmo definir "opinião pública" nessa época é difícil. As fontes que tratam de maneira um pouco mais direta dos sentimentos e pensamentos de uma população em grande parte analfabeta de 30 milhões de pessoas não são amplas nem confiáveis. Prefeitos de departamento sucederam-se nas declarações de que sua região estava "encantada" com a idéia de transformar Bonaparte em imperador, mas não temos como saber se dizia a verdade, se tentava agradar seus superiores (talvez uma coisa e outra), ou se o consenso em questão não era algo escorregadio, efêmero, fomentado pelo *fonctionnaire* para a ocasião. Resta aos historiadores, portanto, especular sobre a opinião nacional com base nos resultados verificados e nas muitas referências feitas à opinião pública nas fontes mais "sérias". Nesse caso, parece que realmente houve em toda a França uma onda persistente e generalizada de apoio ao que estava sendo proclamado na legislatura, nos ministérios, nos quartéis-generais do exército, nas prefeituras de departamento, nos jornais e em toda parte. Parece que havia uma preocupação genuína com a "segurança" do primeiro-cônsul e com sua glória — e, através dele, com as da França —, juntamente com ira ante os ataques que haviam sido feitos a ele (e portanto à "República" ou à "França") por inimigos jurados do país e da Revolução. Sem dúvida, as questões do Império e da hereditariedade suscitaram certa ambivalência, mas o que predominou na mente popular foram sentimentos fortemente positivos por Napoleão Bonaparte e preocupação com sua segurança, felicidade e glória.[81]

Conclusão

Em francês, a palavra *empire* (império) tem um homônimo: uma forma verbal conjugada do verbo *empirer* (piorar); diz-se assim que algo *empire*, isto é "piora". Será que esse sentido também se aplica aqui? Teriam a França e seu povo piorado porque Napoleão Bonaparte se tornou o primeiro Imperador dos Franceses? A posteridade, julgando *a posteriori*, tende a responder com um resoluto "sim!", mas a visão dos contemporâneos, embora mais conflituosa e ambivalente, penderia nitidamente para um "não". Se tivessem sido postos diante de uma pergunta diferente — "Você deseja a continuação da República ou a restauração da monarquia?" —, os franceses teriam votado em peso pela República. Mas a pergunta não foi essa e ninguém imaginava que fosse. Se a pergunta com que o povo da França se debatia tivesse sido verbalizada, seria uma sentença com muitas cláusulas independentes associadas: "Você se sente suficientemente grato a Napoleão Bonaparte, e suficientemente atemorizado pelos atentados contra a vida dele, para lhe dar um título novo e fabuloso, embora estranho e não republicano, que o porá em pé de igualdade com as outras cabeças coroadas da Europa, com quem estamos — ou logo estaremos — em guerra, e ao mesmo tempo o manterá feliz e aumentará nossas chances de evitar uma guerra civil caso ele morra?" Mesmo diante de uma pergunta assim formulada seria possível, é claro, encontrar boas razões para votar "não" — alguns o fizeram; mas tê-la em mente torna mais fácil compreender por que o "sim" foi tão predominante.

Mas talvez seja mais conveniente examinar o que os contemporâneos realmente disseram. O Senado aprovou o Império e Napoleão aceitou o poder imperial. No dia 18 de maio, em Saint-Cloud, perante o Senado e a maioria do governo, Cambacérès declarou ao primeiro-cônsul: "O título muitíssimo imponente que vos conferimos hoje é um tributo que *a nação paga à sua própria dignidade*" [o grifo é meu] ... Pela glória e a felicidade da República, o Senado vos proclama neste instante Napoleão Imperador dos Franceses." Napoleão respondeu: "Aceito o título que considerais *útil à glória da Nação* [o grifo é meu]." É possível que as coisas fossem mesmo assim tão simples; por enquanto, todos (ou quase todos) falavam a mesma língua. Se, como disse William James, "A verdade *acontece* às idéias. Elas *passam a ser* verdadeiras, os fatos *as tornam* verdadeiras" [o grifo é meu], o Império, no momento de sua proclamação, tinha boas chances de se tornar verdadeiro.

Thierry Lentz, embora por vezes um crítico vigoroso do Império e do imperador, considera adequado qualificar de "grande" o Consulado (1799-1804). Novidades em matéria de denominação não se impõem facilmente em meio a historiadores profissionais, frugais no uso de títulos honoríficos, especialmente em se tratando de Napoleão Bonaparte. Quando consideramos o longo arco da história francesa durante um milênio e meio, chamam a atenção a ferocidade dos conflitos cruentos e a freqüência da mudança. Desse ponto de vista, não podemos deixar de nos impressionar diante do quase consenso que o primeiro-cônsul foi capaz de obter para as reformas profundas e duradouras de 1800-2. Apenas uma outra época da história da França (1879-84) se destaca por mudanças remotamente similares em ritmo e extensão; mas nem essa notável meia década no início da Terceira República conseguiu implantar um pacote de reformas de tão grande alcance, suscitando relativamente tão pouca oposição quanto o Consulado com seus blocos de granito (a oposição à Concordata e à Legião de Honra foi superficial e de curta duração). Como quer que julguemos o impulso que esculpiu esses blocos, ou o que se lhes seguiu — e pelo que não podemos culpar as próprias reformas —, o período foi singular.

Apesar disso, os blocos de granito não se sustentam por si, e a história do Consulado não está terminada. Há a questão da política exterior, que é, sob todos os aspectos, tão importante quanto as reformas internas e teve mais impacto do que elas sobre a história do mundo. Não podemos avaliar conclusivamente a sugestão de Lentz antes de considerarmos o fracasso da Paz de Amiens e o reinício da guerra (como faremos no Capítulo 10).

Stupete gentes!: o imperador republicano

A república é a organização que mais eleva a alma e possui no mais alto grau as sementes de coisas grandiosas. Sua grandeza, porém, mais cedo ou mais tarde a devora, pois, ao se tornar poderosa, ela tem, necessariamente, de gerar unidade de ação, o que por sua vez conduz ao despotismo de um homem ou de um aristocrata.
NAPOLEÃO, EM SANTA HELENA

Como foi bela a República sob o Império!
DITO CORRENTE NA FRANÇA NO FIM DO SÉCULO XIX

Aqueles contemporâneos para quem, desde a batalha de Lodi, o Império parecia imanente a cada lufada de ar que Bonaparte respirava, sua instauração deve ter parecido um paradoxo de Zenão. Uma série de avanços infinitesimais rumo ao que parecia nunca chegar — e, de repente, *lá estava ele!* E no entanto lá estava também a República, lívida, envolta em sombras. É verdade que, no banquete oferecido ao Senado em Saint-Cloud no dia 18 de maio, o imperador conseguiu atravessar a noitada sem chamar ninguém de "cidadão", e nem pareceu estar precisando fazer muito esforço.[82] Teria o Império sido um golpe maior para os jacobinos, cuja bagagem revolucionária ele conservou em grande parte, do que para os monarquistas, cujo estilo ele imitou? Estilo *versus* substância é um velho dilema para os historiadores políticos.

Desde que comecei a ler história acadêmica, impressionou-me a tendência a misturar o Consulado com o Império pelo fato de os dois regimes terem concedido, em grande parte, os mesmos poderes formais ao chefe de Estado. "Do Consulado, em todas as suas três versões — provisória, decenal e vitalícia — emergiria, finalmente, o Império, mas tratou-se sempre do mesmo regime".[83] Há uma enorme diferença, contudo, entre chamar um líder político "cidadão primeiro-cônsul" e chamá-lo "Sua Imperial Majestade, o Imperador", uma diferença tão grande quanto a que separa um aceno de cabeça de uma reverência em regra. "Todos esses títulos são parte de um sistema, e é por isso que são necessários",[84] afiançou Napoleão a um Roederer um tanto desconfiado. De fato, o novo regime apresentou a panóplia completa da nomenclatura imperial: altos dignitários e potentados; marechais e príncipes de sangue, pompa e circunstância, preces pelo imperador, trajes e uniformes mais aparatosos. O poder que todas essas coisas possuíam de arrebatar a imaginação, tanto da elite quanto do povo, era tão importante quanto o de incutir no povo obediência e respeito.

Não foi preciso explicar à aristocracia, à Igreja, ao exército e ao corpo diplomático em Paris que a corte imperial — com suas "casas" civil e militar, cada qual reunindo uma profusão de ajudantes, camaristas, pajens, cavalariços, *grands officiers*, esmoleres, capelães etc. — seria muito diferente daquele arremedo de corte que existira no Consulado. Agora Cambacérès era o "arquichanceler do Império", o que mais do que compensava esse pavão pela perda do cargo de "segundo-cônsul". Oficialmente, as pessoas deveriam endereçar-se a ele como "Vossa Grandeza", mas ordenou a seus ajudantes que o chamassem "Vossa Sereníssima Alteza" (em particular, poderiam dizer simplesmente "Meu Senhor"). Em matéria de encargos e importância, Cambacérès continuou sendo o que sempre fora: "mais do que um número dois, menos do que um número um."[85] Promoveram-se 18 generais (quatro reformados e 14 no serviço ativo) a "marechais do Império". Numa prova de que era despido de mesquinharia, Napoleão conferiu o marechalato a Augereau, Masséna, Jourdan e Bernadotte, os homens que formavam sua "oposição política" no âmago da soldadesca antiga.

Há uma espécie de "faz-de-conta" em toda essa ostentação e extravagância, mas isso não nos dispensa de levá-las a sério, pois eram sérias para os envolvidos, inclusive os que não apoiavam Napoleão. A condessa de Rémusat, que ficara profundamente — de fato, para sempre — marcada pelo seqüestro de Enghien, deplorou esse "poder, até de persuasão, que soberanos exercem sobre nós! Quaisquer que sejam nossos sentimentos ou, para ser franca, nossa vaidade, [o novo imperador] os monopoliza resolutamente."[86] Quanto aos Bourbon, não lhes escapou a ameaça decisiva que esse império espalhafatoso representava para sua velha e cansada realeza. "Usurpador" acrescentou-se, com "estrangeiro" e "tirano", à miscelânea de epítetos que lançavam sobre Napoleão.

O conde de Provence e sua família prestaram ao Império Francês o serviço — não menos valioso por ter sido não intencional — de ver, ou sentir, que havia algo de novo em jogo. Condenaram o novo regime como "a criatura da Revolução", rótulo que era uma espécie de oximoro que só o tornava mais capaz de inspirar terror e assombro.[87] Verdade seja dita, não houve um monarca na Europa, incluindo os aliados à França, que não tenha sentido um *frisson* ao ver surgir essa "quarta dinastia" da França.[88] Os novos desdobramentos provocaram tal ansiedade no chefe Habsburgo da primeira monarquia da Europa que ele decidiu duplicar seu título — além de sacro imperador romano, Francisco II passou a ser imperador hereditário da Áustria.

Entre a pletora dos títulos imperiais franceses, destacava-se o de príncipe. Havia apenas dois deles: José e Luís, que estavam na fila para suceder a Napoleão caso ele não tivesse filhos. Por que não Luciano e Jerônimo? O mais jovem era um oficial da Marinha sem grande talento ou ambição e obediente ao chefe da família — até que, de repente, deixou de ser. Estacionado nas Antilhas, Jerônimo visitou os Estados Unidos e ali conheceu a jovem Elizabeth Patterson, filha de um próspero homem de negócios de Baltimore. Apaixonado, o rapaz de 19 anos pediu a mão da moça sem solicitar permissão a ninguém e desposou-a na véspera do Natal de 1803. Furioso, Napoleão ordenou ao irmão, menor de idade, que voltasse para casa, mas ele resistiu por mais de um ano. Nesse ínterim o Império irrompeu em cena, e Jerônimo foi excluído da bonança. Um belo dia, porém — a despeito das tentativas que Luciano fez para reforçá-la —, sua decisão esmoreceu e ele concordou em se divorciar da mulher (agora grávida) e reassumir seu posto na Marinha. Logo seria feito príncipe, almirante e por fim, como veremos, rei. Tão grande príncipe, tão pequena alma.

Luciano era de estofo mais rijo. Sua ruptura com o irmão, ao cabo de longo processo, foi no fundo decorrência de seu narcisismo e de sua incapacidade temperamental de se submeter a quem quer que fosse, mesmo Napoleão. A situação chegou ao clímax em abril de 1804, numa cena violenta provocada pela recusa de Luciano de aceitar a solução de compromisso (não insensata) que

Napoleão encontrara para a perturbadora questão da sucessão imperial. Especificamente, Luciano entraria na sucessão, mas não os filhos de seu casamento morganático. "Brutus" Bonaparte não era homem de contemporizar. Partiu para Roma, renunciando a qualquer outro papel nos negócios napoleônicos até 1814. As incríveis brigas entre os irmãos, e entre eles e Josefina, por causa da sucessão permitiram contudo ao Imperador uma tirada brilhante: "Dir-se-ia que eu os ludibriei, privando-os da legítima herança de nosso pai, o finado rei!"[89]

Quanto ao simbolismo do Império, ele pôs a nu um entusiasmo arrivista pelo gosto e a autoridade convencionais. O Conselho de Estado foi palco de um inflamado debate: entre galo, águia, leão, elefante e pomba, que animal deveria ser o emblema do regime? O ex-terceiro cônsul (Lebrun) chegou a sugerir que, em vez deles, se escolhesse a *fleur-de-lis* (o lírio Bourbon), como sinal da continuidade em relação ao Antigo Regime. Os conselheiros optaram pelo galo, que Napoleão imediatamente abominou ("é um bicho de terreiro!"). Decidiram então pelo leão em repouso em campo de blau. Mas, talvez porque já houvesse um leão (rampante em campo goles) rosnando no brasão da família real britânica, Napoleão acabou anulando essa escolha também e fazendo as coisas à sua maneira. O regime teria por emblema a águia romana, uma escolha batida, que a França passaria a partilhar com a Prússia, a Áustria e a Rússia.[90] Por outro lado, a escolha do símbolo pessoal do imperador revelou imaginação — a abelha: industriosa, coletiva e perigosa, um legado cultural bastante esotérico da dinastia merovíngia dos séculos VI e VII.

A sombra de Roma e de impérios semelhantes ao romano, tão presente na França do final do século XVIII, envolveu também a escolha de outros símbolos e heranças para o Império napoleônico, com especial influência de Carlos Magno. O fato de esse soberano ter sido rei dos francos, portanto tão germânico quanto francês, pouco importava, embora suas extensas conquistas militares além do Reno e na Espanha e Itália tivessem sido notáveis. Eram duas as coisas que realmente impressionava Napoleão em Carlos Magno: ele fundara uma casa reinante (a dinastia carolíngia) que durara dois séculos; e revivera o Império Romano (o famoso *translatio imperii*) na forma de uma monarquia cristã autocrática que sobrevivera até os tempos modernos na forma do Sacro Império Romano. Na verdade, qualquer semelhança entre o próprio Napoleão e esse monarca era bastante superficial, uma vez que Carlos Magno fora um guerreiro e soberano profundamente cristão, que tivera como suas principais *raison d'être* e *raison d'Etat* proteger a Santa Madre Igreja. O verdadeiro herdeiro de Carlos Magno era o Habsburgo católico Francisco II, que por alguns anos usou o título de sacro imperador romano.

O novo monarca francês, por outro lado, era o caçula da Revolução, não o primogênito do catolicismo, e se a lembrança de um antepassado clássico fosse pertinente, seria — como bem sabia o próprio Napoleão — a de Júlio César, mil vezes mais parecido com ele em pensamento, personalidade e estilo que o rude, hirsuto e religioso franco. Porém — e essa é uma verdade a que César teria sido sensível —, era de adequação ideológica, não de verdade hermenêutica, que se precisava naquele momento. César encarnava o *self-made-man* e o intruso numa medida grande demais, era controverso demais, como Napoleão admitia. Assim, o novo imperador partiu para Aix-la-Chapelle, na Alemanha (então parte do Império Francês), para comungar com o espectro de Carlos Magno na cidade que fora sua capital. Mas não se sentaria em seu trono.[91]

Outro elemento a aproximar Napoleão de César, não de Carlos Magno, foi a persistência em seu império de símbolos, canções e linguagem revolucionários. Madame de Staël escrevera que "as instituições monárquicas avançaram à sombra da República", mas agora se poderia acrescentar: "e algumas subsistiram à sombra da monarquia." A palavra "República" perdurou como denominação do regime até 1805, quando foi formalmente substituída por "*l'Empire français*". Figurou em moedas francesas até 1809. A bandeira tricolor revolucionária foi mantida como a bandeira nacional sem muito debate. "*A Marselhesa*", que, como vimos, nunca foi muito apreciada por Napoleão, havia sido abandonada em 1800 (salvo em algumas unidades militares) e substituída por "Veillons sur l'Empire" (Zelemos pelo Império). Apesar do título, esse hino fora composto em 1791 e era talvez mais radical que a obra mais famosa de Rouget de L'Isle.[92]

O primeiro governo do Império não causou grandes surpresas, mas Fouché recobrou sua influência. O "Carniceiro de Lyon"[93] reivindicou o ministério da Polícia em troca de serviços prestados no contra-ataque a Cadoudal e companhia e na proclamação do Império. Para os que vigiavam o equilíbrio entre as facções (não Napoleão!), a nomeação de Fouché foi contrabalançada pela de Portalis, um católico praticante, para o posto recém-criado de ministro da Religião, onde ele administrava a Igreja e ajudava seu amo a designar bispos. Por fim, o ministério do Interior foi transferido para Jean-Baptiste de Champagny, embaixador francês na Áustria e ex-deputado nos Estados Gerais em 1789. Ele substituiu o eminente químico Chaptal — o último membro do Instituto a conservar um cargo no governo —, que "se recolheu" ao Senado. Champagny e Chaptal eram ambos homens da Revolução, a quem o advento do Império perturbara, e o primeiro aderiu ao novo regime de maneira mais convincente. Outra figura com passado revolucionário beneficiada com uma nomeação foi Hugues-Bernard Maret, um jacobino "prematuro" de 1791 que já se tornara um moderado por ocasião do Frutidor (1791); assumiu a função de intendente-chefe, tornando-se o equivalente civil de Berthier, o encarregado dos negócios militares. Talleyrand continuou no Ministério das Relações Exteriores — com relutância, e isso não por razões ideológicas, unicamente porque a aceitação desse cargo o impediria de se tornar um "dignitário imperial" (Napoleão declarara que cargos políticos eram incompatíveis com a augusta posição de dignitário). Em suma, ao escolher seus ministros, Napoleão, como sempre, evitou caras novas, e fez um grande esforço, chegando a tolerar imposturas ou traições, para se ater às conhecidas.

A mania de clareza do imperador obrigou os franceses a absorver uma outra Constituição napoleônica, a do Ano XII.[94] É possível que o próprio Império — com seu tamanho desmesurado, sua ingovernabilidade e imprevisibilidade — fosse a "institucionalização da personalidade do imperador", como tão bem o expressou Philip Dwyer, mas a nova Constituição não o foi, pois povoou o regime com certas exigências, restrições[95] e instituições independentes do poder imperial, coisa que Napoleão não teria se inclinado a fazer. O Senado aumentou, ganhando membros *ex officio*, graças a seu status ou função; o imperador recebeu o mesmo direito que tinha César de nomear senadores à vontade. Essa câmara passou a dominar o pano de fundo do palco estatal tão completamente quanto o imperador dominava a ribalta (e a platéia). Além disso, foi criada uma Suprema Corte, que, sob a presidência do arquichanceler Cambacérès, reunia os príncipes, os "grandes dignitários" e as "grandes autoridades" civis e militares. Ela tinha poder para julgar os ministros do imperador, bem como qualquer ato de detenção arbitrária ou de abuso da liberdade de imprensa cometido pelo governo. A corte nunca usou de fato esses poderes, *mas os possuía*. O Corpo Legislativo (*le Corps Législatif*), apesar da perda de prestígio que sofrera, ainda tinha o poder de suspender uma lei, e até, temporariamente, a Constituição. Em suma, as assembléias do Primeiro Império, em sua origem e em teoria, estavam longe de ser instituições inertes ou atrofiadas. O Império estava enquadrado por leis, era um regime estatutário, não um regime "consuetudinário" ou tradicional. Diferentemente de Francisco II, Napoleão governava segundo "as constituições da República".[96] Quando gozava de poderes e prerrogativas "mais absolutos que os dos últimos Bourbon, inclusive Luís XIV",[97] estes eram *ad hoc*, ou decorriam de razões contingentes, pois, sendo Napoleão quem era, o Senado e a Suprema Corte não lançavam mão do seu poder de coibi-lo.

Mas Napoleão detinha seu Império também "pela graça de Deus", e nesse teatro, o da religião, ele tinha algo de que nem o Habsburgo podia se gabar e que muito teria apreciado: foi ungido imperador pelo Vigário de Cristo.

A coroação

O papa servil sagrou um demônio negro.
DITO MONARQUISTA
CORRENTE NO SÉCULO XIX

Na tradição francesa clássica, em vez de ser coroados, os reis recebiam uma sagração (*sacre*). Recebiam coroas também, sem dúvida, mas era a unção da Igreja, ministrada pelo arcebispo de Reims em sua catedral que tornava os reis franceses especiais entre todos os outros monarcas; eles eram os "primogênitos da Igreja". É revelador, portanto, que o primeiro imperador francês, embora tivesse sido sagrado pela mais alta autoridade da cristandade em 2 de dezembro de 1804, tendia a mencionar esse dia como o da sua "coroação".[98] Se há algo de que a posteridade se lembra prontamente acerca desse homem, é que naquele dia, de pé (não de joelhos) perante o altar-mor da catedral de Notre-Dame, em Paris, ele mesmo se coroou imperador dos franceses. O papa Pio VII só olhou.

O propósito da coração de Napoleão, a que os contemporâneos se referiam como o *sacre*,[99] foi tão multifacetado quanto a própria cerimônia foi eclética, mas, se algo pode ser afirmado com certeza é: o evento *não* teve para o "ungido" a significação espiritual que tinha para muitos soberanos.[100] Uma dúzia de razões levou Napoleão a querer uma sagração — o prestígio que isso lhe conferiria em círculos internacionais monarquistas e católicos, em que o "usurpador" precisava desesperadamente de uma chancela de autenticidade; o fundamento que isso daria à sua "dinastia"; a maior pacificação que isso poderia promover entre franceses ainda divididos pela religião. Algum significado religioso pessoal que o *sacre* tivesse para si, porém, não estava entre suas razões. Napoleão Bonaparte era uma cria de si mesmo, e adorava seu criador.

Para justificar a cerimônia com eloqüente simplicidade: uma sagração papal ministrada em Paris estarreceria o mundo e calaria a boca dos críticos em toda a parte, dentro e fora da França. Mas a idéia pareceu chocante e presunçosa à cúria papal. Até os sacro imperadores romanos (*até* Carlos Magno!) iam a Roma para serem sagrados pelo papa; o Vigário de Cristo não ia até eles.[101] Napoleão, porém, jogou com seus dois trunfos: lembrou a Roma que havia "salvado" a religião na França — e no grande Império Francês; e observou que houvera muitos sacro imperadores romanos, mas havia apenas um Napoleão. Estava contando com o fato de que o papa se encantara com ele? Sem dúvida; há boas razões para se concluir que Pio VII acabou empreendendo a árdua jornada até Paris — contra as objeções de seus conselheiros, e embora a Igreja nada ganhasse de concreto na barganha por essa ninharia — simplesmente por causa dos profundos sentimentos de afeição, fascínio e medo nele despertados pelo imperador que deveria sagrar.[102] Nenhum outro soberano europeu importante compareceu à sagração, embora todos tivessem sido convidados e vissem na sagração o momento decisivo da vida de um monarca, mas a presença do chefe da cristandade compensou essa ausência coletiva.

Do lado francês, as coisas correram de maneira menos tranqüila. Para surpresa de Napoleão — e ele o deveria ter tomado como uma advertência —, sua "grande idéia" despertou mais objeções que satisfação entre seus colaboradores. Para eles, um *sacre* lembrava Reims em 1775, quando Luís XVI fora ungido em meio a incenso e repicar de sinos, numa ostentação afrontosamente excessiva e reacionária. Se devia haver uma sagração, disseram, que fosse feita no Champ-de-Mars, em Paris, onde multidões poderiam perambular, cantar e gritar sua aprovação. Em suma, devia-se pelo menos torná-la semelhante à Festa da Federação de 1790 (a única celebração genuinamente bem-sucedida da Revolução), um festejo da "nação reunida". Mas era precisamente assim, num breve sumário, que o novo imperador *não* imaginava sua coração. "Não tenho em mente o povo de Paris", retrucou ele com aspereza "— e menos ainda o povo da França — as 20 ou 30 mil vendedoras de peixe, ou outra gente dessa laia, que invadiriam o Champ-de-Mars. Isso não passa da ralé ignorante e corrupta de uma cidade grande." O *sacre*, acrescentou, seria realmente "nacional" e civil, não militar ou enganosamente religioso, mas com certeza não seria "popular".

A coroação se realizou em grande parte como Napoleão pretendia. É verdade que não se deu no aniversário do 18 Brumário, como desejara — o papa não poderia chegar a Paris a tempo. Além disso, Pio impôs uma condição inapelável: a cerimônia só poderia ser realizada se Napoleão e Josefina concordassem em se casar no religioso, o que obviamente não lhes ocorrera nos dias revolucionários de 1796. (O cardeal Fesch cuidou de pronunciá-los devidamente marido e mulher numa capelinha das Tulherias na véspera da sagração.) Quanto ao mais, o imperador deu as cartas. A coroação de 11 Frimário do Ano XIII (2 de dezembro de 1804) transcorreu de maneira notavelmente serena para uma cerimônia inédita na França. Não houve preces na véspera do evento, não houve confissão, eucaristia, nem corpos totalmente prostrados perante o altar; não houve o "toque real" no povo para curar escrófula e pouco se ajoelhou. Pio VII estava ali para ser visto, não para agir. A assistência, como queria Napoleão, refletia "a nação", não o populacho. Estavam presentes centenas de representantes da burguesia provincial (p.ex., presidentes de colégios eleitorais, prefeitos municipais), de autoridades (prefeitos de departamento etc.) do exército e da nobreza.

O imperador levou sua coroação visivelmente a sério, mesmo que outros não o tenham feito. Ao avançar pela nave central de Notre-Dame estava extremamente pálido, parecendo comovido, quase perturbado — emoções genuínas que conflitavam com sua aparência um tanto cômica metido num grande manto de arminho que o tornava ainda menor. Usava a coroa de louros dos imperadores romanos e o grande cordão da Legião de Honra; segurava um globo — o símbolo do poder imperial. A cerimônia teve duas partes distintas, realizadas em extremidades diferentes da catedral, de modo a enfatizar a desconexão de duas facetas: a religiosa (principalmente a bênção pelo papa)[103] e a secular, cujo momento central — e clímax de toda a solenidade, do ponto de vista do governo e da audiência — foi o juramento. Este consistiu num conjunto de promessas que enfatizavam as restrições a que o poder imperial estava submetido e sua natureza republicana: "Juro manter a integridade do território da República, respeitar e fazer respeitar as leis da Concordata e a liberdade dos cultos; respeitar e fazer respeitar a igualdade dos direitos, a liberdade política e civil, a irrevogabilidade da venda de terras nacionais; não recolher nenhum imposto senão em virtude da lei; conservar a instituição da Legião de Honra e governar no exclusivo interesse e para a felicidade e glória do povo francês."[104]

Esse juramento é revelador: se a coroação, em seu estilo, pareceu tudo menos Revolucionária com R maiúsculo, toda a solenidade se revelou, no entanto, tão secular em substância que não foi possível deixar de vê-la, na França e alhures, como revolucionária em sua significação histórica. Isso não significa, porém, que ela satisfez ou comoveu os franceses. A grandiosidade e o custo da espetacular celebração (numa época de declínio econômico) e a esquisita presença do papa numa cidade famosa pela guilhotina mantiveram o *sacre* questionável aos olhos da maioria dos franceses, embora a personalidade humilde de Pio VII e suas maneiras acessíveis, simples, lhe tenham granjeado a estima das massas. Não há indícios de que a coroação tenha sido acompanhada por um transbordamento de alegria nacional. O interesse ou a curiosidade que a cercaram foram despertados pelas personalidades do papa e do imperador, não por alguma significação profunda do evento, que foi visto em geral como um espetáculo espalhafatoso e eclético. O próprio *aumônier* (capelão) do imperador qualificou-a de "uma verdadeira brincadeira de criança".

Em suma, para satisfazer seu orgulho e esnobar as casas reinantes da Europa, é possível que Napoleão tenha ofendido grande parte da opinião francesa relevante. Os verdadeiros católicos não se deixaram enganar, e tampouco o imperador conseguiu maior ascendência sobre eles com essa simulação de um *sacre* — tanto mais que, poucos anos depois, ele estaria de novo em conflito declarado com o papa. Comentários como o usado como epígrafe desta seção — "o papa servil sagrou um demônio negro" — , mas menos espirituosos,[105] eram comuns entre católicos. Por fim, é contestável a necessidade que tinha Napoleão da legitimidade adicional que uma cerimônia tão sincrética pode lhe ter conferido. Legitimidade, como logo veremos, é um fenômeno mais complexo.

Para os senadores, talvez a declaração mais tocante de Napoleão tenha sido a que ele lhes transmitiu na véspera da coroação, quando os resultados oficiais do plebiscito foram divulgados. Disse o imperador: "Tenho o coração repleto de sentimentos pelos grandes destinos deste povo que, já nos acampamentos do exército na Itália [em 1797], eu saudara como Grande. Desde minha adolescência, todos os meus pensamentos foram investidos nele, e, se posso dizê-lo, meu prazer e minha dor constituíram-se até hoje da felicidade e da infelicidade de meu povo." Ao contrário dos senadores, os historiadores franceses, inclusive alguns dos melhores deles, viram insinceridade embutida nestas palavras, pois o garoto Napoleão notoriamente odiava os franceses. Os leitores deste livro sabem de que maneira eu interpreto os sentimentos do rapaz. Mas, num sentido geral — e talvez dando alguma licença poética para uso da palavra "adolescência" pelo imperador —, o "investimento" de Napoleão no destino histórico da França, investimento que seguramente datou de seu 21º ano, se não de antes, foi tão profundo quanto seu investimento no próprio destino, *porque era inextricável dele.*

Seja como for, ninguém discute que, na distribuição de águias regimentais ao exército realizada no dia 5 de dezembro, a pompa e as emoções foram inteiramente sinceras. Em meio a seus oficiais e tropas, *l'Empereur* era um soldado entre soldados. Num indício não menor de sinceridade, um jovem estudante de medicina — um civil — saiu correndo do meio do povo em direção a Napoleão e gritou: "Liberdade ou morte!" Foi imediatamente detido, interrogado, e passou algum tempo preso no hospital Charenton para doentes mentais.[106]

Legitimidade: a busca sem fim

> *Uma idéia não tem mais estatura metafísica que, digamos, um garfo. Quando queremos tomar sopa e um garfo se prova inadequado para tal, faz pouco sentido discutir se há ou não algo inerente à natureza dos garfos ou algo inerente à natureza da sopa que explique essa inadequação. Simplesmente pegamos uma colher.*
>
> JOHN DEWEY

O diabrete da legitimidade política fascinou e extenuou os franceses desde que destruíram sua monarquia milenar em 1793 (continua a fasciná-los e extenuá-los até hoje). O francês médio do início do século XIX talvez tivesse muita dificuldade para definir legitimidade, mas a teria reconhecido se a visse. Luís

XIV, o Rei Sol, *tinha legitimidade*, diria ele. Luís detinha seu ofício sagrado graças à unção de sua família por Deus em 987, não a nenhuma eleição pela "nação", e seus poderes e prerrogativas não eram mediados pelos estatutos de uma Constituição escrita. Era um "bispo extra" da Igreja católica; tinha o poder de curar a escrófula com seu toque. Foi derrotado em grandes batalhas e guerras, assinou tratados ruinosos, perdeu territórios para os inimigos, e solapou tão completamente sua reputação pessoal que em 1715 seu cadáver foi vaiado a caminho do túmulo. Nada disso, porém, minou-lhe a legitimidade. Luís não *precisara* de glória ou de império, apenas os desejara.

Dessa perspectiva tradicionalista, *Napoléon Premier* nunca seria vitorioso, com ou sem unção papal. Ao se coroar imperador, ele se expôs a comparações com a tradição monárquica na área que mais contava: linhagem. Nela, sempre seria um fiasco. Ao se fazer um soberano hereditário, lançou-se a uma tentativa neurótica, sem fim, de legitimar seu governo e (o que não é a mesma coisa) sua "Casa". A legitimidade de Napoleão tornou-se uma obsessão também para as cabeças coroadas e aristocracias da Europa, que passaram a se empenhar não menos neuroticamente em negar as pretensões dele e afirmar as próprias.

No âmbito interno, o problema de Napoleão era outro, e talvez igualmente gerador de ansiedade. Segundo uma definição muito conhecida, a legitimidade "consiste num acordo tácito e implícito entre o Poder e seus súditos com relação a certos princípios e certas regras que determinam seus atributos e estipulam seus limites".[107] O "acordo" ou "pacto" entre Napoleão e a nação não foi o "casamento místico" que unira o rei Bourbon a seus súditos. Entre outras coisas, neste último caso o soberano era o rei, ao passo que no Primeiro Império o soberano era — só podia ser, em última análise — "o povo". Em termos de "atributos" e limites, os poderes do novo imperador eram enormes; talvez "se assemelhassem mais aos dos soberanos absolutistas que ao do monarca constitucional Jorge III",[108] mas semelhança não é identidade. Em contraste com o poder de um déspota oriental, o de Napoleão dependia de seu gênio e carisma, de sua capacidade de obter vitórias militares e de dominar o Império.

Ele nunca deixaria de alimentar, porém, o ardente desejo de justificar seu poder no sentido tradicional (ou tradicionalista) profundo do Antigo Regime, sem promover um verdadeiro retorno a ele. Esse foi, aliás, o problema por excelência de todos os governos franceses na era revolucionária (e pós-revolucionária). Com sua personalidade agressiva, Napoleão procurou sua legitimidade em toda parte; experimentou doses de todos os remédios — coroação, plebiscito, república, democracia, constituição, carisma, ditadura — por mais inadequados ou incompatíveis que fossem. A coroação, em sua dimensão secular, teve por núcleo o juramento, que encerrou um esforço de legitimação republicana. Incluiu também a bênção papal, que, pelos cálculos do imperador (errôneos, como se revelaram), lhe garantiria a legitimação católico-religiosa. Quanto ao plebiscito, ele foi supérfluo; o *senatus consultum* orgânico do Senado teria bastado para criar o Império. Ademais, Napoleão não alimentava ilusões quanto ao voto pelo voto, nem lhe atribuía nenhum misterioso poder divino; sabendo muito bem quão volúvel a opinião pública podia ser.[109] Mas o plebiscito não deixou de dar um verniz de democracia ao poder de um primeiro-cônsul e imperador que, na verdade, desconfiava profundamente das multidões — o que tornou seus regimes modernos.

Modernos e democráticos, mas não republicanos tal como os modernos (especialmente os anglo-americanos) compreendem o termo. A obsessão da França no final do período revolucionário pelo "povo" foi uma verdadeira religião secular, mas sua obsessão residual pela "República", com R maiúsculo, foi um caso de amor com uma palavra. Thiers faz uma observação sagaz acerca do destino dos jacobinos do Ano II: "Que lição para os sectários que haviam pensado, no primeiro delírio de seu orgulho, que poderiam fazer da França uma república porque a história fizera dela uma democracia."[110] A democracia, como Thiers a entende, combina o princípio formal da soberania popular com o cuidado prático de cortejar a opinião pública; é simbolizada pela preocupação do Consulado e do Império com o plebiscito — o apelo excepcional ao *demos* e sua resposta. Isso é ilustrado também pelo título de Napoleão: "Imperador dos Franceses", não "Imperador da França".[111] Não se implantaram, porém, "instituições republicanas liberais" no sentido norte-americano. Seria preciso o século XIX inteiro para transformar os franceses em republicanos nesse sentido. Bonaparte já se recuperara havia muito de seu amor fugaz pela (Primeira) República — para ele, esse regime sempre cheirara demais a *un régime de parti* —, apesar disso, temia perder o aval da palavra; daí o paradoxo da nova expressão: "*Napoléon Bonaparte, empereur de la République française.*"

A Constituição do Ano XII, por sua vez, pode ser vista como um esforço para conferir legitimidade jurídica ao regime, mas foi um esforço que retratou mal tanto a face do poder napoleônico, ao erigir instituições que tinham o poder de contestar o imperador, quanto a fachada de linguagem com que o regime tentava obter legitimidade democrática. Pois um dos paradoxos dignos de nota dessa Constituição é não conter a palavra "nação". Trata-se de uma ausência na letra, não no espírito; o "discurso nacional" era (e continuou sendo) a assinatura pessoal do regime napoleônico, a ilustração do empenho do imperador por legitimidade democrática, sua realização do que o Consulado tentara: o regime democrático em termos formais e finais, mas não em termos materiais. Tudo era feito para a nação, nada por ela.[112] Napoleão conseguiu promover uma concentração muito moderna da "nação" nele mesmo como seu único representante. Como expressou o filósofo político Marcel Gauchet, em oposição ao princípio republicano do governo impessoal, Napoleão "reinventou o princípio monárquico em sua forma mais profunda, mas o fez dentro da estrutura de um estado de direito que parecia excluí-lo. Foi com o título de representante da Nação que ele personificou o poder, chegando mesmo a se declarar *mais* 'representativo' do que seus predecessores que haviam sido formalmente eleitos".[113] Foi essa, portanto, a essência da tradição que o século XIX chamaria de "bonapartismo", tradição cuja influência persistiria por boa parte do século XX, não só na França como em lugares tão distantes quanto o Brasil e a África Central. O "discurso nacional" foi o toque de novidade a que Bluche se refere quando observa que o regime não foi nem uma ditadura militar, nem uma monarquia clássica.

A legitimidade de Napoleão, em suma, compôs-se de uma salada macedônia de tradições e formas, todas manifestamente ambíguas, artificiais e oportunistas, para não dizer mutuamente excludentes. Elas equivaliam, de fato, a "um álibi de legitimidade", como expressou um estudioso.[114] Mas aí está o problema: empenhar-se *tanto* pela legitimidade já era solapá-la, pois essa é uma área da vida — outra é a religião — em que o pragmatismo e o esforço percebidos não podem funcionar (Napoleão era um instrumentalista no campo da religião também). A salada tinha apenas a pequena vantagem da conveniência: permitia ao imperador deslocar-se de uma forma de legitimidade para outra, dependendo do contexto e da necessidade do momento, sem que nenhuma fosse mais bem-sucedida que a outra.

Quando desviamos o olhar do dito para o não dito, vemos que o modo pelo qual Napoleão e seus defensores reivindicavam e encenavam a legitimidade contrasta com a legitimidade que ele *realmente* possuía. Em Santa Helena, o imperador enfatizaria que sua legitimidade residia em si mesmo — em sua subjetividade, poderíamos dizer; ela era inerente a suas vitórias, seu brilhantismo, sua glória e reputação, seu estilo, seu carisma, bem como — não menos importante — a seu manifesto conhecimento dos franceses e, sim, a seu patente amor por eles. Napoleão não foi um caso surpreendente nem incomum na era moderna: muitos outros líderes políticos buscariam esse tipo de legitimidade individual, embora *l'Empereur* tenha sido o primeiro e continue a ser o mais notável no gênero. Essa nova dimensão personalista da política, cujas bases a Revolução lançou e Napoleão explorou com astúcia, não pode ser restrita ou abarcada por legislação, teoria, ou mesmo por mera coerência.[115]

No final das contas, Napoleão jogou consigo mesmo e com os franceses um jogo curioso e sutil no tocante à legitimidade. Consideremos este conjunto, freqüentemente citado, de observações plangentes:

> A França compreende mal minha posição, e é por isso que julga tão erroneamente a maioria de meus atos. Cinco ou seis famílias repartem os tronos da Europa e não lhes agrada que um corso tenha se sentado à sua mesa. Só posso me manter ali pela força; só posso acostumá-las a me ver como um igual mantendo-as em servidão; meu império será destruído se eu deixar de inspirar medo ... Por isso não posso me permitir deixar que me ameacem sem revidar. Coisas que teriam pouca importância para um rei de uma Casa antiga são muito graves para mim. Terei de manter essa atitude enquanto viver, e se meu filho não for um grande capitão [de guerra] — se não for capaz de fazer o que faço —, cairá do trono em que me coloquei, pois é preciso ser homem para consolidar uma monarquia. Luís XIV, apesar de todas as suas vitórias, teria perdido seu trono no fim da vida se não o tivesse herdado de uma longa linhagem de reis. Entre soberanos estabelecidos, o único propósito de uma guerra é desmembrar uma província ou tomar uma cidade; para mim, porém, o que está em jogo é sempre minha própria existência como monarca, a existência de todo o Império.[116]

Esse longo suspiro imperial, exalado de tempos em tempos ao longo de todo o Império e em Santa Helena, é na verdade um exercício bastante ardiloso de autocomiseração. Encerra uma verdade histórica, é claro, pois de outro modo não cumpriria sua finalidade de evocar solidariedade, como sem dúvida conseguiu: "Pobre Napoleão! Não lhe dispensavam o respeito que desejava e merecia!"

Comenta-se menos, porém, que reflexões desse tipo desempenharam o papel de desculpas para uma criança agressiva, e foi *isso* que foram, mais do que descrições precisas de alguma lógica supostamente imanente ao Primeiro Império. A reflexão acima sugere que "os franceses precisavam" de guerras e de um império para conferir legitimidade ao imperador, que ele não estava seguro em seu trono senão ao cavalgar à frente da Grande Armée. Mas não é difícil demonstrar que não era esse o caso. O primeiro-cônsul, para não mencionar o imperador, tinha muito mais legitimidade do que supunha. Era objeto de enorme gratidão, admiração e até afeição e, salvo por algum cataclismo, sua "Casa" acabaria por ser tolerada. A interminável busca de legitimidade empreendida por Napoleão foi, em grande parte, sua maneira de justificar um comportamento agressivo (e infantil).

X

La Guerre – Encore (et pour toujours)

Quando existem bárbaros tão inimigos da humanidade que desejam guerras de extermínio perpétuas, devemos tomar cuidado para, em vez de ouvir seus conselhos, enviá-los para longe da família e da pátria por anos a fio ..., ou melhor, pô-los em meio à carnificina de um campo de batalha num dia de luta; ali, a menos que todo o senso de humanidade tenha se extinguido em seus corações, com certeza renegarão seus princípios atrozes.
NAPOLEÃO BONAPARTE[1]

O fracasso da paz

Se Bonaparte fosse um homem comum, não despertaria nossos medos e nossa rivalidade, mas com um homem de tão grandes talentos e tamanho gênio não podemos permanecer tranqüilos tendo um armamento comum. Sob a monarquia [francesa], era a nação que dava o tom ao governo; hoje, porém, é o primeiro-cônsul que imprime atividade e movimento a seu país.
O PRÍNCIPE DE GALES
1º DE JANEIRO DE 1803[2]

É um erro acreditar que uma posição política fundada em superioridade econômica é "essencialmente pacifista".
CARL SCHMITT
THE CONCEPT OF THE POLITICAL

As celebrações que acolheram a assinatura do Tratado de Amiens — as odes e cantatas, os poemas, panfletos e peãs à paz em francês, inglês, alemão e outras línguas; as encenações descrevendo a negociação da paz feitas em cafés-concertos, cabarés e no palco legítimo — tudo isso foi escrito e exibido com óbvia sinceridade pelos diferentes povos. Se qualquer dos lados tivesse revelado um real desejo de paz, tê-la-ia obtido, mas se muito se louvou a paz, foi para salvar as aparências — para escapar de ser acusado por seu fracasso. Em meados de maio de 1803, França e Inglaterra estavam de novo em guerra — e com uma resignação que contrastou vivamente com o entusiasmo despertado por Amiens.

A paz era exceção nessa época.[3] Essa resignação foi talvez um indicador da qualidade da propaganda anglo-francesa ou do grau de credulidade dos dois países; pode também ter sido apenas um indicador de sua familiaridade com a velha couraça de guerra que haviam vestido por cem anos.[4]

Depois da assinatura do Tratado de Lunéville (fevereiro de 1801) entre a França e a Áustria, a paz entre a França e a Inglaterra[5] era inevitável, pela simples razão de que a Grã-Bretanha — rica, insular, mas com uma população pequena — não podia mobilizar rapidamente um exército contra a França em terra; para isso, foi obrigada a comprar um substituto continental. As negociações entre Inglaterra e França, iniciadas com tanto otimismo no outono de 1801, provaram-se tão árduas e prolongadas que deixaram os chefes duvidando de que a paz, finalmente assinada em março de 1802, pudesse durar. A Inglaterra saiu das negociações sem ganhar muito, mas, afinal, estivera no lado vencido — coisa que teve grande dificuldade em admitir, uma vez que ela própria não sofrera nenhuma derrota militar. A Grã-Bretanha devolveu a maior parte das colônias francesas e holandesas que havia tomado e acabou por concordar em entregar a ilha de Malta aos cavaleiros que tradicionalmente a ocupavam. Teve também de reconhecer a presença dos franceses nos Países Baixos e admitir os ganhos deles na Itália. Por fim, a Grã-Bretanha não conseguiu selar com a França nenhum tratado comercial que abrisse os mercados franceses para produtos britânicos — um retorno à situação de 1786 —, algo que os negociantes britânicos haviam desejado e esperado ardorosamente. Uma frase do escritor e parlamentar Richard Sheridan sintetiza a reação britânica a Amiens: foi "uma paz com que todo homem deve se alegrar, mas de que nenhum pode se orgulhar".

Para seus signatários, o Tratado de Amiens significou uma pausa para recobrar o fôlego. Henry Addington, o sucessor de Pitt como primeiro-ministro, não foi o incompetente que se costuma retratar; tanto quanto Bonaparte, ele compreendeu que Amiens provavelmente não passava de uma trégua, mas uma trégua que poderia idealmente durar cerca de uma década — fora essa a duração da maioria dos tratados na história recente, pontilhada de guerras, da Europa —, o que lhes permitiria resolver os sérios problemas financeiros de seu país antes de retomar a luta com a França.[6] Para Napoleão, o tratado valeu um novo título, "príncipe da paz" — a se somar à sua bem-merecida alcunha de "deus da guerra" —, e a chance de se provar definitivamente um grande legislador no plano interno. Mas também ele esperava uma retomada das hostilidades com o "antigo inimigo", e aproveitou a oportunidade para reforçar a marinha.

Geopoliticamente, a Paz de Amiens ratificou uma nova situação no velho e conhecido equilíbrio de poder; reconheceu que as três superpotências — Grã-

Bretanha, Rússia e França — haviam se alçado a posições muito superiores às que ocupavam antes das guerras da Revolução Francesa. De fato, se considerarmos o século XVIII em sua totalidade, a Grã-Bretanha e a Rússia — e este é um ponto importante, nem sempre notado — haviam ganhado muito mais que a França.[7] Apesar disso, era inegável que o velho desequilíbrio do século XVIII, que prejudicara e insultara a França, estava agora mais que corrigido. A França cobrara o que lhe era devido, e com juros! Em suma, o mapa de 1802 revelava uma coexistência penosamente alcançada entre a Rússia, a França e a Grã-Bretanha, em que cada país tinha suas esferas de influência, respectivamente no Oriente, no Ocidente e "nos mares" (incluindo colônias). A questão para a Grã-Bretanha seria: eram os mares suficientes, especialmente em face do desejo francês de competir neles também? Poderia ela, de fato, ignorar o continente europeu, como praticamente se obrigara a fazer em Amiens?

Se a Grã-Bretanha entrou na era de Amiens com a consciência pesada por não ter feito valer seus interesses, e portanto à espera de uma reparação, Bonaparte viu a paz como uma oportunidade. O que chama a atenção do biógrafo é a audácia, para não dizer o descaramento, com que, sem uma pausa, ele levou adiante — mesmo durante os seis meses que duraram as conversações que levaram ao tratado — políticas de expansão além do previsto pela Inglaterra. Suas cartas nesses anos revelam uma enxurrada de ordens a seus diplomatas, agentes, generais e aliados, para que tomassem iniciativas e executassem missões em todas a direções.[8] Sem nenhum remorso, Bonaparte agarrou-se a oportunidades, e forjou outras tantas, para empreender um expansionismo agressivo a qualquer preço, exceto a própria guerra, inclusive o fomento de rebeliões, conflitos e confrontação internacional. Em vez de contornar acordos e tratados de maneira furtiva, passava-lhes triunfantemente por cima, deixando a Europa estupefata. Sabendo que por algum tempo poderia fazer o que bem entendesse impunemente, o primeiro-cônsul maximizou sua vantagem e se preparou para lutar quando chegasse a hora, embora acreditasse, erroneamente, que ela não chegaria tão cedo. Sua desculpa subjacente era menos uma idéia narcísica, "regras não se aplicam a mim", que uma crença cínica, "as outras potências também jogam este jogo; eu simplesmente jogo melhor". Como toda desculpa, continha um germe de verdade.

Uma lista parcial de suas iniciativas desde o início (1º de outubro de 1801) até o fim (março de 1802) das negociações que resultaram no Tratado de Amiens incluiriam:

- alteração do mapa da Alemanha sob a supervisão francesa;
- anexação do Piemonte, autorizada pela paz de Lunéville;

- anexação da ilha de Elba;
- eleição de Bonaparte presidente da República Cisalpina (italiana);
- entrega da cidade-Estado de Parma à República Italiana;
- criação de um protetorado francês, o reino da Etrúria, na Toscana;
- o Ato de Mediação solicitado pela Suíça (mas também imposto a ela), tendo Bonaparte sido nomeado o mediador;
- conversão da região suíça do Valais em dependência da França;
- envio da força expedicionária Leclerc para o Haiti, de onde deveria seguir para Louisiana;[9]
- envio do general Decaen em missão à Índia, onde deveria, segundo instruções de Napoleão, "impor-se com suavidade, simplicidade e dissimulação";
- envio do coronel Sebastiani em missão ao Egito, supostamente para observar, mas de fato para analisar os meios de retomar o país;
- imposição de nova Constituição e de aproximação da França à teoricamente independente Holanda.

Se essa lista estarrecedora[10] não merece um julgamento negativo peremptório é porque algumas das medidas foram solicitadas por forças dominantes dos próprios países envolvidos; outras tiveram caráter progressista, com impactos (pelo menos inicialmente) liberais ou modernizantes sobre os países. Na Alemanha, por exemplo, ocorreu nada menos que uma espécie de revolução territorial sob os auspícios da diplomacia francesa quando grande número de diminutos Estados eclesiásticos e imperiais se viu substituído por Estados modernos centralizados, embora pequenos. A Áustria foi praticamente excluída do antigo Heilige Roemische Reich, cuja coroa seu imperador usava, enquanto os franceses cortejavam com sucesso os príncipes alemães do sul, convencendo-os a se alinhar com a França. No que foi mais frustrante do ponto de vista britânico, a diplomacia napoleônica foi hábil o bastante para levar a cabo toda essa reforma alemã sob a supervisão do czar, que era o protetor nominal da Alemanha. Alexandre I não demorou a perceber que fora logrado, daí sua hipócrita indignação com Bonaparte.

A Itália sempre fora a menina dos olhos de Bonaparte. Um jacobino italiano da época comentou: "Nós do partido italiano tínhamos sempre a certeza de que éramos capazes de tanger uma corda secreta de sua alma, corda que os ministros franceses faziam o possível para suprimir."[11] No final de 1801, Bonaparte convocou uma *consulta* nacional da República Cisalpina em Lyon. Os deputados elegeram o primeiro-cônsul presidente da nova república "italiana", com o que queriam lisonjear a si mesmos tanto quanto ao eleito. Muitos italianos, entre os quais alguns dos mais estreitamente associados a Bonaparte (p.ex., Melzi, que se tornou vice-presidente), haviam perdido o entusiasmo pela conexão francesa em conseqüência de quatro anos de imposições, mas curvaram-se diante de dois fatos: não eram capazes de chegar a um acordo com relação a um candidato próprio; não contavam com ninguém que possuísse, sequer remotamente, a força de Bonaparte para manter sua república unida protegendo-a ao mesmo tempo contra a Áustria. Para bem ou para mal, ele era indispensável à existência do regime. Pela primeira vez na história francesa, a Itália suplantou permanentemente qualquer outro teatro de operações, até a Alemanha, na preocupação que despertava em Paris.[12]

A eleição de Bonaparte para a presidência da República Italiana[13] chocou as demais potências. Em Amiens, onde as negociações se arrastavam, José percebeu um endurecimento dos britânicos com relação a esse assunto, mas eles não chegaram a lavrar um protesto. O tratado finalmente assinado não conteve nenhuma palavra sobre os novos Estados italianos, porque a Grã-Bretanha não os reconhecia. Talvez isso tenha satisfeito o orgulho britânico, mas deixou o Ministério das Relações Exteriores britânico sem condições de protestar quando a França anexou o Piemonte (setembro de 1802).[14]

Na Suíça, os britânicos agiram, mas em vão. A situação ali foi um claro exemplo do que levou o governo Addington ao pânico, embora, aos olhos da posteridade, a questão pareça de julgamento mais difícil. Desde 1798, os suíços haviam tentado várias formas de governo, inclusive uma república unitária jacobina.[15] Nenhuma produzira harmonia nessa terra diversificada de territórios alpinos. O fracasso atual era a Constituição de Malmaison (1801), agenciada por Bonaparte, que não conseguira impedir federalistas, jacobinos e oligarcas de se estrangularem uns aos outros. Além disso, mesclando-se a essa já considerável animosidade dentro da Suíça, havia quantidades desconhecidas de agentes e ouro britânicos atuando em favor dos oligarcas (os adeptos do Antigo Regime). Uma de suas atividades era fomentar distúrbios e insurreições antifranceses.[16] Foi o bastante para fazer Bonaparte agir; ele conseguiu que os federalistas "convidassem" formalmente os franceses a intervir. O corpo de 30.000 homens do general Ney partiu para a Suíça e dentro em pouco os partidos suíços estavam em Paris para uma "consulta", a fim de conceber um plano final de governo — ou enfrentar a anexação à França.

É claro que nenhuma das duas potências, nem França nem Inglaterra, tinha qualquer direito a estar na Suíça, mas isso não fazia diferença para ninguém, nem para os muitos suíços que, por interesse pessoal ou razões ideológicas, os queriam ali. Para a Grã-Bretanha, a República Helvética era uma posição avançada de onde fomentar distúrbios na França; para Bonaparte, era uma reserva francesa — tanto ideologicamente, já que a Revolução penetrara o país e o transformara, quanto geograficamente, por ser um marco, ou fronteira, entre ela e Áustria e a Itália. Na opinião dos franceses, e não só de Bonaparte, a República tinha muito mais interesses ali do que *les Anglais*. O primeiro-cônsul deu rédea solta à sua indignação hipócrita contra os britânicos por suas maquinações na Suíça, acrescentando que se Addington tivesse ousado intervir oficialmente, teria anexado a Suíça inteira. Reconheceu sem nenhum pudor: "Meus cálculos não se baseiam simplesmente no que o povo suíço desejaria, mas no que é proveitoso para 40 milhões de franceses."[17]

As forças federalistas que convidaram os franceses a intervir eram legítimas, fortes e progressistas em relação aos oligarcas apoiados pelos britânicos, mas conservadoras em relação àqueles jacobinos suíços que haviam fundado a República Helvética em 1798 sob a égide da França. O Ato de Mediação que emergiu nesse momento para fundar um regime diferente, sob estrita orientação francesa, permitiu aos cantões recobrar seu antigo papel num governo de tipo federalista (não jacobino-unitário). O raciocínio do primeiro-cônsul foi: "A própria natureza fez para vós um Estado federalista e querer destruí-lo não é o ato de um homem sábio." Para que a paz fosse mantida, Bonaparte foi nomeado mediador.[18] A Constituição, é preciso dizer, satisfez o povo durante toda a década seguinte. (A Suíça é o único país que conserva o nome que assumiu nessa época: Confederação Helvética.) A Inglaterra, é claro, percebeu corretamente esses laços praticamente umbilicais da Suíça com a França como perigosos. Mas o Tratado de Amiens nada dissera sobre o assunto, enquanto o de Lunéville especificara apenas que os suíços eram livres para escolher seu governo (como nominalmente haviam feito), após o que os franceses partiriam (como fez o corpo de Ney). Ademais, os países para os quais uma Suíça controlada pela França representava as ameaças mais óbvias — a Prússia e a Áustria — não fizeram nenhum protesto; tinham outras contas a acertar com Napoleão. Assim, que podia a Inglaterra fazer?

Teria a Suíça ficado em melhor situação se as intervenções de Addington em favor do Partido Oligárquico tivessem tido êxito e a Inglaterra tivesse substituído a França como fiadora da República? Isso teria acarretado a anulação de um número ainda maior de reformas introduzidas pela Revolução na vida sociopolítica suíça. Teria a Confederação Helvética ficado em melhor situação caso se tornasse um centro de conspirações contra a vida e o regime de Napoleão Bonaparte, como a ilha de Jersey, ao largo da costa norte da França, controlada pelos britânicos? Mas ficara ela mais bem servida tornando-se uma plataforma francesa para ataques ao Tirol ou à Itália? Pessoas sensatas continuarão a dar diferentes respostas para estas perguntas.

O Tratado de Lunéville exigiu que os franceses evacuassem a Holanda depois que uma paz geral foi assinada, mas isso não aconteceu. Os franceses impuseram uma constituição à República Batava e deixaram 11.000 soldados dentro de suas fronteiras, mantidos à custa dos holandeses, em caráter "temporário". Os britânicos, embora logo se tenham arrependido, cumpriram a exigência feita pelo tratado e devolveram o Cabo (África do Sul) à Holanda. Fizeram-no em 1803 e não demoraram a vê-lo cair em mãos francesas quando a França começou a exercer hegemonia na República Batava. A presença francesa na Holanda — como na margem esquerda do Reno ou na Itália e na Suíça — foi sendo cada vez mais sentida como uma agressão, à medida que as cobranças francesas em material, dinheiro e homens passavam de importunas a ultrajantes; mas na Holanda, como alhures, o governo fantoche requisitava proteção e reformas francesas; preferiam-nas, apesar de todas as suas desvantagens, à presença ou à pressão austríaca, prussiana ou inglesa.[19] É essa ambivalência que distingue a fase inicial do imperialismo napoleônico de outras formas de imperialismo.

Para completar, esses inesperados ganhos territoriais que estiveram no cerne na disputa entre França e Grã-Bretanha se consumaram sem que um só tiro fosse disparado — resultado, como disse um historiador, "da impotência da Alemanha, da resignação da Prússia, do isolamento da Rússia, da derrota da Áustria e da exaustão da Inglaterra".[20] O Ministério das Relações Exteriores britânico só podia culpar a si próprio pela "deplorável asneira" de não ter inserido no tratado uma cláusula estipulando a independência da Holanda e da Suíça.

Os resultados econômicos que a paz valeu à Grã-Bretanha, e que teriam sido quase tão importantes quanto os ganhos políticos, foram igualmente decepcionantes. Se a paz tivesse se mostrado lucrativa para os comerciantes e os industriais ingleses, grande parte da agressão militar-diplomática francesa teria sido aceita pela City. Chaptal, o ministro do Interior de Napoleão, e Lebrun, um antigo co-cônsul, de fato foram a favor do estabelecimento de um tratado com a Inglaterra, ainda que apenas em prol da manutenção de uma paz verdadeira. Mas Napoleão se mostrou cauteloso, pois sentia que um tratado podia pôr a França de novo na sombra comercial da Grã-Bretanha, como, a seu ver, o tratado de 1786 fizera. Preferiu se valer de tarifas elevadas para proteger o que pretendia que fosse uma política de fomento do crescimento industrial francês. Assim, não sem relutância, o primeiro-cônsul demitiu Chaptal e, embora tenha feito esforços espasmódicos para satisfazer o comércio francês, dirigiu a política econômica francesa resolutamente para um desenvolvimento industrial interno "patriótico".[21]

Para os franceses, o tratado só teve um verdadeiro inconveniente, mas esse foi gigantesco e pessoal: os ataques da imprensa britânica ao primeiro-cônsul e à sua família que o acompanharam. Os jornalistas que produziam essa propaganda deram provas de extremo talento e perversidade; demonizavam Bonaparte ("o ogro corso, semi-africano, semi-europeu, mulato mediterrâneo", "o macaquinho de um metro e trinta,", "um pastiche de todos os palhaços da Revolução" etc.), contavam mentiras intermináveis sobre o seu passado, difamavam Josefina e insinuavam que a irmã dela mantinha relações sexuais com Napoleão.[22] Havia relativamente pouco tempo que a opinião pública se tornara um fator de peso na política internacional e essa campanha da imprensa teve importante papel no envenenamento das relações entre os dois países. A campanha se desenvolveu em conjunção com a presença periódica de vários príncipes Bourbon na Inglaterra, juntamente com seus ativos comitês clandestinos, uma dúzia de bispos franceses dissidentes e conspiradores eminentes como Georges Cadoudal. Em outras palavras, a batalha ideológica contra a Revolução Francesa continuou a ser travada na Grã-Bretanha; a paz não se estendeu a ela.[23]

O primeiro-cônsul ficava tão indignado com esses ataques que mandou publicar nada menos que cinco artigos de protesto de sua própria lavra em *Le Moniteur*. Nenhuma fonte, britânica ou francesa, duvida de que, dessa vez, sua ira era verdadeira. Os ataques feriam seu *amour propre*, o que por sua vez o deixava praticamente desnorteado.[24] Ele, seus ministros e embaixadores queixavam-se várias vezes de Addington, que se mostrava incapaz de controlar a imprensa. "Será que a liberdade de imprensa vai tão longe", escreveu Bonaparte em *Le Moniteur* (8 de agosto de 1802), "a ponto de ser permitido a um jornal dizer de uma nação amiga, recém-reconciliada com a Inglaterra, coisas que não se ousaria dizer de um governo com que se estivesse em guerra?" O regime britânico poderia ter se esforçado mais, bem como poderia ter atendido aos pedidos franceses para que expulsasse os príncipes Bourbon e os *émigrés*. Addington aconselhou o primeiro-cônsul a não perder tempo nem arriscar ainda mais sua reputação intentando ações por difamação contra os jornais infratores num tribunal britânico. Mas foi o que Napoleão fez, o que revela como estava furioso.[25]

Na virada de 1803, após ter sido obrigado a suportar o mortificante fracasso da expedição Leclerc a São Domingos,[26] Bonaparte estava enraivecido, embaraçado e à procura de uma compensação. Embora com relutância, decidiu vender a Louisiana para os americanos, sinal de que talvez estivesse se preparando para retomar a guerra com a Grã-Bretanha. No dia 30 de janeiro, de caso pensado, publicou em *Le Moniteur* parte do relatório de Sebastiani sobre o

Egito, inclusive a afirmação ultrajante de que com 6.000 homens seria possível retomar a antiga colônia. Em suas memórias, Luciano afirmou que essa frase particular foi acrescentada por Bonaparte, mas o historiador Harold Deutsch demonstra que, ao contrário, o primeiro-cônsul até fez correções a lápis no texto para abrandar o tom das palavras de Sebastiani.[27] Quando o governo britânico protestou contra isso por meio de seu embaixador, lorde Whitworth, o primeiro-cônsul o repreendeu na frente do corpo diplomático (numa exibição política de cólera). Teria a publicação em *Le Moniteur* pretendido desviar as atenções da fragorosa derrota sofrida pelos franceses nas Antilhas? Era sem dúvida característico de Bonaparte tentar encobrir um recuo com um expediente diversivo, mas era igualmente verdadeiro que ele era obcecado por um "retorno" ao Egito, tanto para lavar sua honra pessoal como para usá-lo como ponte para a realização de seu sonho "alexandrino" de construir um império oriental.[28] É possível ainda que a publicação do texto de Sebastiani fosse o "troco" pela crítica favorável que o *Times* de Londres (jornal semi-oficial) publicara de um livro repleto de calúnias sobre a campanha egípcia de Bonaparte.

No início de 1803, farta desse mal-estar, a Grã-Bretanha tomou uma atitude; infelizmente, optou por uma que violava o Tratado de Amiens de uma maneira que os franceses não o haviam feito. Recusou-se a evacuar Malta, ilha cuja importância estratégica crescera de certo modo para ela em proporção direta à sua necessidade de um pretexto para se manter ali (anteriormente, deixara-se convencer a permitir que os russos a tomassem). Na primavera, diante da crescente deterioração das relações franco-britânicas, o governo de Sua Majestade cedeu um pouco em relação à sua intransigência anterior. Addington propôs-se a fazer vista grossa à "agressão" francesa na Itália e na Alemanha; chegou mesmo a parar de insistir em que a França se abrisse para o comércio britânico. Mas em Malta ele fincou pé: as tropas britânicas permaneceriam lá até que as tropas francesas evacuassem a Suíça.

Ao contrário do primeiro-ministro britânico, o primeiro-cônsul estava cercado de adeptos da paz, de seu secretário das Relações Exteriores a seus irmãos. Embora raramente lhes desse ouvidos, nesse caso conseguira evitar aparecer como o "perturbador autônomo da tranqüilidade",[29] por mais que tivesse incitado o leão inglês a dar o bote mais cedo do que queria. Addington já havia advertido seu gabinete: "Devemos porém tomar cuidado para ter não só razão, mas *muita* razão."[30] Mas não foi essa a impressão que se teve quando a guerra foi deflagrada. Castlereagh, futuro secretário das Relações Exteriores, escreveu: "Será difícil convencer o mundo de que não estamos lutando por Malta apenas."[31] E realmente não era apenas por Malta; Addington, em sua avidez por informações secretas vindas de Paris, havia comprometido a embaixada britânica ali a tal ponto que o ministro britânico das Relações Exteriores, lorde Hawkesbury, sentiu-se "humilhado aos olhos do mundo diplomático" por suas constantes tentativas de intervir em assuntos franceses internos.[32] Ademais, a impaciência da Marinha Real em começar a deter navios mercantes franceses em mares abertos minou ainda mais a posição de vantagem moral em que os britânicos haviam estado, expondo-os a acusações francesas de belicosidade e perfídia.

A guerra recomeçou, portanto, em conseqüência de uma tendência incoercível, ainda que compreensível, dos britânicos à intransigência. Como de costume, as reflexões de Bonaparte a esse respeito foram tanto pertinentes quanto errôneas: "A volubilidade que se apossou do governo britânico nos últimos meses é inacreditável. Eles devem pensar que não temos armas nem tinta." O fato é que Bonaparte foi pego desprevenido e não queria guerra *naquele momento* — ela era inoportuna para os negócios franceses, do comércio à política colonial, passando pela construção de navios. Até o último instante, o primeiro-cônsul supôs que Addington estava blefando, e mostrou-se quase surpreso quando o embaixador Whitworth voltou para Londres. Na verdade, Napoleão continuou propondo termos de paz à Grã-Bretanha, por meio de mediadores russos, mesmo após a deflagração da guerra (18 de maio) — chegou a se dispor a permitir aos britânicos conservar Malta. Mas a oportunidade passara. Só ao declarar guerra a Grã-Bretanha reconheceu o que provavelmente sentira o tempo todo: não podia tolerar a Europa como ela passara a ser e tendia a continuar sendo enquanto Bonaparte estivesse no timão da França. A Grã-Bretanha não mais se deixaria encurralar por um tratado ilegítimo. A guerra lhe proporcionava a chance de firmar os pés onde, na paz, ela temera pisar. Com ressonante propriedade, um ministro citou as famosas linhas de Cícero em suas *Filípicas*: "Por que então *não* quero paz? Porque ela não é confiável, porque é perigosa, porque não pode ser."

A frota britânica retomou as ilhas e os postos avançados que haviam sido devolvidos à França pelo Tratado de Amiens na Índia e em outros lugares. Os franceses tomaram o Brabante (na Holanda) e a província de Hanover, no norte da Alemanha, que pertencia à casa real britânica. Ocuparam também os estuários do Elba e do Weser, fechando todos os portos alemães, holandeses e, é claro, franceses ao comércio britânico. A Espanha, aliada da França, e até o neutro Portugal foram induzidos a fazer o mesmo, embora nenhum dos dois países o tenha feito com firmeza ou sinceridade. Até junho os franceses tomaram os portos napolitanos. Os britânicos usaram sua Marinha para bloquear os litorais dos inimigos.

Curiosamente, os historiadores não comentam a quase ausente oposição interna enfrentada pelas políticas expansionistas do primeiro-cônsul ou pela retomada da guerra. O povo francês ansiara pela paz — ela foi um tema constante na imprensa e nos relatórios da polícia de 1798-1802[33] —, e, não obstante, as políticas que afrontaram as potências continentais e a Grã-Bretanha parecem ter gerado pouca reclamação na frente interna. *Au contraire*, há indícios de que o povo e a elite muito se orgulharam dos golpes de Napoleão e do engrandecimento da França. O mesmo pode ser dito da Grã-Bretanha: o governo de Addington não levou estocadas da oposição por sua firmeza em Malta; recebeu críticas, isto sim, por não ter sido firme o bastante. Os povos britânico e francês haviam desejado sinceramente a paz, mas não ao preço do que viam como a paz do mundo. A guerra recomeçou sem entusiasmo; havia apenas, de ambos os lados, uma pálida crença na correção do próprio governo.

Para os britânicos, a valorização da paz acima de tudo teria exigido que o governo de Sua Majestade não só tolerasse as aquisições geopolíticas da França no exterior e no continente europeu como admitisse uma forte e renovada concorrência francesa naval, comercial e industrial, sem que eles próprios pudessem (em razão da paz e das altas tarifas francesas vigentes) exercer sua usual supremacia marítima no costumeiro estilo ditatorial. Em outras palavras, os britânicos teriam tido de admitir o risco de perder gradualmente para os franceses sua antiga superioridade econômica, que na realidade equivalia a poder militar-político (como para Schmitt).[34] Isso era pedir demais.

Para os franceses, valorizar a paz mais que tudo teria exigido colocá-la acima de considerações de unidade nacional do tipo que geram conflitos armados, acima do desejo de se vingar do sempre odiado inimigo "nacional", acima do amor à grandeza nacional e — o que não era exatamente a mesma coisa — tanto da glória de seu líder como da sua própria, magnificada pela dele. A propaganda dos franceses tal como expressada em declarações oficiais ou na limitada, censurada e auto-censurada imprensa apresentava as metas de engrandecimento nacional e pessoal do ditador na linguagem de imperativos acerca da preservação da nação e de sua honra.[35] Além disso, as aquisições do primeiro-cônsul para a República não eram ofertadas à nação nem recebidas por ela como atos aleatórios de imperialismo. Graças à herança da Revolução, o governo tinha a seu dispor uma justificativa "missionária" pronta.[36]

Em que pese tudo isso, porém, a causa decisiva do rompimento da Paz de Amiens foi gerada por Bonaparte, não por Addington, Hawkesbury ou Whitworth — e *não* por alguma lógica de guerra inerente à alma do Império Francês. Não tivesse o temperamento singular de Bonaparte dominado as questões, a paz teria podido avançar silenciosamente, na ponta dos pés, por entre os rivais mutuamente intolerantes por (mais) cinco ou dez anos. Mas a temeridade de Napoleão manteve Londres em permanente estado de surpresa e afronta, de disputa e controvérsia; não houve uma trégua sequer desde o momento (1º de outubro de 1801) em que as negociações de paz se iniciaram até o dia em que a guerra recomeçou. Os britânicos haviam ingressado na era da paz com a esperança de obter correções para um mau tratado, e os franceses os obrigaram a engolir coisa pior — enquanto a frustração inglesa somente crescia diante da impassibilidade das outras potências.

Talleyrand escreve em suas memórias: "Mal o Tratado de Amiens fora concluído, a moderação começou a abandonar Bonaparte; a paz ainda não se completara e ele já espalhava as sementes de novas guerras." O parecer de Paul Schroeder é portanto bem fundado: "Os britânicos foram à guerra simplesmente porque não suportavam mais ser desafiados e humilhados por Bonaparte; a França foi à guerra porque Bonaparte não pôde se impedir de fazê-lo."[37]

É esse então o "Grande Consulado", como Lentz assevera? Se os feitos internos do primeiro-cônsul nos levam a concordar com Lentz, sua política exterior foi tal que nos deixa apáticos e o conservadorismo natural do historiador se revela. Bonaparte não *tinha de* compelir a Inglaterra à guerra, mas diante do que ele fez, a Inglaterra *teve* de declará-la.

Forma-se a Terceira Coalizão

> *É isso, meu príncipe, agora Gênova e*
> *Lucca não passam de apanágios,*
> *de domínios da família Bonaparte.*
> LEON TOLSTÓI,
> *GUERRA E PAZ* (primeira linha)

Os britânicos acreditavam que, com o tempo, seu bloqueio provocaria tanto o colapso da economia francesa quanto a revolta das potências continentais contra o controle de Napoleão. Estavam certos quanto ao longo prazo, na primavera de 1803, porém continuavam a procura de um aliado e longe de encontrá-lo. A quem poderiam convencer a lutar? Franceses e ingleses apressavam-se em tomar iniciativas diplomáticas por toda parte, mas a França podia contar com um número impressionante de satélites e aliados. Tinha a seu lado a Itália, a Espanha e a Holanda, ao passo que a Grã-Bretanha estava praticamente sozinha[38] no início dos dois longos anos que separaram a declaração de guerra do início dos conflitos. Muito dinheiro e esforço foram necessários antes que a Rússia, a Prússia e especialmente a Áustria se arriscassem a ser trituradas de novo na máquina de guerra francesa; na verdade, ouro e persuasão não bastaram — até porque a Rússia e a Inglaterra tinham muito mais motivos para entrarem em conflito por causa do Oriente Próximo do que para se unirem contra as aspirações francesas ali. Mas a Inglaterra acabou revelando ter um grande trunfo em sua missão de formar uma nova coalizão.

As ações do primeiro-cônsul em 1804-5 — a de executar Enghien, é claro, mas sobretudo a de se fazer imperador dos franceses — pasmaram a Europa. William Pitt, de novo primeiro-ministro (primavera de 1804), ficou profundamente desalentado quando o papa concordou em comparecer à coroação de Bonaparte. Enviou a Alexandre I o projeto de um tratado para a restauração dos Bourbon — plano considerado tão secreto que só foi apresentado ao Parlamento em parte.[39] Um ano depois, a promoção da República Italiana a reino, com Napoleão ostentando o título de "rei de toda a Itália"[40] — em descarada violação do Tratado de Lunéville —, pôs fim às esperanças do Habsburgo na Bota de maneira tão definitiva quanto o Recesso Imperial de 1803 as liquidara na Alemanha. Como se isso não bastasse, Napoleão anexou também a República Liguriana (Gênova) e deu dois pequenos principados italianos para a irmã Elisa e o cunhado Felix Bacciochi[41] — tudo isso violando Lunéville.

Em suma, o "grande trunfo" com que a Grã-Bretanha contou para atrair aliados foram menos méritos que pudesse ter do que o demérito francês: as ações de Napoleão Bonaparte.

É ao próprio Napoleão que devemos ficar atentos para explicar a cristalização da Terceira Coalizão, pois, aqui como em toda parte nesta história, a política de Estado tradicional — a matéria das histórias diplomáticas das grandes potências em suas infindáveis rivalidades — disputa a proeminência causal com as personalidades, os sentimentos (sobretudo a vaidade ferida) e as políticas reacionárias dos principais atores. Alexandre I, Fernando IV de Nápoles e sua rainha, Maria Carolina, e Gustavo IV da Suécia, tinham todos um certo fraco pelo Bourbon Luís XVIII (conhecido como conde de Provence), mas, sobretudo, partilhavam um violento ódio a Bonaparte, intensificado pela execução de Enghien e em seguida pela instauração do Império. É verdade que o czar era ao mesmo tempo fascinado por Napoleão, mas o ciúme e a inveja falavam mais alto. A megalomania do jovem Romanov era tal que, aos 24 anos (sucedeu ao pai assassinado, Paulo I, em 1801),[42] aspirava a nada menos que substituir o soberano francês no papel de "organizador" da Europa, no que se viu completamente derrotado (nos assuntos alemães, por exemplo). Ele e o rei Gustavo se recusaram a reconhecer Napoleão como imperador dos franceses; em comunicados oficiais de governo, intitulavam-no "o chefe do governo francês" ou "Monsieur Napoleão Bonaparte".

Esse ódio levou alguns soberanos a atos de rematada tolice. Maria Carolina, como convinha à irmã de Maria Antonieta, fez o jogo duplo de manter relações formais cordiais com a França enquanto entabulava uma aliança secreta com a Grã-Bretanha. Napoleão, obviamente informado de tudo por seus agentes, escreveu-lhe passando-lhe uma daquelas descomposturas em regra de que só ele era capaz: "Vossa Majestade já perdestes vosso reino duas vezes, gostaríeis de perdê-lo uma terceira? Espero que consigais ouvir esta profecia sem impaciência: ao primeiro rumor de uma guerra causada pela senhora, a senhora e vossa posteridade terão deixado de reinar, e vossos filhos haverão de vagar como mendigos pelos vários países da Europa, implorando o socorro dos parentes."

Nos casos de Francisco II e Frederico Guilherme III, fatores pessoais e ideológicos pesaram menos que nos dos monarcas já citados, mas nem aqui ousamos traçar distinções claras entre a geopolítica costumeira e a situação particular criada pelo "usurpador corso" e pela Revolução de que era fruto. As humilhações abjetas que Francisco II sofreu nas mãos de Napoleão sem dúvida contribuíram para empurrar a Áustria repetidamente para a guerra. O sacro imperador romano logo se veria reduzido, de detentor do mais augusto e talvez do mais antigo título na Europa, à simples condição de "imperador hereditário da Áustria" (como Francisco I), sendo situado pela precedência diplomática *atrás* de Napoleão, cujo título de imperador dos franceses era algumas semanas mais antigo que o seu de imperador da Áustria.[43]

Entre os monarcas europeus, o rei da Prússia era o que tinha menor *parti pris* contra a Revolução Francesa ou Napoleão, talvez porque seu venerado ancestral Frederico o Grande tivesse tido uma queda (à distância) pelo Iluminismo francês. Mas convém não esquecer: Frederico Guilherme viveu sob a constante pressão da mulher, a bela rainha Luísa, uma reacionária empedernida e uma voz dominante no ativo *lobby* antifrancês em Berlim. (Houve uma amizade romântica, ainda que platônica, entre Luísa e Alexandre I.) Em algumas ocasiões Napoleão cortejou Frederico Guilherme III (em outras esnobou-o); enviou a Berlim seu auxiliar mais próximo, Duroc, e ofereceu ao rei o eleitorado vizinho de Hanover em troca de uma aliança com a França, ou (mais tarde) em troca apenas de uma neutralidade benévola na crescente polarização entre a França e os austro-russos. Mas o caso Enghien — no fundo uma questão ideológica — indispôs Frederico Guilherme a aceitar presentes de Napoleão ou fazer alianças como ele, e a tradicional política do Estado prussiano de resistir às incursões francesas na Alemanha fez o resto.

Chegamos por fim ao papel desempenhado pelo mais incansável e talentoso grupo de napoleonofóbicos surgido na Europa no início do século XIX. Era composto por reacionários sociais e políticos extremamente bem relacionados e influentes, com pleno acesso às cortes européias e ao governo britânico. Entre eles estavam: o conde d'Antraigues, um *émigré* francês e o principal espião do pretendente ao trono no continente europeu (trabalhava a partir de Dresden, mas tinha uma rede de agentes, vários dos quais eram pessoas altamente posicionadas em Paris);[44] o general sueco Gustav Armfelt, embaixador de Gustavo IV em Viena, que logo passaria a servir Alexandre I; Charles-André Pozzo di Burgo, o mais rancoroso inimigo corso de Bonaparte, já mencionado, que apareceu em Viena, depois em Roma e por fim, em 1804, em São Petersburgo, como conselheiro direto do czar;[45] o conde Nikita Panin, ministro das Relações Exteriores de Paulo I e eminente diplomata sob Alexandre; o grande ministro de Estado prussiano Heinrich Stein, que depois trabalharia também para o czar;[46] e finalmente o talentoso publicista prussiano Friedrich von Gentz, entre todos o de maior influência intelectual. Gentz foi um escritor contra-revolucionário no estilo de Edmund Burke e Mallet du Pan ("se algum homem pode ser considerado *o* escritor da contra-revolução, é ele", disse Talleyrand),[47] e um incansável francofóbico. Trocou o serviço de seu próprio rei pelo de Francisco II porque Frederico Guilherme lhe parecia tíbio demais com relação a Napoleão. Na corte de Francisco II, provou-se um crítico implacável de qualquer chanceler ou ministro que não fizesse da oposição a Napoleão o centro de sua política.

Esse bando de fanáticos, em suma, era muito mais que uma cabala de conselheiros mercenários a promover o interesse do Estado que por acaso serviam (e a receber ao mesmo tempo subsídios da Inglaterra e da Rússia); eram homens cujo principal propósito na vida era derrubar Napoleão. Vitórias francesas os obrigariam a fugir para fora do alcance do inimigo, mas nunca desistiram da meta de destituir o "ogro" e pôr Luís XVIII em seu lugar. Volta e meia estariam perseguindo Napoleão — exceto d'Antraigues, assassinado em circunstâncias misteriosas em 1812 — e se fariam presentes, desempenhando papéis importantes, em 1813-15. Napoleão não estava errado quando, em Santa Helena, opinou que Pozzo di Burgo fora a voz isolada que mais influência tivera sobre a decisão de Alexandre I de tomar Paris em 1814. Igualmente decisivo na recondução dos Bourbon ao trono francês foi o ódio que o visconde Castlereagh, secretário das Relações Exteriores britânico, alimentava por Napoleão. Sentimentos e crenças pessoais contavam.

Em parte graças a esses homens, Luís XVIII e o irmão, conde d'Artois, passaram a ser cada vez mais considerados em São Petersburgo, Viena, Londres e Nápoles. As potências aliadas — algumas mais que outras — tornaram-se fortemente propensas a, caso vencessem, pôr o Bourbon de volta no trono francês. O duque de Portland, sucessor de Pitt como primeiro-ministro da Grã-Bretanha, era um crente da causa Bourbon; ao seu lado estavam Whitworth e muitos outros diplomatas do antigo grupo Pitt-Grenville. O governo de Sua Majestade continuou a destinar milhares de libras à promoção de atividades monarquistas na França e a subsidiar o "conde de Lisle", como Luís XVIII tornou-se conhecido na Grã-Bretanha, onde residiu após 1807. Para todos eles, a guerra contra Napoleão era uma cruzada contra "um chefe jacobino que atingiu seu fim e exerce o poder sem limites que conquistou como um jacobino vitorioso", para citar as palavras redundantes de um instigador desse grupo, o diplomata inglês Malmesbury.[48]

A imagem de Napoleão no exterior não mudou muito quando ele assumiu o poder imperial, nem os soberanos aliados passaram a se mostrar muito mais tranqüilos em suas declarações e políticas *públicas*. Talleyrand logo fez ver a seu amo que era perigoso para a diplomacia francesa tentar a cartada revolucionária. Mas, embora a diplomacia imperial tenha em grande parte (não completamente) rejeitado essa abordagem, nem o chefe de Estado nem o ministro das Relações Exteriores jamais conseguiram alterar a visão fundamental que os opositores do Império tinham da França ou de seu líder: este último era um intruso, inclusive ideologicamente. Basta ver a declaração emitida por Luís XVIII na cidade de Kalmar, na Suécia, no mesmo dia da coroação de Napoleão (dia e lugar em que não lhe deve ter sido fácil chamar a atenção). O documento deixa claro que o "tirano" e seu regime eram filhos subversivos da Revolução. Racionalmente, as cabeças coroadas da Europa sabiam tão bem quanto o pretendente Bourbon que a pessoa e as políticas do novo imperador representavam uma brusca freada na Revolução, mas isso não tinha importância. Em um ou outro momento, Francisco, Frederico Guilherme e Alexandre manifestaram todos satisfação com o retorno da França à monarquia, ainda que formalmente partilhassem a opinião de Gentz sobre a autocoroação de Napoleão em 1804: "É a Revolução Francesa que está sendo sancionada e santificada." Essa incoerência permitiu a Napoleão proferir um de seus mais interessantes achados em Santa Helena: "Posso ter sido chamado 'um Átila moderno' ou 'um Robespierre a cavalo' pelos outros soberanos; mas se perscrutassem seus corações eles não diriam tal coisa. Se eu tivesse realmente sido, talvez ainda estivesse reinando. Mas uma coisa é certa: se eu tivesse sido isso, todos eles teriam deixado de reinar há muito tempo."

Em meados da década de 1790, o bispo constitucional Grégoire tentou justificar os ataques da República Francesa às monarquias com uma excelente metáfora: "Se meus vizinhos alimentam cobras, o medo de ser vítima delas me dá o direito de matá-las." Passados dez anos, ainda era verdade (e continuaria sendo) que, na opinião de seus vizinhos, a França alimentava cobras. Em suma, se houve um tipo de legitimidade com que Napoleão nunca precisou se preocupar, foi sua condição revolucionária aos olhos dos outros monarcas. Sobretudo talvez depois que tomou a coroa, ele galvanizou a contra-revolução como talvez nada o tivesse feito desde a execução de Luís XVI.

Apesar de tudo isso, e por curioso que pareça, três anos depois de o Tratado de Amiens ter caído por terra Napoleão *ainda* poderia ter evitado uma guerra européia. Como era freqüentemente o caso, tudo dependia do que ele iria fazer. Como o primeiro-cônsul, o imperador estava cercado de adeptos da paz. De fato, vários conselheiros seus estavam sendo subornados pelo embaixador britânico para opinar contra a guerra. Mas foi dinheiro jogado fora. Não é que Napoleão desejasse cultivar inimigos externos; simplesmente não conseguia agir de modo a evitá-lo. Talvez nem um maquinador de primeira tivesse sido capaz de evitar que a Rússia acabasse firmando uma parceria com a Inglaterra. Unidos pela cobiça e pelo cinismo, negociavam países e povos inteiros enquanto falavam de aliança; suas transações se davam segundo as mais "excelentes" tradições da diplomacia do século XVIII. A vaidade de Alexandre I ficou ainda mais ferida quando o imperador francês anexou Gênova (Ligúria) à França em meados de 1805. Em suma, foram indignação e medo verdadeiros que obrigaram o czar a fazer da restauração do equilíbrio europeu o item número um de sua política real.

Não que os britânicos detivessem o monopólio da virtude nesse período em que a guerra ficou em banho-maria. A reputação de Albion sofreu um grave golpe quando os franceses revelaram o grau em que a diplomacia britânica estava envolvida em ações de espionagem, complôs visando assassinato e toda sorte de imposturas, mesmo em capitais neutras. E, como sempre, o que era universalmente percebido como o despotismo dos britânicos nos mares e sua arrogância em face de países neutros[49] contribuiu para um julgamento mais favorável da posição francesa no conflito. Povos germanófonos também se ressentiam do cinismo com que os britânicos procuravam induzir outras nações a lutar suas batalhas por eles. Se tivesse ouvido os constantes conselhos de Talleyrand e tentado, Napoleão não teria tido grande dificuldade em desvencilhar a Áustria desse seu desdenhoso aliado e banqueiro. Francisco II pedia muito pouco — *apenas um papel* na Itália e na Alemanha, nada parecido com hegemonia (esta os franceses poderiam conservar). Mesmo prodigamente bajulada por ingleses e russos, a Áustria não teria se atrevido a investir de novo contra Napoleão se não sentisse que era seu status de grande potência que estava em jogo. A anexação de Gênova pelo Império Francês (junho de 1805) foi a gota d'água.

Se tudo mais falhara, o mínimo que Bonaparte poderia ter feito era conservar a boa vontade da Prússia. Apesar dos laços inatos de fraternidade e da compatibilidade que o uniam a Francisco II e Alexandre I, o medo que Frederico Guilherme III tinha de Napoleão teria prevalecido. O governo francês conseguira assegurar uma benevolente neutralidade prussiana desde o Tratado de Basle em 1795. Mas a combinação do desdém de Napoleão por um rei que não respeitava (de fato, os Hohenzollern haviam conferido um novo status à hesitação e à indecisão) com a inexorável recusa dos franceses a dar qualquer garantia de que se retirariam da Holanda ou da Suíça (quanto a Nápoles, Napoleão se recusava até a discutir a questão) impeliu a Prússia para a sombra da Coalizão na hora do aperto.

Foi por ser um intruso, um usurpador, que Napoleão se sentiu obrigado a adotar essa política de expansão e guerra? Arno Mayer escreve: "Não há como separar o aspecto construtivo do reinado interno de Napoleão ... de seu plano e estratégia externos." E Jacques-Olivier Boudon lhe faz eco: "O Império nasceu da guerra e sobreviveu pela guerra."[50] O problema com essas duas opiniões é que elas soam como uma justificativa, como se algo de sistêmico ou de lógico fora do primeiro-cônsul e depois imperador o compelisse à agressão. Poderíamos argumentar que, em 1805, ele *certamente* tinha glória suficiente para o resto da vida — ou por uns cinco ou dez anos. Não estava na posição a que seu fraco sobrinho (Napoleão III) foi reduzido em 1870, e seus adversários não contavam com nenhum Bismarck ou von Moltke. A França do final do Consulado ou do Império não era a do Diretório, em que o governo precisava unir uma população dividida e silenciar uma perigosa oposição interna (revolucionária ou reacionária) por meio da expansão — usando a guerra para desviar as atenções, para gerar uma unidade nacional forçada. Em 1803-05, algo ao mesmo tempo mais simples e mais pessoal estava em jogo.

O que distinguia Napoleão era sua inquietação pessoal, sua batalha interior demoníaca, como a de César. Ele não partilhava, *é claro*, da abnegação de Henry Addington (o primeiro-ministro estava disposto a abrir mão da chefia do governo se isso pudesse trazer Pitt de volta). Condenava inteiramente esse tipo de atitude e, de sua perspectiva, estava certo, porque ele era o Pitt francês

— e muito mais. Sobrepujou até os grandes monarcas do século XVIII. Comparados a seus pais e avós, os monarcas europeus de sua geração eram uns poltrões, mas nem Paulo I e Catarina II (a Grande) da Rússia, Frederico II (o Grande) da Prússia e José II e Leopoldo II da Áustria haviam sido tão obstinados e implacáveis na busca da *raison d'Etat* como o imperador dos franceses. É verdade que Luís XIV (o Grande), no século XVII, tivera essas qualidades, mas acabara fracassando pelos padrões napoleônicos. O que Napoleão ousava, exigia e fazia simplesmente o excluía do jogo diplomático sujeito a regras que os ladrões coroados jogavam no século XVIII.

"Não era ele uma pessoa completamente excêntrica, sempre sozinho de um lado, com o mundo de outro? É essa visão do mundo que molda sua política."[51] Convém confiarmos na percepção de Mme de Rémusat. O resultado era que "o mundo" considerava impossível negociar com Napoleão — a paz nos termos dele acabava sendo mais perigosa e humilhante que a guerra. Nas palavras inesquecíveis de Albert Sorel: Napoleão "partiu para o Império como Colombo para o Novo Mundo, imaginando estar contornando o Velho. A maior parte das pessoas temia, esperava ou procurava às cegas o Grande Homem previsto e inevitável. Mas [Napoleão] o conhece, ele é esse homem."[52]

Em suas próprias palavras, porém — "Vencem aqueles verdadeiramente capazes de dominar suas paixões"[53] —, Napoleão fracassou. Depois de Amiens, malogrou — e não por pouco — no teste de autodomínio em que tantas vezes se vangloriara de ter sido aprovado e que estava sempre a prescrever aos outros. Deixou sua natureza de soldado falar mais alto que o político que também tinha em si. Fazia cinco anos que não se sentava naquela sela e despachava regimentos para a batalha; talvez isso lhe fizesse falta. Com certeza não lhe dava medo, o que não se podia dizer de praticamente nenhum outro estadista.

As Guerras da Primeira e até da Segunda Coalizão haviam resultado do conflito entre a Revolução Francesa e a Europa. Embora tivesse tido um papel decisivo na vitória da França em ambas as disputas, Bonaparte não tivera nenhuma responsabilidade pela origem da primeira e só um papel secundário pela da segunda. A campanha italiana de 1797 se dera fundamentalmente por idéia e decisão do Diretório e até a campanha do Egito tivera muitos pais além do general que comandara a força expedicionária. Mas essa agora, a guerra declarada em 1803 e que finalmente ouviu o troar dos canhões em 1805, essa foi a guerra de Napoleão Bonaparte.[54]

A grande campanha (1805)

Quando o povo francês pôs a coroa em minha cabeça, eu vos confiei a missão de mantê-la ali no sublime esplendor que é, a meu ver, o único valor que ela encerra.
NAPOLEÃO À GRANDE ARMÉE APÓS AUSTERLITZ

Uma pergunta interessante — embora hipotética, e por isso importuna — é: que teria acontecido se Napoleão e seu exército tivessem cruzado a Mancha ("um mero fosso a ser transposto tão logo alguém tivesse coragem de tentar?") Uma resposta: poderia ter sido encurralado nas Ilhas assim que a Marinha Real se reagrupasse no Canal e dispersasse ou afundasse a frota de Villeneuve. Sem falar que as forças austro-russas teriam acabado por invadir a França pelo leste, e talvez a unidade do general Bernadotte, deixada atrás para repeli-las, não tivesse conseguido resistir por muito tempo contra números muito superiores. É verdade que Londres provavelmente teria caído logo — era o que supunha o pensamento militar da época —, mas os britânicos, como os russos em 1812, não tinham nenhuma intenção de se render caso a bandeira tricolor fosse hasteada sobre a Ponte de Londres. Existiam planos, elaborados havia muito, de transferir o governo para Worcester, ou mais longe. Nesse ínterim, como teriam os franceses podido reforçar seu líder e seu exército, assim atolados numa terra *infinitamente* mais hostil, mais desenvolvida e mais povoada que o Egito mameluco? Por mais manobras navais que tentassem, o Canal da Mancha continuaria inglês e as preces de Napoleão, por sinceras que fossem, inatendidas.[55]

Menos especulativa é a afirmação de que sua esperança de desembarcar na costa inglesa levou Napoleão a adiar seu ataque à Áustria por vários meses, o que deu ao Habsburgo e ao Romanov tempo para se mobilizarem. Agora era final de agosto de 1805. Com dolorosa relutância, furioso com o que tomava por incompetência do almirante Villeneuve (o receio que este manifestava de enfrentar a habilidade náutica superior dos ingleses), Napoleão decidiu tentar sua segunda escolha: "Lutar com a Inglaterra na Alemanha", como disse ele.[56]

Com uma passagem pelo Banco da França para aliviá-lo dos dois últimos milhões de francos que o Tesouro imperial ainda possuía, Napoleão lançou-se numa *blietzkrieg* contra as forças austro-húngaras que estavam se reunindo. Foi 1800 outra vez: exércitos inimigos concentrando-se no Danúbio, os franceses em completa desordem interna — só uma grande vitória poderia consertar as coisas. O método de guerra do imperador não apenas ganhava com a velocidade, precisava dela: as tropas, como sempre, estavam mal supridas, mal equipadas — não que isso tivesse importância, pois o transporte não teria conseguido acompanhar a marcha do exército. A vitória, como sempre, era uma "questão de vida ou morte".

O instrumento da vitória, porém, sofrera uma mudança de nome, tamanho e estrutura, embora ainda fosse essencialmente o Exército da Itália. O Exército da Inglaterra transformou-se na Grande Armée, o que designava não uma força destinada a um teatro de operações específico, mas o exército de todo o Império. Seu tamanho — 210.000 homens — era vastamente superior a tudo que qualquer general francês jamais comandara. Embora dividido em sete unidades autônomas — cada uma um pequeno exército das três armas (cavalaria, artilharia e infantaria), com seu próprio comandante —, o conjunto, que incluía até a unidade do marechal Masséna enviada para o norte da Itália, era controlado pela mente única que concebera sua estratégia.

Era um exército calejado e plebeu em sua composição; praticamente todos os oficiais e metade dos homens arregimentados eram veteranos que haviam servido nas guerras da Revolução ou na campanha de Marengo.[57] Metade dos oficiais (e todos os "sem-soldo") já haviam carregado um mosquete, não estando portanto distantes de seus comandados. A prática da substituição paga era permitida — se isso violava a igualdade revolucionária, por outro lado contribuía para fazer do exército uma instituição da plebe, dos pobres. O treinamento dos recrutas consistira em serem despejados nas fileiras e tomados sob a proteção de soldados mais antigos; o resto do que precisavam saber, aprendiam na própria batalha. Em suma, aqueles eram soldados de 1789, ou seus filhos espirituais (ou literais), que se viam marchando com "o Imperador" contra "os reis" — inclusive e especialmente o rei Bourbon (Luís XVIII) — que ameaçavam a Revolução. Podiam esperar promoções e recompensas se conseguissem dar provas de ousadia e coragem.[58]

A Grande Armée não era força aparatosa, para ser exibida em paradas militares; compunha-se de combatentes cuja missão na vida era dar tudo de si. Como guerreiros, eles conservavam — sob certa condescendência de Napoleão — um espírito independente, com freqüência insubordinado, e uma postura muito ditada pela tradição revolucionária. Podiam contar com pródigos louvores e ásperas críticas de seu imperador, a quem alguns conseguiam tratar impunemente por "*tu*". Acima de tudo, recebiam, como poucos jamais o haviam conseguido, sua completa e duradoura atenção. "Tenho mais prazer lendo estas [listas de chamada] do que uma mocinha lendo um romance", disse ele a Murat. Em batalha, a infantaria napoleônica era obediente, brava e ardorosa; seu maior impacto era produzido em geral por ataques de baioneta aos gritos de "*Vive l'Empereur!*" Quando eram usados com a flexibilidade tática da famosa ordem "mista" de linhas e colunas, em coordenação com a cavalaria e a artilharia, como só Napoleão sabia fazer, esses homens moviam um ataque contínuo que confundia, exauria, desmoralizava e por fim esmagava as tropas adversárias.

Montesquieu observou que a "virtude", no sentido de "patriotismo", era o princípio da democracia, ao passo que a "honra" era o da monarquia (e o "medo" o do despotismo). Discute-se se a Grande Armée era motivada mais pela "honra" à moda antiga ou pela nova virtude revolucionária. Segundo um historiador, o primeiro-cônsul construiu "seu templo à Honra sobre as ruínas do templo à Virtude".[59] Tem razão: é sabido que o imperador manipulava seus homens com as bagatelas da glória; estava sempre a incitar sua avidez por elas — sobretudo a Legião de Honra. Robespierre desprezava a honra como um "entusiasmo infantil", mas os soldados do Império — em especial a inimitável Guarda Imperial — *eram* os *enfants* do imperador, a seus próprios olhos e aos dele: manhosos, mimados, valentes e fanaticamente devotados a seu "vingador, protetor e pai", Napoleão. Não é ponto pacífico que a honra napoleônica fosse inferior à virtude como característica marcial, nem que não contivesse grandes graus de patriotismo — palavra, como vimos, de significado notoriamente vago. Os soldados de 1805 eram sobretudo homens para quem a virtude do patriotismo revolucionário era tudo menos uma lembrança vazia.[60]

O papel mais difícil nos exércitos napoleônicos era o dos oficiais, que morriam em proporções enormes. Quanto mais alta a sua patente, mais eram propensos aos estados de ansiedade e rivalidade exacerbada em que o imperador gostava de mantê-los. Ele os recompensava opulentamente, mas em troca não aceitava desculpas, jogava-os desavergonhadamente uns contra os outros (especialmente os marechais), ou os descompunha em violentos acessos de fúria ou implacáveis reprimendas que jamais eram esquecidos — exceto pelo próprio Napoleão, que não guardava rancores. Mas o mais frustrante para seus subordinados realmente bem-dotados era que Napoleão nunca se dava ao trabalho de instruí-los em profundidade sobre suas idéias com relação à guerra ou à sua estratégia mais ampla.

Ulm

A arte da guerra é uma arte simples.
Não há nada de vago nela, tudo é
senso comum; ideologia não entra.
Napoleão Bonaparte

Os aliados montaram múltiplas frentes — 40.000 homens em Hanover, 40.000 em Nápoles, 140.000 no norte da Itália (onde esperavam que Napoleão aparecesse, como em 1800), e seu maior esforço: 140.000 mil homens no Danúbio.[61] Napoleão não pôde deixar de enviar uma unidade do exército para o norte da Itália e Nápoles, mas eram forças pequenas que poderiam fazer apenas manobras cautelosas contra adversários superiores e tentar ganhar tempo, enquanto, na Europa central, o imperador desfechava o golpe rápido e mortal sobre o exército aliado. Costuma-se falar de exército austro-russo, mas na verdade, no final de setembro, quando Napoleão cruzou o Reno, as forças russas ainda estavam muito a leste, muito longe de seus aliados, e avançavam na direção deles com a velocidade e a agilidade de um hipopótamo.

Em Viena, a cara nova entre os militares, o único comandante Habsburgo importante que ainda não fora derrotado pelos franceses, era o general Karl von Mack. Oficial intendente de talento que reunira com eficiência e em sigilo os homens e o material de que a Áustria precisava para a guerra que sabia estar se aproximando, Mack tinha-se também na conta de um conhecedor de teoria e estratégia. Desdenhava os colegas mais velhos, muitos dos quais haviam sido batidos por Napoleão, e não tinha medo de tomar a iniciativa. Escolheu a estratégia napoleônica de levar a luta até o inimigo. Num enorme deslocamento a oeste, conduziu seu exército de 72.000 homens até os confins orientais da Floresta Negra, embora para isso tenha tido de violar o eleitorado neutro da Baviera. Napoleão, de sua parte, até o início da campanha manteve-se ocupado com sua diplomacia pessoal, tentando conquistar os Estados do sul da Alemanha para o seu lado. Mack entrincheirou-se na cidade de Ulm, disposto a enfrentar e destruir os franceses quando chegassem. O otimismo cego nunca teve mais ardoroso exemplar que esse general austríaco a fitar por sobre suas trincheiras as principais saídas da floresta primeva.

Enquanto isso as "sete torrentes" da Grande Armée — a menos de um dia de marcha uma da outra — deixavam a França e avançavam em tempo recorde. Há exércitos que são movidos por seus estômagos; este era propelido por suas pernas. "O imperador descobrira uma nova maneira de guerrear: usava as nossas pernas em vez dos nossos braços", comentou um soldado da infantaria.[62] No final de setembro os franceses cruzaram o Reno rumo ao sul da Alemanha, muito ao norte de Ulm.

A surpresa estratégica só é fácil na teoria; a surpresa tática num campo de batalha é muito mais comum. Napoleão não tinha nenhum grande plano para apanhar Mack numa armadilha em Ulm; simplesmente supôs que o austríaco atacaria suas linhas mais estendidas ou se deslocaria para uma posição mais defensável ao sul, onde poderia ser reforçado pelo arquiduque João. Foi só quando isso não aconteceu que ocorreu ao imperador que talvez fosse possível cercar Mack a partir da retaguarda austríaca (i.e., a partir do leste) —, mais ou menos como fizera com o general Melas ao avançar através dos Alpes em 1800. "Os austríacos estão agora na orla da Floresta Negra", escreveu a José em 27 de setembro. "Queira Deus que fiquem lá. Meu único temor é que os assustemos demais [e eles fujam]."

Foi apertando o nó em torno de Ulm até que, no dia 21 de outubro, o pobre Mack se rendeu com 27.000 homens sem disparar um tiro, e tendo feito papel de bobo ao proclamar na véspera que lutaria até o último homem. Houvera menos gabolice entre seus oficiais e soldados. Em três semanas de campanha, sem nenhuma batalha de vulto, os austríacos haviam perdido o número estarrecedor de 64.000 homens. Do ponto de vista do custo efetivo, portanto, Ulm se classifica como uma das maiores vitórias já obtidas numa guerra, e sem dúvida como mais um esplêndido caso de cerco ao inimigo (*manoeuvre sur les derrières*, ou manobra pela retaguarda). Naturalmente, o anúncio da proeza em Paris restaurou o ânimo popular e os mercados financeiros.

Sobre os austríacos, Ulm teve um efeito devastador. (Mack foi levado a uma corte marcial e condenado a 20 anos de prisão, mas posto em liberdade condicional por seu soberano.) Talleyrand, sempre pronto a transferir a luta do campo de batalha para a mesa de negociações, sondou-os quanto à possibilidade de uma trégua, e talvez Francisco II estivesse disposto a aceitá-la, mas Napoleão não. De fato, ele teria aceitado uma proposta de paz dos austríacos se Francisco estivesse disposto a dar uma guinada e se unir aos franceses *contra* os aliados, permitindo-lhe assim retomar sua idéia predileta, a invasão da Inglaterra. Semelhante coisa não passava pela cabeça de Francisco. Descartada essa possibilidade, Napoleão ficou ávido por destruir os aliados; ansiava, como Talleyrand escreveu em suas memórias, por "despachar do Schoenbrunn".[63]

Não que Napoleão fosse avesso a diplomacia enquanto fazia guerra — ao contrário. Seus esforços, durante a campanha de Ulm, para seduzir a mulher do eleitor de Hanover (filha de Jorge III!), exibindo seu conhecimento de literatura e louvando as instituições britânicas, tiveram pleno êxito. A mulher, até então uma ativista entusiasta do movimento antifrancês no norte da Alemanha, passou a entoar loas ao imperador em suas cartas à mãe, para indignação desta. No que foi mais relevante, Napoleão conseguiu efeito semelhante sobre o próprio eleitor Frederico, que acabou se convencendo de que a salvação de seu principado estava na união com a França. Mas essas confabulações com Hanover ofenderam a Prússia, que sonhava com o principado para si mesma. Frederico Guilherme III ficou momentaneamente numa posição extremamente vantajosa, sendo freneticamente cortejado — de fato, quase coagido — por ambos os lados. Inclinava-se pela causa aliada, mas Napoleão oferecia-lhe Hanover, e isso o tentava; ademais, e sobretudo, tinha medo de lutar contra os franceses.

As coisas mudaram bruscamente quando exércitos franceses transpuseram a fronteira prussiana em Ansbach, ao mesmo tempo em que exércitos russos chegavam à fronteira leste da Prússia, pretendendo cruzá-la. A complicada situação que surgiu merece nossa atenção pelo que revela sobre o papel da solidariedade entre monarcas e da sua ideologia na guerra. A penetração francesa na Prússia não era verdadeiramente uma violação, como o fora a recente incursão austríaca na Baviera, porque o Tratado de Basle, ainda em vigor entre a França e a Prússia, havia excluído Ansbach da linha de demarcação, o que significava que seu território podia ser atravessado impunemente. Mas Frederico Guilherme e seu principal ministro, Hardenberg, um dos grandes inimigos da França na corte de Berlim, decidiram ver nela uma ofensa e usar isso como pretexto para fazer o que tinham desejado o tempo todo, isto é, unir-se aos soberanos "legítimos" contra o "usurpador corso".[64] Alexandre I, embora em plena campanha, fez uma visita a Frederico Guilherme e à rainha Luísa em Postdam, onde os dois soberanos prestaram uma homenagem mística a Frederico o Grande, ajoelhando-se diante do seu túmulo. Juraram fidelidade mútua e inimizade a "*le monstre Napoléon*". O imperador não tinha como competir com isso. O pacto secreto que resultou dessa união, a Convenção de Potsdam (3 de novembro), obrigou Frederico Guilherme a enviar um exército de 180.000 homens para substituir os aliados após 15 de dezembro.

Francisco II encorajou-se para novas batalhas graças não só à Convenção como à notícia de um confronto ocorrido a mais de 1.200km de distância a oeste, na Espanha, ao largo do cabo Trafalgar, perto de Cadiz, no mesmo dia da rendição de Mack. Uma armada franco-espanhola fora destruída por uma frota menor comandada pelo almirante Horatio Nelson: fora um confronto decisivo, talvez a maior batalha naval do século XIX. Napoleão reagiu a essa notícia com uma agitação momentânea seguida por um resmungo: "Não posso estar em toda parte ao mesmo tempo." O comandante inglês, em vez de atacar a frota aliada superior na linha de batalha costumeira — frontalmente —, dividira os navios franco-espanhóis com um corte transversal, como se cortando um *T*, e alvejara os navios um a um, valendo-se do seu poder de fogo superior e mais concentrado. De fato, é quase certo que Napoleão, se lá estivesse, teria percebido o que estava por acontecer e pelo menos tentado impedi-lo. Agora, estava na mesma situação a que se vira reduzido após a derrota naval da baía Abuquir, no Egito; e mesmo que conseguisse dominar a Europa, continuaria sendo, num sentido real, um prisioneiro em Trafalgar. Levaria adiante um programa naval de construção de navios, mas passou a dedicar seus pensamentos a estratégias de guerra contra a maior potência comercial do mundo.

No presente imediato, no entanto, o imperador dos franceses tinha preocupações mais prementes que a geopolítica: os exércitos austríaco e russo irrompiam à sua frente, no Danúbio, enquanto ao norte as hordas prussianas poderiam cair sobre a retaguarda da Grande Armée. Na realidade, parece que esta última possibilidade não afligia muito Napoleão, que não tinha o rei da Prússia em conta lá muito alta. Se tivesse algo em comum com seu "grande" predecessor, Frederico Guilherme teria atacado o exército francês de surpresa, juntamente com os aliados, e dado cabo dele rapidamente. Em vez disso, mal a tinta secara sobre a Convenção, ele começou a temer suas implicações e, enquanto contava os dias que faltavam para 15 de dezembro, manteve abertas suas linhas de comunicação com Napoleão. Este tentou seduzir os prussianos com o oferecimento de Hanover, enquanto a enorme máquina francesa de propaganda e notícias divulgava a vitória de Ulm por toda a Europa, semeando consternação e hesitação em meio às populações civis dos países aliados e neutros e engrandecendo a glória e o terror da Grande Armée e de seu comandante.

Austerlitz

Nenhuma batalha é decidida num único momento, e é somente a posteriori, *numa interpretação retrospectiva, teleológica, que pode ser de algum modo representada assim: é sobretudo depois de ter sido decidida que a vitória ganha substância, o que é um paradoxo.*
KARL VON CLAUSEWITZ, *SOBRE A GUERRA*

Na guerra, o imperador francês prestava mais atenção à oposição do que na política interna, mas seja em operações militares ou na política, vemos a mesma identidade e caráter humanos em ação: a rapidez com que avaliava uma situação, os outros atores e seu potencial, o desejo de desconcertá-los e ofuscá-los, a certeza de ser ele quem melhor compreendia o que estava acontecendo num campo confuso, complexo e cambiante. E quando não compreendia, o importante era dar, depois, a impressão de que compreendera.

Em seguida à capitulação de Mack em Ulm, Napoleão ordenou a seus marechais que rumassem para leste com toda rapidez para interceptar um exército russo que acorria ao oeste para socorrer o pobre comandante austríaco. A idéia era desfechar-lhe um golpe de morte antes que se inteirasse da situação.

Mas o imperador Napoleão encontrou no general russo Mikhail Illarionovich Kutuzov um adversário muito mais astuto que o pomposo e obtuso Mack. Aparentando mais que seus 60 anos, com acentuada *faiblesse* por moças e vodca, Kutuzov percebia muito bem o desejo do inimigo de estar sempre tentando investir contra a jugular do adversário. Ao lutar com ele, pensava, o fundamental era conter-lhe a velocidade, testar seus exércitos e sua paciência, mantendo ao mesmo tempo as próprias tropas prontas para a luta, constituindo uma constante ameaça. Assim Kutuzov recuou, embora isso significasse perder Viena para os franceses, e foi se juntar às forças austríacas e russas perto de Olmütz, a nordeste.

Viena era um prêmio esplendoroso mas vazio, que, como Talleyrand previu, o *nobliau* corso que havia em Napoleão não pôde resistir a agarrar, embora não tivesse nenhuma importância militar. E de fato ele tratou de se instalar no Schoenbrunn, de onde começou a emitir proclamações em que essa proveniência era indicada. Estrategicamente, no entanto, a situação francesa estava se tornando frágil. Em todo avanço frontal, como o que os franceses vinham fazendo havia oito exaustivas semanas, chega-se a um ponto culminante em que se corre o risco de perder o ímpeto. Avançar além desse ponto sem boas chances de vitória decisiva imediata em batalha é muito perigoso. Clausewitz resume isso com inimitável vigor: "Cada ataque que não conduz à paz está fadado a terminar como uma defesa".[65] Em meados de novembro, as forças russo-austríacas combinadas eram consideravelmente superiores em número às francesas, e havia o risco permanente de que os arquiduques João e Carlos as reforçassem ainda, a partir do sul. Além disso, como observamos, a ameaça prussiana estava sempre presente. Napoleão precisava empreender uma ação de vulto rapidamente, mas, se os aliados dessem ouvidos a Kutuzov, não haveria nenhuma — só escaramuças e manobras, durante as quais continuariam recebendo reforços .[66]

Felizmente para os franceses, em vez de dar ouvidos a Kutuzov, Alexandre I deixou-se influenciar por um bando de janotas estridentes e sem miolos que lhe faziam as vezes de gabinete oficioso. Aristocratas frívolos e arrogantes, como o príncipe Dolgorouki, asseguraram ruidosamente a seu amo que o imperador francês estava exposto e poderia ser esmagado. Para provar seu argumento, mostraram que, no momento mesmo em que falavam, o inimigo estava abandonando sua excelente posição no platô de Platzen, a oeste da vila de Brünn. Era a hora de atacar; Napoleão estava batendo em retirada; seu flanco direito, em particular, estava exposto e se enfraquecendo, à medida que mais unidades se afastavam. "Ademais", acrescentou Dolgorouki, "se Vossa Majestade recuar agora, Bonaparte vai nos tomar por covardes." "Covardes!" exclamou o czar, "antes morrermos!"

Os conselheiros de Alexandre provaram-se 100% certos, depois 200% errados. Invariavelmente, os relatos dos movimentos de Napoleão acima referidos são prefaciados com a afirmação de que Napoleão os fez como uma grande simulação, rogando a Deus que os aliados investissem contra seu flanco direito (sul) exposto. A verdade, porém, é que nada foi previsto da forma concatenada que eles sugerem, e o fato é que todos eles, inclusive os escritos por generais franceses, se inspiraram na descrição vangloriosa feita pelo próprio Napoleão em seus boletins do exército. De fato, a batalha de Austerlitz[67] é tradicionalmente narrada como o movimento inelutável de um torniquete gigante centrado no platô de Pratzen. Os aliados deram início ao processo, empurrando seu flanco esquerdo contra o flanco direito francês enfraquecido. Ali Napoleão pusera Davout, seu melhor general-de-divisão, chegado na última hora, após conduzir seus homens numa marcha forçada de quase 130km desde Viena. Davout recuou diante da violenta investida austro-russa e com isso atraiu-os para si, enquanto eles giravam lentamente por trás do centro francês. À medida que esse processo continuava, o flanco esquerdo francês começou a empurrar a asa norte do torniquete, impelindo os austro-russos para trás à direita e ao centro. Eles não contavam enfrentar uma força tão grande ali, pois Napoleão reforçara disfarçadamente sua esquerda com a unidade de Bernadotte, que viera acobertado por uma densa cavalaria para não ser vista pelo inimigo. Logo os franceses estavam empurrando os aliados para trás, e os aliados fazendo o mesmo com eles — só que estes estavam recuando e os franceses atacando. No momento decisivo, Napoleão atingiu o centro austro-russo com sua reserva, dividindo o exército inimigo em dois, o que lhe permitiu dedicar particular atenção a cada metade.

Foi tudo uma questão de execução, pois, como sempre, mil detalhes imprevistos poderiam ter interferido. Os aliados perceberam cedo que havia ali um embuste e Kutuzov tentou desesperadamente chamar duas de suas unidades de ataque de volta ao platô de Pratzen, mas elas voltaram tarde demais para serem eficazes. Davout quase desabou sob o ataque vastamente superior que recebeu e o conteve a custo (a investida foi muito maior do que Napoleão previra ou do que se arriscaria a sofrer, se a tivesse previsto). Conseguiu, mas foi por pouco. A ala direita aliada poderia ter resistido facilmente. Na verdade ela o fez, mas isso não foi decisivo porque os aliados estavam em desordem em outros lugares. Por fim, o centro aliado, que era decisivo, entrincheirou-se, apesar do ataque francês combinado. O marechal Soult logo tomou o Pratzen, depois o perdeu para um contra-ataque dos guardas russos. Os franceses o retomaram com uma carga da cavalaria da Guarda Imperial, sob o marechal Bessières. Poderiam ter voltado a perdê-lo se a brigada de Thiébault não tivesse desfechado um ataque desesperado de baionetas num momento em que por todos os motivos deveria ter recuado. Segundo Chandler essa foi "a decisão isolada mais crítica da batalha".[68] Mas a luta no Pratzen teve outros momentos desesperados; em certa altura, Napoleão e seu estado-maior foram apanhados na confusão de dois regimentos franceses em fuga. Mas afinal os franceses mantiveram o platô e, antes do meio da tarde, Napoleão mandou sua Guarda Imperial, mantida como reserva, investir através do centro do exército aliado, dividindo-o em dois. Desse momento em diante eles foram fragorosamente derrotados.[69]

A batalha dos Três Imperadores, como também é chamada, seria para sempre o mais brilhante triunfo de Napoleão, mas isso graças a uma intuição perfeita, senso de oportunidade e mestria na execução, não a um ardiloso plano antecipado. Foi só ao ser relatada, sobretudo por Napoleão (numa versão que enfatiza sua clarividência e que todos adotaram), que a batalha de Austerlitz se tornou o exemplo por excelência de "grande estratégia" e passou a ser assim mencionada nos manuais de história militar. "Soldados, estou contente convosco", escreveu Napoleão na abertura de sua proclamação ao exército. Seus homens receberam mais do que palavras gentis; entre outras recompensas, os filhos dos que tombaram em Austerlitz foram "adotados" por Napoleão. Em carta a Josefina, ele admitiu: "Estou um pouco cansado".

Não foi o triunfo nessa batalha, porém, que lhe proporcionou o momento mais feliz de sua vida; este acontecera na noite anterior. Ao visitar os homens, tropeçara num tronco e caíra. Seus auxiliares o ajudaram a se levantar e em seguida os soldados improvisaram tochas e seguiram empunhando-as à sua frente enquanto ele caminhava pelo acampamento. Os gritos ensurdecedores de "*Vive l'Empereur!*" chegaram ao platô de Pratzen e ao acampamento russo, onde os generais esfregavam as mãos e davam risadinhas antecipando a batalha do dia seguinte, que ao que tudo indicava, liquidaria com os franceses.

Entre os prisioneiros estava um oficial russo de artilharia que falava um bom francês. Esse homem implorou aos captores que o fuzilassem, pois preferia a morte àquela vergonha. Os franceses tentaram tranqüilizá-lo, dizendo-lhe: "O imperador vai ouvi-lo!" Napoleão de fato esteve com o homem e perguntou-lhe qual era seu problema. "Sire", ele respondeu, "não mereço viver, pois perdi minha bateria". O imperador respondeu: "Acalme-se, rapaz. Não é desonra ser derrotado pelo *meu* exército."[70]

Dois dias depois, o sacro imperador romano foi ao acampamento do "pequeno caporal" para lhe suplicar a paz. Francisco II entregava os pontos; Alexandre poderia ter levado a luta adiante, mas, mesmo que o tivesse feito, e mesmo que Frederico Guilherme tivesse concordado em marchar duas semanas mais cedo, não teria adiantado: o moral austríaco estava completamente arrasado. O czar voltou relutantemente para a Rússia, lambendo suas feridas e permitindo a seus aliados chegarem a um acordo com os franceses.

De *Grande Nation* a *Grand Empire*

> *Nesse momento, mais que nunca, o Imperador ... afastou-se do domínio luminoso e claro dos grandes homens práticos, inteligíveis e previsíveis, para ingressar na região indefinida e deslumbrante, embora nebulosa, em que vivem os heróis feitos para a fábula, não para a história; aqueles que são objeto da admiração e da preferência da gente estúpida que acredita em poesia.*
>
> CHARLES DE RÉMUSAT[71]

Como a sorte estava lhe sorrindo, Napoleão foi em frente. Essa fora a sua guerra, agora faria a sua paz. "Vossa Majestade pode destruir a monarquia austríaca ou reerguê-la", afiançou-lhe Talleyrand, "mas se a destruir, não estará no poder nem de Vossa Majestade reconstruí-la novamente."[72] Embora extremamente tentado, "Sua Majestade" não dissolveu o império Habsburgo. Mas o Tratado de Pressburg foi inclemente. Francisco II perdeu quatro milhões de súditos, um sexto de seu império, com os territórios que lhe foram arrancados na Itália, Europa central e Europa oriental. A grande indenização que teve de pagar à França quebrou-lhe o Tesouro. E no que talvez tenha sido o pior de tudo, numa época fascinada por títulos e precedência, Francisco acabou perdendo a mais prestigiosa de todas as coroas, o Sacro Império Romano. O Reich de mil anos chegara ao fim.[73] Francisco I (como passou a ser chamado) e seu chanceler Louis Cobenzl baixaram a cabeça e engoliram o remédio — numa subserviência que Friedrich Gentz tomou por apaziguamento e o deixou louco de raiva.

Por fim, Napoleão conseguiu obter da Áustria algo que desejava havia muito: reconhecimento formal. Dali em diante, nos despachos redigidos após Austerlitz e Pressburg por diplomatas e ministros dos Habsburgo, "Bonaparte" foi substituído por "Napoleão".[74]

A fenomenal atividade de Napoleão, que assombrava e exauria seus colaboradores e seguidores, continuou nos meses que se seguiram a Pressburg.

"Pena que o homem não fosse dado à preguiça", suspirava Talleyrand.[75] De fato, o imperador dos franceses aproveitou o fim vitorioso da campanha para impor muito mais mudanças à Europa ainda do que o fizera o Tratado de Pressburg. No ato de maior significação histórica para o futuro desenvolvimento de um Estado nacional alemão, completou a remodelação da Alemanha.[76] Criou a Confederação do Reno (Rheinbund) a partir de uma dúzia de Estados alemães do sul e do oeste dependentes da França, entre os quais a Baviera e Württemberg, que foram ambos promovidos a reinos por seus esforços para apoiar os franceses na recente campanha.

Quem também ganhou um prêmio por serviços prestados foi o cunhado de Napoleão, Joaquim Murat: Napoleão cavou para ele o grão-ducado de Berg. A Prússia, em represália pela maneira hesitante e enganosa como se aproximara do campo errado, teve de entregar Cleves e Neuchâtel à França e Ansbach à Baviera, e, se lhe foi permitido conservar Hanover por algum tempo, o "presente" chegou embrulhado em dúvidas, pois era sabido que Napoleão estava propenso a devolver esse eleitorado à Inglaterra como parte de um pacote de paz final. Por fim, foi permitido à Prússia "organizar" (dominar) alguns Estados remanescentes no norte da Alemanha. Essa remodelação da Europa central foi entusiasticamente apoiada por reformistas "esclarecidos" em toda a Alemanha, muitos dos quais, para dizer a verdade, exortaram Napoleão a assumir o título de Carlos Magno, "Imperador do Ocidente".[77] A atitude desses homens mudaria à medida que descobrissem que, para Napoleão, dependência significava tutela; nessa altura, porém, a presença francesa ali, como na Suíça, ainda era geralmente associada a progresso, tal como não ocorria mais nos Países Baixos e na Itália.

Finalmente, o imperador francês cuidou do destino do reino de Nápoles, cujo território ocupava. O boletim do exército de 27 de dezembro de 1805 incluiu a seguinte demonstração da confiança que reinava entre Napoleão e seus homens: "Perdoaremos [a Ferdinando e Maria Carolina] uma quarta vez? Confiaremos numa corte que não tem nenhuma boa-fé, nenhuma honra, nenhum senso comum? Não! Não! A dinastia Bourbon de Nápoles cessou de reinar. Sua existência é incompatível com a tranqüilidade da Europa e a honra de minha coroa." Napoleão foi acusado de procurar "triunfos vingativos", de sentir necessidade de "derrotar e humilhar seu adversário",[78] mas, no caso dessa rainha do *double jeu* e desse rei da traição, não poderíamos lhe permitir um pequeno regozijo? O destronamento dos Bourbon não passou de um exemplo de justiça dura — prometida e feita. Maria Carolina pelo menos demonstrou a coragem da franqueza: "Se há uma coisa com que nunca me conformarei", disse a um de seu ex-ministros, "é saber que eu mesma levei a adversidade para minha família. Numa palavra, estou extremamente infeliz".[79]

Após Trafalgar e Austerlitz, a Grã-Bretanha voltou-se, com relutante alívio, para sua ilha e seu império, protegido contra a invasão e o tédio, pois havia muito espaço, além do continente europeu, onde podia exercer seu comércio e sua política. "Enrole esse mapa. Ele não será necessário por uns dez anos", disse Pitt. Certamente não para ele: o primeiro-ministro, "a magnífica coluna que sustentou o destino oscilante de nossa raça"[80] morreu em 23 de janeiro de 1806. Estava adoentado havia muito, mas o golpe de misericórdia foi a notícia de que a Prússia acabara por não entrar na briga junto com os aliados; Hanover estava definitivamente perdida para Jorge III. Pitt sucumbiu murmurando: "Meu país, oh, meu país."[81]

Seus sucessores sondaram as possibilidades de uma paz. Os termos que a Inglaterra oferecia eram excelentes, incluindo o reconhecimento de todas as possessões francesas à época, e a disposição (num artigo secreto) de expulsar os Bourbon de seu conveniente exílio na Grã-Bretanha. Mas o imperador francês viu na tentativa britânica de negociar um sinal de fraqueza; ele tinha seus próprios projetos, e sabia que, a longo prazo, a Inglaterra não os toleraria, de modo que qualquer paz naquela altura seria, na melhor das hipóteses, Amiens outra vez. "A paz é uma palavra desprovida de sentido", escrevera a José após Austerlitz. "É de *paz gloriosa* que precisamos." A pergunta que o irmão mais velho se absteve de lhe fazer foi: "Que é a 'paz gloriosa' se não trouxer nenhuma paz?"

Uma dúzia de outros dos mais preeminentes colaboradores do imperador francês recebeu ducados, ou feudos, arrancados das regiões italianas conquistadas e anexadas. Esse foi o primeiro passo para a criação de uma nova nobreza fundiária, embora ela não gozasse do mesmo status jurídico que o segundo estado sob o Ancien Régime. Em contrapartida, o Estatuto sobre a Família Imperial, mediante o qual Napoleão assumiu o controle sobre as vidas pessoais e públicas, praticamente sobre as pessoas, de sua própria família ecoou fielmente o antigo costume régio. A concepção napoleônica de que os príncipes Bonaparte não podiam ter o mesmo status civil que os demais franceses foi um ataque ao arco central do pacto revolucionário: a igualdade civil.[82]

As designações de José e Luís para os tronos de Nápoles e da Holanda, respectivamente, foram assuntos importantes da nova política imperial. Napoleão havia tentado governar as regiões de fronteira de seu Império por meio de "vigários" (p.ex., Schimmelpenninck na Holanda), mas não conseguia controlar esses homens completamente; além de manifestarem uma desconcertante tendência a se preocupar mais com seus países do que com a política francesa, não eram capazes de controlar os eventos em suas próprias repúblicas tão bem quanto o desejaria Napoleão. Cada eleição holandesa, por exemplo, gerava tumulto entre forças pró- e antifrancesas. A solução encontrada por Napoleão foi implantar monarquias subordinadas a Paris. Chegara portanto a hora e a vez dos seus irmãos. "Não posso mais ter parentes na obscuridade", declarou o imperador. Com seus direitos à sucessão na França assegurados, José aceitou, desvanecido, tornar-se José-Napoleão I; quanto a Luís, nem foi consultado; o Senado francês tampouco. O ato (30 de março de 1806) foi promulgado pela autoridade única do imperador.

Assim nasceu o *Grand Empire.* No fraseado da designação de José para o sul da Itália, o imperador declarou Nápoles uma "parte do *Grand Empire*" — tal como a Holanda. Essa era uma concepção nova. A Bélgica, as anexações italianas, a região suíça do Valais e os territórios dálmatas adquiridos com o Tratado de Pressburg eram todos considerados simplesmente partes integrantes de uma França hipertrófica — a *Grande Nation*, para usar a antiga expressão de 1798-1800. Mas Berg, Nápoles e a Holanda eram reinos federados, não mais franceses, mas imperiais. Há uma nuance entre os conceitos: "nação", por mais flexível que fosse nas mãos de Napoleão, referia-se ao "povo" no sentido revolucionário, ao passo que *Grand Empire* referia-se — só podia se referir — a "o Estado". A roda girara 180 graus; Napoleão atravessou, por assim dizer, a idéia de nação para recuperar o que sempre almejara desde seus primeiros escritos juvenis sobre política: *l'Etat.*

O próprio tempo retrocedeu quando, sem que a sensibilidade pública sofresse qualquer impacto, o que teria sido 11 Nivoso do Ano XIII raiou em vez disso como 1º de janeiro de 1806.[83] O jornal oficial francês de registro de debates parlamentares, *Le Journal des Débats*, virou o *Journal de l'Empire;* por fim, o cabeçalho oficial que ornamentava cada uma da páginas do *Journal*, antes *La République Française*, passou a ser *L'Empire Français.*

E assim começou a odisséia do imperador e de seu Império propriamente dito. "Aquela comédia de república e de igualdade que tínhamos de representar ..., que aborrecia Napoleão e não enganava ninguém, salvo quem queria ser enganado", estava encerrada.[84] Segundo alguns, como Lentz, o "mergulho abrupto numa obsessão pessoal e política"[85] ocorreu muito depois do Consulado, com a batalha de Austerlitz. Para outros, como Paul Schroeder, a obsessão estivera presente o tempo todo: "Todos os esforços para encontrar algum ponto na carreira de Napoleão em que ele passou a errar ou a ir longe demais são equivocados. Todo o seu caráter e toda a sua carreira foram fundamentalmente errados; ele sempre foi longe demais."[86] A maioria das vidas, quando as examinamos, parece consistir de um só bloco — a de Napoleão, talvez mais que as da maioria; ainda que apenas por ter sido tão mais investigada que a da maioria.

É digno de nota, contudo, que foi só depois que o luminoso sol de Austerlitz se transformou na noite de 1812-15 que os testemunhos contra o Império proliferaram.[87] No momento em que estamos, 1805, Napoleão e suas idéias tendiam antes a deslumbrar a maioria — não todos, mas a maioria —, a empolgar franceses e estrangeiros, arrastando-os para uma aventura que lhes parecia mítica, às vezes contra seu melhor juízo. Os contemporâneos, por mais que estudassem os pensamentos da Revolução Francesa e a política imperial napoleônica, ficavam muitas vezes — como Charles de Rémusat — fascinados pelo próprio Napoleão, percebendo que ele era um fenômeno como o mundo não via desde Carlos Magno ou César.

Seria um erro, portanto, supor que o Império era nessa altura amplamente odiado e considerado insuportável. A política francesa era realista e resoluta e severamente executada, mas os franceses não chegavam em terras conquistadas da maneira como o exército de Mussolini marcharia mais tarde sobre a Etiópia ou o de Hitler sobre a Polônia. Não, chegavam levando consigo o prestígio da "grande" Revolução Francesa e algumas de suas reformas — para a profunda satisfação de homens da estatura de Hegel, Goethe, Byron e do jovem Stendhal. Na pior das hipóteses, a criação do *Grand Empire* francês era vista como algo menos terrível ou inusitado do que os adversários dos franceses fariam, ou tinham feito, no lugar deles (p.ex., as três divisões da Polônia pela Rússia, Áustria e Prússia, ou as discussões russo-britânicas para rasgar o Império Otomano).[88]

O Império representava na verdade uma drástica remodelação da Revolução, mas poucos viram a consolidação imperial como um eufemismo para traição; ao contrário, a maioria viu nela a salvação de 1789.

A personalidade e a força de vontade do imperador e, sobretudo, a miraculosa sucessão de vitórias militares — sua verdadeira glória — eram consideradas extraordinárias o bastante para justificar que títulos como "imperador do Ocidente" fossem seriamente propostos para ele. "O imperador forjou para si um cetro de ferro, mas a alma de seu sistema não foi a repressão", escrevem Louis de Villefosse e Janine Bouissounouse em seu retrato, negro sob outros aspectos, do governo napoleônico. "Napoleão, no pleno *éclat* de seus triunfos, encarnava mais do que força ... Impunha-se também por seu gênio ..., por suas aptidões sobre-humanas e fenomenais."[89] Nessa época, portanto, as pessoas em geral pagavam o preço da "liberdade" de Napoleão de mais bom grado do que se dispuseram a admitir mais tarde.

Isso foi duplamente verdade no que diz respeito ao povo que ocupava o centro do palco, os franceses. "Como foi que ele pôde contar com as correntes que forjou à custa dos mais nobres sentimentos da alma?" perguntou a si mesma Mme de Rémusat. Ela admitiu não saber a resposta: "Ai! Posso apenas julgar por mim mesma que ele conseguiu fazê-lo!"[90] Para todo francês com a independência de um Lafayette, era enorme o número dos que demonstravam com seu comportamento o que Chateaubriand sugeriu: "A experiência cotidiana prova que os franceses se voltam instintivamente para o poder ..."[91]

Em casa

Ao partir para o Danúbio em setembro de 1805, Napoleão recebeu uma despedida bastante fria de uma pequena multidão postada diante das Tulherias. Isso o aborreceu, mas certamente não foi uma surpresa, uma vez que a França estava em recessão econômica após duas safras ruins e uma queda das exportações, e o governo imperial via-se em apuros com o aumento das Forças Armadas. Deveríamos nos acostumar com isto: as finanças eram *a* dor de cabeça permanente de todas as grandes potências, e não havia meio de resolver o problema senão contraindo empréstimos para cobrir as despesas, prática que, por ser a adotada pelos ingleses, era repudiada pelos franceses.

A solução francesa foi *ad hoc*: o minueto de costume dançado com as finanças privadas. Com ameaças e estímulos, Barbé-Marbois, ministro do Tesouro, e Napoleão convenceram um grupo de banqueiros privado a fornecer ao governo os recursos necessários; em troca, sob a supervisão teórica do semipúblico Banco da França, os financistas receberam debêntures contra a receita de impostos e vários privilégios comercial-financeiros. Como teria sido de prever, o uso desses privilégios deu lugar rapidamente a esquemas especulativos (p.ex., apostas no valor da piastra espanhola levando em conta os carregamentos de ouro provenientes das Américas), os quais diminuíram muitíssimo em conseqüência da imposição de um forte bloqueio britânico. Seguiu-se um escândalo em Paris. Os rumores proliferaram ("X, Y ou Z — até o imperador! — fugiu com o dinheiro público! Os bancos ficaram a zero! A *rente* [taxa que o governo pagava sobre títulos por ele emitidos] não se manterá!"). Num piscar de olhos, formava-se uma fila quilométrica em frente ao Banco da França, cada um com seu colchão, enquanto Barbé-Marbois, em desespero, escrevia para Sua Majestade: "Voltai, Sire, eu vos rogo, voltai o mais depressa que puderes! Somente vossa presença levará as pessoas a cumprir seu dever em vez de perseguir secretamente seus interesses pessoais, perturbando assim a ordem e destruindo operações financeiras honestas."[92]

O triunfo militar no platô de Pratzen foi a salvação política do regime em Paris. A notícia da vitória de Austerlitz chegou à capital francesa em meados de dezembro. Os boletins de Napoleão foram lidos nos púlpitos, nos teatros, nos prédios públicos e nas ruas. Canhões estrondearam até todo mundo ficar surdo; *Te Deums* foram entoados em todas as igrejas; e bandeiras inimigas foram distribuídas a várias autoridades nacionais e parisienses (Napoleão especificara em suas missivas quem deveria ganhar qual). O Senado decretou a construção de um arco triunfal (aquele que foi parar no Carroussel das Tulherias); além disso, a estátua que deveria coroar a coluna da vitória Vendôme (*à la* Trajano) não seria mais a de Carlos Magno o Grande, mas a de Napoleão I. A modéstia republicana saíra de moda e prefeitos departamentais, municipais e bispos tratavam de assegurar a adoção dos mesmos preceitos nas províncias.

De volta a Paris em 26 de janeiro de 1806, o imperador ali permaneceu por oito meses. Certos colaboradores haviam aproveitado sua ausência para expressar a própria "liberdade" em matéria de liderança. Ao que parece, Fouché, por exemplo, conseguira se tornar uma espécie de primeiro-ministro aos olhos de alguns colegas.[93] O problema é que não havia mecanismos permanentes estabelecidos para o governo do Estado na ausência do soberano.[94] Oficialmente, ele ficava a cargo de Cambacérès, e o "príncipe" José, o "grande eleitor", era a segunda pessoa mais importante do Império. Nenhum dos dois, porém, era capaz de maquinar ou manobrar com a habilidade de Fouché. Afora isso, o imperador, durante suas ausências, nunca soltava realmente as rédeas do governo. Esperava (e era atendido) que José, Fouché, Cambacérès e Luís Bonaparte lhe escrevessem praticamente todos os dias, mantendo-o a par de tudo; outros ministros também lhe escreviam com freqüência. Embora não pudesse se sobrecarregar, o imperador costumava se zangar com subordinados que não lhe passavam informações. Era capaz de, em plena campanha — em plena batalha —, estudar e enviar relatórios sobre um sem-número de problemas secundários que surgiam na capital.

A restauração da confiança — tudo que era realmente necessário para que a crise financeira começasse a se resolver — teve início já com as notícias das vitórias militares. Ao retornar, Napoleão agiu com a rude autoridade de costume para impor a ordem. Barbé-Marbois foi demitido do Tesouro por não ter vigiado melhor os especuladores, enquanto o próprio Banco da França sofreu maior estatização. Os culpados de especulação foram incriminados e obrigados a devolver grande parte do dinheiro indevidamente obtido. A campanha do Danúbio fora compensadora: o recém-criado erário do exército, separado do Tesouro imperial, apresentou um saldo positivo de 65 milhões de francos. A crise de 1805 levou um ano para se dissipar, mas o que interessa é: *ela pôde ser resolvida politicamente* (assim como, em certo sentido, fora precipitada politicamente, pela fraqueza e a cumplicidade do governo na ausência de Napoleão). Tratou-se, fundamentalmente, de uma crise de confiança em tempo de guerra, resolvida quando a guerra foi vencida e uma mão forte reassumiu o controle interno.[95]

E Fouché? Bem, quase foi demitido, mas acabou se provando valioso demais.

A Quarta Coalizão (1806-7): as campanhas prussiana e russa

Se eu tivesse sentido prazer, poderia ter sossegado; mas o perigo estava sempre à minha frente, e a vitória do dia era sempre esquecida na ânsia de conquistar mais uma no dia seguinte.
NAPOLEÃO, SANTA HELENA, 1816

Napoleão costumava se queixar da "ditadura dos fatos", em geral inesperados, muitas vezes repentinos. Compreende-se: os fatos governaram a sua vida mais certamente do que ele governou seu Império, embora, ao recorrer tão prontamente à guerra, ele tenha conferido aos fatos um significado apocalíptico que de outra forma talvez não tivessem tido. No início do outono de 1806, o acontecimento que o surpreendeu não era, na verdade, inesperado. O primeiro-cônsul talvez tivesse previsto melhor o que o imperador, cada vez mais cego para qualquer idéia que não as próprias, não enxergou: Frederico Guilherme III era um cão que fora atiçado demais, e agora estava disposto a morder de volta. Em parte, isso fora provocado pelo próprio prussiano: guiado pela voz de seu coração (ou melhor, do da mulher), ele apostara na Áustria e na Rússia em sua recente guerra com a França e perdera. Pior ainda: seu governo tentara dissimular sua posição, especialmente nas semanas que se seguiram a Austerlitz, o que só lhe valeu, quando Napoleão descobriu a verdade, um gélido desprezo. Em seguida o Hehenzorllen tentou a subserviência e fez uma aliança furtiva com a França em 15 de fevereiro, mas isso não o salvou da humilhação. Napoleão tratou de estabelecer a autoridade francesa na Alemanha de maneira a limitar a influência prussiana apenas ao nordeste

Por outro lado, a opção da Prússia de "se transformar num leão depois de ter tentado longa e arduamente continuar sendo um lacaio"[96] não teria ocorrido sem a ingerência dissimulada da rainha Luísa e do grupo reacionário que ela encabeçava em Berlim, que incluía ministros-chave como Hardenberg e Stein, bem como a maioria dos mais graduados generais prussianos. Graças à rainha, uma ativa agência monarquista francesa instalou-se em Berlim, de onde influenciava o regime e a nobreza e infiltrava panfletos políticos pró-Luís XVIII na França. Formalmente — pois até o último momento Frederico Guilherme não conseguiu superar sua timidez e indecisão —, o governo agia com duplicidade: afirmava em São Petersburgo que a Prússia aceitaria o desafio francês e em Paris que só ela desejava ser um bom (leia-se: mais bem tratado) aliado da França. Era em São Petersburgo que a Prússia estava falando a verdade,[97] mas o que dizia em Paris não era impossível. Potência menor, tinha de escolher seu mentor no plano geopolítico. A Rússia era de longe sua opção preferida, mas Napoleão, se tivesse tentado, teria conseguido se impor.

Ele não o fez. Absorto em seus próprios projetos e transações em toda parte, menos na Prússia, não prestou atenção ao ressentimento que se acumulava a leste do Elba. Ainda nas vésperas da guerra, dizia a seu ministro das Relações Exteriores: "A idéia de que a Prússia entraria na guerra contra mim me parece absurda demais para ser discutida ... Se os prussianos entrarem levianamente na guerra, estarão marchando para a sua ruína."[98] Tinha razão: os prussianos entraram na guerra levianamente, no seguinte sentido: seu famoso renascimento patriótico de 1806 acabou por se revelar superficial, efeito mais da intriga e da propaganda do grupo oficial em favor da guerra em meio ao exército do que um genuíno nacionalismo prussiano — menos ainda alemão. O espírito belicoso em Berlim, que os memorialistas comentam, restringia-se à aristocracia e ao oficialato, e consistia sobretudo numa exaltação artificial e fantasiosa da glória de Frederico o Grande na época em que a Prússia fora "um exército a que se ligava um Estado". A arrogância dos oficiais da Guarda Nobre que afiavam suas espadas nos degraus de pedra da embaixada francesa era tão patente quanto vã. Quando a guerra chegou, só um Estado alemão (a Saxônia) foi leal ao lado germanófono; e nem o povo da Prússia manifestou grande pesar diante do que logo aconteceu a seu exército e seu Estado.

Napoleão estava certo também num segundo aspecto: as forças prussianas marcharam rapidamente "para a sua ruína". Praticamente nenhuma outra campanha, nos anais das guerras entre grandes potências, chegou ao clímax tão depressa — 33 dias. Isso, além do fato de ela não ter dado lugar a nenhuma trégua ou paz, apenas à continuação da Guerra da Quarta Coalizão, reduz seu interesse na biografia de Napoleão. O Grande Exército ainda estava acampado na Alemanha quando a "surpresa" prussiana chegou; o imperador estivera prestes a mandá-lo de volta para casa. De fato, no primeiro boletim da nova campanha ele censurou a inconveniência dos soldados favoráveis à guerra, não o país em geral. Seu objetivo era atacar os prussianos antes que os russos (ainda em guerra com a França) pudessem unir forças com seu novo aliado, mas não precisava ter pressa, porque o adversário estava avançando confiantemente ao encontro deles. Foi um avanço tão atabalhoado, tão confuso, a coordenação entre suas partes eram tão ruim (o general prussiano médio tinha mais de 60 anos), que o melhor serviço secreto francês e o próprio Napoleão ficaram sem a menor idéia de onde se encontrava o inimigo. Enquanto seu exército se deslocava para a Alemanha oriental, o imperador o dispôs num enorme "quadrado" de 180.000 homens, preparado para enfrentar um ataque vindo de qualquer direção.[99]

O embate se deu no dia 14 de outubro, na Turíngia, em dois locais a cerca de 25km um do outro. O imperador, que estava em Iena, supôs estar se defrontando com a maior concentração das forças inimigas, quando aquele era de fato o flanco direito dos prussianos, sob o comando do príncipe von Hehenlohe. O duque de Brunswick e a maior parte do exército estavam em Auerstaedt enfrentando o marechal Davout. As duas batalhas (Iena e Auerstaedt) foram portanto distintas e desiguais: a vitória de Napoleão sobre Hohenlohe, embora esmagadora, foi a de uma força superior contra uma inferior. Mas Davout estava na situação inversa: derrotou Brunswick brilhantemente, tendo menos da metade de seus homens. O marechal Bernadotte, que deveria ter ido em sua ajuda, não avançou a tempo, talvez por não querer servir sob um colega sete anos mais jovem. Napoleão pensou em submetê-lo a uma corte marcial (que não emitiria uma sentença de morte), mas acabou nem sequer o rebaixando. O que o deteve foi menos o fato de Bernadotte ser marido de Desirée e cunhado de José, que a dificuldade que sentia em punir ou rebaixar os que lhe eram próximos, ou mesmo confrontar-se com eles.[100]

Esse par de triunfos franceses destruiu três exércitos prussianos, fez 25.000 prisioneiros, tomou 200 canhões e 60 bandeiras. O boletim declarou: "Rossbach foi apagado!" — uma referência à vitória de Frederico o Grande sobre os franceses em 1757. Napoleão entrou em Potsdam em 26 de outubro e prestou ali uma homenagem ao túmulo de Frederico — o genuflexório ainda morno da ocasião em que Frederico Guilherme, Luísa e Alexandre lhe haviam jurado inimizade, menos de um ano antes. Uma ironia certamente não lhe escapou: se o exército prussiano sucumbira em parte por ter imitado servilmente as táticas (ultrapassadas) de Frederico,[101] fora ele, Napoleão, quem reproduzira o ágil e astuto guerreiro daquela vez. Os franceses entraram em Berlim no dia seguinte e Napoleão não se furtou ao prazer de fazer os oficiais da Guarda Nobre prussiana aprisionados desfilarem pela rua em que ficava a embaixada da França. Curiosamente, as multidões não manifestaram comiseração por eles.

O governo da Prússia só caiu em verdadeiro desespero *depois* de Iena, quando as forças que lhe restavam — numerosas e bem escondidas nas famosas fortalezas do leste da Prússia (Magdeburg, Danzig etc.) — renderam-se uma a uma, muitas vezes sem nenhuma luta, vencidas pela bravata francesa e a fama de Napoleão. O coronel responsável por Stettin não foi exceção: depois de jurar morrer no seu posto, entregou-se prontamente sem disparar um tiro. Após capturar um colega de patente, *Feldmarschall* Blücher, Murat enviou a Napoleão o despacho famoso: "Sire, o combate acabou por falta de combatentes!"[102]

No entanto, essa que foi a mais excelente campanha *jamais* feita por Napoleão pela rápida e total destruição da capacidade de resistência do inimigo, não rendeu nada em matéria de paz, e isso por culpa dele mesmo: os termos de paz que propôs ao Hohenzollern teriam deixado a Prússia reduzida ao status de uma potência de segunda classe e arruinada. O rei nunca os poderia ter aceitado quando ainda tinha um aliado em campo. Ele e sua rainha se retiraram para uma fortaleza na fronteira oriental do país e ali esperaram os exércitos de Alexandre. Dessa vez o povo francês não ficou tão pasmo com a vitória; ansiava por ver terminada aquela guerra feita num lugar tão distante e por razões tão pouco convincentes. Metternich escreveu mais tarde que Iena foi o "apogeu" de Napoleão. Se ele tivesse resistido ao impulso de destruir a Prússia diplomaticamente, poderia ter dado "uma base estável, sólida e duradoura para o imenso edifício que conseguiu erguer".[103] É difícil contestar a observação.

Todo estudante de história européia conhece o vínculo especial que uniu a Polônia à França, tanto no Ancien Régime quanto na Revolução.[104] O ilustre reino da Polônia havia desaparecido em 1795, quando suas últimas sobras haviam sido divididas entre a Rússia, a Áustria e a Prússia. O Diretório não fora capaz de evitá-lo. Apesar disso, a idéia da Polônia continuava intensamente viva, não só entre poloneses como entre as forças progressistas da Europa em geral e as francesas em particular. Oficiais poloneses haviam lutado sob Bonaparte na Itália em 1796-97 e conquistado sua admiração. Logo após tomar o poder, o primeiro-cônsul criticou o Diretório por sua "timidez covarde" ao consentir na destruição da Polônia. Agora, em 1806, enquanto a Grande Armée avançava pela Prússia oriental, os poloneses, estimulados por Napoleão, ergueram-se e expulsaram seus suseranos prussianos. Unidades polonesas não demoraram a se unir ao exército francês para lutar contra os prussianos e depois contra os russos.

O imperador francês viu-se numa situação um pouco desconcertante. Em todas as confusões e controvérsias que pairam sobre a famosa política de Napoleão para a Polônia, três coisas se destacam: primeiro, Napoleão desejava e pretendia fazer alguma coisa em prol da Polônia, apesar do custo geopolítico disso *vis-à-vis* as "potências centrais"; segundo, os poloneses deveriam, em troca, servir às necessidades da França e da Grande Armée; e terceiro, a menos que ressuscitasse o antigo reino da Polônia como uma república irmã — o que teria significado guerra não só com a Áustria como com a Prússia e a Rússia —, nada que Napoleão fizesse por ela satisfaria os patriotas poloneses (ou franceses), cujo referencial era a primeira fase da Revolução Francesa. "Isso equivale a incitar o sentimento nacional na Polônia sem despertar o sentimento liberal", disse o imperador a um diplomata.

Para complicar a situação, há o curioso fato de que de repente, em meio à guerra, às negociações diplomáticas e ao governo atento (ainda que à distância) de seu Império, Napoleão Bonaparte, pela primeira vez desde os primeiros tempos de sua relação com Josefina, parece ter-se apaixonado por outra mulher. O objeto dessa imprevista afeição foi Maria Walewska, uma condessa polonesa de 32 anos casada com um homem 50 anos mais velho. "Marie", como Napoleão a chamava, era uma mulher bonita, modesta e de princípios; é uma das raras pessoas próximas ao imperador francês a merecer nosso interesse por direito próprio, não meramente como um reflexo dele. Ela foi apresentada a Napoleão em janeiro de 1807 com o mais cru dos propósitos: encorajada por compatriotas (entre os quais, talvez, o próprio marido), deveria seduzir Napoleão "para a Causa". E o fez — consta mesmo que ele foi bastante violento com ela na primeira vez em que tiveram relações sexuais. Mas então algo aconteceu: ela se apaixonou. Ele, de sua parte, fez algo que só havia feito por Josefina: reorganizou toda a sua vida para dispor de tempo livre para sua amada. À sua maneira, esse idílio de primavera (abril a junho) num castelo na remota Finckenstein foi um momento singular e inteiramente inesperado na vida de Napoleão — um momento em que ele deu mostra do que um historiador qualificou de "uma energia miraculosa".[105]

Logo ficou claro para todos que o conheciam que Marie não era uma amante como as outras. O principal biógrafo dela intitulou sua obra *A esposa polonesa de Napoleão*. Era assim, de fato, que o próprio imperador se referia a ela.[106] Josefina, que estava em Mainz à espera de uma palavra do marido (que nunca chegou) para ir ao seu encontro, ficou sabendo do caso, apesar dos esforços que ele fez para escondê-lo dela. Ficou arrasada; aquilo era, afinal, uma *inversão* dos papéis que os dois haviam desempenhado em 1796-98. Nada indica, no entanto, que Napoleão tenha auferido prazer da vingança de Vênus; em suas cartas a Josefina, procurou reafirmar o melhor que podia seu permanente amor por ela. Tinha grandes, não pequeninos defeitos.

Walewska, como todos os poloneses com quem Napoleão se associou, era uma patriota apaixonada, mas seus apelos — como os deles — tiveram pouco impacto sobre a política francesa. Aos 37 anos, o imperador tinha pouco do jovem patriota de outrora, e não estava, como disse numa carta ao rei de Württemberg, "ansioso para fazer o papel de um Dom Quixote", i.e., não estava disposto a sacrificar futuras relações com a Rússia no altar da "impenitente Polônia". Por mais que se queixasse e recusasse as súplicas polonesas, contudo, a entidade política que fundou pouco depois — o Ducado de Varsóvia, sob a intendência provisória de Talleyrand — causou extremo embaraço à Europa monárquica, especialmente a Rússia. O ducado teve um importante papel na política exterior francesa até o fim do império. A crítica freqüente de que Napoleão usou o patriotismo polonês para recrutar homens para suas guerras e de que criou uma região de fronteira fantoche no extremo ocidental da Rússia é procedente, embora trivial: *é óbvio que o fez* — ele era o chefe do Estado francês, que estava em guerra. As questões de interesse de que devemos tratar por enquanto são: "Até onde ele se dispunha a ir na recriação da Polônia?" e "Qual foi o impacto de longo alcance desse interlúdio napoleônico na história polonesa?"

A Luta Contra os Russos: as Batalhas de Eylau e Friedland

As batalhas e manobras ocorridas durante o inverno na Polônia e no leste da Prússia formaram a campanha mais sangrenta, lutada sob as mais implacáveis condições, levada a cabo até então — um antegozo de 1812. Nas palavras de Napoleão, "Deus criou um quinto elemento: a lama". Fora preciso reforçar a Grande Armée convocando o contingente alistado em 1807 antes do previsto — um ato de emergência que o Senado executou sem resmungar — enquanto países aliados e neutros (Holanda, Espanha etc.) foram coagidos a aumentar o número de soldados que forneciam ao Império.

Um último prenúncio do futuro: em fevereiro de 1807, numa vila chamada Eylau, próxima a Koenigsberg, o "Deus da guerra" se viu pela primeira vez num impasse militar. A batalha de Eylau adquiriu um status mítico entre os que nela lutaram por causa de sua selvageria e do frio entorpecedor de uma tempestade de neve de fevereiro.[107] Sem ter sido uma operação cuidadosamente planejada, ela evoluiu de um embate tangencial — em torno da tomada, perda e retomada de um cemitério (nada menos) — para uma furiosa batalha entre o exército russo sob Bennigsen e o francês sob Napoleão. Os dois lados acabaram contando com forças iguais (aproximadamente 70.000 homens), mas a artilharia russa era muito mais forte. Bennigsen empurrou seu legendário oponente para um beco sem saída. Em certa altura, o próprio Napoleão teria sido morto ou aprisionado se sua escolta pessoal não tivesse se lançado ela mesma no combate.

Eylau foi uma hecatombe a 15 graus abaixo de zero, com mais cadáveres e feridos (pessoas e animais) por metro quadrado de campo do que qualquer batalha já travada por Napoleão. Um dos cirurgiões-chefe descreveu a cena como "uma horripilante carnificina ... só se conseguia ver os cadáveres de homens e cavalos. Os veículos da artilharia passavam sobre eles, despedaçando-os mais ainda, esmagando e triturando crânios e membros."[108] Durante a noite, Bennigsen bateu em retirada; superara sem dúvida o adversário durante o dia, mas sua resistência e a de seus homens se esgotara. O simples fato de sua partida, embora ordenada, permitiu aos franceses declarar um nocaute técnico, o que Napoleão anunciou prontamente nos boletins e instruções que enviou a Paris.[109]

Mas Eylau significou para ele, naquele momento e para sempre, o inferno da guerra. O civil que o imperador tinha em si era um homem impressionável; desistira de tomar aulas de anatomia com o dr. Corvisart porque os modelos de cera de órgãos lhe causavam enjôo. Mas o soldado exibia — em geral — uma outra têmpera. No campo de Eylau no dia seguinte à carnificina, Napoleão esforçou-se o quanto pôde para obrigar seu cavalo a contornar os cadáveres, mas eram tantos que acabou desistindo e permitiu ao animal andar como podia, pisando aqui e ali num corpo. "Foi nesse momento que o vi começar a chorar", relatou mais tarde um médico.[110] Como em outras ocasiões, Napoleão conversou com alguns feridos e lhes deu goles de conhaque, mas dessa vez a visão e o mau cheiro eram tais que até seus auxiliares mal conseguiram controlar a náusea.

Inusitadamente, no boletim em que relatou a batalha de Eylau, o imperador usou palavras como "massacre" e "horror", e Cambacérès escreveu de volta comentando o efeito consternador que o comunicado tivera sobre o povo. Preocupado com a opinião pública, Napoleão ordenou a Vivant Denon promover um concurso para pintores que premiaria a melhor tela sobre Eylau.[111] O vencedor foi Antoine Gros, um ex-discípulo de David, cuja obra extraordinária foi exposta pela primeira vez no Salão de 1808. Presente à abertura da mostra, é claro, o imperador movia-se lepidamente como se estivesse reencontrando a Velha Guarda. Diante de *Napoléon sur le champ de bataille d'Eylau*, porém, deteve-se algum tempo, sem nada dizer. Depois distribuiu prêmios entre outros pintores e já ia deixando o recinto quando, num gesto dramático (muito ao seu estilo), virou-se e caminhou até Gros. Junto do pintor, tirou do peito sua medalha da Legião de Honra e prendeu-a no paletó do artista (mais tarde Gros fez um esboço a óleo do momento).

A pintura do campo de Eylau está a anos-luz de ser uma obra triunfalista padrão, como as dúzias que ornamentavam as galerias das residências de Napoleão. A cena representada por Gros é satânica e imóvel, com as figuras de Napoleão e seu estado-maior num plano quase secundário em face da carnificina e da desolação. Sem dúvida o imperador parece "grande", mas trata-se de uma grandeza esvaziada de glória; tem o rosto lívido, expressando soturna compaixão, e há lágrimas em seus olhos. O magnífico cavalo dourado que monta tem uma expressão de horror e repugnância. O espectador tem sua atenção tão fixada nos cadáveres e feridos no primeiro plano — em especial num soldado prussiano cujo rosto mostra, num terror digno de Poe, sua morte iminente —, que até o semblante parecido com o de Cristo dado a Napoleão pouco ou nada consegue redimir. Alguns críticos consideram a obra de mau gosto ou pensam que sua crítica implícita foi longe demais. A maioria concorda que seu impacto está em "negar aos espectadores o efeito da contemplação inocente ou estética". Como propaganda (Gros nunca foi pago pelo governo), a pintura corresponderia uma estratégia arriscada, pelo olhar imperturbável que lança sobre o custo da guerra. Delacroix e Géricault a admiraram.[112]

A vitória esmagadora de Napoleão sobre os russos teria de esperar a primavera. No dia 14 de junho, aniversário de Marengo, o imperador surpreendeu Bennigsen em Friedland; os russos se deixaram encurralar na vila, com água por três lados e os franceses pela frente. Apesar disso, foi sobretudo graças a uma tolice do adversário que Napoleão venceu: os russos teriam podido praticamente aniquilar toda a unidade de Lannes, que devia servir de isca na armadilha de Napoleão, mas avançara demais em relação à Grande Armée para poder receber um apoio rápido. A resistência de Lannes "foi comparável à do marechal Davout em Auerstaedt", escreveu Chandler.[113] Apesar de ter escapado por pouco de ser sido um fiasco, Friedland foi uma grande vitória e levou o czar à mesa de negociação. A batalha, como o imperador escreveu a Josefina, "é uma digna irmã de Marengo, Austerlitz e Iena".

A Luta Contra os Russos: a Paz (Tilsit)

A reunião de cúpula entre o imperador e o czar — título que significa "César" em russo — foi realizada numa balsa no meio do rio Niemen, perto da vila de

Tilsit, na fronteira ocidental da Rússia. Como foi Napoleão quem sugeriu o encontro, é possível que o czar tenha se equivocado, não percebendo que o perdedor ali era ele mesmo. "Terei a Rússia [numa aliança]", Napoleão dissera no fim de 1805, "se não hoje, dentro de um ano, dois ou três. O tempo apagará nossas [penosas] lembranças, e de todas as alianças possíveis esta é a que mais me agrada".[114] Não há mistério nestas palavras; depois da França, a Rússia era de longe a potência continental mais forte; era uma das três superpotências da época. Aproximar-se dela e empurrá-la contra a Inglaterra, como aconteceria agora, era selar a sorte desta; pelo menos era o que Napoleão pensava.

É verdade que talvez o próprio Alexandre despertasse o interesse de Napoleão; de todas as tradicionais cabeças coroadas da Europa, o Romanov era o único com algum encanto pessoal. Tilsit deveria ser considerado "um tratado de amizade", não uma mera aliança, e o encantamento mútuo dos dois soberanos foi muito frisado. Napoleão fez a Josefina o famoso comentário: "Se Alexandre fosse uma mulher, eu faria dele minha amante", enquanto o czar parecia deslumbrado com "o gênio" do imperador francês, a quem ouvia com o enlevo manifesto de um aluno por um mestre bem-amado. Os dois soberanos permaneceram assim absortos um no outro durante a quinzena que passaram juntos — com freqüência a sós ("você será meu secretário e eu o seu", consta que Napoleão propôs). Ao que parece, o menos sincero dos dois era Alexandre, pois sabemos pelas cartas que escreveu à irmã o quanto lhe parecia desagradável "passar horas em *tête-à-tête*" com "o corso".[115] Ávido por representar mais um papel — o de praticante de Realpolitik —, o czar-Proteu revestiu-se de coragem e acolheu o *parvenu* com quem poderia aprender, fingindo estar fascinado por ele.

Geopoliticamente, Tilsit foi em essência tão simples quanto ultrajante. Ao propor uma reunião de cúpula ao enviado de Alexandre, Napoleão apontara o Vístula num mapa: "Este", disse, "é o limite entre os dois impérios." A França dominaria tudo que havia a oeste do rio, a Rússia, tudo que ficava a leste. Francisco Guilherme só escapou de perder a coroa — a minuta do decreto francês destituindo-o estava pronta — porque Alexandre intercedeu pelo ex-aliado. Mas o prussiano foi subtraído de um terço de seus domínios.[116] Várias províncias do reino da Prússia foram repartidas entre os leais aliados alemães de Napoleão, ou dadas à Polônia, ou passaram a compor o reino da Westfália, que Napoleão esculpiu para Jerônimo Bonaparte.

A Rússia não perdeu nenhum território, nem seus domínios poloneses, mas Alexandre teve de dar provas de sua boa-fé. Primeiro, Napoleão exigiu que ele reconhecesse, aberta ou implicitamente, o Império Francês expandido *e* o

Ducado de Varsóvia. Em seguida, o czar teve de retirar seu apoio às maquinações políticas dos Bourbon e expulsar o pretendente que residia na Polônia russa. Como uma fração significativa dos funcionários públicos graduados e diplomatas russos eram nobres franceses *émigrés*, Alexandre lutou para conservá-los, inclusive, e em especial, o indispensável Pozzo di Burgo (afinal, Napoleão teria feito melhor exigindo sua extradição). Por fim, o czar teve de se voltar contra o seu aliado, a Grã-Bretanha. Não foi muito difícil: não era só na França que havia um profundo ressentimento contra a Inglaterra.[117] Alexandre teve ainda de demonstrar sua utilidade para Napoleão, tentando pôr a Grã-Bretanha de joelhos na mesa de negociação da paz (o que não conseguiu).

Para completar, havia a questão do Ducado de Varsóvia — a imortal "questão polonesa". Além da óbvia importância geopolítica e militar de uma entidade com feições de Estado instituída na fronteira ocidental da Rússia, o ducado tinha pontiagudas arestas ideológicas que feriam as mais profundas disposições do czar, pois a entidade criada pelo filho imperial da Revolução era, sob alguns aspectos, a própria França em roupagem polonesa — uma dependência dotada de códigos legais franceses e de uma constituição francesa, sob uma camada de tradições políticas aristocráticas polonesas.[118] Para a corte russa, fazia pouca diferença que os jacobinos poloneses fossem mantidos longe do poder; do seu ponto de vista, o Ducado de Varsóvia representava a mudança de Robespierre para a casa ao lado.

Chegaria o tempo em que Napoleão não se absteria de divulgar aos quatro ventos a possibilidade de vir um dia a ressuscitar toda a pátria polonesa — o mesmo tipo de ameaça ou sonho que manifestava ocasionalmente em relação à Itália. Ninguém pode dizer ao certo se isso era uma firme intenção ou uma veleidade pragmática destinada a granjear apoio polonês na forma de meios e homens. Pode até ter sido as duas coisas em diferentes momentos. De todo modo, o czar compreendeu perfeitamente que o Ducado de Varsóvia era importante para Napoleão.[119] De fato, este usaria no futuro as oportunidades propiciadas por uma guerra vitoriosa contra a Áustria para aumentar-lhe os limites e a importância. Nada disso, porém, satisfazia os patriotas mais ardorosos da Polônia (ou da França), mas, no contexto geopolítico, os russos tinham todo o direito de acreditar que ele poderia um dia vir a recriar formalmente o reino da Polônia.[120]

Podemos nos perguntar se, ao apagar das luzes do conciliábulo de Tilsit, Napoleão refletiu sobre a facilidade com que o czar se dispunha a trair — fosse Frederico Guilherme, a quem jurara fidelidade eterna junto ao túmulo de Frederico II; fosse a Grã-Bretanha, sua aliada. Quando voltou de Tilsit, Alexandre certamente foi objeto de um sentimento de repugnância da parte da corte, da família imperial e de grande parte do governo da Rússia. O enviado de Napoleão a São Petersburgo, Savary, gastou muita tinta para informar seu amo sobre a implacável hostilidade das elites russas a "Bonaparte" e à sua paz.[121] Seria preciso um czar com muito mais força de caráter e discernimento político do que Alexandre I para vender aquele "tratado de amizade" a seu próprio reino.

O bloqueio (I)

Foi-nos difícil retornar, após tantos anos de civilização, aos princípios que caracterizaram os primórdios das nações, mas somos obrigados a lançar mão contra o inimigo das armas que ele usa contra nós.
DECRETO DE BERLIM
(21 DE NOVEMBRO DE 1806)

Foi assim que os aliados continentais, reais ou virtuais, da Grã-Bretanha foram sendo eliminados um a um e ela ficou novamente sozinha. Depois de Iena e Friedland, ela não simulou grande afã de paz com a França. O tempo e a experiência haviam tornado os ilhéus implacáveis em sua orgulhosa imperturbabilidade, e cada vez mais furiosos com a "*morgue*" (insolência, desdém) desse povo, que simplesmente não levava a sério, nem *in extremis*, o palhaço daquele "imperador".[122] Os austríacos, prussianos e russos eram adversários que manifestavam sentimentos mistos de pasmo, medo, cobiça e ódio em relação ao soberano francês, mas os britânicos, com sua zombaria gélida (e muito engraçada), esses eram o inimigo.[123]

Convém acrescentar que os britânicos eram vistos como adversários por muitos no continente, pois a Marinha Real sempre adotara maneiras muito *sans politesse* de se impor (basta perguntar aos americanos). O intolerável sentimento de superioridade dos ilhéus é primorosamente ilustrado por uma propaganda disseminada pelo próprio Governo de Sua Majestade: depois de proclamar a superioridade britânica em matéria de comércio, crédito e marinha, sugeria alegremente aos demais países que copiassem esse exemplo e tratassem de promover as próprias economias e administrações.[124] Tanto a Inglaterra quanto a França faziam o possível para transferir o custo econômico da guerra para outros países, mas até 1811 ou 1812 os franceses não eram percebidos como o principal vilão naquele conflito. Entre 1799 e 1815, em um momento ou outro, "o inimigo do mundo", como Napoleão chamava a Grã-Bretanha, viu-se em guerra com quase todas as potências da Europa.

Os dois países continuavam se entregando entusiasticamente a uma guerra econômica que, com uma ou outra pausa ocasional, vinham travando desde o início do século XVIII e com maior determinação desde 1791. Trava-se, obviamente, de uma disputa desigual, pois a Grã-Bretanha alcançara na manufatura, no comércio, no crédito e na moeda a mesma superioridade que tinha nos mares. O primeiro movimento foi dela. Nos termos de um decreto emitido em 16 de maio de 1806 (seguido por vários outros em resposta a retaliações francesas), a Grã-Bretanha interditou as costas francesas ao tráfego oceânico e apoderou-se de sua frota mercante; na ocasião, a Marinha Real chegou a prender pessoas e deter embarcações neutras (p.ex., americanas).

Privados de suas colônias, impossibilitados de comerciar e tendo tido sua marinha destruída em Trafalgar, os franceses retaliaram com um passo decisivo. Decretos emitidos em Berlim (novembro de 1806) e Milão (novembro de 1807) declararam que as Ilhas Britânicas estavam "em estado de bloqueio",[125] transpondo com isso para terra a forma de guerra marítima irrestrita adotada nos últimos tempos por ambos os beligerantes, mas de maneira mais flagrante pela Inglaterra (que tinha meios superiores). Como a guerra em terra tradicionalmente não tolerava nem praticava regularmente a captura de pessoas e bens, inclusive os de países neutros, o decreto francês — que foi na verdade uma justificação para a tomada das costas européias — evitou um clamor; daí a declaração de relutância que serve de epígrafe a esta seção. Napoleão continuou a se apresentar não como o violador da liberdade dos povos, mas como "o tão esperado líder da revolta contra a dominação marítima da Inglaterra". Reiterava periodicamente que aquela situação só perduraria até que a Inglaterra desistisse dessas práticas e adotasse uma lei mais humana para a guerra marítima.[126]

Apesar de seus termos duros, esses primeiros decretos ingleses e franceses estabelecendo o bloqueio não criaram uma realidade tão penosa assim; nessa altura, eles não acrescentavam nada de espetacularmente novo à antiga contenda. A política da mútua proibição de importação comercial já vinha sendo adotada desde a década de 1790 e equivalia na prática a um rigoroso protecionismo econômico. Mas se o imperador realmente falava a sério quando disse, "Pretendo conquistar o mar pela terra", isso resultaria numa nova forma de guerra e imperialismo, quando suas forças começassem a "organizar" o *blocus* contra a Inglaterra. O resultado seria o Sistema Continental. Em 1806, no entanto, os pensamentos de Napoleão não iam tão longe; por enquanto, ele pretendia sobretudo privar a Grã-Bretanha de seus mercados de exportação europeus. Nesse cenário, a "Pérfida Albion" iria se afogar em seus produtos manufaturados excedentes, ao mesmo tempo em que ficaria sem dinheiro para pagar importações da Europa (especialmente da França). Economicamente excluído e obstruído, o governo britânico seria forçado pela poderosa classe dos comerciantes e banqueiros da nação a pedir a paz.

Até meados de 1808, os franceses impuseram sua quarentena seriamente (embora nunca hermeticamente), e o resultado foi que a Grã-Bretanha não demorou a passar por rude provação.[127] Até 1810, contudo, os dois beligerantes continuaram a impor seus novos decretos com muita brandura; em conseqüência, a significação do bloqueio continuou consideravelmente ambígua — isto é, não estava claro se era uma nova arma de guerra ou uma versão mais severa de uma velha disputa mercantil, em que cada lado manobrava para levar o outro à insolvência. Um indicador crítico seria o grau de severidade com que os dois países tratariam potências comerciais neutras (até esse momento, não muito elevado).

O que nem Napoleão nem os ingleses podiam prever era como a mudança das circunstâncias e a escalada do ódio alterariam as intenções dos dois países com o bloqueio. Nessa altura, nem Napoleão percebia ou sentia a "lógica" que envolveria os dois países nos negócios continentais muito mais profundamente do que se teria julgado possível ou desejável.[128] Assim, por exemplo, em setembro de 1807, os britânicos bombardearam o porto neutro de Copenhague e capturaram (ou destruíram) a frota dinamarquesa porque os dinamarqueses não haviam tomado o partido deles imediatamente. Napoleão, de sua parte, ordenou a tomada das cidades alemãs litorâneas para fechá-las ao tráfego britânico; pediu à Dinamarca, que se pusera relutantemente do lado da França, que encerrasse até seu serviço de correio para a Inglaterra. Cada um desses atos, tomados contra potências nominalmente soberanas, era mais um passo abaixo na longa ladeira rumo ao completo controle do continente europeu, cujas conseqüências levariam a política do Império Francês ao fim.

Mas a que fim? "Napoleão era senhor na Europa, mas também um prisioneiro dela."[129]

Os anos de 1806 e 1807 foram os melhores para Napoleão do ponto de vista militar, que tanto contava na época. Como escreve Adolphe Thiers, as vitórias nas várias campanhas de 1805-7 na Áustria, na Prússia e na Polônia equivaleram à "mais longa e mais ousada expedição, não através de uma Pérsia ou de uma Índia indefesas, como a do exército de Alexandre, mas através de uma Europa apinhada de bravos e disciplinados soldados ... [um feito] sem paralelo na história das eras."[130]

XI

O Império – e suas fissuras (1807-10)

Amo o poder ... como um músico ama seu violino, pelos sons que sou capaz de produzir, pelos acordes e harmonias.
NAPOLEÃO I, IMPERADOR DOS FRANCESES

Imperator e *Imperium*

A muito poucos homens na história do mundo foi dado sonhar sonhos grandiosos e quase realizá-los, usar ora o telescópio, ora o microscópio do exame político, planejar uma vasta combinação de forças e ainda supervisionar com infinito cuidado o ajuste de cada acréscimo.
JOHN HOLLAND ROSE[1]

No final de julho de 1807 a França recebeu de volta seu imperador e conferiu-lhe o cognome "Grande" — honra não conferida desde que Luís XIV se tornara Ludovicus Magnus. Promoveram-se enormes festividades para comemorar tanto seu aniversário como a Grande Armée e a *gloire* em geral. O Código Civil foi oficialmente rebatizado com o que até então fora seu apelido, Código Napoleão, enquanto o imenso museu que Vivant Denon estava criando no Louvre tornava-se o Musée Napoléon. Até a caçoada irônica da cética burguesia parisiense transformou-se em adulação diante de tamanha glória mundana; "o servilismo era aceitável quando assim incrustado de ouro".[2]

O ser humano que carregava todas essas honras estava mais pesado. agora que se aproximava dos 40 anos. Os nobres e angulosos traços romanos do general Vendemiário estavam mais arredondados, mas seus movimentos e estados de ânimo continuavam tão rápidos e cambiantes — "os olhos tão vivos e penetrantes, ora suaves, ora severos, terríveis, depois meigos" — que nem os melhores pintores eram capazes de realmente captar-lhe a expressão do rosto (tanto mais que ele se recusava a posar). Precisaríamos de um documentário, mas tudo que temos é o filme da memória de testemunhas discordantes. O camarista do imperador, Constant, observou: "Mais tarde ele ficou mais corpulento, mas sem nada perder da beleza dos traços; ao contrário, foi mais bonito sob o Império do que sob o Consulado; a pele se tornara muito branca, e a expressão vivaz."[3] Outros notaram a flacidez da musculatura tensa e um ar indolente onde antes houvera animação. Assim como o Napoleão mais velho, cínico, talvez estivesse embutido no jovem e idealista Bonaparte, assim a estátua de bronze da Lenda começava a emergir do físico do imperador — na pele do nariz bem cinzelado, escurecida pelo rapé, no queixo resoluto e no perfil escultural cuja representação ele agora preferia a imagens frontais.

Embora não tivesse ocorrido nenhum desastre nos dez meses que passara fora, o imperador voltou a Paris incontinente, ansioso por "ser de novo seu próprio primeiro-ministro".[4] A caminho, demitiu Talleyrand da chefia do Ministério das Relações Exteriores, substituindo-o por um funcionário obediente, Jean-Baptiste de Champagny. O velho aristocrata não tolerava mais a belicosidade implacável de seu soberano, que lhe parecia incompreensível e ruinosa. Expressou-lhe sua maneira de pensar numa carta após a batalha de Friedland, em que disse esperar sinceramente que aquela fosse sua "última" vitória.[5] Ao ser relegado, o ex-bispo escondeu sua decepção — o que não deve ter sido muito difícil, porque pôde conservar o título de grão-chanceler e foi promovido a vice-eleitor imperial, o que o situava oficialmente logo abaixo de Cambacérès.

Apesar da acolhida tranqüilizadora que lhe deram, os ministros e colaboradores de Napoleão não conseguiram serenar um soberano que escrevera recentemente a um deles: "*Monsieur le Ministre*, agora que a paz com os estrangeiros foi feita, entrarei em guerra com suas repartições." Recomeçaram as reuniões de cinco, seis, sete horas para examinar o que fora feito, em que ministros e conselheiros eram constantemente lembrados que não sabiam e não haviam feito o suficiente. As reprimendas de Napoleão, acerbas mas impessoais, já estavam esquecidas no dia seguinte. Ele era simplesmente, na expressão de H.A.L. Fisher, "um desses raros homens que supõem que tudo com que deparam, de um governo a uma caçarola, foi provavelmente construído a partir de princípios errôneos e pode ser melhorado".[6] Ou, como disse Pierre-Louis Roederer: "Os medíocres passavam a pensar que tinham talento, e os talentosos a se julgar medíocres, tanto [Napoleão] iluminava os primeiros e assombrava os últimos."[7] O imperador pretendia ceifar todo o feno possível internamente ao sol dos triunfos militares e diplomáticos que obtivera sobre a Quarta Coalizão.

Os blocos de granito do Consulado haviam sido o tributo de Napoleão à Revolução e sua maneira de consolidá-la. As iniciativas pós-1805, embora mais decorativas que substanciais, revelaram-se em muitos casos não menos duradouras que as reformas anteriores. Podemos concebê-las como colunas de mármore ou pórfiro erguidas sobre os blocos de granito — às vezes como adorno, outras como desafio. Elas conferem singularidade e imponência ao Império, que aparece ao mesmo tempo como distinto da Revolução que o precedeu e alimentado por ela, como corroborando-a e destruindo-a.

A Glória Adquirida: a Corte, a Nobreza, a Legião de Honra

A coluna de mármore que eclipsou tudo o mais por sua estonteante novidade foi a corte do imperador. Ele costumava dizer que não era do feitio do povo francês gostar de ver seus soberanos "andando pela rua". Estava sendo comedido: a modéstia e simplicidade de seus gostos pessoais contrastavam notoriamente com sua exigência de brilho e magnificência no nimbo que o cercava. "A pompa", dissera ele ao conde de Rémusat alguns anos antes, era necessária "para jogar areia nos olhos das pessoas".[8] O esplendor da corte napoleônica deu o que falar a toda a Europa; nenhuma outra se aproximava dela em ostentação, poder e opulência. Só o pessoal da Casa Imperial, com seus sistemas planetários de "grandes" (grão-chanceler, grão-cavalariço etc.) e "arquis" (arquichanceler, arquitesoureiro etc.), era mais numeroso que os governos de pequenas potências. Para alguns, o ímpeto que a corte deu ao debilitado setor da indústria de artigos de luxo (seda, jóias, selas, bordados, rendas etc.) já teria justificado sua criação.[9]

Isto dito, a corte de Napoleão foi um estranho e híbrido produto da França pós-revolucionária e da Europa monárquica. Ela se jactava de um soberano que caçava porque achava que devia, não porque gostasse; de cortesãos que (em quatro quintos dos casos) sequer teriam sido nomeados pajens na Versalhes de Luís XIV; de uma etiqueta estupidificante, em meio a um sincretismo de estilos, trajes, maneiras e cenários. Na verdade, essa corte *parvenue* — com suas lavadeiras robustas transformadas em duquesas insolentes — lembrava sob vários aspectos os Thénardier, o clã que administrava a pensão no romance *Os miseráveis* de Victor Hugo.

Por outro lado, a importância dessa corte como mecanismo para promover a meritocracia foi inegável. A recém-criada aristocracia que guarnecia parcialmente essas antecâmaras, cujas fundações Napoleão lançara em 1806, chegou à sua plenitude no início de 1808. A nova nobreza imperial, evitava, para início de conversa, o próprio termo "nobreza", com suas fortes conotações Ancien Régime.

Não se lê "*noblesse*" em parte alguma nos textos oficiais; estes simplesmente notificam o leitor de que os conhecidos títulos de duque, conde, barão e cavaleiro passarão a ser concedidos em recompensa por serviços e méritos eminentes. Tais serviços e méritos eram sobretudo marciais, mas também políticos e administrativos, isto é, prestados ao Estado tal como personificado no soberano. Um conde imperial expressou isso da seguinte maneira: "Não se podia ser um favorito de Napoleão, como de qualquer outro monarca. Era preciso tê-lo seguido, e lhe ter sido útil; pois ele não estava interessado em mero charme. Acima de tudo, era preciso ter sido mais do que uma testemunha de suas muitas vitórias."[10] Todo novo titulado fazia um juramento, que só podemos qualificar de universal, prometendo ser "fiel ao imperador e à sua dinastia ..., criar meus filhos nesses mesmos sentimentos de fidelidade e obediência, e de marchar na defesa da Pátria sempre que o território for ameaçado *ou Sua Majestade for à guerra*."[11]

Em suma, a nobreza imperial não foi a ressurreição de uma casta social e legal distinta, como o primeiro e o segundo estados haviam sido no Antigo Regime, mas uma versão mais grandiosa e rarefeita da Legião de Honra. Tal como o corpo de bispos instituído pela Concordata, a nova nobreza foi parte do projeto napoleônico mais amplo de reconstrução social com base em serviço. Seu objetivo era conciliar o elitismo de casta do Antigo Regime com o patriotismo revolucionário e a moderna acumulação de riqueza pela burguesia.[12] Os novos nobres eram servidores civis e militares (ou episcopais) de escol. Teoricamente, qualquer pessoa podia aspirar a um título — e não faltaram casos famosos de filhos de vendeiros ou taberneiros transformados em duques, para dar alento às esperanças de muitos. Na prosaica realidade, porém, os novos títulos de nobreza eram dados a homens com a renda fundiária anual mínima de 3.000 francos, pois Napoleão não desejava recriar uma nobreza empobrecida, como haviam sido os corsos Buonaparte. Pretendia mobilizar para o Império um estrato abastado da burguesia urbana e rural, os chamados os "notáveis": homens de classe média com posses e posição em sua comunidade local. Somando mais de 100.000 famílias por toda a França, os notáveis, juntamente com a nobreza antiga — em cujo meio ele fazia incursões cada vez maiores —, compunham uma base do regime de Napoleão.[13]

Mas se teoricamente a corte e a nobreza obedeciam ao princípio da igualdade (de acesso), exibiam uma magnificência que em nada ficava a dever à do Antigo Regime. Isso tinha uma importância não desprezível, tanto para atrair pessoas de qualidade para a corte, como para manter a atenção das demais fixada nela. Mais uma vez, o que o imperador pretendia era que a corte e a nobreza que criou acabassem por destruir o antigo segundo estado, absorvendo-o.

Mas não houve tempo para tanto: ao todo, o Primeiro Império concedeu 3.600 títulos,[14] número relativamente baixo, que tornava a nobreza imperial equivalente a um sétimo do antigo segundo estado. Quanto aos antigos aristocratas, o imperador conseguiu absorver em sua nobreza um pequeno número deles — Narbonne, Caulaincourt, Noailles e Ségur, entre outros — mas fracassou com relação à maioria. O amálgama era um processo lento, e o imperador e os membros militares da corte passavam a maior parte do tempo afastados, em campanha. Na verdade, é provável que Napoleão nunca tenha se sentido inteiramente à vontade com a antiga aristocracia, capaz de fazer comparações desdenhosas entre o presente e o passado. Por outro lado, é igualmente provável que, se o Império tivesse perdurado, os *ci-devants* (a nobreza antiga) não teriam conseguido resistir ao prestígio do imperador.[15]

Mas se, com o tempo, a nova corte e a nova nobreza teriam acabado por rivalizar com Versalhes em opulência e ostentação, nunca teriam sido capazes disso no que tange à finura e à sofisticação. Afinal, tratava-se de um animal político muito diferente. *La Cour Impériale* não era uma cidade no alto de uma montanha, física e psicologicamente separada da nação, girando em torno da pessoa do monarca — seu acordar, sua toalete, suas refeições, sua ida à missa, seu deitar etc.[16] A nobreza napoleônica estava a serviço do Estado, não vice-versa, e, embora abrigasse muitos soldados, a corte era fundamentalmente uma instituição civil. Seus membros eram cortesãos de domingo — pois, na verdade, a maioria deles não conseguia suportar mais de um dia por semana as martirizantes reuniões nas Tulherias ou em Saint-Cloud, sob uma férrea etiqueta. Diga-se ainda, a bem da verdade, que esses duques e condes tinham mais o que fazer durante a semana; comandavam vastas unidades de homens, dirigiam ministérios que governavam metade da Europa. Não podiam se dar ao luxo de dedicar seu tempo a se aprimorar na arte da conversação ou a discutir detalhes de decoração e moda. Compareciam à corte por obrigação ou interesse, não atraídos por seu esplendor. E, se glorificavam seu soberano, certamente não o ofuscavam. A visão desse imperador nunca se reduziu, nem de longe, a uma espiada pelo Oeil-de-Boeuf.[17]

Assim, por falta de tempo, Napoleão não consumou sua política de fusão das elites, embora um observador tão perspicaz quanto Metternich a tenha qualificado de "um golpe de gênio".[18] Provavelmente teria conseguido; sua corte foi uma extraordinária "salada russa" — em que antigos revolucionários (virulentos execradores da *noblesse*) agora se chamavam uns aos outros de "conde"; em que aristocratas cuja estirpe remontava a são Luís acotovelavam-se com figurões da burguesia de Rouen; em que a brasa do republicanismo dormia sob um magma congelador de idéias multicores (o futuro bonapartismo), e em que nobilitados imperiais vindos da Alemanha, Polônia, Itália e Holanda falavam francês com seus confrades franceses —, uma mistura funcional inconcebível em qualquer outro lugar.

Não menos importante para a fundação social e o caráter político do Império foi a Legião de Honra, agora devidamente reconhecida.[19] Em 1808, o "penduricalho", como seus críticos o haviam chamado, tornara-se um ambicionado galardão, até entre alguns que fingiam desdenhá-lo. Com 25.000 membros em 1812, foi um bloco de granito *e* uma coluna de mármore da sociedade francesa pós-revolucionária. O imperador dedicava um raro afeto a essa instituição; ficou indignado quando soube que o bispo de Vannes, seqüestrado por bandidos monarquistas, entregara sua medalha da Legião aos seqüestradores, mesmo sabendo que o fizera sob ameaça de morte.[20] Era ele, exclusivamente, quem determinava os beneficiários da Legião, bem como de títulos imperiais, o que o tornava um monarca muito mais capaz de patrocinar, promover e recompensar do que o fora qualquer rei Bourbon. A Legião destinava-se à nova nobreza, a muitos dos notáveis e a cientistas, artistas e intelectuais preeminentes, embora de fato fosse concedida sobretudo a soldados — o que não é de surpreender, uma vez que a França estava sempre em guerra. Os soldados preferiam a Legião a qualquer outra recompensa; corriam muitas histórias sobre os prodígios que realizavam para conquistá-la. Seu prestígio e novidade singulares, contudo, advinham do fato de ser teoricamente acessível a todos.[21] Mas a Legião de Honra tinha também uma dimensão política — e esta evoluiu.

Essa evolução se manifesta no juramento feito pelos legionários. Embora seu fraseado conservasse muito do vocabulário revolucionário (pátria, liberdade, igualdade, antifeudalismo), no alto Império os recém-admitidos à Legião de Honra não juravam mais defender a "República", passando a jurar obediência ao "Imperador". E em 1811, ano do nascimento do filho de Napoleão, juraram fidelidade não só ao soberano como à dinastia.

Obras: Artísticas e Públicas

Quando ainda general, Bonaparte declarou: "Se eu fosse o senhor da França, faria de Paris não só a mais bela cidade que existe, mas a que jamais existiu ou poderia jamais existir." Paris seria a nova Roma. Não é de surpreender, portanto, que muitas das colunas de mármore do Primeiro Império sejam isso mesmo: arquitraves e colunas.[22]

Postemo-nos no Obelisco,[23] no centro da Place de la Concorde em Paris. Olhando para o norte, vemos a imponente igreja da Madeleine, a lembrar o Partenon. A leste está o bem mais delicado Arco do Carrousel; a oeste, mais adiante nos Champs Elysées, ergue-se o colossal Arco do Triunfo. Olhando para o sul, vemos a majestosa fachada clássica do Palais-Bourbon, o parlamento francês. É a Paris napoleônica que nos dá as boas-vindas. E isso é só o começo. Depois vem a coluna trajana na Place Vendôme, o Panthéon, a Bolsa de Valores, a ala Rivoli do Louvre, a própria rue de Rivoli, bem como as rues de la Paix e de Castiglioni, as *places* Sulpice, Châtelet e de la Bastille; as pontes des Arts, de Saint-Louis, Austerlitz e Iena.[24] A isso se soma o enorme patrimônio em mobiliário, porcelana, tapeçaria, medalhas, cristais, alta-costura (incluindo uniformes) e jóias — todos produtos das indústrias de artigos de luxo beneficiadas por um impulso sem precedentes sob o Primeiro Império.

Por fim, não podemos deixar de lado aquele templo da alta cultura aberto a todos os homens que é o Louvre, transformado em museu sob a direção de Vivant Denon, por instigação do primeiro-cônsul e sob seu olhar vigilante.[25] O Musée Napoléon, como era chamado, abrigava incontáveis obras-primas, muitas encomendadas pelo imperador a grandes artistas da época, e muitas mais surrupiadas por ele ou por outros generais franceses pela Europa inteira. Entende-se por que o pintor Delacroix declararia: "A vida de Napoleão é o acontecimento do século para todas as artes."

Alguns consideram o estilo império, que logo dominou a Europa, uma monstruosidade abominável; outros o vêem como um prodigioso pastiche da Antigüidade romana e egípcia. (A pirâmide de vidro no pátio central do Louvre, embora contemporânea, tem muito de napoleônica em tamanho, preço, tema e motivação.) Se quisermos evitar todas as partes da capital francesa tocadas pelo *Empereur*, teremos de nos limitar aos *arrondissements* externos, que não faziam parte da capital em seu tempo.

Bourrienne observa que "a paixão do chefe por monumentos quase se igualava à sua paixão pela guerra".[26] Não seria muito exagero dizer que uma vitória no campo de batalha não estava completa até que uma estátua ou tela a comemorasse para a posteridade e "instruísse" os contemporâneos sobre o seu "significado" — mais ou menos como um boletim do exército. Napoleão atacou frontalmente a esfera da cultura, como raramente atacou (até mais tarde) exércitos inimigos; não usou de nenhuma sutileza. O Império cortejava e patrocinava os grandes arquitetos, pintores, escultores e artesãos da época, e eles, especialmente os pintores, eram então mais abundantes que em séculos precedentes: vêm-nos à mente os pintores David, Gros, Gérard, Girodet, Guérin, Greuze e

Ingres; os escultores Canova e Houdon; os arquitetos Chalgrin e Brogniart, o artesão do mobiliário Jacob e o ourives Biennais.[27]

Mas se a escola francesa então dominou a Europa, mais até que sob Luís XIV, o próprio Napoleão exerceu o papel de mecenas, ou patrono das artes, de maneira muito diferente do Rei Sol. A força motora de sua política presumia a Revolução: em vez da arte como província da sociedade cortesã, da filosofia estética ou como uma monótona celebração do monarca, tinha-se a arte como edificadora, regeneradora, declamatória, nacional e *pública*. É verdade que "público" significava muitas vezes a opinião declarada de elites intelectuais ou artísticas, mas isso não impedia que o movimento tectônico se desse na direção das massas: na direção dos franceses, de quem Napoleão era o imperador. Ele nunca cessou de tentar ajustar sua complexa e dinâmica política de representação — de si mesmo, de sua monarquia e de sua dinastia — é claro —, mas também do passado nacional recente e dos mortos veneráveis.[28] Assim Napoleão "recomendou" ao fabricante da porcelana de Sèvres que abandonasse seus motivos de nus clássicos ou paisagens genéricas em favor de "coisas históricas que conhecemos". De fato, para o pesar de seus conselheiros, o gosto de Napoleão revelava muito menos algum tipo de senso estético do que um pronunciado pendor por fatos e semelhanças. "O verdadeiro é sempre belo", insistia, até que Denon concordasse.

Não é que Napoleão não admitisse ser contrariado — longe disso. Em sua esfera, mais que em qualquer outra, recorria a conselheiros, e, quando não o fazia — e insistia, por exemplo, em priorizar o prático sobre o magnificente —, estava sempre com a razão, contra Denon, Fontaine e Percier (seus arquitetos) ou David ("o primeiro pintor do imperador").[29] As belas-artes foram apenas a menor parte do legado do Primeiro Império para a capital. Os grandes monarcas construtores, como Luís XIV, só tomavam medidas com relação a Paris sob pressão (afinal, era em Versalhes que moravam); com Napoleão, foi completamente diferente. Uma das diferenças significativas entre o Rei Sol e o Pequeno Caporal é que este, "podendo escolher entre pão e circo ..., freqüentemente escolhia pão".[30] As necessidades estruturais mais prosaicas da cidade ganhavam precedência sobre a cultura glamourosa. Houve momentos estranhos, como em 1810, em que o imperador pediu ao júri de um concurso de belas-artes que considerasse inscritos o canal de Saint-Quentin e o passo Simplon, nos Alpes.

Assim, foi o imperador, na qualidade de planejador urbano, que introduziu os mercados e cemitérios públicos de Paris, seus matadouros, os lampiões de rua, a numeração dos prédios nas ruas, as calçadas, os canais e os mais de 3km de cais ao longo do Sena, o abastecimento d'água, o sistema de esgotos, o corpo de bombeiros. Notavelmente, foi também ele quem inaugurou a tradição parisiense de exibir a última palavra em matéria de indústria e tecnologia. Em suma, uma proeza incomparável para 14 anos no poder, embora tudo isso seja hoje em grande parte invisível ou tenha sido destruído pelo tempo. Uma década a mais teria propiciado a união dessas realizações parciais num urbanismo completo, com a construção de uma nova cidade administrativa no Champ-de-Mars; de um palácio maior e mais grandioso que Versalhes para o Rei de Roma no alto do Trocadéro; e amplos bulevares nos sentidos norte-sul (Madeleine-Montmartre) e de leste-oeste (Louvre-Bastilha), rasgando bairros medievais da cidade.[31]

Finalmente — e esta é um outra diferença entre Bonaparte e o Bourbon —, em Napoleão o desejo de (se)enaltecer e de edificar estava permanentemente associado à intenção de proporcionar empregos aos operários da construção civil e aos artesãos das indústrias de luxo, e, ainda, ao intuito de manter o orçamento do Estado sob estreita vigilância. O imperador tinha perfeita ciência de que o rei arruinara a França com a extravagância de Versalhes, que lhe valera também a perda de grande parte de sua reputação. A insuportável avareza de Napoleão levou-o a se gabar para um ministro de que, substituindo o café que era servido aos domésticos de Malmaison por um acréscimo de 7,6 francos a seus salários, conseguira economizar 35.000 francos. Isso de um monarca com uma "lista civil" * de 25 milhões de francos. Não surpreende que quase todo ano economizasse mais ou menos metade dela.

Em suma, Napoleão o construtor, Napoleão o colecionador de arte, Napoleão o fundador de museus e Napoleão o planejador urbano *não* se confundiram com Napoleão o general, por mais que sua meta fosse vencer todas essas Austerlitzes culturais e urbanas. Nas artes e na cidade, como na guerra, estiveram em jogo enormes projetos e realizações, uma impaciência aflitiva e um insaciável desejo de glória. Mas nas artes e na cidade, *diferentemente* do que ocorria na guerra e na diplomacia, foi feito muito mais bem do que mal; esteve em jogo um interesse pessoal esclarecido; uma extravagância muito bem controlada; o executor manifestou uma tendência profundamente humana a hesitar, voltar atrás, aceitar críticas, pedir opinião, tolerar a indecisão, mudar de idéia, evoluir em seu pensamento.

Não há dúvida de que, como patrono, Napoleão estava longe de ser um esteta, um amante desinteressado da beleza. Poucos políticos podem se dar ao

* Lista civil: conjunto de bens em dinheiro, ativos ou passivos, que a lei ou a Constituição atribui ao soberano. (N.T.)

luxo de ser tão indulgentes em suas políticas para as artes, sob pena de terminarem como Luís XIV. Napoleão não tinha temperamento, sensibilidade ou formação para ser um Luís II (que quebrou o erário da Baviera). Os pensamentos do imperador francês sempre tinham origem em *le politique* e a ele retornavam, nunca se desviando. Como expressou um dos poucos escritores que o serviram, a tendência de Napoleão a ser dominado por um interesse ou uma política o tornavam "incapaz de ser abstrato; ele era sempre concreto".[32] Não se tratava, como querem alguns biógrafos, de uma mera questão de manipulação da opinião pública; ia além disso, pois para "assombrar a França", como Napoleão disse a Roederer, "tinha de fazê-lo constantemente". Ele compreendia que isso significava também servir a França e regenerá-la — e foi o que fez nos casos sob exame aqui. Se o dono da casa não era capaz de distinguir seu gosto pelas coisas de sua necessidade de auto-representar e se autolegitimar, ele era igualmente incapaz de distinguir estas últimas do desejo de fazer boas obras.[33]

Teria Augusto César sido muito diferente, a não ser pelo fato de ter tido 41 anos para construir sua era, ao passo que Napoleão I teve apenas 14?

Obras: Letras, Educação e Direito

Pessoalmente, o imperador preferia livros a pinturas. Continuou a consumir (é a única palavra que cabe aqui) a palavra impressa num ritmo impressionante, virando sofregamente as páginas com o polegar, jogando volumes pela janela da sua carruagem quando não o agradavam. Ansiava por presidir uma era literária augustina tanto quanto uma era artística, mas essa esperança frustrou-se de duas maneiras.[34] Primeiro, desde o século XVII — o "Século de Ouro" — a sociedade francesa não gerara uma plêiade de escritores verdadeiramente notáveis — não filósofos como Rousseau e Voltaire, mas gigantes literários como Racine, Corneille, Molière e Pascal. As últimas décadas do século XVIII constituíram um nadir, muito deplorado e discutido pelos contemporâneos, e só a posteridade julgou apropriado culpar Napoleão por isso.[35]

Em segundo lugar, a verdade é que Napoleão não fez nada para remediar essa situação, ao contrário. Sua mente era palco de um grande conflito entre o desejo de ser *le grand patron des Lettres* e a extrema indignação que lhe provocavam as críticas, em especial qualquer sugestão de ridículo. Lamentavelmente para a França, a suscetibilidade costuma derrotar a aspiração. Não é que Napoleão ansiasse por lisonja e bajulação nos livros e na imprensa, ou mesmo que as tolerasse, mas quando, por exemplo, um famoso crítico teatral (Dupaty) satirizou os modos inadequados da nova nobreza, o imperador sentiu-se pessoalmente ultrajado. E, o que foi infinitamente pior, tomou as palavras do crítico como um ataque ao Estado, o que o levou a responder como soberano, não como um cidadão ofendido. Dupaty escapou por um triz de ser deportado "para as ilhas".

Além disso, Napoleão não conseguia resistir ao desejo de orientar a opinião pública nas linhas que lhe pareciam adequadas, e o resultado era que uma espécie de *dirigismo* propagandístico constrangia o que restava de liberalismo literário. Mesmo nisso, porém, ele era vítima da ambivalência. Embora partilhasse plenamente do desagrado reinante com a pobreza da invenção literária francesa de seu tempo, não sabia ao certo do que a literatura deveria tratar. Descartava definitivamente os romances (gênero relativamente novo) — a ficção admitia excessiva licenciosidade. Sentia-se atraído pela tragédia dramática em versos alexandrinos e, sobretudo, por história. Nesses gêneros, Napoleão era um misto de classicista e modernista, isto é, ao mesmo tempo em que amava seu César e seu Corneille — lamentava que este não estivesse vivo para poder fazer dele um príncipe —, era também fascinado pela idéia de uma história nacional do tempo presente, a história francesa, a *sua* história. Annie Jourdan sintetiza isso muito bem em seu excelente estudo: "Entre o sublime romano e o *pathos* trovadoresco, Napoleão estava inteiramente à vontade. Para ele, ambos se encontravam no presente."[36]

Era pois de história que a literatura deveria tratar, história como *tableau vivant*, história como a vasta tela da coroação pintada por David — isto é, "corrigida"[37] para corresponder aos desejos de Napoleão —, história para inspirar os futuros Napoleone Buonapartes quando lessem os *Comentários* de César e sonhassem. Os historiadores deveriam, por conseguinte, aspirar a escrever a história do passado da perspectiva do presente, no intuito de moldar futuras gerações. Para Napoleão, a "história perfeita" era aquela não "passível de interpretação", ou seja, a que narrasse a crônica de *le politique* (formação do Estado) sem cair ela própria em *la politique* (contestação).[38]

Por interessante que isso possa ser como um aspecto do pensamento napoleônico, é falho como definição de história. O imperador estava exaltando a produção de propaganda, ainda que num nível muito mais elevado do que o do material facilmente disponível, dada a escassez de talento reinante. Seria, além de tudo, propaganda protegida pelo poder do Estado, para evitar competição, para evitar "interpretação". Podemos somente nos espantar com o modo como Napoleão exaltava os "fatos verdadeiros", sabedores que somos (e também ele era) do sem-número de "fatos verdadeiros" que eram regularmente censurados nos periódicos e livros franceses.

Na verdade, a história que Napoleão tinha em mente se aproximava mais de uma antologia de boletins da Grande Armée que ao *Século de Luís XV* de Voltaire (que de fato contém críticas a instituições monárquicas que Napoleão não teria gostado de ler num livro sobre seu Império). Os boletins foram uma inovação pessoal de Napoleão, sua contribuição — nem de longe insignificante — às disciplinas da história e da literatura popular. Esses produtos da pena imperial são infinitamente mais cativantes que a propaganda moderna. Destinados a todos os níveis da sociedade (e por eles acolhidos), na França ou alhures, os boletins inundaram a Europa e provocaram arroubos de consternação ou admiração. Surtiam maior efeito na imaginação de soldados e das classes populares, pois abriam mão de tudo que lembrasse um estilo oficial em favor da simplicidade direta. Eram lacônicos, dramáticos, hipnóticos. Cada boletim era personalizado, elogiava este ou aquele general ou unidade, às vezes soldados individuais; seus elegantes relatos de batalhas eram absorventes, adornados com estatísticas e entremeados de apartes pessoais em que o imperador partilhava seus planos e estratégias com o leitor. A narrativa era tão fluida e atraente que os boletins pareciam parte da ação cuja história expunha, o que, de certo modo, realmente eram. Em suma, eles ilustravam perfeitamente o "sistema favorito [do autor], que era manter as pessoas no que ele chamava de 'suspense'".[39] Esses boletins deixavam o ideólogo contra-revolucionário Gentz em desesperada frustração, ao mesmo tempo em que enchiam seu patrono, o conde Metternich, de admiração e desejo de emulá-los.

Os boletins da Grande Armée tinham todas as virtudes possíveis, exceto uma: a verdade — deficiência bem conhecida e aceita pelos contemporâneos, que gostavam deles como o romance seriado que eram. A história, então como agora, não é em absoluto uma ciência exata; tem tanto "terreno minado" de interpretação quanto a ficção; mas a história, então como agora, tem a verdade por meta, o que o imperador dos franceses não tinha.[40] No fim das contas, Napoleão teria se frustrado menos se tivesse se permitido apreciar ficção. Afinal, ele não declarou em Santa Helena que toda a sua carreira fora um grande romance? O que não se pode negar é que os romancistas não fizeram menos justiça que os historiadores à sua pessoa e vida.[41]

Instrução pública: A Universidade[42]

Uma lei de 1806, implementada em 1808, criou um organismo chamado a "Universidade", que passou a deter o monopólio da concessão de títulos em todo o Império. O nome deixou alguns contemporâneos engasgados, pois *universitas* era um conceito católico (a Sorbonne fora fundada nos tempos medievais como instituição eclesiástica). Tanto a palavra quanto a coisa haviam sido condenadas pela Revolução. O sonho da República fora antes implantar em toda a França uma educação dirigida pelo Estado, secular, livre e normativa, um sistema de instrução pública destinado a moldar cidadãos na cultura francesa e na virtude cívica (republicana). Por falta de tempo, foco e recursos, a Revolução não realizara esse projeto, mas a tocha fora passada adiante e estava pronta a ser reacendida.

Na declaração que fundou a "Universidade", o imperador expressou à sua maneira os ideais da Revolução na esfera da educação:

> Quero um corpo educacional cujo ensino se eleve muito acima das modas do dia, um corpo capaz de seguir adiante quando o governo dormir, uma instituição cujos elementos tenham se tornado tão *nacionais* que jamais se possa decidir levianamente interferir neles. ... Enquanto as pessoas não aprenderem, desde a infância, se devem ser republicanas ou monarquistas, católicas ou céticas, o Estado jamais formará uma nação: repousará sobre fundações inseguras, sempre exposto a mudanças e desordens.

A linguagem é puramente revolucionária, a não ser porque — e esta ressalva é *importante* — a meta do Estado napoleônico era moldar monarquistas e católicos, não republicanos e céticos. O projeto de Universidade que estava emergindo — tratava-se e continuaria se tratando sobretudo de *um projeto* —, criava uma corporação enorme e abrangente (muito mais ampla que a universidade de nossos dias), que, em teoria, reunia praticamente todas as instituições de ensino do Império. A Universidade foi dotada de uma estrutura estritamente hierárquica; sua chefia era exercida por um grão-mestre secundado por um chanceler e um conselho; o Império foi dividido em 26 academias (distritos), cada um dirigido por um reitor; havia inspetores do governo, conselhos e diversas estruturas inferiores. Isso parecia enorme no papel; na prática, porém, faltavam recursos e só se implementaram mudanças nos níveis secundário e superior — isto é, aqueles a que apenas os filhos dos notáveis tinham acesso; no nível primário, a instrução pública continuou basicamente como era antes e nas mãos do mesmo pessoal.

Por que Napoleão escolheu o nome "Universidade" em vez de Ministério da Instrução Pública (como mais tarde o órgão passou a se chamar)? Neste caso, como no Código Civil, o Império montou seu próprio pastiche de políticas e ideais de regimes anteriores, inclusive o monárquico. A Igreja, que outrora controlara a educação, foi readmitida nesse reino, ainda que apenas porque o Estado imperial não tinha condições de ocupá-lo inteiramente. Para grão-mestre da Universidade, Napoleão nomeou Louis de Fontanes, o monarquista moderado que, como vimos, colaborara com Luciano Bonaparte na redação do *Parallèle* em 1800. Fontanes era um católico devoto que defendia as escolas católicas e a influência episcopal. Um bispo foi nomeado chanceler para secundá-lo e o filósofo religioso reacionário Bonald foi nomeado membro do Conselho Universitário. Em segundo lugar, foi permitido às "escolas livres" católicas — instituições autônomas, que só pertenciam à Universidade nominalmente (eram dirigidas por ordens religiosas devotadas ao ensino) — oferecer cursos que concorreriam com os *lycées* estatais. Em terceiro lugar, parte do conteúdo ministrado aos alunos era religioso — em especial o famoso (ou famigerado) catecismo imperial, que o imperador arrancara de bispos relutantes. Ele ensinava "os deveres do cristão para com Napoleão Primeiro, nosso imperador". "[A ele devemos] amor, respeito, obediência, lealdade, serviço militar, impostos para a conservação e a defesa do Império e do trono; devemos também preces fervorosas pela saúde e prosperidade — espiritual e temporal — do Estado."

Diante disso, não espanta que muitos historiadores tenham concluído que Napoleão promoveu uma espécie de clericalização da educação francesa.[43] Mas essa talvez seja uma constatação apressada, pois, em última análise, o nome "universidade" talvez servisse como uma roupagem católica para uma realidade muito mais secular do que a Igreja gostaria. Por si só, o fato de a Universidade impor formalmente a inculcação nos alunos dos "preceitos da religião católica" não a tornava, é claro, contra-revolucionária, e aliás sequer muito diferente dos projetos revolucionários de educação que exigiam o ensino agressivo de deísmo e moralidade. É verdade que, por muito tempo, significou que o bispo teve tanta importância quanto os prefeitos de departamentos ou municípios no estabelecimento e na direção da maioria das escolas do Império — da *maioria*, não de *todas*, e certamente não das mais renomadas, destinadas a reproduzir as elites imperiais.

O problema no Império — neste como em outros casos — era não ter meios para rechear o esqueleto de seus projetos; isso o obrigou a se valer por algum tempo da Igreja, provedora milenar de educação. Em suma, seria mais seguro dizer que a Universidade conseguiu eliminar qualquer vestígio de *anti*catolicismo revolucionário, mas pouco a pouco o Império foi se afastando — não se aproximando — do clericalismo em sua política de instrução pública.[44] À medida que o Império avançava, as escolas secundárias católicas foram deixando de ser consideradas aceitáveis, ao mesmo tempo em que aquelas jóias da coroa da instrução napoleônica, os *lycées*, foram mantidos tão livres de influência da Igreja que as famílias burguesas mais piedosas os julgavam irreligiosos (além de militaristas).

O que o imperador queria — embora a Universidade não o tenha conseguido realizar em seus breves seis ou sete anos de vida — era lançar os alicerces da educação nacional tal como os franceses sempre quiseram que ela fosse: instituições do Estado (não da Igreja, não privadas), com professores preparados, licenciados e supervisionados pelo Estado, fornecendo uma instrução pública que promovesse a formação de cidadãos franceses. Entre os aspectos em que o Império ficou aquém do modelo sugerido pelas palavras de Napoleão figuram sua suposta negligência da educação das crianças e das mulheres[45] e sua incapacidade de fornecer instrução gratuita. Os enormes orçamentos da defesa durante o Império forçaram Napoleão a tentar tornar os *lycées* autônomos do ponto de vista financeiro, o que resultou na cobrança de taxas; portanto, embora algumas bolsas fossem concedidas, elas só eram acessíveis aos filhos da burguesia.

Isso não impediu que o molde revolucionário/napoleônico fundamental fosse conservado por *todos* os regimes franceses subseqüentes até que um em particular, a Terceira República, a um grande custo tanto financeiro quanto político, finalmente implantou na França a educação livre e leiga obrigatória.[46] Era considerada uma excelente coisa que um ministro da Instrução Pública, em Paris, pudesse consultar seu relógio e informar com toda segurança a um visitante o que, precisamente, estava sendo ensinado naquele exato momento pelos professores às suas classes na *França inteira*. Isso era nacional; era também napoleônico.

Direito

Embora governasse num estado de direito, o imperador não gostava dos homens da lei. Partilhava a convicção de Voltaire de que a orgulhosa e turbulenta casta dos juízes e advogados, não contente em ter solapado o partido reformista no seio da monarquia do Ancien Régime, fomentara também grande parte do interminável tumulto da Revolução. Se havia necessidade de outras provas de seu potencial de criar problemas, o papel dos advogados do general Moreau ao promover uma clamorosa — e embaraçosa — defesa de seu cliente (1804) confirmou os preconceitos de Napoleão.

As reformas imperiais — algumas das quais estabelecidas pelo novo Código de Processo Civil (1807) — criaram escolas de direito, impuseram a necessidade de diploma para os advogados e estabeleceram padrões mais elevados de profissionalismo, especialmente para os juízes, que eram vitalícios. Permitiram também aos profissionais do direito voltarem a se congregar numa ordem — ato que, para muitos colaboradores de Napoleão, foi uma restauração reacionária. Os advogados não recobraram, contudo, o status social e os generosos honorários de que haviam gozado outrora e, sobretudo, continuaram privados de qualquer papel público corporativo independente. Em vez de decisivos na *politique du jour*, como no passado, agora eram os peões do imperador — como os bispos, professores e prefeitos — em *le politique* da formação do Estado.[47]

O direito criminal, tal como revisto no Código de Processo Criminal (1808) e no Código Penal (1810), tinha aspectos tanto progressistas quanto retrógrados. Perseverou na aplicação de penas arcaicas (marcação com ferro, amputação da mão do parricida antes de sua decapitação etc.). Deu porém aos magistrados certa margem de liberdade na fixação de sentenças e — para a frustração de Napoleão — manteve o sistema do julgamento por júri. Na época do Primeiro Império, nem a opinião liberal via nada de excessivamente duro nas penalidades previstas pelo Código Criminal.[48]

O Preço da Glória: Censura, Polícia, Propaganda

Bonaparte voa como o raio e ruge como o trovão.
Está em toda parte e enxerga tudo.
La France vue de l'Armée d'Italie (1797)

Chegamos a uma vergonha sofrida pelo Império que, diferentemente de certas outras, poderia ter sido evitada; o imperador podia fazer e queria ter feito diferente. Era um homem de impulsos e reações fortes, mas gabava-se também de seu autodomínio, afirmando com razão ser essa uma qualidade indispensável a um verdadeiro líder. Com o tempo, porém, foi se tornando menos comedido; não conseguia resistir ao narcisismo inerente ao poder. O problema, como sempre, não estava na irritação que sentia diante das críticas, críticas veladas, que lhe eram feitas, mas em suas práticas. Assim, as restrições aos jornais continuaram a aumentar durante o Império. Impostos, encargos e confiscos elevavam o preço dos jornais, pondo-os fora do alcance de muitos leitores. Jornais com idéias vagamente objetáveis eram fundidos com outros mais dóceis; os mais incômodos eram arbitrariamente suprimidos ou comprados, seja pelo governo ou por seus ministros. Nada disso impedia que o consenso social dominante continuasse a endossar dois pontos de vista do imperador: o de que "nem toda notícia desagradável sobre o governo devia ser publicada" e a de que os jornais tinham o dever de divulgar as idéias do governo — tudo o mais era política.[49]

Curiosamente, no entanto, a idéia que hoje prevalece de que Napoleão destruiu a esfera jornalística e subjugou por completo o papel político da imprensa é errônea. A verdade é mais complexa e mais sutil do que podemos supor,[50] e uma das continuidades entre o Império e os regimes precedentes foi a capacidade que tiveram os jornais de encontrar meios de expressar a opinião política. Não só a censura estava sujeita a limitações sociais e tecnológicas, como surgiam rivalidades pessoais e programas contraditórios entre as autoridades envolvidas e a polícia; mais ainda, esta estava longe de ser onisciente em sua vigilância e julgamento. Os jornalistas estavam sempre se especializando nas artes da alusão e da prudência e acabavam conseguindo exprimir protestos.

Assim, por exemplo, um jornal direitista como *La Gazette Nationale de France* conseguiu insinuar sua desaprovação do regime imprimindo fortes críticas ao Iluminismo e à Revolução, enquanto a esquerdista *Revue Philosophique* fez o inverso: prodigalizando elogios a 1789-91, sugeriu aos leitores a óbvia distância que separava o Império do Consulado.[51] Outras vezes, jornalistas inseriam em suas matérias pequenas pistas de que as guerras não estavam indo bem, ou de que seu custo em dinheiro e vidas humanas era alto demais.[52] Uma famosa descompostura por alusão foi a de Chateaubriand, pretensamente sobre a Roma do século I, que *Le Mercure de France* publicou em 4 de julho de 1807:

> Quando, no silêncio da humilhação, não se ouve nenhum som senão a voz dos espiões e o arrastar dos grilhões da escravidão; quando tudo treme perante o tirano, e é tão perigoso incorrer em seu favor quanto ser por ele desgraçado, aparece o historiador, a quem foi confiada a vingança das nações. Em vão Nero floresce, Tácito já nasceu ... Logo o autor de *Os anais* haverá de desmascarar todas as falsas virtudes; revelará que o tirano divinizado nada mais é que um embusteiro, um incendiário, um parricida.

O imperador ordenou a suspensão de *Le Mercure* por três meses.

Por outro lado, apelos à clemência e à vaidade de Napoleão podiam salvar jornais que o governo decidira fechar — pelo menos foi assim até 1811, quando o Império entrou em crise e uma repressão geral foi ordenada. Daí em diante, só quatro jornais foram autorizados a circular em Paris, e um por departamento; todos passaram a ser obrigados a submeter seus textos a censores antes de publicá-los. Nessa altura, as vozes de oposição foram quase inteiramente silenciadas, embora mesmo então houvesse falhas, como censores mal pagos, desatentos ou do contra, que deixavam passar, por exemplo, a notícia de que as tropas francesas haviam fugido dos britânicos em Portugal, ou a de que um general francês tentara um golpe de Estado em Paris quando o imperador estava na Rússia.

O período de 1811 ao início de 1813 foi o pior — nunca a liberdade de imprensa foi mais esmagada na França até Vichy. No final de 1813-14, porém, as coisas voltaram a correr mais frouxamente e, enquanto o regime cambaleava sob os golpes da adversidade militar, os jornais voltaram a noticiar e comentar os acontecimentos como queriam.

A publicação de livros foi um outro problema, pois naquela época, como agora, a literatura era sacrossanta na França. A censura nesse campo, portanto, revelava-se uma questão mais delicada — em primeiro lugar, como de costume, no caráter ambivalente do imperador. O paradoxo foi muito bem expresso numa famosa carta que ele escreveu ao enteado, Eugène de Beauharnais, vice-rei da Itália: "Quero eliminar por completo a censura a livros. O país já tem um espírito bastante estreito para que o estreitemos mais." Até aí, tudo bem: essas palavras poderiam ter sido ditas pelo pró-cônsul Mombello. Em seguida, porém, o imperador acrescentou: "É claro que a publicação de qualquer obra contrária ao governo seria sustada." E cá estamos de novo: para ele, os escritores deveriam, naturalmente, usar sua arte, influência e liberdade para apoiar o Estado; se não o fizessem, estariam agindo contra o interesse público.

Mas o que era contrário ao governo? Podemos perguntar, por exemplo, se Germaine de Staël estava necessariamente atacando o governo quando escreveu,

> ... o medo [que Bonaparte] inspirava [em 1797] prendia-se ao singular efeito de sua personalidade sobre quase todos que dele se aproximavam ... Seu caráter não podia ser definido pelas palavras que usamos comumente; não era bom nem mau, clemente nem cruel da maneira como o são as demais pessoas que conhecemos. Um ser como aquele, não se assemelhando a ninguém, não podia sentir nem despertar nenhuma solidariedade; era mais ou menos do que um homem.

Ou quando escreveu: "Mas o despotismo de seu caráter era mais forte que sua própria inteligência"?[53] É verdade que palavras como estas não poderiam ser publicadas e circular livremente na maior parte das monarquias da Europa, e menos ainda na França do Ano II, mas Napoleão desejava fomentar um renascimento literário, pelo menos era o que dizia. No plano das ações, porém, recusando o conselho do irmão José de chegar a um entendimento com de Staël, ele confirmou seu exílio e ordenou arbitrariamente a proibição de seus livros de ficção (*Delphine*) e não-ficção (*Sobre a Alemanha*), embora nenhuma das duas obras se voltasse contra o Império *per se*. Foi uma questão de vaidade e rancor, não de política. Fouché teve razão ao qualificar seu chefe de "talvez o homem mais suscetível e desconfiado que jamais existiu".[54] A partir de 1810, de Staël, se já não o era, certamente se tornou uma inimiga jurada e acerba do regime. Isso poderia ter sido evitado.[55]

Alguns meses após retornar de Tilsit, Napoleão determinou uma revisão completa da censura literária, pois estava incomodado com a idéia de que a polícia cumpria essa tarefa de uma madeira arbitrária e truculenta. Ele próprio participou de animados debates sobre o assunto no Conselho de Estado, como se estivesse em questão a Concordata ou o Código Civil. Sua idéia inicial fora que o Instituto, na qualidade de corpo prestigioso dos mais eminentes escritores e cientistas da França, seria a entidade naturalmente indicada para supervisionar a publicação de livros, mas seus membros "recaíam" com demasiada facilidade em altercações e polêmicas (um sintoma da tentativa do Império de reprimir a política era que ela "retornava" de todas as maneiras possíveis).

No fim das contas, Napoleão tornou a censura voluntária — os próprios autores deveriam submeter seus manuscritos a um exame oficial prévio, compreendendo que, se não o fizessem, correriam o risco de ter o livro publicado recolhido à sua própria custa. Para facilitar a vigilância, reduziram-se as gráficas de Paris para 60 (haviam sido 157), só oito teatros foram mantidos abertos e o trabalho de censura foi transferido da polícia para uma agência especial. Os novos funcionários, agindo de braços dados com a polícia, passaram a oprimir os escritores e a desbastar a já magra produção literária do Império. Dos 12 a 19 livros que lhes eram submetidos a cada semana, um ou dois eram condenados. Vez por outra o imperador indagava "por que os literatos 'fazem tudo para desonrar a nação?'", quando a verdade, obviamente, era que grande parte da culpa cabia a si mesmo. Seus próprios boletins ou os artigos que publicava em *Le Moniteur* eram os únicos textos inteiramente a salvo da interferência da censura na França.

A polícia e as estruturas judiciárias de repressão napoleônicas são consideradas infames, e com razão. *Gendarmes*, agentes e tribunais especiais praticavam prisões, detenções preventivas, deportações internas e degredos. Havia várias forças policiais concorrentes durante o Império, embora essa multiplicidade não lhes conferisse maior eficácia, ao contrário.[56] Apesar disso, não se registrou nenhum caso de repressão pior do que aquele ocorrido no início do Consulado:

a deportação de 94 dos 130 neojacobinos falsamente acusados e condenados após o atentado à bomba da rue Nicaise, em 1800 (ver Capítulo 9). (A maioria dos 94 homens morreu de doença nas "ilhas".) Alguns anos mais tarde, ainda durante o Consulado, o líder haitiano Toussaint L'Ouverture (1743-1803) morreu numa prisão do Estado, em parte porque os guardas não permitiram que recebesse tratamento médico.

Durante o Império, alguns casos espetaculares também chamaram a atenção, em especial o do general Pierre Dupont de l'Etang, responsável pela rendição de duas unidades na Espanha em 1808. Napoleão mandou que ele fosse jogado na prisão e quis submetê-lo a julgamento por traição, o que teria resultado em sua execução. Fouché e Cambacérès dissuadiram *le patron* de cometer essa flagrante violação da justiça, *à la* d'Enghien, movido pelo despeito que lhe causara esse primeiro desastre militar não naval. De fato, só em 1812 Dupont foi degradado e preso, mas não fuzilado como Napoleão desejava. (Passados 18 meses, ele se tornaria o primeiro ministro da Guerra de Luís XVIII.)

Se contemplarmos a floresta em vez de examinarmos obsessivamente algumas árvores bem conhecidas, ficaremos inevitavelmente impressionados com sua pouca densidade. Em 1814, numa nação de 30 milhões de habitantes, as *prisons d'Etat* abrigavam 2.500 prisioneiros políticos, a maior parte dos quais adversários criminosos: espiões e agentes estrangeiros, *chouans* e bandidos.[57] É verdade que mais três a quatro mil adversários políticos do regime sofreram deportação interna — eram obrigados a abandonar seus lares e passar a residir num local distante (mas em território francês) à sua própria custa e grande inconveniência. A flagrante injustiça da situação é inegável, mas quando situamos isso no contexto da época, lembrando que a Convenção prendeu de 300 a 500 mil pessoas (50.000 das quais foram executadas), o quadro é surpreendentemente brando. Uma estatística semelhante poderia surpreender os que equiparam Napoleão a Stálin ou Hitler: o orçamento de um setor da polícia secreta francesa em 1811 era de 75.000 francos — soma ridícula, equivalente a apenas três vezes o salário de um senador. Segundo um ex-prefeito de departamento, cujas memórias contêm seu quinhão de críticas ao Império, a polícia napoleônica fora injustamente "caluniada" pela opinião pública.[58] Muitos, como Fouché, conservavam mais do que traços residuais de seu engajamento revolucionário, e faziam todo o possível para mitigar o efeito das ordens impulsivas que Napoleão dava ocasionalmente. Nem mesmo um ministro da Polícia como Fouché ou Savary tinha autoridade para enviar alguém para uma prisão política; só o imperador.

Além disso, o Senado francês contava com uma "comissão da liberdade individual", que tinha poder para investigar casos de injustiça judicial, e o usava.

Esse órgão não trabalhava nem de longe tão intensamente quanto poderia, e jamais cruzou espadas com o imperador, mas alguns prisioneiros foram libertados graças à sua diligência.[59] Napoleão, por sua vez, embora não se dispusesse a abrir mão da iniqüidade da prisão arbitrária, não cessava de se afligir por isso. Em 1810 ele decretou que os processos dos prisioneiros políticos deveriam ser revistos anualmente, e todos os prisioneiros entrevistados, temendo que injustiças gritantes estivessem ocorrendo.

Em suma, embora a polícia napoleônica estivesse talvez em toda parte, a justiça ministrada pelo Império foi muito menos injusta que na última fase da Revolução. Chamar o regime de Estado policial é exagerar; não havia terror, seqüestro de adversários políticos, tortura nem *gulag*. O Império, como o Consulado, exibiu aquilo a que nos referimos antes como o "autoritarismo liberal" de um "Estado de segurança."

Propaganda

O imperador era um relações-públicas nato. Ansioso por expor sua versão de todas as coisas, não tinha nenhum escrúpulo quanto à exatidão, só sofreguidão por se pronunciar o mais rápido possível. "Não estamos aqui para discutir a opinião pública", disse ao Conselho de Estado, "estamos aqui para controlá-la. A força se funda na opinião. Que é o governo? Nada, se não tiver o apoio da opinião".[60] Assim, publicava um artigo após outro em *Le Moniteur*, algo para o que poucos outros governantes eram propensos ou estavam qualificados. Nesses textos, como nos boletins do exército, as batalhas eram sempre curtas e decisivas, os franceses sofriam relativamente poucas baixas, o inimigo se desmanchava sob os golpes da Grande Armée; a meta de Napoleão era a paz, sempre muito próxima, obstruída apenas pela belicosidade implacável dos inimigos do Império. A política imperial (objetivos da guerra, recrutamento, moral, diplomacia etc.) mal era abordada, mas *la politique* dos adversários do imperador era impiedosamente estigmatizada.

Mas não havia só a palavra impressa. Num grau único entre os políticos de sua época, talvez de *qualquer* época, Napoleão cultivou mitos acerca de seu Estado e de si mesmo em todos os setores. De fato, se entendermos "propaganda", num sentido lato, como "o conjunto dos métodos utilizados pelo poder no intuito de obter resultados ideológicos e psicológicos",[61] a motivação e o alcance de Napoleão na manipulação da opinião pública foram ilimitados — abarcaram da palavra impressa à falada, da pintura, escultura, música e porcelana às paradas e festividades, de prêmios e condecorações a uniformes e móveis. Se esta seção parecer batida ao leitor, é porque o nome de Napoleão é sinônimo de propaganda há dois séculos. Ele é considerado "o pai da propaganda moderna", o primeiro a substituir conscientemente a *politique* pelo palavrório como instrumento de governo; "O que conta não é a verdade, é o que povo pensa que é a verdade."[62] Metternich era tão impressionado com as campanhas publicitárias francesas que escreveu "Só os jornais já valiam um exército de 300.000 homens para Napoleão." Criticava os aliados por julgarem a publicidade degradante, cedendo assim o território aos franceses.[63]

Isso é verdade e não é. Numa época em que a alfabetização das massas e a política democrática eram jovens, é difícil traçar a distinção entre propaganda e educação — em particular a "educação" definida como "instrução pública", no sentido francês. Como muitos observaram, propaganda não é sempre, nem necessariamente, algo enganoso e nocivo; podem-se promover campanhas de propaganda para a conscientização da questão da aids, por exemplo. Talvez valha a pena lembrar que a palavra teve origem numa missão da Igreja iniciada pelo papa Gregório XV em 1622. Por fim, mesmo a propaganda perniciosa pode ser de grande qualidade artística e inteligência; basta lembrar, por exemplo, o filme de Leni Riefenstahl, *O triunfo da vontade*.

O que importa é que pode ser enganoso tachar Napoleão de propagandista e deixar as coisas por aí, imaginando que se disse a última palavra. Ele era, afinal de contas, uma figura política plenamente consciente de que, em suas próprias palavras, "é um grande erro imaginar que é possível espalhar idéias oficiais na França sem habilidade".[64] O *Parallèle* de Fontane e Luciano, ou a notável comparação de 300 páginas que Ernest d'Hauterive traçou entre as relações exteriores francesas e britânicas foram propaganda de Napoleão, tanto quanto a imensa pintura da coroação feita por David ou a igualmente grande tela que Gros pintou sobre Eylau, mas nesse caso devemos considerar que várias peças de Pierre Corneille foram propaganda da monarquia absoluta, e que o *Contrato social* de Rousseau e *Qu'est-ce que le tiers état?* de Sieyès foram propaganda do antimonarquismo. Pelo mesmo raciocínio, os quatro Evangelhos do Novo Testamento seriam propaganda do cristianismo. Mas se essas obras tiveram impacto, não foi *só* porque eram brilhantes artefatos de inteligência humana, mas porque pareceram a muitos corresponder a verdades, e mesmo a verdades fundamentais.

Napoleão, disse-se, "sabia se passar inteligentemente — muito inteligentemente — por um homem providencial. Aí reside a marca do seu gênio."[65] A implicação inequívoca desta consideração é que seu sucesso foi uma vitória da propaganda. Isso não só é errado como chega a ser um insulto para seus milhões de contemporâneos que não eram todos *tão* crédulos. Muitos realmente o viram como um gênio e um homem providencial, independentemente da política de propaganda do primeiro-cônsul ou do imperador. Consideremos dois megaeventos promovidos pelo Estado: a instauração do culto do Ser Supremo por Robespierre (e, por forte implicação, de si mesmo) em 1794, e a autocoroação de Napoleão. Ambos foram cerimônias perdulárias, meticulosamente organizadas, que poderiam ser (e foram) qualificadas de "cínicas". A de Robespierre não surtiu efeito porque nem o povo em geral, nem as elites revolucionárias se sentiam muito atraídas por uma religião fabricada (tampouco estavam, a essa altura, muito enamoradas por sua liderança); o *sacre* de Napoleão despertou críticas, mas funcionou. Considerar alguma coisa como propaganda, portanto, pouco acrescenta à compreensão que temos dela, bloqueando uma investigação da realidade histórica subjacente à representação. O relativismo padece das mesmas deficiências. Consideremos a coroação de Bokassa no Império Centro-Africano em 1976: foi uma cópia exata do *sacre* de Napoleão (sem o papa), mas não foi um sucesso.

Tomemos o famosíssimo par de comparações citado antes — "Bonaparte voa como o raio e ruge como o trovão". Propaganda? É claro. Mas podemos perguntar: por que ela era poderosa? Porque era engenhosamente redigida ou porque, desde a primeira campanha italiana, palavras como essas soavam verdadeiras aos ouvidos das pessoas? Consideremos o quadro de David que mostra Napoleão cruzando os Alpes em 1800 num reluzente e ágil corcel cinzento. "Errado", dizem alguns, "propaganda! Foi o passo de São Bernardo que ele cruzou; montava uma mula e estava enrolado em peles, não usava essa capa vermelha esvoaçante." As pessoas não tendiam a acreditar ingenuamente que David pintara a realidade nua e crua; em geral compreendiam que há verdades literais e metafóricas. Uma pintura de Abraham Lincoln quebrando os grilhões que prendem um garotinho afro-americano também não mostra um evento real, mas isso não lhe diminui a veracidade.

Assim, embora seja verdade que Napoleão fazia uma incessante e por vezes cínica política de propaganda, ele também se expunha a riscos interessantes, e operava com freqüência a partir de uma base de verdade. Lembremos a pintura de Gros sobre o dia seguinte à batalha de Eylau. O imperador é mostrado (corretamente) montado num magnífico cavalo, envergando um belo uniforme e cercado por figuras embevecidas (algumas, não todas). O espectador não pode ser insensível, contudo, à visão da totalidade e do horror da guerra, a que nem um imperador pode escapar. É notável que Napoleão — um líder (ao que parece) em geral à vontade com a guerra — tenha partilhado nesse caso a visão aterrada de seu pintor, a ponto de lhe dar um prêmio maior do que o usual para pintores.[66] Historiadores decididos a provar que Napoleão nunca fez um movimento desinteressado admitem que esse quadro não é triunfalista e autoenaltecedor nos sentidos comuns. Podemos chamá-lo de propaganda, mas com isso não dizemos tudo sobre o complexo emaranhado dos sentimentos, intenções e táticas de Napoleão.[67] Os regimes pró-napoleônicos também fizeram uso de propaganda, mas com um sucesso acentuadamente inferior.[68]

Foi dito que Napoleão "não acrescentou nada de novo ao fascinante mito do super-homem — o conquistador do mundo —, uma ficção bastante comum que fazia parte do cotidiano [na época]".[69] É verdade, Napoleão acrescentou somente a si mesmo, mas essa realidade bastou para evocar o mito aos contemporâneos tão rapidamente — ou quase — quanto ele o desejava. "Para ser verdadeiramente um grande homem, em qualquer campo", escreveu a condessa de Rémusat, "é preciso ter *criado* genuinamente uma parte da própria glória, mostrando estar assim acima dos eventos que a suscitaram".[70] E ela estava convencida de que, lamentavelmente, esse era o caso de Napoleão.

Napoleão como Ator Econômico

Foi em meio a uma tempestade política que as principais descobertas surgiram; e as pessoas talvez perguntem um dia como uma nação em guerra com a Europa, seqüestrada por outras nações e dilacerada pela dissensão civil, pôde ainda assim criar a indústria da qualidade que a França ergueu.
Jean-Antoine Chaptal
Ministro do Interior (1800-1804)[71]

O imperador comportava-se muito menos despoticamente no controle das coisas do que no das pessoas; tem-se exagerado seu despotismo na esfera econômica.
George Lefebvre[72]

Napoleão não valorizava a ascensão social por si mesma — um paradoxo em alguém a quem se costuma atribuir o papel de "salvador" da classe média. Embora no mundo real dos notáveis provinciais, que ele cortejava calorosamente, a riqueza levasse a melhor sobre a hereditariedade, ou até sobre o talento natural, na sua mente as coisas não eram assim. Parecia-lhe que a riqueza podia levar as pessoas a subestimar a fé e o patriotismo, a desprezar a importância das fronteiras nacionais e da autoridade oficial. A riqueza móvel, em especial, era de difícil monitoração pelo Estado; eram preferíveis, portanto, as fortunas fundiárias, pois a agricultura era "a alma e a primeira base do Império." Pelas mesmas razões, Napoleão estimava a indústria, com suas fábricas e empregados, mais que as atividades bancária e comercial, que dependiam de um punhado de indivíduos que faziam negócios através das fronteiras. E, é claro, tinha uma conhecida aversão por agiotas, cambistas e fornecedores do exército, "a praga da nação", como os chamava. Todas estas idéias eram preconceitos políticos comuns em seu tempo, que não impediam Napoleão de estimular o acúmulo de riqueza, nem os especuladores franceses de manipular os mercados.

Assim, o Império tornou sem dúvida a atividade econômica mais dependente do Estado. Muitas práticas de Napoleão lembravam a forte interferência de regimes anteriores: guildas e câmaras de comércio foram restauradas, o preço dos grãos continuou sendo tabelado, impuseram-se regras ao trabalho (sindicatos e greves foram proibidos), muitos negócios — de padarias à cunhagem de moedas, passando pelo fumo — foram submetidos a algum grau de regulação estatal ou estatizados (por outro lado, o gigantesco domínio da agricultura praticamente não sofreu interferência do regime, exceto pela promoção de um levantamento das terras, um *cadastre*).[73] Cabe observar, no entanto, que essas medidas mais agradavam que desagradavam os homens de negócios franceses, sendo mesquinho atribuí-las "ao disciplinamento natural de um governo autoritário que prezava a ordem pública e o pleno emprego".[74] Não eram só os políticos corsos que valorizavam a ordem pública e o pleno emprego. Os comerciantes franceses ficaram encantados quando o general Decaen propôs uma expedição à Índia (1803), na esperança de que ela recriaria o comércio francês ali, contra o inglês.

Conhecemos bem a reputação de Napoleão como "restaurador das finanças francesas", seu sucesso em limitar a dívida do Estado, em criar a base para uma moeda que (um dia) se tornaria estável, e na implantação de estruturas fiscais e administrativas duradouras. Como ao tomar o poder ele sabia pouco ou nada sobre questões econômicas e a linguagem da economia, o conhecimento que conseguiu adquirir nessas esferas chega a ser fenomenal. Lendo suas cartas ao conde Mollien, seu ministro do Tesouro, fica-se impressionado por sua paixão pela "microadministração", até em áreas como crédito e tributação, ou em questões monetárias em que não tinha nenhuma instrução. As cartas mais parecem as que Mollien escreveria a um subordinado técnico de seu Ministério.[75] Com relação ao crédito estatal, *l'Empereur* foi sempre um realista fiscal. Sempre preferiu impostos indiretos, que podiam ser recolhidos sem aprovação do Legislativo, recusava-se a financiar guerras mediante empréstimos e conservou um medo irracional da inflação e do papel-moeda. Mantinha grandes reservas ("fundos mortos", como os chamava) à mão, e embora sua adesão inflexível à moeda metálica provocasse estagnação em algumas regiões, ele se aferrava a ela, assombrado pelas lembranças da bancarrota ocorrida no Diretório e no Antigo Regime e do colapso político decorrente. Não nos esqueçamos: esse era um homem que economizava todo ano metade do dinheiro de sua "lista civil".[76] Não admira que se queixasse: "Nas finanças, minha imaginação perde seu império."

Esse conservadorismo obstinado, que se manifestava inclusive nas baixas taxas de juros que o Estado aceitava pagar sobre seus empréstimos e no modo como adiava o pagamento de suas dívidas, não era de molde a encorajar financiadores. A filosofia de Napoleão pode parecer ainda mais obstinada quando lembramos que ele tinha a seu lado o exemplo financeiro da Grã-Bretanha, em que o Estado, lançando mão de empréstimos para gastar mais do que a receita, tirando partido de papel-moeda e de vastas transações bancárias internacionais, estava financiando uma revolução industrial uma geração à frente de todos os demais, *e* permitindo a um país de 12 milhões de habitantes empreender uma guerra vitoriosa contra o mais poderoso império da Europa. Por outro lado, o setor bancário francês e as elites financeiras do país, após a horrível experiência que haviam tido na Revolução, não estavam dispostos a se atrelar ao Estado — a investir maciçamente na *res publica* — como haviam feito durante a monarquia.[77] Esse era um fato da vida com que todo político francês tinha de conviver. Formalmente, o liberalismo *laissez-faire* — personificado pelo respeitado químico Chaptal, que Napoleão nomeou ministro do Interior em 1800 — era subscrito por *todos* os adeptos da Revolução Francesa. Na terra de Colbert, * porém, ninguém se surpreendia em encontrar muita "letra miúda" debaixo das assinaturas. Assim, Chaptal ou até um renomado defensor do livre comércio como Jean-Baptiste Say, para não mencionar a maioria dos políticos e empresários franceses, simplesmente consideravam naturais medidas estatais destinadas a compensar a falta de competitividade da França em relação à Grã-Bretanha. Em se tratando de ação oficial, a atitude dos homens de negócios franceses continuava podendo ser expressa por esta exortação do dono de um cotonifício em 1786: "Sire, deixe-nos em paz mas proteja-nos bastante!"[78]

* O grande ministro das finanças de Luís XIV, famoso por subordinar a economia à *politique* do Estado.

Apesar de todas as guerras e do *dirigisme*, grande parte da economia floresceu na França sob Napoleão, bem como na Europa em geral.[79] A França perdera a disputa econômica do século XVIII com a Inglaterra em tecnologia, crédito e comércio — situação que certamente não teria sido capaz de reverter, mesmo que a Paz de Amiens tivesse sido mais duradoura —,[80] mas com isso o Império pôde pelo menos escapar do dilúvio (em quantidade e qualidade) de bens de consumo que jorrava das Midlands britânicas. Cumpriu-se assim uma precondição para uma modulação de vulto na história do capitalismo francês: o *boom* industrial de 1800-10.

Como incentivador do desenvolvimento industrial, Napoleão nada tinha de indolente ou pouco imaginoso. Gostava de discorrer sobre sua adesão à fé na ciência e na tecnologia do século XVIII e acreditava no papel dos empresários como vigorosas locomotivas do progresso humano. Não chegava, porém — e aqui vemos a persistência das idéias liberais de livre comércio subjacentes —, a fazer uma política de promoção sistemática e regulação rigorosa, como a de Colbert sob Luís XIV. Bastava-lhe tentar criar condições favoráveis para a indústria. Sob o Império, graças em grande parte à orientação, à proteção e ao estímulo do governo, capitalistas franceses esclarecidos nos setores metalúrgico, têxtil (sobretudo lã e algodão), da construção, de artigos de luxo e da indústria química obtiveram lucros modernizando sua tecnologia e seus métodos e tirando proveito da proteção oferecida pelo Sistema Continental contra a concorrência inglesa.

Em suma, o imperador Napoleão protegia bastante. Além disso, aconselhava, inspirava, adulava, recompensava, incentivava, emprestava dinheiro, visitava fábricas e locais afins.[81] Condecorava com a medalha da Legião de Honra os industriais mais destacados do momento, como Richard-Lenoir e Oberkampf; a invenção do açúcar de beterraba para substituir o açúcar de cana importado foi saudada com grande entusiasmo. Sob instigação imperial — e em grande medida para fomentar o crescimento econômico — o Estado colhia informações e estatísticas sistematicamente,[82] fornecia subsídios, aprovava tarifas protetoras, promovia exposições internacionais de indústria e tecnologia, fundava ou patrocinava museus e escolas especiais, além de ter elaborado um Código Comercial (1808) e instituído o Ministério da Manufatura e do Comércio (sob Chaptal). Criou (ou ressuscitou) também organismos dedicados à ciência, ao comércio e à indústria — como as câmaras de comércio, câmaras de arte e manufatura, o Conselho Geral da Manufatura e a Sociedade para o Estímulo da Indústria Nacional.[83] Longe de serem atores supérfluos no palco econômico, essas instituições semi-oficiais desempenhavam papéis-chave na comunicação das necessidades do comércio e da indústria ao governo e vice-versa. Após o Primeiro Império, elas continuaram a supervisionar a revolução industrial francesa durante décadas. Por fim, o Estado napoleônico agia como um importante cliente da indústria nacional, consumindo enormes quantidades de bens e serviços, de itens de luxo a material militar. As encomendas feitas pelo regime eram uma expressão da grande preocupação de Sua Majestade em afugentar o desemprego (e suas conseqüências), estimular a prosperidade e/ou dar a partida num motor econômico temporariamente afogado.

Os anos de 1800 a 1810 representaram efetivamente uma espécie de decolagem da Revolução Industrial na França, possibilitada fundamentalmente pelo crescimento populacional e um maior consumo rural, mas também por grande número de fatores diretamente relacionados ao governo imperial: amplo patrocínio governamental e, acima de tudo, firmes políticas protecionistas que isolaram por completo a indústria francesa nascente da "invencível" competição inglesa. O novo setor industrial do Império pode ser visto como um triângulo invertido que se estendia da Normandia superior ao Reno, à Alsácia-Lorena e a Milão, incluindo Paris. De fato, pode-se dizer que a capital atingiu seu grande momento em 1812, quando James Rothschild abriu ali uma agência de seu banco de investimentos. Em 1810 a produção industrial francesa foi 50% maior do que viria a ser na década de 1870, e se isso ainda a deixava longe do nível da produção britânica (nem crescia na mesma taxa), já representava uma proeza digna de nota — e sugere que Napoleão não pode ser simplesmente tachado de "perdulário". (Se o *boom* industrial não se estendeu à agricultura, isso teve muito menos a ver com o governo do que com as tendências de longo prazo. A Revolução havia contribuído para que os camponeses franceses adquirissem mais terras, mas isso não acarretou um avanço perceptível nos métodos agrícolas nem elevou a produtividade.)

Teria tudo isso sido o bastante para justificar a "confidência" que Napoleão fez a Calaincourt (1812): "Fui eu quem criei a indústria francesa"? É inegável que ele deu um forte empurrão à Revolução Industrial francesa, e igualmente inegável que a França conheceria no futuro regimes muito menos propícios ao desenvolvimento industrial que o Primeiro Império. Mas há um exagero nessa autocongratulação da boca de um líder político que deu prioridade à agricultura (que chefe de Estado francês não o teria feito na época?) e que não era tão moderno em matéria de economia quanto dizia ser. Para início de conversa, fez algumas vezes escolhas econômicas deploráveis: o Império, por exemplo, proibiu as companhias de capital aberto — "a forma jurídica mais apropriada à concentração de capital produtivo".[84]

A ameaça séria que pairou sobre o Império do ponto de vista econômico e o impediu de criar estruturas estáveis (lembremos que o Banco da França e o franco germinal só se firmaram após 1815), situava-se, como veremos, no setor financeiro (apesar da notória avareza do soberano): a prodigalidade napoleônica na guerra. Na altura de 1812, o orçamento militar estava arruinando o orçamento geral, apesar dos constantes aumentos da tributação tanto direta quanto indireta (esta última quadruplicara desde 1806). A proporção dos recursos do Estado destinados ao exército elevou-se de 60% em 1807 a 80% em 1813. Em 1810 o imperador criou seu "tesouro especial", ou *domaine extraordinaire*, sob seu exclusivo controle. Para ele fluíam as centenas de milhões de francos subtraídos dos recursos dos Estados satélites ou pagos por países derrotados em guerra. Esse tesouro financiou uma boa fatia do orçamento do exército e as doações de terras que o imperador fazia para a nobreza e a família. De fato, em alguns anos essas cobranças punitivas chegavam a corresponder a um terço das rendas imperiais, o que não impediu que em 1813 as finanças do regime caíssem em total confusão, para piorarem dali em diante.

O Sistema Continental

O fato central acerca do Sistema Continental [é]: ele foi, desde a base, antieconômico em espírito e essência.
Paul Schroeder[85]

A contribuição econômica de Napoleão para a Europa continental consistiu, para bem ou para mal, num projeto parcialmente colonialista e parcialmente federativo que tentou regular os Estados semi-soberanos, subjugando-os ao mesmo tempo ao "esquema francês de mercado continental", ou "o mercado incomum", como o chama Geoffrey Ellis.[86] Esse Sistema Continental — Napoleão preferia de longe esta expressão a *le blocus* — surgiu em estreita conformidade com o interesse francês, e depois se conformou ainda mais a ele, à medida que a França foi obtendo maus resultados na guerra após 1812. O sistema apresentava assim vários aspectos desvantajosos, inclusive todas as características morais que esses projetos imperiais inevitavelmente apresentam. De maneira mais notória, os portos europeus dos litorais atlântico e mediterrâneo arruinaram-se e nunca se recuperaram completamente. Vale ressaltar, contudo, que essas regiões estavam condenadas de todo modo, como Crouzet observa, e o golpe de misericórdia ministrado pelo Bloqueio não foi, em termos estritamente econômicos, necessariamente algo de mau. Ao contrário, pode-se sustentar que, ao acelerar o inevitável, o Império preparou melhor essas regiões para uma economia moderna.

Fossem quais fossem suas esperanças ou intenções a longo prazo para a Europa, o que Napoleão buscava naquele momento não era a integração econômica do continente europeu, mas a salvação de uma única economia: a da França imperial. Fora a França que mais sofrera com o bloqueio inglês, tendo inclusive perdido suas colônias, com seu comércio extremamente lucrativo. A economia do país estava numa situação desesperadora, e qualquer chefe de Estado a teria defendido. A decisão do imperador de lançar mãos de todos os meios possíveis para promover o desenvolvimento da França em linhas alternativas (industriais, não comerciais) foi uma aposta refletida, interessante e defensável. É preciso ter em mente também que a "França" incluía nessa altura 130 departamentos, equivalendo em seu conjunto a um mercado singular realmente vasto e a um produto nacional bruto muito superior ao da Grã-Bretanha ou ao de qualquer outra grande potência.[87]

O Sistema Continental teve conseqüências construtivas, não só agressivas e destrutivas, embora, do ponto de vista da velha ordem, pressagiasse desastre. Georges Lefebvre tem razão quando diz: "A luta contra a França nunca perdeu seu caráter social ... A aristocracia do Ancien Régime [sabia] que estava fatalmente condenada se o Sistema Continental tivesse êxito." François Crouzet, discípulo de Lefebvre, considera por sua vez que há "razões válidas para incluir o Sistema Continental como um precursor" da União Européia, embora dizer tal coisa seja algo extremamente *fora* de moda nos dias de hoje.[88] O sistema, por exemplo, além de ter permitido a implantação da indústria e da tecnologia francesas, devolveu à França parte da supremacia econômica continental que ela perdera para a Grã-Bretanha. Gerou também algumas conseqüências positivas para os aliados e satélites franceses, tanto em matéria de desenvolvimento industrial como na derrubada de antigas barreiras. Assim, por exemplo, a indústria têxtil russa, que tinha 2.687 fábricas em 1806, já contava 3.911 em 1814; um mercado único foi criado no reino da Itália[89] e no âmbito do Império; por toda parte o Estado tomou importantes medidas de racionalização e de estímulo econômico; novas regiões (p.ex., os vales do Reno e do Ródano) e novos setores (p.ex., têxteis) floresceram, à medida que o comércio foi redirecionado dos litorais e do além-mar para a hinterlândia francesa e européia. Por fim, e talvez o mais notável, surgiu um sentimento de solidariedade continental, de modo geral em oposição à Grã-Bretanha, à medida que os "europeus" adquiriam pela primeira vez consciência de que suas economias integravam uma espécie de conjunto.[90]

Poderia o sistema ter-se tornado uma verdadeira comunidade econômica? As condições tecnológicas da época, especialmente as atinentes aos transportes, não teriam permitido uma integração de âmbito continental. A Europa continuava sendo uma justaposição de Estados soberanos, alguns muito pequenos (embora em menor número), cada um com as próprias barreiras tarifárias — os meios de recolher os rendimentos de seus soberanos. Acima de tudo, faltou tempo. Mas nos breves anos em que foi seriamente aplicado (1808-12) — o sistema sem dúvida gerou algo de novo: uma única política econômica foi imposta a toda a Europa. Apesar das barreiras tarifárias e das dificuldades das viagens por terra, o sistema teceu relações entre diferentes regiões que haviam sido isoladas pelo Bloqueio. Vínculos tenazes foram estabelecidos, por exemplo, entre o norte da França e a Bélgica, a Lorena e o Saar, a Suíça e a Alsácia. Até um comunista histórico (Tarlé) escreve que, apesar do mau governo da França, a unidade econômica do continente progrediu entre 1806 e 1814.

Poderia o sistema ter evoluído para algo mais próximo de uma união econômica? Ninguém pode responder com certeza, embora conselheiros de Napoleão como Coquebert de Montbret tenham elaborado projetos para criar uma zona tarifária abrangendo toda a Europa dominada pela França. O sistema não gozou de nenhum consenso amplo em meio às elites européias. Eram muitos os grupos interessados, bem como os insatisfeitos. Poderiam estes últimos ter sido conquistados ao verem o sucesso do desenvolvimento industrial na França, onde a indústria do algodão lançou as bases da industrialização da Europa no século XIX? Além disso, como uma saída vitoriosa da guerra teria afetado a opinião? Como Crouzet observa, se Napoleão tivesse retornado vitorioso de Moscou, a Inglaterra teria se visto numa situação desesperadora.

Em suma, o Sistema Continental se revestiu simultaneamente de muitas identidades e pode ser representado convincentemente, dependendo da argumentação do espectador, como um ato supremo de agressão contra o Continente (Schroeder); um mero pretexto (Driault) ou uma sólida razão (Sorel) para os projetos imperialistas franceses; um tipo defensável de Doutrina Monroe da Europa (Schmitt); uma retaliação francesa tradicional à concorrência comercial e à industria britânica (Tulard); um projeto para a decolagem industrial da França que poderia ter tido êxito (Dunan); um caso clássico de exploração econômica burguesa (Tarlé); um desdobramento de políticas anteriores, embora inovador, ao mesmo tempo regressivo e progressista (Bergeron).[91]

No entanto, a conclusão de que o Sistema Continental estava inerentemente fadado ao fracasso em sua dimensão econômica, em razão do puro fato da presença da França, não é convincente; seria o mesmo que afirmar que o império colonial britânico não era economicamente promissor por ser mantido (em última instância) pela força. Podemos culpar o imperador por não ter tomado uma decisão clara quanto ao caráter fundamentalmente econômico ou militar do sistema, mas em ambos os domínios ele experimentou tanto sucessos quanto fracassos. O capitalismo do início do século XIX era algo de irreprimivelmente dinâmico que se provou profundamente adaptativo e elástico, seja sob a hegemonia britânica ou francesa. De fato, esta última foi analisada (por Tarlé e Lefebvre) como uma forma de dominação capitalista, ao contrário, digamos, do comunismo do século XX, que simplesmente esmagou e estrangulou a industrialização nascente do czarismo.

Não foi por razões econômicas — e nem mesmo políticas — que o Sistema Continental fracassou; ele foi militarmente derrubado a partir de fora. Assim, não temos como saber que destino econômico (ou político) lhe estava reservado.

A Atmosfera do Império

A luz dourada, o mármore, as bandeiras de batalha agrupadas compunham uma imagem da glória de Napoleão que sempre me ajudou a compreender o aspecto menos racional de Stendhal. Se uma breve exposição às glórias do Império, cem anos mais tarde, pôde assim me deslumbrar, parece-me fácil perdoar o efeito delas sobre um tenente de dezoito anos que cavalgava no meio do Sexto Regimento dos Dragões Ligeiros, uniforme verde-garrafa, paletó vermelho, calções brancos, capacete com penacho e crineira e roseta vermelha.

A.J. LIEBLING,
AO VER O TÚMULO DE NAPOLEÃO

Só os pintores conseguiam tornar [os uniformes] tão magníficos quanto Napoleão queria que fossem.

TIMOTHY WILSON-SMITH[92]

Se pudéssemos passar uma quinzena na capital francesa no fim de 1807, que diferenças constataríamos em relação a uma quinzena passada ali em meados ou no final da década de 1790? Veríamos muito menos jornais, panfletos e cartazes; quase nenhuma assembléia ou demonstração ilegal; menos teatros e tipografias, nenhum demagogo e bem poucos políticos discursadores. Por outro lado, veríamos uma profusão de soldados, padres e funcionários; muito mais igrejas ativas, mais escolas, museus e *muito* mais obras públicas. A cidade não seria mais a ruína deteriorada que se tornara na Revolução, especialmente as igrejas e as fachadas dos prédios públicos. Os bons tempos da economia pós-1806 provocaram um *boom* industrial em Paris. A população aumentava aceleradamente (de 550.000 em 1810 para 715.000 em 1814), a cidade tinha uma atmosfera imperial e cosmopolita. Pela primeira vez, tinha-se realmente a impressão de que Paris era o centro do mundo civilizado, não apenas da França — a capital do maior império desde Carlos Magno, a autoproclamada rival da Roma antiga, "a inveja das nações". O "estilo império", seríamos informados, fazia furor em outras capitais. Haveria *muitos* estrangeiros perambulando por toda parte, cheios de admiração. Não acabara *l'Empereur* de se encontrar em Weimar com o maior escritor da época, Goethe, que conversara com ele sobre César? A *gloire* e o orgulho dos parisienses — a pura arrogância de alguns — poderiam nos parecer palpáveis, e o imperador, mais falado e admirado que qualquer chefe de Estado na Europa desde Luís XIV.

A situação pareceria, em resumo, incalculavelmente mais auspiciosa. O grande pintor David registrou: "Tive a impressão, ao retornar [da Itália], de que acabara de fazer uma operação de catarata."

Mais auspiciosa e também mais clara, menos complicada e ambígua. A atmosfera nos pareceria infinitamente menos carregada de ansiedade e de rancores partidários; haveria menos preocupação, também, com política, liberdade, igualdade, pão e invasão estrangeira, e até (por ora) com recrutamento militar e baixas de guerra. Assim como o "nacional" substituíra "o político", o "imperial" estava agora substituindo o "nacional". Veríamos alguns luminares da nobreza antiga aparecerem nos salões e assumirem posições de importância no governo. Alguns de seus filhos eram agora auditores no recém-criado e muito prestigioso Tribunal de Contas. Toparíamos com menos feriados públicos do que se tivéssemos visitado Paris em 1795; eles eram menos numerosos agora, mas se víssemos um, não seria comemorativo da Revolução. De fato, a Revolução poderia parecer distante, embora nem de longe desaparecida. Muitos dos prefeitos de departamento e outras autoridades que veríamos apresentar seus relatórios a um ministro seriam ex-jacobinos agora servindo em departamentos distantes no sul da Itália, na Alemanha central ou na Polônia. Observadores astutos podiam até pensar, com um sorriso: "A capital, como o próprio Império, tinha um núcleo jacobino."[93]

Perceberíamos que, para os parisienses, o Império era a consumação da Revolução, de sua missão civilizadora; ele levara a razão, o método e as luzes francesas para uma Europa atrasada e recalcitrante. A República pareceria ter desaparecido — pelo menos até que déssemos uma olhada no troco em nosso bolso e víssemos nas moedas a inscrição "*La République française*". Haveria mais livros à venda, mas menos títulos sobre política e história. Os súditos da capital poderiam nos parecer uma gente muito mais maleável que o haviam sido os cidadãos da Revolução, uma gente mais cheia de orgulho, vaidade e ambição, mas também muito mais passiva; pareceria talvez mais fácil de conduzir, senão de convencer, mais "redimível" e impressionável, mas menos ativa, talvez menos capaz de duvidar de si mesma e de nutrir sentimentos de ambivalência.

O mergulho cada vez mais profundo do regime na autocracia se dava de maneiras tanto óbvias quanto sutis. Depois de Tilsit, o Tribunato, apesar de sua aquiescência letárgica aos desejos imperiais, foi abolido. O imperador o considerava uma instituição não só sem sentido como pretensiosa em sua veleidade democrática de representar "o povo soberano". Poucas vozes protestaram contra sua saída de cena. Para mostrar que nada tinha de pessoal contra os tribunos, Napoleão ofereceu à maioria deles nomeações para outras estruturas do Estado. O regime passou a ser unicameral, o Corps Législatif assumindo dupla função de discutir e votar a legislação ordinária. De todo modo, sua importância definhava, pois eram regulações governamentais e administrativas, mais que leis votadas, que estipulavam a ação do Império.[94]

Assim, o que fora uma ditadura de segurança pública no estilo romano tornara-se agora uma variação democrática da monarquia hereditária. As imagens de Napoleão em trajes oficiais que adornavam as repartições oficiais ofereciam duas representações: um ser humano de aparência mais natural, herdeiro da República, *à la* César, e um idealizado e icônico restaurador do Ocidente, semelhante a Carlos Magno (embora sem barba — o que teria sido *de trop* nessa época neoclássica). A continuidade que tornava ambas as referências históricas pertinentes, contudo, era a novidade em curso do "discurso nacional": a permanente pretensão do homem que estava no topo de encarnar o povo. Um deslize da imperatriz revela em que pé estavam as coisas. Em 1808, ao receber uma delegação de legisladores, Josefina — não exatamente uma teórica política — saudou-os amavelmente como "representantes da Nação". Tratava-se de uma designação que lhes poderia ter sido justamente aplicada em regimes constitucionais, como o Império nominalmente era; de todo modo, não foi um erro grave. Ou foi? Uma retificação não tardou a aparecer em *Le Moniteur* — escrita pelo próprio imperador, então em campanha na Espanha. Ela negava que Sua Majestade a imperatriz tivesse podido dizer tal coisa, "sabendo tão bem, como sabia", que seu ilustre consorte, o Imperador dos Franceses, era o primeiro representante da Nação. *La Nation*, *c'est Napoleone*, com todos os seus irritantes vícios de pronúncia e neologismos italianados.[95]

Na verdade, a nação sabia qual era o seu lugar. Um parisiense de classe média da época que tivesse sobrevivido à Revolução não poderia ter deixado de se impressionar com a saída das classes populares da cena política (e de se sentir grato por ela) — uma retirada voluntária, a despeito de grande parte do que se ouvia dizer. Para esse burguês e seus congêneres, a perda das várias liberdades (imprensa, reunião, opinião) era em grande parte eclipsada — até esse momento — por um renascimento da liberdade representada pela segurança e a ordem pública. No "alto" Império, manifestações e tumultos populares eram extremamente raros. Conspiração era algo que tendia a ser visto (nas palavras de um historiador) como "burlesco", coisa do passado. Ficamos reduzidos a procurar indícios da discordância popular em comentários ocasionais, cartazes e rumores. Historiadores críticos de Napoleão esforçam-se por demonstrar a existência de uma tensão entre "a nação" e "o imperador", mas a distinção não se sustenta. *Le peuple* compunha-se em sua grande parte de fãs ardorosos de *l'Empereur*, em quem viam um justiceiro e um paladino, o líder que lhes proporcionava (mais ou menos) pão e empregos.[96]

Proporcionava-lhes também *faste*: espetáculo. Do mesmo modo como substituiu *sans-culottes* e *conventionnels* por notáveis, autoridades civis e soldados, o Império substituiu a ação política de massa por paradas, revistas, cortejos, *vernissages*, coleções e, acima de tudo, uniformes. O marechal Ney, duque d'Elchingen, pagou 12.000 francos por cada um de seus uniformes de gala. Essa ostentação podia cheirar a coisa de *parvenu* ao príncipe Metternich, mas para muitos, e não só das classes mais baixas (e não só franceses), "o fetichismo de calções apertados, plumas esvoaçantes e paletós de seda, a exibição obsessiva de bandeiras e estandartes, uma brisa fresca soprando em toda parte, o contraste do escarlate com o dourado — não é uma versão romântica de uma realidade mais feia. É uma transcrição fiel de um romance mutuamente desejado — o romance entre Napoleão e a sociedade francesa."[97]

Paradoxalmente, contudo, a realidade do Império não era o governo *militar*, como o que a Prússia conheceu sob Frederico o Grande. O Império não dependia mais do que o Consulado da Força Armada bruta para mantê-lo coeso, nem o governo estava em geral nas mãos de soldados — salvo o homem lá de cima. O uniforme, aliás, identificava mais do que militares. O Estado impunha sua libré preferida a todos, dos alunos do *lycée* aos conselheiros e ministros de Estado, passando pelos prefeitos de departamento, engenheiros e legisladores. Os uniformes eram um elemento-chave da política de símbolos do governo, de ordem e grandeza mediante a convenção. De certo modo, Napoleão era o costureiro do Império francês.

Sob as cores que David e Gros tornaram mais fulgurantes do que eram na vida real, no entanto, a impressão mais profunda que o Estado passava era a de uma cinzenta e diligente administração civil. Não admira que as estatísticas — palavra cuja raiz é *status*, Estado — tenham ganhado enorme impulso nessa época. O fenômeno "estatístico" substituía o fenômeno "político" no Império; governar era contar. Prefeitos gastavam boa parte de seu tempo a colher e enviar para Paris todo tipo de dados sobre a comunidade — os governados — que podiam facilitar *la politique* em favor do *dirigisme* científico, pelo menos era isso que o imperador esperava. Os temas dominantes do Estado napoleônico — e, cada vez mais, os valores de todos os níveis de sua sociedade — não eram simplesmente hierarquia, autoridade e ordem; eram também pragmatismo e eficiência. O que impedia que esse Estado se transformasse numa burocracia inchada e estiolada era a existência dessa vontade única que recebia toda a informação e transmitia todas as ordens. Napoleão I era a novidade singular do sistema, era ele quem mantinha burocracia e romance na mesma frase. Como ele próprio resumiu no crepúsculo de sua vida: "A partir do dia em que a França escolheu unidade e concentração de poder como sua única salvação possível, do dia em que ela coordenou suas crenças, recursos e energias, transformando-se assim numa imensa nação, e confiou seus destinos ao caráter, às decisões e à consciência do único homem sobre quem impusera essa ditadura ocasional — a partir desse dia, *eu* fui a causa comum, *eu* fui o Estado."

A despeito da inimitável presença de Sua Majestade, a política no velho sentido — crua, exuberante, desregrada e rabugenta — vazava por toda parte, e nunca se podia ter plena certeza de que o velho paolista lá de cima não estava se divertindo um pouco. Por exemplo, Napoleão certamente foi informado por Fouché, Fontanes ou Savary de que o novo professor de filosofia na Sorbonne, Paul Royer-Collard, fora membro do "Conselho Real Secreto" de Luís XVIII (dissolvido pelo "rei" em 1806), e que isso às vezes transparecia em suas aulas.[98] Podemos considerar também a imprensa. Apesar do número reduzido de jornais e da exigüidade do público leitor (em parte porque os jornais eram cada vez mais vistos como órgãos do governo), e apesar da censura, cerca de um quarto de milhão de pessoas ainda os lia — *e tinha opiniões*. Os inflamados debates sobre religião ou as artes que opunham os ideólogos do Instituto — que conservavam grande prestígio — aos homens da Universidade (como o citado acima) eram infindáveis. Os prêmios literários e artísticos que ambas as instituições eram periodicamente requisitadas a conferir geravam enormes querelas, que distraíam as pessoas e criavam a ilusão (mas seria apenas isso?) de certa liberdade de opinião. Napoleão se irritava com essas rixas, mas não se dispunha a eliminá-las completamente. Para começar, precisava do conhecimento especializado daqueles homens, sob pena de os prêmios imperiais (e portanto o Império) serem considerados ridículos. Assim, a política reprimida tinha permissão para extravasar no debate artístico.[99]

Não devemos jamais esquecer, também, que muitos daqueles legalistas extremamente napoleônicos (Fouché, Regnault de Saint-Angély, Thibaudeau etc.) que administravam o novo sistema eram homens "velhos", se não em idade, em mentalidade. Continuavam sendo, em muitos casos, os homens da Revolução, ou seja, homens que tinham a política na alma.[100] O reacionário Fiévée, escrevendo sobre esse tipo de mentalidade, observou: "Não compreendo por que a Revolução, que tanto se presta ao ridículo, ainda não foi ridicularizada por ninguém. Isso prova que ela causou uma profunda impressão no espírito do povo e que seu poder será para sempre julgado pelos crimes que ela engendrou."[101]

Além das paradas, da administração e da política sublimada, o Império tinha um quarto novo aspecto que parecia ainda mais notável aos contemporâneos que os homens de uniforme, embora também ele envolvesse, de certo modo, homens de uniforme: a religião. Seria difícil superestimar o efeito sobre a sociedade francesa — sobre o dia-a-dia das pessoas — do retorno da Igreja católica. Toda uma geração entrara em cena, aculturada pela Revolução, para a qual a religião era a grande nêmesis humana. Agora estava-se pedindo a essas pessoas que incorporassem a religião às suas vidas, o que não deve ter sido fácil. É verdade que o novo estado de coisas em nada se parecia com o vigente antes de 1789; a Igreja não mais definia a existência sociopolítica nem, como alguns teriam dito, "dominava a tudo e a todos", mas, com a Concordata o cristianismo estava definitivamente de volta, e em grande estilo. Surgiram paróquias locais, com as vidas multifacetadas e absorventes que as paróquias tendem a ter; "cultos", como os ritos religiosos eram chamados, eram celebrados diariamente, mas em especial no domingo — de novo o Dia do Senhor, com o cancelamento do calendário revolucionário.

Além disso, padres e bispos, até monges, reapareceram em público, não mais à paisana, mas envergando vestes sacerdotais. Havia Procissões do Santo Sacramento, *Te Deums* eram entoados por muitas razões (por *qualquer* razão, queixavam-se alguns), o catecismo voltou a ser ensinado às crianças, novamente se davam esmolas aos pobres e às obras de caridade (de fato, a Igreja — e não o governo — era o maior provedor de assistência aos necessitados). Além disso, protestantes e judeus — ou melhor, o protestantismo e o judaísmo — tornaram-se agora entidades públicas aceitas. Foi uma *grande* mudança na terra da Primogênita da Igreja, naquela sesquimilenar França Católica. Para muitos, a religião foi a novidade por excelência que definiu a época — para bem ou para mal.

A face de Jano do *Grand Empire*

Minha pequena Maria querida, és uma polemista, és sim — e que traço feio, esse. Perdi um quarto de hora inteiro para te explicar que as medidas que te parecem incompatíveis possuem, de fato, grandes vantagens. Procura entender, o Código Civil provou seu valor, e não só na França.
NAPOLEÃO A MARIA WALESKA (1809)

Ao passarmos da França imperial para o *Grand Empire*, passamos para um sistema diferente, uma atmosfera diferente e, sob aspectos decisivos, um imperador diferente.[102] O *Empire français* formalmente constituído contava 130 departamentos em 1812 — um aumento de 64% em relação aos 83 departamentos que a França possuía em 1789. As áreas anexadas — o eufemismo francês usado era "reunidas" (*réunies*) — situavam-se de início na Alemanha, nos Países Baixos e no norte da Itália, duplicando o coração do império de Carlos Magno (carolíngio), mas a intensificação das aquisições imperiais após 1809 deu à França napoleônica o que restava dos Estados Papais, inclusive Roma, a Costa Adriática (chamada por seu antigo nome romano, Ilíria)[103], e novas partes da Holanda e do norte da Alemanha. Ao todo, 44 milhões de súditos, embora ainda se usasse a palavra "cidadão".[104]

Além disso, a França controlava o que era oficiosa mas comumente chamado o *Grand Empire*, em que tinha mais 40 milhões de súditos. Esses territórios, que se estendiam além do Império francês propriamente dito, eram governados ou por príncipes estreitamente ligados à França (p.ex., os reis da Baviera e de Württemberg e o grão-duque de Varsóvia), ou por príncipes franceses de "casa" de Bonaparte.[105] Elisa e Felix Bacciochi "reinavam" como grão-duque e duquesa da Toscana, até o território ser anexado à França em 1810. José Napoleão I não ficou muito tempo no trono de Nápoles — foi removido para uma bem mais espinhosa Espanha em 1808. Seu substituto foi o arquiambicioso Murat (Joaquim Napoleão I), que governou o sul da Itália em solipsística pompa — "Nenhum Bourbon ou Habsurgo foi tão imbuído de suas prerrogativas reais como esses príncipes por uma hora"[106] —, embora lançasse mão ao mesmo tempo de elementos de populismo que, no final das contas, equivaliam quase a nacionalismo. Na Holanda, de maneira semelhante, Luís Napoleão I tornou-se "holandês demais" para o gosto de seu imperador-irmão, que o depôs em 1810 e anexou a terra sem nenhuma cerimônia. Jerônimo Napoleão I, o rei de Westfália, e Eugène de Beauharnais, vice-rei (do "rei" Napoleão) no norte da Itália, saíram-se "melhor" do ponto de vista de seu mentor, mas nem para eles o imperador facilitou a vida.

Assim, uma definição característica do *Grand Empire* — afora sua brevidade (durou só dois ou três anos em certas regiões) — foi seu grande amorfismo, razão por que se presta mal a generalizações precisas e rápidas. O Império não foi uma realização planejada ou mesmo desejada, mas uma acumulação contingente, *ad hoc*, de terras conquistadas, satélites e aliadas feita ao longo de uma jornada de 12 anos. Seus muitos intérpretes, entre os quais o próprio Napoleão, o compararam aos impérios de Constantino, de Teodósio, de Justiniano ou de Carlos Magno — sem esquecer o do despótico mas extremamente organizado general-imperador Diocleciano (a cujos "olhos imperiais que tudo penetravam" Napoleão, num de seus momentos de maior franqueza, comparou os seus próprios). Mas essas alusões eram sobretudo retóricas, para fins de exaltação — "para adornar o impulso incontrolável de ação", nas palavras de Geyl[107] —, não conceitos normativos ou analíticos. A verdade prosaica é que o Império foi constituído *ad hoc* segundo a oportunidade e a necessidade, e era demasiadamente "amorfo, diversificado e vasto" para poder ser generalizado como uma entidade singular.[108]

O mais difícil para *l'Empereur* e seu exército de reizinhos, duques, governadores e prefeitos de departamento era conciliar as exigências categóricas da política governamental francesa — especialmente no tocante à guerra e à extorsão fiscal — com as aspirações idealizadas, mas não obstante reais, de Napoleão para "seu" Império. Esse problema nunca foi solucionado, só contornado no dia-a-dia, das mais variadas maneiras, que empurraram o governo napoleônico cada vez mais pelo caminho do pragmatismo, da rapacidade e por fim — quando esta suscitava resistência — do despotismo. Com demasiada freqüência invocam-se as cartas do imperador para seus irmãos reis e o enteado vice-rei, exortando-os a governar "sabiamente e bem" para racionalizar um sistema que na prática, não na teoria, foi marcado por uma crueldade que Napoleão nunca teria ousado exercer na França. Numa missiva piegas ao irmão Jerônimo, rei da Westfália, semelhante a muitíssimas outras dirigidas a outros irmãos e governadores, Napoleão diz:

> ... só na confiança e no amor ao povo teu trono se manterá firme. O que se deseja acima de tudo na Alemanha é que concedas aos que não pertencem à nobreza mas possuem talentos um igual direito a posições, e que todos os vestígios de servidão e de barreiras entre o soberano e a gente da extração mais baixa sejam completamente eliminados. Os benefícios do *Code Napoléon,* o processo legal em tribunal aberto, o júri, é por estes aspectos que tua monarquia se deveria distinguir ... Teu povo deve gozar de uma liberdade, uma igualdade e uma prosperidade desconhecidas no resto da Alemanha.

O mero fato de cartas como esta terem sido escritas costumava exercer forte impressão sobre os historiadores, a ponto de um eminente especialista no bonapartismo poder escrever: "Parece fácil esquecer que a medalha (da governança imperial) tem uma face escura assim como uma luminosa."[109] Mas, graças ao trabalho de europeus que estudaram *in situ* os efeitos do governo napoleônico no Império, os tempos mudaram. O pêndulo oscilou para o lado oposto, e hoje muitos historiadores vêem esses comunicados napoleônicos clássicos como manifestações cínicas de um megalomaníaco empenhado em aparecer como idealista.[110] "Só te fiz rei no interesse de meu sistema", escreveu Napoleão a Murat num acesso de irritação que parece mais próximo da verdade aos historiadores de hoje. De fato, no fim das contas, o *Grand Empire* não foi nem excelente nem mau, mas uma mistura dessas coisas.

O imperador tinha uma visão geral clássica da política, o que significa que tendia a normas de aplicação universal: "Até agora tivestes apenas leis especiais, doravante deveis ter leis gerais. Vosso povo tem apenas hábitos locais, é necessário que adote hábitos nacionais", disse a representantes italianos. "Leis gerais" significavam o modelo francês — não que isso fosse por si francês, mas era um produto do Iluminismo e da Revolução. "Hábitos nacionais" asseguravam que as tradições étnico-culturais fundamentais da área seriam de algum modo respeitadas. O modelo administrativo imposto nunca incluiu um chamado à revolução social, mas certamente acarretava extensas reformas. Numa frase rude dita aos habitantes de um vilarejo prussiano em 1806, o marechal Lefebvre, homem de origem humilde e sem papas na língua, sintetizou a abordagem: "Viemos vos trazer Liberdade e Igualdade, mas que isso não vos faça perder a cabeça."[111]

O reino da Westfália, na Alemanha norte-central, deveria ser uma vitrine.[112] Embora soubessem perfeitamente que esse Estado era o produto artificial da guerra e da geopolítica, Napoleão e Jerônimo dissertavam ambos com eloqüência e gravidade sobre a importância de formar ali uma "verdadeira nação", isto é, com um governo forte e súditos leais. O Código Napoleão, estruturas fiscais francesas e uma Constituição pré-fabricada francesa supririam o passado e as tradições de que a Westfália carecia. É difícil decidir o que é mais incrível ou mais lamentável: a arrogância ou a autoconfiança napoleônica.

Tudo isso torna ainda mais desconcertante ter de afirmar que, na verdade, essa miscelânea de remédios e cirurgia sem anestesia começou a funcionar: um sentimento nacional, como pretendiam os Bonaparte, começou a criar raízes em meio aos dois milhões de súditos da Westfália. O que o inibiu seriamente e levou à revolta popular em 1809 *não foi o modelo* — embora ele impusesse o francês como a língua de Estado (!) ou cometesse o "ultraje" de dar início à libertação dos judeus —, mas os fatores externos da cobiça e necessidade francesas: o recrutamento forçado de muitos milhares de homens do reino para a Grande Armée, a extorsão de grande porcentagem dos recursos mais preciosos do país na forma de propriedades doadas à nova nobreza francesa, a cobrança de impostos inesperados para sustentar as tropas francesas locais etc. Os recursos e a boa vontade assim desperdiçados teriam sido decisivos para a formação do Estado, como bem sabia o consternado mas obediente Jerônimo; provavelmente seu irmão mais velho também sabia, mas respondia a uma necessidade diferente em Paris.

O *Grand Empire* foi a Westfália em escala maior. Certas áreas dos Países Baixos, da Itália, Alemanha, Polônia e Ilíria não foram obrigadas a engolir o pacote de reformas francesas inteiro — na verdade, em certas regiões Napoleão favoreceu abertamente, em certa medida, os arranjos do Antigo Regime, ainda que apenas para obter mais depressa aquilo de que precisava. Mas, se nenhum país escapou de ser explorado, nenhum tampouco escapou de sofrer alguma reforma. Em 1809, quando a guerra recomeçou e a França ficou extremamente necessitada de soldados, subsídios e suprimentos, Napoleão viu-se obrigado a intimidar e ameaçar seus reis e chefes de departamento vassalos, os quais por sua vez, passaram a intimidar as populações sob sua autoridade. À medida que a resistência às imposições francesas crescia, suas autoridades ungidas eram punidas e reprimidas (ou subornadas e jogadas contra as elites locais); e se um prefeito de departamento ou rei hesitava, ou se queixava demais, era destituído, como aconteceu com o rei Luís Napoleão I da Holanda. A repressão certamente desiludiu muitos repressores, bem como quase todas as suas vítimas, com relação aos ideais franceses. O imperador supervisionava, praticamente microadministrava tudo. Reis, governadores e prefeitos de departamento eram representantes *dele*.

Um sistema de espólios digno dos reis guerreiros da Antigüidade caminhou assim de par com uma administração absolutamente moderna.[113] Na "face de Jano" de exploração e subordinação *versus* inovação e progresso,[114] o

Europa napoleônica
no início de 1812
França do Antigo Regime
Império Francês interno
Governado por Napoleão ou parentes
Satélites e aliados franceses
Inimigos de Napoleão
Neutros
N
W
E
S
NORUEGA
SUÉCIA
DINAMARCA
REINO UNIDO
Londres
Moscou
Smolensk
Beresina
Tilsit
Friedland
Eylau
PRÚSSIA
Berlim
WESTFÁLIA
Leipzig
Lutzen
Iena
Bautzen
Varsóvia
GRÃO-DUCADO DE VARSÓVIA
IMPÉRIO RUSSO
(ALIADO A NAPOLEÃO)
Bruxelas
Waterloo
Ligny
Laon
Paris
Champaubert
CONFEDERAÇÃO HELVÉTICA
CONFEDERAÇÃO DO RENO
Munique
Austerlitz
Wagram
Viena
Aspern/Essling
GRAND EMPIRE
Genebra
Lyon
Marengo
Marselha
Toulon
Mondovi
Gênova
REINO DA ITÁLIA
Rivoli
Mântua
Arcole
IMPÉRIO AUSTRÍACO
Moldávia
Valáquia
PORTUGAL
Lisboa
Madri
REINO DA ESPANHA
CÓRSEGA
Ajaccio
Florença
Roma
REINO DE NÁPOLES
Nápoles
IMPÉRIO OTOMANO
Gibraltar
Trafalgar
SARDENHA
Corfu
Ilhas Jônicas
SICÍLIA
Malta

rosto vil tornou-se o mais comum e esvaziou a maioria dos bolsões restantes de amizade aos franceses, embora em muitas regiões um teimoso estrato de opinião burguesa e colaboração pró-francesa (seja por interesse pessoal ou ideologia liberal) se agarrasse ao poder e à influência que o Império lhe concedera. Por outro lado, se houve um grave ressentimento social latente ao longo de todo o *Grand Empire*, ele raramente se inflamou; só ocorreu rebelião propriamente dita sob condições especiais na Calábria, na Espanha e no Tirol.[115] Não há dúvida de que os franceses perderam quase toda a boa vontade e o entusiasmo das populações que lhes estavam sujeitadas, mas surpresa seria o contrário. Formação de império e modernização raramente têm por base a boa vontade e o entusiasmo das populações subjugadas, ou mesmo (em geral) um consenso acerca da formação do império na metrópole.

O desaparecimento da boa vontade para com os franceses também não anulou todos os benefícios do "imperialismo cultural francês".[116] Esse foi o caso, em particular, em áreas (p.ex., Bélgica, a margem esquerda do Reno) ocupadas desde a década de 1790, mas ocorreu também em conquistas mais distantes e recentes como a Ilíria e a Dalmácia. A presença francesa tendia a expulsar o Antigo Regime.[117] Como um eminente jurista bávaro advertiu seu rei, se o Código Civil fosse importado da França, desencadearia um processo que acabaria demolindo a monarquia absoluta. O Código não foi importado.[118] Foi por isso que em potências belicosas como a Prússia, uma minoria de liberais teimou em admirar o imperador francês até o fim. Podemos ir mais longe, com Michael Broers, que observa que até desvantagens — como o recrutamento militar, a extorsão fiscal, os tributos cobrados em tempo de guerra e o policiamento — ajudaram no lançamento das bases de um Estado centralizado — idéia que é difícil admitir se nos concentrarmos unicamente no que a ocupação francesa teve de odioso.[119] Ninguém menos que a tão crítica Germaine de Staël reconheceu, ainda que pesarosamente, que "os povos [da Europa] teimaram em considerar [Napoleão] o defensor de seus direitos".[120]

Trata-se portanto de um paradoxo, pelo menos segundo as noções modernas de interesse próprio racional; não tanto, talvez, se considerarmos o mito que Napoleão Bonaparte encarnou e as imaginações que arrebatou em meio a vários estratos dos territórios "reunidos". Isso fica ainda mais patente se considerarmos o legado napoleônico de longo prazo nas terras do Império, tanto interior quanto exterior. É um legado que, por razões particulares, pode ser associado em cada caso a forças progressistas nas histórias de quase todos os Estados e nações que haviam conhecido a presença francesa. Causas reformistas e mesmo revolucionárias na Itália, na França e na Alemanha após 1815 foram conscientemente "napoleônicas", ao passo que os fascistas italianos, os franquistas espanhóis e os nazistas alemães foram hostis a esse mesmo legado. Quanto à Polônia, a luz tremulante projetada pelo Ducado de Varsóvia — gritando para o mundo que as partilhas anteriores não haviam sido definitivas — iluminou toda a história polonesa subseqüente, não só em matéria de leis e instituições, mas também no plano da imaginação popular. Até hoje, o hino nacional polonês fala de poloneses vivendo à altura de "nós e Napoleão".[121]

Para o biógrafo, a questão imponderável do motivo sempre se coloca no centro. Que pretendia Napoleão com seu *Grand Empire*? Segundo alguns ele não tinha grandes intenções a esse respeito ou a qualquer outro. Anatole France escreveu:

> O que o tornava tão eminentemente apto a dominar era que vivia apenas o momento, sem noção de coisa alguma salvo a realidade imediata e instantânea. Seu gênio era vasto mas raso. Seu intelecto, imenso em extensão, mas comum e vulgar, abarcava a humanidade sem se elevar acima dela. Pensava o que pensava qualquer granadeiro de seu exército, mas havia uma força incrível atrás de seu pensamento.[122]

Estas palavras soam verdadeiras, mas a verdade é que elas se aplicam a mais de um construtor de império. Alexandre ou César também não tinham planos de longo alcance, nem Carlos Magno introduziu muita coisa de original, afora as idéias então banais de "restauração do Ocidente" e do "império cristão" (*restoratio imperii*). Imediatamente antes ou durante a criação de um império, há pouco que indagar. "Quais são os motivos e planos do construtor?" Provavelmente ele não tem nenhum que transcenda ao momento; a missão é em si mesma demasiado inesperada, arrebatadora e ampla. Historicamente, "idéias grandiosas" sobre expansão territorial surgem *a posteriori* — como justificações que se desenvolvem e como meios para aperfeiçoar a organização ou aumentar a extorsão praticada pela metrópole. A expressão enigmática e conveniente de Anatole France, "uma força incrível atrás de seu pensamento" incorre portanto em petição de princípio. Não poderia essa "força incrível", uma vez livre para se aplicar à tarefa, ter concebido algumas idéias *ex post facto* interessantes, o bastante para dar o que pensar e sugerir muitas monografias a futuros acadêmicos?

O imperador escreveu a Jerônimo (15 de novembro de 1807): "Conto mais com os efeitos do Código Napoleão para a extensão e a consolidação de tua monarquia do que com os resultados das maiores vitórias [militares]." Pensava realmente assim? Manifestamente não, a julgar por suas ações imediatamente subseqüentes, mas não nos esqueçamos: essas ações foram em grande parte impostas pela guerra. Teria Napoleão estendido à Europa a abolição (parcial) do regime feudal e a igualdade civil e religiosa simplesmente no afã de assegurar a dominação francesa? Alguns, plausivelmente, pensam que sim.[123] Mas fazer essa pergunta equivale a perguntar até que ponto ele estava imbuído da retórica dos boletins do exército, que tanto inspiraram gerações futuras de poetas franceses (e outros). Como Geyl pergunta, as palavras que dirigia aos soldados "brotavam das profundezas de [sua] alma" ou eram "a técnica de um ator que domina seu ofício"? Ou seriam produtos "de uma disposição mental calculista voltada para fins estritamente práticos"?[124] Todas estas hipóteses podem, é claro, ser sensatamente defendidas, como vêm sendo há dois séculos.

O que parece inegável é que Napoleão não fazia distinção entre si mesmo e o Império. Há algo de De Gaulle nisso, mas "le grand Charles" manifestava em última instância respeito por formas e instituições (notavelmente, a República), e Napoleão não; é mais apropriado, portanto, compará-lo a César. César não se opunha à República Romana, incorporava-a, juntamente com suas campanhas, suas conquistas e suas coortes: elas eram todas formas de expressão da sua liberdade. De maneira semelhante, Napoleão, "com o tempo, passou a ver primeiro a França, depois o Império formal e por fim o *Grand Empire* como extensões de si mesmo, legitimadas pela força inelutável de seu destino".[125] À luz dessa identificação suprema entre Napoleão e sua criatura, a questão do motivo, há pouco formulada, dissolve-se em problemas de contingência diária (tropas, dinheiro, material etc.), pouco mais que isso.

Mas essa identificação, por sua vez, revelou possuir uma dinâmica, uma lógica própria. O poder e a glória — sobretudo a glória militar — passaram a habitar não apenas a psique do imperador, mas a dos que o apoiavam, até mesmo a de seus súditos, que tendiam a estar sempre, inconscientemente, a esperá-los. Depois que Tilsit começou a engolir e subjugar outros mitos, como o do reformador revolucionário, a ambivalência que perseguia o próprio Napoleão e os que o apoiavam — a face de Jano, se preferirmos — começou a dar lugar ao mito do herói conquistador; mais tarde, porém, com derrotas posteriores, a ambivalência retornará, como veremos.[126]

Espanha

Suponha um amontoado de fatos, alguns promovendo a sobrevivência, outros a destruição, suponha ainda que eles se sobrepõem no tempo, de modo que o espectador no litoral da história não consegue saber ao certo se a maré ainda está virando: mesmo assim, se ele for suficientemente observador, notará uma onda que se eleva sobre todas as outras, e uma que assinala o primeiro malogro em alcançar aquele nível.
J.M. THOMPSON[127]

De todos os ricos e fascinantes detalhes da "ferida" espanhola de Napoleão, há algo que convém nunca esquecer. De meados do século XVIII até o fim do século XIX, esse país esteve enredado num conflito social profundo e arraigado que, mesmo na ausência de estímulos externos, teria explodido em grave violência coletiva. Isto dito, a irrupção de Napoleão na cena espanhola piorou as coisas tão certamente quanto seu legado as melhorou.[128]

Lembremos que os reis Bourbon da Espanha, embora tivessem se apressado em se declarar inimigos ideológicos da Revolução Francesa, acabaram concordando em fazer aliança com o regime que executara seu primo Luís XVI. Batalhas perdidas e interesse próprio estimulado costumam ter esse efeito sobre governos. Mas o rei Carlos IV e seu principal ministro, Manuel Godoy, não pareciam aliados confiáveis para um líder tão ativista e exigente como Napoleão Bonaparte. Uma guerra com a Grã-Bretanha significava perigos especiais para o reino peninsular — por exemplo, a perda da frota espanhola em Trafalgar; portos bloqueados; o isolamento de suas vastas possessões (e riqueza) nas Américas. Só com relutância a Espanha satisfez as grandes exigências do seu aliado francês, impondo apenas um frouxo boicote a mercadorias britânicas. Em 1806 Godoy estava tão contrariado por marchar na batida acelerada do tambor francês que começou a sondar secretamente a possibilidade de apunhalar o aliado pelas costas — isto é, atacando-o através dos Pireneus, caso a Grande Armée fosse derrotada na Prússia. Acabou não o fazendo e, para seu grande azar, Napoleão, quando estava em Berlim, descobriu provas documentais da duplicidade espanhola. Godoy tentou então reafirmar servilmente a aliança da Espanha com a França (Tratado de Fontainebleau, 2 de outubro de 1807), e, como prova de sua boa vontade, permitiu ao general Junot cruzar a Ibéria com um exército francês a caminho de Portugal, para punir esse pequeno reino, então aliado à Grã-Bretanha. Junot ocupou Lisboa em dezembro de 1807. Seu ajuste de contas com a Espanha foi só uma questão de tempo.

A traição cometida por Godoy em 1806 só fez confirmar o persistente desprezo do imperador pelo que considerava um "regime degenerado, reacionário e supersticioso" — atitude secundada pela maior parte de seus súditos e até por muitos de seus inimigos jurados, os britânicos. Que esperar, pensava a liderança francesa "esclarecida", de uma terra de 10 milhões de habitantes que tinha 58.000 padres e 100.000 monges e frades, quase todos com ódio do Iluminismo, para não falar da França e da sua revolução?[129] Na verdade, o governo de Godoy não era dirigido por padres nem reacionário, mas estava nas mãos de homens corrompidos por seus interesses pessoais. Os preconceitos de Napoleão em relação à Espanha não tardaram a ser "confirmados" pela fragmentação do poder supremo no país. A monarquia Bourbon foi irremediavelmente dilacerada por uma implacável inimizade entre Carlos IV — um néscio senil com acessos de loucura ocasionais (e cuja rainha era amante de Godoy) — e um príncipe herdeiro imoral, Fernando, que tramou contra os pais a ponto de cogitar mandar envenená-los. Em 18 de março de 1808, Godoy foi capturado por uma quadrilha dirigida por agentes de Fernando e entregue a este, que o jogou na prisão. Diante disso Carlos IV abdicou e seu filho subiu ao trono como Fernando VII. Mas depois Carlos voltou atrás, quis retomar o trono, e ambos pediram apoio a Napoleão.

Seria muito tentador exagerar o desprezo de Napoleão pelas *dramatis personae* dessa farsa, ou, na verdade, até sofismar com isso. Godoy era um homem inteligente, que fora no passado um reformador esclarecido mas se perdera havia muito em intrigas e corrupção. Fernando não teve dificuldade em virar a opinião pública contra ele — e, em conseqüência, contra Carlos IV, a rainha e os franceses, seus aliados nominais. Por algum tempo, Napoleão brincou com a idéia de se aliar ao príncipe contra o rei; pensou até em casar Fernando (que era viúvo) com uma prima de Josefina, atraindo assim a Espanha para uma aliança dinástica mais estreita com a França. Nessa linha, pensou em ceder à Espanha parte de Portugal. Mas a corrupção monumental, a estupidez e a infidelidade dos Bourbon espanhóis acabaram por deixar o imperador francês inteiramente enojado, e a idéia de emprestar seu nome a Fernando passou a incomodá-lo ("era contrária a meus princípios, indigna de mim").[130] Inclinou-se assim a eliminar os Bourbon completamente; essa monarquia sobrevivera a seu tempo; ademais, sua tradições e predileções pró-inglesas representavam uma ameaça permanente à retaguarda do Império francês. Melhor entronizar um de seus irmãos na Espanha e reformá-la. O que acabou por decidir Napoleão — forçando-lhe a mão em certa medida — foi a grande e inesperada revolta do povo de Madri (e outras cidades), no *Dos Mayo*, em protesto contra a presença de tropas francesas e a remoção do "bem-amado" príncipe Fernando, que conseguira criar junto à população a imagem de "O Esperado".

Num encontro com todos os Bourbon em Bayonne (França), Napoleão os cobriu com uma torrente tão devastadora de insultos e ameaças que eles murcharam: o novo rei (Fernando VII) abdicou e seu pai (Carlos IV) transferiu os próprios direitos para Napoleão. No lugar deles, o imperador instalou um reticente José (Luís recusara a coroa espanhola por estar muito apegado a seus súditos holandeses). Até o vice-eleitor Talleyrand superou seu desagrado pelas políticas agressivas do imperador e justificou essa ação em nome das tradições e da glória da "Casa de França", como curiosamente se expressou.[131]

A substituição de uma dinastia reinante — nada menos que Borbón-Parma — de um importante país europeu por seu próprio aliado nominal foi um ato sem precedentes, o tipo de iniciativa "revolucionária" que comprometia irremediavelmente qualquer reputação de moderação que o imperador pudesse ter granjeado aos olhos dos demais monarcas. Representou também julgamento gravemente errôneo dos espanhóis, já que, se o governo reconhecera a abdicação dos príncipes e a nomeação de José, o povo não. Em vez de perceber o *Dos Mayo* como um sinal do que estava por vir, Napoleão pensou tratar-se de uma "simples" questão de agir com firmeza, como fizera na Vendéia francesa, área igualmente dominada por padres e "atrasada". O povo espanhol lhe agradeceria um dia, acreditava ele, seus netos o veriam como o regenerador de sua pátria. Até lá, havia uma mina de soldados, terras e impostos a explorar. Em suma, embora tão funesta, essa não foi uma decisão difícil.

Na noite de 2 de maio as tropas de Murat já haviam restaurado a ordem. *Don José Primero*, homem esclarecido e sensível, passou a fazer esforços sinceros para conquistar os corações e mentes dos espanhóis. A constituição imposta pelos franceses em Bayonne mostrava algum respeito por tradições locais — por exemplo, não esbulhava a Igreja nem abolia ordens religiosas, embora pusesse fim à Inquisição, ainda poderosa na Espanha. Apesar disso, a oposição popular cresceu e, em julho de 1808, uma força espanhola cercou a unidade do general Dupont em Baylen e o forçou a se render. Pela primeira vez um exército francês foi completamente derrotado — e sem nenhuma luta; era Ulm às avessas. A Europa ficou estarrecida, Napoleão, como que fulminado por um raio, e os britânicos despacharam mais tropas para a península. Um certo general Arthur Wellesley desembarcou na baía de Mondego em Portugal e derrotou Junot em Vimeiro (21 de agosto). A sorte da guerra oscilou por algum tempo, antes de propiciar aos franceses uma desconfortável "vitória". Os principais conselhos em Madri continuaram reconhecendo "*El Rey* José", dando aos franceses a grande vantagem do apoio formal do Estado espanhol. Murat conseguiu dominar a maior parte da Espanha (não toda), mas seus 118.000 homens não podiam estar em toda parte ao mesmo tempo num país daquele tamanho. Assim, em outubro, o próprio Napoleão chegou à península à frente de 170.000 homens, e esmagou os espanhóis em Burgos e Somosierra. José retornou a Madri, de onde fora expulso em junho, e o exército britânico retirou-se às pressas, evacuado em La Coruña pela Marinha Real (janeiro de 1809). O imperador francês correu então de volta à França — literalmente, galopando em seu corcel, seu estado-maior arrastando-se atrás dele —, onde negócios urgentes o esperavam.

Mas a intensa resistência espanhola, reforçada por tropas inglesas, tanto enfureceu o imperador que ele decidiu dar aos espanhóis um gostinho do jacobino que acreditavam ver nele. Pensava agora que só com uma demolição em regra das instituições espanholas seria possível modernizar esse país. Sob os protestos do rei José, Napoleão impôs uma nova constituição que esbulhava a Igreja, abolia as ordens monásticas e impunha o Código e a Concordata ao país. Depois das reformas moderadas, na verdade conservadoras, que o imperador impusera à Westfália e ao grão-ducado de Varsóvia, isso foi um retorno à aparentemente esquecida Revolução. Seu efeito foi simplificar o que já se transformara numa guerra social complexa e num combate contra "os estrangeiros", transformando-os numa cruzada religiosa contra o "Anticristo".

Apesar disso, no final de 1809, graças à superioridade militar francesa, a carnificina espanhola estava quase estancada; ninguém, nem os ingleses, pensava que a Espanha escaparia de se tornar um outro *Rheinbund*, um satélite napoleônico.

Mas... A resistência sobreviveu, até prosperou, pelo reino inteiro — em toda parte em que a soldadesca francesa *não estava*, isto é, num enorme número de lugares num país com o tamanho aproximado da antiga França. Revoltas de camponeses liderados por padres ou monges, aos gritos de "*Dios, rey y patria*" foram a espinha dorsal da resistência; é verdade que havia também conselhos provinciais cujos membros, burgueses liberais, defendiam reformas ainda mais radicais que as impostas pelos franceses. Além disso, todas essas forças tinham programas complexos; os *guerrilleros* liderados por monges, além de serem patriotas indignados com os franceses, alimentavam animosidades de caráter socioeconômico contra as classes fundiárias (e contra a Igreja, por seus dízimos).[132] Os *afrancesados*, como eram chamadas as forças pró-franceses, por sua vez, estavam longe de ser napoleonófilos arrebatados; representavam uma vasta gama da opinião pública e, em sua maioria, desejavam simplesmente restaurar a ordem e evitar a guerra civil.

No final de 1809, os franceses — embora sem perceber — estavam defrontando uma guerra contínua para recuperar e voltar a recuperar a Espanha. O que os derrotou foi a obstinação espanhola, mas sobretudo as dimensões da Espanha. Se a França napoleônica fosse um grande píton capaz de engolir bezerros, a Espanha era uma vaca inteiramente desenvolvida (a Rússia seria um elefante). Por mais soldados, às centenas de milhares, que o imperador despejasse naquele abismo nos cinco anos seguintes (as baixas francesas ali foram maiores que na Rússia), ou por mais *guerrilleros*, às dezenas de milhares, que massacrassem, a massa do campesinato espanhol não se curvaria à dominação francesa. "O Esperado" (Fernando VII), mantido em cativeiro na França, continuava sendo o rei dos espanhóis, o símbolo, a seus olhos, de sua independência nacional.

Não podemos dizer, portanto, que o famoso "realismo" de Napoleão lhe falhou, muito menos que tenha sucumbido e se reconvertido num ideólogo jacobino, ainda que tivesse sido capaz de representar esse papel quando isso lhe fora conveniente. O que aconteceu, de fato, foi que a Espanha surpreendeu à Europa e a si mesma, e a única pessoa a quem não deveria ter surpreendido era um certo jovem general Napoleone Buonaparte, que advertira em 1794 que não havia como vencer uma guerra em terra naquele país, em razão da revolta nacional que isso poderia suscitar. Mas esse jovem já não existia, pelo menos por ora.

A Guerra da Quinta Coalizão (1809)

Todas aquelas guerras..., eram escolha minha? Não se deveram elas, antes e sempre, à natureza e à força das coisas, à batalha entre o passado e o futuro, àquela permanente coalizão de nossos inimigos, que nos colocaram constantemente na obrigação de lutar, a fim de que não fôssemos derrotados?
NAPOLEÃO EM SANTA HELENA

No outono de 1808 o imperador francês partiu para Erfurt, no leste da Alemanha, para ali conferenciar, em meio a pompas reminiscentes da Pérsia antiga, com seu "irmão" monarca, Alexandre I. Napoleão o Grande tomou assento tendo à sua volta o Czar de Todas as Rússias e seus próprios reis fantoches,[133] como um xá em meio a seus sátrapas, a contar anedotas que começavam com "Quando eu era segundo-tenente da artilharia ..." (uma cena ímpar na história do mundo). Irritou-o sobremaneira ver que o czar se comportava como um seu igual, mas afinal o encontro se realizava a pedido dele, Napoleão: precisava que a Rússia lhe reafirmasse que, quando ele marchasse com seu exército para a Espanha — ou para qualquer outro lugar —, poderia contar com o apoio de seu aliado no leste depois que dali retirasse unidades da Grande Armée.

Mas não encontrou o grau de entusiasmo e de apoio que esperava. Furtivamente, Talleyrand, que o acompanhara a Erfurt, iniciou uma requintada traição — alguns diriam uma "boa ação" —, aconselhando secretamente Alexandre a resistir a Napoleão em nome do bem comum. De volta a Paris, o ex-ministro das Relações Exteriores se aproximou de Metternich, o embaixador austríaco, e disse-lhe que só uma "estreita união" entre a Rússia e a Áustria poderia "salvar o que resta da independência da Europa".

Para Viena, por sua vez, nada melhor que uma revolução diplomática que jogasse a Rússia para o seu lado, pois — no que revela a abjeção dos inimigos derrotados de Napoleão — até o apreensivo Francisco I chegara à terrível conclusão de que só a guerra, o *ultimo ratio regni*, devolveria à Àustria os domínios que perdera na Itália e na Alemanha e sua antiga posição na Europa. A corte Habsburgo era portanto, naquela época, um ninho de abutres. Comandada pela nova imperatriz Maria Ludovica[134] e o novo chanceler Johann Philipp von Stadion, ela incluía também os semblantes conhecidos de Stein (que Frederico Guilherme exonerara a contragosto, sob pressão de Napoleão), Pozzo di Burgo, Gentz, Madame de Staël e um bando de arquiduques Habsburgo. A derrubada dos Bourbon espanhóis fora para Viena um golpe quase tão grave quanto a notícia da execução de Luís XVI em 1793; ela permitiu a Stadion finalmente convencer Francisco de que o imperador francês não descansaria enquanto não derrubasse o Habsburgo também: "Ele quer tudo!"

Embora ferozmente disposta a avançar sozinha, Viena procurou aliados. Conseguiu poucos; se muitas potências se sentiam no dever de atender ao chamado, quase nenhuma desejou fazê-lo. Secretamente, a Prússia prometeu apoio, mas quando chegou a hora teve medo de fornecê-lo. A Grã-Bretanha ofereceu pequenos subsídios e acenou com a possibilidade de enviar uma força expedicionária à costa norte da Europa, que poderia monopolizar forças francesas. A potência que mais contava — a Rússia — ainda não estava disposta a abandonar a aliança firmada em Tilsit, por mais que só tivesse assinado (e cumprisse) o tratado com muita relutância. Em suma, a única verdadeira coalizão a se formar nessa chamada Guerra da Quinta Coalizão foi a que a França formou, contra a infeliz Áustria, com Estados alemães decisivos e a Itália.[135]

Em seu desespero e determinação, a Áustria tentou o novo e o perigoso. Após promover amplas reformas militares — introduzindo, por exemplo, as novidades francesas do recrutamento geral (nacional) e dividindo o exército em unidades autônomas —, adotou mais uma inovação francesa: atiçou afoitamente as brasas do espírito nacional alemão. Foi uma jogada radical para uma monarquia imperial e multinacional fundada no direito divino e dinástico, não na democracia. Apesar disso, o "Apelo à nação alemã" de Friedrich Schlegel foi oficialmente difundido no meio do exército e em toda parte, na esperança de converter uma guerra entre dois Estados numa luta patriótica de alemães contra franceses.[136]

Militarmente, a Áustria se esforçou o quanto pôde, armando mais soldados do que nunca em sua longa história de guerra — mais, na verdade, do que voltaria a fazer até 1866. Além disso, adotou a estratégia inusitada (para ela) de *l'audace*: atacar e surpreender os franceses simultaneamente em três teatros de operação diferentes, embora relacionados: Polônia, Itália e, sobretudo, Alemanha.[137] De fato, este se revelaria seu maior erro: fazer demais cedo demais. Se tivesse se concentrado unicamente no *front* alemão, poderia ter vencido a campanha, pois, como de costume, Napoleão, por mais que estivesse à vontade com a guerra, não estava pronto para lutar naquele exato momento — não quando a Espanha fervilhava em insurreições guerrilheiras, a Inglaterra se mantinha distante (embora determinada) e a Rússia se demonstrava um aliado duvidoso.

O imperador francês teve de dividir o Grande Exército, significativa parte do qual fora deixada na Espanha; formou a entidade chamada Exército da Alemanha, cujo comando assumiu em abril de 1809. Seu país e sua soldadesca resmungaram. O imperador gabara-se para Roederer: "Tive uma única paixão, uma única amante, a França. Durmo com ela e ela nunca me falhou, é prodigiosamente generosa com seu sangue, seu tesouro. Se eu precisasse de 500.000 homens ela me teria dado."[138] A realidade, contudo, foi que as elevadas taxas de recrutamento causaram alguns tumultos na França, embora apenas dois quintos dos 250.000 homens cujo comando Napoleão assumiria fossem franceses; os demais eram alemães, italianos, holandeses e poloneses. Dessa vez, de novo de modo inusitado, os franceses esperaram para ser atacados, pois essa era a única maneira de acionar o acordo defensivo feito com o czar em Erfurt. Cumprindo o prometido, Alexandre I declarou guerra à Áustria em 5 de maio, mas como estava movendo suas próprias guerras predatórias contra a Suécia e a Turquia, enviou apenas uma unidade simbólica para cooperar com os franceses na Polônia.

A Guerra da Quinta Coalizão foi qualificada de a primeira guerra moderna porque se caracterizou por certas inovações organizacionais e operacionais que associamos às guerras posteriores do século XIX: exércitos recrutados simétricos, de tamanho singularmente grande, dispostos em unidade organizadas, agindo sob comandos descentralizados em teatros diferentes, embora relacionados, manobrando ao longo de linhas de frente muito amplas. Mais que as guerras anteriores, foi uma guerra de magnitude e manobra, que teve como fator decisivo mais o atrito que batalhas intensas e dramáticas de um ou dois dias de duração. A vitória na campanha de 1809 foi, em grande medida, o resultado cumulativo da superioridade em ações táticas seqüenciais e contínuas lutadas ao longo de todo o Danúbio, bem como de ação similar na Polônia e na Itália.[139] Travaram-se batalhas pitorescas, mas menos decisivas que os grandes confrontos de Austerlitz, Iena ou Friedland.

Acima de tudo, os austríacos lutaram melhor porque tinham de fazê-lo.

Na campanha central, na Alemanha, Napoleão logo frustrou a iniciativa do arquiduque Carlos, manobrando melhor e empurrando seu exército para o norte do Danúbio. Após a vitória em Eckmühl (22 de abril), os franceses ocuparam Viena (13 de maio), onde o imperador não resistiu à chance de, mais uma vez, instalar-se no Schönbrunn.[140] Nove dias depois, porém, aconteceu o impensável: em Aspern e Essling, perto da capital, "o deus da guerra" sofreu uma espécie de derrota.[141] Em seus boletins, Napoleão jogou a culpa da retirada francesa sobre a cheia do Danúbio, mas na verdade as táticas superiores da infantaria austríaca haviam repelido seus ataques o dia todo, ao mesmo tempo em que a única ponte que os franceses tinham conseguido construir sobre o Danúbio foi destruída — o que permitiu aos austríacos aprisionarem metade do exército francês na ilha de Lobau. Se a batalha de Eylau fora um empate e a de Baylen a derrota de um general napoleônico, Aspern-Essling foi o artigo genuíno: a derrota pessoal de Napoleão no campo de batalha. Para acrescentar perda à injúria, o marechal Jean Lannes, um rude e velho jacobino, o mais próximo camarada de Napoleão e um de seus mais brilhantes comandantes, morreu de ferimentos recebidos em ação.[142]

De repente as coisas melhoraram. No teatro italiano, o vice-rei Eugène de Beauharnais conseguiu transformar em vitória uma quase derrota e conquistou seus galões como um comandante valoroso aos olhos do padrasto. Depois de expulsar os austríacos da Itália, chegou oportunamente e se juntou a Napoleão para a batalha final da campanha, no Danúbio. Wagram (5-6 de julho) foi disputada numa área maior e com exércitos maiores que qualquer batalha napoleônica anterior. Provou-se uma verdadeira hecatombe: os franceses sofreram o número atordoante de 37.568 baixas; os austríacos, 41.750. Ainda assim, Wagram não foi tão decisiva quanto Austerlitz ou Iena; o exército do arquiduque Carlos manteve-se lutando, e somente considerações diplomáticas levaram Viena a pedir a paz, pois o insucesso militar da Áustria não convencera a Prússia a entrar na guerra do seu lado.

O chanceler austríaco Stadion errara em sua conjectura de que o soberano francês pretendia derrubar a dinastia Habsburgo na Áustria; *naquele momento*, porém, na esteira de sua campanha vitoriosa, Napoleão de fato considerou por algum tempo a idéia de obrigar Francisco I a abdicar em favor de um dos seus irmãos (talvez o arquiduque Carlos). Quando, após a devida reflexão, os austríacos declararam preferir perder mais territórios a perder seu soberano, o imperador corso não se fez de rogado. Pelo Tratado de Schönbrunn, a Áustria perdeu Salzburgo e Inn-Viertel para a Baviera e cedeu parte de seu interior ocidental e províncias litorâneas para a França. Seus domínios na Polônia (Galícia) foram divididos entre o Ducado de Varsóvia e a Rússia. Como população, perdeu três e meio milhões dos 16 milhões de súditos que lhe restavam. No total, o império Habsburgo perdeu mais de um quarto de seu território e de sua população em quatro guerras napoleônicas. Por fim, o Estado Habsburgo foi obrigado a reduzir seu exército a 150.000 homens, declarar guerra à Inglaterra, ingressar no Sistema Continental francês e arcar com uma indenização de guerra esmagadora de 85 milhões de francos. Em suma, termos duros mas não catastróficos, menos implacáveis que os impostos à Prússia após Iena.

A Áustria tornou-se assim o mais estreito aliado da França, mas o que se tinha era uma caricatura da verdadeira parceria que Talleyrand sempre tivera em mente. A relação franco-austríaca após 1809 foi a aliança de um homem cruel e poderoso com um cavalo alquebrado, batido — um cavalo que aceita qualquer trégua que puder arrancar de um amo de quem anseia por se vingar. Nesse sentido, Talleyrand estava certo quando escreveu em suas memórias: "Cada triunfo adicional, inclusive Wagram, foi um obstáculo no caminho da consolidação do imperador [de seu reino]."[143] Napoleão perdera mais uma oportunidade — talvez a décima primeira, ou décima segunda desde que tomara o poder — de fazer uma paz verdadeira, ou pelo menos iniciar um verdadeiro processo de paz.[144]

Assim, Napoleão Bonaparte — o grande pacificador doméstico da fragmentada França do Diretório — não se dispôs aos mesmos sacrifícios nem buscou o mesmo autodomínio no nível internacional, onde teria precisado reprimir a mão ou conter seu ímpeto de "triunfo vingativo"[145] sobre os rebeldes espanhóis, os Habsburgo, os ingleses e o papa (como veremos). Mais tarde, não reduziu significativamente a assombrosa indenização de guerra imposta à Prússia, embora mantê-la fosse impelir Frederico Guilherme ao extremo de buscar vingança. Não se esforçou por manter a Rússia feliz, abstendo-se de expandir o Ducado de Varsóvia. O Estado fantoche polonês recebeu grande parte da Galícia, e passou de três para cinco milhões de habitantes — o que só ajudou a *entourage* e o governo do czar a conseguirem finalmente convencê-lo a romper sua aliança com Napoleão. Rumiantsev, o ministro das Relações Exteriores russo, declarou que desejava que a França escolhesse entre a aliança com a Rússia e com a Polônia. De certo modo, foi o que a França fez: escolheu a Polônia. Mas, logo após Wagram, a Rússia ainda não ousava se mexer. Como Napoleão confidenciou a Savary: "Não nos enganemos; eles todos marcaram um encontro no meu túmulo, mas ninguém quer ser realmente o primeiro a chegar lá."

Em suma, intransigência de um lado a outro do tabuleiro diplomático, enquanto o soberano francês "dava rédeas soltas a seu temperamento ... Podemos ter certeza de que ele compreendia, pois compreendia tudo, mas olhava para outro lado, e, para falar sem rodeios, não tinha disposição".[146] O que era invisível nos mapas da Europa constantemente redesenhados, assim como nas maneiras obsequiosas dos soberanos, embaixadores e bajuladores em Erfurt, era a maré sempre montante de ressentimento entre os inimigos de Napoleão e não poucos de seus aliados.

A ira perante a subjugação e a arrogância francesas começou nessa altura a provocar reações fortes — tanto mais fortes (e estranhas), talvez, por se inspirarem nas tradições revolucionárias francesas. Em Essling, por exemplo, consta que várias unidades austríacas chegaram a tocar o hino revolucionário "A Marselhesa", que andava esquecido até pelo exército francês. É impossível saber se os austríacos fizeram isso como um ato de provocação ou porque acreditavam ser sua vez de fazer uma guerra de libertação contra o despotismo, mas a execução do hino deve certamente ter provocado alguma hesitação em alguns dos antigos jacobinos entre os soldados franceses, inclusive talvez no próprio Lannes, se ele o ouviu.[147] Além disso, a região alpina do Tirol — cedida pela Áustria à Baviera em 1806 — inflamou-se numa grande revolta camponesa em meados de 1809, tanto contra os bávaros quanto contra seus aliados franceses. Foram necessários seis meses de brutal repressão para sufocá-la, embora o duro marechal Lefebvre tenha se mostrado à altura da missão.

Em 12 de outubro, em Viena, o rancor popular atingiu, quase literalmente, o próprio Napoleão. Numa revista militar, um jovem de 18 anos chamado Frederick Staps foi detido quando se aproximava da imperial pessoa; quando o revistaram, descobriram que levava consigo uma grande e afiada faca de cozinha.[148] Staps foi interrogado, inclusive pelo imperador em pessoa, que ouviu que a intenção do rapaz fora lhe perguntar se iria fazer mais guerras; se tivesse respondido "sim" (ou ignorado a pergunta), o rapaz o mataria no ato. O imperador prontificou-se a perdoar Staps se ele admitisse seu erro, mas o jovem declinou: "Matá-lo não é um crime, é um dever." Se sua vida fosse poupada, acrescentou, tentaria novamente matar o fomentador de guerras cuja presença estava acabando com os homens e os equipamentos da "Alemanha".

Napoleão ficou perturbado com a calma e a sinceridade do rapaz, com sua dedicação implacável ao tiranicídio. Encarregou um agente secreto altamente graduado de interrogá-lo e acompanhou pessoalmente todo o caso. Os achados posteriores o desconcertaram, pois logo veio à tona que Staps fora um grande admirador de Napoleão. O garoto estivera no meio dos que gritavam "*Vive l'Empereur!*" em Erfurt. Além do mais, era saxão — cidadão de um reino estreitamente aliado à França, que obtivera enormes benefícios materiais graças às guerras francesas. Mas nada disso importava para Staps, como tampouco lhe importavam as reformas e o Iluminismo francês — que aliás respeitava. Queria simplesmente os franceses fora da "Alemanha", como a chamava, e que as guerras cessassem. Com suas respostas claras, seu imperturbável sangue-frio e sua absoluta inocência, Frederick Staps era comparável a Joana d'Arc enfrentando o bispo Cauchon; era comparável a Luciano "Brutus" Bonaparte interpelando o clube jacobino de Marselha, ou a um outro filho paolista de Carlo Buonaparte.

O rapaz foi julgado e executado por espionagem, não por tentativa de assassinato, pois Napoleão não queria divulgar que um patriota "alemão" quisera atentar contra sua vida. Perguntou depois como o rapaz morrera; impenitente, foi a resposta. Staps morrera aliviado pela notícia de que a paz finalmente chegara para sua amada terra natal; morrera gritando "Viva a liberdade! Viva a Alemanha! Morte ao tirano!" O espectro do rapaz morto passou a assombrar o imperador francês — muitos de seus colaboradores (Rapp, Champagny etc.) concordam quanto a isso. Ele escreveu a Fouché, instruindo-o a apresentar Staps na França como um *fou* (louco), não como um patriota. Acelerou a paz de Schönbrunn, assinando o tratado no próprio dia (14 de outubro) em que Staps morreu. Além disso, aproximou-se mais da Áustria — o projeto defendido por Talleyrand. Passou também a se preocupar cada vez mais com sua própria fragilidade; dentro em pouco decidiria divorciar-se de Josefina e contrair matrimônio com uma princesa austríaca (leia-se alemã) para gerar um herdeiro.[149] Pena que Luciano Bonaparte não estivesse por perto para aconselhá-lo; ele, mais que ninguém, poderia ter exorcizado o fantasma de Staps do espírito anuviado do irmão.

Embora tenha feito Napoleão hesitar, o episódio Staps não justifica generalizações amplas sobre "nacionalismo irredentista" na *Mitteleuropa* de 1809. A disseminação austríaca do "Apelo" de Schlegel não funcionou porque o nacionalismo que ele esperava mobilizar ainda não existia amplamente. Se Fichte e

Jahn, dois escritores e porta-vozes nacionalistas que viviam na Prússia, tivessem podido ler "O diário de um soldado de infantaria de Napoleão" de um certo Jakob Walter, ou as cartas que Theodor August von Baldinger mandava para casa, talvez tivessem desistido de escrever, desalentados.[150] O diarista é um soldado do exército de Napoleão oriundo de Württenberg e von Baldinger é um oficial do exército bávaro, aliado à França. Os dois homens são indiferentes ao desfecho de suas respectivas campanhas (1809 e 1812); não se percebe neles o menor vestígio de solidariedade alemã, seja em relação à Áustria (que é de todo modo o adversário de Walter), seja em relação a seu próprio Estado ou a qualquer outro Estado alemão. Mas é possível que Schlegel, Fichte e Jahn compreendessem isso, e que exatamente por isso estivessem escrevendo propaganda: no intuito de despertar consciências, não de descrever a realidade.[151]

No conjunto, o amplo ressentimento existente não era sentimento nacional, mas um guisado de elementos conhecidos: cansaço da guerra, da presença e dos impostos franceses; algum ressentimento social em meio à nobreza ou aos notáveis locais (muitas vezes associados aos franceses); ardor católico ferido pelas reformas religiosas francesas; lealdade a uma dinastia reinante.[152] Em que pese Staps, o que existia era sobretudo o simples ardor comunitário de diferentes Estados alemães (entre os quais a Saxônia), que pendiam para o lado de Napoleão (não da Áustria), babando com os ganhos que anteviam na vitória do "deus da guerra". Os soberanos da época, até mesmo a francofóbica imperatriz Maria Ludovica, condenavam as revoltas camponesas (assim como, é claro, o tiranicídio), e sentiam-se ameaçados pelo "nacionalismo popular", com suas fortes conotações democráticas. Afinal, uma revolta "amistosa", como a que ocorreu no Tirol (1809), podia se voltar — e se voltou — tão facilmente contra a Áustria como contra os suseranos bávaros ou franceses.[153]

No fim das contas, eram só Napoleão e os "napoleônidas" (o conjunto de soberanos da sua família que ele criou) que cortejavam o "discurso nacional" e levantes democráticos impunemente; eram só eles que os conheciam de longa data, que tinham experiência com eles. Foi o que fizeram Luís, Jerônimo e José, mas o campeão foi o rei Joaquim I em Nápoles. Murat acabara por se embriagar com suas experiências no governo da Polônia, onde fora saudado como um libertador nacional, e na Espanha, onde viu em primeira mão o poder do patriotismo antifrancês. Assim, a partir de 1808, identificou afoitamente seu governo em Nápoles, ao lado de Carolina, com o ideal italiano de autogoverno, chegando a promover não apenas os patriotas maçons (anticlericais), mas até os carbonários, uma seita secreta de revolucionários que lutavam pela unidade e o governo autônomo da Itália.

O papa e o imperador

Nemo contra Deum nisi Deus ipse.
(Quem pode contra Deus senão Deus?)[154]

Uma faceta singular da história européia, que a distingue da história de outros continentes, é a presença de um terceiro fator na conhecida dialética entre governos e povos. Enquanto na Ásia e Oriente Médio as instituições religiosas são fundamentalmente elementos, para não dizer criaturas, do Estado (poderiam mesmo *ser* o Estado), no Ocidente um terceiro parceiro emerge para adensar a mistura: a chamada Igreja católica, com sua chefia na cidade de Roma, centrada naquele extraordinário ministério que é o Sumo Pontífice, ou papa. Embora papas e governantes nunca cessassem de concordar acerca da necessidade das "duas espadas" (a temporal ou secular e a religiosa) para se trabalhar em harmonia em benefício de "todas as almas", a verdade era que com freqüência não era isso que acontecia, e os longos anais do papado e do governo secular registram abundantes casos de lutas selvagens entre reis, imperadores e parlamentos por um lado, e bispos, papas e por vezes apenas leigos obstinadamente crentes, como Thomas More, por outro. A cada conflito, Roma exercia um tipo de autoridade notavelmente diferente do poder do Estado, mas que muitas vezes, com o tempo, se revelava não menos eficaz que a força, pois influenciava o próprio povo que o Estado pensava possuir.

O período de concórdia entre Pio VII e Napoleão Bonaparte foi intenso — o papa ficou (e permaneceu) profundamente impressionado com as qualidades desse leigo, e grato a ele por ter restaurado a religião no principal teatro de operações da Igreja na Europa que era a França — mas breve.[155] Logo após a coroação, o papa Pio VII — ou pelo menos seu Colégio de Cardeais — começou a deplorar que Roma tivesse deixado de extrair ganhos concretos de Napoleão em troca de sua inestimável e valiosa bênção. Os ganhos cobiçados eram tanto temporais — a devolução das terras do centro da Itália chamadas "Legações" ao governo papal — quanto espirituais: a rescisão dos Artigos Orgânicos que permitiam ao governo francês exercer um controle quase completo sobre a Igreja francesa (ou galicana, como era chamada), independentemente da autoridade papal.

O imperador francês sentiu-se livre para ignorar as plangentes queixas do papa — a Igreja concordatária que seu regime instituíra na França era tão subserviente à espada temporal quanto qualquer político teria desejado. O apoio dos bispos e padres ao "novo Ciro" * era praticamente sem fissuras, estendendo-se

* Rei persa que permitiu aos judeus retornarem para a Palestina e reconstruir seu templo (538 a.C.).

até a práticas religiosas tão heterodoxas como a celebração da festa (em 15 de agosto) de "são Napoleão" — uma figura dos tempos romanos com grande componente mítico — e o uso do novo catecismo imperial (1806), que lançava mão da autoridade espiritual para bajular o poder leigo.[156] Como o de outros países em guerra, o clero do Império, que recuperara sua posição no alto da pirâmide do protocolo, era patriótico; suas homilias e cartas oficiais continham ênfases semelhantes às dos cruzados, instando o povo a aceitar o recrutamento militar em defesa da "santa causa".

Nada disso era visto com bons olhos por Roma, que nunca ratificou nem o catecismo nem o dia santo. É preciso dizer ainda que Roma também nunca admitiu os decretos imperiais que asseguravam ao protestantismo e ao judaísmo um reconhecimento igual ao recebido pelo catolicismo. Ainda tolerava, em certas circunstâncias, que bebês judeus fossem batizados à revelia dos pais e tomados deles — apesar do escândalo que essas práticas geravam. A resistência católica a Napoleão não se restringia de maneira alguma a nobres questões verbais.

Nada disso, porém, teria gerado uma ruptura entre a Igreja e a França. Algo mais era necessário e surgiu alguns meses mais tarde, quando Napoleão pediu à Santa Sé que fechasse seus portos ao comércio britânico — na verdade, que entrasse na guerra do lado dos franceses. Erroneamente, imaginou que o papa ansiava por uma vitória aliada sobre a França. Mas o papa-monge baixote, de ombros caídos, com sua basta cabeleira e seus olhos grandes e cavados, não admitia a idéia de tomar partido num conflito temporal. "Somos o Vigário de um Deus da paz", escreveu a Napoleão, "o que significa paz com todos, sem distinção."[157]

A posição do imperador, cristalizada nas instruções que Talleyrand deu ao embaixador francês em Roma, cardeal Fesch, era que o papa, embora supremo em matérias espirituais, era um príncipe temporal na Itália, e, como tal, "parte do Império" — isto é, do império de Carlos Magno, agora Império Francês.[158] A estratégia francesa consistiu em elaborar uma noção ampla do "temporal" em detrimento do "espiritual". A posição do papa, por outro lado, era que certas decisões "políticas" — por exemplo, atos de guerra — tinham impacto tão direto sobre o papel e a autoridade espirituais da Santa Sé que os ameaçavam claramente, permitindo assim — na verdade exigindo — uma resposta propriamente religiosa. Por conseguinte, o papa deixou de investir os clérigos que Napoleão nomeava para dioceses vacantes na Itália e logo também na França. O imperador ordenou a ocupação dos Estados Papais fora de Roma e retirou seu tio embaixador da corte papal; afinal, qualquer cardeal, até o confiável velho tio Fesch, poderia ser tentado a servir a dois senhores. Substituiu Fesch por um diplomata profissional, Charles Alquier. Regicida da Convenção e tarimbado servidor da Coroa, ele certamente se mostraria confiável, não? Bem, não; o improvável aconteceu: após menos de dois anos no exercício da nova função, foi preciso remover Alquier, pois, aos olhos de Paris, ele estava parecendo simpático ao pontífice. A "expressão impetuosa, os olhos cintilantes e as palavras vigorosas" do papa Pio convenceram o embaixador francês de que seu próprio governo jamais venceria a disputa que estava se configurando.[159]

O conflito entre o papa e o imperador exacerbou-se. Em meados de 1809 Napoleão ordenou ao general Miollis que ocupasse a Cidade Eterna. Pio não se deixou intimidar e não alterou sua posição; recusou-se a reconhecer a hegemonia de Napoleão e a investir seus bispos. Além disso, com a bula *Quum memoranda*, Pio excomungou todos que tivessem participado de sua expropriação. Com isso, foi muito além do que muitos cardeais da cúria pontifícia julgavam prudente,[160] mas era o próprio papa que estava conduzindo a política da Igreja (em parte porque a França o forçara a exonerar seus ministros mais competentes). A bula provocou a prisão de Pio VII pelo general Etienne Radet, que agiu sem ordens oficiais, imaginando estar cumprindo os desejos de seu soberano. (Mais tarde Radet escreveu: "No instante em que vi o papa, vi-me mais uma vez na minha primeira comunhão")[161] Essa atitude acabou criando um problema para Napoleão. Ao ser informado do ato de Radet, Napoleão o condenou, afirmando que era o cardeal Pacca, o secretário de Estado papal, que queria ver preso, não o papa, mas que o que estava feito estava feito. O Santo Padre foi removido para a cidadezinha de Savona, no norte da Itália, onde se instalou confortavelmente no palácio do bispo local. Em 1810 um decreto imperial encerrou por completo a soberania temporal do papa e anexou as terras papais à França. Roma passou a ser a "segunda cidade" do Império (a terceira era Amsterdã).

Historicamente, nada disso tinha algo de muito extraordinário. Soberanos haviam sido excomungados por papas desde a Idade Média, o que às vezes surtira efeito, outras não, e revidavam, em geral com eficácia. O predecessor do papa (Pio VI) morrera no cativeiro francês pouco antes de Bonaparte assumir o poder. Na Europa pós-revolucionária, não se atribuía mais à excomunhão a força política que ela tivera outrora — muito menos agora, quando Pio não tinha nenhum meio de promulgar sua bula "à cidade e ao mundo". Não deixava, porém, de ser um ato temerário para o soberano de um país católico — o chamado "restaurador" da religião — expor-se assim à condenação espiritual pelo Vigário de Cristo; pior ainda ficariam as coisas se o soberano desse a impressão de estar perseguindo um venerável ancião. A batalha que estava tomando forma era um batalha de percepção e imagem, mas percepção enraizada na realidade da perseguição e do sofrimento.

A estratégia de Napoleão foi manter o papa preso até que cedesse. (A ausência de bispos propriamente investidos estava provocando uma confusão interna crescente na França, com a vida religiosa corporativa de cerca de 30 dioceses paralisada.) A propaganda francesa apresentava Pio como um soberano político que lutava por terras e vantagens, usando para tanto de meios indevidos (religiosos). Nessa leitura, tratava-se de uma disputa prosaica entre dois líderes políticos, não de um conflito épico entre "os dois reinos" (espiritual e temporal). Pio nada teria, portanto, de um Thomas Beckett ou de um Thomas More, não passava de um rival que brandia a espada espiritual para fins temporais.

Aparentemente, a argumentação imperial não era uma caricatura dos fatos, pois Pio realmente só emitira a bula após perder seus territórios. O papa, é claro, sustentava resolutamente que essas terras asseguravam a independência espiritual da Igreja, mas argumentos contra essa conhecida posição abundavam no século XVIII, e os franceses não estavam sendo em absoluto extremistas, apenas liberais e modernos em sua insistência em que o papado não precisava de domínios temporais para fazer suas boas obras. A credibilidade de Pio tampouco foi ajudada pelo fato de que, até recentemente, a Europa, e também um bom número de cardeais romanos, se mostrara impressionada com seu entusiasmo por Napoleão, não por sua oposição a ele.[162] Para impor seu ponto de vista, o papa teria de ter procedido de outra maneira, lançando mão de argumentos espirituais, e não políticos — ou talvez não discutindo coisa alguma, mas sofrendo.

A expectativa de Napoleão de que, seqüestrando o papa, conseguiria lhe quebrar a vontade, frustrou-se. *Pio Sette* era um homem profundamente espiritual, que até agora só pecara na condução de seu ofício papal — sobretudo em seu próprio coração, cheio de remorsos — por *falta* de astúcia e senso político. Percebia que fora vítima da própria credulidade, que quase entregara seu poder a um soberano em quem erroneamente depositara seu respeito e confiança. Agora feito prisioneiro, privado de conselheiros, de recursos e até de suas roupas, Pio não podia se dar ao luxo de formular uma estratégia; sabia apenas que ceder naquele momento seria trair sua idéia da Igreja e da fé, e que portanto devia se manter firme. O que lhe ajudava a aceitar as circunstâncias do momento era o fato de ter sido monge e de ter conservado o gosto pela simplicidade, a disciplina e — não menos — a penitência monástica.

Em Savona, o papa estabeleceu gentilmente — quase humildemente — relações amigáveis com o prefeito nomeado por Napoleão (Chabrol); manifestava gratidão por qualquer serviço ou sinal de respeito que lhe era prestado e não demonstrava nenhuma ira ou ressentimento em relação ao soberano que o perseguia. Leu a história do papa Leão o Grande, canonizado por salvar Roma do "flagelo de Deus" (Átila o Huno), e queixou-se de sua própria inépcia se comparado ao santo. Em seu coração, porém, Pio estava muito menos sereno do que seu comportamento indicava.[163]

Quanto a Napoleão, à medida que foi se sentindo mais provocado, a meta de sua política em relação à Igreja evoluiu. Abandonou suas idéias conciliatórias da época da Concordata, retornando às idéias juvenis que mantivera na resposta a Roustam: a religião como criatura de *l'Etat*. A instituição católica do bispado não bastava mais para o imperador; agora ele queria transferir a sede da Igreja católica para Paris. Em 1810, com esse intuito, ordenou que os arquivos da Santa Sé, bem como o Sacro Colégio, fossem levados para a capital francesa.

Descreveu sua meta como representando a "mera" realização do "galicanismo" de Luís XIV, política que afirmava que a Igreja francesa devia ser sua própria bússola em todas as matérias que não fossem puramente doutrinárias. Assim expressa, a política parecia tolerável — até desejável — para a grande maioria dos bispos e do clero da França, que, notavelmente, tomaram o partido de Napoleão nos primeiros anos do conflito com Roma — com base no pouco que sabiam a respeito, porque o tópico era tabu na imprensa controlada — assim como, no tempo de Luís, os bispos haviam tomado o partido da Coroa.

Mas um punhado de clérigos esclarecidos, embora relutantes, tinha passado a temer que os verdadeiros objetivos de Napoleão estivessem mais próximos de um cisma à maneira de Henrique VIII — isto é, que ele pretendesse uma reforma da Igreja francesa para torná-la completamente nacional. Os mais clarividentes compreendiam que algo até maior que isso estava em jogo. Henrique Tudor se contentara em ser meramente o chefe da Igreja da Inglaterra; não pretendera dirigir a Igreja católica, para reduzir o Servo dos Servos de Deus a um servo do Estado real inglês. O verdadeiro precedente para as intenções de Napoleão, eles temiam, era o imperador romano Constantino, que, no século IV, "cristianizara" a Roma pagã e, em troca, passara a dominar os papas e a Igreja. Mas o que fora possível no século IV, na infância do catolicismo, tornara-se havia muito, com a instauração de um papado independente, impensável. O próprio Napoleão, quando recorrera à Santa Sé para remover os bispos do Antigo Regime, contribuíra mais que ninguém para realçar a autoridade papal. Se agora tentasse destruí-la, iriam seus bispos, mesmo os mais tíbios, segui-lo?

LIVRO IV

L'Etendart sanglant est levé

E enquanto o barco ligeiro crescia
Em estatura, graça e cor
À distância sombria e silente,
Crescia o Iceberg também.

THOMAS HARDY,
"The Convergence of the Twain"

XII
O grande desfecho (1810-12)

Não precisamos banalizar a vida dissociando natureza e destino e separando nossa adversidade de nossa fortuna.
HUGO VON HOFMANNSTHAL

Preamar: divórcio, segundo casamento, herdeiro

Nada poderia ter sido mais condizente com o casamento de Josefina e Napoleão do que a dignidade com que ela o deixou. O mesmo poderia ser dito de seu imperial consorte, que resistiu a esse passo por muitos anos. Seja o que mais tenha sido, seja que acordo político o tenha ditado, o divórcio foi também o sacrifício de um casal que se amava, ainda que tivesse problemas, no altar da *raison d'Etat*. Passados 13 anos da cerimônia simples realizada na sala do intendente, na rue d'Antin, seguida pelo incrível *faste* da coroação em Notre-Dame, eles se sentaram lado a lado nas Tulherias, num dia triste de dezembro de 1809, e leram suas declarações previamente redigidas. Josefina previra havia muito a chegada desse dia — todos a tinham previsto; ela compreendia tacitamente que o imperador precisava de um herdeiro, portanto de se casar de novo. Em retribuição à sua nobre aceitação do inevitável, foi-lhe permitido conservar Malmaison, o título de imperatriz e enormes subsídios. A amizade entre ela e Napoleão, temperada por esse sacrifício, durou até sua morte.[1]

Esse divórcio de um casal "católico" provocou naturalmente algum constrangimento. Em condições normais, o Vaticano teria gentilmente anulado o casamento, como anulara o de uma boa dúzia de monarcas franceses ao longo dos séculos (e também o de Jerônimo Bonaparte em 1805). Mas aqueles não eram tempos normais. Na impossibilidade de pedir um favor a seu "hóspede" em Savona, o imperador recorreu às autoridades eclesiásticas francesas, que dissolveram obedientemente a união.[2] De maneira característica, Pio não criou caso por isso, quando um homem menos magnânimo, vendo-se naquela penosa situação, teria se agarrado aos menores pretextos para atingir seu atormentador. Se o papa tivesse criado algum empecilho para o divórcio, o rápido e sujo acordo feito logo em seguida com a Casa de Habsburgo não poderia ter sido concluído. (O que afligiu o pontífice, mais que qualquer outra coisa, foi a subserviência das autoridades da Igreja francesa a Napoleão.)

A necessidade em que se via Napoleão I de gerar um filho e herdeiro de sua própria carne era antiga. O passar dos anos não elevara José, Luís, Jerônimo, Murat ou mesmo Eugène na opinião geral; suas atuações como reis e vice-reis não haviam convencido ninguém, menos ainda seu imperial patrocinador, de que eram os verdadeiros herdeiros de um pai imortal, capazes de se impor como seu sucessor. A necessidade de "um ventre", como Sua Majestade deselegantemente se expressava, era patente. Napoleão sondou junto ao czar a possibilidade de obter a mão de uma de suas irmãs. Por si mesmo, o Romanov teria cedido Ana ou Catarina ao "aliado", ainda que as relações franco-russas tivessem passado de medíocres a ruins desde Tilsit, mas reinava um completo desacordo entre ele e sua capital no que dizia respeito à aliança francesa. Assim, São Petersburgo tergiversou, e pouco depois a família imperial russa casou a mais velha das duas arquiduquesas com um parente, o duque de Oldenburg, príncipe do noroeste da Alemanha. Napoleão já estava se acostumando com o papel de "pretendente desapontado" em sua relação com o czar.

Ele não demorou "farejar" esse desfecho e, no desejo de dar o troco aos russos por sua hipocrisia política, passou muito tempo matutando sobre a proposta de uma aliança com a Casa de Habsburgo que Metternich lhe fizera. Seus conselheiros inclinavam-se por essa opção, e provavelmente Napoleão também, pois vira uma pintura de Maria Luísa e ela lhe parecera atraente. No final de janeiro de 1810 a questão foi decidida, para aborrecimento do czar, que contava ter o gosto de frustrar os planos de Napoleão. No dia 2 de abril, a cerimônia formal foi celebrada na catedral de Notre-Dame — talvez Josefina devesse ter levado o noivo ao altar, mas o fato é que a união da filha de Francisco I com o ex-general jacobino já se consumara.

É difícil desprezar a importância desse casamento de Napoleão com "Louise", como ele passou a chamar a nova esposa; o assombro que provocou foi tão grande quanto o causado pela coroação, seis anos antes. Seqüestrar e executar um Bourbon (Enghien), destronar outro (Espanha), e em seguida se casar com uma Habsburgo é um disparate que poucos contadores de história se atreveriam a inventar. Além de conter elementos de pacificação ideológica — um "filho da Revolução" casa-se com a sobrinha de Maria Antonieta, tornando-se assim "sobrinho" de Luís XVI —, a união fornecia à França (pelo menos ao que parecia) um aliado estável entre as grandes potências.*

Para bem ou para mal, dependendo do ponto de vista que se adote, isso deu um herdeiro ao singular fundador da nova dinastia, e se não a elevou acima de toda a incerteza, sem dúvida reforçou notavelmente sua difusa legitimidade. O dia do batismo de Napoleão Carlos, o rei de Roma,[3] 9 de junho de 1811, foi mais um apogeu do Império Francês e a fundação da "paz", tal como Napoleão a apreciava: como o triunfo de sua vontade — e antecipando a guerra (contra a Rússia). Em memórias escritas muito depois do colapso do Império Francês, Metternich nos assegura que já no final de 1809, acreditava que "Napoleão ultrapassara os limites do possível". E continua: "Previa que ele e seus empreendimentos não escapariam à ruína súbita." Vaticínio *a posteriori* é o pecado dos escritores de memórias. A verdade é que o casamento Habsburgo e o rei de Roma foram crias do ministro das Relações Exteriores austríaco, tanto quanto do casal imperial, e certamente *na época* deram ao príncipe Metternich a sensação de estar contribuindo para a estabilidade e a paz.

Do final de 1809 a meados de 1812, Napoleão residiu na França, sobretudo em Paris. Não há dúvida de que a presença da nova esposa, fresca como um ramo de *edelweiss* na primavera, com quem ele se dava bem (especialmente na cama), e do filho não o predispunha a se ausentar. Os dois o rejuvenesciam. Se o Estado que estava formando pode ser comparado a uma obra de arte — como, segundo o grande historiador suíço Jakob Burckhardt, todos os Estados devem ser —, a chegada de Maria Luísa e de Napoleão Carlos terminou de instalar uma fachada barroca *à la* Ancien Régime sobre uma estrutura neoclássica revolucionária. Assim, os anos 1810-11 foram marcados pelo reforço da censura e a redução tanto do número de jornais autorizados como da duração do mandato do Corpo Legislativo; a trilogia revolucionária, "liberdade, fraternidade, igualdade" foi removida do friso do Hôtel de Ville e os empregados domésticos foram obrigados a manter uma caderneta para o registro de seus empregos. Por fim, a Holanda foi anexada, o que provocou a ruptura permanente entre Napoleão e Luís (este último desapareceu da cena imperial tão completamente quanto o fizera Luciano).[4] A essa altura o *entourage* de

* Um eminente historiador de Cambridge escreve: "Foi como se Adolph Hitler tivesse vencido a Segunda Guerra Mundial e depois pedido a mão da filha de Jorge VI. Na verdade, sendo solteiro, Hitler estaria mais desembaraçado que Napoleão, que primeiro teve de se divorciar de Josefina." Timothy Blanning, *Times Literary Supplement*, 18 de maio de 2001, 30.

trabalho do imperador ganhou uma coloração ligeiramente diferente, com rebentos mais jovens da "antiga" aristocracia — Pasquier, Molé, Caulaincourt etc. — alçando-se a posições de poder à medida que "revolucionários" mais velhos iam saindo de cena.[5]

Um destes últimos foi Joseph Fouché, substituído na Polícia pelo general Savary. Fouché tinha fama de possuir tanto autodomínio, ou "fleuma", como ele dizia, quanto o próprio imperador, e sua autoconfiança chegava às raias da arrogância. Destacava-se entre todos os demais colaboradores de Napoleão, exceto Talleyrand, por constituir uma entidade política de grande independência, com conexões em todos os níveis, até entre os aristocratas do *faubourg* Saint-Germain. Napoleão tinha a impressão de conhecer Fouché pelo que era, e o valorizava. Durante a crise do desembarque inglês na Holanda (1809), Fouché se mostrou, mais do que Cambacérès, à altura da ocasião: convocou a Guarda Nacional e enviou um exército para enfrentar o inimigo. Napoleão o recompensou com o ducado de Otranto (na Itália). Mas em seguida, à sua maneira característica, Fouché tentou abocanhar *demasiada* autoridade (p.ex., assumir o Ministério do Interior, então vacante). Mais tarde, sem conhecimento do soberano, ampliou o que os britânicos tomaram por uma sondagem com intenções de paz. Foi o bastante para que recebesse uma rude descompostura e fosse exonerado por Napoleão, embora, como fizera com Talleyrand, ele lhe tenha permitido continuar no Senado e conservar seu título, além de lhe dar um novo cargo (governador da Ilíria). Com o *factotum* Savary na Polícia, a vida ficou mais simples; o imperador não precisou mais manter uma agência de espionagem para vigiar seu ministro da Polícia, que por sua vez deixou de espionar o imperador. Foi dito que o Ministério da Polícia se converteu de uma instituição do Estado numa instituição do monarca, ao mesmo tempo em que a liberdade se via excluída da esfera pública e relegada à privada.

Alguns vêem "megalomania" na boa vontade com que o Napoleão pós-1809 passou a aceitar monumentos em sua homenagem, quando antes os recusava, embora seja igualmente plausível dizer que agora acreditava já ter se provado merecedor da "petrificação" marmórea. Inegavelmente, o casamento austríaco despertou seu gosto pelo consumo conspícuo, por mais e mais do melhor e do maior, mas, como sempre, seu interesse por obras públicas era igualmente motivado por um desejo de fazer encomendas e dar empregos em tempos economicamente difíceis. Megalomania entremeada com pragmatismo e parcimônia, portanto.[6]

Além disso, como se observou, o "barroco à *la* Ancien Régime" era só a fachada, não o próprio prédio. Napoleão repetia que *ele era a Revolução*, querendo dizer que nele a Revolução conservava o essencial, e se liberais discordavam dessa pretensão, a grande maioria dos franceses a aceitava. Na região da Champagne, por exemplo, pesquisas recentes constataram que o Império gozou de mais apoio explícito e tácito que qualquer outro regime até a Terceira República, porque sua força permitira aos proprietários sentirem-se seguros de suas novas aquisições e de sua aceitação social, protegidos contra um retorno do Antigo Regime e, o que era igualmente importante, contra a ameaça representada pelo número crescente de trabalhadores famintos e desempregados nas cidades.[7] De maneira semelhante, nas cidades portuárias do norte, assoladas pela guerra econômica entre a Grã-Bretanha e a França, seria de esperar que a burguesia comercial tivesse se voltado contra Napoleão, mas aconteceu o contrário: os comerciantes de Rouen permaneceram partidários leais e entusiásticos do imperador até 1812.[8]

Quando seu filho nasceu, Napoleão exclamou: "Agora começa o melhor período de meu reinado"; talvez não concordemos com ele, mas a maioria de seus súditos concordou. É pois inteligente mas enganoso dizer, com H.G. Wells, que Napoleão "poderia ter sido pai de um novo mundo [mas] preferiu ser genro de um velho".[9] Na terra do vinho espumante, ou pelo menos na cidade de Joana d'Arc, o imperador garantiu o novo e o estável, e, com o nascimento de seu herdeiro, talvez seu regime tenha convencido as pessoas de que ele representava "a verdadeira paz, a paz universal, como só a paz da própria França pode ser".[10]

Mas a França (mais ou menos) em paz consigo mesma não era a França em paz com a Europa. No final de 1810 a maior parte da Espanha estava ocupada, mas não subjugada, e aí residia o problema. Um punhado de marechais de importância decisiva (que, reconhecidamente, não admitiam trabalhar juntos) e um quarto de milhão de homens não conseguiam resolver a maldita situação, nem manter José no trono de maneira efetiva e plausível.[11] O imperador deveria ter voltado à Espanha depois da campanha austríaca, como disse que faria, mas não fez. O labor ou o ardor o mantiveram em Paris e ele não partiu para a Ibéria. Preferiu enviar Masséna com 70.000 homens, mas "o *enfant gaté* da vitória" não conseguiu expulsar Wellington de Portugal, nem, portanto, eliminar a base de operações inglesa na Ibéria.

Clausewitz escreve: "As imagens e percepções físicas que temos quando estamos em ação são mais vívidas que as impressões que adquirimos de antemão por meio de reflexão madura ... Por isso, corremos o risco de sacrificar a reflexão madura a primeiras impressões." Mas na Espanha o problema de Napoleão foi o inverso: ele continuou prisioneiro de "impressões adquiridas de antemão" sobre o país, não prestou atenção ao que os dois últimos anos lhe deveriam ter ensinado. Uma vitória completa ali em 1810 teria liberado 300.000 de seus homens para outros fins, e se isso talvez não tivesse feito uma diferença decisiva na campanha de 1812 contra o "general Inverno", como dizia Napoleão, poderia certamente, antes disso, ter demovido o czar da idéia de entrar em guerra.

Apesar de tudo, a Espanha foi a exceção que confirmou uma regra aparentemente mais feliz — o domínio de Napoleão sobre seu Império. Por volta dessa época, alguém perguntou a Madame Mère, também conhecida como Letizia Buonaparte, famosa por seu espírito sardônico, o que achava de um dos seus filhos ser rei-imperador e a maioria dos outros cabeças coroadas. "É ótimo", respondeu ela, "contanto que dure." O Império Francês era como um paciente rico submetido a cirurgias inovadoras, brilhantes e aparentemente bem-sucedidas — inclusive uma plástica do nariz. Só o tempo pode confirmar o sucesso. Os importantes eventos de 1810-11 — o casamento Habsburgo e o nascimento do rei de Roma — pareceram trazer essa confirmação. Os partidários de uma aliança franco-austríaca, a começar por Metternich e Talleyrand, tiveram razões para comemorar; o conde de Lille, razões para chorar; os britânicos, para ranger os dentes; o papa, para suspirar profundamente; e Joseph de Maistre, o maior teórico contra-revolucionário, para se esforçar por discernir algum bem em meio a todo aquele mal.

> *Bonaparte diz que é o enviado de Deus.*
> *Nada é mais verdadeiro. Ele vem direto do céu,*
> *como um raio ... É um instrumento notável*
> *e terrível nas mãos da Providência.*
>
> JOSEPH DE MAISTRE[12]

A crise de 1810-11

Desde Tilsit, em parte graças a uma seqüência de boas colheitas, o Império fora abençoado com uma prosperidade econômica geral, apesar do bloqueio britânico. Mas — revelando o quanto a saúde econômica era algo de precário na época — uma outra crise cíclica, iniciada no final de 1810, pôs novamente tudo em questão.[13] A deterioração começou com desordens monetárias, depois passou para o setor comercial, com o colapso de bancos franceses logo após o de bancos anglo-renanos. Em seguida atingiu o florescente setor industrial francês, onde os problemas foram especulação, mercados internos vacilantes, superprodução e desemprego.

Por fim ocorreu o mais grave, uma vez que a agricultura equivalia a 75% do PNB francês: uma sucessão de tempestades súbitas e períodos de calor e seca dizimaram as safras de 1811 e 1812. Em seguida a guerra recomeçou para valer, e com ela as inesperadas catástrofes militares de 1812-15. Tudo isso combinado liquidou qualquer esperança que se tivesse de salvar o Império da crise; a depressão desaguou no estuário mais largo que engoliu o regime em Waterloo. O desastre militar-político, no entanto, não deveria nos fazer esquecer que a crise de 1810-11, *per se*, teria sido superada — na verdade, as coisas já estavam melhorando em 1812 —, nem desconsiderar a enorme prosperidade, o desenvolvimento econômico e o progresso tecnológico que haviam sido alcançados durante o Império.

É inegável, porém, que a crise de 1810-11 afligiu a França napoleônica e a Europa muito severamente, mesmo regiões e setores antes prósperos. Como ator nessa crise econômica, o imperador mais reagiu do que agiu. De fato, é notável o quanto o em geral ativo Napoleão deu ouvidos a conselheiros "liberais" como Mollien, e interveio o mais das vezes para atenuar os efeitos dos problemas, não para atacar-lhes as causas. Assim, empreendeu amplas obras públicas, fez encomendas estatais maciças a certas indústrias (não só de artigos de luxo), concedeu empréstimos a um número muito pequeno de outras, e distribuiu sopa aos famintos. Por outro lado, concedeu também, à maneira de Colbert, um ou outro subsídio industrial com recursos de seu *domaine extraordinaire*, e não hesitou em controlar os preços dos grãos, como praticamente qualquer chefe de Estado francês teria feito nessa situação, por mais impropérios que essa prática lhe tenha valido da parte dos defensores ortodoxos do livre-comércio.

Mais que tudo, porém, Napoleão intensificou a vigilância policial, pois um ou outro motim irrompeu nas maiores cidades do Império, e cartazes ameaçadores apareciam aqui e ali.[14] Os anos 1812-15 foram sem dúvida marcados por maior resistência a novos recrutamentos e por taxas mais elevadas de deserção militar. Ademais, às vezes tudo isso se combinava na forma de clamores por pão e paz por cidadãos rebeldes. Apesar disso, considerando-se que a crise de 1810-11 foi a pior até então enfrentada pelo regime, a reação política desencadeada foi impressionantemente pequena, mais ainda se lembrarmos os hábitos presumivelmente inculcados pela Revolução Francesa na população. No porto atlântico de Caen, seis pessoas, inclusive duas mulheres e um garoto, foram executados por um pelotão de fuzilamento em 1812 por saquearem depósitos de grãos, mas o povo não viu sua causa como política e, de todo modo, o episódio só teve inicialmente repercussão local. A polícia registrava com muito mais freqüência a *tristesse* popular que algum genuíno sentimento anti-regime.

Para enfrentar problemas mais duradouros, Napoleão teria sido obrigado a relaxar o bloqueio e moderar a avidez econômica francesa no âmbito da Europa, mas, embora tenha emitido as licenças de comércio (só para comerciantes franceses) para fazer caixa, não alterou mais nada no Sistema Continental, exceto para enrijecer a quarentena contra os britânicos. Nas circunstâncias dessa crise recalcitrante, é possível que a lembrança de que, em 1805-6, a guerra resolvera a crise deflacionária em Paris tenha dado ao imperador maior disposição para se lançar à campanha russa. Considerações financeiras certamente reforçaram sua resistência a reduzir de maneira considerável as reparações prussianas.[15]

O bloqueio (II)

Em 1809-10, após seu auspicioso início em 1806-8, a quarentena comercial a que a França impôs à Grã-Bretanha estava perdendo força, à medida que os setores industrial e financeiro da Ilhas iam se adaptando a essa forma severa de uma velha batalha econômica entre elas e a maior potência continental. A produção britânica já estava mais de 20% maior do que fora em 1808. Napoleão teve de decidir se endurecia seu *blocus* e o transformava num instrumento mais puramente militar, ou se levava adiante a antiga (pré-napoleônica) política de exaurir a moeda britânica vendendo para as Ilhas e não comprando delas.

De maneira típica, o imperador tentou fazer as duas coisas ao mesmo tempo, e parece não ter percebido nenhuma contradição particular nisso. Suas cartas não sugerem em absoluto que tenha *jamais* acalentado a idéia — tão óbvia para um conquistador sedento de sangue — de tirar proveito das quebras de safra britânicas para deixar as ilhas esfaimadas e forçá-las a se render. Viu nelas, ao contrário, uma oportunidade enviada pelos céus: os britânicos estavam sob a tortura da inflação, a libra esterlina em queda livre, e os plantadores de trigo franceses ávidos por vender. Aproveitou assim a oportunidade para fazer uma matança — apenas metafórica. De maneira semelhante, a tarifa Trianon (1810) permitiu a importação de certas mercadorias coloniais britânicas, embora a taxas assombrosas — o chamado terror alfandegário.[16] Graças a caras licenças de comércio especialmente concedidas — assinadas por ele, uma por uma —, Napoleão permitiu a certas empresas francesas vender para a Inglaterra. Os britânicos tornaram-se assim (de novo), tacitamente, um importante parceiro comercial da França, enquanto o imperador abrandava a crise econômica de seu país (de 1810-11) e conseguia atender melhor sua necessidade de recursos para a guerra. Por um lado, isso foi "notavelmente astuto", como observa Georges Lefebvre, mas por outro foi contraditório, pois, na medida em que permitiu o comércio anglo-francês, Napoleão reduziu a pressão sobre a Inglaterra e com isso, nas palavras de um contemporâneo, "destruiu a própria obra".[17]

Mas não inteiramente. Ao mesmo tempo em que assinava as licenças, Napoleão apertava a interdição ao comércio anglo-continental (neutro). Em meados de 1810, com os bancos britânicos encalacrados, Napoleão retomou decisivamente a ofensiva e endureceu a quarentena com o decreto de Fontainebleau, cuja rígida imposição foi proclamada na Europa controlada pela França e exigida dos aliados — Rússia, Prússia e Áustria. Importações britânicas ilegais foram queimadas em praças de cidades portuárias; montanhas de produtos cuja falta era dolorosamente sentida, como açúcar, café, chá, anil e têxteis foram destruídos pelas chamas sob o olhar pesaroso da população. Napoleão investiu de novo contra frotas mercantes neutras, embora de maneira mais hábil. Dessa vez, ele, que anteriormente (decretos de Bayonne e Rambouillet de 1808) entrara em conflito com os Estados Unidos por embargar seu comércio com a Inglaterra, conseguiu, com considerável ajuda dos próprios britânicos, envenenar de tal maneira as relações anglo-americanas que os dois países entraram em guerra. Napoleão teve o gostinho de ver "a grande jovem democracia" aliar-se *de fato* à França imperial em sua guerra de morte contra a parlamentar Grã-Bretanha.

A guerra anglo-americana é um útil lembrete de duas facetas desse conflito que tiveram enormes conseqüências entre a Inglaterra e a França. O modo como a Europa percebia a posição da Inglaterra com relação à França só começou a mudar em 1812-15, quando a guerra entre eles intensificou-se e a severidade da política napoleônica tornou óbvio para as potências neutras que o imperador francês "pretendia lutar enquanto restasse um só europeu".[18] Nessa altura, a política francesa começou a se demonstrar mais penosa para todos os envolvidos do que a superioridade marítima e naval britânica. Em 1812, Napoleão chegou perto de alcançar seu objetivo de jogar a Grã-Bretanha no caos econômico e social. Em certos setores, a dinâmica mas vulnerável da economia britânica foi severamente castigada; houve tumultos, insurreições ("luddismo") e o assassinato de um primeiro-ministro (Perceval). A Grã-Bretanha reagiu expandindo seu comércio oceânico e suas transações financeiras com potências não-européias.

A França, porém, e com maior intensidade o restante da Europa foram mais afetados que a Grã-Bretanha por essa guerra econômica. Duas coisas estavam escapando a Napoleão e seus conselheiros: primeiro, o grau em que o continente europeu continuava gostando, quase dependendo de mercadorias britânicas. Afinal, muitos europeus, inclusive a própria família de Napoleão, não se dispunham a abrir mão de café, temperos e corantes em obediência à política de Sua Majestade. "Vosso bloqueio não bloqueia", escreveu um economista suíço pró-inglês.[19] O comércio legal e ilegal florescia; os mais respeitáveis banqueiros, comerciantes, industriais e cortesãos do Império estavam mergulhados em fraudes até o pescoço.

Mais grave ainda, Napoleão mal chegava a apreciar ou compreender adequadamente a *natureza* da superioridade britânica como gigante financeiro, comercial e industrial.[20] Os franceses viam o capitalismo britânico como um "mundo fantasmagórico de antagonistas hobbesianos, a colidir em implacáveis lutas para avançar e dominar internamente, enquanto se empenham cruelmente em submeter o globo aos valores protestantes, ao direito consuetudinário e à língua inglesa".[21] Zombavam da Grã-Bretanha, descrevendo-a como uma nação de lojistas desprovidos do sentido do bem comum e movidos por interesses pessoais, como o cenário de uma guerra de todos contra todos.[22] Napoleão descreveu seu próprio sistema "como a batalha de um homem contra uma enorme coalizão, liderada pela Grã-Bretanha, dos gananciosos e dos traiçoeiros e seus cúmplices" (i.e., os muitos europeus que negociavam com contrabando).[23]

A verdade, porém, era que o sistema econômico britânico simplesmente funcionava melhor que o francês. O governo de Sua Majestade conseguia operar um milagre financeiro que permitia à ilha ter *tanto* as melhores armas de fogo *quanto* a melhor manteiga. O crédito público e a organização financeira da Grã-Bretanha lhe permitiam manter sua economia em funcionamento e ao mesmo tempo levar a "cavalaria de São Jorge" (o nome que se dava aos subsídios que os britânicos concediam aos aliados) a praticamente toda parte em tempo de salvar a situação. Em suma, a mão invisível de Adam Smith, ao mesmo tempo em que mantinha suas lojas abertas, soldava o espírito dos lojistas numa unidade funcional. Graças a esses desafios, a Grã-Bretanha emergiu muito mais forte das guerras de 1792-1815, como seu desempenho econômico do século XX o demonstraria. A defasagem entre ela e a França só aumentaria.

Em comparação, o sistema de crédito do império de Napoleão, simbolizado pelo pomposo mas semi-impotente Banco da França, era arcaico; as finanças conservadoras do país mal se sustentavam sob o (reconhecidamente extravagante) esforço de guerra, e só sobreviviam graças a subsídios e reparações extorquidos de potências satélites ou conquistadas. Nem o vibrante setor industrial do Império foi capaz de satisfazer os mercados continentais que passou a ter como clientela cativa quando o comércio britânico foi excluído. Basicamente, contudo, a França napoleônica sobreviveu à custa de uma economia agrária conservadora movida por produtores tão cansados da competição revolucionária quanto dos golpes e das mudanças revolucionários. Na época do Império, eles estavam mais "interessados em liberdade de aquisição do que em liberdade de produção, seduzidos pelo retorno dos valores tradicionais que lhes dariam 'segurança'. Ansiavam por uma longa pausa."[24]

Mas, por mais verdadeiro que isto seja de nosso ponto de vista distante, o fato, como Crouzet observa, é que na época tudo dependia de contingências imprevisíveis.[25] Se Napoleão houvesse retornado vitorioso de Moscou, é bem possível que a Grã-Bretanha tivesse falido, e nesse caso estaríamos agora fazendo generalizações bem diferentes.

O sonho napoleônico: economia política como ciência econômica nacional

Napoleão ainda via o Estado como um fim em si mesmo, e a sociedade burguesa como um provedor de recursos, um subordinado a quem era negada qualquer vontade própria.
KARL MARX[26]

No final de 1813, com a guerra se voltando contra a França e se aproximando do fim, surgiu o costume (que persistiria) de atribuir a Napoleão *todas as culpas e todos os defeitos*, inclusive o de ser perdulário. Isso é inexato e injusto. O regime imperial leva a pior se comparado a um breve período no final do século XVIII — aproximadamente a década de 1870 —, em que a França experimentou uma quase liberdade comercial que, por sua vez, gerou uma desenfreada expansão comercial e a levou à franca competição com a Inglaterra. A despeito de tudo que se possa dizer sobre esse momento liberal — e alguns setores exponenciais do capitalismo e da tecnologia emergentes da França mostraram-se então tão capazes quanto desejosos de competir com "les Anglais" —, teria sido difícil para os franceses levar esse jogo adiante, mesmo que a guerra não tivesse travado os jogadores. Os riscos e a ansiedade que o *laissez-faire* acarretava eram profundamente incompatíveis com elementos poderosos da indústria francesa, para não falar do problema que a falta de carvão representava para os franceses. A prova é que depois que a paz se estabeleceu, em 1815, o livre-comércio continuou sendo a rara exceção na história francesa até o Segundo Império. Para bem ou para mal, o momento liberal foi estrangulado pela Revolução, que descarrilou a economia. O Império pode ser visto, portanto (para trocar de metáfora), como uma espécie de ilha histórica de notável prosperidade e desenvolvimento, impelida, a barlavento, pela súbita monção dos Anos I e II, e, a sotavento, pelo desastre militar pós-1812. Em si mesmo, o Império confirmou o destino de muitas instituições e hábitos econômicos antiquados, prenunciando a aurora de estruturas de crédito e industriais que deram à França uma orientação econômica inteiramente diferente e puseram o país em boa posição para o século XIX.[27]

É verdade que poucos soberanos ou conjunturas históricas tiveram mais peso sobre a economia de uma época do que Napoleão e suas guerras tiveram sobre as economias francesa e européia, mas é também verdade que poucos líderes políticos de *qualquer* período deixaram de considerar o Estado um fim em si mesmo, ou de ver os cidadãos (em particular os burgueses ou nobres) como provedores de recursos. Assim também, poucos capitalistas vêem no povo mais que trabalhadores e consumidores; e poucos clérigos os vêem como mais que almas. Se líderes políticos raramente se mostram atores econômicos atentos ou informados, é porque, afinal de contas, não é esse o seu papel.

O primeiro imperador dos franceses era o chefe de um Estado basicamente ainda em formação, e em guerra, e — dadas a própria formação e inclinação dele e as preferências e limitações dos fabricantes, agricultores, comerciantes e banqueiros sobre os quais reinava — várias coisas são dignas de nota: o imperador não tinha nenhum compromisso com as grandes teorias econômicas concorrentes da época (mercantilismo, fisiocracia e *laissez-faire*), embora as conhecesse bem e admirasse com reservas a mais nova e prestigiosa delas (o *laissez-faire*). Karl Marx, homem de idéias profundas sobre muitas coisas, estava errado na afirmação que usamos como epígrafe: o imperador se dispunha, dentro dos canais estreitos em que era obrigado a navegar, a estimular os empresários franceses e a lhes permitir ter vontade própria e tanta liberdade quanto muitos deles realmente desejavam naquelas circunstâncias.

Até 1803, Napoleão teria certamente podido tolerar algum grau de liberdade comercial, mas com o reinício da guerra anglo-francesa e depois da destruição da frota francesa em Trafalgar, ele se fechou resolutamente, a si mesmo e a seus reinos, ao livre-comércio e apostou no desenvolvimento industrial. O que surgiu então foi o conhecido Napoleão-camaleão ou Napoleão-pragmático, que sintetizou elementos de todas as teorias econômicas correntes no intuito de dar à França certo tipo de sucesso econômico, *apesar de tudo*: protetor dos trabalhadores, dos camponeses e do pleno emprego; opositor do conflito de classes; fundador da indústria e do crédito (o franco e o banco); integrador de mercados e padrões; arrecadador de direitos alfandegários e tarifas; financista da guerra etc. À medida que as exigências da guerra aumentavam, especialmente após 1812, Napoleão foi além de um paternalismo de Estado francês genérico, passando a uma imposição autoritária de fortes pré-condições ao exercício de *toda* atividade econômica, subordinando-a a objetivos políticos e circunstâncias militares. Apesar disso, mesmo nos piores momentos, o controle estatal de guerra que ele exerceu sobre a economia foi menos invasivo que o do Ano II (1793-94). Mas se o Consulado e o Império foram sobretudo regimes de tempo de guerra, as prioridades militares, embora urgentes, não eram *necessariamente estruturais* nem pretendidas como permanentes.

Em grande medida, ao defender um grau considerável de autoridade estatal sobre a economia e de interferência estatal nela, Napoleão não estava sendo particularmente napoleônico, mas meramente francês. Seu Estado, no papel de pedagogo, dirigia e enaltecia instituições como a Ecole Polytechnique, que produzia engenheiros que se tornavam funcionários remunerados — encarnações técnicas da soberania do Estado, a serviço do interesse geral, desempenhando ao mesmo tempo papéis decisivos nos negócios privados. O *know-how* tecnocrático oficial (e também a arrogância) acompanhou o crescimento econômico na França, embora não tenha levado à substituição da tomada de decisão econômica privada por normas e estruturas oficiais. A "tecnocracia" foi (e ainda é) uma característica da paisagem econômica francesa, mas convém não esquecer: ela constituiu um avanço em relação ao Antigo Regime, em que não só as altas finanças como o direito, o exército, a Igreja e o governo haviam sido, todos eles, propriedade da nobreza. O Império pelo menos subordinou a administração financeira a uma burocracia de *Estado* cujos membros eram recrutados em todas as classes e deixava em última instância que os agentes econômicos tomassem as próprias decisões.

Poderíamos portanto lançar mão de um paradoxo para sintetizar Napoleão como ator econômico: "protecionista liberal".[28] Ou melhor, poderíamos seguir a preferência de Francis Démier, a escola "nacional" de economia política francesa — uma abordagem muito conhecida durante todo o século e meio seguinte, até a era contemporânea, quando a França se tornou parte da União Européia. Os economistas "nacionais" franceses incluíram uma variedade bastante ampla de pensadores (Hauterive, Chaptal etc.) essencialmente pragmatistas, trabalhando com a estrutura de um Estado (a França), a cuja prosperidade econômica eram devotados. Admiravam Adam Smith e se consideravam adeptos do livre-comércio, mas viviam, e tinham consciência disso, num mundo em que a Grã-Bretanha avultava e era preciso rivalizar com ela — o que só o Estado poderia fazer. A sociedade econômica "livre" devia instalar-se primeiramente no ambiente "nacional" controlado e depois ramificar-se.

O que em última análise tornava a visão (na realidade, o sonho) napoleônica da economia política "nacional", do modo como entendemos o termo neste livro, não era, em que pese a Démier, o quadro geopolítico do Estado nacional francês — pois a visão napoleônica tinha por foco o continente inteiro —, mas a idéia subjacente, que o imperador partilhava com Jean-Baptiste Say e tantos outros economistas da época: o ideal de um desenvolvimento econômico não sujeito à política (*la politique*), embora sendo, é claro, uma expressão do político (*le politique*).

A aposta econômica napoleônica não foi perdida, foi prematuramente decepada pela derrota militar. Esses desastres garantiram ao imperador a oposição histórica e as críticas dos defensores ortodoxos do livre-comércio. A dicotomia — Napoleão *versus* livre-comércio —, no entanto, só emergiu *após* as derrotas, nas lembranças e memórias dos principais atores.[29] *Na época*, muitos defensores ortodoxos do livre-comércio serviram ao Consulado e até ao Império, e, mesmo mais tarde, suas queixas foram em grande parte políticas, não econômicas — p.ex., a restauração do catolicismo ou o retorno da antiga nobreza, a venda da Louisiana, a incapacidade do regime de reconstruir sua frota.[30]

Julgar as idéias de Napoleão sobre economia apenas pelo mercantilismo *de fato*[31] que ele foi obrigado a promover, numa situação e num período de extremo constrangimento, é estreitar indevidamente nossa visão do homem. Após ter-se desenvolvido por trás de suas barreiras comerciais — i.e., em meados do século XIX — também a própria França pôde ingressar num acordo de livre-comércio com a Grã-Bretanha. Não há absolutamente nada de casual no fato de esse tratado (o Acordo de Livre-Comércio Cobden-Chevalier) ter sido assinado em 1860, durante o Segundo Império francês, e de seu patrocinador imperial, Napoleão III, ter invocado então as idéias e a herança do tio.

A proposta de paz de 1812

Quando Napoleão pensava sobre a Europa após 1807 — e ele dificilmente voltava seus olhos em outra direção naqueles dias —, seu olhar invariavelmente se amesquinhava. Vemos pouco da imaginação que ergueu os blocos consulares ou as colunas imperiais — até daquela que resultou no casamento Habsburgo. O que vemos é sobretudo uma decisão feroz, implacável e previsível de endurecer o Sistema Continental contra a Inglaterra. Com base nas realizações do Grande Consulado na França, considerou-se que Napoleão tinha "princípios" para a Europa, além das necessidades prementes de confisco e recrutamento. O Império havia sido antes objeto de reformas importantes e de uma espécie de integração, mas tudo segundo o interesse da França; não houve nada de solidariedade, nenhum plano emergente de paridade e paz. Em vez disso, com o tempo, Napoleão passou a se preocupar cada vez mais *unicamente* com confisco e domínio — e com o endurecimento do Sistema Continental.

Em poucas palavras, a aversão do imperador francês por política agora abarcava tanto a arena interna quanto a externa; ele encarava outros soberanos como se fossem chefes de facções e partidos que se rebelassem e tramassem contra o governo "legítimo" — o "Imperador dos Franceses" —, atrapalhando-lhe os planos e perturbando a paz de seu espírito. Ao governar por reação, oferecendo ao mesmo tempo tão poucas idéias novas à Europa, Napoleão assemelhava-se a outras cabeças coroadas que desprezava e suplantava de muito intelectualmente. Como elas, considerava que governo era uma questão de rivalidade, hábito e tradição dinástica. O fato de ele ser infinitamente melhor que os outros no jogo da auto-exaltação só mudava a escala.

O resultado desse exercício de coerção ou agressão autorizada onde se desejavam colaboração e liderança gerou teimosia, ingratidão e desobediência nos satélites e aliados da França. Isso era de esperar na Espanha ou na Prússia, talvez, mas Tilsit deveria ter sido aquela grande exceção entre os tratados napoleônicos: um pacto de magnanimidade, que considerou o vencido não um dependente completo, mas em alguns sentidos um igual e aliado. Com base em cartas posteriores ao czar, indagamo-nos se Napoleão não chegou quase a se deixar enganar pelos seus sentimentos, não correspondidos, que nutria por Alexandre: "Vossa Majestade mostrou uma falta de perseverança, de confiança, e (se posso dizê-lo) de sinceridade."[32] Apesar da má (ou fraca) fé de Alexandre em sua conexão francesa, os anos desde 1807 ainda poderiam ter redimido a carnificina de Eylau e Friedland. A ponte Alexandre III, que cruza o Sena na Esplanade des Invalides, poderia ter sido batizada em homenagem ao bisavô epônimo desse czar.[33]

Tendo dito isto, porém, sejamos claros: para manter a aliança russa sobre as areias movediças da personalidade indolente, sentimental e solipsística de Alexandre, suas políticas e ministros cambiáveis[34] e suas promessas não cumpridas, Napoleão teria de ter feito um esforço hercúleo. O único traço constante das relações franco-russas após 1807 foi a invariável pressão exercida sobre Alexandre pelos reacionários de seu meio — homens e mulheres que persistiam obstinadamente em ver a política do soberano francês, contra todas as evidências, como "jacobinismo organizado". Em contraposição, o partido francês reformista na corte de Alexandre, liderado por Michael Speransky, nunca teve uma chance de aprovar um novo código legal ou uma legislação mais justa para os judeus, muito menos de libertar os servos. Um czar era um autocrata, a cuja vontade, dizia-se, os russos se curvavam sem um murmúrio, mas havia uma tradição na terra do sol da meia-noite: czares que iam longe demais eram mortos. Alexandre podia exibir grandes ganhos territoriais obtidos com a aquiescência da França no Danúbio e na Finlândia. De fato, podia afirmar ter realizado os sonhos de Pedro o Grande e Catarina a Grande.[35] Mas isso não impediu que Speransky, embora seu amigo pessoal, fosse exilado.

Dois interesses antagônicos contrabalançavam esses ganhos geopolíticos para a Rússia: primeiro, Napoleão se recusava a tirar a mão do Ducado de Varsóvia, que, como vimos, ele aumentara com o Tratado de Schönbrunn; segundo, exigia que a Rússia honrasse sua obrigação, contraída por tratado, de implementar o Sistema Continental. O primeiro representava um custo para o czar em seu orgulho e no "medo social" que abalava seu *entourage*, que via a Polônia (ou dizia que via) como "a fonte de todo o veneno"; o segundo atingia o comércio russo no bolso e arruinava o crédito e a taxa de câmbio do país (por ser forçado a comprar manufaturas francesas). No final de 1810 a economia estava em tal estado que o czar suspendeu a quarentena sobre mercadorias neutras, ao mesmo tempo em que impôs uma tarifa sobre mercadorias francesas caras. "Toda a atitude [de Alexandre] mudou", queixou-se Napoleão a um aliado, acrescentando que a nova política comercial russa era "simpática à Inglaterra e hostil à França". "Houve tempo", acrescentou, em que "o czar era a única pessoa na Rússia que apoiava minha aliança contra a Inglaterra."[36]

Mas, por irritantes que fossem para o czar, os tópicos da Polônia e do Sistema Continental haviam sido previstos no Tratado de Tilsit, que ele assinara e usara em seu próprio interesse. Napoleão estava em seu direito ao insistir em aquiescência. Se não tentou manipular também os sentimentos de Alexandre, esnobou-o; notavelmente ao anexar (numa violação francesa do Tratado de Tilsit) o ducado alemão de Oldenburg, dado pelo czar a seu novo genro — aquele príncipe que "levara a melhor" sobre Napoleão, casando-se com a irmã Romanov.[37] Em suma, Bonaparte e Romanov estavam sendo medíocres, não grandiosos, ao sucumbirem ao medo de estarem sendo passados para trás um pelo outro. A raiva do czar pelos franceses simplesmente "não tinha limites", como escreve um historiador russo recente.[38] Sabemos agora que ele e seus generais prepararam-se para a guerra a partir de 1810, e planejaram tomar a ofensiva. Na verdade, Napoleão destituiu seu ministro das Relações Exteriores, Champagny, em 1811, em grande parte porque ele não se mantivera suficientemente informado sobre o rearmamento e os movimentos de tropas russos perto da Polônia.[39] Napoleão afirmava que sua principal causa era a Polônia — isso o fazia parecer mais nacional —, mas estava mais propenso a castigar os britânicos, apertando o Sistema Continental até transformar o colete frouxo que ele se tornara numa camisa-de-força. Para esse fim, (re)ocupara em 1812 a Pomerânia, na costa norte da Alemanha oriental, antes sob domínio sueco, lançando com isso Estocolmo nos braços dos russos, muito embora seu príncipe coroado fosse o marechal Bernadotte.[40]

Em última análise, porém, Napoleão tinha menos interesses de Estado a pressioná-lo para entrar em guerra do que Alexandre. A Rússia estava violando apenas ligeiramente, não de maneira frontal, a quarentena comercial da Grã-Bretanha; neste caso, como na Espanha, o vazamento estava longe de valer o preço do conserto. No fundo, o que estava em jogo era a enfadonha questão do orgulho e da vaidade monárquicas de soberanos a impor sua vontade um ao outro: "Ele está se divertindo à minha custa ... a glória lhe subiu à cabeça", escreveu Napoleão a Caulaincourt, acrescentando que o czar o "abandonara" em favor da Inglaterra. Nenhum dos dois soberanos tentou evitar a guerra, ao contrário, os dois se prepararam para ela e o czar começou antes ainda que Napoleão.[41] O francês não acolhera Alexandre como seu igual no grande arranjo da Europa; e de fato o czar não o teria merecido, *exceto por uma razão*: essa teria sido a coisa corajosa e sábia a fazer.

Por fim, Napoleão poderia ter tentado evitar a guerra substituindo Alexandre por Francisco I como seu "grande aliado". O czar não teria ousado entrar em guerra com a França se houvesse um Habsburgo belicoso pelo caminho. Mas "intimidação crua e sedução crua"[42] era tudo que Napoleão jamais usara ao tratar com os austríacos, e isso não mudara quando seu "irmão" monarca se tornara seu sogro. Napoleão não conseguiu se forçar a conceder paridade ao Habsburgo que derrotara tantas vezes — mais uma, ao não conseguir se elevar à altura da situação.

A fuga para diante

Quando por fim, e onde, esse César nos dará sossego? Leva-nos de um lugar para outro e nos usa como se fôssemos inesgotáveis e não soubéssemos o que é trabalho. Até nossas espadas se gastam à força de golpes, e deveríamos ter alguma piedade de nossos escudos e peitorais, usados há tanto tempo. Nossos ferimentos ao menos deveriam fazê-lo ver que são homens mortais que comanda, sujeitos às mesmas dores e sofrimentos que os demais seres humanos. Nem os próprios deuses conseguem forçar o inverno, ou deter as tempestades em seu tempo; ele porém avança como se estivesse não perseguindo um inimigo, mas fugindo dele.

PLUTARCO

Napoleão decidiu fazer guerra à Rússia contra as exortações de muitos conselheiros próximos, inclusive seu ex-embaixador junto ao czar, Armand-Augustin de Caulaincourt.[43] Em quatro anos passados em São Petersburgo (1807-11), Caulaincourt conquistara a amizade pessoal de Alexandre I e julgava conhecê-lo bem. Em Saint-Cloud, ele passou sete horas, lançando mão de uma franqueza inaudita, tentando convencer Napoleão a reconsiderar a intenção de fazer guerra à Rússia. A discussão dos dois acabou por girar em torno de diferentes percepções das intenções de Alexandre. Napoleão pensava que o czar jamais tomaria a iniciativa da guerra, já que a Prússia e a Áustria obviamente (ainda que a contragosto) marchariam com a França, mas que, se o fizesse, o caso se resolveria rapidamente. Com base na conhecida agressividade estratégica russa e em sua concentração militar na fronteira oeste do país, onde seus exércitos se abriam em leque, o imperador estava convencido de que, se ela de fato resultasse em luta, a estratégia do czar seria ofensiva. A Grande Armée só precisaria, portanto, exibir um moral elevado, correspondente à combatividade do adversário, para esmagar os exércitos russos em uma ou duas brilhantes batalhas, dentro da Polônia ou perto dela. Fora isso, afinal, que acontecera em 1805 e 1807.

A resposta de Caulaincourt, interminavelmente reiterada, era que Alexandre I se mostraria mais teimoso, e que a guerra com ele exigiria uma invasão em pleno estilo — com todas implicações e todos riscos. Alexandre garantira a Caulaincourt ter certeza de que seria derrotado no campo de batalha, mas acrescentara: "Isso não resultará em nenhuma paz." A resistência espanhola lhe mostrara o que o atrito podia fazer, completara o czar. A um outro diplomata francês (Narbonne), ele dissera: "Tenho o espaço e o tempo do meu lado ... [Napoleão] terá de assinar a paz no Estreito de Bering."[44]

Napoleão apostou numa guerra relativamente curta. Revelou-se desastrosamente errado, mas, como Clausewitz observa, um julgamento baseado num único resultado não pode ser tomado pelo supra-sumo da sabedoria. Muitas apostas perdidas no campo da guerra são plausíveis, como no das tecnológicas, e um erro de cálculo não é necessariamente um absurdo. Dada a rapidez com que a Rússia jogou a toalha em 1805 e 1807, ou em que a Áustria o fez em 1809 — i.e., em ocasiões em que um esforço militar conjugado delas poderia ter alterado o resultado —, era lógico pensar que Alexandre negociaria após sofrer uma derrota no leste da Polônia.[45] É possível que o imperador tenha pensado que a opinião de Caulaincourt, embora sincera, refletia o que o czar queria que ele acreditasse — e transmitisse a seu soberano.

Os franceses cruzaram o Niemen em 24 de junho, com 437.000 homens, e "a segunda guerra polonesa", como foi chamada nas proclamações napoleônicas, começou.[46] Dessa vez o Grande Exército tinha uma composição mais verdadeiramente imperial que nunca: soldados belgas, holandeses, alemães, italianos, poloneses, espanhóis e lituanos formavam talvez 60% do total. Lembrava as legiões romanas que haviam conquistado o mundo conhecido.[47] Vilna caiu sem nenhuma luta (26 de junho), e Napoleão montou ali uma base de operações; havia razões para se pensar que uma rápida vitória estava à vista, mas não estava. De início as forças francesas eram mais numerosas que as russas por ampla margem, por isso os russos — apesar de furiosas divergências entre seus principais generais — bateram em retirada.

Napoleão não entrou na campanha como outrora, cheio de garbo e vigor, "sem ligar para a privação e dispensando o bem-estar e o conforto". Mas se alguém viu nele um homem "gordo, sensual e preocupado com o próprio bem-estar a ponto de fazer dele sua maior preocupação, indiferente e facilmente cansado,"[48] é preciso dizer que — embora tenha estado muitas vezes doente ou combalido durante a guerra — Napoleão se adaptou rapidamente à vida de campanha. Sem falar que seu adversário, o general Kutuzov, era muito mais pesado e infinitamente mais letárgico que ele; simplesmente montá-lo em seu cavalo representava meio dia de trabalho para seus ajudantes-de-ordem.

Para surpresa e desconcerto deles mesmos, bem como dos franceses, os generais russos continuaram a fugir da batalha; não conseguiam se pôr de acordo quanto a uma estratégia, e suas forças se revelavam menores que as francesas em muitos locais (Alexandre retornara a São Petersburgo, desgostoso e frustrado). Napoleão passou uma descompostura num general russo capturado (Balachov): "O senhor não se envergonha? Desde Pedro o Grande ... nenhum inimigo avançou tanto em território russo ... Deveriam lutar, ainda que apenas em consideração à honra do czar."[49] Em Vitebsk, como em Vilna, o imperador francês pôde apenas contemplar, boquiaberto, o espaço vazio que o exército russo acabara de evacuar.

Em Smolensk, Napoleão pensou consigo mesmo muitas vezes: não seria melhor ficar ali? Por que não passar o inverno ali, vencendo o adversário pelo cansaço? Havia um limite para a humilhação que qualquer czar podia suportar antes que seus generais e sua nobreza se voltassem contra ele. A aliança com a Suécia recém-assinada por Alexandre e seu tratado de paz com a Turquia lhe dariam novos reforços naquele teatro; certamente *isso* fortaleceria a têmpera dos russos. Mas isso era também, é claro, uma razão para seguir em frente: a caminhada de seis semanas até Smolensk sob incessante calor e pontuada por chuvas torrenciais que atolavam a Grande Armée na lama havia subtraído 190.000 homens aos franceses — por doença, combate ou deserção, fora os que haviam sido deslocados para vigiar linhas de comunicação. O imperador se queixaria do "general Inverno", mas na verdade o "general Verão" castigou igualmente seu exército. Não continuariam sendo mais numerosos que o adversário por muito tempo. O marechal Ney e outros dos principais comandantes aconselharam a "fuga para diante", embora Caulaincourt continuasse a desaconselhá-la.[50]

Enquanto isso, as coisas tampouco estavam fáceis para os russos, tão enredados em indecisões quanto os franceses. Nessa altura, para dirimir as desavenças de seus generais, o czar designou Kutuzov, a quem detestava, como comandante-em-chefe, mas nem *ele*, embora acreditasse firmemente numa "estratégia fabiana"* (como usara após Ulm em 1805), foi politicamente capaz de executá-la sem primeiro enfrentar o adversário. Foi o que fez, com grande relutância, em Borodino (7 de setembro), quando o exército russo, com 157.000 soldados, já estava de fato um pouco maior que o francês, com 135.000.[51] Estranhamente — em parte, talvez, por estar sofrendo com um cálculo renal — o "Deus da Guerra" não deu mostras de nenhum brilhantismo estratégico nessa batalha, recorrendo a ataques frontais que não conseguiram destruir o adversário. Apesar de perdas assombrosas (44.000 baixas para as 28.000 dos franceses), Kutuzov conseguiu recuar.[52]

A essa altura, é possível que uma séria derrota não importasse; ao que parece, Alexandre compreendia agora o que estava em jogo e qual a melhor ma-

---

* Do nome do general romano Quinto Fábio o Contemporizador (m.203 a.C.), conhecido por suas táticas protelatórias.

neira de defendê-lo. O intolerável chegara, e com ele uma estratégia apropriada: ceder terreno por algum tempo. Napoleão ainda apostava que era ele, não Caulaincourt, quem avaliava corretamente o adversário. Moscou caiu em 14 de setembro, quando Napoleão, certo de uma vitória iminente, exclamava: "Os russos não sabem que efeito a queda de sua capital terá sobre eles!"[53] A aristocracia, ele "sabia", obrigaria Alexandre a negociar.

Estava errado; a nobreza russa aceitara São Petersburgo havia muito como a capital de seu império e agora se juntava ao czar em seu grande esforço para deter o estrangeiro. A incineração da "santa" Moscou com suas 295 igrejas foi um lance brilhante da parte dos russos (o conde Rostopchin, o governador russo, organizara centenas de incendiários), pois as massas czaristas lançaram a culpa pela destruição da cidade sagrada de Moscou sobre os "ímpios" franceses.[54] A guerra adquiriu assim uma nova feição na Rússia: tornou-se, se não uma revolta nacional — isso teria aterrorizado as classes dominantes —, um conflito popular em que os camponeses não admitiam vender mercadorias por nenhum preço para os franceses. Os nobres também partilhavam o sofrimento geral: "Gostaria que Napoleão se afogasse nas lágrimas que fez correr", disse uma *émigrée* francesa.[55] Alexandre mostrou um novo gosto por se aproximar do povo; estava, como bem disse Henri Troyat, pronto a se transformar de imperador da Rússia em imperador dos russos, se fosse esse o requisito para derrotar o inimigo.

Napoleão aferrou-se a Moscou, vendo-a como um trunfo, esperando que o adversário se dispusesse a negociar, enquanto à sua volta 20.000 cavalos franceses morriam por falta de forragem ou eram abatidos (até pelos que os montavam) para serem comidos. "Uma grave desconfiança apoderou-se de todos nós", escreve Ségur, um oficial francês na expedição, "teriam [os russos] decidido que a perda desse homem compensava a perda de sua capital?"[56] Na ânsia de acreditar que os russos precisavam da paz, Napoleão enviou emissário após emissário,[57] entre os quais até um para a imperatriz viúva! Enquanto isso, Alexandre, que não dava nenhuma resposta, escrevia à irmã: "Aprendi a conhecê-lo agora. Napoleão ou eu, eu ou Napoleão. Não podemos reinar lado a lado." Chegara a hora da despedida — de fato, já passara da hora —, mas o imperador ainda choramingava, dizendo a seus conselheiros: "Que medonha sucessão de conflitos perigosos começará com meu primeiro passo atrás!"A Grande Armée saiu de Moscou pelo porta sul, com apenas 110.000 homens. Os franceses foram então inexoravelmente tragados pelo desastre, a própria Rússia e uma temperatura de 30 graus negativos os engolindo inteiros como um píton engole um leitão. As forças francesas estavam tão reduzidas e desmoralizadas que a retirada poderia de fato ter sido pior: qualquer força militar digna desse nome os teria destruído imediatamente e capturado seu líder. Mas Kutuzov, assustado pela fama de Napoleão, se conteve.

Durante a retirada, curiosamente, Napoleão recuperou parte de sua antiga energia, se não de sua grandeza ("Já fiz o papel de imperador por tempo demais! É hora de fazer o papel de general!" disse ele na batalha de Krasnoe). No cruzamento do Beresina (26-29 de novembro), desenvolveu um plano de ataques simulados para distrair a atenção, seguidos de investidas — "simples e velho, mas provavelmente funcionará"[58] — que não só salvou o exército e desfechou um vigoroso golpe no adversário como lhe valeu este tributo de dois historiadores militares de West Point: "O Grande Exército podia estar caindo morto, mas nem inverno, fome, rio, nem vantagens esmagadoras em homens e armas puderam detê-lo. Ele os esmagou sob seus pés e seguiu. E com ele, desafiando o desastre, marchou o prestígio de Napoleão ... 'Nunca deveríeis perder a esperança enquanto bravos ainda empunham a bandeira'."[59]

O grande fracasso de Napoleão em 1812 deveu-se sobretudo à idéia errônea que ele tinha do czar. A questão entre os dois soberanos pode ter começado como um jogo de blefes e acovardamento, mas Alexandre cresceu na derrota e na vitória mais do que seu adversário na vitória e na derrota. Napoleão insistiria sempre, mesmo em Santa Helena, de que se tratara "meramente de uma guerra política", mas para o czar e seus adeptos ela se tornou muito mais que isso. "O Grande Exército", como escreveu um historiador britânico recente, "não foi sangrado até a morte por mil cutiladas, levado ao esgotamento por guerrilhas patrocinadas pelos britânicos [na Espanha] ou obrigado pela fome a se render à Marinha Real; foi totalmente destruído a um grande custo — na Rússia em 1812."[60] Os russos pagaram por isso um preço tremendo: cerca de 400.000 baixas ao todo. A posteridade muitas vezes fecha os olhos a esse número em seu espanto com as perdas francesas, ainda maiores: por volta de 500.000 homens.[61]

Napoleão comentaria em Santa Helena (não uma, mas várias vezes), "Eu deveria ter morrido em Moscou. Nesse caso teria provavelmente tido a reputação do maior conquistador de todos os tempos. Depois [de Moscou], a sorte deixou de me sorrir."

O líder e seus homens

Marchando e lutando, nus, famintos,
mas alegres; não imagina que também nós
estávamos fartos daquilo? Embora tivéssemos
muito pouco a lhe agradecer, era em nossos
corações que estava a verdade.
"FLAMBEAU", EM *L'AIGLON*,
DE EDMOND ROSTAND

O desastre pareceu não diminuir o imperador na afeição e no respeito de seus homens, pelo menos não numa medida digna de nota. Para consternação dos modernos, seu prestígio junto aos soldados continuou alto, mesmo no fim. Seria porque os tratava com uma bonomia que costumava abominar e evitar com quaisquer outras pessoas? Seria porque lembrava os nomes de um número assombroso deles, como os de suas mulheres e filhos? Seria porque era capaz de se obrigar a engolir o rancho militar em que achava um cabelo boiando, controlando forte ânsia de vômito, porque estava com "os homens"? Deixar as coisas por aí seria banalizar a inteligência e as expectativas coletivas dos soldados, que exigiam mais que exibições baratas de afeição e atenção fáceis para impressioná-los e contentá-los. Homens que estavam morrendo de frio não ofereceriam seus preciosos gravetos e acendalhas a seus oficiais, para que os entregassem "ao imperador" (que sabiam sofrer muito com o frio), só porque este se dava ao trabalho de bajulá-los. Soldados que se arrastavam à beira da morte não gritariam *"Vive l'Empereur!"* com seu último alento, nem se considerariam afortunados por expirar no raio de sua visão, só porque ele sabia como se misturar a eles.

Seria presunçoso afirmar com falsa convicção por que os homens amavam Napoleão, apesar da patente insensibilidade com que ele lhes consumia as vidas, apesar de suas derrotas ocasionais — nunca inteiramente ocultadas nos boletins do exército —, ou apesar dos ouvidos moucos que fazia para seus cirurgiões que pediam melhores condições de tratamento para os doentes, feridos e moribundos — milhares dos quais foram deixados à própria sorte na Rússia sem sequer uma pílula de veneno.[62] O testemunho mais eloqüente é a metáfora simples de Ségur, em alusão ao hábito que tinha Napoleão de armar sua barraca na área da Guarda Imperial: "Ele acampava no meio de seu exército, como a esperança no peito humano."[63]

Napoleão tinha consciência desse seu aspecto. "Venço batalhas com os sonhos de meus soldados", diria. Esses sonhos tinham uma infinidade de conteúdos e se transformavam com o tempo; e a esperança tinha muitas fontes e facetas, inclusive, sem dúvida, o conhecimento de que suas vidas estavam nas mãos dele e de que ele era capaz de salvá-los mesmo na situação mais desesperada. Havia, é claro, a conhecida glória de que falamos antes, mas após a partida de Moscou restava muito menos dela como um motivo de amor ao líder. Por fim, grande parte da influência de Napoleão sobre seus homens era fruto da incorrigível convicção que estes alimentavam de que aquele comandante não tinha igual, talvez desde César, e que servir, até morrer, sob ele era sua chance de roçar a história mundial. A consciência que os soldados tinham de quem era Napoleão os levava a tolerar muita coisa.

A mentalidade da Grande Armée na Rússia não era mais o antigo espírito marcial jacobino, que provavelmente expirara com o marechal Lannes em Essling.[64] O fervor e a "virtude" revolucionários do Exército da Itália dera lugar havia muito, como vimos, a sentimentos mais hierárquicos de glória e honra pessoal e ao culto do líder — lembrando a evolução ocorrida no exército romano no último século a.C., quando ele se transformou de um instrumento da República em instrumento político de comandantes individuais, notavelmente o carismático César. As águias regimentais francesas (copiadas das romanas) foram redesenhadas no ano da hecatombe russa; as novas bandeiras mencionavam o "imperador Napoleão, esse ou aquele regimento", e listavam os nomes das batalhas que o regimento lutara. Deixou de haver menção ao "povo francês", as bandeiras passaram a ser o "presente" do Imperador dos Franceses a *seu* regimento, e o patriotismo nacional não lança nenhuma sombra entre O Homem e seus homens.[65] É irônico que um soldado que ascendeu de capitão a general, e portanto nunca teve a experiência de comandar um regimento — o papel do coronel — tivesse de fato uma relação de coronel com seus homens. Napoleão foi a apoteose — e o último exemplo — da antiqüíssima tradição de um chefe [de Estado] guerreiro com seus homens. Alexandre, Júlio César, Henrique IV e Aníbal tiveram laços desse tipo com seus exércitos, mas não os ditadores e déspotas modernos, nenhum dos quais foi um grande soldado e chefe de Estado ao mesmo tempo.[66]

Talvez mais impressionante — quase chocante, quando consideramos o pretenso poder do nacionalismo hoje — é a persistência do vínculo entre a lenda napoleônica até entre soldados russos dos tempos modernos. São muitos os devotos do culto do imperador francês na Rússia contemporânea, em meio ao exército ou aos veteranos, e quando eles reencenam as grandes batalhas de 1812, especialmente a de Borodino, há grande disputa pelos papéis *franceses*, não pelos russos — apesar de a Grande Armée ter devastado sua terra e massacrado seus soldados e seu povo às dezenas de milhares.

A mente militar francesa não isentava "*l'Empereur*" de críticas, mas compreendia o empurrão de forças mais profundas. O poeta Alfred de Musset, filho de um funcionário de Napoleão no Ministério da Guerra, expressou uma visão mais equilibrada de tudo isso ao descrever os sentimentos da geração do pai:

> Nunca houve tantas noites insones quanto no tempo desse homem; nunca se pôde ver, debruçada nas ameias de muralhas de cidades, semelhante nação de mães aflitas; nunca semelhante silêncio cercou os que falavam de morte. E no entanto, nunca houve tanta alegria, tanta vida, tantas fanfarras guerreiras em cada coração. O sol nunca brilhou com tanta limpidez para secar as manchas de tanto sangue. Foi dito que Deus o fez para esse homem, e chamaram-no o sol de Austerlitz. Mas foi ele mesmo quem o fez, com seus canhões nunca mudos, que deixavam apenas nuvens de fumaça no dia seguinte à sua batalha.[67]

A voz do dono

Conservar uma imagem clara do homem à medida que ele se funde com sua criação torna-se difícil nesse ocaso do Império; o imperador foi consumido por sua obra, assim como sua individualidade privada foi consumida por sua *persona* pública. Foram poucas as noites que passou divagando livremente, em conversa com um único interlocutor. Tem-se a impressão de que se uma Claire de Rémusat tivesse se apresentado, ele não teria se inclinado a abrir seu peito para ela. Por isso o testemunho que se segue é tão valioso quanto incomum.

Napoleão deixou o Grande Exército no dia 5 de dezembro, pouco depois de sua chegada a Smorgoni, perto da Lituânia. Alguns disseram mais tarde que ele "desertou" as tropas, mas de fato o comandante permanecera junto de seus homens durante toda a campanha e a maior parte da viagem fora da Rússia. Agora os deveres de chefe de Estado se impunham e ele tinha uma razão premente para voltar a Paris — devendo de preferência chegar lá antes das notícias do desastre russo. Fez a viagem com uma minúscula comitiva, que incluiu aquele mesmo Caulaincourt, o primeiro a levantar fortes objeções à campanha. Durante grande parte da viagem de uma quinzena, de berlinda (feita incógnito; vale a pena lembrar que esse era um tempo pré-comunicação de massa, em que até Napoleão passava despercebido por 99% da população), Caulaincourt foi o único companheiro do imperador, partilhando com ele o frio constante e momentos de terror (quando a captura parecia próxima). Durante esse tempo o embaixador foi admitido a um grau de intimidade quase único nos anos do Império. Caulaincourt ouviu e falou, mas sobretudo ouviu — e fez copiosas anotações durante as paradas para as refeições e à noite. Essas palavras de

Napoleão remetem aos escritos do jovem tenente-da-artilharia em Valence e são um prenúncio de suas digressões no exílio, em Santa Helena.[68]

Os monólogos do imperador são febris e discursivos, ao mesmo tempo terapêuticos (ele está tentando exorcizar demônios) e ilustrativos da inteligência, força e fluência a que estamos acostumados a encontrar nele. (Mesmo que lembremos que o imperador falava com sotaque — irritante para alguns, encantador para outros — e cometia erros de expressão, isso não diminui nossa impressão de que estava inteiramente à vontade na língua francesa. De fato, somos levados a admitir que os erros eram, ou haviam se tornado, intencionais.)[69] Seu humor durante os 15 dias de viagem variou entre três pólos, o menos freqüente dos quais era sombrio — isto é, semelhante àquele que procurei sondar no início do livro, e que alguns chamariam de "corso": desconfiança, raiva, pessimismo e ansiedade. Os outros dois estados de espírito, em maior evidência, contrastavam com esse: Napoleão podia ser íntimo (agradável, espirituoso — até brincalhão) e pensativo (reflexivo, perspicaz). Estimulava Caulaincourt a fazer críticas sinceras, raramente desconsiderando suas palavras ou silenciando-o. Vemos aqui poucos indícios do cinismo, da petulância ou da megalomania que poderiam caracterizar Napoleão quando mais velho.

Os monólogos e conversas são notáveis pela estranha maneira como a cegueira napoleônica se embosca sob a inteligência napoleônica — uma condição extremamente humana. Foram muitos os tópicos específicos aventados, mas os temas a que ele estava sempre retornando, entre os quais a alegria que sentia por ser pai e sua ansiedade por rever o bebê e a mulher, eram menos numerosos: a Rússia e campanha atual, a Espanha, a Inglaterra, suas esperanças para a França e o Império, e a crise política que a França atravessava naquele momento.

O que o desconcertava acerca da guerra recém-encerrada era precisamente o fato de a Rússia a ter vencido, embora tivesse perdido todas as batalhas importantes, para não mencionar sua "capital". Não percebemos o menor vestígio de consciência de que a França só vencera as tais batalhas no papel, e que nenhuma fora de fato decisiva, exceto — no fim da campanha — por manter o exército francês vivo. Embora o imperador admitisse agora que ficara tempo demais em Moscou, lançava a culpa de seus reveses sobre o tempo ou sobre o fato de a Polônia não ter mandado mais soldados (como se 70.000 não fossem o bastante). Em suma, não percebia as transformações por que as guerras haviam passado desde as batalhas cuidadosamente planejadas e executadas que ele estudara na École Militaire ou lutara em Austerlitz — isto é, não uma infernal partida de pingue-pongue em que os pontos se acumulam, mas um inexorável desfecho situacional. Napoleão cisma sobre as intenções de Alexandre, alimentando a ilusão de que o czar não se moveria rapidamente contra a França ou não conseguiria arregimentar a Áustria e a Prússia.[70]

E a Espanha — o que mostra como as decisões de Napoleão eram definitivas, uma vez tomadas — não lhe anuviava a consciência. Se o imperador discute essa questão, é sobretudo porque seu companheiro lhe faz perguntas. Suas razões para estar na Ibéria o satisfazem — o pântano da velha monarquia Bourbon, a ameaça e a oportunidade que ele representava para a França —, e se as muitas reviravoltas do caso da Espanha haviam se provado imprevisíveis e embaraçosas (sobretudo por causa da expedição de Wellington ali), não havia razão para reconsiderar sua política no país. Em suma, movido por seu velho desprezo pelos espanhóis, Napoleão desculpava o indesculpável. Sua cegueira estava na incapacidade política (e moral) de perceber que, sob sua astuta descrição da situação e suas listas de "excelentes razões" para a presença francesa — sua análise é talvez a melhor defesa da política franco-espanhola que existe —, os espanhóis *continuavam* tendo as melhores razões do mundo para querer ver os franceses longe dali.

Se a Espanha era um problema da França, a Inglaterra era um problema de todos, ao ver de Napoleão, pois ali estava um vampiro financeiro que sugaria o sangue do mundo, se ele o permitisse. A Grã-Bretanha só dominava um punhado de ilhas estratégicas e suas colônias; seu faro econômico fazia o resto. A "ameaça" da posição britânica, ele insistia, saltava aos olhos, mas, apesar disso, o continente não conseguia suportar o aborrecimento de não ter açúcar para seu café ou seu "ciúme da França". Enfurecia-o que a forma britânica de dominação fosse agora preferida à francesa ("Se eu deixasse a Europa fazer o que bem entendesse, ela se jogaria nos braços da Inglaterra"). Caulaincourt tenta fazê-lo ver que ultimamente a brutalidade da França — p.ex., suas represálias militares a Hamburgo por causa do comércio ilegal da cidade com a Grã-Bretanha — levara a Europa a vê-la como provocadora e tirânica. Napoleão só admite que as recentes anexações francesas no norte da Alemanha talvez tivessem ido longe demais, mas não que o poder financeiro-comercial britânico, embora explorador e agressivo, seja de fato (e não somente em percepção) mais benigno e progressista que a repressão militar exercida pela França desde 1810.

A questão das anexações francesas leva Caulaincourt a insistir com o imperador sobre o assunto da "monarquia universal", sobre o qual corriam crescentes rumores havia algumas semanas.[71] Pretendia Napoleão chegar a dominar o mundo? O imperador desmente tais intenções ("esse negócio é um sonho, e estou bem acordado"), embora seja óbvio que não poderia fazer outra coisa, dado o abrupto contraste entre sua presente condição de fugitivo e essa veleidade.

A derrota e o perigo tendiam a revelar o jacobino que havia em Napoleão. Enquanto ele fugia da cena de seu primeiro desastre real, era para o sonho progressista, não para o de auto-exaltação, que sua mente se voltava. O fluxo de boas intenções formuladas que agora jorra sobre Caulaincourt relembra antigas metas e ideais — p.ex., o Senado obterá independência política e se tornará uma verdadeira Casa dos Lordes; haverá escolas públicas gratuitas (o rei de Roma até freqüentará uma por algum tempo); a indústria será (ainda) mais afagada do que é; o projeto de uma nova marinha receberá mais atenção do que já recebe; ele passará a visitar ainda mais lugares de seu Império; e assim por diante. Nada disso, nem mesmo o reconhecimento — entre relutante e admirado — de que não é de espantar que seus irmãos tenham vindo a se identificar com as inclinações de seus respectivos reinos, discrepa excessivamente da opinião, do temperamento ou da política do Napoleão anterior, mas com certeza essas facetas não tinham estado em evidência desde 1810.[72]

Mas essa guinada liberal ocorreu, como sempre, no quadro de um hino ao "governo firme". Nada é mais convincente nos diálogos transcritos por Caulaincourt que o solilóquio de Napoleão sobre as razões por que a democracia no estilo americano "é impossível" na França pós-revolucionária, o qual se resumia em última análise nisto: as constantes mudanças de regime havidas desde 1789 haviam condicionado os franceses a esperá-las. "Esse é um mal que só o tempo vai curar", ele admite, mas observa que a evolução já estava em curso. O Império estava vencendo o desafio de tornar a França "apolítica"; os franceses não só não estavam sentindo falta de partidos, mal se lembravam deles. Napoleão orgulha-se do "moral" elevado de seu governo — e lembra que os milhares de funcionários imperiais são quase tão apegados a seu imperador quanto os membros da Guarda Imperial, porque ele tornou o corpo dos servidores civis avesso à corrupção, eficiente e respeitado na França. A mesma afeição, ele observa, lhe é dedicada pelo "povo", que, nessa ocasião ele optou por dignificar como "a nação". A chave de tudo isso é simple: igualdade perante a lei, igualdade na promoção. ("*Voilà mon secret.*")

Os que discordam disso moram no elegante *faubourg* Saint-Germain. Napoleão nunca fez as pazes com aquele bastião da velha sociedade, mas conseguirá, assegura a Caulaincourt (ele próprio um rebento da mais alta *noblesse*), conquistar "os filhos deles, que haverão de preferir o que eu tenho para lhes oferecer do que o que seus pais esperam ressuscitar [i.e., os reis] ... Só preciso de dez anos de paz, e serei tão abençoado quanto sou odiado agora."

O tema dominante desses monólogos não foi a agitação sombria sobre as conseqüências geopolíticas iminentes do fiasco russo, muito menos a culpa torturante pelas centenas de milhares de mortos e feridos que ele deixara em seu rastro, pelo seu não mais "grande" exército, abandonado à própria sorte em algum lugar a leste de Vilna. O estado de espírito do imperador era em geral de um desafio vigoroso e quase alegre ("Não me lembro de tê-lo visto alguma vez mais alegre", escreve o embaixador), enquanto pensa nos exércitos que mobilizará. Caulaincourt, de sua parte, registra seu próprio orgulho ante a resistência do líder na adversidade. Napoleão estava preocupado sobretudo com o que acontecia na França. Acreditava havia muito que vários de seus colaboradores militares eram conspiradores natos, mesmo que se tivessem revelado "heróis na batalha". "Os franceses", dizia, "estão sempre prontos a lhe morder a mão", embora acrescentasse a isto um comentário bastante singular: "Não tenho estima suficiente pela [maioria das pessoas] para ser perverso em relação a elas, para vingar-me delas."

O que verdadeiramente o inquietava era saber que, seis semanas antes, um golpe de Estado fora tentado em Paris. E era a Paris que ele e Caulaincourt iriam chegar na manhã de 19 de dezembro. "De Malo-Yaroslavetz a Smorgoni", escreve Ségur, "o senhor de toda a Europa havia sido apenas o general de um exército moribundo, desorganizado; de Smorgoni ao Reno, ele foi um fugitivo não reconhecido numa terra hostil; mas do Reno em diante torna-se mais uma vez o conquistador da Europa, e um último sopro de prosperidade enfuna-lhe as murchas velas."

XIII
A derrocada (1812-14)

Entendez-vous, dans nos campagnes
Mugir ces féroces soldats?
Ils viennent jusque dans vos bras
Egorger vos fils, vos compagnes.
"La Marseillaise"

Malet

O rei morreu, viva o presidente!

Antes do raiar do dia 23 de outubro de 1812, um general sem muita importância chamado Claude-François Malet,[1] homem de fortes inclinações jacobinas e um passado de conspirações, fugiu do sanatório onde estava detido. Reuniu-se com vários colegas conspiradores, após o que cada um executou uma parte do plano de Malet. Munidos de falsos documentos que pretendiam provar que o imperador fora morto na Rússia e que um regime provisório fora instalado, os conspiradores (alguns dos quais acreditavam realmente que Napoleão estava morto) subornaram cinco companhias da Guarda Nacional e começaram a prender altos oficiais um após outro, muitos dos quais surpreendidos na cama. De fato, Malet e companhia perderam algum tempo, prendendo, por exemplo, o ministro da Polícia (Savary) e o chefe de Polícia de Paris (Pasquier), antes de finalmente chegar a quem interessava, a pessoa do governador militar (Hulin), que levou uma bala no queixo, e seu chefe de pessoal (Doucet), que capturou Malet e arregimentou tropas leais. No final da manhã o golpe estava subjugado, e os principais envolvidos na cadeia, exceto um padre que fugira. Rapidamente levados a uma corte marcial, os homens, na maioria oficiais, foram fuzilados no dia 29.

Napoleão soube do ocorrido no dia 7 de novembro e embora se costume afirmar que ficou de tal modo exasperado e agitado que decidiu voltar à França imediatamente, a verdade é que continuou mais um mês com o exército.

Curiosamente, o roteiro do golpe era o mesmo que jogara Malet na prisão em 1808. Entre seus documentos havia um *senatus consultum* falso que proclamava um governo provisório com o general Moreau (ainda exilado nos Estados Unidos) como presidente e várias eminentes figuras políticas como membros, entre as quais Carnot, Augereau e os senadores Volney e Garat. Esses homens eram republicanos que sabidamente reprovavam o rumo que as coisas haviam tomado na França desde 1804, mas estavam longe de constituir uma oposição antiga e desleal, e não tinham a menor idéia de que Malet estava usando seus nomes. E outros nomes também; no sanatório, Malet entrara em contato com membros do movimento monarquista secreto — notavelmente os Cavaleiros da Fé (Chevaliers de la Foi), que se gabavam de possuir uma rede pequena mas leal em toda a França, e trabalhara em estreita associação com eles. De fato, dois importantes monarquistas figuravam em seu governo provisório, o que fazia dele uma estranha mistura da extrema esquerda com a extrema direita.

Até hoje é difícil avaliar a gravidade exata da conspiração de Malet.[2] Obviamente Fouché estava certo ao afirmar que ela fora mais do que uma fantasia da mente de seu líder. O ex-ministro da Polícia acrescentou: se a execução da conspiração foi republicana, seus princípios subjacentes eram monárquicos. Foi uma maneira simpática de um ex-jacobino desqualificar uma conspiração com que nem ele nem Talleyrand (que detestavam ambos os Chevaliers de la Foi) tinham coisa alguma a ver. Por outro lado, um outrora e futuro monarquista como Fievée opinou que só a má sorte frustrara o plano de Malet, que — não fosse pela coragem de Hulin e a força de Doucet — teria certamente conseguido dominar vários ministros e a Guarda Nacional. Depois disso, quem sabe o que teria acontecido?: "O país era suscetível ao contágio do exemplo."

Bem, talvez. É fato que uma multidão bradou "*Vive l'Empereur!*" quando Malet passou à frente do pelotão de fuzilamento. Fievée foi o primeiro a confirmá-lo, mas acrescentou que provavelmente a multidão teria gritado "*Vive Malet!*" na execução de Bonaparte, se o golpe tivesse sido vitorioso. (No tribunal, Malet respondeu assim a uma pergunta: "Toda a França e vós mesmo, meritíssimo, [ter-se-iam juntado a mim] se eu tivesse vencido.")[3] A idéia, exposta a Caulaincourt pelo imperador, de que a Revolução deixara os franceses acostumados demais com rápidas mudanças políticas não só era verdadeira naquele momento como continuou sendo durante os dois séculos seguintes. O imperador ordenou a publicação de muitos documentos associados ao caso Malet — para mostrar ao povo a pouca importância que tudo aquilo tivera. Curiosamente, ele também provou com isso que a censura oficial — e a ignorância política que dela resultava — nem sempre servia bem aos reais interesses de seu Império, pois uma imprensa livre e ativa poderia ter revelado alguma coisa da conspiração de Malet, para não mencionar a incoerência de seus planos e confederados jacobino-monarquistas.

De todo modo, o que indignou Napoleão, e afligiu-lhe o coração, não foi o que poderia ter acontecido — ele era fatalista demais para isso —, mas *o que não acontecera*: um alto e resoluto brado da parte dos funcionários detidos, declarando: "Já temos um regime para o caso da morte do imperador: *o rei de Roma*." Napoleão simplesmente não conseguiu engolir que "seu" prefeito do departamento do Sena (Frochot) tivesse passado placidamente a servir ao novo governo, sem um suspiro. Gritou indignado para Caulaincourt: "Frochot, além do que me deve, me fez um juramento. E no entanto, pensando que eu morrera, traiu seu juramento, convencido o tempo todo de que é um homem honesto." Dois dias depois de voltar a Paris o imperador envergonhou uma delegação do Senado que foi lhe dar as boas-vindas: "'O rei morreu, viva o rei!' Esta é em síntese, senhores, a principal vantagem da monarquia."[4] O curioso, do ponto de vista da posteridade, é como o sucesso de Malet recomenda pouco as forças de polícia do chamado Estado de segurança. Napoleão, Cambacérès e outras altas autoridades ficaram muito compreensivelmente indignadas com o fato de que Savary, Pasquier e Desmarest — os chefes das várias forças de polícia — não tinham a menor idéia do que estava se passando num sanatório próximo, onde um homem que cumpria pena por conspiração contra o Estado voltara a conspirar ativamente. Além disso, longe de ter sido fuzilado por suas maquinações de 1808, Malet havia recebido sua promoção automática à patente seguinte, de general, enquanto estava na prisão! *

Napoleão tratou rapidamente de regularizar sua sucessão. Um *senatus consultum* nomeou a imperatriz regente em nome do filho, não só na eventualidade da morte do soberano, mas também quando ele se ausentasse em campanha. ** A inexperiente Maria Luísa era apenas uma figura de proa; o reino continuaria a ser governado pelos mesmos homens que sempre o haviam governado quando Napoleão se ausentava: Cambacérès, Lebrun, Eugène, Berthier etc. Um nome que poderia nos surpreender, contudo, era o de Talleyrand. Deixamos o ex-ministro das Relações Exteriores no inicio de 1809, prestes a receber uma terrível descompostura do imperador ("Você não passa de uma merda numa meia de seda!"),[5] no entanto, embora tivesse boas razões para pô-lo a ferros — p.ex., sua perfídia *vis-à-vis* a Rússia e a Áustria —, Napoleão não fora

---

* Corria em Paris a piada: Um homem pergunta a outro: "Sabe o que está acontecendo?" "Não", é a resposta. "Ah, você deve ser da polícia", retruca o primeiro.

** Em violação à Constituição do Ano XII, ainda em vigor.

capaz de afastar sua *bête noire* favorita. Silenciosamente, mantivera Talleyrand em seus conselhos e até compensara perdas sofridas por ele num investimento comercial.[6] Gostava do acesso que o ex-nobre tinha às cortes européias, além de, mais simplesmente, não gostar de ter caras novas à sua volta.

Na véspera de partir de Smorgoni para Paris, Napoleão jantou com seus comandantes mais graduados e brindou-os com uma reprise de seu lamento predileto: "Se eu tivesse nascido no trono, se eu fosse um Bourbon, ter-me-ia sido fácil não cometer nenhum erro!" Estava sendo falso, e certamente sabia disso. Sabia também que nenhum soberano ou general teria enfrentado uma derrota da magnitude da que ele sofrera na campanha russa sem tremer por si mesmo e por seus herdeiros. Nas duas décadas anteriores, Paulo I fora assassinado, Luís XVI executado, Carlos IV, Fernando VII e Gustavo IV depostos; Frederico Guilherme III e Francisco II tinham tido seu domínio sobre seus reinos profundamente abalados, por causas tanto internas quanto externas. Todos eles eram príncipes de antigas famílias reinantes. Em contraposição, Napoleão estava passando bastante bem, obrigado, muito embora o Egito tivesse sido perdido, as coisas fossem de mal a pior na Espanha e uma tragédia acabasse de ter acontecido no teatro russo. Os franceses mal haviam resmungado diante de qualquer dessas coisas, ou diante de suas liberdades perdidas, ou mesmo diante dos aumentos dos impostos e do recrutamento.[7]

É verdade que o caso Malet revelou uma falta de lealdade dinástica. O primeiro pensamento de vários oficiais, pegos com as calças na mão, não se voltara para uma princesa de 21 anos nascida na Áustria ou para seu bebê. Ninguém melhor que Napoleão, porém, sabia que um fundador não pode simultaneamente construir um Estado e firmar sua família no seu governo. "Preciso de vinte anos", costumava dizer, e com razão. É improvável, portanto, que alimentasse ilusões sobre a regência recém-reformatada, ou que o caso Malet lhe tivesse causado uma completa surpresa — era sempre difícil surpreendê-lo. Conhecia bem os franceses ("sempre prontos a lhe morder a mão") e compreendia que o rei de Roma teria de dar mostras de talento e ambição se quisesse agarrar o trapézio que o pai um dia lhe lançaria.

A verdadeira meta do imperador, ao voltar da Rússia, não era promulgar leis para tentar predeterminar o incontrolável, mas jogar bem no presente o velho jogo do "como se", agora que o vazamento de um desastre na Rússia se tornara a grande notícia do inverno de 1812-13. Assim, as recepções, os bailes e as audiências recomeçaram nas Tulherias, realizaram-se desfiles no Champ-de-Mars, o imperador visitou os Invalides, o teatro, a ópera e o Trianon, assistiu a missas e fez longas caminhadas em Paris. A caça ao cervo recomeçou no

Bois de Boulogne e em Fontainebleau — ocasionalmente duas e até três por semana (o caçador detestava caçar, mas essa atividade o fazia parecer vigoroso e "régio"); nomeações políticas foram anunciadas.

O imperador discutiu prazerosamente com o arquiteto imperial, Fontaine, projetos de um novo palácio para o rei de Roma, que deveria ser erguido no alto do Chaillot, sobranceiro ao Sena; seria mais belo que o Elysée e maior que o Luxemburgo.[8] Além disso, o enfadonho ritual da corte continuou a ser minuciosamente seguido: na hora do jantar, os convidados eram anunciados pelos camaristas como "Suas Excelências" ou "Suas Altezas", figuras coroadas de passagem por Paris como "Suas Majestades o Rei e a Rainha de ...", Maria Luísa, como "Sua Majestade a Imperatriz da França, Rainha da Itália". Por fim, enquanto todos esperavam ofegantes, o Grande Camarista anunciava simplesmente: "L'Empereur!"

Entre os muitos que disseram acreditar que a campanha russa fora o começo do fim, a maioria só o fez décadas depois. O próprio Napoleão, de todo modo, não foi nenhuma Cassandra. Qualquer idéia do imperador em seu "crepúsculo" (ele já completara 43 anos de idade) como prostrado pelo pessimismo e a letargia é risível diante da explosão de atividade e a "fantástica obstinação"[9] com que ele enfrentava a assombrosa multiplicidade de problemas que tinha à sua frente — internos e externos, a maioria (é verdade) causados por ele mesmo. Napoleão não era homem de se intimidar — a menos que consideremos como sinal de intimidação (o que sem dúvida é possível) o fato de ter erguido à sua volta um muro ainda mais duro, mais alto e mais severo.

Pio e o ímpio (o papa e o imperador de novo)

Sei como vencer a batalha comigo mesmo.
PIO VII

Quando da coroação (1804), Cambacérès comentara maliciosamente: "Teria sido desejável que o papa tivesse algo mais augusto em seu semblante."[10] Três longos anos de prisão domiciliar em Savona (1809-12) — em que muitas vezes lhe faltavam papel e tinta, que dirá conselheiros, sob a espionagem de seu médico (a soldo dos franceses), sofrendo ameaças, inquieto e manipulado pelo prefeito local e seus lacaios, mas completamente ignorado pelos superiores destes — levou esse pontífice *ad augusta per angusta* (ao augusto pela angústia), pois sua luta pessoal com o isolamento, o remorso e a privação o enobreceram e fortificaram.

Enquanto isso, Napoleão passou por uma evolução inversa — do líder sábio e sereno que negociara a Concordata à criança mimada e zangada, que gritava para o tio-cardeal: "Não sairei perdendo!" como se aquele fosse um jogo de soma zero de virtude com o papa. O imperador fez muito mais que arengar e vociferar: ordenou que afrontas mesquinhas fossem feitas à pessoa de Pio, a quem mentiu ou enganou constantemente por carta; exilou os cardeais romanos que, em solidariedade a seu chefe, deixaram de comparecer às bodas imperiais; ordenou a prisão do respeitado padre d'Astros (nada menos que um co-autor do Catecismo Imperial) na fortaleza de Vincennes porque ele introduzira clandestinamente em Paris a bula em que o papa o excomungara; suprimiu as principais congregações religiosas dedicadas ao ensino e à pregação por temor de que se tornassem excessivamente "ultramontanas" (papais) em suas idéias; prendeu bispos e os obrigou a renunciar a suas dioceses porque eles discordavam de sua política; fechou o jornal do clero (*Le Journal des Curés*); não contente, acalentava um sonho constantiniano de controlar a Igreja. Em janeiro de 1810, disse numa carta a seu ministro das Relações Exteriores que, no futuro, papas não seriam investidos "exceto após minha aprovação, como costumavam ser confirmados pelos imperadores de Constantinopla".

Nada disso abalou o papa.

Por fim, em 1811, a necessidade premente de resolver os problemas cada vez maiores que a recusa do papa a investir bispos estava gerando, levou o imperador a convocar um concílio dos episcopados francês e italiano, incluindo muitos dos candidatos a bispo não investidos. Eles se reuniram em Paris, mas, embora fossem quase todos galicanos absolutamente leais, não ousaram fazer o que Napoleão pedia: subverter práticas antigas da Igreja na ausência do Bispo de Roma. O que fizeram foi enviar uma mensagem secreta a Sua Majestade para dizer que "não estavam se sentido livres" em suas deliberações.[11] É provável que Napoleão tenha lamentado o poder que, inadvertidamente, conferira ao papado quando, em 1802, pedira a Pio VII que destituísse todos os bispos franceses (do Antigo Regime). Perante *essa* exibição do poder papal — como agora perante o exemplo de sofrimento silencioso de Pio —, esse concílio nacional só podia se acovardar: seus membros preferiam decididamente passar por "traidores" a se tornar cismáticos.

Ao pressionar demais os seus bispos, o imperador acabou provocando o dócil e sicofanta cardeal Fesch, seu tio e primaz do clero francês — um homem que, até então, se contentara em receber (e buscar) honrarias e estipêndios por baixo do pano. Até a alma de Fesch pareceu ter sofrido uma espécie de purificação. Advertiu francamente o sobrinho mimado dos riscos que corria ao alienar assim a opinião católica em todo o Império, e pagou o preço: perdeu sua elevada posição na corte (capelão-mor) e teve de suportar o "exílio" de sua diocese de Lyon.[12] Finalmente, se havia necessidade de outra prova de que Napoleão estava erodindo um verdadeiro pilar de apoio a seu regime, ela se apresentou no caso Malet: um dos conspiradores (padre Lafon, monarquista) incluíra entre as aspirações do falso *senatus consultum* que derrubava o imperador a seguinte promessa: a França se reconciliaria com o papa, que seria reconduzido em segurança a Roma. Havia o jovem Bonaparte pretendido ou prometido menos que isso em 1799-1802?

A necessidade de reforçar todas as comportas e consertar todos os cordames no rescaldo do desastre russo — interpretado por Fesch como punição imposta por Deus ao sobrinho (o cardeal estava sinceramente satisfeito por Napoleão ter perdido!)[13] — levou o imperador a tentar uma abordagem diferente. Depois que Savona fora considerada perigosa por haver uma frota britânica próxima, ao largo da costa, Pio fora instalado perto de Paris, em Fontainebleau. Napoleão resolveu ir ter com esse homem a quem nunca se dignara escrever em três anos e em quem nunca pusera os olhos em sete. Seu último comunicado referente ao Bispo de Roma — lido em voz alta para ele pelo prefeito Chabrol — informara-lhe que ele sabia menos teologia que um noviço e, por consideração à posteridade, devia renunciar a seu cargo e dar lugar a um pontífice de maior capacidade intelectual. (Nessa linha, o então ministro francês da Polícia, Savary, declarou-se "surpreso" ao saber que, para passar o tempo em Fontainebleau, o papa costurava e rezava em vez de ler volumes eruditos.) Agora Napoleão escreveu gentilmente a Pio, dizendo-se "alarmado" com a doença que recentemente o acometera e "aliviado" com sua recuperação. Sugeriu um encontro.

Assim, no dia 18 de janeiro de 1813, levando a reboque a imperatriz e seu filhinho, Napoleão invadiu os aposentos do papa em Fontainebleau e beijou-o efusivamente. Não temos nenhum registro da conferência de cúpula que se seguiu, embora saibamos que foi animada.[14] Em encontros posteriores na mesma semana, Napoleão levou consigo vários clérigos pró-imperiais, que o ajudaram a pressionar Pio. A essa altura, o bom papa — um homem emagrecido e pálido, que não conseguia mais dormir nem se alimentar bem após quatro anos de agruras e humilhações — estava louco para se ver de novo em sua casa, sua sé, com seus colegas.

Assim, como Joana d'Arc, Pio aplacou-se — não em *timor mortis* como a donzela (ao contemplar a fogueira), mas na ânsia de reencontrar seu rebanho e libertar os irmãos que haviam sido presos por sua causa (especialmente o cardeal Pacca, seu secretário de Estado). Além disso (por que negá-lo?), *até nesse momento* o Demônio Napoleão fascinou o manso Pio, que ainda se deixou seduzir pelo sonho de trabalhar ao lado do "Herói". O pontífice assinou uma nova concordata (a anterior fora anulada pelo imperador alguns anos antes) que concedia ao imperador tudo o que ele pedia; a ele, restou apenas a possibilidade de retornar a Roma e conservar alguns dos Estados da Igreja. A batalha terminou, portanto, com a derrota das Forças Espirituais; os franceses estavam certos o tempo todo: era tudo uma questão de terras e poder político.

Essa "morte", como o papa mais tarde a chamou, ocorreu no dia 25. Por três dias torturantes, Pio, sacudido pelo remorso, lutou com "o diabo" dentro de si mesmo; poderíamos dizer que percebeu e superou seu desejo de agradar Napoleão a qualquer preço. No dia 28, num ato que novamente faz lembrar Joana em Rouen, ele voltou atrás: não haveria nenhuma nova concordata. Mas é claro que Napoleão, contrariando o acordo feito no dia 25, já havia publicado a "boa notícia", extraindo assim seu lucro da fraqueza de Pio. O papa foi abandonado em Fontainebleau, e lá teria apodrecido, se mais tarde não tivesse sido salvo por eventos externos.

Apesar da solução política temporária, Napoleão fora derrotado. A obstinação trêmula e quase involuntária de Pio acabara, pouco a pouco, mostrando a toda a Europa que o "grande imperador", a despeito de todas as glórias que pudesse ter, era o perseguidor mesquinho de um velho bondoso que, por acaso, tinha o mister de Vigário de Cristo. De sua cela de prisão na Fenestrelle, o cardeal Pacca preocupara-se com a "luta desigual" que jogava seu frágil papa contra o gigantesco imperador, mas de fato foi este o derrotado. O monge Chiaramonti vencera, mesmo que não sentisse nada semelhante à fria satisfação que Wellington iria experimentar. Em linguagem moderna, o papa redefiniu os termos da luta, transformando um embate profundamente político numa luta de moralidade. Mais uma vez incapaz de admitir uma vontade independente da sua, Napoleão permitiu-se "esquecer o princípio que elevara a regra política no início de seu reinado: a paz civil só pode existir por meio da paz religiosa".[15]

Moralidade à parte, Napoleão cometeu também um grave erro político no tratamento que dispensou a "*il Papà*". Levou católicos insultados a se unirem a monarquistas perseguidos. Os monarquistas tinham tantas figuras de proa e generais aristocratas que mal sabiam o que fazer com elas, mas faltavam-lhes soldados rasos. Agora, graças aos ultrajes que Napoleão fez a Pio VII, o que poderia ter sido "os Cavaleiros do Rei" ganhava vida como "os Cavaleiros da Fé", atraindo para sua bandeira branca muito mais membros entre os camponeses — que alimentam justa inveja dos proprietários *ci-devant* de terras nacionalizadas — do que teria sido possível de outra maneira.

Quanto a Pio, foi libertado pelos aliados no início de 1814 — libertado para ir para casa e continuar fazendo, bem, política. Fez uma viagem triunfal pela França, aclamado por milhares de ex-súditos imperiais. Em 4 de maio de 1814, em Caesena, elaborou sua interpretação providencialista de suas tribulações e recente restauração, reafirmando resolutamente os direitos papais soberanos às legações e marcas, que pouco depois o Congresso de Viena lhe devolveu.

Finalmente de volta ao lar, em "nossa bem-amada Roma" — a Cidade Eterna que "o Imperador Imortal" nunca viu —, Pio VII instituiu para seus Estados uma rematada teocracia: revogou o Código Napoleão e outras reformas francesas, ressuscitou a ordem dos jesuítas, confinou de novo os judeus em seus guetos (e os expôs de novo à possibilidade de terem seus filhos batizados à sua revelia, impunemente) e baniu sociedades liberais e patrióticas. Foi a mais completa destruição de tudo que a Revolução Francesa introduzira empreendida em qualquer lugar na Europa.[16] Só restaram, prefigurando uma cidade moderna, as grandes obras públicas começadas pelo prefeito francês Tournon, à espera da futura mão liberal e secular que por fim as concluiria e relegaria sua origem (francesa) ao esquecimento.

Em suma, um ganho político nada desprezível em troca de um profundo testemunho moral.

1813: a cruzada dos soberanos

A crise que agora se aproximava não era uma questão de espírito, eloqüência ou intrigas, era uma matéria de Estado, a mais formidável crise já testemunhada na Europa. E ela exigiu não os vãos Pompeus e Cíceros a que Mme de Staël nunca deixou de cultuar, mas alguns daqueles Sulas e Césares que ela sempre abominara.

ALBERT SOREL[17]

No dia 12 de fevereiro de 1813, quando o imperador atravessava o bairro operário de Saint-Antoine em Paris, um trabalhador de uma oficina metalúrgica — um certo Solavin — aproximou-se da montaria imperial, agarrou as rédeas e gritou para Napoleão: *Tu cours à ta perte* (Estás correndo para tua perdição). Repetiu o dito e depois, pálido e trêmulo, voltou para sua oficina. No dia seguinte foi demitido, e desapareceu da história, tendo deixado seu patrão a dar tratos à bola: "Como pôde um rapaz sossegado, direito, naturalmente silencioso e que nunca falava de assuntos de governo cometer tamanho desatino?"[18]

Solavin, contudo, foi a exceção eloqüente a uma regra que deixava o imperador seguro, nas palavras cruas de John Holland Rose, de gozar "da confiança idiota de seus 43 milhões de súditos".[19] Porque a assombrosa verdade era que, apesar da *debâcle* russa, os franceses, num consenso esmagador, atenderam ao chamado às armas do seu soberano. Incontáveis municipalidades, órgãos oficiais e pessoas no país inteiro, sabendo que o exército precisava de cavalos, enviaram ao imperador seus próprios animais (até os que usavam na agricultura). Enviaram também seus filhos e maridos — às dezenas de milhares. Após uma década de recrutamento feito à custa de coerções e ameaças, o governo imperial — talvez para sua própria surpresa — conseguiu de fato impor a idéia do serviço militar à mentalidade nacional.[20] Os novos e inexperientes soldados eram chamados "as Maria Luísas" (era a imperatriz que, como regente, assinava seus papéis de convocação). Era um nome apropriado: eram jovens, ingênuos e (em geral) amavam o imperador.

A atitude de Napoleão com relação à guerra não era a de Solavin. Numa carta irritada a Cambacérès, ele disse: o ministro da Polícia (Savary) deveria parar "de me descrever como uma espécie de amante da paz; isso não pode levar a nada e é danoso na medida em que sugere que *não* sou o que ele afirma". Não que o controle da guerra fosse continuar nas mãos dele. O exército russo cruzara o Niemen e ameaçava o leste da Europa. O czar poderia ter hesitado — não se *ataca* Napoleão levianamente, mas, nessa conjuntura crucial, entre seus principais conselheiros incluíam-se três dos mais talentosos ativistas da *clique* contra-revolucionária anti-Napoleão que discutimos antes: Stein e Pozoo di Burgo, que aconselhavam simultaneamente o novo ministro britânico das Relações Exteriores, Castelreagh; e Gentz, que também aconselhava Francisco II. Esses homens supervisionaram a transformação do Romanov em "salvador da Europa" — um destino convenientemente napoleônico para seduzir o vaidoso Alexandre. Tendo passado por uma conversão religiosa em 1812, em 1813 o czar despontou como o "César Cristão", movendo guerra ao César *tout court* de Napoleão. "Ouse, Sire, sem demora ... É preciso ousar!" disse-lhe Pozzo. E assim o czar, tranqüilizado pela presença de um grande número de generais franceses *émigrés* que ocupavam postos de comando em seu exército, ousou. Ninguém ficou mais espantado que o próprio Napoleão, que diria em Santa Helena: "Se eu não fosse [eu mesmo], gostaria de ter sido Alexandre." O estilo inimitável do imperador começava a se tornar imitável; as galinhas estavam finalmente voltando para o poleiro.

Algumas galinhas precisavam de um enérgico empurrão. Frederico Guilherme III não tinha o dom da autodefinição mutável do czar, nem a força de vontade que a acompanhava. Partilhava o ódio de seu povo pela França, mas, na condição de soberano em aliança com aquele país, não lhe pareceu que podia se entregar impunemente a essa emoção. Seu campo de opções, no entanto, estava se estreitando rapidamente. O filósofo militar Clausewitz empenhava-se tão resolutamente em demonstrar que a política determina a guerra que ficou enredado quando a situação inversa se apresentou, como na Prússia em 1813: os anos acumulados de guerras perdidas, tratados humilhantes e ocupação ríspida afetaram a opinião pública, que pressionou seu rei "absoluto" e influenciou a maneira como a guerra seria lutada: "Extermine os franceses; Deus no Juízo Final não lhe perguntará por quê" — era essa a idéia corrente em alguns setores da população prussiana.[21]

O estado-maior prussiano ansiava havia muito por vingar Iena. A esperança de uma desforra político-militar nesse reino do nordeste da Alemanha ainda era intensa em 1813, aguçada pelo tratamento sempre miserável dado pelo imperador à Prússia, jogando-a "no mais baixo círculo do inferno napoleônico".[22] Mesmo assim, a idéia de realmente *fazer alguma coisa* parecia uma possibilidade remota e muito perigosa a um rei tão hesitante quanto Frederico Guilherme. Foi então que, no final de dezembro de 1812, o general Yorck, comandante do pequeno contingente prussiano que marchara com a Grande Armée para a Rússia, desertou de sua unidade e se passou para os russos. O rei ficou num dilema: seria a defecção do general sinal de uma mudança profunda na consciência popular prussiana?

Podemos falar agora de um "renascimento nacionalista alemão", como o que o barão vom Stein tinha em mente quando assegurou ao czar Alexandre de que seu exército receberia uma ampla acolhida popular quando cruzasse o Oder?[23] Nem todos os casos de despertar de uma consciência comunitária podem ser chamados "nacionalismo", sob pena de se esvaziar o termo de suas ancoragens históricas.[24] As reformas prussianas após Iena — p.ex., recrutamento em massa, promoção de oficiais burgueses (não apenas nobres) — propiciaram uma intensificação do patriotismo, mas nada além disso. A nobreza e o regime dominante da Prússia não tinham nenhum desejo de precipitar uma sublevação social com a menor possibilidade de se transformar numa cruzada nacional, como a que a França conhecera em 1789-93.[25] Frederico Guilherme esperava capitalizar a energia marcial do patriotismo inflamado, mas sem a volatilidade política de uma doutrina do tipo "nação-em-armas". A dificuldade, numa época que conhecera a Revolução Francesa e numa região que fora ocupada pelos franceses, estava em traçar a linha de demarcação.[26] Uma *Volkskrieg* (guerra do povo) poderia facilmente escapar a qualquer controle.

Ele não teria precisado temer. Os escritos nacionalistas alemães de pensadores como Fichte e Herder praticamente só eram lidos nos clubes e sociedades secretas e por um punhado de generais e políticos prussianos. O que de fato se tornaram — juntamente com as reformas militares, o ódio popular aos franceses e as memórias avivadas pela aproximação de campanhas militares intensas — foi água para o moinho de um mito posterior. Nos movimentos genuinamente nacionalistas pós-1848, o "momento" 1813-14 seria redimido e transfigurado no nascimento de uma Alemanha unida.[27] Por enquanto, porém, o "germanismo" significava a perdição para os reis da Baviera, Saxônia etc. — precisamente aqueles soberanos que a Prússia precisava "tomar" da França — cuja soberania seria perdida numa "Alemanha maior".[28] E se a oposição a Napoleão via um "renascimento nacional alemão", era em parte à força de desejá-lo e, em parte, em conseqüência da apaixonada e polêmica obra de Mme de Staël, *De l'Allemagne*, publicada em outubro de 1813.

O ano 1813-14 costuma ser qualificado de o ano da "insurreição das nações" (notavelmente, a alemã) *contra os franceses*, quando a verdade é que só a França, entre as potências, era versada no "discurso nacional" maduro, tal como a era pós-revolucionária o compreendia, e só nela podemos falar de um renascimento em que a nação de fato respondeu, em alguma medida, ao apelo do seu soberano e, por sua vez, lhe fez reivindicações nacionais. Isso não deveria nos surpreender, pois só a França passara pela provação do ataque revolucionário *da nação* ao Estado régio, e emergira do outro lado da penosa experiência na forma de um "Estado nacional" constituído, na elegante inversão de Philip Bobbitt.[29] Mas se Napoleão (como Murat) ousaria recorrer ao "discurso nacional" na guerra que se aproximava, os soberanos "legítimos" tinham boas razões para proceder com muito mais cautela. Em suma, Napoleão tinha *realmente* legitimidade — de uma outra espécie — e ela lhe serviu naquela crise.

Napoleão ainda poderia ter evitado um rompimento diplomático com Frederico Guilherme se tivesse recebido com simpatia os pedidos que o rei lhe fez: que restituísse alguns territórios e pagasse uma grande soma que devia à Prússia como preço de sua lealdade em 1812 (isto também deveria refrear a tendência a se imaginar que grassava na Prússia uma francofobia incontrolável). Mas após a deserção de Yorck, era Napoleão — não os prussianos — quem não sentia nenhuma disposição a dar um tratamento honroso a um aliado. Verdade seja dita, talvez ele até preferisse que a Prússia aderisse à Coalizão, pois pretendia aniquilá-la como reino após sua vitória. Em 28 de fevereiro, a Prússia completou assim sua pirueta diplomática, e Frederico Guilherme assinou com Alexandre o Tratado de Kalisch contra os franceses.

Para onde rumava a Áustria nesse inverno de azáfama diplomático? Segundo Metternich, agora firme no comando da política Habsburgo, um "renascimento alemão", cujos autores condenava como "jacobinos", não teria absolutamente nenhuma serventia, nem mesmo para uma continuação e ampliação da guerra franco-russa, com todos os riscos de perturbação geopolítica e social que acarretava. Como aliados formais dos franceses — e com a perspectiva de, um belo dia, ver seu querido neto suceder ao trono francês —, o Habsburgo sentira genuína consternação com a derrota francesa na Rússia. O interesse austríaco residia havia muito na sobrevivência, portanto na paz e no equilíbrio, no surgimento de algum tipo de combinação que deixasse Napoleão no papel central, dando-lhe porém parceiros respeitados na Rússia, Inglaterra e Áustria. O único problema era que Napoleão, mesmo que pudesse admitir as duas primeiras nações como inimigos dignos, continuava a ver — e tratar — o terceiro, a Áustria, com absoluto desprezo.

O inverno de 1813 começou de maneira pouco auspiciosa para os tímidos inspiradores do renascimento "alemão". Nenhum vulcão patriótico entrou em irrupção para desconcertar Metternich; em vez disso, Napoleão continuou exercendo seu controle férreo sobre o Império do outro lado do Reno, declarando inalienáveis os territórios que a França anexara no oeste e norte da Alemanha (como em toda parte). Hamburgo insurgiu-se mas foi rápida e severamente reposta em seu lugar, e nenhuma outra cidade hanseática apoiou-a. Os aliados alemães da França (Saxônia, Baviera etc.) permaneceram firmes, apesar das graves perdas sofridas em 1812 — proporcionalmente piores que as da França —, e apesar dos novos tributos impostos por Napoleão. O raciocínio desses soberanos pertencentes à Confederação do Reno, que Napoleão protegia, era inteiramente dinástico e geopolítico, não nacionalista alemão; eles temiam uma vitória aliada que perturbaria ou absorveria seus domínios.

De início esses soberanos ficaram tranqüilos com sua decisão de se manter leais a Napoleão. Na disputa militar que eclodiu na Saxônia na primavera de 1813, o César francês obteve algumas importantes vitórias iniciais. Em Lützen e Bautzen (maio), mostrou que não estava de maneira alguma tomado por uma exaustão que o inclinaria a "ceder a pedidos de repouso e recuperação".[30] Longe disso, infligiu clara derrota a um dos melhores generais da Prússia, Blücher, e infligiu aos aliados o tipo de impasse militar que em outra época os teria feito suplicar a paz.

Agora, porém, podia-se perceber uma nova dureza na liderança russo-prussiana. Dando ouvidos a Pozzo di Burgo e Stein, o czar resistiu à tentação de fazer seu exército recuar para a segurança da Polônia (que havia tomado). De maneira semelhante, Blücher, ajudado por compatriotas da corte prussiana, pressionava Frederico Guilherme. Berlim e São Petersburgo aferraram-se inflexivelmente à sua união, em vez de se separar em meio às recriminações mútuas de outrora. Um armistício foi proposto pelos neutros austríacos. Em condições normais, Napoleão o teria desdenhado e seguido em frente para ocupar Berlim, mas seu exército estava num estado precário após as difíceis vitórias de maio; ele precisava de novos soldados, especialmente de cavalaria. A tagarelice diplomática forneceu-lhe uma trégua.

A impossibilidade de encerrar a guerra na primavera mudou as coisas. Lützen e Bautzen, embora ganhas por Napoleão, destruíram qualquer esperança de uma vitória de longo alcance para ele, pois reforçaram sua tendência — sempre próxima à superfície, mas mais visível em crises — a acreditar que estava numa maré de sucessos. De fato, essa perspectiva diminuía a cada semana, e seu otimismo revelava que sua compreensão dos adversários estava gravemente equivocada. Os russos e os prussianos, de sua parte, entenderam que essas derrotas iniciais não tinham importância; a luta continuaria até que Napoleão fosse obrigado a ter juízo. Por fim, a Áustria — exausta de guerras, mas mortalmente irritada com Napoleão por seu desprezo — entrou em cena como um mediador ativo; ostensivamente era neutra, mas pendia fortemente para os aliados.[31]

No final de junho, Napoleão e Metternich tiveram discussões que se arrastaram por horas. Nelas, o imperador mostrou-se seletivamente "sem-educação" em vários momentos e demonstrou não compreender o objetivo do chanceler. Mais que a restituição de territórios, a Áustria desejava uma paz duradoura, fundada numa concordância ativa entre as potências. A incompreensão do imperador talvez não tivesse importância, pois ele não estava disposto a oferecer paz nesse sentido. Um "acordo" lhe parecia inaceitável, mesmo que permitisse à França conservar o *Grand Empire* interior (i.e., suas fronteiras "naturais" mais a Itália), porque isso era demasiadamente "político", quase parlamentar, envolvendo partidos e interesses concorrentes, a solução de conflitos por meio de regras e negociações freqüentes, não pelo arremesso dos dados de Marte. "Meu domínio não sobreviverá ao dia em que eu deixar de ser forte e temido", disse ele a Metternich.[32] Essencialmente, Napoleão tamborilava com os dedos na mesa ou ia ao teatro (ordenara à Comédie Française que enviasse uma companhia de repertório para se exibir, nos dois sentidos do verbo, em Dresden), enquanto ele esperava pelos meios para recomeçar a campanha.

Cristalizou-se assim a Sexta Coalizão antinapoleônica *, enquanto Friedrich Gentz agradecia aos deus da contra-revolução pelo desatino do "corso", que não dava a Viena outra escolha senão unir-se aos russos e prussianos. Os britânicos vinham negociando uma aliança com a Rússia havia muito — o czar hesitou em dar papel de destaque a mais um país nessa que devia ser sua melhor performance —, mas Albion tinha em Castlereagh, seu ministro das Relações Exteriores, um adepto tão brilhante das artes da harmonia e da conciliação quanto os austríacos tinham em Metternich, só que sem a reputação de desonestidade deste. De todo modo, Alexandre não teve escolha senão partilhar a liderança: a Rússia estava falida.[33] O atrativo britânico continuava em grande medida financeiro — mais uma vez seu crédito público resistia sob uma carga que teria esmagado outra potência —, agora, porém, o reino insular impôs-se também de uma maneira mais convincente aos homens em guerra: o futuro duque de Wellington infligiu uma derrota decisiva aos franceses na batalha de Vitoria na Espanha (21 de junho), obrigando "Don José Primero" a fugir de seu reino e abrindo caminho para o retorno de Fernando VII e da reação sob todas as suas formas. Abriu caminho também para uma invasão britânica da França pelo oeste. "Em última análise (admito) que só posso culpar a mim mesmo", escreveu o imperador a Savary (20 de junho). De fato.

O armistício de verão arrastou-se, culminando no fiasco fatal das conversações de paz no Congresso de Praga. Embora, ao que parece, nenhum dos participantes fosse movido pela boa-fé, foi apresentada a Napoleão uma espécie de proposta de paz com base nas "fronteiras naturais" da França. Ele não chegou a responder em tempo, e as coisas ficaram nisso.[34] Nesse meio tempo, os generais (inclusive Bonaparte) estavam aflitos por voltar à luta e, em meados de agosto, a extremamente sanguinária campanha alemã recomeçou. Seu clímax foi uma hecatombe de três dias (17-19 de outubro) nas cercanias de Leipzig — a maior e mais sangrenta batalha da história européia até então. Cerca de 180.000 franceses e alemães lutaram com 320.000 aliados, o que resultou num total de baixas assombroso: 100.000 mortos e feridos. Leipzig foi uma vitória retumbante para a Coalizão. Após 14 dias de guerra no estrangeiro, Napoleão foi forçado a recuar para aquém do Reno.

Num momento decisivo da luta em Leipzig, uma parte dos contingentes da Saxônia e de Württemberg (talvez 5.000 homens ao todo) desertou a causa francesa pelos aliados — coisa que os bávaros já tinham feito alguns dias antes. Essas

* Ou a Sétima, se contarmos a campanha da Rússia de 1812, como fazem certos escritores.

defecções ajudam a explicar por que os alemães chamam essa batalha *Die Völkerschlacht*, ou a Batalha das Nações. A expressão é enganosa se imaginarmos que a batalha ilustrou, da parte dos soldados austríacos, algo parecido com o fervor ideológico que caracterizou as tropas francesas na batalha de Valmy (1792), quando eles correram para a refrega gritando "*Vive la Nation!*"[35] Leipzig foi a culminação de uma campanha que, no fundo, era uma cruzada de motivação política dos soberanos da Europa contra Napoleão, e que poderia ser mais apropriadamente denominada a segunda (após Austerlitz) batalha dos Três Imperadores, pois representou o triunfo do apelo de Metternich ao interesse dinástico pessoal, não o apelo do barão vom Stein ao espírito nacional alemão.[36]

Vendo-se pela primeira vez na necessidade de defender a *pátria*, iria Napoleão tentá-lo?

O renascimento nacional *manqué*

Posso cair, mas não o farei devolvendo a França aos revolucionários de que a livrei [no Brumário].
NAPOLEÃO I

Os franceses têm uma expressão metafórica notável que, de tão comumente usada, perdeu a magia (exceto talvez para estrangeiros). *Peau de chagrin*, de uma história de Balzac, significa literalmente "pele de sofrimento" e se refere a uma pele de animal, ou couro, que encolhe após ser raspada, limpa e esticada. No francês usual, a expressão passou há muito a significar tudo que encolhe, não tanto naturalmente como a contragosto, perdendo inexoravelmente a vitalidade e a vida que teria desejado — como o pobre animal — conservar. A expressão descreve o *Grand Empire* no final de 1813: o bloqueio e o Sistema Continental haviam se desintegrado no rescaldo da retirada de Napoleão da Rússia (o comércio da Inglaterra deu um salto adiante suficiente para justificar os novos empréstimos de guerra); quase toda a Alemanha fora perdida e a Confederação do Reno logo seria dissolvida; o czar ocupara a Polônia, da qual não demoraria a se fazer rei; a Holanda e a Espanha estavam em plena revolta e Wellington estava atravessando os Pireneus; as províncias ilíricas tinham sido perdidas; a Suíça declarara sua independência da França. O príncipe Eugène, no reino da Itália, e o conde Bacchiochi, no Piemonte, estavam resistindo heroicamente aos austríacos — o heroísmo e a abnegação da administração napoleônica na Itália, como na Renânia, haviam superado quase tudo que encontraremos na França[37] — mas tratava-se de uma batalha perdida. Só a Dinamarca ainda se agarrava à aliança francesa, sobretudo porque o príncipe real da Suécia,

Carl Johan (também conhecido como Jean-Baptiste Bernadotte), não renunciava à intenção de se apoderar da Noruega (sob domínio da Dinamarca).

Peau de chagrin pode se referir também ao campo cada vez mais encolhido dos que permaneciam leais a Napoleão: dois marechais do Império (Poniatowski e Bessières) foram mortos na campanha alemã; sorte similar coube ao bem-amado general Duroc, que morreu praticamente nos braços de Napoleão, causando-lhe mais dor que qualquer morte desde a de Lannes; Berthier, o eficientíssimo chefe de estado-maior de Napoleão estava doente e fora de combate; seu velho amigo general Junot ficara demente em conseqüência da sífilis e morrera; o valoroso ajudante-de-campo general Reynier era um prisioneiro; o gereral Rapp caíra numa armadilha em Dantzig, e o melhor dos marechais, Davout, estava resistindo (leia-se: igualmente numa armadilha) em Hamburgo. A única boa notícia que os obituários estamparam naqueles dias foi a de que o general Moreau — que voltara de seu exílio americano a convite do czar e fora a escolha inicial deste para substituir Napoleão — fora morto por uma bala que se desprendera (oportunamente) de um canhão em Dresden no início de setembro. Murat, depois de lutar ao lado de Napoleão na Alemanha, estava negociando com a Áustria para assegurar o trono de Nápoles. Dessa vez, agarrou-se a ele firmemente — uma "sábia decisão", que Napoleão atribuiu ao fato de o cunhado saber bem que "o leão não está morto e não se pode mijar nele à vontade"[38] — no início de 1814, porém, ele abandonaria o barco,[39] para depois mudar de idéia novamente. Em meados de janeiro de 1814 a Dinamarca abandonou a França. Napoleão deixara de ser o Mediador da Confederação Suíça e não era mais, de fato, Protetor da Confederação do Reno, nem de fato rei da Itália (como tampouco o era seu filho, o Rei de Roma). Estava reduzido a ser tão-somente o Imperador dos Franceses...

Mas isso não era pouco. Se os aliados se detinham agora no Reno, não era por orgulho e deslumbramento pelo que haviam realizado desde agosto, mas por medo e tremor ante o que tinham pela frente. Não só sua esmagadora superioridade numérica não os tranqüilizava contra esse leão particular, como eles se acovardavam ante o que a enorme pátria francesa era capaz de vomitar em matéria de uma nação-em-armas enfurecida. Lembremos 1792: forças aliadas arrogantes haviam atravessado confiantemente o Reno, decididas a castigar a França pelo pecado de executar Luís XVI, e praticamente toda a Revolução Francesa se erguera para rechaçá-los — e para continuar investindo contra eles durante 20 anos. Em junho Napoleão advertira Metternich de que diante de seu fracasso em forjar uma unidade duradoura entre o velho mundo dos soberanos e o novo da Revolução Francesa — algo que muito desejara efetuar com seu segundo casamento —, estava agora disposto a "enterrar o velho sob suas próprias ruínas". Os aliados fizeram grandes esforços para publicar uma proclamação habilidosa (talvez porque sincera): "Não fazemos guerra à França, apenas sacudimos o jugo que vosso governo desejou impor a nossos países ... A única conquista que desejamos é a paz para a França." Previam uma campanha longa e difícil. Assim, decidiram empreendê-la logo, sem esperar a primavera, como Napoleão precisava tão desesperadamente que fizessem.[40]

A França em cujo solo a Coalizão pisou no dia 23 de dezembro, não vira um invasor durante uma geração (o tempo para que um menino nascesse e chegasse à idade de ser recrutado), mas o país estava cansado da guerra até os ossos. Diferentemente de *la Nation* do início da Revolução, essa França de agora não estava impaciente por se vingar de inimigos cuja fúria mal entendia. Não, a França que os aliados encontrariam estava "moralmente prostrada naquele momento em que, para se salvar, precisava de todo o entusiasmo patriótico de 1792".[41] Napoleão, ao retornar de Leipzig, encontrou um país dividido. Suas derrotas gêmeas na Rússia e na Alemanha tinham tido o súbito efeito de dissolver qualquer crença popular em sua invencibilidade que ainda existisse. Os partidos políticos ressurgiram, acusando Napoleão de ter perdido a oportunidade de fazer uma "boa paz" após Lutzen e Bautzen. (O imperador ordenou a Savary que reprimisse os monarquistas, mas o chefe da Polícia preferiu se passar para eles.) Até muitos ministros imperiais e autoridades civis faziam coro ao refrão da paz, sabendo que, se o Império caísse, seus empregos cairiam com ele. Uma nova tendência, extremamente reveladora, surgiu entre as elites políticas, talvez em resposta à propaganda aliada: elas começaram a fazer uma distinção entre a França e Napoleão, erro da França e erro de Napoleão, ambição francesa e ambição napoleônica, quando por uma década e meia haviam sido indistintos. O "grande imperador" tornou-se o fomentador de guerras; a perda da liberdade e a polícia política passaram a ser notadas com freqüência; a glória, bem menos.

Por outro lado, aquela ainda era a França, o lar de Marte. Quem poderia saber do que ela seria capaz quando suas terras fossem invadidas, e se seu "leão" a convocasse a dar tudo de si? Ela tinha população bastante para pôr soldados em campo de maneira quase interminável e era reconhecidamente capaz de mostrar energia, fúria e sacrifício praticamente inesgotáveis nas circunstâncias certas. A França negaceou, mas aceitou os novos impostos napoleônicos,[42] estabelecidos por decreto, num inusitado escárnio à legalidade, que exigiria a ratificação do Corpo Legislativo. É verdade que Napoleão também lançou mão de boa parte de sua vasta fortuna pessoal, feita com as economias do dinheiro da "lista civil" — o "*poire* que reservo para quando eu tiver sede", como o chamava. Requisitou também mais um exército de conscritos: 120.000 imediatamente, 180.000 logo depois, enquanto 900.000 deveriam ser preparados! Se incluirmos os 500.000 franceses que já marchavam sob a bandeira tricolor na Rússia, é razoável dizer que todos os exércitos que haviam marchado sob uma bandeira real nos três últimos séculos da história da França não igualavam o número convocado pelo Império em 1812-14. E não seriam o bastante. O impressionante é que havia soldados franceses suficientes. Se Napoleão tivesse sido capaz de repatriar seus tarimbados veteranos que estavam na Espanha e na Alemanha (onde eram prisioneiros das fortalezas que controlavam, teria mais 200.000 soldados de qualidade — certamente o bastante).

Após Leipzig, Savary escrevera a Sua Majestade para lhe implorar que voltasse e liderasse "um movimento nacional, sem o que estamos perdidos".[43] O imperador retornou em meados de novembro. Convocou a Guarda Nacional nos departamentos do leste (os mais expostos), e despachou uma vintena de senadores e deputados — comissários, investidos de plenos poderes, lembrando a Revolução Francesa — para todos os lados da França, mandando-os rufar o tambor patriótico e arregimentar homens e material. Uma chuva de proclamações caiu sobre "os franceses", invocando a pátria, a "França", a "honra", a "liberdade de comércio", a "proteção da indústria nacional, e o ódio aos *Anglais*. A culpa pela derrota em Leipzig foi lançada sobre a "defecção sem precedentes" dos saxônios e erros cometidos por subordinados. Lembrava-se aos leitores a amputação geográfica que a pátria sofreria — a perda das "fronteiras naturais" — no caso de uma vitória aliada. Por fim, "o país" foi instado a "mostrar-se digno de um soberano que não conhece a fadiga nem o perigo quando se trata de assegurar o bem-estar de seus súditos e a honra de seu Império está em jogo". Que "cada francês ... dê novas provas de seu amor por seu imperador, seu país e sua honra".

O que impressiona o leitor de toda essa propaganda napoleônica produzida no outono de 1813 e inverno de 1814 é que ela apelava para o patriotismo sem enfatizar particularmente um "renascimento nacional"; a linguagem destacava a França e os franceses, mas raramente invocava *la Nation* e *les nationaux*. Talvez isso não fosse acidental. Mais de uma década de (ab)uso de *nation* nas mãos de Napoleão não haviam oxidado por completo o poder ideológico original do termo. Em 1814, *nation* conservava uma boa medida da aura sagrada e do poder de mobilizar que tivera ao longo de toda a Revolução; e, mais especificamente, guardava muito de sua associação primordial com os movimentos e momentos populares frenéticos que haviam transformado a Revolução e estarrecido a Europa das cortes e dos soberanos. Foi por essa razão que, como vimos, o termo nunca soube bem a lábios Habsburgo, ou que o rei Frederico Guilherme pronunciou estas palavras memoráveis: "*Nation? Das klingt Jakobinisch!*" (Isso soa jacobino!)

"Abraçar a nação" teria exigido de Napoleão a disposição de inverter as tendências do seu estilo de liderança. Nada ilustra isso melhor que o mais notável e desastroso confronto da época. Num esforço para promover a união nacional — e neutralizar a propaganda aliada feita para separar o soberano de seu povo —, o imperador, num gesto inusitado, convocou o Senado e o Corpo Legislativo. Para provar que não fora culpado pela não-negociação da paz durante a campanha saxônia, conferiu a comissões seletas de cada um dos corpos o direito extraordinário (por uma vez apenas) de examinar certos documentos diplomáticos. Os velhos e astutos senadores, liderados por Talleyrand, logo perceberam a verdade: de fato, o imperador não respondera em tempo às propostas aliadas. Como de costume, com a complacência que era mecanismo político central do Império, nada disseram. Quanto aos legisladores, não perceberam nada e se dispuseram a arregimentar o país atrás de Napoleão contra o que tomavam por uma coalizão belicosa que visava desmembrar a França. Apesar disso, a comissão do Corpo Legislativo fez algumas críticas implícitas, de âmbito interno, ao governo imperial pela voz de seu relator, Joseph Lainé: "rogou" ao imperador que assegurasse o cumprimento das leis, de modo a "garantir aos franceses seus direitos de liberdade, segurança e propriedade e a permitir à nação o livre exercício de seus direitos políticos". Os conselheiros de Napoleão nada viram de especialmente inconveniente ou impudente nesse relatório, que, como Thiers observou, repousava no princípio iluminista bem estabelecido segundo o qual o espírito nacional era um produto do patriotismo unido à justiça e à liberdade: "o solo e o direito."[44]

Com o imperador, confirmando os temores de Cambacérès e Caulaincourt, as coisas foram diferentes. Contra a enfática sugestão do Conselho de Estado, ele viu no Relatório Lainé um ato hostil e desleal perante o inimigo. Se fosse aprovado, o documento "daria idéias" ao Legislativo. Assim, encerrou a legislatura e ordenou a Savary que embargasse o relatório. Esses atos provocaram consternação, mas isso não foi nada perto do mal-estar gerado uma semana depois, numa recepção comemorativa do Ano-Novo nas Tulherias. Sua Majestade desceu do trono para repreender os legisladores presentes. Vale a pena citar essa fala, pelo que revela da medida em que esse homem podia ocasionalmente perder o bom senso e o senso político, mesmo (ou talvez especialmente) *in extremis*:

> O que querem os senhores, poder? E que fariam com ele? Quem entre os senhores seria capaz de exercê-lo? ... E onde está o seu mandato? A França me conhece, e

> aos senhores? Duas vezes ela me escolheu como seu chefe por vários milhões de votos, enquanto os senhores foram escolhidos por algumas centenas de votos em seus departamentos ... Que é trono, se não quatro pedaços de madeira e ouropel estofados com veludo? O trono é um homem, e esse homem sou eu, com minha vontade, meu caráter e meu renome! Quem pode salvar a França sou eu, não os senhores ... Eu os teria escutado, se tivessem vindo me falar privadamente; seu erro foi lavar nossa roupa suja em público ... Monsieur Lainé é um homem perverso que mantém correspondência com os Bourbon e os britânicos, tenho provas ... Quando eu tiver rechaçado o inimigo e concluído a paz, seja qual for o custo disso para minha ambição, como os senhores a chamam, convocarei novamente (o Corpo Legislativo) e ordenarei a publicação de seu relatório, e os senhores ficarão espantados de terem sido capazes de falar de mim como o fizeram.

A acusação a Lainé era falsa, claro, mas esse ultraje se perdeu em meio a tantos outros. O mais curioso que esse acesso de bile revela é o grau em que Napoleão compreendia mal um grupo de deputados em sua maioria dóceis, que nunca, em seus sonhos mais desvairados, teriam se imaginado como Dantons desafiando o Robespierre que havia no imperador. Thiers tem razão ao observar que o impacto da publicação do relatório não teria sido nem de longe tão deplorável quanto o causado por esses atos e palavras que o seguiram. Ao contrário, publicando-o o governo teria ganhado o apoio do Corpo Legislativo, de que tanto precisava em sua campanha para unir a França em torno da (falsa) idéia de que eram os aliados, não Napoleão, que se opunham à paz.

Napoleão tomou algumas medidas próprias de um governo nacional. Sacrificou Maret, o ministro das Relações Exteriores — considerado excessivamente agressivo —, visando substituí-lo por Talleyrand. Mas este, prevendo o desastre, preferiu tentar salvar a própria pele.[45] Caulaincourt assumiu a pasta. O imperador confessou a uma seleta audiência privada de senadores: "Fiz guerra demais ... Estava errado: meus projetos não estavam em proporção à força e aos desejos do povo francês." Ato contínuo, despachou esses senadores para as províncias, para arregimentar a nação. Tratava-se, porém, de um grupo de velhos companheiros, todos conservadores; não incluía nenhum dos conhecidos críticos de Napoleão que poderiam lhe ter conferido maior credibilidade. Um corpo de legisladores liberais e mais jovens, mais apaixonados, teria sido muito mais eficaz, mas o fato é que o imperador queria reunir soldados e material, não semear o turbilhão social — como os provinciais perceberam muito bem.

Assim, passou ainda mais longe da mente do imperador a idéia de convocar de novo Fouché e uma equipe de ex-jacobinos, sempre tão úteis em tempo de guerra, como o Diretório e o general Bonaparte haviam compreendido outrora. A extrema esquerda estava com tanto medo dos aliados e do ressurgimento do monarquismo que teria servido ao odiado imperador na esperança de transformá-lo num Ditador da Segurança Pública do Ano II. Mas, se agora desconfiava dos ricos e dos conservadores, nem por isso Napoleão admitia dar carta branca aos camponeses e trabalhadores, junto a quem seu prestígio continuava alto. Foi capaz de repreender um marechal que não cumpriu prontamente suas ordens: "A pátria está em perigo, está ameaçada. É hora de calçar as botas e da determinação de 1793." Mas ele mesmo não conseguiu calçar essas botas. Quando Sebastiane o instigou a "despertar a nação", respondeu que isso era uma "quimera. ... Eu já esmaguei a Revolução."[46]

O que isso quer dizer é que, posto contra a parede, Napoleão não cumpriu a ameaça que fizera a Metternich: voltar a ser Robespierre a cavalo, transformando-se no Primeiro Cidadão da República dentro do Império. O Imperador dos Franceses só fazia apelos a *la Nation*, não a abraçava; ordenou a *levée em masse*, mas só em certos departamentos (p.ex., a Alsácia, 4 de janeiro), e neles, de todo modo, a ordem não foi cumprida pela administração e os notáveis locais e ele se recusou a confiar sua execução aos jacobinos que lhe ofereceram seus serviços. Não queria evocar abruptamente o espectro do conflito social entre a França e a Europa, o que poderia ter feito, pois esse conflito nunca desaparecera por completo, mesmo depois do casamento Habsburgo. Aceitar plenamente o estratagema "nacional", como os franceses o compreendiam, teria significado para Napoleão renunciar a muito do que julgava ter construído desde esse casamento, e embora tenha ameaçado com isso um príncipe da Coalização, não conseguiu fazê-lo. Isso não era mais o que ele queria, mesmo que, objetivamente falando, fosse o que ele representava aos olhos da Europa, e até aos de alguns franceses. Assim, o tom imperial-proprietário continuou sendo o *leitmotiv* de seus comunicados, e a Guarda Nacional em Paris foi armada só nos bairros abastados, não nos pobres.

Os franceses, portanto, não se inflamaram, não se ergueram *en masse* — longe disso. Camponeses gritavam "Viva o imperador!", mas também "Abaixo os impostos!"[47] O ministro do Tesouro comentou: "Mal reuniu soldados suficientes para resistir ao inimigo, Napoleão ... deixou de demonstrar a menor consideração pela opinião pública ... [O resultado foi] que as pessoas diziam consigo mesmas: 'O imperador não mudou; não aprendeu nada com toda esta miséria'."[48] Diante dessa tristeza, até a notável máquina de recrutamento do Império falhou. Dezenas de milhares de homens fugiram do alistamento (de 300.000 convocados, 63.000 se apresentaram) ou desertaram das fileiras da Grande Armée, agora um arremedo encolhido do que fora. A defecção revelou-se muito fácil à medida que o tifo passou a assolar os exércitos já desalentados pela fome, o frio e a falta de uniformes e equipamento.[49] As províncias que não foram rapidamente devastadas pelo inimigo foram minadas pelos monarquistas e o clero dissente, ou pela lassidão e a doença. Nos departamentos do leste (politicamente, os mais leais), Napoleão mobilizou a Guarda Nacional e instituiu as unidades livres, mas estas permaneceram letra morta porque os marechais que designou para esses setores comandavam com mão pesada e conservadora.

Em última análise, Napoleão não sentiu que devia modificar radicalmente seu estilo, pois, em desafio ao senso comum, ainda achava que podia vencer a guerra com a Coalizão — isto é, rechaçá-la e impor uma paz vantajosa para a França. Dissera aos senadores que estava cansado de guerra, e alguns historiadores (Thiers) acreditaram. Talvez ao contemplar a insolência que até seus cortesãos mais obsequiosos mal tentavam disfarçar, o cansaço de seus marechais, os rios de lágrimas nos olhos de Maria Luísa, e a frustração e a *tristesse* nos semblantes de seus mais altos funcionários — a começar por Cambacérès, que agora procurava refúgio na religião —, talvez *nesses momentos* acreditasse que aprendera sua lição. Mas temos o direito de especular. Se ele tivesse derrotado a Coalizão, teria permanecido muito tempo contente com uma "boa" paz? A imagem que nos vem à mente é que ali estava um jogador compulsivo que dobrou sua aposta duas vezes (em 1812 e 1813), e perdeu feio. Promete solenemente que vai parar depois de ganhar mais uma vez, pede a seus financiadores que lhe dêem dinheiro novamente. Eles dão, mas com a morte na alma.

Quem voltara para o seu lado fora o irmão mais velho. Não mais *Don José Primero*, embora ainda se agarrasse ao "*Roi*" honorífico, José Bonaparte passara um tempo amuado ao voltar à França após o desastre de sua monarquia "nacional" na Espanha. Mas quando Napoleão lhe escreveu dizendo: "Toda a Europa está em armas contra a França, especialmente contra mim ... Qual é a tua intenção?" José postou-se ao lado do trono como o bom príncipe francês que era. Em recompensa por seus sofrimentos, foi feito vice-governador do Império, abaixo apenas da imperatriz-regente.

Uma quinzena depois, o primeiro Imperador dos Franceses "confiou" a mulher e o filho aos cuidados da Guarda Nacional de Paris, cuja chefia fora especialmente convocada para esse propósito. Foi uma cerimônia tocante mas rigorosamente formal — nada nela teria feito o observador lembrar que aquele era o mesmo grande salão das Tulherias em que uma multidão obrigara o finado Luís XVI a enfiar na cabeça o barrete frígio "nacional". Mais tarde, na mesma noite, Napoleão queimou muitos papéis particulares e, na manhã de 25 de janeiro, às 6 horas, partiu para a linha de frente. Ela estava a apenas 165km de distância.

O leão no inverno: a campanha da Champagne (1814)

A guerra é um conflito que não indica quem tinha razão — mas quem sobrou.
ANÔNIMO

Se o astuto contendor político e diplomático que havia no imperador saíra de cena, o fantástico general continuava nela. A coruja de Marte de Napoleão voou tão graciosamente naquele crepúsculo como na aurora e no meio-dia de sua carreira. A atmosfera do ano 1814 foi a de uma campanha que se prolongara demais, uma vez que não ocorrera nenhuma batalha gigantesca ou decisiva e em virtude da freqüência com que a situação militar e diplomática mudava, ou parecia mudar. Dados os magros recursos franceses em homens, material e moral, dois meses foi um tempo considerável, e só Napoleão para conseguir tal feito. A moldura temporal parece rápida apenas quando consideramos que o destino do Império e da dinastia estava pendente. O exército francês estava em desvantagem numérica de um para dois, três, e quatro em relação às forças prussiana, russa e austríaca — a Coalizão tinha a perspectiva de um número interminável de reforços, os franceses de nenhum.

Olhando para trás, temos a impressão fatalista de um homem empenhado numa corajosa batalha contra um câncer terminal, mas essa é apenas a visão da posteridade. Os contemporâneos não sabiam que a doença era terminal, menos ainda a própria vítima. Só Napoleão manteve por muito tempo a fé e a calma, talvez ao preço do realismo. "Nunca me senti seduzido pela prosperidade; a adversidade me encontrará além do alcance de seus ataques", ele dissera antes de deixar Paris, e a maior parte dos registros das provações por que passou no inverno e no início da primavera comprova isso. O aliados, divididos e profundamente desconfiados uns dos outros, tiveram dificuldade em aprender que uma meta — e apenas uma — devia lhes impor não meramente unidade, mas resistência e disposição para fazer praticamente qualquer sacrifício. Só depois de esvaziada essa taça eles conseguiram se concentrar numa estratégia comum, e então o fim chegou depressa.

Militarmente, essa foi uma sofisticada guerra de manobra entre generais e exércitos tarimbados; os "Maria Luísas" mostraram-se brilhantemente à altura da ocasião, para não mencionar o que restava da veterana Guarda Imperial. Mas os homens da Coalizão também lutaram nobre e inteligentemente, e tem-se de fato a impressão de que aqueles legendários e sempre invocados *Patriotes* e *Nationaux* de Valmy (1792) talvez não tivessem permanecido duas horas no campo contra qualquer desses contendores de 1814. A campanha teve lugar num espaço muito menor que qualquer outro até então: uma área grosseiramente pentagonal cobrindo 210km de oeste (Paris) a leste (Saint-Dizier), e 145km de norte (Laon) a sul (Sens). Poderíamos chamá-la a campanha da Champagne, pois foi nesta região da França que grande parte da guerra se deu. Como no norte da Itália em 1796-97, Napoleão tirou pleno proveito do fato de dominar as linhas internas, plantando-se centralmente com seu pequeno exército (em geral não mais de 30.000 homens sob seu comando direto), para depois partir a toda velocidade para fazer ataques surpresa a exércitos aliados individuais.

Depois de um mau começo, com uma derrota tática em La Rothière (1º de fevereiro) — que deixou os habitantes do lugar tão acovardados que eles se recusaram a ajudar os soldados franceses —, o imperador, após recobrar o autocontrole, ordenou bruscamente ao governo de Paris que parasse com "essa macaquice religiosa [mandar rezar missas pelo sucesso do exército francês], que está deixando todo mundo morto de medo" e recuperou-se milagrosamente. Na batalha dos Cinco Dias (10-14 de fevereiro), infligiu uma tríplice derrota (em Champaubert, Montmirail e Vauchamps) a vários generais prussianos, entre os quais, para seu prazer, Yorck, o vira-casaca, e o próprio *Der Grosser Ferdmarschall*, Blücher.[50] Em seguida, numa marcha inacreditável — 76km em 36 horas! — Napoleão causou estragos aos russos em Mormant (17 de fevereiro) e, já no dia seguinte, ao comandante-em-chefe austríaco, Schwarzenberg, em Montereau. Um corre-corre de negociações aconteceu então, acarretando um afrouxamento das hostilidades por um algum tempo. Quando a luta recomeçou, Napoleão repeliu de maneira cruenta o russo Winzingerode em Craonne (7 de março), o que foi seguido por uma ação onerosa e inconclusiva em Laon (9-10 de março). Napoleão tomou Reims de volta dos prussianos (14 de março), mas não conseguiu localizar corretamente a principal força de Blücher. Na fase final da campanha, o imperador tentou manobrar atrás das linhas inimigas, mas subestimou o príncipe Schwarzenberg, que dessa vez resistiu em Arcis (20-21 de março). Os franceses o combateram com astúcia e valentia, mas a desigualdade era esmagadora, e Napoleão teve de recuar para não ser destruído. Arcis foi o último confronto de vulto. Em seguida teve início uma série de marchas e contramarchas francesas rápidas, mas desesperadas e inúteis, enquanto os aliados invadiam Paris, que caiu no dia 31. Alguns dias depois, Napoleão refugiou-se em Fontainebleau com cerca de 60.000 soldados.

Ainda que o comando do imperador na *Campagne de France* possa ser comparado ao de Aníbal,[51] o fato é que as derrotas que ele infligiu aos aliados nunca foram arrasadoras, apenas desmoralizantes e humilhantes — e, em geral, custaram-lhe mais vidas do que podia perder. Bruscos reveses temporariamente infligidos a um ou outro general da Coalizão — tão tardios quanto a recaptura francesa de Reims (13 de março) — puseram penosamente à prova a coragem e a decisão dos aliados, e *pareceram* pôr em jogo todo o resultado. O congresso que se reuniu em Châtillon chegou a propor termos de paz ao imperador francês em meados de fevereiro. Desta vez, Caulaincourt estava ávido por aceitá-los, mas os Cinco Dias de triunfos de Napoleão "endureceram o coração do faraó", por assim dizer, e ele preferiu apostar na vitória completa no campo de batalha. Em face dos números esmagadores que enfrentava, essa possibilidade era tão remota quanto a esperança de que as cartas súplices que estava enviando ao sogro, Francisco I, pudessem separá-lo dos aliados.

A Coalizão podia ser frágil, mas Napoleão, fiel a seu estilo, manteve-a monolítica, algo que William Pitt dissera que nunca aconteceria. Ele conseguiu isso também porque, à medida que sua posição militar melhorava. insistia em que os termos fossem alterados como condição para aceitá-los. Isso continuou pelo mês de março, exasperando as outras potências, e teve por resultado final que Napoleão não negociou enquanto ainda tinha alguma coisa para negociar. No outono anterior, Metternich previra: "Napoleão não fará a paz. Esta é minha profissão de fé, e nada me deixarão mais feliz do que estar errado."[52] Em fevereiro, logo após à vitória em Champaubert, a polícia napoleônica relatou que as pessoas estavam se queixando: "Basta vencer uma vez, e o imperador deixa de querer a paz."[53] Os aliados *acabaram* por se convencer disso. Em Chaumont, no início de março, eles assinaram um acordo solene de lutar durante 20 anos, se preciso fosse, para liquidar aquele homem, pois "*enquanto ele viver, não poderá haver nenhuma segurança*", como disse — e repetiu — lorde Aberdeen.[54]

Muitos escritores sustentam que em certa altura desse inverno medonho o imperador se afastou da própria realidade e se refugiou na ilusão, como se sua tendência sempre forte a narrar os eventos para os leitores como gostaria que tivessem sido contaminasse agora a maneira como ele mesmo os via. No dia 14 de março, depois de retomar Reims, ele se gabou para José: "Dominei hoje exatamente como em Auterlitz." E apenas uma semana antes da queda de Paris, assegurou a Caulaincourt que seu decreto da *levée en masse* criaria "uma grande insurreição" que viraria a maré. Na véspera de sua rendição a 200.000 soldados aliados, com a capital sitiada, ele disse a Berthier, chefe do estado-maior: "Se eu tivesse conseguido chegar mais cedo, tudo seria salvo." O ministro das Relações Exteriores concluiu: "O imperador ficou cego tanto para os perigos que corria quanto para os recursos que tinha ... Refugava conselhos de prudência como se fossem demonstrações de fraqueza ... Pensava escapar dos perigos que o ameaçavam por todos os lados enganando-se a si mesmo com relação a eles."[55]

É perigoso, no entanto, concluir com convicção o que Napoleão realmente sabia ou do que ele era capaz. O duque de Wellington, após estudar essa campanha, declarou que, se tivesse posto em prática seu plano militar, o imperador francês teria conseguido salvar Paris e infligir uma derrota arrasadora à hoste aliada dentro e em torno da capital. Além disso, para fazer justiça a Napoleão, é preciso dizer que os termos que os aliados estavam oferecendo em março, em contraposição aos do final de 1813 ou aos de janeiro de 1814 (ambos variações em torno das "fronteiras naturais"), só podiam lhe parecer uma total humilhação: previam não apenas a redução da França às suas fronteiras de 1790, como sua efetiva exclusão das negociações diplomáticas que decidiriam o destino de Estados como a Westfália, a Baviera, a Polônia, o norte da Itália e a Saxônia, que ela própria criara e a cuja sorte estava profundamente ligada. Luís XIV, nos últimos dias de seu reinado, também fora levado a uma guerra desastrosa por razões imperialistas (a candidatura francesa ao trono espanhol) contra uma coalizão composta pela Inglaterra, a Áustria e a Prússia. E, embora em péssimas condições militares, o Rei Sol recusou as condições "desonrosas" que a coalizão lhe propôs e lutou até seu último homem. Além disso, a despeito de sua "antiga" e "sagrada" legitimidade, Luís enviou uma extremamente inusitada "carta a nossos povos", em que justificava sua ação e pedia o apoio de seus súditos.[56]

Napoleão fez o mesmo. O príncipe Schwarzenberg, o comandante austríaco, opinara em 1813 que era preciso forçar o imperador a se tornar, de fato, simplesmente o "rei da França".[57] Se Napoleão, com boa posição no campo e um exército ainda praticamente intacto, preferiu continuar lutando a aceitar esse rebaixamento, não foi *simplesmente* porque a ambição o enlouquecia, mas porque, segundo suas luzes, o que lhe estava sendo oferecido era insensato e desonroso, e porque tinha o palpite de que podia fazer melhor.[58]

Abdicação?

> *Chegou por fim o momento em que a Divina Providência parece prestes a desfechar o instrumento de sua ira.*
>
> LUÍS XVIII[59]

Dois enredos estão disputando nossa atenção nessas primeiras semanas do mais cruel dos meses. Em Paris, propriamente falando, um vasto drama histórico, em muitos atos, com muitos quadros, muito movimento e um elenco estelar (mas não uma única estrela), era encenado perante uma enorme platéia — praticamente uma platéia mundial, se considerarmos todos que a ela estavam atentos. Enquanto isso, 56km a sudeste, em Fontainebleau, uma pequena peça era encenada por um homem e um punhado de atores coadjuvantes. O homem e a maioria dos atores viam sua produção como uma tragédia grega, em que o destino maligno e amigos traiçoeiros desempenhavam papéis decisivos — e tinham razão. Outros, contudo, viam-na como um drama burguês, ainda que apenas porque o protagonista representava seu papel de maneira tão estudada. Também eles tinham razão.

É condizente que um regime que tentou eliminar os partidos e a política sucumba a eles, não à derrota militar. Coube ao conde Pozzo di Burgo o mérito de convencer o czar Alexandre I de que os aliados estavam perdendo tempo, no final de março, ao levar adiante o duelo militar com Napoleão. Melhor seria levar a melhor sobre ele no plano político, sustentava Pozzo: marchar sobre Paris e entender-se com seus numerosos inimigos políticos.[60] Que Napoleão tinha inimigos a Coalizão sabia muito bem, tendo interceptado mensagens de Maria Luísa e do ministro da Polícia Savary para ele. Elas deixavam claro não só como o moral parisiense estava baixo, mas a efervescência dos *partis*, em particular do que representava a causa Bourbon. Ocorreu à Coalizão que a capital francesa talvez pudesse seguir os exemplos de Bordeaux e Toulouse, que haviam bandeado para os defensores dos Bourbon — embora não sem um amigável "empurrão" de Wellington e seu exército. Estas foram as palavras inesquecíveis de Pozzo: "Basta tocar em Paris e o colosso cairá por terra."

O problema — ou a oportunidade — em Paris era que isso abriria um vácuo político. Na última semana de março, quando as tropas aliadas se aproximavam da cidade apreensiva, o debate dentro do governo sobre o que fazer inflamou-se. A regente poderia ter dado ouvidos ao conselho de certos ex-revolucionários entre os servidores do imperador, que a pressionavam a se instalar com o Rei de Roma no Hôtel de Ville e "convocar o povo". Estimava-se que talvez 100.000 pessoas se insurgissem. O argumento decisivo contra essa jogada (afora o fato de não haver nem de longe rifles militares suficientes para armar "o povo") foram duas cartas imperiais que José introduziu no debate já numa fase tardia. Napoleão, sabendo que sua mulher era na verdade uma criança, e temendo que ela pudesse se tornar o instrumento dócil de seu pai e da Coalizão, escrevera algumas semanas antes para proibir terminantemente a permanência da imperatriz e do Rei de Roma na cidade sitiada sob qualquer pretexto.

Nem José nem Cambacérès ousaram aconselhar a desobediência, embora previssem que a partida da família imperial de Paris abateria o moral da população. No dia 13, Maria Luísa e o reizinho deixaram Paris como previsto e rumaram para o Loire (Blois), deixando atrás de si má vontade e acusações de deserção. Se tivesse sido possível contactar Napoleão nesse momento, é provável que ele tivesse ordenado que todos permanecessem em seus postos e declarado a *levée en masse* — instruindo os cidadãos a, se preciso, usar suas próprias armas (as de caça) —, pois ele marchava a toda pressa para Paris, possesso (não há outra palavra) pela idéia de que conseguiria encurralar os aliados entre seu exército que se aproximava e os cidadãos da capital prontos para a batalha. Se havia uma boa dose de ilusão nesse plano, havia também uma clara dose de plausibilidade, dada a mente que o concebeu. Paris entregou-se aos aliados no dia 31 de março, após um dia de animada ação militar. Como a essa altura o governo imperial também tinha fugido, abriu-se um verdadeiro vácuo político, a cujo respeito Napoleão, em Fontainebleau, nada pôde fazer.

Foi nesse vácuo que o príncipe de Talleyrand saltou, com admirável graciosidade para um coxo.[61] O que inevitavelmente nos impressiona é que Talleyrand estivesse, afinal de contas, vivo e disponível — não morto ou aprisionado, como certamente estaria se o imperador fosse severo e vingativo para com os que se opunham a ele ou o traíam. Talleyrand e a Casa de Bourbon tinham todas as razões para se odiar mutuamente (afinal, fora ele o bispo que, ao sagrar quatro padres não-constitucionais como bispos em 1791, tornara apostólica a Igreja Constitucional), mas as circunstâncias do Império em Paris nesse inverno eram tais que os dois haviam se transformado nos mais afáveis parceiros.[62] Em suas memórias, o arquichanceler afirma reiteradamente que não liderou "nenhuma conspiração contra o imperador", o que só é verdade se engolirmos o argumento de que o regime imperial não existia mais (quando obviamente existia, fora de Paris) e que *alguma coisa* tinha de se erguer para tratar com a Coalizão.

Mas uma outra frase de Talleyrand é mais pertinente: "Nunca abandonei um partido antes que ele mesmo se abandonasse." Depois que se disse tudo sobre o oportunismo e a venalidade desse homem, continua sendo verdade que era extremamente lúcido e cuidadoso com relação às pessoas com quem colaborava. "Sua sabedoria, moderação e vaidade intelectual", como Jacques Jourquin expressa com precisão, "eram mais fortes que sua corrupção".[63] Não faltavam homens e mulheres sensatos em 1814, inclusive ex-adeptos fervorosos de Napoleão, que acreditavam que seu "grande imperador" havia "se perdido". A questão para Talleyrand era para quem devia jogar o chapéu, e ela acabou se reduzindo a um processo de eliminação. A República estava fora de cogitação, condenada por seus excessos na Revolução, e, de todo modo, absolutamente inadmissível pelos soberanos aliados. O antigo favorito do czar, Bernadotte da Suécia, não despertava nenhuma simpatia no povo,[64] mas os quadros Bourbon haviam revelado esplêndida eficiência — muito maior que o carisma de seus príncipes (Luís XIII ou seu irmão, o conde de Artois, e os filhos deste). Haviam conseguido se infiltrar e converter cidades e regiões inteiras (sempre, contudo, com ajuda militar inglesa), dando a impressão de um movimento espontâneo. Agora, como em 1806, os aliados fizeram um acordo secreto de restaurar os Bourbon; e tanto o príncipe-regente britânico, Castlereagh, quanto Metternich e Francisco I (diferentemente de Francisco I e Alexandre I) estavam pessoalmente bem-dispostos com relação a Luís XVIII. Compreendendo isso, os Bourbon e seus seguidores tiveram um brilhante desempenho. Talleyrand deu-lhes a senha. Onde ele revelou dessa vez uma habilidade excepcional foi ao persuadir o inicialmente hesitante czar Alexandre de que aquela era uma decisão forçosa. Em suma, o princípio da legitimidade entrou em grande moda naquele mês de abril em Paris.

Não que estivesse no poder dos monarquistas derrubar o Império. A marca que Napoleão imprimira à França ainda era suficientemente forte para tornar inconcebível para a maioria dos franceses que seu país pudesse existir sem ele. Como escreveu Thibaudeau, praticamente todos os franceses ainda acreditavam que a quarta dinastia era "inabalável" e que o retorno da pátria às suas "antigas fronteiras" e à sua antiga casa real eram "impensáveis".[65] Os monarquistas, portanto, não teriam conseguido depor o Império a menos que a Coalizão estivesse disposta a impô-los (e sustentá-los) pela força, o que estava fora de questão.

No entanto, os servidores do Império, reunidos na única instituição cuja autoridade rivalizava com a do imperador, seriam capazes de dar uma machadada nas próprias raízes — se tivessem estômago para tal: o Senado imperial, do qual, convenientemente, Talleyrand era vice-presidente. Não há necessidade de recorrer a uma psicologia política complexa para explicar por que os senadores depuseram o soberano que fizera a carreira de cada um deles ("enquanto o bajulavam, os senadores sempre o haviam odiado em seus corações").[66] O império da circunstância exerceu novamente sua irresistível influência, incluindo a consideração de que Napoleão cometera "crimes", que traíra a "liberdade" da França de muitas maneiras, inclusive cobrando impostos e fazendo recrutamentos e guerras "ilegais". Sem alegria, os senadores fizeram o que precisava ser feito (embora nada na Constituição do Ano XII lhes desse o direito de depor o imperador), plenamente cônscios, em seus graves e tristes corações, da óbvia acusação de Napoleão: "Vós me seguistes a cada passo do caminho sem um murmúrio. Se sou o déspota e o louco que dizeis, lembrai que sancionastes cada movimento e aceitastes cada presente meu." A réplica fora igualmente óbvia e igualmente esmagadora: "Lá estais, em Fontainebleau, teimoso como sempre, com uma solução militar em que ninguém acredita, senão vós, com quem, de todo modo, os aliados decidiram que não tratarão. O povo de Paris está abandonado e alguém tem de carregar esse fardo." Acreditariam os senadores no que estavam fazendo agora tanto quanto haviam acreditado em seus untuosos discursos de uma década antes — tanto tempo atrás! —, quando haviam proclamado o Império?

Nos dias que se seguiram, o Senado votou a criação de um governo provisório presidido por Talleyrand[67] e a deposição formal do Império; publicou também uma proclamação ao exército, não muito bem recebida pelos militares que estavam em Fontainebleau: "Se um homem que nem sequer é francês pôde debilitar a tal ponto a honra de nossos exércitos ... não sois mais soldados de Napoleão." Os homens que, segundo a voz geral, mais haviam sofrido nas mãos do imperador — os soldados do exército napoleônico — foram também os que permaneceram mais ardorosamente leais a ele, *sempre.*

Napoleão fez o que podia para influenciar os eventos que estavam transpirando ali onde ele não se achava. Nisso, recebeu notável serviço de seu emissário, Caulaincourt, que granjeou respeito universal por seus valentes, ainda que infrutíferos, esforços para romper a teia de intrigas que estava sendo tecida pelo governo provisório e os monarquistas. O ministro das Relações Exteriores tinha dois trunfos: a antiga afeição do czar por ele e o novo desejo desse soberano, agora que conquistara a tão almejada vitória sobre *le grand Napoléon*, de se mostrar magnânimo. A posteridade pode agradecer ao Romanov por ter impedido os prussianos de dar vazão a seu *Rashsucht* (ânsia de vingança), que teria provavelmente levado à explosão das pontes de Iena e Austerlitz e do Arco do Triunfo.[68] Alexandre demonstrou também grande tato, para não dizer lisonja, no modo como conseguiu não ferir a sensibilidade da França como potência derrotada. Em suma, com seu "desempenho" no papel do vitorioso, pois foi disso que se tratou, ele alcançou seu objetivo: mostrou-se superior a Napoleão em circunstâncias semelhantes.

Nessa altura Caulaincourt jogou um pouco de areia na máquina bem azeitada do governo provisório e dos monarquistas. Teria sido diferente se Castlereagh e Francisco I estivessem presentes, mas como eles ficaram em Dijon até o dia 10, Alexandre tinha Paris só para si, com uma pequena contribuição de Frederico Guilherme III, um associado próximo mas absolutamente subordinado. Em sua volubilidade, o czar se deixou levar pelo apelo apaixonado de Caulaincourt em prol da "salvação" de Maria Luísa como regente em nome de seu "desventurado" filho, Napoleão II. Pozzo di Burgo, que durante todo o tempo estivera alimentando seu patrono com uma torrente de informações errôneas sobre a pretensa alta estima de que os Bourbon desfrutavam no país, agora curvou-se em dois, lembrando ao czar que hesitação depois que acordos haviam sido firmados e instituições criadas poderia significar guerra civil. Um de seus argumentos era tão convincente que merece ser citado: "O povo francês não sabe manter a calma na incerteza. É importante não lhe dar nenhum pretexto para ter dúvidas quanto a seu futuro, a menos que Vossa Majestade queira se expor aos maiores problemas."[69] É possível que, ao czar, estas palavras tenham parecido ditadas pela Providência.

Abjeção

Há dias, tristes dias! em que nosso dever é obscuro e os corações mais honestos estão confusos.
ADOLPHE THIERS[70]

Enquanto isso, em Fontainebleau, o imperador francês estava ansioso por levar o conflito de volta para o campo de batalha, de onde fora arrancado por meio de tanto embuste dez dias antes. Restavam-lhe mais de 60.000 soldados e a promessa de muitos mais — os veteranos de Suchet e Soult, que viriam da Espanha; a unidade de Augereau em Lyon; o exército de Eugène, da Itália; e, quem sabe, em algum momento, a unidade de Davout, que viria da Hamburgo.[71] Assim raciocinava ele, com base nas informações que tinha e, sobretudo, nas esperanças que alimentava. (Na verdade, nenhuma dessas unidades estava próxima de Paris ou tinha alguma probabilidade de estar tão cedo.) Seu grande plano continuava sendo atacar de surpresa os prussianos em Essonne, desencadeando ao mesmo tempo uma insurreição em Paris — plano temerário em quaisquer outras mãos, e, mesmo nas suas, com poucas chances de funcionar. Se estava tão ansioso por lutar na capital e à volta dela — "todos os esplendores de Paris, ainda que sucumbissem num só dia" valiam a vitória[72] —, seus marechais (Macdonald, Oudinot, Lefebvre e Ney) não estavam. No dia 4 de abril, num penoso e raro (na verdade, único) confronto, eles o pressionaram fortemente, até que ele falou vagamente de abdicar em favor do filho e os enviou a Paris para ajudar Caulaincourt a negociar com os aliados, sabendo que o czar tinha um fraco pelos marechais napoleônicos. A verdade é que, mais do que em sair de cena, o imperador estava pensando em atacar e em como poderia mudar tudo numa investida letal: "Apenas algumas horas, meu caro Caulaincourt, e tudo mudará. Que satisfação, que glória será!"

De repente, num instante, as coisas realmente mudaram. Mas não para melhor, do ponto de vista de Napoleão. Na epígrafe desta seção, Thiers comenta a divergência radical com relação ao que era "verdade" entre aqueles, como os marechais, que viam Paris e seus cidadãos diariamente, e aqueles, como Napoleão, que permaneciam *extra muros*, tanto metafórica quanto literalmente. Dos 26 marechais imperiais, o que gozava de uma relação mais antiga com *l'Empereur* era Auguste-Frédéric de Marmont — seu companheiro em Toulon, lembremos; o então subtenente de 18 anos causara tanta impressão em seu comandante de artilharia que este o conservara a seu lado para sempre. Os dois, e mais Junot, haviam perambulado juntos em Paris em 1795, partilhando a pobreza e o desemprego. Marmont, que fora ajudante-de-ordens de Napoleão na Itália e no Egito, era um dos mais bravos e leais de um conjunto de marechais conhecido pela coragem e a devoção, e se seu nome não foi incluído no grupo de oficiais de alta patente que deram total apoio a Napoleão até que ele ofereceu sua abdicação, é porque não foi realmente isso que fez. Marmont era, aos olhos de seu imperador, o companheiro fiel por excelência.

Sendo assim, foi a sua mão, é claro, que empunhou a faca. O príncipe Schwarzenberg vinha sondando sistematicamente os marechais com cartas e mensageiros, pois era sabido que, como corpo, eles eram contrários à continuação da guerra, temendo que ela degenerasse num conflito civil e que outras divergências surgissem entre alguns deles e o soberano. Só Marmont se mostrou flexível — não apenas no tocante à questão patriótica do que era o "melhor para a França", mas também quanto à oportunidade política de desempenhar um papel-chave na restauração dos Bourbon, em troca de grandes recompensas. Na noite de 4-5 de abril, os generais de divisão de Marmont conduziram o VI Corpo para as linhas aliadas — para choque e fúria da soldadesca francesa quando ela percebeu o que fora levada a fazer.[73] A notícia chegou ao czar exatamente quando ele hesitava ante os argumentos apaixonados de Caulaincourt e Pozzo di Burgo. A defecção soou mais uma vez a Sua Majestade como a voz da Providência, assegurando-lhe que a causa de Napoleão não era plenamente apoiada nem pelo exército. Para o imenso alívio do nervoso governo provisório e de seu angustiado principal conselheiro político, Alexandre decidiu então pôr fim, definitivamente, à quarta dinastia.

A tentativa de justificar a ação de Marmont por sua preocupação em encerrar uma disputa militar inútil só se mantém se for demonstrado que ele *já tinha conhecimento* tanto da abdicação de Napoleão quanto da relutância dos outros marechais a continuar a guerra. Em segundo lugar, o conteúdo das cartas trocadas entre ele e Schwarzenberg é indicativo de uma defecção *política* — isto é,

Marmont se viu desempenhando para o Bourbon o papel que Monck desempenhara na restauração de Carlos II. Finalmente, depois que o VI Corpo foi transferido e a fúria dos soldados explodiu, o marechal teve oportunidade de tentar reverter a situação, mas não a aproveitou; preferiu aceitar "humildemente" os agradecimentos do governo provisório. O julgamento de Thiers segundo o qual Marmont desempenhou deliberadamente no exército o papel que Talleyrand desempenhou na arena política parece portanto procedente.[74] Já a fama que ele granjeou entre os soldados da história da França (não só napoleônicos) é bem diferente: nenhuma rua ou estação de metrô de Paris tem seu nome.

Muitos dos que antes se opunham com unhas e dentes a Napoleão, como Lazare Carnot, tomaram partido dele nesse momento, em defesa da França. O rei da Baviera implorou ao genro, o vice-rei Eugène, que se unisse à Coalizão, mas ele preferiu dar ouvidos à censura de sua mulher: "Não quero que meus filhos tenham como pai um traidor." Até Mme de Staël repreendeu Benjamin Constant por atacar Napoleão na imprensa naquela conjuntura: "Quando as chamas de Moscou ameaçam Paris, é hora de estar falando mal de um outro francês?" E, por falar em Moscou, não é incoerente admirar os russos por terem abandonado — e incendiado — sua "antiga" capital, e, ato contínuo, criticar Napoleão por seu insistente desejo de lutar pela sua?[75]

A defecção do marechal e a decisão do czar provocaram a abdicação incondicional, pela qual tanto sangue fora derramado.[76] O que se passou então em Fontainebleau foi definitivamente eclipsado pelo que se passou em Paris, onde, entre outros eventos, a derrubada da estátua de *l'Empereur* que ficava sobre a Coluna Vendôme por um bando de monarquistas causou um furor momentâneo. (O comentário de Napoleão foi o esperado: arrependeu-se de ter permitido algum dia a Vivant Denon "pôr a maldita coisa lá em cima".) À medida que a gravidade da abdicação e o que estava sendo dito a seu respeito foram penetrando sua consciência — uma consciência que já não precisava se concentrar no plano de ataque aos aliados —, Napoleão passou por diferentes estados de ânimo e humor, que variavam do reflexivo e resignado ao triste, desesperado e circunspecto. A Caulaincourt ele pareceu estóico ("Nos seus dias de sofrimento eu o vi tal como nos dias de glória e prosperidade"), propenso a meditações queixosas, tais como: "Eles [os soberanos da Coalizão] estão me tratando como se fossem jacobinos, e não foi assim que os tratei. Poderia ter deposto o imperador Francisco e o rei Frederico Guilherme, bem como poderia ter deixado os camponeses russos investirem contra o czar Alexandre, mas o não fiz."[77]

Ocasionalmente, um plano flamejava na superfície da estrela em extinção — "[Vou] revogar minha abdicação ... e me recolher [com meu exército] no

Loire e ali esperar [a unidade de] Soult etc." — mas o arroubo era imediatamente seguido por resignação e languidez ("Não tenho força."). Em suas mudanças de idéia, o imperador lembra o homem que recentemente fora seu prisioneiro naquele mesmo triste palácio — o papa Pio VII. E.E.Y. Hales escreve: "Enquanto Pio sofrera a amarga auto-recriminação de um homem que sente ter traído a causa da verdade, Napoleão sofreu o remorso do jogador que perdeu tudo. E enquanto Pio nunca cessou de se culpar, e só culpou a si mesmo, e se penitenciou por seu erro, Napoleão nunca se culpou."[78] São palavras duras. Constant, o camarista de Napoleão, no entanto, notou a "extrema agitação" do patrão ("Ele arranhara a perna com as unhas até correr sangue, sem perceber o que fizera") e ouviu seus "suspiros abafados". Por um lado agudamente consciente ("Meu nome, meu rosto e minha espada amedrontam as pessoas ... Como deixei pequena esta França que tanto desejei engrandecer!"), por outro Napoleão nunca abria mão inteiramente de sua tendência característica a jogar a culpa nos outros ("Ah, se ao menos aqueles imbecis não tivessem me deserdado, em quatro horas eu teria conseguido restaurar a grandeza [da França]").

Naquelas últimas semanas, Napoleão havia demonstrado um desdém maior que o de costume pela morte. Numa batalha, tranqüilizou seus soldados, aflitos ao vê-lo parado na linha do fogo inimigo: "Ora, meus amigos, não tenham medo. A bala que vai me matar ainda não foi fundida." Em outra batalha, poucas semanas depois, seu cavalo ia direto no rumo de uma bala de canhão que não explodira quando ela estourou, matando o animal e jogando-o no chão. Agora, na noite de 12-13 de abril, ele engoliu um sachê de veneno que trazia pendurado no pescoço desde a campanha da Espanha (em que, dado o rancor e as retaliações de parte a parte, não teria sido aconselhável cair prisioneiro). Mas, ou a dose era pequena ou o veneno muito fraco, e ele só ficou adoentado. Seu camarista e mais tarde Caulaincourt ficaram ao pé da sua cama e ele os inundou com um extravasamento de piedade por si mesmo que sem dúvida ilustra o julgamento de Hale: "Não fui compreendido! ... Sentirão falta de mim quando eu tiver desaparecido! Marmont esmerou-se! O miserável! Eu o amava! Berthier me desgraçou! Meus velhos amigos, velhos companheiros de armas [me desgraçaram]."

Em vez disso, o primeiro Imperador dos Franceses poderia talvez ter refletido sobre a natureza e os limites de seu apelo a "seu" povo. Teria se impressionado com o fato de que, entre os milhões que o haviam aclamado com tanta exaltação, tão poucos tivessem optado por ficar ao seu lado e levantar a voz em defesa do Império de que tinham sido tão entusiastas quando ele resplandecia. Como podia toda essa reverência e admiração, toda essa exuberância e alegria que ele inspirava revelarem-se de repente tão superficialmente enraizadas no coração das pessoas — pelo menos daquelas da *classe politique* (os notáveis e os nobres), as únicas que importavam naquele momento?[79]

Uma pessoa pode reagir à superioridade óbvia de outra com humildade, amor e emulação, ou, em contraste, com inveja e ressentimento. Muito dependerá do modo como essa superioridade se manifesta, do modo como a pessoa que a apresenta se conduz. A busca de *gloire* empreendida por Napoleão foi a expressão política do seu narcisismo, de um estilo que lançava mão, para atingir metas muitas vezes louváveis, da fascinação e da intimidação, da manipulação pelo apelo a interesses pessoais, do orgulho, do desprezo e do medo. Esses não eram uma política e um estilo feitos para tempos de conturbação e provação, de derrota — de fato, poucos estilos políticos o são. A arena política em geral inspira pouco daquela lealdade sob ameaça e na derrota que a guerra, a religião e o amor tantas vezes fazem medrar. Poucas lágrimas foram jamais derramadas por um líder político deposto e por seu regime — e nunca foram tão poucas na longa história da França.

O que brotou agora, com furor, foi o ressentimento, a inveja, o hábito de descobrir defeitos em tudo. Eles eram sem dúvida merecidos, até necessários, mas teria sido infinitamente melhor se tivessem sido acompanhados por doses de autocrítica da parte dos novos críticos, que afinal haviam todos permitido a tudo aquilo funcionar por tanto tempo. Nenhum ministro, nenhum general, nenhum legislador, nenhum conselheiro de Estado ergueu a voz para comentar com uma ponta de ironia: "Mas nós também fazíamos parte disso!" Os "crimes" imputados a Napoleão por liberdades suprimidas, impostos aumentados e um recrutamento interminável eram queixas bem conhecidas; não veio à tona nenhuma revelação sobre genocídio, corrupção ou vício pessoal. O que pesava agora, e pesava muito, na balança — e talvez sobretudo na balança da mente do próprio imperador — era o crime da derrota militar.

Entre os poucos que ficaram ao lado dele estavam algumas das mulheres importantes em sua vida. Josefina ficou em Malmaison, mas ela e Napoleão nunca haviam deixado de ser amigos; o divórcio parece ter mesmo reforçado sua amizade, como o atestam as cartas que trocaram e as visitas que ele lhe fez ocasionalmente após 1810. A nova mulher do imperador, "Louise", foi também uma fonte de consolação, embora não lhe tenha sido permitido visitá-lo. A incessante correspondência do casal absorvia parte do tempo de Napoleão, o que para ele era uma bênção. Por fim, a inabalável "Marie" (Walewska) foi de fato visitá-lo, mas no dia em que chegou (15 de abril) Napoleão estava tão perturbado e distraído que se esqueceu de que ela estava lá e não a chamou à sua presença. O bilhete de desculpas que ele lhe escreveu depois terminava com estas palavras: "Não se sinta infeliz. Pense em mim com prazer e nunca duvide de mim". Ainda conservava o anel que ela mandara fazer para ele anos antes, em cuja face interna estava gravado: "Quando deixar de me amar, não se esqueça que eu te amo."

Cinco dias depois, 20 de abril, o imperador trocou Fontainebleau pelo exílio. Numa cerimônia comovente, disse adeus aos *grognards* (resmungões), como chamava afetuosamente os membros da Guarda Imperial, os heróis de seus triunfos. A bandeira regimental que beijou ainda pode ser vista no Museu do Exército Francês, na sala Turenne.

XIV
"Discurso nacional": O Império Liberal

Aux armes, citoyens!
"La Marseillaise"

"O Vesúvio junto a Nápoles": Napoleão em Elba (maio de 1814-março de 1815)

Napoleão estará de volta na primavera, com as andorinhas e as violetas!
Fouché[1]

Nos termos do Tratado de Fontainebleau, coube a Napoleão seu título imperial e uma modesta pensão de dois milhões de francos por ano — a ser paga pelo governo francês — e a soberania sobre a minúscula ilha de Elba (151km^2), na forma da letra grega *mu*, a menos de 15km ao largo da costa toscana. O jovem capitão-de-artilharia teria ficado extasiado se lhe tivesse sido dado total domínio sobre uma sociedade insular no Mediterrâneo — uma ilhota com um longo passado, muito disputada por potências imperiais, que acabara por cair em mãos toscanas, antes de ser entregue à soberania desse imperador democrático com sua visão esclarecida da modernidade política. Napoleão poderia ter recebido a Córsega em vez de Elba, mas não instruiu Caulaincourt a pressionar Alexandre nesse sentido.[2] Talvez fosse tarde demais para ele querer se transformar num Paoli, embora seja inegável que se tornou uma espécie de Paoli de Elba.[3]

Reveladoramente, milhares de *grognards* disputaram intensamente em Fontainebleau o que viam como o privilégio de acompanhar *l'Empereur* no exílio, mas só três colaboradores (Cambronne, Drouot e Bertrand), nenhum dos quais era realmente uma figura importante, optaram por partir com ele. Como é sabido, Maria Luísa e o Rei de Roma não tiveram permissão para acompanhá-lo, embora Napoleão tenha mantido quartos sempre prontos para eles em sua residência de Porto Ferraio. O czar insistira em que deveriam ir se juntar ao marido e pai, mas, de maneira previsível, o imperador Francisco vetara a idéia. Durante algum tempo, "Louise" desejou e prometeu visitar o marido, mas depois, e após conhecer o conde Neipperg, perdeu o interesse.[4] Letizia Bonaparte, por outro lado, embora tivesse morado em Roma durante o Império, acreditou ser seu dever ficar ao lado do filho em seu tempo de provação e foi para Elba; o mesmo fez a irmã favorita de Napoleão, "Paulette", a *principessa* Borghese, que logo se tornou a "estrela" da alta sociedade da ilhota. José, Luís e Jerônimo estavam na Suíça; Luciano, em Roma; com exceção de Luís, todos podem ter visitado o irmão em um momento ou outro. Josefina adoeceu subitamente e faleceu (29 de maio), deixando mais um vazio no coração de Napoleão. * Por fim, a "esposa polonesa" (Maria Walewska) fez uma rápida visita à ilha com o filho.[5]

Em geral, porém, Napoleão, que não só estivera no centro do mundo mas *fora* esse centro, foi privado de repente do poder e das pessoas, *da ação* em que florescia e que se tornara sua segunda natureza. Entregou-se bravamente ao governo da ilhota, com o mesmo entusiasmo por grandes projetos e pequenos detalhes que caracterizara seu governo de *le Grand Empire*. Concebeu todo tipo de idéia e pôs em prática toda espécie de plano para irrigação, cultivo, construção, exploração, embelezamento e, é claro, engrandecimento. Tornou a mineração de ferro lucrativa (mas forneceu também serviços sociais para os trabalhadores), pavimentou ruas, e construiu uma linda fonte d'água; tipicamente, porém, a maioria dos planos nunca saiu do papel por falta de tempo e recursos. Não que isso importasse, pois sua reputação junto aos 12.000 habitantes era inabalável: eles passaram (praticamente da noite para o dia) da desconfiança e da antipatia pelo novo soberano a uma "afeição imorredoura" por ele quando compreenderam os enormes ganhos em lucros, atividade e animação e a fama eterna que sua presença lhes daria.[6]

Podemos apenas especular sobre o estado de espírito de Napoleão nos dois quadrimestres de 1814 que passou em Elba, porque ele não se abriu com ninguém que o tenha registrado, nem se estendeu ele mesmo sobre isso por escrito (fazia vários anos que não o fazia). Tudo indica que aquele mês de abril foi o

---

* Seu exílio pesou muito sobre Josefina. "Ah! Sire, por que não posso voar até ti e dar-te a certeza de que o exílio só pode amedrontar espíritos vulgares, e que, longe de diminuir um afeto sincero, o infortúnio lhe confere uma força renovada?" Mme de Staël, numa visita a Josefina em Malmaison, teve a insolência de lhe perguntar se ainda amava Napoleão. Sem uma palavra, a imperatriz se retirou do aposento.

mais triste de sua vida até então. A constatação de traições e a abdicação foram dolorosas o bastante, mas a viagem de Fontainebleau até o litoral (21-27 de abril) foi um verdadeiro pesadelo. A fúria que o povo (em geral insuflado pelos monarquistas) descarregou sobre Napoleão tornou-se tão ameaçadora que em certo ponto ele teve de vestir um uniforme austríaco para evitar ser reconhecido. Estava, e continuou, profundamente abalado; nas palavras de Thibaudeau: "Fulminado por um raio, tinha sobre si a cicatriz."[7] Como sempre, os depoimentos dos que o observaram refletem suas atitudes anteriores — com exceções: por exemplo, um oficial naval inglês, capitão Ussher, que o conheceu nesse período, sucumbiu ao seu encanto e brilho intelectual. Outros, como o representante britânico não-oficial em Elba, coronel Neil Campbell, o viram simplesmente como "um homem de talentos comuns com uma sorte excepcional". O marechal Marmont, que estava longe de ser uma fonte imparcial, observou (em memórias escritas décadas depois) que o Napoleão dos últimos anos tornou-se cada vez mais "indiferente", "caprichoso", "desdenhoso", "desrespeitoso", "*blasé*" e "passivo".[8] As pessoas que tiveram contato com ele em Elba dizem que recobrou seu nível usual de energia, atividade e jovialidade, embora sofresse breves acessos de letargia, se desse ao hábito de tomar banhos, à ruminação, e, ocasionalmente, sentisse dores agudas do lado direito do corpo, perto do fígado. Em resumo, sua vida na ilha pareceu em geral "tolerável e pacífica", como bem expressa Fernand Beaucourt.[9] Já o próprio Napoleão, ao voltar os olhos para esse interlúdio de 11 meses, disse coisa diferente a Las Cases: "Quando se está numa ilhota, depois que se pôs o maquinário da civilização em movimento, só o que resta para se fazer é morrer de tédio ..."

O final dessa frase muito citada é, como se sabe, "... ou escapar disso por meio de alguma aventura heróica." Verdade seja dita, porém, as ameaças que impeliam Napoleão a deixar Elba estavam na exata medida de sua inclinação natural a fugir. De nossa perspectiva, parece inacreditável que homens experientes como os governantes da Sexta Coalizão tivessem a ingenuidade de imaginar que podiam se livrar de um fenômeno como Napoleão simplesmente confinando-o numa ilha do arquipélago toscano. De fato, ele estava ali "como o Vesúvio junto a Nápoles", na inesquecível expressão de Fouché.

Praticamente desde o primeiro momento, a maior parte dos aliados, sobretudo o governo francês, recém-convertido à monarquia, começou a se arrepender, a se lamentar e a renegar os termos do Tratado de Fontainebleau e a planejar alterá-los. Em setembro de 1814, as nações aliadas, reunidas no Congresso de Viena para ressuscitar e remodelar o Ancien Régime — o que fizeram tão bem que ele sobreviveu mais um século, até 1914 —, procuraram em especial encontrar meios de eliminar as duas ameaças que continuavam pairando sobre a Europa reacionária: a monarquia cada vez mais "nacional" de Joaquim Murat em Nápoles e o estranho reino de Napoleão em Elba. (Diga-se de passagem que os interesses da França Bourbon foram zelosamente promovidos nesse congresso pelo ex- e novo ministro das Relações Exteriores, Maurice de Talleyrand). Quando se procurava encontrar um "destino final" mais seguro para o Imperador dos Franceses, o nome Santa Helena emergiu várias vezes.

Do ponto de vista de Napoleão, o pior não era estar sendo espionado a partir da Córsega ou de Livorno, ou por gente de seu próprio meio, mas o fato de Luís XVIII não estar lhe pagando a soma estipulada de dois milhões de francos, apesar de severamente advertido pelo czar de que a honra obrigava a França a efetuar esse pagamento. Os recursos de Napoleão (os 1.863.000 francos com que deixara a França)[10] estariam esgotados no fim de 1817. Mais grave ainda, o não pagamento do subsídio sugeria uma possibilidade mais profundamente ameaçadora: a de que ele poderia ser objeto de outros projetos, mais sinistros, até de assassinato.[11] Nada no tratado estipulava que Napoleão estava obrigado a permanecer em Elba. Ele era freqüentemente assediado por patriotas italianos que o exortavam a se associar a Murat e liderar um levante nacional na vizinha Itália. Mas, sabendo a partir de sua própria experiência no governo de grandes partes da Itália que a idéia era vã, Napoleão desdenhava esse tipo de proposta.

As notícias da França e sua experiência com os franceses, porém, o levavam a conclusões diferentes.

O reino do cata-vento: a França da Restauração

E assim a França, viúva de César, sentiu de repente as dores de todas as suas feridas. Desmaiou e caiu num sono tão profundo que seu antigo rei, acreditando-a morta, envolveu-a numa mortalha branca.
ALFRED DE MUSSET,
LA CONFESSION D'UN ENFANT DU SIÈCLE

Qual é a importância do estilo na política? Resposta: quase toda, pelo menos no curto prazo, que em geral é o que interessa. Ao trancos e barrancos, o monarquismo tomou conta da França imperial qual uma besta de carga desequilibrada seguindo o exército da Coalizão; logo se afastaria furtivamente, como um chacal na noite; mas entre esses dois momentos — durante os 11 meses em que Napoleão reinou sobre Elba —, a Casa de Bourbon agiu com razoável grau de sabedoria, mais ou menos como um porco, que é, ao que se diz, o mais inteligente dos animais. Mas, como o porco, a primeira Restauração entrou em conflito com os franceses da época, como entrou em conflito com a posteridade, por uma questão de estilo. O fato de o trono ter sido ocupado pelo gotoso *Porc Royal*, que, com seus 140 quilos, não teria podido contrastar mais com seu predecessor, não ajudou. Alfred de Musset escreveu também: "Só um homem vivia na Europa então, e o resto do mundo simplesmente tentava encher os pulmões com o ar que ele respirava." Nem monarquistas disputavam para respirar o ar de Luís XVIII.[12]

O penúltimo rei Bourbon da França revelou-se liberal e conciliador sob importantes aspectos — suspendeu a censura, estabeleceu uma legislatura bicameral com poderes reais, conservou grande parte do serviço civil e das estruturas administrativas napoleônicas. Era, porém, reacionário na forma: recusou o título de "Rei dos Franceses", que lhe foi oferecido pelo governo provisório, preferindo o tradicional "Rei de França e Navarra". Demonstrou-se inarredável em sua decisão de se numerar como o "décimo oitavo" e em qualificar 1814 de "o décimo nono ano de nosso reinado", como se tivesse ascendido ao trono quando da morte do delfim, em 1795. A nobreza *émigrée* retornou em grande número, liderada pelo arqui-reacionário conde d'Artois, irmão do rei. Artois e a aristocracia acintosamente monarquista ("os ultras") deram um tom de fúria contida e desdém manifesto à corte e à alta sociedade, que dominavam. Os venais acorriam aos novo patronos; aos olhos do povo, a Legião de Honra fora substituída pela Ordem do Cata-Vento, como sugeriu um livro que foi campeão de vendas em 1815.[13]

Os padres também estavam de volta. O Império acolhera a Igreja, mas a mantivera em seu lugar; na Restauração, o lugar da Igreja tornou-se central e indiscreto. Qualquer pessoa podia ser acusada de crime grave por dessacralizar o sacramento. A roseta tricolor sumiu; o branco, em especial o branco da linda flor-de-lis ("a mortalha branca" invocada por Musset) era *de rigueur*. Tronos já dependeram de menos, e não só entre os pretensamente "voláteis" franceses.

O Tratado de Paris assinado pelo ministro das Relações Exteriores de Luís, Talleyrand, reduziu drasticamente as fronteiras francesas em relação ao que haviam sido. A Carta que Luís jurou preservar precipitou a França a passos gigantescos numa monarquia constitucional, e se esta repousava numa ambigüidade em seu centro — com relação aos limites precisos das duas soberanias: "nacional" e "por direito divino" —, era a mesma em que a monarquia imperial havia repousado.[14] Como Macaulay observa (com uma concisão atípica nos *whigs*): Luís XVIII "não teria sido um déspota se pudesse, e não poderia ter sido um déspota se quisesse".[15] Contudo, o fato superficial de o rei ter assinado o tratado (não tivera escolha; qualquer governo teria feito o mesmo) e "concedido" a Carta — como se sua autoridade fosse absoluta ou divina, como a dos "Nossos estimados Ancestrais", não "nacional", como a de Napoleão — depôs contra ele na opinião dos franceses mais que o conteúdo liberal do documento contou a seu favor. Assim, a "unidade e esquecimento" que Luís afirmou querer para a França não seriam alcançados, ao mesmo tempo em que o bem-intencionado rei tropeçava de gafe em gafe.[16]

A força misteriosa, poderosa e invisível chamada "opinião pública" — que, para começar, nunca se deixou seduzir por eles — logo se indispôs fortemente contra os Bourbon, à medida que o francês comum, particularmente no exército (do qual metade das fileiras havia sido aposentada com meio soldo), se convenceu de que "a Nação" havia sido menosprezada — não, "enganada"; não, "oprimida" — pelo novo regime. O fato de escritores pagos pelo governo, como Chateaubriand, escreverem um sem-número de panfletos caluniando Napoleão — porque, por uma curiosa osmose de recepção pública, *l'Empereur* tornou-se *l'Empire*, tornou-se 30 milhões de franceses — tampouco ajudou. E assim, embora Luís XVIII, tanto quanto Napoleão, devesse seu trono à Revolução (ambos só tinham conseguido atingi-lo graças à morte de Luís XVI), a noção tradicional de legitimidade tornou-se nessa altura muito menos legítima aos olhos da nação que as reivindicações "democráticas" do "usurpador". Como Thibaudeau expressa memoravelmente: "Aquele que é diariamente caluniado como usurpador, déspota, tirano, Nero, Átila ... ascendeu por seu próprio gênio. Emergiu das nossas fileiras, nós lhe demos nossos votos, e, se ele oprimiu nossas liberdades, esse é um problema entre ele e nós. Ele não foi imposto pelo estrangeiro. Ele é obviamente nacional."[17]

Foi assim que, no outono de 1814, Luís o Desejado, como os Cavaleiros da Fé haviam se referido tão reverentemente ao conde da Provença durante os longos anos de seu divagante exílio, já havia se tornado Luís o Indesejável. Vem-nos à mente a notável observação de Emmanuel Sieyès de que "as chamadas verdades históricas [acerca das preferências políticas de uma nação] não têm mais fundamento na realidade que as chamadas verdades da religião."[18]

Nada disso significava que uma revolução estava a caminho. Para isso, a ação de um único homem era necessária.

O Abandono do "Discurso Nacional"

Sabemos que o discurso centrado no conceito de "nação" não é simplesmente uma manifestação fervorosa de amor à pátria, mas uma forma particular —

exigente e vigorosa — de política "apolítica". Frederico Guilherme III descobriu essas dificuldades ao enfrentar seus "patriotas" prussianos após 1806, e o mesmo se passou com o próprio imperador Napoleão em 1813-14. Algo aconteceu com o "discurso nacional" na França depois que Napoleão abdicou. A Restauração Bourbon, na evidente debilidade de seu tão pouco atraente chefe de Estado, e nas aparências exteriores tradicionalistas de sua monarquia, viu o "discurso nacional" retornar rapidamente à posição que ocupara por muito tempo no século XVIII, como a linguagem (o "repertório discursivo", para usar a expressão técnica) da oposição política. Os principais *loci* de uso do "discurso nacional", poderíamos dizer, mudaram-se de volta das Tulherias e dos ministérios governamentais para os clubes, os cafés, as casernas e os jornais, à medida que *la politique* voltou a invadir o espaço público e os partidos políticos passaram a competir e a se diferenciar entre si.

Teria tudo isso sido *simplesmente* uma questão de palavras? Em certo sentido, sim, foi, mas é claro que as palavras exigiam ação sistemática para se tornarem plausíveis e, nesse aspecto, é interessante notar o que aconteceu quando quatro dos maiores atores políticos da era — todos *nationaux* inveterados: Carnot, Fouché, Constant e de Staël — pressionaram todos seriamente Luís XVIII a adaptar-se a si mesmo e à sua monarquia ao novo idioma.[19] Não se tratava simplesmente de ser patriota — o governo monárquico fez sua cota de declarações patrióticas —, mas de ser *nacional*, como Napoleão o fora (embora mais nos primeiros que nos últimos anos). Constant e Carnot insistiram com o rei para que "cerrasse fileiras com a nação", não querendo se referir com isso a nada de etnocultural: o rei, afinal, era francês, falava francês e vivia como um aristocrata francês. Tampouco tinham em mente uma reforma política substantiva, pois a carta régia oferecia o que era, para a época, um governo constitucional liberal. O que tinham em mente, como todos na França compreendiam intuitivamente, era *um estilo de governo* que usasse a linguagem do "discurso nacional", com suas referências constantes à soberania da nação/povo, ao desrespeito à independência nacional, à redução das fronteiras nacionais, ao ultraje do orgulho nacional, à gloriosa nação-em-armas, e à causa "sagrada" da *revanche* nacional pelo Tratado de Paris.[20]

A tentativa hesitante de Luís de articular um "discurso nacional" veio quase na 11ª hora — Napoleão estava se aproximando de Auxerre, para ganhar a adesão de Ney —, e pareceu simplesmente patética. Usando pela primeira vez sua medalha da Legião de Honra, o rei se dirigiu às duas câmaras do Parlamento reunidas. Na sua fala, escrita por ele mesmo e feita de memória, a palavra "nacional" aparece precisamente uma vez,[21] submersa num mar de "meu reino", "o Estado", "minha pátria", "meu povo", "bons franceses" e "a Carta constitucional que vos dei". Enquanto isso, fazia tempo que seus defensores vinham insultando Napoleão como um "estrangeiro" (o "ogro corso"),[22] o que era uma maneira *nacional* de fazer política, mas uma má resposta à acusação de que os Bourbon eram fantoches do estrangeiro (a Coalizão). Em última análise, não foi meramente um caso de pouco demais, tarde demais; foi um caso de incapacidade de servir a dois senhores: as referências e símbolos fundamentais da monarquia Bourbon restaurada eram dinásticos, religiosos e régios, não *nacionais*. É mais difícil ser *nacional* que ser francês ou amar a França.

A águia pousou

Eu ainda não fazia idéia de que a vida às vezes se torna literatura — não por muito tempo, claro, mas o bastante para ser aquilo de que mais nos lembramos, e muitas vezes o bastante para que acabemos por entender por vida aqueles momentos em que ela, ao invés de caminhar de lado, para trás ou para frente, ou para lugar nenhum, alinha-se reta, tensa e inevitável, com uma complicação, um clímax, e, com alguma sorte, uma purgação, como se tivesse sido feita e não acontecido.

NORMAN MACLEAN
A RIVER RUNS THROUGH IT

Se Napoleão tivesse decidido em Elba tornar-se o escritor (por assim dizer) que se tornaria em Santa Helena, poderia ter escrito um romance intitulado "O vôo da águia". Mas ele preferiu "escrever" seu romance no mundo, não no papel, pondo assim em prática o que dissera no início do Consulado: "O romance da Revolução terminou; é hora de torná-la história." O episódio que vamos considerar agora é inegavelmente romanesco — um romance em grande estilo —, talvez o mais fantástico de uma carreira fantástica.

Como não sabemos o que ocupava os pensamentos de Napoleão em Elba, podemos apenas especular sobre o momento (muito provavelmente o inverno de 1814-15) e o raciocínio que o fez decidir tentar voltar à França. Talvez o fator decisivo tenha sido a notícia de que estava em curso uma conspiração para substituir Luís XVIII por seu primo, o mais liberal duque de Orleans (como de fato ocorreria em 1830). A verdade é que Napoleão em Elba, como disse um historiador, "era como um tigre posto numa jaula com a porta mal fechada e em seguida ameaçado, fustigado e privado de comida".[23] Assim, como Hernán

Cortés ao partir para conquistar o México com algumas centenas de homens, Napoleão partiu para a França, desembarcando no golfo Juan, perto de Cannes, no primeiro dia do mês que tem o nome do Deus da Guerra. Levava consigo 1.200 soldados — essencialmente uma guarda de honra, não uma força de combate.

Embora seus espiões lhe tivessem garantido, e ele tivesse lido nos jornais, que o Império e seu soberano haviam recobrado popularidade na França na mesma proporção em que os Bourbon restaurados a haviam perdido, Napoleão certamente não tinha a mais remota idéia de como seria recebido se desembarcasse no litoral com um bando de homens armados, como um pirata ou aventureiro. Ninguém podia ter, e é isso que faz dessa aventura um gesto tão ousado, até ultrajante, cuja probabilidade de sucesso se assemelhava à que tinha uma jovem donzela à frente de um exército real de suspender o cerco de uma cidade em 1428. Diante do desfecho triunfal dessa aventura — "Sua Majestade o Imperador e Rei Entra nas Tulherias" (*Le Moniteur*, 20 de março) —, é essencial ter em mente que, até o último instante, as coisas poderiam ter acontecido de maneira muito diferente.

Pois a verdade é que o desembarque de Napoleão não teve sobre o povo o efeito instantâneo, eletrizante de revelar seja a cabeça de uma Medusa ou o Santo Graal. Longe disso. O que aconteceu foi que a notícia foi se espalhando, com crescente rapidez, provocando um efeito polarizador na população que a recebia. O país "real" — os trabalhadores e artesãos franceses nas cidades e, sobretudo, os camponeses na zona rural (os últimos constituindo 80% da população) — ficou pasmo e entusiasmado com a notícia. O país "legal" (as cerca de 70.000 pessoas com renda suficiente para ter o direito de votar) — os notáveis, a nobreza, a administração —, chocada e amedrontada, inclinou-se para o rei. Da Riviera a Paris, Luís XVIII pôde contar com os favorecidos pela nova situação, entre os quais ex-funcionários da administração napoleônica e marechais que, em sua maioria, haviam se convertido após a abdicação do imperador. Pôde contar ainda, é claro, com o governo e o Legislativo.

Logo ficou claro, porém, que Napoleão podia contar com um grupo ainda mais importante do que a vasta população rural — ele conseguiu arregimentar a soldadesca. As tropas foram levadas até ele, sob os protestos de seus oficiais, instigadas pelos camponeses e por sua própria insatisfação com o regime e seus sentimentos renascidos de lealdade a *l'Empereur*. * No dia 7 de março, em Laffrey,

* Um cartaz cômico visto em Paris mostrava Napoleão dizendo a Luís XVIII: "Meu bom Irmão, é inútil continuar me enviando soldados. Já tenho o bastante."

perto de Grenoble, teve lugar um evento incrivelmente dramático: Napoleão se postou à frente de vários batalhões enviados para prendê-lo; abriu seu famoso casacão e disse: "Soldados da V Linha, reconhecei-me! Se há um dentre vós capaz de matar seu general, seu imperador, que o faça: aqui estou." E assim continuou: em Vizille, Grenoble, Lyon, Auxerre, os homens das fileiras enviadas para detê-lo tomavam a sua defesa. Em Auxerre, o marechal Ney desertou as forças legais e se passou para o lado do homem a quem, gabando-se para o rei Luís, dissera que iria "trazer de volta numa jaula de ferro" (foi recebido com certa frieza, por ter pressionado Napoleão a abdicar no ano anterior).

Essa vasta comoção social não surpreende em vista da popularidade de que o Império gozava junto à população rural, mas é notável se considerarmos como o regime imperial mimara os notáveis, e como, a partir de 1810, pendera fortemente para a nobreza e o estilo dinástico-monárquico. Mas a verdade é que os camponeses franceses não haviam sofrido sob o Império (recrutamento à parte), ao contrário de boa parte da burguesia comercial. Ademais, recentemente a população rural passara a alimentar o terror (infundado) de que os Bourbon promovessem um retorno à ordem feudal. Além disso, em Paris e outras cidades, os trabalhadores estavam sofrendo sob a renovada crise econômica (altas taxas de desemprego, produção estagnada), em razão do reinício do comércio com a Inglaterra. Em suma, é possível superpor um conflito de classe bastante claro, quase uma guerra social, à conhecida dicotomia política entre as monarquias real (Bourbon) e imperial (napoleônica), com a última — estranhamente, tendo em vista seu desenvolvimento final — representando, em grau considerável, a Revolução.[24] Agora o imperador era o homem traído, a Revolução desfeita.

A outra novidade importante — também em marcado contraste com a fachada conservadora da fase final do Império — foi que em todo o Midi Napoleão arregimentou "o povo" e "a Nação" com os *slogans* e a linguagem da Revolução — e em certa medida usou-a também com sucesso ao chegar a Paris. Agora finalmente vemos algo mais próximo do renascimento nacional que não acontecera em 1814. Mas o fato é que antes Napoleão tivera escolha; agora não tinha. A insurreição popular de março de 1815 foi quase mais do que desejava, e ocasionalmente ele foi obrigado a repudiar a "desordem", a "anarquia" e a "revolução". Politicamente, o desembarque no golfo Juan promoveu a reaproximação entre os antigos republicano-jacobinos e o partido que já começava a ser identificado como bonapartista.[25] A adesão dos republicanos a um Império que os perseguira nos dá um bom exemplo de situação em que as paixões e as emoções dominam a doutrina e até a própria razão.

Na altura do dia 19 Luís estava derrotado, mas a derrota não se consumara inteiramente e até aquele momento alguns dos mais eminentes representantes do rei continuavam convencidos de que, contanto que permanecesse firme em Paris (como ele jurara melodramaticamente fazer alguns dias antes), o Bourbon ainda poderia vencer, pois nem Napoleão teria coragem de montar um ataque à capital. Mas Luís decidiu não o fazer; o sangue que lhe corria nas veias era azul, não vermelho, e Paris não merecia nenhum sangue derramado. Na madrugada do dia 20, ele "dobrou sua tenda como os árabes, e em igual silêncio escapuliu".[26] Naquela noite Ramsés chegou, para fanfarras muito maiores; era o quarto aniversário do Rei de Roma. Nem Chateaubriand, embora monarquista devoto e ministro do rei, conseguiu se impedir de proferir uma saudação a "Bonaparte", a quem comparou a Cristo, dizendo ao velho Luís, paralisado pela gota: "Levanta-te e anda." Cem dias transcorrerão antes do retorno do rei, mas o período crucial e decisivo foram os últimos 20.[27]

Em Santa Helena, quando perguntado sobre o melhor momento de sua vida, Napoleão respondeu: "A marcha de Cannes a Paris."[28]

Os cem dias (20 de março-29 de junho)

"Por que não restabeleceu a República
ou o Consulado quando voltou de Elba?"
"Porque o Império era mais
popular do que a República."
NAPOLEÃO BONAPARTE, EM SANTA HELENA[29]

Constata-se que os fatos geram
mais traidores que as opiniões.
CHATEAUBRIAND[30]

Tácito escreveu que o "desejo de glória é a última coisa que mesmo os sábios são capazes de abandonar". Ao desembarcar no golfo Juan, Napoleão afirmou tê-lo abandonado.[31] Suas declarações nesse momento e nas semanas seguintes representaram uma clara ruptura com seu passado recente: "Acabo de passar um ano em Elba, e ali, como se da tumba, podia ouvir a voz da posteridade. Agora sei o que deve ser evitado, sei o que deve ser valorizado: a paz e a liberdade."[32] Toda sua justificação política repousava nesta afirmação: "Os Bourbon não têm direito legal ao trono porque ele não lhes foi dado pela Nação." Enquanto isso ele, Napoleão, detinha o mandato da Nação, como os plebiscitos provavam amplamente. Numa palavra, ele era "nacional", ao passo que Luís XVIII, tendo sido posto no poder pela Coalizão, era o fantoche do "partido do estrangeiro".

Mas não se tratava apenas de uma questão de palavras. Nas semanas que se seguiram ao retorno do imperador a seus aposentos nas Tulherias, o regime sofreu uma alteração radical nas suas mãos. E não só nas suas: Napoleão teve importantes colaboradores — antigos e novos. Os muitos rostos conhecidos (Maret, Cambacérès, Caulaincourt, Fouché etc.)[33] nos surpreendem simplesmente por estarem lá, mesmo que sob pressão, uma vez que a classe política nunca realmente baixou sua guarda a seu ex-soberano durante os Cem Dias. Praticamente todos eles, no entanto, tiveram a coragem de deixar claro que só serviriam a Napoleão se ele governasse de maneira mais liberal. O gabinete não era mais jovem. A idade média agora era 53 anos; só Davout, com 44, e Caulaincourt, com 41, eram mais jovens que Napoleão. Fouché, que se opusera ao retorno de Napoleão, aceitou o Ministério da Polícia, mas sem acreditar que ele conseguiria conservar o trono. Permaneceu alerta, procurando oportunidades para fazer seu ninho num regime sucessor.[34] Dois novos colaboradores chocaram os contemporâneos ao aceitarem cargos de um soberano a quem sempre haviam condenado: Lazare Carnot — que, quando tribuno, se recusara a aprovar o Império (1804) — e Benjamin Constant, que, ainda em 19 de março, estava anunciando para quem quisesse ouvir: "Recuso-me a ser um miserável vira-casaca e jogar-me de um poder para outro, disfarçando a infâmia com sofismas, gaguejando desculpas comuns para encobrir uma vida vergonhosa."[35]

Constant recebeu a missão crucial de rascunhar projetos para o "Império Liberal", a que se entregou com uma diligência de que Sieyès nunca dera mostra. O resultado foi um dos momentos mais curiosos e contraditórios na longa história do constitucionalismo francês: o preâmbulo do documento oferece uma espécie de autocrítica d' O Modo Como Éramos, enquanto o título — "Ato Adicional às Constituições do Império" — fazia dele um simples apêndice dos documentos fundadores dos Anos VIII, X e XI, sobre os quais, legalmente, o Primeiro Império repousava (mas que ninguém, exceto especialistas, invocava mais). Mas esse título era sobretudo uma folha de parreira para cobrir a nova nudez do imperador, pois, com a perda de poderes que o documento de Constant lhe impôs, a França imperial foi quase convertida numa monarquia constitucional, dotada de uma legislatura bicameral com verdadeira autoridade real e funcionários políticos legalmente responsáveis por seus atos. A censura foi eliminada; a liberdade confirmada. Personalidade e circunstância à parte, os poderes de Napoleão passaram a ser tecnicamente menores que os de Luís XVIII em 1814, ainda que nominalmente (e contraditoriamente) as antigas constituições do regime continuassem em vigor.

O *Acte Additionnel* simples e presunçosamente reconfirmou as reformas da Restauração contidas na letra da Carta. Isso é que foi tão extraordinário. É claro, porém, que o documento de Constant tem um tom completamente diferente e determina numerosas mudanças de estilo em desacordo com a "legitimidade" de Luís XVIII (polemicamente sintetizada por Napoleão como "o princípio de que a nação foi feita para o trono, não o trono para a nação"). Assim, a bandeira tricolor foi trazida de volta, a Legião de Honra recobrou seu prestígio, a nobreza do Antigo Regime (ressuscitada por Luís) foi anulada — de fato, o próprio conceito de "Ancien Régime" foi "banido" em nome da Nação francesa, de cuja soberania ele zombara. Napoleão fez questão de introduzir ou conservar alguns elementos conservadores ("Você não pode me obrigar a ir muito longe numa estrada que não é minha!", exclamou para Constant a certa altura) — como uma Câmara de Pares hereditária e a estrutura elitista dos antigos colégios eleitorais.[36] Mesmo assim, fundamentalmente, o Império Francês, o modelo consumado de um regime autoritário — segundo muitos, despótico —, com a bênção pontifical, submeteu-se a muito mais que a uma cirurgia plástica cosmética. Apesar de seu famoso realismo, ou por causa dele, Napoleão estava fundando instituições de poder separadas de si mesmo. A legislatura teria vida própria, compondo-se de 629 deputados situados bem mais à esquerda que seus equivalentes nas câmaras do Império após Tilsit.

Sub specie aeternitatis...

Esses eventos ocorridos na vida interna da França são tão fascinantes que nos esquecemos de que eles não estavam se dando num vácuo. Os contemporâneos, contudo, sabiam perfeitamente que estavam agindo *sub specie aeternitatis* — à sombra do juízo. A opinião publica francesa esperava contra toda esperança que, após todas as manifestações nesse sentido, os aliados cumprissem com sua palavra — isto é, fossem capazes de engolir o retorno e a conversão de Napoleão, revestidos como estavam em linguagem nacional. Era uma esperança inteiramente vã; o Império liberal nasceu sob uma sentença de morte que nunca foi suspensa, nem mesmo adiada, apenas implacavelmente executada. Não fazia a menor diferença que Napoleão tivesse aceitado "solenemente" o Tratado de Paris que reduzira seu antigo Império às fronteiras que tinha no início da Revolução, nem que ele tivesse insistido na sinceridade de seu recente amor à paz e à liberdade. Os aliados não estavam propensos a esquecer as inúmeras vezes em que haviam sido derrotados, diminuídos, explorados e (talvez o pior) seduzidos por Napoleão; declararam-no "um criminoso" que deveria, e iria, ser destruído. A proclamação de Friedrich Gentz (12 de maio) descartou sumariamente o argumento sobre a soberania francesa: "O desejo do povo francês, por mais completamente formulado que seja, não terá nenhum efeito ou poder."[37] A Sétima Coalizão, portanto, já existia em certo sentido antes que o *Acte Additionnel* tivesse sido sequer escrito. Na visão dos aliados, o plebiscito para aprová-lo (realizado em junho) foi simplesmente a reeleição ilegal pelos cidadãos franceses de um líder que havia sido indiciado, condenado e encarcerado. Ao envolvê-lo nas espirais de sua "sagrada" soberania, a França se tornara a mulher do bandido.

Não há portanto muito a contar sobre o teatro geopolítico, embora Napoleão tenha se esforçado para dar a impressão de que estava levando adiante negociações com a Coalizão. A diplomacia napoleônica mostrou-se inteiramente incapaz de estancar o fluxo dos preparativos de guerra dos aliados — ou mesmo de fazer contato com soberanos individuais, que dirá de dividi-los, enganando o sogro de Napoleão (Francisco I).[38] Se nossa peça torna-se finalmente uma tragédia verdadeira — a antítese da tantas vezes alegada "farsa" em que se torna a história quando reprisada ("um cachorro voltando para seu vômito", é a deliciosa expressão de Wordsworth para os Cem Dias) —, é porque a vontade individual não contava mais, porque as unidades de tempo e lugar foram estreitamente respeitadas: toda a peça se desenrolou num pequeno palco (até Waterloo foi uma das mais compactas batalhas de Napoleão) e num pequeno intervalo de tempo. Finalmente, é tragédia por ter seu desfecho sido acompanhado por *tanto* sofrimento coletivo e individual, tantas mortes, tanta punição e vingança.

A sombra do juízo corporificou-se internamente no veneno do *attentisme* (estado de alerta) entre os notáveis e a classe política, que apoiaram Napoleão por não terem escolha: se não o fizessem, ele podia (e ocasionalmente o fez) ameaçá-los de desencadear uma revolução social. Mas seu apoio era uma aposta dupla. Assim, um boletim policial nos diz que os responsáveis oficiais pelas distribuidoras de tabaco (um monopólio governamental) haviam eliminado a palavra "régio" de seu produto, mas estavam aguardando antes de imprimir, em seu lugar, "imperial". Ou Fouché comenta com uma ex-colega: "Napoleão será obrigado a partir com o exército antes do fim do mês. Quando ele tiver ido embora, seremos donos do terreno. Quero que vença uma ou duas batalhas, mas perderá a terceira, e então será a nossa vez."[39] Só Napoleão pôde se dar ao luxo de não manifestar nenhuma dúvida nesse período, embora em Santa Helena tenha confessado que saber do derrotismo que dominava a classe política à sua volta o torturara. Ele partiu para a guerra consciente de que só uma Marengo ou uma Austerlitz lhe permitiria recuperar o controle sobre os partidos no *front* interno.[40]

Mas se a sombra do juízo semeou divisão, intriga e má fé entre os notáveis e os políticos, seu impacto sobre a Nação foi muito diferente. É para os que o anunciaram e promoveram que nos voltamos agora.

O espectro jacobino

Bonaparte reaparece em Napoleão, ou se trata simplesmente de Napoleão disfarçando-se de Bonaparte para continuar sendo Napoleão?
DOMINIQUE DE VILLEPIN[41]

Diante de uma força expedicionária com a magnitude potencial do exército que Napoleão levara à Rússia, a esquerda francesa alimentou credulamente sua antiga ilusão de que poderia eliminar o perigo externo ameaçando, por sua vez, com o espectro da nação em armas. Isso era esquecer — o que é muito fácil, quando se está concentrado na política interna — que a Coalizão "estivera lá, fizera aquilo" em 1814, forçando o recuo da *lévée en masse* nos departamentos do leste da França. Por outro lado, era não levar em conta a novidade do soberano em armas que chefiava a Nação: "Napoleão, não como imperador, mas como o braço vingador da França revolucionária." Nessa visão apaixonada, o povo e o exército francês seriam um só, e a Pátria se transformaria num acampamento armado.

Entre os mais veementes partidários de Napoleão estavam muitos antigos girondinos,* agora na casa dos 50 ou 60 anos. Um deles, Bertrand d'Hodiesnière, falara abertamente contra Bonaparte no 19 Brumário e fora expulso da sessão do Conselho dos Quinhentos pelos granadeiros do general. Ele e seus companheiros haviam se oposto sistematicamente ao Consulado e ao Império, e nunca haviam sido seduzidos pelo gênio ou o estilo de Napoleão. Mas eram, como grupo, tão profundamente anti-Bourbon que, passando por cima de tudo, até da quase certeza de uma nova guerra para a França, uniram-se ao imperador como um ato de solidariedade à Revolução.[42] Os outros revolucionários (ve-

* Os girondinos foram revolucionários republicanos bastante belicosos e uma facção importante da "Montanha" na Assembléia Legislativa e na Convenção. Acabaram sendo derrotados (1793-94) pelo partido jacobino, e seus líderes foram para a guilhotina.

lhos e jovens, originais e "neo") que se sentiram da mesma maneira foram numerosos e estavam organizados e em contato com várias das maiores luzes do regime (Fouché, Carnot, Maret e muitos chefes de departamento imperiais). Influenciaram também Luciano Bonaparte, que finalmente fez as pazes com o irmão e voltou a Paris (9 de maio). Como a coerência nunca fora o forte de Luciano, o fato de ser agora um príncipe papal (de Canino) não impediu "Brutus" de pressionar o imperial irmão a buscar a República que sempre se escondera na idéia napoleônica de Império.

Entre os soldados que apoiavam Luciano e companhia estavam os membros de um movimento patriótico socialmente heterogêneo (mas sobretudo de classe baixa) que se intitulava "os federados" [*les fédérés*] — em razão de seus permanentes apelos por unidade, que é, claro, tinham o efeito de estilhaçar e fracionar ainda mais o corpo social.[43] Ostensivamente, esses "cidadãos" (nome que preferiam a "franceses") ultrajados pediam apenas a bênção de "seu" imperador e sua permissão para pegar em armas, embora se mostrassem tão turbulentos em seus "pedidos" que levaram o soberano a trocar as Tulherias pelo palácio Elysée, mais protegido.[44] A verdade, contudo, era que os "federados" que se espalhavam pela França às dezenas de milhares constituíam uma ameaça sombria, sendo potencialmente tão violentos e incontroláveis quanto as *armées révolutionnaires* de 1793. Eles se viam como "a nação traída" e estavam prontos a acreditar que era seu próprio governo (se não Napoleão) o culpado pela traição; eram o eterno princípio de oposição e viam em "seu" imperador um líder partidário, um ditador de Segurança Pública, mas não o soberano — o soberano eram eles mesmos.[45]

Napoleão lidou com os *fédérés* trapaceando: fingiu patrociná-los, permitiu que se organizassem em batalhões, de modo a poderem rivalizar com a Guarda Nacional "burguesa", e prometeu armá-los. Respondia a seus brados de "Viva a Nação!" e "Viva a Liberdade" com outros brados, mas no fim das contas armou poucos "federados", pois não desejava ver um renascimento do Terror, nem (menos ainda) permitir que o transformassem num Luís XVI nas mãos da multidão. Apesar disso, a mera existência do movimento e o fato de ele se dizer "do imperador" eram um sinal de que Napoleão não tinha mais um controle completo sobre a "coisa" política, que, desde o final de 1814, vinha sendo conhecida como o "bonapartismo".[46]

Napoleão camaleão

[Se o rei Luís quisesse realmente ser "nacional",] teria se denominado "Luís I" e datado seu reinado do ano I ... Teria feito um pacto com a nação. Mas para isso teria de ter [minha] coragem, grandeza e energia.
NAPOLEÃO

O indefectível plebiscito promovido para confirmar o *Acte* realizou-se durante o mês de maio — isto é, muito tempo depois que os efeitos do *beau geste* do retorno haviam sido substituídos por profunda apreensão em face da guerra inevitável. Os resultados foram divulgados no dia 1º de junho. Não se esperava que o referendo fosse um grande sucesso e, de fato, apenas 1.554.112 homens votaram *oui*; 5.743, *non*; quase quatro quintos do eleitorado se abstiveram. O leste e a Borgonha compareceram em massa, mas em todos os outros lugares a grande maioria dos votantes se absteve.[47] Em parte, as abstenções refletiram divisões políticas, mas não há dúvida de que ilustraram sobretudo que a França percebia a insensatez da restauração imperial. O decisivo para o regime, no entanto, foi sua vitória nominal: podia-se dizer (e se disse, interminavelmente) que "a Nação se pronunciara a favor". O "apelo ao povo" (*appel au peuple*) foi o pedestal sobre o qual o poder de Napoleão se assentou, agora mais que nunca. Vigorando a legitimidade tal como Napoleão Bonaparte a recriara desde 1799, mesmo uma demonstração tão insignificante correspondia, na França da primavera de 1815, a uma fortuna, comparada à pobreza do "direito divino".

Ainda que vista por todos como um flagelo, a guerra que assomava tinha a utilidade de unir um país dividido atrás de Napoleão, ao mesmo tempo em que lhe permitia impor-se a seus aliados políticos e a seus numerosos adversários domésticos. Os conflitos internos franceses eram tão grandes e tão óbvios nesse período que o duque de Wellington pôde expressar para um compatriota a seguinte esperança: "Mesmo sem a ajuda dos aliados, o poder [de Napoleão] não durará muito."[48] O imperador nunca enfrentara um desafio maior. Foi preciso sacudir o gigante francês para reanimá-lo, mobilizá-lo à força de pancadas. Foi preciso exorcizar a lassidão, o *attentisme*, o medo e a divisão civil e cuidar da defesa militar do país. Exércitos, dinheiro e espíritos tiveram de ser levantados, mas embora a os recursos da França em dinheiro, sangue e espírito fossem infindáveis, a nação passou a *se sentir* prostrada, deprimida e exangue depois que o entusiasmo pelo retorno da "Águia" se dissipou. Costuma-se enfatizar a tristeza, o derrotismo, a fadiga e os acessos esporádicos de torpor de Napoleão nos Cem Dias (ao rememorá-los, ele mesmo o confessaria), mas na verdade ele se mostrou, com a costumeira eficiência, à altura do desafio, não se deixando abalar pela consciência da exigüidade de suas chances de sucesso. A façanha do imperador e de seu governo na primavera de 1815 foi, mais uma vez, prodigiosa.

O instrumento da estratégia política de Napoleão foi a própria "cruzada nacional" que mobilizou, muito pouco e muito tarde, na primavera de 1814. A força do "discurso nacional" é que ao mesmo tempo em que parece ser um chamado à unidade, designa também — e com grande eficiência — inimigos internos (bem como, é claro, estrangeiros). O sagrado apelo revolucionário a "*la patrie en danger*" emergiu então, na forma da súplica: "Todos os franceses devem se unir para evitar a guerra civil e repelir o estrangeiro", deixando de lado todas as lealdades e considerações que não as "nacionais" — não deve haver nenhuma política, nenhum partido, nenhuma opinião, simplesmente "nós" contra "eles", onde "eles" incluía não apenas os aliados mas os franceses monarquistas, jacobinos não alinhados e padres refratários. Embora tivesse aceito o Tratado de Paris, Napoleão trouxe à tona nesse momento o tema revanchista do tratamento injusto recebido pela França em mãos "alemãs" e britânicas.[49] O grande hino da Revolução, "A Marselhesa", anteriormente desencorajado, retornou com força total; as "oferendas patrióticas" da Revolução foram restabelecidas para reforçar as finanças da guerra (embora com apenas um décimo do sucesso obtido no ano anterior); o corpo dos prefeitos departamentais foi expurgado e "comissários extraordinários" foram enviados à província para despertar o patriotismo e supervisionar a repressão dos inimigos. Um jornal, *Le Journal Général de France*, editado pelo próprio Carnot (ministro do Interior), mesclou apelos ao patriotismo e à propriedade privada e, é claro, os populares *fédérés* tiveram permissão para se organizar, e por vezes foram até estimulados a fazê-lo. Foi um sinal dos tempos e da inclinação de Napoleão para as classes populares que esse movimento tenha respondido muito melhor que a Guarda Nacional da classe média, da qual só uma terça parte se apresentou.

Mas a constante evocação oficial da "República dentro do Império" não bastou para fazê-la existir, e a soberania do "Povo" ou da "Nação" era em grande parte uma questão conceitual (formalmente, Napoleão ainda reinava também "pela graça de Deus").[50] Uma estranha crise da cruzada nacional manifestou-se no dia 1º de junho na vasta assembléia realizada no Champ-de-Mai, em Paris, em que o Cidadão-monarca deveria se encontrar com o Povo Soberano, representado por 30.000 delegados dos colégios eleitorais de toda a França.[51] Um ano antes, no mesmo local, uma França supostamente unificada, sob o olhar sereno do alto-comando aliado, acolhera Luís XVIII. Dessa vez, as coisas correram de maneira bastante diferente, pois em vez de 30.000 delegados, apenas 500 foram realmente convocados, enquanto o resto da multidão entusiástica de dezenas de milhares de pessoas era formado por... soldados (mas só seis dos 22 marechais vivos). Esses delegados esperavam presenciar, como fora anunciado, uma celebração do *Acte Additionnel* e da "soberania nacional", mas o que de fato se viu foi uma festividade centrada no exército e no imperador. O delegado-mor anunciou "o novo contrato entre a Nação e Sua Majestade", mas o objetivo principal de seu discurso expurgado do regime era fulminar a Coalizão por não permitir à "França ser a França" e aclamar o soberano que desejava.

Napoleão, de sua parte, anunciou que devia "tudo ao povo", ao que acrescentou então uma frase que espanta, mesmo agora, por sua falsidade: "Se não compreendesse que é a nação que os aliados pretendem derrubar, e não a mim apenas, eu me entregaria de bom grado a eles." Encerrou o dia aplaudido por um mar turbilhonante de soldados, entre os quais distribuiu medalhas da Legião de Honra e águias regimentais, enquanto eles juravam morrer se preciso fosse "em defesa da nação". É improvável que um sequer entre eles tenha dado à frase um sentido diferente de "morrer pelo imperador". A alegria forçada das comemorações, em meio à prostração circundante, a ausência de civis ou estrangeiros, e (talvez sobretudo) a estranha decisão do imperador de se apresentar com todas as insígnias reais da coroação, em vez de trajar seu simples uniforme de Chasseur, faz lembrar o último baile do poema de Poe, "Masque of the Red Death". Foi com alívio que Napoleão deixou Paris no dia 12 de junho para chefiar o exército. Mas, mesmo tendo saído da capital, não conseguiu tirar da cabeça a política interna da França. Num momento em que deveria estar concentrado unicamente em divisões militares, estava profundamente perturbado por divisões políticas.

Assim, perguntamos a nós mesmos: *Estava Napoleão sendo sincero* quando insistiu em março: "Retorno para colaborar com os representantes da nação na formação de um pacto de família que conservará para sempre a liberdade e os direitos dos franceses; minha ambição e minha glória estarão doravante em fazer a felicidade deste grande povo a quem tudo devo"? Alguns, a começar pelo próprio homem, em Santa Helena, sentiram apaixonadamente que sim;[52] outros não, enquanto outros ainda não se importaram com isso, pois muitos que não gostavam de Napoleão o apoiavam "*pour la France*". Entre os que antes eram leais a Napoleão, muitos se mantiveram afastados (a maior parte dos marechais), mas muitos de seus ex-inimigos retornaram. Mme de Staël, por exemplo, declarou: "A liberdade findará se Bonaparte vencer, a independência nacional findará se ele perder", mas quando Napoleão disse que o Estado lhe pagaria o dinheiro de que ela se julgava credora, ela aderiu. Outros, como Lafayette, não se uniram a ele por amor ou dinheiro. E um, Pozzo di Burgo, foi convidado a aderir e nunca sequer respondeu.

Quase a mesma gama pode ser vista entre historiadores: alguns acreditam na sinceridade de Napoleão; muitos, não. Bluche acredita que ele próprio acreditava nela, mas o chama de "o homem de posições sucessivamente sinceras", e de todo modo sempre o "ideófobo", alérgico a sistemas e doutrinas. Se a concepção subjacente de poder político de Napoleão "certamente não mudara", escreve Bluche, pelo menos ele agora "cultivava o equívoco". Por outro lado, Dominique de Villepin, atual ministro das Relações Exteriores da França, dá a seu eloqüente estudo dos Cem Dias o subtítulo "o espírito de sacrifício", que, a se ver, sintetiza a atitude e as ações de Napoleão.

Muitas figuras do passado sofreram acentuadas evoluções políticas do conservador para o liberal. Somente na história francesa, Adolphe Thiers, Jean Jaurès e François Mitterand vêm à mente.[53] No caso deles, no entanto, a mudança foi cumulativa e relativamente lenta. Para algo semelhante a uma epifania de 11 meses temos de procurar fora da França, por um Malcolm X, um Thomas Beckett ou um Saulo de Tarso. Em termos da liberalização das instituições políticas e das bases de apoio de seu regime e de seu próprio estilo de governo, Napoleão certamente foi sincero. Muitos contemporâneos concordaram com Benjamin Constant quando ele sustentou firmemente que, o que quer que Napoleão fizesse no futuro — supondo que tivesse algum —, suas concessões em termos das estruturas e seu reconhecimento dos princípios do Império Liberal continuariam sendo "um grande ponto assegurado". Constant fez um fascinante *aperçu* do que via como a verdadeira atitude do imperador ao conceder o *Acte*: "Ele não tentou me enganar com relação às suas idéias nem à situação. Não se apresentou como corrigido pelas lições da adversidade. Nem sequer se atribuiu o mérito de parecer querer retornar ao regime de liberdade. Apenas examinou friamente seu próprio interesse; e, com uma imparcialidade próxima da indiferença, considerou o que era possível e o que era preferível."[54] Mas não convém esquecer, é claro, que era de extremo interesse para Monsieur Constant acreditar nessas coisas e relatá-las.

Tampouco se pode esquecer que esse era o mesmo imperador que escrevera ao irmão mais velho ainda no ano anterior (março de 1814): "Assim que nos vir fazendo o que ele gosta, em vez do que é bom para ele, o povo irá obviamente imaginar que ele é o soberano, e terá uma opinião muito ruim dos que o governam." Por outro lado, para fazer justiça a Napoleão, cabe dizer que muita coisa transpirara na França num curto período de tempo, causando um abalo profundo em muitas mentes. A invasão de 1814, a queda do Império, o retorno da dinastia pré-revolucionária, o drástico encolhimento das fronteiras da França — tudo isso se juntou para criar uma atmosfera política geral de desespero e ressentimento (e revanchismo) que marcou de maneira indelével essa geração e a seguinte, e afetou fortemente a história da nação.[55]

H.A.L. Fisher provavelmente tem razão ao dizer que "se fosse possível traduzir o desejo da França em palavras, os homens teriam rezado por uma continuação do Império sem a egolatria inquieta de Napoleão",[56] mas não foi dado à França ter o seu desejo, ela teve o de Napoleão — e o atendeu, embora com relutância. Persistiu "sendo a França", vendo a condenação de Napoleão pelos aliados como uma violação inaceitável de sua sagrada soberania e independência. A estranheza de toda a aventura que disso resultou só é igualada por seu desespero e implacabilidade. É Romeu e Julieta sem o romance e a juventude, preferindo a morte a ceder à reflexão madura. O que choca não é que uma minoria tão grande do povo francês tenha se retraído — devemos deixar falar por eles o estimado historiador Bertier de Sauvigny: o retorno de Napoleão "foi um dos maiores crimes que um líder pôde perpetrar contra uma nação"[57] — , o que choca é que a grande maioria tenha dado um passo à frente.

Em sua incomparável história do Consulado e do Império, Thiers usa seus compatriotas como uma ilustração, para o mundo, de zelo político que pode levar a "uma nação tanto a grande infortúnio quanto a grande glória". [58]

Poderíamos observar, ao passarmos para a campanha de Waterloo, que "grande infortúnio" não é o oposto de *grande gloire. Bien au contraire.*

Waterloo: *vae victis**

Se faço esta descrição com um pincel, não com uma pena, é porque nesta matéria a parte mais tristemente poética — o drama — parece-me ter certamente maior importância que a parte tática: esta última está cruelmente completa, a primeira não. À distância em que estou agora da morte da glória e da pátria francesa, consigo me lembrar melhor da expressão na face do cadáver que das linhas arquitetônicas do túmulo.
GENERAL DE BRACK[59]

A arte de narrar [uma batalha] reside em apagar o que não tem importância e embarga o avanço. Narramos mal uma batalha ... a menos contemos simplesmente o que decidiu a sorte do dia.
NAPOLEÃO

No início de junho, o primeiro par de exércitos aliados — o britânico e o prussiano — ameaçava entrar nos Países Baixos e havia chegado à Bélgica.[60] Com o tempo, seus ataques foram reforçados pelos exércitos austríacos e russos. A mobilização aliada seria incessante até a derrubada do inimigo. Os franceses talvez tenham recobrado um fio de esperança diante dos sinais de renascimento de sentimentos pró-franceses entre "os povos" (poloneses, saxônios, alemães renanos, belgas e italianos do norte), que em menos de um ano haviam aprendido que havia coisas que odiavam mais que a ocupação francesa. O rei Joaquim I levantou o estandarte da "revolução nacional" contra a Áustria na península italiana,[61] e declarou-se favorável a Napoleão. Mas enquanto isso o imperador se perguntava quem precisava de inimigos tendo aliados como aquele, e o cunhado vira-casaca não foi convidado a assumir seu lugar de costume, à frente da cavalaria da Grande Armée, na campanha belga que se seguiu.

O comandante francês tinha poucas escolhas: podia esperar o ataque que estava por vir, ou atacar o mais rapidamente possível, na esperança de derrotar totalmente os inimigos. A mera formulação das alternativas nos faz saber o curso que Napoleão escolheu. Deixando Paris para se juntar a seu exército na fronteira belga no dia 12 de junho, Napoleão deslocou sua unidade com tanta rapidez que surpreendeu o marechal Blücher em Ligny, onde desferiu um forte golpe nos prussianos no dia 16. Se a unidade de 20.000 homens de Drouet d'Erlon, que

* "Ai dos vencidos!" Dito comum na França no início do século XIX, especialmente em conexão com essa batalha.

Napoleão destacara para ficar de olho nos ingleses, tivesse retornado ao campo tão depressa quanto o imperador desejava, Blücher teria sido completamente derrotado, não simplesmente repelido, e teria sido incapaz de ir em socorro de seu aliado dois dias depois. Em seguida Napoleão arrematou seu erro: além de superestimar as perdas em homens e moral sofridas pelos prussianos em Ligny, supôs que se retirariam na direção leste (para a Prússia) e eles rumaram de fato para oeste, para ajudar os ingleses. Estes últimos, tendo sofrido um revés nas mãos de Ney em Quatre-Bras, retiraram-se para Mont Saint-Jean, na estrada para Bruxelas (a cerca de 24km de distância). Destacando o marechal Grouchy e sua unidade de 30.000 homens para localizar e dar combate aos prussianos, Napoleão enfrentou os ingleses nas encostas diante de uma aldeia chamada Waterloo.

Com 74.000 homens, o exército francês era um dos melhores já comandados por Napoleão. Era grande o alvoroço das tropas, embora os oficiais estivessem taciturnos e perturbados (no dia 15, um general muito graduado, Bourmont, desertara e se passara para os aliados com seu *staff*). Wellington dispunha de uma força de 68.000 homens, menos confiável dos pontos de vista político e militar, composta de alemães de Hanover, holandeses-belgas e guardas ingleses. O duque de Ferro usava seu famoso bicorne com os bicos na frente e atrás (*en colonne*, como era chamado); Napoleão usava o seu com os bicos de lado (*en bataille*). Não só nesse como em todos os outros aspectos os dois comandantes ilustravam o contraste clássico entre o aristocrata inglês frio, seco e cauteloso e o francês individualista e romântico. Os olhos duros contemplavam incansavelmente o campo à sua frente, esperando; os olhos de águia dardejavam ao sol da manhã, fixos em sua presa.[62]

Compreendendo que dessa vez se tratava de vencer ou morrer, os franceses abriram um pesado ataque no fim da manhã, sob o comando de Jerônimo Bonaparte, a um castelo fortificado (Hougoumont) no flanco direito dos britânicos. Os franceses lutaram com bravura e abnegação, mas não conseguiram expulsar o adversário, e Wellington não precisou sequer esvaziar seu centro deslocando homens para a sua direita. Assim, quando o ataque geral da infantaria francesa (comandada por Drouet d'Erlon) foi lançado sobre o centro britânico, situado em torno de uma fazenda chamada La Haie Sainte, também ele provou-se incapaz de tomar e conservar o lugar apesar da empolgante audácia dos franceses. Seu fracasso, por sua vez, tornou necessária mais uma investida com força total, dessa vez da cavalaria de Ney, que atacou um pouco mais abaixo da linha inglesa, a leste. Mas, embora em desequilíbrio e vacilantes, e da derrota ocasional de uma unidade individual, a linha aliada se manteve; os quadrados da infantaria britânica repeliram a cavalaria francesa.

A essa altura a tarde terminava e Napoleão estava muito preocupado com os prussianos, pois grandes segmentos de suas forças haviam permanecido estacionados durante o dia todo no flanco francês, esperando ter certeza de que os ingleses resistiriam para atacar. Agora vieram e começaram a atacar em grande número. Em suma, Grouchy não encontrara Blücher. Pior, embora o marechal francês pudesse ouvir os sons de batalha à distância, não pensara em se juntar ao imperador, cuidando apenas de cumprir as ordens que recebera ao pé da letra ("encontre os prussianos e cuide deles"). Desesperado para esmagar o inimigo antes que este o esmagasse, Napoleão enviou para Ney as reservas da cavalaria, mas o heroísmo destas também de nada valeu: também elas se despedaçaram em vão diante daqueles horríveis quadrados ingleses. Em certo momento, no fim da tarde, os franceses de fato conseguiram ocupar La Haie Sainte, mas nessa altura seu comandante estava ficando sem soldados. Em desespero, Napoleão despachou os poucos batalhões da Guarda Imperial que mantivera na retaguarda. Às sete horas da noite eles subiram as encostas do Mont Saint-Jean, a leste de Hougoumont. Perto do topo, foram surpreendidos por fogo concentrado da infantaria inglesa vindo da frente e da direita, e, para o assombro de todos, o batalhão da guarda, em grande inferioridade numérica, recuou em desordem. Assim foi que os célebres abelhas de Napoleão, no apogeu de sua glória, tombaram por terra e se contorceram sem cravar seu ferrão.

A verdade é que Napoleão combatera bem, não excepcionalmente, e, dada a qualidade e o entusiasmo de seus homens, poderia certamente ter derrotado um adversário inferior, como derrotara Blücher dois dias antes. Por exemplo, a reconquista de Plancenoit pelo general Pelet com apenas dois batalhões estabilizou a batalha em favor dos franceses durante duas horas. Marengo, lembremos, fora algo muito parecido. Mas a infantaria britânica resistiu ao melhor que Napoleão tinha para lançar sobre ela e, com a chegada das várias unidades prussianas, tudo estava terminado — *quer Grouchy tivesse voltado ou não.*[63] As lembranças posteriores dos soldados franceses — oficiais e praças, de cavalaria e infantaria — atestam amplamente o efeito desconcertante do sangue-frio e do fogo constante britânicos em face do *fougue* (ardor) francês. Estes últimos fugiram, com exceção de um ou dois batalhões da Guarda Imperial que lutaram heroicamente até o fim. Napoleão deveria talvez ter se curvado ante a imperturbabilidade britânica e conservado seu exército para uma outra luta, em vez de insistir em jogar homens no conflito. Escrevendo anos depois, o general Kellermann, que estava presente no campo, criticou a estratégia de Napoleão: "Em nenhum momento do dia poderíamos ter alimentado a pretensão de conseguir vencer. No entanto, com prudência, teríamos conseguido evitar a catástrofe. A costumeira cautela inglesa nos teria dado essa chance [não nos seguindo se nos retirássemos]. Mas a prudência não era a qualidade característica do comandante-em-chefe dos franceses. Enquanto havia um batalhão a mover, uma ficha a jogar, não tenha dúvida de que ele o movia e a jogava."[64] Os soldados de Napoleão lhe deram o melhor que tinham e sua coragem foi magnífica.*

Waterloo encabeça invariavelmente as listas das dez ou 15 "batalhas mais espetaculares da história do mundo", mas, de fato, a batalha de Leipzig em 1813 havia sido maior, mais longa, mais mortífera e mais decisiva historicamente, pois não só representara a primeira derrota total de Napoleão em campo, como, o que é mais importante, permitira que se cristalizasse uma Coalizão que não descansaria até capturar sua presa. Por fim, cabe considerar que, mesmo que Napoleão tivesse vencido em Waterloo — e provavelmente mesmo que voltasse a vencer numa outra batalha —, isso não teria importado. A significação de Waterloo reside em sua lenda de "la guerre nationale" e em ter gerado a cultura política de derrota que duraria por dois séculos na história francesa.

O crepúsculo e a noite do dia 18 foram um pesadelo para o imperador, enquanto tentava em vão reorganizar seu exército desmoralizado. À uma hora da madrugada chegou a Quatre-Bras e descansou. O ajudante-de-ordens do marechal Soult estudou Napoleão à luz do fogo: "Em sua face desalentada, de uma palidez de cera, não havia nenhuma animação, só lágrimas."[65]

Abjeção (II), abdicação (II)

A arte da retirada é mais difícil para o francês que para [outros]. Uma batalha perdida mina-lhe a força e a coragem, debilita sua confiança em seus chefes e o incita à insubordinação.
NAPOLEÃO[66]

A fúria tomou o lugar da força, que estava em falta.
MICHELET[67]

O culto francês de Waterloo foi fundado pelo próprio Napoleão. O boletim, escrito um ou dois dias após a batalha, descreve-a como "tão gloriosa, e contudo tão fatal para as armas francesas". Isso é bastante razoável, mas dali em diante, e pelo resto de sua vida, o imperador não conseguiu tirar essa batalha da cabeça.

* Nove dias após a batalha, um soldado francês escreveu para os pais com uma coragem e uma eloqüência que comoveram profundamente este leitor: "Tive o infortúnio de ser ferido no dia 18 [em Waterloo], por uma bala que me quebrou a perna. Como não pude aparecer até cinco dias depois, fui obrigado a andar dez léguas a cavalo. Depois, quando

Ao voltar a Paris, importunou interminavelmente o pobre Caulaincourt, remoendo os acontecimentos e decisões de 18 de junho — como era possível que tanta coragem e tantos ataques brilhantes tivessem resultado em pânico e fragorosa derrota? Por muito pouco ele poderia, *deveria*, ter-se retirado vitorioso. A derrota fora obra de "malfeitores" e "traidores". Etc. Só uma possibilidade lhe escapava em todas as suas cismas: a idéia de que Wellington e os ingleses haviam simples e legitimamente derrotado a ele e aos franceses.

No entanto, apesar da derrota, Napoleão não tinha nenhuma intenção de desistir. Era Fontainebleau, 1814, outra vez. A única questão que perturbava Sua Majestade na manhã de 19 de junho era a partir de onde se prepararia para a próxima luta. Por mais ou menos um dia, ele permaneceu com o exército na fronteira franco-belga, enviando ordens furiosamente a José em Paris. Seu irmão-regente foi orientado a convocar mais 100.000 homens e a mobilizar os *féderés* e a Guarda Nacional, devendo ao mesmo tempo declarar a *levée en masse* nos departamentos do leste. Além disso, poderes ditatoriais de emergência deveriam ser concedidos ao imperador enquanto o conflito durasse.

Mas algo de peculiar aconteceu: inesperadamente, "Paris" mostrou que tinha uma vontade própria. À luz da derrota, Napoleão perdeu a pequena autoridade que tinha sobre a maioria dos 629 deputados do Legislativo. Irritado, o soberano voltou à capital, contrariando os conselhos de Caulaincourt e José: "O exército é a sua força, continue com ele." Ao chegar ao Elysée na aurora do dia 21, Napoleão estava furioso. Poderia haver um outro 18 Brumário, disse ao general Bertrand — ou até pior. E acrescentou, soturnamente: "Uma vez que tiver de sujar as mãos de sangue, mergulharei nele até os cotovelos." Paris estava tomada por uma tensão, uma ansiedade e intrigas como nunca haviam sido vistas desde o Terror do verão no Ano II.

Mas o imperador não sujou as mãos de sangue. Embora tenha argumentado apaixonada e convincentemente para pôr "um fim à discussão e ao debate", acabou concordando em dançar o complexo minueto político da "discussão e do debate", enviando Caulaincourt e Luciano Bonaparte para defenderem sua causa perante o Parlamento. Os porta-vozes dos legisladores foram Lafayette e Fouché; este último, embora tecnicamente um ministro da Coroa, estava jogando seu costumeiro jogo tríplice, com os representantes, o Império e o ausente Luís XVIII (em Ghent, na Bélgica). As posições eram antitéticas: Napo-

---

pude ir para o hospital, minha perna já tinha começado a gangrenar ... Agora todo o meu corpo está inchado, e dizem-me que não será possível fazer uma amputação. Envio-lhes portanto o meu adeus e meu muito obrigado por tudo que fizeram por mim."

leão estava supremamente convencido, como só ele era capaz de estar, de que havia meios militares disponíveis para se modelar uma vitória. Tinha certa razão quanto ao fato de que havia agora uma disponibilidade de soldados três vezes maior que em 1814, quando também argumentara energicamente em prol da guerra. Se as câmaras lhe tivessem concedido o que ele lhes pedia agora, Napoleão poderia sem dúvida ter bloqueado ou detido Wellington ou Blücher por algum tempo. Várias das vozes mais importantes da época, entre as quais ninguém menos que Emmanuel Sieyès — que estava longe de ser um partidário de Napoleão — concordaram com Carnot e Constant em que aquela não era hora de os políticos se dividirem, mas de se unirem atrás do soberano.

Por outro lado, a resposta dos legisladores foi acachapante: "Foi o bastante, chega; ficamos ao seu lado durante todo Waterloo. Os aliados continuaram a atacar; ninguém, nem o imperador, será capaz de detê-los até que o tenham derrubado. Enquanto isso, porém, talvez possamos promover muita coisa boa dando uma demonstração de boa-fé à Coalizão e derrubando-o."[68] Sentindo-se ao mesmo tempo fortes e aterrorizados, os deputados votaram duas medidas extraordinárias: declararam-se em sessão permanente — isto é, não permitiriam sua dissolução; de fato, qualquer tentativa nesse sentido seria considerada "crime de alta traição". E convocaram livremente ministros imperiais de Estado para responderem perante eles. Ambos esses atos eram inconstitucionais — tecnicamente, mais do que o haviam sido as ações do general Bonaparte em 18-19 Brumário, quando, como lembramos, as formalidades legais haviam sido observadas. Na nova Constituição, o imperador tinha o direito de dissolver a legislatura; além do mais, era a ele, não ao parlamento que "seus" ministros deviam responder. Napoleão não estava errado ao supor que, se tivesse concordado com essas medidas, teria ficado na situação de Luís XVI perante a todo-poderosa Assembléia Nacional Constituinte. Essa foi a versão da legislatura da atuação "nacional", e provou-se eficaz.

Isso foi só o começo. A Câmara dos Representantes enviou ainda ao imperador o pedido formal de que abdicasse.

A primeira resposta de Napoleão a tudo isso foi mais ou menos a que teríamos imaginado — "Jamais abdicarei para aquele bando de jacobinos exaltados, aquela canalha [*canaille*] liberal!" Ameaçou o Parlamento com o uso de sua Guarda, ou com uma revolução social liderada pelos *fédérés* e pela Guarda Nacional (embora fosse mais provável que esta instituição, em grande parte burguesa, obedecesse antes ao Parlamento que ao imperador). Arengou e esbravejou sobre "governar com a guilhotina *contra* a classe média e a burguesia", e declarou: Estive "errado ao me preocupar um dia em dar uma Constituição ou formar Câmaras." "Está ouvindo esses gritos?", berrou para um Davout hostil, apontando para as multidões sobretudo de classe baixa que aclamavam *l'Empereur* junto ao Elysée. "Se eu quisesse me pôr à frente dessa boa gente, que tem o instinto das verdadeiras necessidades da pátria, teria dispensado logo esses homens que não têm nenhuma coragem contra mim a não ser quando estou indefeso." Isso não era a marcha a partir do golfo Juan, quando havia pelo menos a esperança de uma vasta união de todo o país em torno do "imperador do povo". Isso era ameaça de guerra de classes.

Mas, de maneira igualmente pouco surpreendente, embora capaz de ameaçar uma guerra civil, Napoleão não era homem de provocá-la. Acedeu ao pedido dos deputados e abdicou. Obedeceu a duas razões: não conseguiu ignorar sua crença obstinada de que a Câmara, a despeito de todo o seu facciosismo político, de todas as suas intrigas, representava não obstante "a Nação"; e estava, segundo todos os testemunhos, absolutamente vencido "pela exaustão e a lassidão", nas palavras de Constant. Em Santa Helena, remoeria interminavelmente a pergunta: "O que eu devia ter feito no fim de junho?" Iria se recriminar (ou parecer fazê-lo) "por ter abandonado meus soldados, os *fédérés* e os que me apoiavam", assim como lamentaria ardorosamente não ter mandado "fuzilar ou exilar" Fouché e Lafayette. Pasquier, o ex-chefe de polícia napoleônico de Paris, que fugira em 1814 e nunca mais aparecera, afirmou que o Napoleão pós-Waterloo "não sabe sequer, ele mesmo, para que direção está indo. Apela para o apoio dos revolucionários, mas os teme acima de todos os outros ... Está completamente perdido."[69] Duvidamos disso. Grande parte dessa retórica de Napoleão, nesse momento e em Santa Helena, era pose — pose para si mesmo também. *Au fond*, o imperador dos franceses nunca teria podido aceitar ser "o rei da turba rebelde [*le roi de la jacquerie*]", como ele disse. Não era nenhum Robespierre de botas.

Após a abdicação, no início da tarde do dia 22, Fouché assumiu um governo provisório de cinco membros. Napoleão permaneceu no Elysée, consumido por autocríticas, tecendo solilóquios diante de Carnot, Constant e Caulaincourt. A única coisa de que fez questão absoluta, e obteve, foi a proclamação de seu filho como Napoleão II. (O Rei de Roma "reinou" por menos de duas semanas, mas foi o bastante para estabelecer a sucessão dinástica, de tal modo que um dia, quando Luís Bonaparte subiu ao trono [1851], o fez como Napoleão III.) Foi preciso pressionar Napoleão para que deixasse Paris; ele partiu para Malmaison no dia 25, onde foi hóspede de sua ex-nora, a rainha Hortência. Ali, onde tudo havia começado, despediu-se de duas ex-amantes, Maria Walewska e Eléonore Denuelle, e dos filhos que tivera com elas. Com os britânicos, e mais especialmente os prussianos, aproximando-se, tornou-se imperativo que Napoleão deixasse mesmo aquela casa. Seus conselheiros mais próximos imploraram-lhe que fosse para os Estados Unidos, e ele acabou decidindo ir. José, Luciano e Jerônimo chegaram a dizer que o acompanhariam. Carnot lhe afiançou: da América, "continuará fazendo seus inimigos tremerem. Se a França cair de novo sob o jugo Bourbon, sua presença num país livre sustentará a opinião nacional aqui".[70]

Mesmo com o inimigo nos seus calcanhares, Napoleão resistia a deixar Malmaison. O último membro da família que viu ali foi a mãe, mas o último cômodo que visitou foi o quarto em que Josefina morrera. Entrou ali sozinho, vestido à paisana, no fim da tarde do dia 29. Em baixo, no pátio, Bertrand Becker e Savary, andavam de um lado para outro, impacientes para embarcar com ele na caleche de quatro assentos, já pronta.[71] Napoleão não foi capaz, nem nesse momento, de simplesmente partir, com tranqüilidade. Tomado de repente pelo que lhe pareceu uma idéia luminosa, chamou o general Becker à sua presença e mandou que ele fosse ter com Fouché: diga ao chefe do novo governo "que me ofereço para comandar o exército francês e lutar contra os prussianos; depois que os obrigar, e aos britânicos, a chegar a um acordo, partirei para o Novo Mundo". Becker fez o que lhe foi pedido e ouviu do ex-ministro da Polícia que a idéia era estapafúrdia. De volta a Malmaison, ele encontrou o imperador fardado, pronto para "partir para a guerra". Ao notar o olhar pesaroso do auxiliar, subiu ao segundo andar, vestiu-se de novo à paisana e, dessa vez, partiu imediatamente.

Durante a quinzena seguinte, Napoleão peregrinou pela França marítima ocidental, acabando por dar no porto de Rochefort, na Charante, e na ilha d'Aix, onde esperaria um navio francês que o levasse para os Estados Unidos. Esperou em vão. O pagamento negociado pelo *entourage* imperial não estava ao nível do ânimo dominante contra o fugitivo que, deliberada e conscientemente, infligira tanta dor a todos durante os Cem Dias. O duque de Wellington recusou-se a emitir salvo-condutos para a viagem de Napoleão, enquanto o governo de Sua Majestade Britânica alimentava silenciosamente a esperança, nas palavras de lorde Liverpool, "de que o rei da França enforcasse ou fuzilasse Bonaparte, como a melhor conclusão para o caso". Os prussianos, de sua parte, estavam ansiosos por fazer exatamente isso. De fato, a promessa do rei Luís XVIII de ir pessoalmente à ponte de Iena bastou para que Blücher desistisse de sua firme intenção de fazê-la voar pelos ares.

Na verdade, a França estava prestes a mergulhar em tempos negros como não voltaria a ver até 1871 ou junho de 1940. A segunda restauração Bourbon aderiu apenas vagamente ao ideal da conciliação sociopolítica; o que estava na ordem do dia era o chamado Terror Branco, que foi *muito* mais brutal que qualquer repressão praticada internamente pelo Império.[72] Dois oficias napoleônicos de alta patente, Brune e Ramel, foram assassinados nessa época, enquanto o marechal Ney e o general de La Bédoyère viram-se ambos diante de pelotões de fuzilamento (como Murat na Itália); Maret, Cambacérès, Boulay, Carnot, Masséna e muitas outras autoridades do Império — inclusive Fouché — foram banidos. Mas a verdade é que a cólera da dinastia restaurada de "*Louis deux-fois-neuf*"[73] tinha alguma razão de ser. O preço que a França teve de pagar por seu Império Liberal e sua cruzada "nacional", foi ser reduzida pelo segundo Tratado de Paris às suas fronteiras de 1789 (não apenas às de 1790); viu-se ainda obrigada a pagar uma indenização de assombrosos 700 milhões de francos e condenada a conviver com um exército de ocupação até que essa dívida fosse saldada.

No dia 15 de julho, impossibilitado de fugir — a Marinha Real bloqueou o litoral ocidental —, o ex-imperador rendeu-se ao capitão Maitland do HMS *Bellerophon* *, um navio de guerra que prestara bons serviços em Trafalgar. Napoleão previa, certamente esperava, que seria levado para a Inglaterra, mas os aliados não quiseram nem ouvir falar de um lugar tão à mão. No dia 7 de agosto foi transferido para o HMS *Northumberland* para uma longa viagem marítima rumo ao Atlântico Sul. Até os opositores de Napoleão, a começar pelos oficiais da marinha inglesa a bordo desses navios, não hesitaram em reconhecer sua resignação à medida que passava de decepção a decepção em suas inúteis tentativas de obter um refúgio desejável. Exatamente sete semanas depois, no dia 16 de outubro de 1815, ele desembarcou em Jamestown, na ilha britânica de Santa Helena.

Na mensagem que escreveu ao príncipe regente inglês pedindo refúgio na Grã-Bretanha, Napoleão se comparara ao grande estadista e general Temístocles a implorar asilo a seus ex-adversários, os persas, que esmagara anos antes em Salamina (480 a.C.).[74] A comparação, é claro, era inadequada, pois o primeiro Imperador dos Franceses nunca derrotara os ingleses em batalha — *au contraire*. Ele poderia, contudo ter feito suas as palavras que, segundo Plutarco, Temístocles teria dito a seus compatriotas atenienses: "Na verdade, não sei como tanger a lira ou tocar o saltério, mas dêem-me uma aldeia pequena ou obscura e eu a cobrirei de renome e grandeza."[75]

---

* Na mitologia grega, Belerofonte era filho de Posêidon, deus do mar. Guerreiro estupendo, Belerofonte cometeu o pecado da arrogância, passando a se orgulhar demais de suas próprias proezas. Não reconhecendo limite algum, tentou usurpar o trono do próprio Zeus, o senhor dos deuses, acinte pelo qual este o enviou para o inferno, onde morreu abandonado e sozinho.

XV
Sombras: "O Império Liberal"

As instituições são as sombras de grandes homens.
Ralph Waldo Emerson

O novo "santo"

Não visitamos Longwood; Longwood nos visita.
Jean-Paul Kauffmann[1]

Napoleão instalou-se em Santa Helena — tornando-se um "santo", como seus residentes se autodenominam — no dia 17 de outubro de 1815.[2] Nunca deixaria a ilha — ali morreria em 5 de maio de 1821 e ali seria enterrado. Só em 1840 seu corpo foi levado de volta para "as margens do Sena, para repousar junto à nação francesa que tanto amei". Raras vezes um chefe de Estado importante,[3] em seu apogeu, fora condenado a um exílio tão completo e distante, e o ajustamento que isso exigiu de uma inteligência, vontade e energia tão titânicas quanto as de Napoleão não foi fácil — e de fato nunca se consumou. Longwood — o nome da residência que lhe foi atribuída — fora anteriormente um grupo de cabanas interligadas que serviam de abrigo para gado. Ganharam um mobiliário barato para receber o novo inquilino; pouco depois da morte de Napoleão um soldado britânico disse à mãe, por carta, ter ficado "chocado com o estado miserável" em que estava a casa.[4]

O francês teve dificuldade em se adaptar ao novo clima e ao tédio. As temperaturas tropicais, os ventos e as chuvas constantes tinham um efeito enervante sobre seu estado de espírito e muito provavelmente afetavam-lhe a saúde — como faziam com a de seus confrades e dos comissários aliados que também residiam "na rocha".[5] Periodicamente, Napoleão empreendia projetos — criava ovelhas, plantava árvores, dedicava-se à jardinagem etc. Chegou a tentar aprender inglês, embora sem sucesso (o que lembra o parecer de Mme de Rémusat de que "O imperador jamais gostou de se submeter a coisa alguma, nem à gramática.")[6] Não espanta que volta e meia passasse dias sem sair do quarto, em profunda depressão.

Nenhum dos *fidèles* ilustres ou dos parentes de Napoleão optou por acompanhá-lo a Santa Helena, ou foi autorizado a isso. Assim, o *entourage* na ilha consistia de quatro franceses, nenhum dos quais se notabilizara no Império. Todos eram autoridades, dois foram acompanhados pelas mulheres e um pelo filho adolescente. Entre os generais Bertrand e Gourgaud, e os condes de Montholon e de Las Cases, o nível do intelecto e da conversa era medíocre (embora Las Cases tivesse expressiva cultura literária). Dois deles ficaram até o fim; Las Cases deixou a ilha no final de 1816, ostensivamente por ter entrado em conflito com as autoridades britânicas (mas ficou feliz em partir); e Gourgaud em 1818, convidado a ir embora por Napoleão porque se comportava em relação a ele como um amante ciumento e não conseguia se entender com Montholon.[7]

Uma quinta presença era o dr. Barry O'Meara, o médico naval irlandês designado para assistir o imperador; em 1818 ele foi afastado da ilha pelas autoridades britânicas, porque transferira sua lealdade à Marinha Real para Napoleão. Apesar das confidências que o imperador fez a essa pentarquia — bem como a seu *maître d'hôtel*, Cipriani, um corso que trabalhara muito tempo para a família Bonaparte e que morreu de repente em 1818 —, não os unia nada de parecido com a intimidade que tivera com um José, um Lannes ou um Durec. Mas esses homens haviam sido advertidos: "Pensou talvez que vindo para cá se tornaria meu camarada?" o imperador perguntou a um deles logo no início. "Não sou camarada de ninguém ... Tenho de estar no centro." Fora sempre assim, desde que um afetuoso menino e um vulnerável amante corso de 1795-96 haviam se transformado no cônsul e no imperador emocionalmente murado, e assim continuaria sendo: "O imperador é o que é", escreveu Bertrand, "e não podemos mudar seu caráter. É por causa dele que não tem amigos, que tem tantos inimigos e, na verdade, que estamos em Santa Helena."

Napoleão não demorou a criar para si uma *raison de vivre* na ilha: dar testemunho de si mesmo, na esperança de moldar com isso o modo como os homens o viam então e, mais importante, o veriam no futuro. Seu primeiro e mais constante esforço nesse sentido foi o incessante conflito que o opôs às autoridades britânicas na ilha. Foi realmente muita sorte de nosso francês ter Hudson Lowe como sua nêmesis local. Não menos que Napoleão, o tacanho Sir Hudson vivia numa prisão — em seu caso "a prisão limpa e bem iluminada de uma idéia":[8] reduzir seu prisioneiro ao status de "general Bonaparte". Muitos contemporâneos disseram ou teriam dito que aborrecimentos desse tipo eram uma punição pequena para os crimes desse homem, mas é também verdade, como um primeiro-ministro posterior observou, que a Grã-Bretanha negou a Napoleão um título que o governo de Sua Majestade lhe reconhecera *de facto* em suas negociações com os franceses em 1806 e novamente em 1813-14. Mais significativo ainda, isso era quase uma afronta calculada à nação francesa, que duas vezes "escolhera" esse homem como seu soberano.[9]

Se tivesse tolerado ser chamado assim, Napoleão teria poupado a si mesmo e a seus homens um infindável desgosto, e teriam participado da "*high life*" social de Santa Helena; em especial, teria recebido convites para a residência do governo, na Plantation House. Fazendo isso, porém, teria perdido a oportunidade que estava sempre vigilante para não deixar escapar: "O martírio", disse a Las Cases, "me despojará da reputação de tirano"; "só faltava o infortúnio à minha fama"; "[ganharei] uma coroa de espinhos". De fato, não é de todo impossível que *l'Empereur* tivesse observado Pio VII testemunhar contra si mesmo, e aprendido alguma coisa com isso. Las Cases novamente: "O Império assumiu a atitude da dignidade oprimida pela força e envolveu-se num manto moral."

O altivo testemunho de Napoleão proporcionou-lhe alguns momentos de grande exaltação — "meu corpo pertence aos perversos, mas minha alma é independente. Sou mais orgulhoso aqui em Santa Helena do que se estivesse sentado em meu trono, fazendo reis e distribuindo coroas"[10] —, mas, em geral, o enredava num curioso paradoxo: precisamente quando a criação de seu grande testemunho literário — suas "memórias" (ver a próxima seção) — lhe retesava todas as fibras para criar o mito do "liberal e do imperador republicano", a vida cotidiana no exílio exigia que encenasse um espetáculo. No calor causticante da tropical Santa Helena, ele e seu *entourage* representavam diariamente sua ópera bufa, intitulada "Napoleão I, Imperador dos Franceses, Rei da Itália", a que não faltavam trajes de corte, insígnias reais, espadas e um protocolo inflexível — tudo isso para uma platéia de uma pessoa (Hudson Lowe), que não estava presente. Por vezes a história repetida *é* farsa.

Mas ao reunir a coragem necessária para enfrentar aquelas nêmesis existenciais mais terríveis, a culpa, a falta de sentido e a morte, Napoleão voltou-se fundamentalmente para uma outra atividade.

Memórias

Au claire de la lune,
Mon ami, Pierrot,
Prête-moi ta plume
Pour écrire un mot.
CONHECIDA CANÇÃO FRANCESA

"O infortúnio encerra um refrigério: leva-nos à verdade", disse Napoleão nessa altura. Não que os volumes a que costumamos nos referir como as memórias do imperador sejam verdadeiros, mas não parece improvável que o homem por trás delas estivesse muitas vezes lutando para encontrar a verdade tal como a compreendia. Uma palavra sobre aquilo de que estamos tratando aqui: sem demora, o imperador pôs-se a tentar produzir sua própria história, e após algumas páginas ilegíveis — escrever sendo a atividade exigente que é —, desistiu. Dali em diante, passou a usar seus quatro *fidèles* não só para transcrever as palavras que ditava como para anotar as conversas casuais sobre o passado, que, é claro, ocorriam a todo momento entre eles. Os homens cumpriram seu dever ao pé da letra. Freqüentemente Montholon, Las Cases, Bertrand e Gourgaud pediam licença para se retirar cedo à noite — especialmente depois que o imperador se entregara a interessantes conjuntos de reflexões — e iam fazer anotações em seus quartos. Qualquer jornalista, ou pessoa que mantém um diário, compreende essa necessidade. Os quatro são muitas vezes chamados os "evangelistas" de Napoleão, o que é excessivamente lisonjeiro para todos os envolvidos, especialmente porque pelo menos dois dos quatro, para não mencionar o próprio Mentor, tinham perfeita consciência de ter uma fortuna financeira em suas penas.

Tanto ditado, transcrição, revisão, reescrita tiveram por primeiro resultado uma densa obra em vários volumes, com cerca de um milhão e meio de palavras, que se tornou rapidamente um dos maiores *bestsellers* do século XIX: *Memorial de Santa Helena* (1823), de Emmanuel Las Cases. Nas palavras de J. Christopher Herold: "E da carne fez-se a palavra."[11] Seguiram-no, em 1847, os dois volumes de Montholon: *Relatos do cativeiro do imperador Napoleão em Santa Helena*. Perder-se mesmo que brevemente nessas obras — como nas coletâneas em vários volumes das ruminações divagantes de Napoleão (cada uma com o dia em que foi pronunciada)[12] lançadas posteriormente por Gourgaud e Bertrand — é compreender que elas não são meramente uma versão ampliada de um boletim do exército. O homem que as inspirou é alguém que recobrou, se não seu idealismo da juventude (embora haja momentos em que o parece ter feito), algo de sua consciência da juventude, e o gosto pela leitura, a reflexão e a escrita.

O que isso quer dizer é que essas obras não podem ser descritas de maneira significativa como "produção de propaganda", ainda que contenham idéias e teses vigorosas. A impressão que causam é antes a de tentativas repetitivas, penosas e provavelmente vãs de auto-exorcismo e enfrentamento da culpa. Marcel Dunan qualifica o *Memorial* de "uma obra-prima de estranho e controlado entusiasmo";[13] na verdade, porém, o controle é muito menos evidente que a estranheza — ou a incoerência. É comum dizer-se que, nessas páginas intermináveis, Napoleão afirma todas a coisas e o contrário delas, o que é absolutamente verdadeiro, pois, tomados em conjunto, os quatro "evangelhos" correspondem a vários *milhões* de palavras pronunciadas ao longo de cinco anos. Assim, por exemplo, ele pode comentar com Las Cases, "Se eu tivesse morrido no trono, todo-poderoso, teria continuado a ser um problema para muita gente; mas hoje, graças a meu infortúnio, cada hora que passa me despoja de minha pele de tirano", e, alguns anos mais tarde, dizer a Montholon, "Teria sido melhor para minha glória se eu tivesse morrido em Moscou."

O livro de Las Cases contém algumas mentiras deslavadas, como uma carta inventada para Murat isentando Napoleão de culpa pela guerra da Espanha — mas, em geral, Napoleão e seus "evangelistas" procediam enfocando os eventos sob qualquer prisma em que o imperador desejasse no momento, compreendendo que ele voltaria ao mesmo tópico meses ou anos depois, talvez de um ponto de vista diferente. Isso tem por efeito cumulativo dar-nos a impressão (correta, eu acredito) de que, nessas memórias, estamos vendo algo do homem "real" mais completamente do que em qualquer momento desde os escritos de juventude do tenente-de-artilharia ou da viagem com Caulaincourt (1812). Napoleão teve sem dúvida suas obsessões nesses anos insulares: Maria Luísa, Waterloo, a campanha russa, o *imbroglio* espanhol, o destino do Rei de Roma (que, ele temia, nunca conheceria o pai)[14] etc. Traça retratos brilhantes — é injusto com alguns (Murat), indulgente com outros (Robespierre), compreensivelmente implacável com outros (Talleyrand e Fouché).[15] Fala bondosamente de Pio VII, com quem lamenta ter sido mesquinho.[16]

Em geral, no entanto, Napoleão não se mostra afligido por lembranças de pessoas; elas não são más, são fracas. Ele não é Lear na charneca, trovejando contra suas filhas; não tem a alma cheia do ressentimento e do desejo de vingança que Nietzsche comparou a "tarântulas peçonhentas". O tom geral subjacente a essas detalhadas discussões de cada fase do Império é antes sombrio: "Quando concentro meus pensamentos nos erros que cometi, e em quem foi [i.e., eu mesmo] que levou os aliados de volta à França, sinto-me esmagado pelo remorso,"[17] embora isso não o conduza a confissões plenas sobre o narcisismo e a corrupção que acompanham a posse de um enorme poder. Napoleão está obcecado com o modo como deveria ter feito as coisas, em como realmente foi e no que realmente pretendia.

Aux Armes, Citoyens!
"La Marseillaise"

O Napoleão que Napoleão modela nas memórias — de maneira ao mesmo tempo convincente e inconvincente (talvez também para si mesmo) — é o Napoleão de 1789 e o Napoleão de "1789", como o século XIX estava começando a compreendê-lo —, isto é, a era dos movimentos nacionais liberais na Polônia, Espanha, Itália e Alemanha. O primeiro revela a recuperação pelo imperador exilado de um discurso cívico-heróico de "cidadão" e "república", de sua consciência "jacobina", em oposição à monarquia da Restauração. O segundo discurso é a versão de exportação do discurso nacional — dos "direitos do povo" *vis-à-vis* o Estado, agora reembalado na forma dos "direitos dos povos" de se tornarem nações. No *Memorial*, Napoleão vê a si mesmo como o motivador de "nações e nacionalidades" na Itália, Alemanha, Polônia e Espanha (a Espanha não fora uma nação até estabelecer a soberania popular e submeter a Igreja ao controle do Estado).

A recuperação por Napoleão de sua consciência jacobina manifesta-se num tom que não ouvimos nele de maneira tão sistemática desde bem antes de sua primeira campanha italiana. Em Santa Helena, as referências e valores do tenente-de-artilharia, do discípulo do padre Raynal (se não de Rousseau) e do membro do Instituto, do amigo do Iluminismo — retornam todos em defesa e ilustração do Império Liberal de 1815. Ouvimos sofismas como "o Império foi apenas a regularização do princípio republicano" e "o governo imperial foi uma espécie de república ... [porque eu fui] chamado a ser chefe do governo pela voz da Nação". Impressiona a confiança que tem agora, após anos de angústia (aparente ou real?) por sua legitimidade; "Nunca um rei foi mais um soberano do povo do que eu. Sem o menor talento, ainda teria sido mais fácil reinar na França (como eu reinei) do que foi para Luís e os mais bem-dotados Bourbon".[18] Napoleão admite que talvez tivesse sido um erro criar uma nobreza e uma corte, "porque isso enfraqueceu o princípio de igualdade". Em geral, deplorava a censura e as prisões políticas.

Nas memórias, o interno e o externo, o nacional e o internacional se fundem na mente imperial: "Se eu retornasse [à França]" diz a Las Cases, "refundaria meu império sobre os jacobinos. O jacobinismo é o vulcão que ameaça toda ordem social. Sua erupção poderia ser facilmente reproduzida na Prússia ... [e com] todo o poder da Prússia a meu dispor, eu poderia usá-la como um porrete para esmagar a Rússia e a Áustria." O profeta, em suma, continua armado. O Robespierre de botas nunca está muito longe em Santa Helena. O gosto do homem pelo poder permanece, mas é concebido agora como um poder a ele confiado pelas circunstâncias (como foi a guerra), e exercido por meio de uma série de idéias e doutrinas.

O Robespierre histórico era um tema freqüente nas ruminações de Napoleão aprisionado. Ele se esforçou por deixar claro (a O'Meare, no caso) que não era correto julgar levianamente "um caráter que pertence ao domínio da história. Apesar do que se costuma dizer contra eles, eles são singulares, e não têm caracteres desprezíveis. Poucos homens deixaram marca tão forte." Em suma, grandes homens não deviam ser julgados pelas regras comuns da moralidade: o herói como gerador de progresso merece latitude, tem o direito de agir segundo seu próprio entendimento e sua própria noção de liberdade. Só deveria ser condenado se agisse de maneira flagrantemente incorreta.[19]

Da doença à morte

Ele entregou a Deus o mais poderoso sopro de vida que jamais animou a argila humana.
CHATEAUBRIAND

Em Santa Helena, Napoleão passou a manifestar mais interesse pela fé religiosa do que antes; isso não surpreende num homem que está sofrendo e doente. Não era raro que lesse a Bíblia, por vezes em voz alta, para a "corte". Tampouco é surpresa a sua admiração professa por são Paulo, em cuja liderança eficaz e bem-sucedida do nascente movimento cristão via sem dúvida um espírito afim. Por fim, conversava sobre as questões supremas de Deus, a vida após a morte, o juízo final etc. De vez em quando temos a impressão de que não tinha apenas as crenças do deísta que sempre professou ser (*nunca* foi ateu, posição que sempre condenou com desdém). Por exemplo, disse a Montholon: "A crença vem com o estudo e a meditação sobre as maravilhas da Criação." Respeitava a religião, em particular o islã, mas perto do fim da vida talvez tenha chegado a encontrar em seu cristianismo nativo mais do que encontrava outrora. Especulou para Las Cases: "Talvez eu venha a acreditar de novo, até cegamente [como fizera até chegar à idade da razão, por volta dos 13 anos]. Queira Deus! Eu certamente não resistiria a isso; na verdade, não peço outra coisa. Penso que deve ser uma grande felicidade." No ocaso de sua vida, porém, não recebeu realmente a graça da fé, e confessou ao general Bertrand duvidar de que houvesse "alguma coisa após a morte", acrescentando a observação muito típica do século XVIII (não do XIX): "Sorte minha não acreditar; assim não tenho medos quiméricos do inferno."[20]

Considerando o tratamento impiedoso que Napoleão concedia a seu corpo — o pouco sono e exercício que lhe propiciava, a pressa com que comia, o quanto se deixou engordar e seus hábitos sedentários —, ele o serviu muito bem por quase 50 anos. Em 1818, porém, Napoleão começou a sofrer do fígado e do estômago, e dali em diante sua saúde piorou aceleradamente até o final de 1820, quando caiu de cama. Expirou às cinco horas e 49 minutos da tarde de sábado, 5 de maio de 1821, assistido por dois sacerdotes que, a seu pedido, lhe foram enviados pelo papa Pio VII.[21] "Morro na Igreja Católica Romana em que nasci", reza o testamento imperial. A máscara mortuária feita por seu médico, dr. Antommarchi (substituto de O'Meara) mostra uma serenidade sóbria e uma beleza quase juvenil.

Segundo a autópsia feita pelo dr. Antommarchi, e mais ou menos subscrita por outros médicos presentes, Napoleão morreu de várias doenças vagamente relacionadas: uma hepatite que dera lugar a câncer no estômago, depois a úlceras da parede do estômago e a uma difusão do câncer estomacal. Médicos de nossos dias, lendo os relatórios, encontraram também fortes sinais de intoxicação por arsênico e alguns de tuberculose. A morte propriamente dita, consideram, pode ter sido provocada, ou pelo menos apressada, por uma grande dose de calomelano com sabor de amêndoa (um laxante) administrado por um dos atendentes britânicos.

Como é bem sabido, há mais de três décadas floresce uma nova teoria segundo a qual o imperador foi intencionalmente envenenado por um membro de seu *entourage*, muito provavelmente o conde de Montholon, agindo em associação com o conde d'Artois, irmão de Luís XVIII.[22] Sua única prova sólida — mas ela é significativa — é a elevada dose de arsênico encontrada em 30 amostras de cabelo testadas, vindas presumivelmente (mas não comprovadamente) do couro cabeludo de Napoleão. A primeira coisa a dizer é que essa teoria, que se impôs o bastante para que o suplemento de 1999 do *Dictionnaire Napoléon* contenha um longo verbete a respeito,[23] tem uma significação mais anedótica do que verdadeiramente histórica. O fato é que depois do Congresso de Aix-la-Chapelle (1818), não havia nenhuma possibilidade de Napoleão vir a ser removido para um exílio mais próximo, e, dada a impermeabilidade da guarda naval britânica em Santa Helena, de que ele poderia escapar. Em outras palavras, a não ser por suas memórias, que já estavam quase concluídas, Napoleão, como uma pessoa viva, não tinha mais nenhum papel no palco da história mundial.

Em segundo lugar, os proponentes da teoria do envenenamento não empreenderam nenhuma pesquisa arquivística para respaldar a acusação que fazem a Montholon,[24] e que repousa unicamente nas amostras de cabelo testadas e em conjetura (mesmo que engenhosa). O único historiador profissional a estudar o caso, Jacques Macé, começou defendendo a teoria do envenenamento, mas, após vários anos de pesquisa para uma monografia sobre Montholon, passou a duvidar dela. A teoria suscita vários problemas: primeiro, amostras de cabelo pertencentes a Betsy Balcombe, e que lhe foram dadas pelo imperador logo após sua chegada "ao rochedo" — isto é, *antes* que tivesse podido ingerir o vinho com arsênico — contêm os mesmos elevados níveis de veneno que amostras colhidas mais tarde em Santa Helena; segundo, Motholon não tinha acesso regular ao vinho que Napoleão tomava; terceiro, o cadáver não apresentava sinais característicos do envenenamento por arsênico (notavelmente anéis escuros em torno das unhas); quarto, Montholon, ao regressar à França em 1821, manteve péssimas relações com o regime da Restauração e parece não ter recebido nenhum dinheiro dele. De fato, uniu-se à oposição bonapartista ao governo e viveu o bastante para ver Luís Napoleão coroado Imperador dos Franceses e ser recompensado por ele.

Apesar disso, a atual geração dos teóricos do envenenamento (cujos antecessores remontam nada menos que à Restauração) conseguiu levantar dúvidas, ainda que, segundo o último parecer clínico da medicina forense, a patologia natural constatada na autópsia, teria sido, de uma maneira ou de outra (não podemos saber o início exato e a cronologia das doenças verificadas), amplamente suficiente para matar Napoleão. A navalha de Occam, portanto, eliminaria logicamente qualquer recurso à tese do envenenamento.[25] O que costuma prevalecer na história humana, porém, não é a lógica, mas a sobredeterminação de efeitos por múltiplas causas. As questões suscitadas pelos elevados níveis de toxicidade presentes nas amostras de cabelo de Napoleão não foram respondidas. Lamentavelmente, tenderão a continuar sem resposta por novas investigações forenses, pois o governo francês tem menos razões para abrir o túmulo de Napoleão do que o governo americano para abrir o de John Kennedy.[26]

As tradições napoleônicas

Sinto-me constantemente impressionado pela popularidade desse terrível personagem em meio às nações da Europa. Em toda parte, camponeses, velhos e jovens lhe contarão mil histórias sobre ele e, parecendo esquecer o mal que lhes fez, pensarão apenas nas maravilhas que operou. Como é grande a magia da glória!
ADOLPHE THIERS[27]

Meu destino é ser as verdes pastagens dos polemistas, mas não tenho nenhum medo de que me destruam. Quando me mascarem, morderão granito.
NAPOLEÃO EM SANTA HELENA

Na França, Napoleão, o exilado vencido, logo voltou a ser objeto de simpatia e fonte de inspiração, para desconcerto dos historiadores que impõem à história européia as noções liberais modernas de "racional" e "sensato". Até um oficial monarquista, como o tenente-coronel Baudus, em cuja opinião a morte do imperador no campo de batalha teria sido um "favor" para a nação, considerava agora a condição de prisioneiro da Grã-Bretanha de Napoleão como uma marca de vergonha para a França.[28] No final de 1815, viam-se muito mais bonapartistas entusiásticos percorrendo as ruas de Paris, enchendo seus cafés, do que nos Cem Dias, que dirá depois de Waterloo. Podemos atribuir essa rápida evolução à mesquinharia da segunda restauração Bourbon, que novamente desconsiderou "o nacional" em favor do "legítimo", e à autenticidade que o "testemunho" do imperador em sua ilha solitária parecia ter,[29] mas, fundamentalmente, o fenômeno não tem uma explicação clara e continua sendo uma espécie de mistério. François Guizot, aquele outro historiador-estadista (além de Thiers) da França do século XIX, sintetizou o legado de Napoleão, de quem não gostava, com famosa economia: "Não é pouca coisa para um homem só ser a encarnação da glória da nação, o fiador da Revolução e um chefe poderoso."[30] No que é ainda mais espantoso, Pozzo di Burgo, um dos mais impenitentes adversários do imperador, descreveu assim o homem que contribuiu tão singularmente para destruir: "Esse fenômeno, como não veremos outros semelhantes; um universo moral e político em si mesmo ... Ainda não compreendido ..., está destinado a permanecer um mistério, uma sombra gigantesca, sublime."[31]

Internacionalmente, também, o nome de Napoleão rapidamente passou a ser associado a liberalismo e independência nacional — o que é incrível, se considerarmos apenas o legado de tirania do Império e não dermos a devida importância ao poder do mito que envolve uma personalidade carismática. Os inimigos de Napoleão, como sempre, com sua reação inábil, favoreceram enormemente sua causa. "Depois de mim, a Revolução, ou melhor, as idéias que a fizeram, retomarão seu curso", dissera Napoleão. "Serei como um livro de que retiramos o marcador e recomeçamos a ler na página em que havíamos parado."[32] Assim, na Espanha, por exemplo, durante os Cem Dias, elementos liberais nas *Cortes* fizeram contato com José Bonaparte para indagar sobre o possibilidade de apoio francês a um movimento "nacional" contra Fernando VII. A revolução aconteceu como se previa, e fracassou como se previa, mas o martírio a que deu lugar beneficiou Napoleão.[33]

Incessantemente, também, na Polônia, Itália, Sardenha e Renânia, e até na Prússia, na Inglaterra e nos Estados Papais, o nome de Napoleão era invocado por progressistas, liberais, republicanos e até por socialistas e revolucionários.[34] Isso, em geral, não era feito inadvertidamente — sabia-se bem que o Império Francês tivera aspectos sombrios —, mas de maneira deliberada, em oposição a uma realidade presente de reação que não se conseguia controlar, por meio de referências a um passado que podia ser modelado e seletivamente invocado. O poema épico de Adam Mickiewicz, *Pan Tadeusz*, escrito no exílio em 1834, é um monumento clássico à crença de seus compatriotas poloneses de que um messias político semelhante a Napoleão viria do Ocidente para libertá-los (da Rússia) e dar-lhes justiça.[35] E na Rússia, o poeta Alexander Puchkin, depois de estigmatizar Napoleão como "o flagelo universal", perguntou: "Onde estás, filho favorito da fortuna e da guerra?"[36] Nos Estados Unidos, onde o culto atingiu um nível de adesão popular que só perdia para o da França, também Thomas Jefferson, que estava longe de ser um amigo do Império Francês, sucumbiu, e passou a ver Napoleão em Santa Helena sob uma luz diferente e mais favorável. O mesmo aconteceu com escritores britânicos progressistas: em seu apoio ao movimento cartista e em sua luta contra seus oponentes, passaram a ver *l'Empereur* de outra maneira.

Em meados do século XIX, na França, o culto napoleônico (que não deve ser confundido com a doutrina ou o partido político bonapartista) exerceu uma atração irresistível sobre artistas e escritores, que sucumbiram nem sempre de bom grado e nem sempre de maneira acrítica. Victor Hugo passou de crítico inflexível do Império e do aventureiro corso a admirador cauteloso do "grande francês", enquanto o poeta (e futuro ministro das Relações Exteriores) Alphonse de Lamartine, embora *nunca* tenha aprovado Napoleão, escreveu versos para celebrar a glória e os feitos do Império. O escritor popular Béranger

— conhecido como "o poeta nacional" — tampouco gostava do Império e de seu fundador, mas, obrigado por seu público a mudar de idéia, fez a partir de 1828 poemas celebrando os exércitos de Napoleão e o soldado comum.[37] Na esfera pública, desde políticos tão eminentes quanto Thiers, e jornalistas tão influentes quanto Armand Carrel (editor de *Le National*), até os revolucionários anônimos (republicanos e socialistas) que morreram nas barricadas no sem-número de insurreições e revoluções que pontuaram 1820-48, *todos* recorreram e tiraram partido do mito napoleônico, por mais críticos que pudessem ser, ao mesmo tempo, do homem que o engendrara.

Quanto ao bonapartismo, o *Memorial de Santa Helena* tornou-se seu Corão; o Império Liberal, seu Camelot; o mito do soldado-operário napoleônico emergiu como a fonte e o protetor do "patriotismo", o conceito-chave de meados do século.[38] A culminação política do bonapartismo foi a eleição de Luís-Napoleão Bonaparte (filho de Luís e Hortense) para a presidência da Segunda República Francesa em 1848. Ele se apresentou como "nacional", como "a escolha do povo" (ou o "desejo"), e teve uma vitória triunfal em eleições perfeitamente legais. Três anos depois, porém, mediante um golpe de Estado brutal e ao preço de centenas de mortos e feridos e milhares de presos ou exilados, ele estabeleceu o Segundo Império. A queda subseqüente do regime no autoritarismo (e por fim no liberalismo) — ratificado, é claro, por plebiscitos — e sua belicosa política exterior culminaram no desastre da Guerra Prussiana de 1870-71, em que a França perdeu a Alsácia-Lorena. A tradição bonapartista sofreu com isso um golpe devastador, de que o movimento político formal nunca se recuperou.

Mas esse não foi um golpe mortal para o mito de Napoleão — longe disso. Curiosamente, o estabelecimento definitivo da república na França não se fez acompanhar do desaparecimento nem do bonapartismo, que continuou sendo uma presença no cenário político até o início do século XX, nem do culto literário e popular de Napoleão, que floresceu no próprio revanchismo que "Napoleão o Pequeno" provocara ao perder duas províncias.[39] Os sucessores de Béranger — Erckmann e Chatrian, uma parelha de republicanos que desprezava a tradição imperial francesa — produziram um *bestseller* (*O recruta de Napoleão*) que celebra o espírito patriótico da penúltima campanha do Primeiro Império. Nessa altura os republicanos haviam se tornado hábeis — e assim continuaram — em distinguir entre "Bonaparte" (admirável, progressista) e "Napoleão" (tirânico, anti-revolucionário). Por exemplo, o atual ministro das Relações Exteriores francês pode fazer o tipo de pergunta pós-moderna (citada em epígrafe na p.473) que só pode ter sentido para um leitor francês:

"Bonaparte reaparece em Napoleão, ou se trata simplesmente de Napoleão disfarçando-se de Bonaparte para continuar sendo Napoleão?"[40]

Gostaríamos de escrever: "A Grande Guerra (1914-18) causou o desencantamento final do romance da guerra na França" — e não há dúvida de que o Marne e Verdun desfecharam um golpe retumbante no culto da guerra —, mas fazê-lo seria esquecer que Abel Gance produziu sua obra-prima da *napoleonia* (*Napoléon*) em 1927 e promoveu o filme com esta declaração inesquecível: "Napoleão é a síntese do mundo ... [Ele é] um paroxismo de sua época, que por sua vez é um paroxismo de todos os tempos. E o cinema, para mim, é um paroxismo da vida."[41] Talvez surpreenda alguns leitores que a nova direita, ou direita radical, na França — a neomonarquista Action Française do século XX, as ligas autoritárias do intervalo entre as guerras, Vichy, Poujade, Le Pen etc. — em geral *não* invocaram Napoleão. O comunismo e o fascismo, como doutrinas, inspiraram-se ainda menos nele — de fato, os fascistas tanto italianos quanto alemães lhe foram hostis. (Isso não impediu que estudiosos — notadamente britânicos — fundissem Napoleão com Hitler e Stálin, o que é impreciso, anacrônico e simplesmente injusto, como costumam ser comparações desse tipo.)[42]

A tradição gaullista francesa, no entanto, embora inteiramente republicana, provou-se mais equívoca. "O grande Charles" exibiu ele mesmo a clássica ambivalência republicana: por um lado, escreveu em *A França e seu exército* (1938): Napoleão "deixou a França esmagada, invadida, exaurida de sangue e coragem, menor do que quando a assumiu ..., e ainda sentindo [123 anos depois] o peso da desconfiança européia". Por outro, são dele as palavras: "Devemos negar o inacreditável prestígio com que ele envolveu nossos exércitos, ... o renome de poder de que a pátria ainda desfruta?"[43] Sem dúvida o gaullismo, apesar de semelhanças superficiais e de freqüentes comparações, *não* é sinônimo de bonapartismo, mas sim uma forma de republicanismo cívico, de que a democracia norte-americana representa uma outra forma. A tradição republicana na França, contudo, embora tenha há muito (na década de 1840) repudiado a tradição napoleônica, conserva um traço mais profundo dessa marca do que se dispõe a admitir.

O Caminho não Tomado

— Teria sido melhor para a paz da França se esse homem [Jean-Jacques Rousseau] nunca tivesse vivido ..., porque ele preparou a Revolução Francesa.
— Eu pensaria, cidadão-cônsul, que o senhor não teria por que se queixar da Revolução.
— Bem, o futuro dirá se não teria sido melhor se nem eu nem Rousseau tivéssemos vivido.
Conversa entre Bonaparte e Stanislas de Giradin diante do túmulo de Rousseau, 1801

Napoleão é a trilha que historicamente a França não seguiu, mas poderia ter seguido, como Robert Tombs sustenta persuasivamente.[44] Ela é "outra tradição Azul" (isto é, a revolucionária) além do republicanismo. (A tradição "Branca" foi a da monarquia Bourbon e a "Vermelha" é o socialismo e o comunismo pós-1917). A República e o Império, o Império e a República. Os dois certamente não são inseparáveis, e se não são tão congruentes quanto o próprio Napoleão por vezes supunha, também não são as antinomias radicais que, desde cerca de meados do século XIX, a doutrina republicana francesa afirma resolutamente serem.

O aspecto da tradição napoleônica que primeiro impressiona o leitor moderno é a multiplicidade de facetas que apresenta. É um conjunto "quintessencial" de facetas políticas: tem seu "momento" republicano (consular) e também seu momento imperial; é monárquica e também democrática; é sinônimo de cesarismo, e no entanto o Império Liberal de 1815 e o Império Liberal de Napoleão III de 1867-70 foram parlamentaristas e, por assim dizer, liberais. Ela restaurou a Igreja, mas entronizou o Estado secular, enquanto os introdutores do bonapartismo do final do século XIX eram rematados anticlericais (e alguns eram até uma variedade de socialistas). É sinônimo de censura, mas teve forte propensão intelectual e cultural (não podemos esquecer de que fundou a egiptologia).

Seu próprio caráter proteiforme e sua ênfase no estilo a tornam moderna — e assim, muito francesa —, como também o faz sua capacidade (ou pelo menos a de seu fundador) de ironia em relação a si mesma. E seu estilo é muito mais importante que suas doutrinas formais, só ficando atrás do carisma e da memória singulares do fundador, a que está inextricavelmente associada. O que a tradição napoleônica tem em comum com o *génie* do republicanismo gaullista é ao mesmo tempo óbvio e sutil. É óbvio nas reformas consulares (como o Código Civil), até hoje em vigor; óbvio, também, na centralização, o *dirigisme* estatal, a feição monárquica da presidência, a ênfase nos vínculos do chefe de Estado com "a nação". Menos freqüentemente notado é o interesse do Estado em dirigir a cultura para a maior glória da França. Mas o mais profundo de tudo é a atual desconfiança republicana em relação à política como interesses privados e faccionais em livre competição. Existem partidos na França moderna, é claro, e são tolerados, como existem e são toleradas a oposição leal e a mudança regular do governo, mas elas chegaram tarde ao Hexágono e ainda não estão inteiramente aclimatadas ali. No fundo, a República e o Império buscam sublimar diferenças e unir interesses na "nação" — o grande mito subjacente de uma política unida somente em palavras.

Os franceses, queixou-se Napoleão a Constant logo após sua segunda abdicação, "abandonaram-me com a mesma facilidade com que me receberam [cem dias antes]." Em Santa Helena, ele lamentou que os franceses fossem "cata-ventos" (*girouettes*) em suas fidelidades políticas, embora este lhe parecesse "um vício inocente". Sua avaliação não poderia ter sido mais incorreta, pelo menos no que lhe dizia respeito. Os franceses, aí incluídos muitos da classe política e da alta burguesia, lutaram, com muita valentia, uma luta vã por seu *Empereur* em 1815 — como na verdade já haviam feito em 1812-14, quando uma verdadeira *girouette* teria mudado de direção, e algumas mudaram. Hoje, voltando os olhos para dois séculos atrás, o historiador poderia ser perdoado por concluir que condenar Napoleão é condenar os franceses. A primeira restauração descobriu que isso era verdade, para seu pesar; o jovem Victor Hugo o observou, e o mesmo fizeram muitos escritores depois dele — Thiers e Edgar Quinet implicitamente, André Suarès e Eli Faure explicitamente.

Isso não significa que Napoleão não pode ser criticado, e até condenado — ele o foi, e mesmo por não poucos franceses.[45] A lenda "negra" continua viva e passa bem até o dia de hoje — tanto dentro da França como fora. Mas significa que Napoleão e a nação, quer esta última palavra seja escrita entre aspas ou não, permanecem visceralmente unidos. De fato, é difícil nomear outro líder político moderno mais identificado com todo um povo, tanto durante sua vida quanto — e especialmente — depois dela que Napoleão. Praticamente todo o *establishment* literário e grande parte do *establishment* artístico-cultural (mas não, curiosamente, o mundo erudito-acadêmico) da França moderna dedicou mares de tinta, hectares de tela e não poucas toneladas de mármore a tratar desse homem.

Lembrando a citação de André Suarès no final de "Frisson", resta-nos ainda reconhecer que é um estranho tipo de "tremor" o que encontramos na França em relação a Napoleão. Por um lado, os compatriotas adotados do Imperador nascido corso não conseguem parar de falar dele. A cascata de não-ficção, ficção, obras de belas-artes, clubes, institutos privados, batalhas reencenadas, *souvenirs*, memoriais dedicados a Napoleão é infindável; a árvore é sempre verde. Por outro lado, do ponto de vista da República — i.e., o Estado — *Napoléon Ier, empereur des Français* não existe. Não existe nenhuma comemoração oficial, nenhuma rua, nenhuma estação de metrô, nenhuma praça, nenhuma revista subsidiada, nenhum centro de pesquisa, nenhuma cátedra acadêmica para indicar o reconhecimento do imperador pelo Estado, embora inumeráveis placas de rua ostentem nomes de reis.[46] Uma estação de metrô chega mesmo a evocar Robespierre, um líder revolucionário que mandou uma quantidade muito maior de adversários para a guilhotina ou para a prisão do que Napoleão jamais o fez. A capital francesa respira claramente Napoleão, e em grande medida exibe sua obra; como imperador, porém, ele é o amor que não ousa dizer seu nome. O túmulo nos Invalides foi construído sob o Segundo Império, e serve, para a República, sobretudo como atração turística — e para garantir ao governo que *l'Empereur* está verdadeiramente morto (se é que está).

Isso é compreensível, porque o Estado francês em muitos de seus fundamentos mais profundos, em seu espírito, foi criado sem esforço pelo cidadão Bonaparte, durante o período breve e surpreendente em que foi primeiro-cônsul, no início do século XIX. Diferentemente de César e Alexandre, com quem rivalizou como conquistador, Napoleão foi também, muito mais que eles, um Augusto — um construtor do Estado —, o que o torna único na história. Embora a República reverencie muitos reis e santos do longo passado francês, seria para ela um ato de *lèse majesté* reverenciar seu rival — seria como pedir a um impertinente Tom Sawyer que reconhecesse Mark Twain; ou melhor, como pedir ao Grande Inquisidor de Dostoiévski que *não* se aterrorizasse com Jesus. Sendo o Estado francês ao mesmo tempo orgulhoso demais e fraco demais para isso, o que se vê são estadistas individuais escrevendo histórias rapsódicas de *l'Empereur*, como o atual ministro das Relações Exteriores, que, estranhamente deu à sua obra o subtítulo "o espírito de sacrifício".[47] Napoleão, em suma, é o "problema irredutível" da República francesa, como admitiu um de seus historiadores mais talentosos e fortemente republicanos, Maurice Agulhon.

A relação dos franceses com Napoleão permanece, portanto, complexa e multifacetada, e, em aspectos *oficiais* decisivos, não reconhecida e não formulada — uma situação extraordinária quando se considera que o imperador foi, a um só tempo, "a encarnação da glória da nação, o fiador da Revolução e um chefe poderoso" — na inesquecível definição de Guizot, anteriormente citada. Os regimes franceses nunca souberam ao certo como integrar *l'Empereur* em seus registros oficiais da história francesa, e as repúblicas do século XX não foram exceção.[48] Elas permaneceram ambivalentes e tímidas em face dele — agudamente (talvez agudamente demais) conscientes de que muitos estrangeiros concordam com o grande historiador holandês Pieter Geyl, quando escreveu que a França foi por muito tempo "um instrumento extremamente dócil nas mãos de Napoleão, e, depois de sua morte, deixou-se levar credulamente pela sua lenda".[49] Mesmo que as coisas fossem tão simples assim, e não são — os franceses, como Geyl bem sabia, sempre fizeram uma oposição e uma crítica muito inteligentes a Napoleão e à sua lenda —, a maneira de remediar, ou exorcizar, a situação é não ignorá-la.

É isso, no entanto, que faz a Quinta República. Comemorações oficiais, ao mesmo tempo em que reconhecem muitos tópicos específicos do Primeiro Império (p.ex., recentemente foi lançado um selo postal em comemoração aos 200 anos da Legião de Honra), elidem Napoleão como imperador.

No que é mais sério para o propósito de buscar uma completa compreensão ou mesmo para articular uma crítica penetrante de Napoleão, essa atitude negligente da República estende-se à pesquisa sobre o Primeiro Império e seu fundador. Assim, embora o governo francês subsidie grande quantidade de pesquisas acadêmicas sobre os detalhes mais esotéricos da história monárquica francesa, recusa-se a financiar uma útil e inobjetável revisão de estudos napoleônicos dirigida a partir da Sorbonne. E quando, alguns anos atrás, um empresário deixou em seu testamento uma grande soma para a construção e manutenção de um centro de pesquisa, biblioteca e programa de publicações napoleônicos, a República queixou-se de que o dinheiro poderia ser desviado para propaganda, ou até ser usado para financiar um golpe de Estado.[50] Só recentemente estudos napoleônicos ganharam alguma importância nas universidades francesas e centros de pesquisa dirigidos pelo governo — e, mesmo agora, trata-se de um empreendimento muito circunscrito quando comparado à capacidade intelectual e aos fundos formidáveis dedicados ao estudo da Revolução ou à história medieval, moderna e contemporânea. Considere-se o mais formidável *opus magnum* das letras históricas francesas publicado desde da Segunda Guerra Mundial — *Les Lieux de Mémoire* (Os lugares de memória):[51] Seus seis densos volumes, com milhões de palavras dispostas em longos ensaios assinados pelos grandes nomes da intelectualidade francesa, não contêm nada sobre o próprio Napoleão e praticamente nada sobre sua lenda ou suas doutrinas.[52] Paradoxalmente, livros populares sobre o imperador, da lavra de escritores e políticos que remontam a Stendhal e Thiers, continuam a ser publicados aos borbotões, provaram-se há muito gêneros de primeira necessidade no mercado livreiro francês.

A principal causa dessa situação, eu sugiro, é a ameaça sutil mas real que o estilo e as idéias napoleônicas, *pela própria força da atração inconsciente que exerce sobre os franceses*, representam para a República. Basta dizer que escritores e figuras públicas tão diferentes quanto Dominique Villepin, atual ministro das Relações Exteriores da França e membro destacado do partido gaullista, e Maurice Agulhon, um socialista resoluto e um dos maiores historiadores sociais do país, procuraram repensar — e levar outros franceses a fazê-lo — o "problema irredutível" que constitui para a República o maior conquistador da França.[53]

Napoleão como Ditador do Século XX: A Tentação Totalitária[54]

"História não é ética, e as missões de compreender e retratar [Napoleão], por si sós, já exigem o bastante de nós" — estas palavras de um importante especialista no Primeiro Império de uma época anterior ainda são pertinentes.[55] Parece-me fácil demais condenar Napoleão como um "tirano" versátil, mas é isso que livros recentes anseiam por fazer. Seus autores prefeririam que esse homem tivesse "um coração humilde e contrito"; vêem-no como o precursor direto dos ditadores totalitários e das atrocidades racista-genocidas do século que acaba de se encerrar.[56] A situação é tal que um escritor — este escritor, pelo menos — sente necessidade de tranqüilizar seu leitor: "Não, provavelmente nem eu nem você *gostaríamos* de Napoleão se nos sentássemos para jantar com ele;" e "Não, este livro não seria, e não pretendeu ser, bem recebido em Malmaison, nas Tulherias ou em Santa Helena."

O teórico político Mark Lilla observa que somos obsedados pelo modelo nazi-fascita, e que, em vez de ver Hitlers e Stalins em toda parte, faríamos bem se recobrássemos as antigas nuances e gradações entre os "tiranos".[57] Por exemplo, a palavra "ditador", em sua conotação romana e na conotação francesa posterior, era um termo moralmente ambíguo, contendo a possibilidade tanto do bem quanto do mal. Foi um termo que os contemporâneos aplicaram a Bonaparte. Cícero foi levado a tomar emprestado o termo grego *teras* para descrever César, seu adversário: "um fenômeno maravilhoso, assustador, monstruoso e inescrutável de uma ordem mais elevada."[58]

Comparei por vezes Napoleão com César, assim como com Alexandre o Grande ou Hernán Cortés. Se soubéssemos remotamente tanto sobre esses homens quanto sabemos sobre Napoleão, sem dúvida os estigmatizaríamos também como precursores de Hitler. Temos certamente mais razão para discernir os rudimentos do racismo político moderno nas atitudes da Espanha católica no século XVI em relação aos índios astecas "pagãos" do que na ânsia "burocratizante" imperialista de Napoleão.[59] César, Alexandre e Cortés não hesitaram em imitar conquistadores anteriores, como o fez Napoleão (p.ex., em sua campanha egípcia de 1799-1801), mas a ocupação francesa acarretou muito menos carnificina, devastação e pilhagem — e muito mais melhoramentos imediatos e intencionais — que as conquistas do mundo antigo ou do início da era moderna, para não mencionar os conquistadores e as conquistas de nossos tempos.

Dois séculos depois, ainda têm lugar em toda a Europa colóquios e discussões eruditas sobre o bom e o mal, o belo e o feio na ocupação napoleônica de várias regiões; em contraposição, nenhum polonês ou holandês debate os benefícios e os malefícios da ocupação nazista, nem os etíopes se lembram de Mussolini como a espécie de "bênção" (reconhecidamente ambígua) que muitos egípcios de nossos dias vêem em Napoleão. Assim também, nenhum pensador sério, ao que eu saiba, afirma que Stálin consumou a Revolução de 1917, que Hitler continuou a Revolução Alemã de 1918 ou que Mussolini foi o herdeiro de Garibaldi e Cavour. Ao contrário, acredita-se em geral que esses líderes traíram essas causas. Por outro lado, um debate animado prossegue, e prosseguirá, sobre uma questão formulada num exame de minha juventude: "Napoleão Bonaparte foi o herdeiro ou o heresiarca * da Revolução Francesa? Discuta."

Assim, a equação de intenção irônica estabelecida por Jean Tulard: "Napoleão = Lênin sem eletricidade" teve um efeito bumerangue. Duas importantes obras recentes mostram os efeitos de eventos e discussões atuais sobre os estudos especializados: *Napoleon Bonaparte and the Legacy of the French Revolution* (1994), de Martyn Lyons, e *The Furies: Violence and Terror in the French and Russian Revolutions* (2000), de Arno J. Mayer.[60] Em suma, se é forçoso repensar o primeiro imperador dos franceses em termos de nossas experiências de vida, não acredito que ele possa ser utilmente comparado a Hitler ou Stálin, razão por que este livro não seguiu essa linha. O fato de Napoleão ter detido o curso impetuoso da Revolução, ou o desviado em certa medida contra outras partes dela mesma, não o transforma, *ipso facto*, num contra-revolucionário. Vimos em nossos dias uma entidade muito mais vasta que qualquer império sofrer uma reação contra sua própria "revolução" recente. A "restauração" promovida

* Fundador, chefe ou defensor de uma seita herética.

na Igreja Católica Romana por João Paulo II, homem com uma força de vontade e de espírito quase napoleônica, funda-se em sua tese de que suas medidas representam uma "consolidação" das reformas do Concílio Vaticano II. Embora essa seja uma proposição extremamente controversa, poucos discutem seja a sincera lealdade do papa ao Concílio, seja o papel que este continua tendo como base do catolicismo moderno.

Outra questão importante diz respeito a magnitude. Em 1930, na Itália, por exemplo, ocorriam 20.000 operações policiais — detenções, apreensões de armas e panfletos, interdições — por semana contra adversários do regime de Mussolini.[61] Embora não tenhamos dados precisos sobre a atividade cotidiana da polícia napoleônica, sabemos que no apogeu do Império (1810-12) a repressão não chegava a níveis nem remotamente semelhantes a esse. Simplesmente não havia burocracia estatal suficiente nem um partido "oficial" para empreender esse tipo de ação, mesmo que houvesse vontade para tanto no alto, o que não é verdade. E esse número de 20.000 pertence apenas à *Itália* fascista. Procuramos em vão nos anais do Primeiro Império atos massacrantes de pura perversidade, do naipe do Gulag, da Solução Final, da Noite dos Longos Punhais,[62] ou do "assassinato" dos camponeses russos. Estado de "segurança" ou de "autoridade" é uma coisa; "Estado policial" ou "total" é outra, muito diferente.[63]

Em última análise, porém, o problema mais insuperável é o do anacronismo de comparar Napoleão a Hitler ou Stálin. *L'Empereur* foi realmente "um grande general absolutamente moderno", por assim dizer, na maneira como deu um golpe de Estado[64] legal (ou parlamentar), na maneira como organizou o poder do Estado e estabeleceu seu carisma num mundo dessacralizado; acima de tudo, na maneira como fundou um regime baseado na aparência do consentimento popular. Mas sua modernidade — e nós, pós-modernos, tendemos a esquecer isso quando pensamos nele — foi aquela característica do século XIX, não a do século XX, e os líderes de quem ele poderia mais apropriadamente ser considerado precursor — ou que o invocaram e admiraram (o que Hitler, Mussolini e Stálin *não* fizeram) — tiveram nomes como Cavour, Mehmet Ali, Bismarck e Napoleão III.

Assim, em última análise, Napoleão pode ser visto como um liberal, no seguinte sentido: procurou escapar a um profundo conflito político por meio de um regime de leis e instituições. Em contraste com o de Hitler ou o de Stálin, o "discurso nacional" napoleônico não era irracionalista (antiintelectual) ou étnico — não se alimentava da oposição entre "nós" e "eles", fundando-se antes na perspectiva romano-universalista em que o "nós" (aculturativo, modernizante) absorve o "eles". O primeiro imperador dos franceses procurou, portanto, escapar da "primazia do político" — na expressão que Carl Schmitt cunhou para a era nazista —, não refestelar-se nela. Se podemos discernir em algum lugar no Império Tardio algo da Idade Moderna Tardia (o século XX), trata-se do crescente grau de animosidade que, de maneira não intencional, Napoleão provocou entre seus adversários — i.e., os contra-revolucionários, tanto dentro como fora da França, os Estados interminavelmente surrados pelos franceses e as sociedades (nações) cada vez mais esbulhadas pelos coletores de impostos e recrutadores franceses. Essas foram as entidades que descobriram e abraçaram a própria identidade política moderna através da experiência de serem *inimigas* de Napoleão.[65]

Em sua moralidade pessoal, Napoleão não foi nem de longe tão corrupto ou tão estranho quando o príncipe regente (o futuro Jorge IV) da Inglaterra, Carlos VI da Espanha ou até seu próprio irmão, rei Jerônimo (Bonaparte) da Westfália. Só diferiu da maior parte dos soberanos e altos aristocratas de seu tempo por ser muito mais puritano (registrou, por exemplo, que repreendera a mulher, a imperatriz Maria Luísa, por receber visitas quando, doente, estava acamada, dizendo-lhe: "Isso é inconveniente numa mulher com menos de 40 anos"). Em sua implacável aplicação da *raison d'Etat* à expansão geopolítica, não diferiu qualitativamente dos demais soberanos da época; a diferença esteve no grau de sucesso que obteve, graças à sua habilidade política e militar e ao poder e motivação da nação francesa. Só em 1813 a Grã-Bretanha e as grandes potências continentais começaram verdadeiramente a assimilar as "lições" de conciliação e aliança, e a moderar seus próprios impulsos expansionistas profundamente arraigados. E mesmo no Congresso de Viena, foi por pouco que a cobiça geopolítica ou pessoal e a rivalidade nacional ou a vaidade não jogaram os ex-aliados de novo na garganta uns dos outros.

A comparação de Napoleão com um príncipe do Renascimento (ou com um *condottiere*) funda-se na monomania do imperador na condução de seus planos, mas sobretudo em seus traços pessoais: o espírito, o "estilo" e brilhantismo intelectual, a capacidade de dissimular, as maneiras abruptas com as pessoas e a tendência a avaliá-las. Estas foram também chamadas qualidades "antigas", o que Nietzsche qualificou de "a face de granito do mundo antigo".

Felizmente, não é preciso *ser* nietzschiano para discernir no tema desta biografia um caso notável da "vontade de poder". A proximidade no tempo de Nietzsche (nascido em 1844) com Napoleão, a admiração muitas vezes citada que ele sentia pelo homem ("A Revolução tornou Napoleão possível. Essa é a sua justificação"), o tornam uma associação moderna muito mais adequada com Napoleão que os ditadores totalitários para quem este pouco significou.

A idéia filosófica de Nietzsche sobre juízos morais "objetivos" — i.e., a de que eles não passam da expressão disfarçada de uma vontade de poder subjetiva — é um ponto de vista que Napoleão teria podido plausivelmente adotar, ainda que não de maneira pública. Na sua recusa a admitir iguais ou a depender emocional ou politicamente de quem quer que fosse, e na identificação que fazia do interesse francês com sua própria vontade, o imperador deu origem ao que podemos ver como mitos "nietzschianos" sobre si mesmo — como deus ou demônio, como Prometeu, num mundo com um céu "vazio" ("Deus está morto").[66] Se esses mitos ainda persistem em torno de Napoleão, e eles o fazem, é porque, como disse lorde Roseberry, "a humanidade sempre terá prazer em esmiuçar algo que eleva vagamente a idéia que faz de seus próprios poderes e possibilidades".[67]

Introdução (fora do lugar)

Este autor, este livro

Concluo minha obra com o ano 1815, porque tudo que aconteceu depois pertence à história comum.
PRÍNCIPE METTERNICH

O historiador comum hesita diante do momento extraordinário, e fugiria completamente se não tivesse um encontro marcado com ele desde menino. Passo os olhos pelas páginas amareladas de "A história de Napoleão I", que comecei a escrever quando estava na Le Conte Junior High School, em Los Angeles. Elas param, ofegantes, por volta da página seis, com o autor impaciente para se esbaldar com a batalha de Austerlitz. Jean Tulard, a eminente autoridade francesa no Primeiro Império, observa que em geral as pessoas chegam a Napoleão por um de dois caminhos: a arte ou soldadinhos de chumbo. Eu cheguei por meio dos soldadinhos.

O medo de deixar o menino falar acompanhou meus pensamentos durante toda a escrita deste livro, porque suspeito que os estados afetivos adolescentes dele incluíam "sentimentos da mais espúria espécie, uma necessidade de servilismo e admiração, uma ânsia por embriagar-se por uma impressão de grandeza e por fantasiar acerca dela", como Jacob Burkhardt, o grande historiador da arte suíço, resumiu as razões para a fama duradoura de César. Mas o fato é que não produzi uma peça que teria encantado ao menino dentro de mim: o presente livro tem apenas alguns esboços de batalhas, e está isento de longas análises sobre estratégia e tática. Na verdade, enfatiza que a estratégia tendia a ser superposta aos fatos depois, não a articulá-los previamente, o que fazia dela um exercício mais de relações públicas do que de planejamento militar propriamente dito. Meu livro concorda com o pensamento corrente de que embates gigantescos, entre os quais alguns dos conflitos que eu mais amava na meninice, foram menos decisivos que os efeitos cumulativos de grandes campanhas sobre vastas áreas, efeitos sobre os quais Napoleão tinha menos controle direto.

Uma palavra se impõe, porém, sobre guerra no sentido mais amplo: a guerra foi um subproduto das artes de paz de Napoleão. "O Império nasceu da guerra e sobreviveu pela guerra", escreve Jacques-Olivier Boudon, um dos melhores da geração mais jovem de historiadores franceses do Primeiro Império.[1] No século XVIII, depois que os franceses começaram a perder, o romance da guerra enfrentou um sério desafio. O maior dos primeiros *philosophes*, Montesquieu, teve palavras duras para as guerras "arcaicas" de Luís XIV (1638-1715), que, "sem razão, sem utilidade, devastavam a terra para exibir a virtude e a excelência da guerra".[2] Parecia a Montesquieu que os desastres do Rei Sol haviam sepultado a possibilidade do "heroísmo" no sentido clássico. Há também, é claro, a esplêndida sátira de Voltaire, *Candide*, que zomba das guerras "imperialistas", como as chamaríamos.

Isso não impediu, porém, que até Montesquieu tenha tido seu fraco pelos "sublimes" romanos, que o fascinavam tanto quanto o repeliam, enquanto Voltaire, em suas histórias, deixa claro que tinha uma queda por heróis-guerreiros conquistadores (não perdedores). O fato é que no final do século XVIII o triunfo no campo de batalha ainda era o *nec plus ultra* da glória, e talvez esse tenha sido o maior fator isolado da "grandeza" que Napoleão assumiu aos olhos de seus contemporâneos, do domínio sem precedentes que conquistou sobre as imaginações e a opinião, bem como sobre territórios. Aquele ainda era um mundo em que uma "boa morte", em que até a derrota militar, se suficientemente grandiosas e corajosas, conferiam alguma "glória".[3] Este livro trata, em suma, de um mundo em que a famosa frase clássica "*Ave, Caesar, morituri te salutant*" era compreendida.[4]

A condução e o propósito da guerra evolveram em resposta às enormes mudanças políticas e ideológicas operadas em 1787-1815. A guerra tornou-se quantitativamente mais onerosa e qualitativamente mais criticada. Mas o século XIX continuou acarinhando seus Birmarcks, seus Gordons "chineses", seu Skobelevs e suas Brigadas Ligeiras. Basta passar os olhos por alguns parágrafos de *Servidão e grandeza militares* (1834) de Alfred de Vigny para sentir um leve cheiro de metralha e pólvora, e saber o que eles significavam para Napoleão e seus soldados. "Um amor desordenado à glória da [profissão das] armas apossou-se de mim", escreve o poeta no início desse *bestseller* imensamente popular.

Inquestionavelmente é uma boa coisa que, como espécie, tenhamos deixado para trás essa mentalidade, mas seu desaparecimento não nos ajuda a compreender Napoleão. Assim, temos pressa em estigmatizar o imperador por seu amor tão corso à guerra e por sua suposta insensibilidade. "Uma noite em Paris reabastecerá as fileiras", disse ele, de maneira apavorante, depois de uma batalha particularmente onerosa em vidas humanas. Olhando mais de perto, contudo, vemos que na verdade essa frase não foi cunhada por Napoleão, e sim pronunciada na véspera de uma batalha por Condé, um grande general francês do final do século XVII. Por sinal, ela não pareceu particularmente brutal aos contemporâneos, tendo antes passado a fazer parte da "sabedoria" militar corrente sobre a prolificidade humana.[5] Só 1914-18, com a apavorante hecatombe de soldados, e 1939-45, com a matança de milhões de civis, mudaram realmente as mentalidades.

Mudaram mesmo? Recentemente, ouvi um conhecido banqueiro, que quando jovem servira na Legião Estrangeira francesa, admitir: "Amo a guerra mesmo quando não é necessária. Não há nada que se lhe compare; não é metáfora de coisa alguma. É um teste único de nós mesmos. Amo o perigo, a glória, o autoconhecimento em face da morte, a auto-afirmação, a camaradagem. E para ser sincero, [amo] as fardas, a exibição, o espetáculo e o comando." Esta confissão — pronunciada com acanhamento, mas com crescente atrevimento, depois de uma noite de franqueza, conhaque e sociabilidade — teria sido aplaudida por um oficial francês ou russo da época retratada em *Guerra e paz*, e teria sido considerada perfeitamente aceitável por grande parte da população com idade para ser convocada, e até por muitas de suas famílias.[6]

Depois de ouvir essa efusão, senti-me um pouco melancólico, engolfado por uma maré de opiniões e emoções conflitantes, que incluíam, juntamente com a aversão e a perturbação óbvias, certa admiração e nostalgia, como se eu tivesse acabado de assistir ao programa "Você estava lá" sobre a defesa de Sidi-bel-Abbès pela Legião ou a última carga da cavalaria em Omdurman...

Em suma, da perspectiva de minha adolescência, este livro é *Hamlet com* o príncipe mas *sem* muita coisa do duelo. Peço perdão por isso ao menino e a algum leitor que, querendo o que o menino queria, decidiu apesar disso continuar comigo, como espero (e penso) que o menino teria feito. Essa confiança foi recompensada, creio.

Para bem ou para mal, esta é uma biografia *política*, não uma biografia militar ou íntima de seu tema. Tenha ela valor ou não, Napoleão teria aprovado minha abordagem, ainda que certamente não a maior parte de minhas interpretações ou conclusões. Ademais, isto é história quase tão analítica quanto narrativa — quer dizer, o autor tende "a explicar muito", sem uma pletora de fatos conhecidos. Essa era também, quer isso tenha ou não valor, a maneira como Napoleão expunha suas idéias em seus tão convincentes boletins do exército. "A arte de narrar", ele observou, "reside em suprimir o inútil, que impede o fluxo." Os boletins, é claro, exibem também "a arte de contar mentiras", que não tenho intenção de praticar aqui.

O paradoxo da vida incessantemente política de Napoleão é que ele conseguiu "acabar" com a política — pelo menos no sentido turbulento, partidário, diário, em que os franceses a haviam praticado durante uma década de Revolução. Como primeiro-cônsul, depois como imperador, ele puxou, esvaziou e incorporou *la politique*; ele, e nada ou ninguém mais, tornou-se partido, parlamento e político. A linguagem, que foi o principal meio que Napoleão usou para fazer isso, girou em torno de dois fecundos termos franceses — "nação" e "nacional", este último prestando muitas vezes bons serviços como substantivo, não apenas como adjetivo. O "discurso nacional" [*"nation-talk"*] francês, como o chamo,[7] carrega muito mais conotações e ramificações que seus relativamente inócuos correspondentes em inglês.

Este é um livro que leva idéias a sério, na crença de que não o fazer seria acabar apoiando idéias e teorias sobre as quais nada sabemos, e talvez preferíssemos não apoiar se tivéssemos pensado a respeito. Especificamente, em nosso caso, ignorar as idéias napoleônicas seria correr o risco de apoiar implicitamente "as doutrinas elaboradas em detrimento de idéias democráticas e políticas pragmáticas".[8]

Finalmente, é um livro sobre uma personalidade única que desempenhou um papel decisivo no cenário mundial, como ninguém o fizera desde César ou talvez Carlos Magno. Um escritor pode ter sido formado na crença de que "forças" costumam contar mais que indivíduos na determinação de desenvolvimentos históricos, tê-la absorvido, e apesar disso concluir que Napoleão I foi "de uma outra ordem" no impacto que produziu sobre a sociedade e a posteridade. Seus contemporâneos — mesmo não-franceses (por exemplo, Hegel, Goethe, Beethoven e Heine), e até adversários, como Pozzo di Burgo ou Chateaubriand — também acreditaram que esse homem era único em seu poder de impor sua vontade à sociedade. Único, também, nas múltiplas facetas de seus talentos e de sua personalidade, para não mencionar nas reações quase infinitas que provocou nos contemporâneos e na posteridade, nas interpretações igualmente infindáveis que deles recebeu. Como um excelente historiador de Oxford afirmou no início do século XX: no caráter imperscrutável de Napoleão "reside grande parte do encanto dos estudos napoleônicos. Ele é ao mesmo tempo o Aquiles, o Mercúrio e o Proteu do mundo moderno".[9]

Isto não quer dizer que Napoleão não tenha devido muito a "grandes eventos", e de maneiras de que nem mesmo ele teve completa consciência. Pensei em dar a esta biografia o subtítulo "O império da circunstância", tão grande foi o poder da Revolução Francesa em determinar a ascensão de Napoleão e seus feitos duradouros. Como Abel Gance, o grande diretor de cinema, observou certa vez, "Napoleão não teve braços grandes o bastante para abraçar algo maior que ele mesmo: a Revolução". A Revolução moldou sua percepção e sua consciência, levando-o a lamentar muitas ações tanto enquanto as praticava quanto por muito tempo depois. A Revolução determinou de maneira decisiva suas idéias, acima de tudo sua intenção de eliminar os efeitos da explosiva "descoberta da política" feita pela França no final no século XVIII. Por mais que tentasse "consertar" (leia-se: sufocar) a Revolução Francesa, ele continuou sendo mais seu herdeiro do que seu parricida no início e no fim da sua carreira, e durante a maior parte das crises, mas *não* no meio (1807-13).

Nada deixou isso mais claro para mim que uma frase — na verdade, uma confissão — na introdução a uma obra sobre o colonialismo marítimo de Napoleão. O autor, Yves Benot, é claramente um esquerdista sincero, um crítico intransigente das políticas de Napoleão. Apesar disso, viu-se obrigado a confidenciar a seus leitores (sobretudo franceses): "Não hesitaria em dizer que posso facilmente imaginar-me gritando 'Viva o imperador!' quando ele retornou de Elba, ou de novo nos degraus do palácio Elysée, no dia 21 de junho de 1815, contra o retorno dos Bourbon. Posso até me imaginar gritando 'Viva o imperador!' quando seu corpo voltou, em 15 de dezembro de 1840."[10]

Por vários anos, quando eu estava na casa dos 30, a conselho de um amigo que é um de nossos mais destacados romancistas históricos, pensei em falar de Napoleão num trabalho de ficção. Isso me permitiria, ele argumentou, tratar de motivos e da "alma" de uma maneira que a história propriamente dita não pode fazer. Emil Ludwig produziu uma obra romanceada desse tipo em 1925, como o fez Anthony Burgess em 1974, e elas são leituras maravilhosas. Se não escolhi esse caminho, não foi apenas porque o desafio da ficção é apavorante; foi porque, refletindo bem, concluí que não é possível escrever de maneira *original* (não digo "de maneira brilhante", como Ludwig e Burgess certamente o fazem) sobre Napoleão em nossos dias e para nossos dias, *a menos que* levemos em conta os vastos estudos dedicados a ele e a seu Império. É verdade que, mesmo levando isso em conta, ainda poderíamos tentar um tratamento ficcional — os melhores romances recentes sobre Napoleão (*The Death of Napoleon* de Simon Leys, *La bataille* de Patrick Rambaud, e *Napoléon se souvient*, de Odette Dossios-Pralat) levam os estudos históricos a sério; na verdade, apresentam-se como "história" —, mas nossa época prefere seus mitos sob roupagem científica. Para citar Napoleão novamente: "Terminamos o romance da Revolução, é hora de começar a história."

Apesar disso, uma biografia de Napoleão é um empreendimento amedrontador, e a advertência de Borges ao biógrafo — "Todo homem é dois homens, e o mais verdadeiro é sempre o outro" — nunca foi mais pertinente que neste caso. O mistério, no fundo, foi reconhecido desde o início: nas palavras de Stendhal, "Como pôde um jovem naturalmente dotado de sentimentos tão calorosos pela humanidade, ter adquirido em anos futuros a alma de um conquistador?" Em suma, como o jovem Werther de Goethe se transforma no jovem "*anima mundi* — saindo da cidade a cavalo para uma inspeção militar?"[11] Essa progressão ou regressão foi enfrentada desde então. Não há, é claro, nenhuma Resposta, apenas respostas, apenas seleções e interpretações de dados históricos bem conhecidos. No fim das contas, houve algo de único na capacidade de Napoleão, como na de César, "de desenvolver sua personalidade e viver plenamente a vida num mundo que ele mesmo fabricou".[12] Em ambos os casos, o líder controlou por algum tempo o narcisismo que acompanhou o poder absoluto, mas no fim ele lhe escapou.

Recentemente, Jean-Paul Kauffman, escritor francês que evita justificar Napoleão em Santa Helena, ou mesmo se condoer muito por ele, fala por todos nós que alguma vez escrevemos na esperança de reduzi-lo a uma explicação: "Os que escrevem sobre [ele] têm pelo menos uma coisa em comum: em um momento ou outro, ficam todos paralisados por seu objeto — estupefatos, aterrorizados."[13] O que eu e o menino dentro de mim tivemos a esperança de fazer nesta biografia foi transmitir ao leitor nosso "tremor" perante Napoleão — de medo e reprovação, mas também de admiração e, no fundo, talvez até de medo da nossa própria nostalgia dele. Essa nostalgia vem em parte da multiplicidade de facetas desse Proteu político, das infinitas e embriagadoras possibilidades presentes em Napoleão, sempre a acenar para o político.

Notas

É tal a escassez de espaço neste livro que não indicarei as fontes da maior parte das citações de Napoleão que faço, quase todas extremamente conhecidas a partir das muitas biografias e histórias desse período. No caso das que são de algum modo inusitadas, indico uma fonte. A maior parte das citações foi tomada ou da semi-oficial, mas deploravelmente incompleta *Correspondance de Napoléon Ier publiée par ordre de l'Empereur Napoléon III* (1858-69), em 32 volumes — a Fondation Napoléon está compilando atualmente uma mais completa —, ou de *Le Mémorial de Sainte-Hélène* (1823) de Emmanuel Las Cases. Esta última fonte, juntamente com os *Cahiers de Sainte-Hélène* (publicados em 1949-59) de Henri-Gratien Bertrand, o *Journal de Sainte-Hélène, 1815-1818* (ed. 1947) de Gaspard Gourgaud, e os *Récits de la captivité de l'Empereur Napoléon à Sainte-Hélène* (1847) de Charles-Tristan de Montholon equivalem a uma espécie de *Ilíada* e *Odisséia* dos ditados feitos por Napoleão no fim da vida a seus quatro "evangelistas".

Capítulo I: *Napoleone di Buonaparte*

1. A biografia mais recente é Antoine-Marie Graziani, *Pascal Paoli: Père de la patrie corse* (2002).
2. Dorothy Carrington, *scholar* inglesa que viveu grande parte de sua vida na Córsega, escreveu: "Se ele foi um déspota, foi somente em sua personalidade e no domínio que tinha sobre seu povo.", *Napoleon and His Parents: On the Threshold of History* (1990). Esse livro faz parte de um pequeno número de contribuições genuínas à biografia de Napoleão feitas desde muito antes da Primeira Guerra Mundial. Ver também Dorothy Carrington, *Portrait de Charles Bonaparte d'après ses écrits de jeunesse et ses mémoires* (2002). Por fim, ver T.E. Hall, "The Development of Enlightenment Interest in Eighteenth-Century Corsica", *Studies in Voltaire and the Eighteenth-Century*, 44, 1968, p.165-85.
3. Citado em Carrington, *Napoleon and His Parents*, 7.
4. Graziani, *Pascal Paoli*, p.23.
5. Emmanuel Las Cases, *Mémorial de Sainte-Hélène* (1803), 16-21 ago 1815.
6. "Buonaparte" era um nome bastante comum no norte da Itália e na Córsega; "Napoleone", bem menos, mas não chegava a ser desconhecido. O sobrenome data

provavelmente do século XIII, quando significou a "boa parte" no grande conflito entre guelfos e gibelinos que definiu essa era. "Buonaparte", em suma, era um nome partidário, um ato político em favor do partido secular do sacro imperador romano (os gibelinos), que se opunha ao partido dos papas (os guelfos). Ver Thierry Lentz, *Idées reçues, Napoléon*, 2001, p.5.

7. Letizia teve uma filha que morreu ao nascer; sua gravidez seguinte terminou da mesma maneira. José foi o primeiro filho que viveu.
8. Ibid., p.64-70, 96-7, 102-8, 125-7. Segundo Jean Defranceschi, *La Jeunesse de Napoléon*, 2001, p.88-89, isso é improvável.
9. Carrington, *Napoleon and His Parents*, p.36.
10. Frédéric Masson e Guido Biagi, *Napoléon inconnu: Papiers inédits* (1895), 1:28.
11. Stendhal contrapõe isso à monotonia e banalidade das conversas em lares análogos na França. *A Life of Napoleon*, 1956, p.8-9.
12. Carrington acrescenta, numa das observações casuais que tornam seu livro excelente: Josefina possuiria todas as características que Letizia deplorava, o que fez da Beauharnais "o golpe de mestre [de Napoleão] contra a mãe adorada". *Napoleon and his Parents*, 91-92.
13. Aparte ortográfico: foi Carlo, não Napoleão, que "afrancesou" a ortografia do sobrenome, eliminando o *u* quando foi integrado à nobreza francesa (1777). Arthur Lévy, *Napoléon intime* (1893), 7.

CAPÍTULO II: *A construção de um patriota*

1. M.C.H., *Some Account of the Early Years of the Military School of Brienne* (1797) e *Traits caractéristiques de la jeunesse de Bonaparte* (1803).
2. Citado em J.M. Thompson (org.), *Napoleon's Letters* (1934), 1-3.
3. É curioso ver como varia a impressão que diferentes historiadores têm dessas cartas. Para mim, elas revelam inteligência e maturidade — claro que a maturidade ligeiramente falsa de um menino tentando (por acreditar que deve) ser um homem —, bem como altruísmo e amor à família. Para uma leitora tão sensível quanto Dorothy Carrington, contudo, elas revelam "a objetividade calculista" e o "exame frio" do autor. São "pomposas no estilo" e impregnadas de "uma voz que avaliava pessoas e situações com uma segurança implacável, desapaixonada, penetrante e pragmática". Carrington concorda que as cartas revelam "lucidez, autoridade, e senso de responsabilidade", mas ouve também nelas a "voz ... de Napoleão, general, primeiro-cônsul e imperador, a voz que emana de suas inumeráveis cartas, editos e proclamações, e finalmente de seu testamento em Santa Helena" (*Napoleon and His Parents: On the Threshold of History* [1990], 169, 174). Carrington tem razão quanto a muita coisa, mas não ganharíamos mais tentando ver as cartas de Napoleão como apareciam em 1784, e não através dos mais de 40 volumes de suas obras completas? Um ser humano não é uma glande; o homem maduro não está *completamente* presente na semente.
4. Ele continua lá hoje, em grande parte vazio e bastante dilapidado, mas dominando ainda orgulhosamente o Champ-de-Mars.

5. Christian Meier, *Caesar* (1982), 84.
6. Um dia Napoleão comutaria a sentença de morte de um colega de classe na ERM, embora o homem (Armand de Plignac, rebento da mais alta aristocracia) tivesse desempenhado um papel ativo numa conspiração contra o regime. Frédéric Masson e Guido Biagi, *Napoléon inconnu: Papiers inédits* (1895), 1:95.
7. Carrington, *Napoleon and His Parents*, 190.
8. Arthur Lévy, *Napoléon intime* (1893), 16.
9. Mason e Biagi, *Napoléon inconnu*, 1:78. Em 1802, experimentando dificuldades, o general escreveu a Napoleão cobrando a dívida. Era então, como milhares de outros nobres, um exilado que vivia no estrangeiro, banido da França. O primeiro-cônsul informou-o não só que seria bem-vindo a seu país natal, como receberia um salário e uma pensão no valor total de 24.000 francos por ano.
10. Ver David A. Bell, *The Cult of the Nation in France* (2001), e Edmond Dziembowski, *Un nouveau patriotisme français, 1750-1770* (1998).
11. Um historiador do final século XIX, Frédéric Masson, emitiu um julgamento criterioso que exerceu grande influência em escritores subseqüentes sobre a questão dos sentimentos de Napoleão pela França. O rapaz, disse Masson, estava na mesma posição que um jovem da Lorena, nascido um ano após a anexação alemã da província (1871), que aceitasse uma bolsa em uma academia militar do Estado em Berlim (*Napoléon inconnu*, 1:70). Uma bela comparação, sem dúvida nascida nas profundezas do coração *revanchard* de Masson, mas inadequada. A Lorena fora por muito tempo parte integrante da França metropolitana quando subitamente se viu transformada num *Reichsland* imperial. Uma população inteiramente afrancesada foi submetida, praticamente da noite para o dia, a um processo de germanificação integral: lingüístico, cultural, político. Em contraposição, a Córsega de 1768 continuava sendo o que fora em 1668 ou 1558 (e, aliás, o que seria em 1868 ou 1968): corsa. Simplesmente mudara de suserano. Algumas décadas mais tarde, no século XVIII, este passaria a ser britânico, depois voltaria a ser francês. Todas essas mudanças só afetavam a ilha ligeiramente. Essa foi uma razão por que Carlo Buonaparte mudou de lado tão depressa após a fuga de Paoli, e por que ele *não* odiava os franceses — ele que, tendo visto a batalha de Ponte Nuovo, tinha melhores motivos para odiá-los que o filho.
12. Ver Benoît Defouconpret, *Les preuves de noblesse au XVIIIe siècle* (1999), que mostra a crise de identidade gerada na nobreza mais recente pela contínua elevação do obstáculo da genealogia para a promoção militar.
13. Harold T. Parker, "The Formation of Napoleon's Personality: An Exploratory Essay", *French Historical Studies* (1971-72), 21. Ver também Philip Dwyer, "From Corsican Nationalist to French Revolutionary: Problems of Identity in the Writings of the Young Napoleon, 1785-1793", *French History*, 16, 2 (2002), 132-52.
14. Sem incluir suas tentativas de ficção literária, sobre as quais falaremos num capítulo posterior.
15. "Réfutation de Roustan", em Masson e Biagi, *Napoléon incunnu*, 1:55.
16. *Oeuvres littéraires et militaires* (doravante, *OLEM*), 2:102-3.
17. Masson e Biagi, *Napoléon inconnu*, 1:53.
18. "Réfutation de Roustan", em ibid., 1:55.

19. *OLEM*, 2:8. O *pathos* sem remissão oferece um feito sangrento após outro, muitas vezes auto-infligido: por exemplo, um "patriota" do século XV acredita que sua mulher ajudou os genoveses, embora ela pareça ter agido de boa-fé. Dizendo-lhe que "entre crime e opróbrio não há meio termo senão a morte", ele a estrangula diante dos filhos. O leitor estupefato pode apenas sacudir a cabeça diante da história cruel da "escravidão" infligida a um pobre povo (a população corsa encolheu de 400.000 para 120.000 nos dois últimos séculos antes do tempo de Napoleão), suas "lamentações" sob seus vários jugos e a inutilidade do sacrifício de seus mártires.
20. Masson e Biagi, *Napoléon inconnu*, 1:184.
21. "Ah!", José exclamou em suas memórias, "Napoleão o glorioso imperador dos franceses nunca me daria nada mais precioso que o tempo que passei a sós com ele em 1786. Novos dias como aqueles é o que espero encontrar no céu um dia." José Bonaparte, *Mémoires et correspondance politique et militaire du roi Joseph* (1853-55), 1:186.
22. Citado em Masson e Biagi, *Napoléon inconnu*, 1:199.

Capítulo III: *A implosão de um patriota*

1. Stendhal, *A Life of Napoleon* (1956), 12-13.
2. Entre as defesas esquerdistas tradicionais da Revolução, ver Georges Lefebvre, *The French Revolution* e *Napoleon* (1969) ou A. Soboul, *The French Revolution, 1787-1799* (1975). Para uma visão neoconservadora, anti-revolucionária, ver François Furet e D. Richet, *La Révolution Française* (1965) e Simon Schama, *Citizens* (1989). Para uma posição de centro atualizada, ver D.M.G. Sutherland, *France, 1789-1815: Revolution and Counter-Revolution* (1985), e William Doyle, *The Oxford History of the French Revolution* (1989).
3. Ver a notável comparação traçada por Arno J. Mayer entre as Revoluções Francesa e Russa: *The Furies: Violence and Terror in the French and Russian Revolutions* (2000).
4. Citado em Mayer, *The Furies*, 4.
5. Michel Vovelle, *La découverte de la politique* (1993).
6. Citado em Mayer, *The Furies*, 84.
7. Gostaria de agradecer à Fondation Napoléon por me mostrar a correspondência autógrafa entre Napoleão e José, que será publicada após 2005.
8. Carta de 31 de outubro de 1789, citada em Frédéric Masson e Guido Biagi, *Napoléon inconnu: Papiers inédits* (1895), 1:92-93, 99-100.
9. Masson e Biagi, *Napoléon inconnu* 2:123. Isso é mostrado ainda mais claramente pelo competente requerimento de Napoleão a seu regimento, solicitando uma licença maior. Conseguiu que o Distrito de Ajaccio testemunhasse ser ele uma pessoa "animada pelo mais puro patriotismo", embora observando, agourentamente, "ele não teme expor-se a quaisquer sacrifícios que lhe sejam impostos pelo ressentimento dos vis amantes e partidários da aristocracia". Uma declaração como essa, enviada ao aristocrático comando do regimento La Fère, tinha um propósito: intimidá-los para que fizessem o que era pedido. Eles fizeram.
10. Ver *Général de Caulaincourt, duc de Vicence, avec l'Empereur, de Moscou à Fontainebleau*, C. Melchior-Bonnet (org.) (1968), 288-9.

11. Citado em Charles Napoleon, *Bonaparte et Paoli: Aux origines da la question corse* (2001), 184.
12. Citado em Masson e Biagi, *Napoléon inconnu*, 2:128.
13. *OLEM*, 2:250-52, 255. Ele se tornou especialista num estilo de argumentação que foi a marca dos patriotas franceses durante toda a Revolução (e, de fato, todo o século XIX), e que poderia ser resumido como a arte de apoiar o todo numa parte só. Há um exemplo digno de exame. Na Páscoa de 1792, Napoleão foi o chefe de uma ação da Guarda Nacional para abafar um distúrbio popular contra o clero local que fizera o juramento à Revolução. Não há clareza quanto ao episódio, mas parece que a guarda agiu de maneira agressivamente sectária e ilegal. O resultado foi que um de seus oficiais foi morto e metade da cidade ficou em tumulto. Paoli culpou Napoleão, que apelou para a Assembléia Legislativa em Paris. Sua longa justificação contém afirmações deste gênero: um grupo de "patriotas leais" (leia-se: Napoleão e seu batalhão) foi violentamente atacado, de surpresa, por "bandidos, conspiradores e agitadores" (leia-se: boa parte da população de Ajaccio). "Toda a nação (leia-se: a Revolução na França) foi ultrajada" por esse acontecimento. Reconhecendo que a ação de alguns guardas fora de legalidade duvidosa, Napoleão afirmava que "a primeira lei [da política] é a salvação da pátria", acrescentando que a guarda responderia à acusação de ilegalidade declarando: "Afirmo ter salvado a República!" Do princípio ao fim, essa justificação é um apelo ideologicamente elaborado por uma intervenção política para solucionar um problema local que poderia e deveria ter sido resolvido por autoridades locais competentes.
14. *Mauvaises pensées et autres*, citado por Simon Leys, *The Death of Napoleon* (1998), 1. O escritor italiano Leonardo Sciascia escreveu há alguns anos uma peça ficcional intitulada "Napoleone scrittore", em que imagina o francês numa carreira alternativa como escritor, para concluir que não, Napoleão *tinha* que ter levado a vida que levou, ou homens como Balzac, Stendhal e Hugo não teriam se tornado escritores por falta de estímulo. Acadêmicos produziram estudos eruditos sobre Napoleão como escritor, alguns bastante disparatados. Uma *scholar* francesa, por exemplo, acredita que a "aspiração de grandeza e beleza moral [do jovem Napoleão] o levou mais longe que Rousseau" (Natalie Tomiche, *Napoléon écrivain* [1952], 102). O melhor e mais recente é um estudo extremamente pessoal, mas brilhantemente escrito, de um professor de literatura de Cambridge, Andy Martin: *Napoleon the Novelist* (2001).
15. *OLEM*, 1:45, 61; 2:125.
16. Natalie Tomiche, *Napoléon écrivain*, 125.
17. *Clisson et Eugénie.*
18. *OLEM*, 1:19.
19. Natalie Tomiche, *Napoléon écrivain*, 125.
20. Reconhecidamente, só um monge enclausurado (e não sobrava nenhum na França) teria permanecido indiferente diante do caleidoscópio frenético do verão e do outono de 1792. Mesmo um observador arguto como Napoleão admitiu para José: "É difícil acompanhar os partidos, pessoas e programas em disputa uns com os outros." E acrescentou: "Não sei o que vai resultar disso, mas a coisa está certamente tomando um rumo revolucionário." Carta de 14 de junho, citada em Masson e Biagi, *Napoléon inconnu*, 2:389.

21. Citado em ibid., 2:396-7.
22. No início de 1792, quando a Guerra da Primeira Coalizão estava indo mal para a Revolução, Napoleão havia especulado que a França poderia ser forçada a evacuar a Córsega, permitindo a Paoli controlar a ilha. Teria ele nomeado Napoleão seu general-em-chefe, dados os seus sentimentos em relação aos Bonaparte? Mesmo que tivesse, teria um ou outro conseguido escapar da armadilha da Revolução Francesa? Nenhum outro político o conseguiu. Nesse caso, teriam as coisas entre eles e a Córsega tido um desfecho diferente? Olhando para trás, é notável que um observador tão arguto da sociedade quanto Napoleão tenha negligenciado a divergência entre Paris e Córsega no tocante à religião. Por mais galicana que fosse sua própria visão do controle da Igreja pelo Estado, como corso Napoleão devia compreender que a política de anticlericalismo radical teria sido inviável nessa ilha essencialmente italiana; mas ele preferiu ignorar isso. Paoli tinha e não tinha clareza sobre o assunto.
23. Como parece ter sido o caso. *Correspondance*, 2:#1111.
24. Uma conseqüência da ocupação inglesa da Córsega foi que um oficial britânico, nascido no mesmo ano que Napoleão, foi alojado na Casa Bonaparte. Chamado Hudson Lowe, ele teria, muito mais tarde, um encontro com Napoleão em Santa Helena. William Smith, *European Dinasties: The Bonapartes* (2004), 12. Masson e Biagi, *Napoléon inconnu*, 2:467.
25. Masson e Biagi, *Napoléon inconnu*, 2:467.
26. Andy Martin presume que Napoleão só se tornou francês por ter sido obrigado, mais ou menos como o órfão Jean Genet "escolheu" a vida de ladrão por que era disso que o acusavam. Se Napoleão foi francês, escreve ele, "foi (como diriam os existencialistas) no modo de não-ser" (*Napoleon the Novelist*, 58-9). Chateaubriand lembra que Napoleão continuou a se assinar "Buonaparte" até os 33 anos — isto é, até 1802 (*Mémoires d'outre tombe*, 674).
27. Ver A.N. Wilson, *C.S. Lewis* (1991), 219.
28. Lorde Rosebery; citado em John H. Grainger, *Patriotism: Britain, 1800-1839* (1986), 141.
29. Citado em Tomiche, *Napoléon écrivain*, 138.
30. Bertrand, *Cahiers de Sainte-Hélène*, 2, janeiro 1819.
31. Christian Meier, *Caesar* (1982), 95, 97, 100, 201.

CAPÍTULO IV: *Robespierre a cavalo*

1. *The Oxford History of the French Revolution* (1989), 133.
2. Citado em Antoine Casanova, *Napoléon et la pensée de son temps* (2000), 139. O estudo de Casanova sobre os pensamentos de Napoleão acerca de Robespierre abre um novo caminho.
3. Citado em J.M. Thompson, *Napoleon Bonaparte* (ed. 1988), 37.
4. Emmanuel Las Cases, *Le Mémorial de Sainte-Hélène* (1803), 12 jun 1816.
5. O calendário revolucionário francês tinha 12 meses arranjados em três grupos de dez dias, com um dia de repouso em cada um. Os meses são nomeados segundo as estações (o termidor [do grego *thermos*, quente] é portanto um mês do verão).

6. Isser Woloch, *The New Regime* (1994), 431-2.
7. Citado em Martin Boycott-Brown, *The Road to Rivoli: Napoleon's First Campaign* (2001), 94.
8. "... grande parte do terror e da violência revolucionários, por serem inspirados pelo medo, impelidos pela vingança e sancionados pela 'religião', foi singularmente feroz e implacável." Arno J. Mayer, *The Furies: Violence and Terror in the French and Russian Revolutions* (2000), 535, xvi.
9. Paul W. Schroeder, *The Transformation of European Politics, 1763-1848* (1994), 157. Ver também Theda Skorpol e Meyer Kestenbaum, "Mars Unshackled: The French Revolution in World-Historical Perspective", em F. Fehér, *The French Revolution and the Birth of Modernity* (1988), 13-29.
10. J. Black, *From Louis XIV to Napoleon: The Fate of a Great Power* (1999), 168.
11. A "Nota" tenta convencer Paris de que maiores avanços na Espanha seriam um erro oneroso, pois poderiam precipitar uma rebelião popular infinitamente mais difícil de derrotar do que o fora o velho e cansado exército espanhol. Essa previsão seria usada mais tarde contra o imperador Napoleão.
12. Os planos de Napoleão permitiram de fato algumas impressionantes vitórias locais no *front* riviera-liguriano (p.ex., a tomada de Oneglia). No contexto das parcas façanhas de 1793, esses avanços em marcha batida no território inimigo foram notáveis. Seu comandante louvou "os talentos do general-de-artilharia a quem devo os hábeis arranjos que permitiram nosso sucesso". O testemunho mais impressionante foi o do diplomata austríaco citado na epígrafe.
13. "Não me parece que haja menos glória em estar aqui do que lutando contra os austríacos", disse Hoche ao ministro, insistindo em que ele lembrasse a todos os soldados que "a pátria está tanto ali [no oeste] quanto em qualquer outro lugar". Carta de 13 Piuvesio do Ano III (1º de janeiro de 1795), em E. Chavaray, *Lazare Hoche* (1893), 10.
14. Conde de Pontécoulant, *Souvenirs*, 1:365.
15. John Holland Rose, *The Life of Napoleon I* (1901), 69.
16. "Vendemiário", nome de um mês do outono no calendário da Revolução, vem de *vendange*, a colheita da uva.
17. Citado em Rose, *The Life of Napoleon*, 71.

CAPÍTULO V: *Amor e guerra*

1. William Bolitho, *Twelve Against the Gods* (1929), 128.
2. "Impressions de voyage", 8 fev 1791; *OLEM*, 125-6.
3. "J'étais bien loin de devenir scrupuleux; je l'avais agacée pour qu'elle ne se sauvât point quand elle serait pressée par le raisonnement que je lui préparais en contrefaisant une honneté que je voulais lui prouver ne pas avoir." *OLEM*, 1:63. Isso lembra a citação de Talleyrand no capítulo anterior sobre Napoleão fingindo sentimentos verdadeiros. Meus agradecimentos a Janet Thorpe pela ajuda com a tradução para o inglês.
4. Sou grato à Fondation Napoléon em Paris por me permitir ver novas páginas do romance, cuja existência era desconhecida até recentemente.

5. Vi um sem-número de afirmações quanto à altura exata de Napoleão, variando de 1,59m a 1,62m.
6. Todas as citações de Josefina e Napoleão vêm de Jean Savary, *Napoléon et Joséphine* (1900).
7. Evangeline Bruce, *Napoleon and Josephine* (1995), 157.
8. Citado em André Castelot, *Napoléon et les femmes*, 121. Ver também Bernard Chevallier e Christophe Pincemaille, *L'Impératrice Joséphine* (ed. 1996).
9. Embora, de fato, nem a história de Cortés se assemelhe ao caso passado em julgado de um conquistador ávido por ouro e sanguinário que brutalizou o México. Ver, por exemplo, o notável e revisionista *Cortés* (2001) de Christian Duverger.
10. Ver o ensaio em Paul Viallaneix (org.), *La Bataille, l'armée, la gloire 1745-1871*, 2 vols. (1985), que examina o nascimento do sentimento antiguerra também nessa época (p.ex., vol.1:93-101). Para uma comparação com a Prússia, ver Karen Hagemann, *"Mannlicher Muth und Teutscher Ehre", Nation, Militär und Geschlecht zur Zeit der Antinapoleonischern Kriege Preussens* (2002).
11. Clausewitz, *On War* (ed. 1976), 121. Este oficial prussiano (1780-1831) foi o maior filósofo da guerra da época — talvez de todos os tempos.
12. De fato, a acolhida em Milão foi morna. Ver Alain Pillepich, *Milan, Capitale napoléonienne* (2000).
13. C.A. Costa de Beauregard, *Un homme d'autrefois* (1879), 332.

CAPÍTULO VI: *O aprendizado da arte de governar: Itália e Egito*

1. Em março, Napoleão deixara de assinar "Napoleone Buonaparte", adotando a versão francesa de seu nome. Assassinato e vandalismo como parte da conquista não foram peculiares dos exércitos de Napoleão. Para esses fenômenos nos exércitos dos generais Washington e Greene, e entre os mercenários alemães no exército britânico durante a Guerra Revolucionária na América, ver Allan Kulikoff "Revolutionary Violence amid the Origins of American Democracy", *The Journal of Historical Society*, 2 (primavera 2002), 229-60.
2. Para a questão: Bonaparte sacrificou o Reno em favor da Itália em 1796-97? ver artigo de Roger Dufraisse com esse título em *Revue du Souvenir Napoléonien*, 416 (1997), 5-20.
3. A comparação está em *Bonaparte et Hoche en 1797* (1896), de Albert Sorel.
4. O destino de Nápoles, como o historiador Michel Vovelle escreve com típica sutileza, foi o que a França podia ter tido em meados de 1792 se o exército austríaco tivesse vencido em Valmy e ocupado o país. *Les Républiques-soeurs sous le regard de la Grande Nation, 1795-1803* (2000), 189-224.
5. Sobre isso, ver a excelente obra de Edouard Pommier, *L'Art de la liberté: Doctrines et débats de la Révolution Francaise* (1991).
6. E realmente, o que surgiu em oposição ao chamado universalismo francês foi uma política cultural que via a arte como um patrimônio da nação, a ser conservada em museus para ser admirada por todos.

7. De fato um erro cometido pelos franceses, e consagrado pela história, na grafia de Campo-Formido. Meus agradecimentos a Thierry Lentz por ter chamado minha atenção para isso.
8. O mais recente (e extremamente antinapoleônico) estudo é *Napoléon et Venise, 1796-1814* (2002), de Amable de Fournoux.
9. Michel Vovelle, *Les Républiques-soeurs*, 184. Muitos políticos e historiadores franceses deploraram — com certa santimônia — a "entrega" de Veneza à Áustria, afligindo-se ante o "escândalo" da República transformada em "negociante de povos". Sieyès criticou o tratado por ser "não uma paz mas um apelo a uma nova guerra", enquanto Adolphe Thiers suspira sobre quão mais grandioso teria sido incorporar o domínio dos doges à República Cisalpina, em vez de trocá-lo por reconhecimento. Stendhal, um admirador de Napoleão, considerou esse artigo do tratado uma traição: "Com a ocupação de Veneza, o papel poético e perfeitamente nobre da vida de Napoleão termina."
10. Vittorio Criscuolo, *Il giacobino Pietro Custodi* (1987), 494-5.
11. Alphonse Aulard, "Bonaparte républicain", *Etudes et Leçons sur la Révolution Française* (1893-1908), 89.
12. "*Vive la République de Bonne Foi!*" devidamente dobrado tornava-se "*Vive le Roi!*".
13. O atrito político entre as divisões de Bernadotte e Masséna era tão grande que as duas travavam batalhas ferozes, que deixavam dúzias de mortos e feridos dos dois lados!
14. Citado em Sorel, *Bonaparte et Hoche*, 319.
15. Até hoje não está claro como Hoche morreu; alguns pensam que foi envenenado por inimigos, outros, que se suicidou, movido pelo desespero e a frustração.
16. Ferdinand Boyer, *Le Monde des arts en Italie e la France de la Révolution et de l'Empire* (1969).
17. *Mémoires de Bourrienne sur Napoleon (1899-1905)*, 2:32. O estudo clássico desse curto período na vida de Napoleão é de Albert Espitalier, *Vers Brumaire: Bonaparte à Paris, 5 décembre 1797 à 4 mai 1798* (1914).
18. Sieyès respondeu à pergunta-título dizendo que o terceiro estado (as classes não-nobres, não clericais) era "a nação"; quanto à nobreza, ela era "um falso povo que não tem nenhum órgão útil e não pode criar raízes próprias. Fixa-se necessariamente à nação verdadeira, como esses tumores vegetais que só podem viver ingerindo a seiva de plantas saudáveis, que logo exaurem e ressecam."
19. Sobre Sieyès, foi dito também: "Se houvesse uma cortina no aposento, ele seria o sujeito escondido atrás dela." Albert Vandal, *L'Avènement de Bonaparte* (1903), 78.
20. O mais interessante retrato de Talleyrand feito nos últimos anos está nas páginas a ele dedicadas em *The Ruin of Kasch* (1995), de Robert Calasso. Ver também Philip Dwyer, *Talleyrand* (2000).
21. Nome tomado, desde o início da Revolução pela Academia Francesa, que reunia os mais eminentes escritores, cientistas e eruditos do país, além de políticos que podiam ser considerados homens de letras ou de ciência. Bonaparte foi um dos membros mais jovens.
22. Para o estado atual dos estudos dessa questão, ver Thierry Lentz, "Pourquoi l'Egypte?", *Revue du Souvenir Napoléonien*, 418 (1999).

23. *Lettres intimes du général Morand* (1930), 291.
24. Fontanes, um futuro ministro, disse-lhe: "Sua conduta está longe de corresponder a uma moralidade severa, mas o heroísmo tem sua licença, e Voltaire seria o primeiro a lhe dizer que o senhor está à altura de bandoleiros ilustres como Alexandre e Carlos Magno ... O teatro da Itália já está pequeno demais para a grandiosidade das suas idéias."
25. Ver Henry Lourens, *Les origines intellectuelles de l'expédition d'Egypte: L'orientalisme islamisant en France (1698-1798)* (1997).
26. Isso é dizer muito, considerando-se que os soldados sabiam do caso de Napoleão com Pauline Fourès, a bela e loura mulher de um oficial que servia no Exército do Oriente. Chamavam-na "a Cleópatra de Bonaparte".
27. O colega a quem Rigo contou isto foi Benjamin Robert Haydon, que o reproduziu na sua autobiografia. Citado em J.M. Thompson, *Napoleon Bonaparte* (ed. 1988), 131.
28. Um dos mais graduados generais de Napoleão, Jacques Menou, casou-se com uma muçulmana e converteu-se ao islã, tornando-se conhecido como Abdallah Menou. Embora zombasse dele pelas costas, o exército tirava partido do prestígio que esse ato lhe valera junto aos locais. Em Santa Helena, Napoleão chegaria a dizer que negociara seriamente a possibilidade de ele e seu exército *seguirem o exemplo de Menou*, embora isso envolvesse questões problemáticas, como a circuncisão e a proibição do álcool. Registros árabes e franceses da época não mencionam nenhum projeto de conversão em massa, mas não é impossível que Napoleão tenha concebido uma idéia desse tipo enquanto estava no Egito, ou mesmo antes.
29. F. Charles-Roux, *Bonaparte gouverneur d'Egypte* (1936), 210. O autor mostra quanto poder Bonaparte devolveu a autoridades egípcias locais.
30. Henry Laurens, introdução a *Bonaparte's Campagnes d'Egypte et de Syrie* (ed. 1998), 18.
31. Durante a viagem, ele disse a um dos *savants*: "Suponha que eu chegue à França inteiro ... e tendo derrotado os inimigos estrangeiros. Receberei apenas agradecimentos e bênçãos de nossos compatriotas. Mas se os ingleses me aprisionarem [em mar aberto] ... serei visto na França como um desertor vulgar, um general que abandonou seu exército sem autorização." Citado em Yves Laissus, *L'Egypte: Une aventure savante*, 1798-1801 (Paris, 1998), 275.
32. Um admirado especialista egípcio em história francesa deu este eloqüente parecer da famosa *Description de l'Egypte* — a vasta obra em 24 volumes publicada pelos *savants* franceses após seu retorno, considerada a fundação da egiptologia moderna: "Sem dúvida é sagrada", escreve Laïla Enan, "ainda que apenas pelo preço."
33. François Furet e Denis Richet, *La Révolution Française* (1973), 241-2.
34. O matemático Monge, líder dos *savants* da expedição, escreveu à esposa: "Quando este país tiver sido construído, plantado e remendado durante 50 anos pelos franceses, será um paraíso terrestre."
35. Mustapha Al-Ahnaf, "Cheikh Al-Mahdi (1737-1815)", em *L'Expédition de Bonaparte vue d'Egypte*, 134.

CAPÍTULO VII: *O poder (1): tomá-lo (O Brumário)*

1. Sheldon Wolin, "Fugitive Democracy", em *Democracy and Difference: Contesting the Boundaries of the Political*, org. Seyla Benhabib (1996), p.31.
2. Pierre Rosanvallon, *Pour une histoire conceptuelle du politique* (2003), p.14-20, que é a aula inaugural de Rosanvallon como professor titular de história moderna e contemporânea do político no Collège de France.
3. Carl Schmitt, *The Concept of the Political*, trad. George Schwab (1976; originalmente publicado em 1927). Schmitt veio a ser conselheiro jurídico-político do Terceiro Reich, mas não agradou à SS e, em 1936, foi obrigado a encerrar seu papel político ativo na vida jurídico-acadêmica alemã. Para uma visão d' "o político" situada entre a liberal francesa e a alemã conservadora, ver Julien Freund (1921-93), *Qu'est-ce que la politique?* (1967).
4. "A impossibilidade de dissociar *le* e *la politique* deu origem a certa decepção em regimes modernos. Não se trata de uma simples questão de separar o nobre do vulgar; cálculos mesquinhos, interesseiros da grande ambição; linguagem verdadeira e incisiva dos truques de sedução e manipulação." Rosanvallon, *Pour une histoire*, 42.
5. Segundo o barão Agathon-Jean Fain, secretário de Napoleão (1806-15), desde 1795 Napoleão tinha dúvidas acerca da Primeira República, tal como ela existia, pois sentia, como muitos outros, que o Terror ferira de morte a sua reputação. Dali em diante, "só ingênuos e doutrinários" haviam continuado a acreditar naquele governo, e Napoleão não se considerava uma coisa nem outra. Posto isto, acrescentou Fain, o general certamente não renunciou *à idéia da República*. *Mémoires du Baron Fain* (1908), 310-11.
6. Uma advertência: quando mais velho, Napoleão passou a ter grande prazer em falar do uso supostamente freqüente que fizera de trapaças políticas. Seria um erro, porém, pensar que esses relatos tardios, feitos para nos impressionar com sua sabedoria mundana e cínica e com o modo como transcendera preocupações comezinhas, refletiam necessariamente uma verdadeira repugnância à política da parte do jovem Napoleão, ou que provavam sua completa falta de interesse genuíno pela política. Na verdade ele gostava de "política" e a valorizava.
7. *César aux quatre paroles* ("antevisão" seria talvez uma tradução melhor). Citado em Yves Laissus, *L'Egypte: Une aventure savante, 1798-1801* (1998), 275.
8. Um geólogo (Dolomieu) que participou da expedição egípcia registrou: "Nunca vi alguém ter maior domínio de si mesmo. Não acredito que alguém fosse capaz de adivinhar o que estava pensando se ele não o desejasse." Citado em Laissus, p.50.
9. Dorothy Carrington escreve: "Certos valores corsos ficaram pequenos demais para Napoleão, como roupas apertadas." *Napoleon and His Parents* (1990), 89.
10. Carl Schmitt comparou a determinação de uma "exceção" e a tomada de uma "decisão" por um governante soberano com o uso infreqüente que Jesus fazia de milagres — i.e., o objetivo deles era confirmar o Evangelho. *Political Theology* (1929), 12.
11. J. Christopher Herold, *The Mind of Napoleon* (1955), xxxix.
12. Albert Sorel, *Bonaparte et Hoche en 1897* (1896), 134.
13. Carta de 12 de abril de 1797.

14. A fragata fora assim batizada em homenagem a um ajudante-de-ordens de Bonaparte morto na Itália.
15. Na verdade, cinco, se considerarmos que a maior parte de seus principais políticos havia surgido no Termidor (jul 1794);
16. É inconseqüente propor, como alguns o fizeram, que o Diretório precisava apenas mostrar menos paranóia e mais boa vontade. Convidar a maioria monarquista-moderada a participar do governo teria provavelmente sido assinar a própria sentença de morte, tanto figurada quanto literalmente. Poucos atores da cena pública, em qualquer época, correriam riscos semelhantes *pro bono publico*. Há discordância entre os historiadores.
17. Como foi dito, os homens do Termidor eram republicanos moderados, *não* moderadamente republicanos.
18. Christian Meier, *Caesar* (1982), 132.
19. Sobre os turcos: 27 de julho. Era com essa lentidão que as notícias viajavam na época. Essa Abuquir não deve ser confundida com a batalha naval do Nilo em Abuquir ocorrida no ano anterior e em que os franceses haviam perdido.
20. Ver Nicole Gotteri, "L'esprit public à Paris avant le coup d'Etat", em Jacques-Olivier Boudon (org.), *Brumaire: La prise de pouvoir du Bonaparte* (2001), 23.
21. Ibid., 3. Albert Sorel está certo ao dizer que "o Diretório começou a temer tudo desse jovem de quem até então fora obrigado a esperar tudo", mas as palavras se aplicam melhor à culpa dos diretores pelo que fora feito da República durante a ausência de Bonaparte do que às intenções reais que ele tivesse.
22. O primeiro retrato fiel desse movimento foi traçado por um historiador norte-americano na Columbia University, Isser Woloch, *Jacobin Legacy: The Democratic Movement under the Directory* (1970). Para uma obra mais recente, ver Bernard Gainot, *1799, un nouveau jacobinisme? La démocracie représentative, une alternative à Brumaire* (2001).
23. O termo "conservador" ainda não acumulara suas conotações fortemente direitistas ou reacionárias. Designava o empenho em "conservar [i.e., os melhores aspectos da Revolução]".
24. Uso o termo num sentido amplo porque Fouché era um postulante a oratoriano, tendo deixado a congregação antes de fazer os votos finais.
25. Michel Vovelle, "Introduction" a Fouché, *Mémoires* (1992), 38.
26. Citado em Alphose Aulard, *Histoire politique de la Révolution Française* (1901), 759. O Segundo Pitt tornou-se primeiro-ministro com 24 anos (!) em 1783.
27. Isser Woloch, *Napoleon and His Collaborators* (2001), 16. Para uma outra visão, ver Jacques-Olivier Boudon, *Histoire du Consulat et de l'Empire* (2000), 35-7, e Thierry-Lentz, *Le 18-Brumaire* (1997), 233-41.
28. A comparação é de John Holland Rose em *The Life of Napoleon* (1901), 1:221.
29. Alphonse Aulard, "Bonaparte républicain", *Etudes et Leçons sur la Révolution Française* (1983-1908), 91.
30. Pseudônimo de Kurt-Erich Suckert, *Technique du coup d'Etat* (1931), 121-2.
31. Historiadores discordam quanto ao grau de probabilidade de uma "ação" neojacobina: liberais consideram "a alegação inteiramente falsa mas não absurda" (Woloch, *Jacobin Legacy*, 17); moderados pensam que "apesar de tudo, os perigos eram reais" (Lentz,

Le 18-Brumaire, 265). Jean Tulard, de sua parte, acredita que o golpe de Bonaparte "salvou a República. Sem Bonaparte, os jacobinos teriam tomado o poder e, por meio de um retorno do Terror, teriam virado de cabeça para baixo não só a opinião francesa mas uma Europa aliada e determinada." Em Jacques-Olivier Boudon, *Brumaire*, 175. Ver também Malcolm Crook, *Napoleon Comes to Power: Democracy and Dictatorship in Revolutionary France, 1795-1804* (1988).

32. *Mémoires sur la Révolution, le Consulat et l'Empire* (org. Aubry), 105.
33. O castelo não sobreviveu à guerra de 1870-71 e à Comuna.
34. Em *O 18 Brumário de Luís Bonaparte* (1852), Marx chamou o golpe de 1799 de uma "tragédia", ao passo que em 1851 a história teria se repetido como "farsa". Falava do golpe de Luís Bonaparte (2 de dezembro), que derramou muito sangue e seria mais bem qualificado como tragédia.
35. Lentz, *Le 18-Brumaire*, 442 passim.

CAPÍTULO VIII: *O poder (II): usá-lo (O consulado)*

1. Pseudônimo de Hector Hugh Munro (1870-1916), escritor e humorista britânico morto na França na Primeira Guerra Mundial.
2. Pierre-Louis Roederer, *Oeuvres du Comte Roederer (1853-59)*, 3:428.
3. Ibid., 3:353.
4. (1747-1816). Bucos, um jurista, serviu na Convenção, votou pela morte do rei e atuou como representante em missão.
5. Christine Reinhard, *Une femme de diplomate. Lettres de Mme Reinhart à sa mère 1798-1815* (1900). O primeiro-cônsul recusou também ter seu perfil em moedas na época.
6. Jean-Paul Bertaud, "Le 18-Brumaire", *La Revue du Souvenir Napoléonien*, 414 (set-out 1997), 28.
7. Sieyès, que já passara por muita coisa, procurou ser fiel *tanto* a seus antigos desejos de limitar o poder do governo *quanto* à sua nova idéia de isolar o governo dos golpes vindos de baixo, que haviam tornado a autoridade e a coerência impossíveis. Além disso, enfrentava o problema psicológico do autor cujo primeiro livro é um enorme sucesso, prometendo uma carreira sensacional, e cuja segunda obra todos aguardam com ansiedade. A melhor biografia recente é de Jean-Denis Bredin, *Sieyès, la Clé de la Révolution française* (1988).
8. Alphonse Aulard, *Paris sous le Consulat* (1903-1904), 1:55. A anedota, cuja intenção era irritar o general, foi originalmente contada na *Gazette de France*, de inclinação monárquica.
9. A taxa de abstenção foi tão alta que em Marselha, cidade de 100.000 habitantes, só 1.200 votaram. Claude Langlois, "Le Plébiscite de l'an VIII ou le coup d'Etat du 18 Pluviôse an VIII", *Annales Historiques de la Révolution Française* (1972), 43-65, 231-46, 396-415 ; "Napoléon Bonaparte plébiscité?" em *L'Election du chef d'Etat en France* (1988), 81-93.
10. De fato, Bernard Gainot demonstra que a falsificação promovida por Lucien não foi tão universal como antes se acreditou. Ver "Réflexions sur le plébiscite de l'an VIII à

partir de l'exemple de la Saône-et-Loire" em *Mélanges Jean Bart*, org. J.-J. Clère (Dijon, 2001). Ver também Jeff Horn, "The Bonapartist State in the Aube", *French Historical Studies*, 25, 2:238-40.

11. Pierre-Louis Roederer, *Oeuvres du Comte Roederer*, 3:336.
12. Jack Censer, *The French Press in the Age of the Enlightenment* (1994); Jack Censer e Jeremy D. Popkin (orgs.), Press and Politics in Pre-Revolutionary France (1987); André Cabanis, *La presse sous le Consulat et l'Empire, 1799-1814* (1975); Joseph Klaits, *Printed Propaganda under Louis XIV: Absolute Monarchy and Public Opinion* (1976).
13. "From Organic Society to Security State", *Journal of Modern History*, 69:685.
14. Paul Schroeder, *The Transformation of European Politics, 1763-1848* (1994), 191.
15. Citado em Albert Vandal, *L'Avènement de Bonaparte* (1903), 237.
16. Bonaparte encomendou uma marcha a Rouget de L'Isle, o compositor da "Marselhesa". A nova canção continha o verso "a partir da vitória obteremos a paz".
17. Citado em David Chandler, *The Campaigns of Napoleon: The Mind and Methods of History's Greatest Soldier* (1966), 296.
18. Sou grato ao especialista francês no norte da Itália nesse período, Alain Pillepich, por esse achado.
19. Ver Roderick McGrew, *Paul I of Russia* (1991), 260-80.
20. Citado em Edouard Driault, *La politique extérieure du Premier Consul* (1910), 201.
21. Jean-Antoine Chaptal, *Mes souvenirs sur Napoleon* (1839), 100.
22. Ver Pierre Rosanvallon, *L'Etat en France: 1789 à nos jours* (1990), 95-110 passim.
23. Marceau Long, *Portalis: L'esprit de justice* (1997), 48.
24. Potalis. Citado em ibid., 45.
25. George Santayana, "Reason in Common Sense", in *The Life of Reason* (1905), 1:33.
26. E talvez o mais interessante de tudo: "Tornando-me católico, encerrei a guerra na Vendéia. Tornando-me muçulmano, estabeleci-me no Egito. Tornando-me ultramontano, ganhei o apoio dos italianos. Se estivesse governando um povo de judeus, reconstruiria o templo de Salomão." Roederer, *Oeuvres*, 3:223.
27. Alfred Boulay de la Meurthe, *Histoire de la négociation du Concordat de 1801* (1920), 17. Para o renascimento católico romano, ver Olwen Hufton, "The Reconstruction of a Church, 1796-1801", em Gwynne Lewis e Colin Lucas (orgs.), *Beyond the Terror* (1983), 26.
28. Citado em Henry Walsh, *The Concordat of 1801* (1933), 37.
29. Palavras de Napoleão. Citadas em Louis de Villefosse e Janine Bouissounouse, *L'Opposition à Napoléon* (1969), 174.
30. À objeção de Bonaparte de que o retorno da Igreja era o que os franceses queriam, Volney replicou: "Se a França lhe pedisse para trazer de volta os Bourbon, faria isso também?" Citado em Lentz, *Le Grand Consulat*, 317.
31. Há provas nos arquivos britânicos de que Fouché estava em contato com os que conspiravam contra Bonaparte. Um agente secreto de alto nível da polícia francesa, Dossonville (que fazia ele próprio jogo duplo), escreveu ao primeiro-cônsul acusando Fouché, que pouco depois foi demitido. Elizabeth Sparrow, *Secret Service: British Agents in France, 1792-1815* (1999), 261.
32. Citado em Jean Laspougeas, em Jean Tulard, *Dictionnaire Napoléon* (1987), 456.

33. Citado em Alyssa Sepinwall, "Regenerating France, Regenerating the World: The Abbé Grégoire and the French Revolution" (dissertação de doutorado, Stanford University, 1998), 257.
34. Consalvi teve de atuar constantemente sob uma espada de Dâmocles de ameaças de interrupção dos procedimentos, vazamentos de notícias táticas, cavilação (em certa altura Bernier tentou impingir-lhe um texto trocado para que assinasse). Havia também muita rudeza e intimidação da parte do Consulado. "Não preciso do papa", dizia Bonaparte. "Se Henrique VIII, que não tinha um vigésimo do meu poder, conseguiu mudar a religião de seu país, posso ainda mais. E não se esqueçam, ao mudá-la na França, eu a mudarei na Europa inteira."
35. Hercule Consalvi, *Mémoires du Cardinal Consalvi* (1864-66), 1:343.
36. Jean Godel, "L'Église selon Napoléon", *Revue d'Histoire Moderne et Contemporaine* 17 (1970):841.
37. Martyn Lyons, *Napoleon Bonaparte and the Legacy of the French Revolution* (1994), 93.
38. Citado em Pieter Geyl, *Napoleon, For and Against* (1949), 35.
39. Edgar Quinet, *La Révolution* (1865), 2:525. Segundo Quinet, um crítico acerbo, Bonaparte teria sido mais fiel à Revolução se tivesse mantido a política do Diretório de separação entre Igreja e Estado.
40. Citado em Long, *Portalis*, 66.
41. A expressão é de Paul Ricoeur, citada em ibid., 80.
42. "Quels principes pour l'économie politique?", *Economies et Sociétés*, 22-3 (2 jan 1995):211.
43. Ver Ha-Joon Chang, *Kicking Away the Ladder: Development Strategy in Historical Perspective* (2002); Georges Lacour-Gayet, "Les idées financères de Napoléon", *Revue de Paris*, 1º de junho de 1938, 562-93; Emile James, "Napoléon et la pensée économique de son temps", *Revue de l'Institut Napoléon*, 1966, 113-23; Francis Démier, *Nation, marché et développement dans la France de la Restauration* (1991), 155-65; Jean-Pierre Hirsch, *Les deux rêves du commerce* (1991); F. Fourquet, *Richesse et puissance* (1988).
44. O franco — a própria palavra refere-se à liberdade dos antigos francos — foi uma unidade monetária metricamente definida pela Convenção em 1795 para substituir a *livre* e o *louis* do Antigo Regime. É interessante notar que, quando a conversibilidade do franco foi finalmente anulada durante a Primeira Guerra Mundial, o resultado foi inflação e desastre monetário.
45. Ver Louis Bergeron, *Banquiers, négociants et manufacturiers parisiens du Directoire à l'Empire* (1978).
46. C.H. Church, *Revolution and Red Tape: The French Ministerial Bureaucracy, 1770-1850* (1981).
47. Jeff Horn, "Building the New Regime", *French Historical Studies*, 25, 2:248. Ver também Jacques-Olivier Boudon, *Histoire du Consulat et de l'Empire* (2000), 77.
48. De fato, isso ainda ocorre. Um eminente estudioso francês o confirma inconscientemente quando escreve que a "originalidade [do código] é não ter nenhuma". G. Pariset, *Le Consulat et l'Empire* (1911), 166.
49. A ligeira revalorização do costume foi uma inspiração de Bonaparte: "uma síntese homeopática, um dos segredos do primeiro-cônsul para moderar a Revolução France-

sa com uma pitada de Antigo Regime." François Furet, *Revolutionary France, 1770-1880* (1995), 232.

50. Ver Jean Carbonnier, "Le Code Civil", em Pierre Nora (org.), *Les Lieux de mémoire*, 2 (1986), 297.

51. Mas só em 1865 a imperatriz Eugénie, esposa de Napoleão III (sobrinho de Bonaparte) concedeu pela primeira vez a Legião de Honra a uma mulher, a pintora Rosa Bonheur.

52. O historiador francês Louis Bergeron escreve: "Talvez fosse mais exato chamá-lo vaidade." *France Under Napoleon* (1981), 62.

53. Para o Consulado, tratou-se da "manutenção" da escravidão, já que sua abolição formal não se completara. Foi como se o presidente Thomas Jefferson tivesse conseguido a aprovação de uma lei abolindo a escravidão pelo Congresso, mas seu sucessor (Madison ou Monroe) não tivesse conseguido implementá-la e permitido, relutantemente, que ela fosse anulada.

54. Um espião britânico relatou por carta (10 de julho de 1801) a seus agentes: "O Egito ... é o único objeto que interessa sua [de Bonaparte] ambição pessoal e estimula sua vingança." Citado em John Holland Rose, *The Life of Napoleon* (1901), 1:356.

55. Ibid., 1:379. Rose observa: "A plena extensão do plano nunca foi publicada: provavelmente foi excluída ou destruída; e o único registro público relativo a ele está contido no relatório oficial da expedição publicado pela Impressa Imperial francesa em 1807."

56. Ver Sylvain Pagé, o Abbé Garnier, *Bonaparte et la Louisiane* (1992); Pierre Salinger, *La France et le Nouveau-Monde* (1976).

57. Raphael Lahlou, "Le rêve américain et caraïbe de Bonaparte", *Revue du Souvenir Napoléonien*, 440:9.

58. Georges Lefebvre, *The French Revolution and Napoleon* (1969), 150.

59. Ibid., 42.

60. *La Décade Philosophique*, 30 abr 1801.

61. Isser Woloch, *The New Regime* (1994), 91.

62. H.A.L. Fisher, *Bonapartism* (1908), 77.

63. Citado em Claire-Elizabeth de Rémusat, *Mémoires, 1802-1808* (1879-80), 1: 335-36, 325. O grifo é meu.

64. Citado em Frédéric Bluche, *Le bonapartisme* (1980), 70.

65. Fisher, *Bonapartism*, 26.

66. Ver ibid., 25-6.

67. Citado em Bluche, *Le bonapartism*, 110.

68. Thiers, *Histoire du Consulat et de l'Empire*, 2: 357.

69. Bluche, *Le bonapartisme*, 12, 21.

70. E quando "França" aparece é porque ele precisa de um sinônimo para evitar repetir-se — p.ex., numa carta ao Diretório (17 abr 1797) ele observa: "Há uma espécie de aliança de interesses entre Francisco II e a República"; logo adiante, ao reiterar a idéia, fala dos "vínculos entre e a França e o imperador".

71. O grifo é meu. Citado em Sepinwall, "Regenerating France, Regenerating the World", 169.

72. Alguns historiadores acreditam que Bonaparte foi o primeiro a usá-la. Henry Laurens, *L'expédition d'Egypte* (1997), 28.

73. Jean-Yves Guiomar, "Histoire et signification de 'la Grande Nation' ", em J. Bernet et al. (orgs.), *Du Directoire au Consulat*, 1:323. Ver também Guiomar, "La Grande Nation,

est-ce encore la nation ?", em H. Leuwers et al. (orgs.), *Du Directoire au Consulat*, vol.2; e Jacques Godechot, *La Grande Nation* (1985); Colin Jones, *The Great Nation: France from Louis XV to Napoleon 1715-1799* (2002), 568-80.

74. *Correspondance*, 8 mar 1800. A proclamação "Aos jovens franceses" fala de "glória" e "glória da nação", não de "República" (21 abr 1800).
75. Howard Brown ("From Organic Society", 687) ressalta isso.
76. O que a Revolução e Rousseau tinham em comum era "a combinação de um anseio apaixonado por unidade e uma severa experiência de divisão" — isto é, "a máxima fidelidade da Revolução a Rousseau". James Swenson, *On Jean-Jacques Rousseau Considered as One of the First Authors of the Revolution* (2000). Ver também Jean Starobinski, "Rousseau and Revolution", *The New York Review of Books*, 25 abr 2002, 59. Ver também David Bell, *The Cult of the Nation in France* (2001).
77. Paolo Vila, "Napoléon, chef de la révolution patriotique", em Jean-Clément Martin (org.), *Napoléon et l'Empire* (2002), 41.
78. Até historiadores franceses podem se deixar enganar por "nacional", como se a palavra fosse de fato apolítica. Assim, um eminente *scholar* de sua geração, Georges Pariset, escreveu sobre o Código Civil: "A originalidade do Código Civil é não ter nenhuma. Ele não é uma criação, mas uma coordenação; é eclético e não-partidário. É isso que o torna profundamente nacional" (*Le Consulat et l'Empire* [1911], 166). Ora, o Código Civil, como vimos, era muitas coisas, inclusive extremamente eclético, mas dizer que era não-partidário é cair na retórica dos seus autores e esquecer que eles tiveram oponentes que não consideraram suas proposições nem "naturais" nem "nacionais". O professor Pariset era um bom *scholar* republicano, sem nenhuma amizade por Napoleão Bonaparte, mas nessa descrição do Código vemos o triunfo do estilo particular de política do primeiro-cônsul.
79. Citado em Emil Ludwig, *Napoleon* (1926), 147. Ideologias são passíveis de evolução e transformações. Como Guiomar assinala brilhantemente, "*Grande nation* é ela própria uma sublimação adicional de 'nação', com tudo que esse termo [freudiano] implica em termos de passagem de um nível para outro, mais purificado, exatamente quando o sentido original que o termo 'nação' tinha no início da Revolução começou a desaparecer. Um sentido é substituído por outro, mais útil, que o apaga, o despoja de todo valor criativo, embora ainda pareça, na forma, render-lhe a maior homenagem."
80. Proudhon dissera: "Todo aquele que invoca a humanidade está trapaceando." Citado em Carl Schmitt, *The Political*, 54.
81. Mme de Rémusat, *Mémoires*, 1:270-73.
82. Carlton J.H. Hayes, *France: A Nation of Patriots* (1927). Eugen Weber, é claro, mostra quanto tempo foi preciso (i.e., até 1914) para transformar a maioria dos *Peasants into Frenchmen* (1976).
83. Arthur Lévy, *Napoléon intime* (1893), 157.
84. Após refletir muito tempo sobre o assunto, concluiu que o uniforme de sua nova Guarda Consular era maravilhoso, mas não tão maravilhoso quanto seu antigo uniforme de tenente-de-artilharia. Roederer, 3:337.
85. Citações de Benjamin Constant e dos camaristas de Napoleão, Constant Wairy e Claude Ménéval. Ver a extremamente útil compilação *Napoleon: An Intimate Account*

of the Years of Supremacy, 1800-1814, Proctor Pattterson Jones (org.) (1992), 45, 52, 53. Ver também Hyde de Neuville, *Mémoires* (1888), 2:269.

86. De sua parte, Napoleão sorriu do que lhe pareceu a ingenuidade do inglês — estranha, parecia-lhe, num estadista. Thiers, *Histoire du Consulat e de l'Empire*, 3:313.
87. A Restauração devolveu à rua seu antigo nome, mas Adolphe Thiers, ministro decisivo sob Luís Filipe, restaurou "Victoire" (1833).
88. Segundo a cópia da carta manuscrita de Napoleão ao irmão José em 27 Prairial (15 jun 1797), disponível nos Archives Nationales (400 AP 10), Napoleão contribuiu com 30.000 *livres* e Josefina com idêntica soma. Ele diz a José que isso corresponde a três quartos do que lhe coube com a liquidação da propriedade corsa da família. Curiosamente, não há nenhuma menção à soma obtida com a campanha italiana.
89. Germaine de Staël capta um outro aspecto do tom "régio" em sua descrição de uma típica chegada de Napoleão numa tarde: "Seus camaristas abriram a porta da carruagem e baixaram a escada com uma violência que parecia dizer que até os objetos são insolentes quando atrasam por um instante o avanço de seu senhor." *Dix ans d'exil* (inacabado em 1817, quando a autora morreu aos 51 anos).
90. Parece que pensou até em Versalhes por algum tempo, mas a Revolução reduzira o grande símbolo da monarquia a nada mais que ruínas. Além disso, era *Versalhes*, e quem quer que o ocupasse, mesmo ele, não poderia esperar mais do que se banhar na glória reflexa do Rei Sol, que o construíra.
91. Musée Municipal de Saint-Cloud, *Du Coup d'Etat de Brumaire à la fin de l'Empire: Napoléon Bonaparte à Saint-Cloud* (1999-2000), 145.
92. Bourrienne recebeu um outro cargo, mas a cobiça o acompanhou e ele fracassou de novo em meio a corrupção e escândalo.
93. Uma ordem do dia que Napoleão escreveu para o exército em 12 de maio de 1802 tratou de um granadeiro que se matara por amor. Escreveu o primeiro-cônsul: "Um soldado deve saber como vencer a dor e a melancolia de suas paixões; deve saber que há tanta coragem em sofrer com constância a dor da alma como em permanecer firme sob o fogo da artilharia. Ceder ao sofrimento emocional sem resistir, matar-se para escapar dele, é fugir do campo de batalha antes de ter perdido."

Capítulo IX: *O poder (III): nomeá-lo (De cidadão cônsul a imperador dos franceses)*

1. Jeff Horn, "The Bonapartist State in the Aube", *French Historical Studies*, 25, 2:237.
2. Os senadores ganhavam 25.000 francos por ano; os tribunos, 15.000f; os legisladores, 10.000f. Um funcionário de alto nível do Ministério da Guerra ganhava 15.000f; um *fonctionnaire* comum, de 1.800 a 3.600f e um contínuo de 800 a 1.000f. Na sociedade em geral, em contraposição, um trabalhador recebia de 470 a 1.564f por ano e sua mulher de 10 a 14f por mês, mas só era contratada periodicamente. E não esqueçamos: o primeiro-cônsul ganhava 500.000f.
3. Citado em Irene Collins, *Napoleon and His Parliaments* (1979), 41.

4. Citado em Louis de Villefosse e Janine Bouissounouse, *L'Opposition à Napoléon* (1969), 169. Maiúsculas no original.
5. Collins, *Napoleon and His Parliaments*, 48. Collins conclui (46) que Bonaparte "tinha algum fundamento para dizer que a maior parte das críticas no Tribunato era destrutiva".
6. "Isso era precisamente o tipo de ilegalidade sumária a que os jacobinos recorreram durante o Terror." Adolphe Thiers, *Histoire du Consulat et de l'Empire*, 2:318-19.
7. A única pista que seus homens tinham era a cabeça do cavalo que puxava a carroça que levava a bomba, mas eles conseguiram localizar o homem que vendera o animal e obtiveram uma descrição dos compradores.
8. Esta foi a acusação de Marie-Joseph Chénier, irmã do compositor executado no Terror. Citado em Villefosse e Bouissounouse, *L'opposition à Napoleon*, 161. O grifo é meu.
9. Ibid., 225-6; também Thierry Lentz, *Le Grand Consulat*, 348.
10. Thiers, 3:559. Ver também Isser Woloch, *Napoleon and His Collaborators*, 242.
11. Ele correspondeu à "magnanimidade" do conde de Provence oferecendo-se para "contribuir com prazer para a amenidade [*douceur*] e tranqüilidade de vossa aposentadoria" (se o conde cessasse sua guerra contra a República).
12. Mme de Staël, *Dix Années*, 36.
13. O verdadeiro autor era Louis de Fontanes, trabalhando sob a supervisão de Luciano. Fontanes era um moderado (monarquista-constitucionalista) exilado no golpe do Frutidor, que se uniu a Bonaparte após o 18 Brumário e ficou famoso como bajulador do primeiro-cônsul. Logo seria presidente do Corpo Legislativo e, mais tarde, grão-mestre da Universidade napoleônica.
14. Este era o mesmíssimo Luciano que, dois meses antes, na cerimônia nos Invalides, gritara para a multidão: "Feliz a geração que viu a Revolução que iniciou uma monarquia terminar em república!"
15. Pierre-Louis Roederer, *Oeuvres*, 3:346; também *Mémoires secrets sur la vie privée, politique et littéraire de Lucien Buonaparte* (1818), 73.
16. Luciano afirmou que o panfleto *fora aprovado pelo primeiro-cônsul.* Bourrienne e Roederer também acreditaram que isso acontecera, e até que Bonaparte o corrigira (Roederer, 3:350). A verdade, ao que tudo indica, é que o *Parallèle* foi obra dos dois irmãos; pretendiam fazer uma primeira sondagem (ou agitação) das águas, devendo o caçula assumir a responsabilidade caso alguma coisa desse errado, como deu. Jogadores como esses fazem grandes apostas. A melhor consideração recente sobre o que sustentaram os vários memorialistas está em Thierry Lentz, "Vers le pouvoir héréditaire", *Revue du Souvenir Napoléonien*, 431 (out-nov 2000):2-6.
17. Roederer, *Oeuvres*, 3:332. Ninguém parece ter mencionado que a hereditariedade tampouco fora uma solução viável também no tempo de César: o herdeiro que escolhera (Otaviano) só conseguiu se impor aos rivais depois de uma década de guerra civil.
18. Tipicamente, mais tarde Napoleão concedeu pensões a alguns dos dissidentes (p.ex., Chénier) que haviam ficado sem nenhuma renda.
19. Talleyrand foi sábio, contudo, ao prever que "nem todos a quem a Revolução perdoou perdoarão a Revolução". Muitos dos anistiados não perdoaram coisa alguma e posaram de vítimas arrogantes — em tal grau que Bonaparte lamentou não ter acrescentado à lei da anistia uma cláusula de reconhecimento de culpa. Em comparação,

"comunidades americanas após nossa revolução continuaram implacavelmente hostis a antigos legalistas, mesmo quando permitiram a alguns voltar do exílio. Mas poucos legalistas, especialmente os ricos, recuperaram seus bens. Com pouca razão para ficar, pelo menos 60.000 legalistas deixaram o país definitivamente — cerca de 2,5% de toda a população americana e proporcionalmente *cinco vezes mais* que o número dos que se exilaram durante a Revolução Francesa." Allan Kulikoff, "Revolutionary Violence and the Origins of American Democracy", em *The Journal of Historical Society*, II, 2 (primavera 2002), 252-3.

20. Em sua segunda edição, publicada quatro dias antes da missa na catedral de Notre-Dame celebrando a Concordata.
21. O estudo clássico desse aspecto do livro de Chateaubriand é Henry Walsh, *The Concordat of 1801: A Study of the Problem of Nationalism in the Relations of Church and State* (1933), 62-75. Ver também Jacques-Olivier Boudon, *Napoléon et les cultes* (2002).
22. Citado em Mme de Rémusat, *Mémoires* (1922), 4:216.
23. Mathieu de Molé, *Sa vie, ses mémoires* (1922), 4:216.
24. Geoges Lefebvre, *Napoleon from 18 Brumaire to Tilsit (1799-1807)* (1969), 159.I, 159.
25. Roederer, 3:350.
26. Pelo menos na opinião de Claude Goyard, um historiador do direito que escreve na obra de Jean Tulard, *Dictionnaire Napoléon* (1987), 500.
27. Ver Philippe Sagnac, "Du Consulat à l'avènement de l'Empire", *Revue des Etudes Napoléoniennes* (1925), 133-54, 190-211; também Woloch, *Napoleon and His Collaborators*, 92-4. Para Jacques-Olivier Boudon, porém, o voto "sim" foi significativamente inflado e para Woloch, não.
28. Em 1799 o "sim" obteve, aparentemente, três milhões de votos, embora na realidade, lembremos, só 1,5 milhão. Além disso, no presente plebiscito, o ministro do Interior (Chaptal) — com relutância, e sem que Napoleão o soubesse — orientara os prefeitos de departamento a fazer "campanha" pelo primeiro-cônsul. Um voto "sim" surpreendente foi o do respeitado filósofo britânico do utilitarismo, Jeremy Bentham (que obtivera a cidadania francesa em 1792). J.M. Thompson, *Napoleon Bonaparte* (ed. 1988), 190.
29. Mas um panfleto, *Vrai sens du vote national pour le consulat de vie*, de Camille Jordan, um monarquista moderado, afirma que os votantes franceses estiveram longe de dar carta branca ao primeiro-cônsul para fazer o que bem entendia.
30. A "Nota" de Thibaudeau é discutida em Sagnac, "Du Consulat à l'avènement de l'Empire", 143-5.
31. O governo já começara (desde 1801) a suprimir a epígrafe "liberdade, igualdade e fraternidade" dos documentos oficiais.
32. "Agora o arbitrário integra a Constituição", escreve Boudon, *Histoire du Consulat et de l'Empire* (2000), 127. A obra mais recente sobre o Senado é de Vida Azimi, *Les premiers sénateurs français 1800-1814* (2000).
33. "Uma monocracia imperfeita, temperada pelo Senado e pela existência de um controle constitucional-jurídico da legalidade dos atos governamentais e administrativos", escreve C. Goyard em Tulard, *Dictionnaire*, 497.

34. Tomando emprestadas as idéias de James Madison, poderíamos dizer que os colégios eleitorais contribuíram para a democracia na França sem contribuir para a República ou para o governo representativo, como o Sieyès o entendia. Ver Pasquale Pasquino, *Sieyès et l'invention de la constitution en France* (1998), 125.
35. Albert Vandal, *L'Avènement de Bonaparte*, 570.
36. Esta máxima de Fidel Castro serve de epígrafe ao livro de Martyn Lion, *Napoleon Bonaparte and the Legacy of the French Revolution* (1994).
37. Frédéric Bluche, *Le bonapartisme* (1980), 42, 61-2.
38. Thierry Lentz, *Le Grand Consulat*, 337.
39. Pieter Geyl, Napoleon, *For and Against* (1949), 452.
40. Ou sobre a questão não menos crítica do que determinava a cidadania francesa: o sangue ou o solo (*jus sanguini* ou *jus soli*). Bonaparte era pelo solo (isso facilitava o recrutamento), mas o Conselho de Estado optou pelo sangue (por um grande número de razões ligadas à propriedade privada e à sua transmissão), e esse foi o critério adotado. Ver Thierry Lentz, "Qu-est ce qu'un français selon Napoléon?" *Revue du Souvenir Napoléonien*, 439 (jan-fev 2002).
41. Howard C. Brown, "From Organic Society to Security State", *Journal of Modern History*, 69:685; ver também Philip G. Dwyer (org.), *Napoleon and Europe* (2001), 7.
42. Os detalhes da derrocada da paz e do retorno da guerra serão discutidos no próximo capítulo.
43. A obra definitiva é a de Elizabeth Sparrow, *Secret Service: British Agents in France, 1792-1815* (1999). Ver cap.13, "Assassination of Paul I".
44. Ibid., 279.
45. Para Fiévée o 18 Brumário inaugurou "uma nova era". "Estados em revolução não são salvos por constituições mas por homens", escreveu. Bonaparte foi o seu homem. Fiévée afastou-se da causa monarquista quando lhe pareceu que "havia agora todas as razões para adiar as esperanças Bourbon por um longo tempo". E acrescentou: "De fato, para extingui-las para sempre, contanto que Bonaparte tivesse sabido praticar sobre si mesmo um pouco da ascendência que exercia tão facilmente sobre os outros." Ver Jean Tulard, *Joseph Fiévée* (1997).
46. Ver P. Savinel, *Moreau, le rival républicain de Bonaparte* (1986).
47. De Rémusat, *Mémoires*, 1:299.
48. Parece que, no início de 1803, Bernadotte sondou Moreau sobre a liderança de um movimento de generais contra Bonaparte e foi repelido. Cogitara-se Moreau como sucessor do primeiro-cônsul quando correra o rumor de que ele fora morto em Marengo. Villefosse e Bouissounouse, *L'opposition à Napoléon*, 227.
49. "Os partidos [políticos] têm um instinto maravilhoso para perceber a fraqueza de homens eminentes. Lisonjeiam-nos e ofendem-nos alternadamente até encontrarem o caminho para seus corações, e então inoculam-lhes veneno." Adolphe Thiers, *Histoire du Consulat et de l'Empire*, 3:327-8.
50. Jean-Paul Bertaud considera provável que o pai de Enghien, que outrora comandara o serviço secreto do conde de Lille, tivesse uma noção bastante clara de que estava sendo preparando um atentado à vida de Bonaparte, em que seu filho poderia ter um papel brilhante. *Le Duc d'Enghien* (2001), 335-7, 436.

51. Estava sozinho. Não se conseguira encontrar Dumouriez em parte alguma em Ettenheim; o espião da polícia cometera um erro.
52. Além de Bertaud, ver Lentz, *Le Grand Consulat*, 547-8; e Jean Tulard e Régine Pernoud, *Jeanne d'Arc, Napoléon: Le paradoxe du biographe* (1997), 95.
53. Embora tenha demonstrado coragem, é também verdade que andava aborrecido com o emprego de baixo nível que lhe fora dado e frustrado em geral por não estar sendo enaltecido pelo regime. Jean-Pierre Clément, "Chateaubriand et Napoléon", *Revue du Souvenir Napooléonien*, 421 (1998-99). No ano seguinte, Belloc, prefeito do departamento do Cher, foi exonerado por lamentar o assassinato do duque. Jean Vidalenc, "L'opposition sous le Consulat et l'Empire", *Annales Historiques de la Révolution Française*, 194 (out-dez 1968):478.
54. De Rémusat, *Mémoires*, 1:365. "Sofri muito, mas senti-me pouco a pouco conquistada por seu comportamento habilidoso em relação a mim, e, como Burrhus [na tragédia *Britannicus* de Racine], ouvi-me exclamar: 'Queira Deus este tenha sido o último de seus crimes!'", 1:341.
55. Os britânicos tentaram deter essa ação no último minuto, mas não conseguiram controlar o zelo antifrancês que haviam estimulado. Elizabeth Sparrow, "The Swiss and Swabian Agencies, 1795-1801", *The Historical Journal*, 1992, 861-84. Na época atual, poderíamos considerar a razão de Estado que levou o governo dos EUA a tramar a derrubada de Salvador Allende no Chile (1973); os israelenses a seqüestrar Adolf Eichmann na Argentina (1960) e levá-lo a Jerusalém para ser julgado e executado; ou o desembarque norte-americano na Baía dos Porcos (1961) ou na ilha de Granada (1983).
56. "Continuo convencida de que tudo que foi feito nessa época não foi motivado por sentimentos fortes ou vingança cega, mas obedeceu simplesmente a uma política inteiramente maquiavélica." Mme de Rémusat, *Mémoires*, 1:291-2.
57. Lentz, *Le Grand Consulat*, 542.
58. Alphonse Aulard, *Paris sous le Consulat (1903-1904)*, 4:732.
59. Thiers, *Histoire du Consulat et de l'Empire*, 5:55.
60. John Holland Rose, *The Life of Napoleon I* (1901), 1:24.
61. Miot de Melito, *Mémoires* (1858), 2:46.
62. Armand de Caulaincourt, *Mémoires du général de Caulaincourt*, 3:12.
63. As duas recentes biografias de Cambacérès são de Laurence Chatel de Brancion, *Cambacérès* (1999) e Pierre-François Pinaud, *Cambacérès* (1996).
64. Thiers, 5:141.
65. "Eu estava longe de me tornar escrupuloso; irritara-a para que não escapulisse ao se sentir pressionada pela argumentação que eu lhe estava preparando, fingindo uma honradez que queria lhe provar não ter."
66. Ao que Napoleão supostamente respondeu : "Veremos, veremos." Geoges Seippel, *Les deux Frances* (1905), 136.
67. Roederer, *Oeuvres*, 3:495.
68. O grifo é meu. Os discursos foram utilmente reunidos pela Fondation Napoléon em *La proclamation de l'Empire* (2001). Os números de página após as citações referem-se a essa obra.
69. Isser Woloch opina convincentemente que a recente insistência dos historiadores em considerar o radicalismo extremo de 1793-94 "já inscrito na lógica" de 1789 de-

veria ser contrabalançada pela disposição dos contemporâneos a ver uma "lógica" muito diferente no horizonte. "O modo como tribuno após tribuno apelou para a intenção original em 1789 como uma justificação para um retorno à monarquia em 1804 deveria ter causado hesitação. Ele sugere que na formulação inicial da ideologia revolucionária pela Assembléia Nacional — a única que importava nessa altura [em 1804] —, a monarquia hereditária mantinha-se como uma pedra angular para a estabilidade do novo regime e não deveria ser descartada como mera fachada." *Napoleon and His Collaborators*, 259n, 33.

70. Podemos apenas especular sobre o que pensava o objeto de toda essa bajulação acerca do discurso duplo dos legisladores. Na medida em que lhe davam a impressão de serem genuínos e desinteressados, talvez Napoleão se comovesse com suas confissões apaixonadas; mas como pareciam também estar se esforçando, ele certamente sorria ante a falta de ironia e distanciamento que demonstravam. Teria ele concordado com o severo julgamento que faria o historiador Thiers? Ele merece ser citado. Pensaríamos que a incoerência implícita em proclamar a monarquia após ter feito tantas juras à República una e indivisível teria dado uma lição a esses oradores, ou pelo menos desacelerado suas afirmações sobre o futuro. Mas lição alguma pode impedir que o ladrar de homens medíocres seja desnudado por esse tipo de torrente; eles se deixaram destruir — mais completamente ainda quando pensavam nas honras e na fortuna que lhes estavam reservadas. (5:89)
71. Woloch descobriu a petição (*Napoleon and His Collaborators*, 112), mas fiz minha própria tradução a partir da fonte, Archives Nationales, BB 2:850A: *Adresse présentée au Premier Consul*, 22 floréal XX. O grifo é meu.
72. Citado em Proctor Patterson Jones (org.), *Napoleon: The Years of Supremacy, 1800-1815*, 100. Essa é uma antologia extremamente útil das memórias de Constant (o nome Wairy não é usado) e Méneval, secretário de Napoleão.
73. Antoine-Claire Thibaudeau, *Mémoires sur le consulat* (1913), 460-2.
74. Palavras de um funcionário napoleônico, Regnaud de Saint-Jean d'Angély, citadas em ibid. Berlier escreveu: "Finalmente, no fundo o homem [Napoleão] era um filho da Revolução, que não podia esquecer sua origem ... Havia muitos motivos plausíveis para esperança." Woloch, *Napoleon and His Collaborators*, 103.
75. Thierry Lentz sustenta convincentemente que a morte de Pichegru interessava mais a Moreau ou aos monarquistas que a Bonaparte. *Le Grand Consulat*, 553-4. Elizabeth Sparrow, por outro lado, afirma resolutamente a responsabilidade consular, *Secret Service*, 293. A análise mais desapaixonada e mais longa é de F. Barbey, *La mort de Pichegru* (1909), que defende a tese do suicídio.
76. Diz-se que "Georges" teve uma tirada brilhante antes de morrer: "Conseguimos mais do que pretendíamos; viemos a Paris querendo fazer um rei e fizemos um imperador."
77. Documentos dos arquivos britânicos mostram que Moreau estava realmente envolvido na conspiração, que se tornara uma espécie de monarquista, mas apesar disso insistia em açambarcar o poder executivo por algum tempo na França. Segundo um espião britânico, ele teria dito: "A menos que seja estabelecida a monarquia na forma de Luís XVIII, não participaremos do negócio." Sparrow, *Secret Service*, 258, 289.
78. Moreau foi para os EUA e ali ficou até 1813, quando voltou à Europa e ingressou nos quadros militares do místico e contra-revolucionário czar Alexandre I — estranha

escolha para um homem que fora chamado "o rival republicano" de Bonaparte. Ver Savinel, *Moreau*.

79. Woloch, *Napoleon and His Collaborators*, 118.
80. Malcolm Crook, *Elections in the French Revolution: An Apprenticeship in Democracy 1789-1799* (1996).
81. Natalie Petiteau, "Les Français face à l'ordre impérial", em *Terminée la Révolution* (IVe Colloque Européen de Callais).
82. Por outro lado, Constant, o camarista de Napoleão, passou vários dias tropeçando entre "Sire", "Vossa Majestade" e "Cidadão Primeiro-Cônsul". De Rémusat, *Mémoires*, 1:371.
83. Claude Goyard, verbete sobre "*Constitutions*" em Tulard, *Dictionnaire*, 494. Claude Goyard leciona história do direito e da administração na Universidade de Paris-II.
84. Roederer, *Oeuvres*, 3:512. Em Sainte-Hélène, ele disse a Las Cases que nunca desejara que as pessoas se sentissem à vontade para lhe "dar tapinhas no ombro". Sob o Império, essa liberdade ficou ainda mais fora de cogitação que nunca.
85. Pinaud, *Cambacérès*, 130.
86. De Rémusat, *Mémoires*, 1:341.
87. Evelyne Lever, *Louis XVIII* (1988), 280 passim.
88. A primeira foi a dos reis merovíngios, depois a dos carolíngios (a que pertenceu Carlos Magno), e a terceira a dos Capeto.
89. *Mémoires de la Reine Hortense*, 1:66. Luís Bonaparte não permitiu que o filho, Napoleão-Carlos, nascido de sua infeliz união com Hortense de Beauharnais, fosse adotado por Napoleão I e Josefina por pensar que isso reduziria sua própria chance de suceder ao irmão.
90. Ver Alain Boureau, *L'Aigle: chronique politique d'un emblème* (1985), para uma discussão da águia como símbolo imperial.
91. Ver Robert Morrissey, *L'empereur à la barbe fleurie: Charlemagne dans la mythologie et l'histoire de France* (1997); Jean Favier, *Charlemagne* (1999).
92. A palavra "império" era um sinônimo comum de "reino" ou "Estado" no século XVIII. O próprio hino exalta a preservação de direitos e fala do medo e da expiação de tiranos; a estrofe principal termina com um estimulante "Antes a morte que a escravidão!" Ver Jean Tulard, *Napoléon et Rouget de L'Isle* (2000).
93. Como Fouché foi chamado durante o Terror, quando representou a República em Lyon.
94. Usavam-se com o mesmo sentido a expressão "constituições do Império" e "constituições da República". Goyard, em Tulard, *Dictionnaire*, 502.
95. Por exemplo, projetos conduzindo a um *senatus consultum* ou a tratados de paz, tratados de aliança ou ao exercício do perdão tinham de ser primeiro aprovados pelo Conselho Privado, integrado necessariamente por dois ministros, dois senadores, dois conselheiros de Estado, dois dignitários e dois *grands officiers* da Legião de Honra. Frédéric Bluche, *Le bonapartisme*, 41.
96. Teoricamente, os gastos de Napoleão eram limitados por uma "lista civil" — o orçamento do imperador era de 25 milhões de francos; cada um de seus irmãos dispunha de um milhão. Como Lentz observa, isso era uma diferença em relação ao Antigo Regime, quando os reis podiam gastar o seu talante. *Le Grand Consulat*, 570.
97. Ibid., 572.

98. Ver o *Trigésimo Boletim do Exército*, por exemplo, em que o imperador se refere à sua "coroação".
99. Por exemplo, David intitulou sua vasta e famosa tela *Sacre de Joséphine*, embora a mostre sendo coroada (não sagrada) por Napoleão. Até hoje historiadores franceses referem-se a isso como um *sacre* — p.ex., Tulard, *Le Sacre de Napoléon* (1993), e José Cabanis, *Le Sacre de Napoléon* (1970). Frédéric Masson, contudo, prefere *Le Sacre et le couronnement de Napoléon* (1908; ver ed. 1978). Para a pintura de David, e sua disposição de torcer a verdade segundo a conveniência de Napoleão, ver Bernard Berthod, "David n'était pas un enfant de choeur, ou les incohérences liturgiques du sacre de Napoléon Ier peint par David", em *Revue de l'Institut Napoléon*, 181 (2000-II), 9-20.
100. Consideremos a sagração e coroação de um soberano Habsburgo: "O imperador caminhava pelas ruas da cidade em sinal de humildade. A procissão incluía o cardeal-arcebispo, que levava a hóstia sob uma canópia, imediatamente atrás do Imperador, que seguia com a cabeça descoberta, carregando uma vela acesa. Rodolfo, aos olhos de seus sucessores, foi o modelo supremo da piedade dos Habsburgo. Em sua coroação, como não empunhava um cetro, símbolo do poder temporal, o novo Rei dos Romanos pegou um crucifixo do Altar-Mor e declarou: 'Este é o sinal que nos redimiu e ao mundo inteiro; seja este o nosso cetro.'" Andrew Wheatcroft, *The Habsburgs: Embodying Empire* (1995), 30-1. Nada poderia ser mais diferente da coroação de Napoleão.
101. A última visita de um papa à França fora em 816, quando Estêvão IV coroara Luís o Piedoso em Reims.
102. "O imperador Napoleão exerceu sobre o santo padre uma espécie de fascinação e encantamento que todas as calamidades públicas e privadas que se seguiram não puderam anular. Era um misto de admiração e medo, de ternura paternal e gratidão." Consalvi, *Memoirs*, citado em Cabanis, *Le Sacre de Napoléon*, 171.
103. Pio VII recebeu de presente do imperador uma magnífica tiara — com o detalhe ardiloso de que a grande gema que a adornava fora tomada de seu predecessor, Pio VI, pelo Tratado de Tolentino, imposto por Bonaparte (1797). O que vai, volta. Um francês de tendências jacobinas disse apenas: "Dame Guillotine lamenta a falta de uma palha em sua cesta" (i.e., a Revolução nunca pôde decapitar um papa). Thierry Lentz, *Nouvelle Histoire du Premier Empire* (2002), 310.
104. Os medalhões distribuídos na coroação como lembrança tinham, de um lado, um perfil romano-imperial de Napoleão e a inscrição "*Napoléon Empereur*". No reverso, o mesmo perfil com outra inscrição, "*Le Sénat et Le Peuple*". Dois comentários: Napoleão teve de partilhar o centro do palco com uma instituição e um conceito; e não há referência a Deus.
105. Em francês, a frase "*le pape serf a sacré un noir demon*" é um anagrama de "*Napoléon, empereur des Français*". Jean Tulard, *L'Anti-Napoléon* (1965), 15.
106. Jean Tulard, *Napoléon, une journée particulière* (1998), 91, n.34. O estudante era partidário da causa do general Moreau.
107. Guglielmo Ferrero, eminente historiador italiano (1871-1942). Citado em Bluche, *Le bonapartisme*, 27.
108. Philip G. Dwyer, "Napoleon and the Drive for Glory: Reflections in the Making of French Foreign Policy", em Dwyer (org.), *Napoleon and Europe*, 127.

109. *Des circonstances actuelles*, 157; citado em Marcel Gauchet, *La Révolution des pouvoirs: La souveraineté, le peuple et la représentation, 1789-1799* (1955), 203. "Respeitarei os julgamentos do povo quando forem legítimos; quando são caprichosos, porém, é preciso saber desprezá-los" — declarou Napoleão com incoerência característica. (Ele teria concordado com Madame de Staël, que comentou incisivamente: "Na França, só damos direito de voto aos acontecimentos.") Citado em Edouard Driault, *Napoléon: Pensées pour l'action* (1943), 31.
110. Thiers, *Histoire du Consulat et de l'Empire*, 5:54.
111. A Constituição de 1791 impôs a Luís XVI o título "Rei dos Franceses".
112. Charles Durant, "Le pouvoir napoléonien et ses légitimités", *Annales de la Faculté de Droit et de Science Politique d'Aix-Marseille* (1972), 12. Ver também Jacques Godechot, que fala da "monocracia democrática" de Napoleão. *La Contrerévolution, doctrine et action* (1961), 146.
113. Gauchet, *La Révolution des pouvoirs*, 214. O grifo é meu.
114. Pierre Beltrame, "L'utilisation de l'idée de légitimité dans la vie politique française depuis le XVIe siécle", em *Mélanges Audinet* (1968), 251-87. Christopher Prendergast oferece esta interessante reflexão: "Nenhuma ideologia da legitimação pode resistir a exame racional por muito tempo ... Nesse mesmo sentido geral, não há nada de único no 'problema' de legitimidade que o regime napoleônico enfrentou. Trata-se sempre de um problema. O que esse regime tem de peculiar é a simples visibilidade dele, apesar — ou antes, em parte, por causa — dos assíduos esforços dos aparelhos de propaganda e censura para evitá-lo." *Napoleon and History Painting: Antoine-Jean Gros's* La Bataille d'Eylau (1997), 23.
115. Christian Meier escreve sobre um líder republicano anterior (César) que "esboçou uma realidade nova e potencialmente monárquica" no firmamento republicano de Roma: "O horizonte de possibilidades simplesmente ampliou-se de modo a exceder tudo que poderia ter sido contido no padrão tradicional de esperanças, realização de esperanças e esperanças de esperanças." *Caesar*, 95.
116. Jean-Antoine Chaptal, *Mes souvenirs sur Napoléon*, citado em Octave Aubry, *Les pages immortelles de Napoléon* (1941), 87-8.

CAPÍTULO X: *La guerre — encore (et pour toujours)*

1. Diatribe contra William Pitt em *Le Moniteur*, 2 fev 1802.
2. Citado em Harold Deutsch, *The Genesis of Napoleonic Imperialism* (1938), 126.
3. Thomas Hobbes, *Leviatã* (1651). "Por muito que prefiramos ver a guerra como um desvio em relação à verdadeira natureza humana e uma distorção dela, os indícios antropológicos e históricos oferecem pouca ajuda." Elizabeth Fox-Genovese, "Editor's Introduction", *The Journal of the Historical Society* 2, 2 (primavera, 2002):v.
4. O respeitado historiador francês François Crouzet descreve o conflito como "a Segunda Guerra dos Cem Anos", "The Second Hundred Year's War", *French History* 10 (1997):432-50. Para uma visão mais objetiva do conflito franco-britânico por um alemão contemporâneo, ver Johan Friedrich Reichardt, *Un hiver à Paris sous le Consulat (1802-3)*, introdução e notas de T. Lentz.

5. Os franceses dessa época — na verdade, quase de qualquer época — tendiam em geral a se referir à "Inglaterra" e a "os ingleses" em vez de usar as designações mais corretas "Grã-Bretanha" e "os britânicos".
6. Charles-John Fedorak, *Henry Addington, Prime Minister, 1801-1804: Peace, War, and Parliamentary Politics* (2002), 88-111. Também David Johnson, "Amiens, 1802: The Phony Peace", *History Today*, 52, 9 (9 set 2002):20-26.
7. Os ganhos da Inglaterra na Índia, por exemplo, foram vastos.
8. Para exemplos, ver cartas #5.442-5.448 no vol.7 da *Correspondance.*
9. Só o reinício da guerra com a Grã-Bretanha pôs fim a um grande projeto bonapartista para os EUA. Yves Bénot, *La démence coloniale sous Napoléon* (1992), 331. Ver também Sylvain Pagé, *Napoléon et la Louisiane* (2003).
10. A ruptura entre a França e a Grã-Bretanha não é um tópico, como a agressão nazista da década de 1930, a cujo respeito haja consenso entre os historiadores. Continua sendo, como o Terror revolucionário ou a guerra americana no Vietnã, um tópico acerca do qual pessoas sensatas desenvolvem argumentações que suscitam intenso debate da parte de outras pessoas sensatas. Defesas clássicas da França são as de André Fugier, *Histoire des Relations Internacionales*, vol.4, *La Révolucion Française et l'Empire napoléonien* (1954), 177-85; Roger Dufraisse e Michel Kerautret, *La France napoléonienne: Aspects extérieurs, 1799-1815* (1999), 76-82. Os motivos britânicos são mais bem considerados em Paul W. Shroeder, *Transformation of European Politics*, 231-44. Georges Lefebvre condena os dois lados, mas pende para a França em *The French Revolution and Napoleon*, 164-79. Philip G. Dwyer publicou recentemente uma revisão da política exterior de Napoleão, "Napoleon and the Drive for Glory: Reflections on the Making of French Foreign Policy", em Dwyer (org.), *Napoleon and Europe*, 118-35.
11. Albert Pingaud, *Bonaparte: Président de la République italienne* (1914), 1:262; ver também a obra magistral de Alain Pillepich, *Milan: capital napoléonienne: Aspects extérieurs, 1799-1815.*
12. Ao ver Talleyrand, era de fato a queda de Napoleão pela Itália que perturbava o sistema imperial. Michel Poniatowski, *Talleyrand et Bonaparte: Le Consulat*, 18-25.
13. Adotara-se esse nome, em substituição à República Cisalpina, para reunir os italianos e atemorizar corações austríacos. Mas a troca teve menos efeito do que poderíamos imaginar, pois só uma minúscula minoria dos italianos na época tinha olhos para uma península unida, além do horizonte de sua cidade-Estado. Adolphe Thiers, *Histoire du Consulat et de l'Empire* (3:388) descreve a Itália como "um barco sem bússola, impelido por todos os ventos". Só após 1820 o *Risorgimento* defendeu um nacionalismo italiano e projetou seus próprios sentimentos nacionalistas sobre o passado.
14. Por outro lado, diante do reconhecimento dessas negociações pela Prússia e a Áustria, a Inglaterra — parte muito menos interessada — não teria tido muito de relevante a dizer.
15. Ver os dois ensaios na seção intitulada "La Suisse Helvétique" em Michel Vovelle, *Les Républiques-soeurs sous le regard de la Grande Nation, 1795-1803* (2000), 269-315.
16. Elizabeth Sparrow, *Secret Service: British Agents in France, 1792-1815* (1999), 263.
17. 23 set 1802, #6.339, *Napoleon's Letters* (1934), 75-6, trad. J. M. Thompson. Ver também [Bonaparte] em *Le Moniteur*, 7 Brumaire XI (29 out 1802).

18. Ele só assumiu o título formalmente em 1806. Historiadores jacobinos recentes, como George Lefebvre, consideram o Ato de Mediação reacionário por ter abolido a República Helvética centralizada que a Revolução Francesa fundara. Por outro lado, os federalistas não estavam agindo num vácuo: tinham de lidar com os oligarcas verdadeiramente contra-revolucionários. *The French Revolution and Napoleon*, 1:172-5. A. Palluel-Guillard, em Jean Tulard, *Dictionnaire Napoléon*, 1609, tem o mesmo ponto de vista.
19. *Nota bene*: os holandeses tinham lembranças piores do domínio austríaco sobre os Países Baixos. Haviam também lutado três guerras sangrentas com os britânicos no século XVII.
20. H. Stegemann, *Der Kampf um den Rhein* (1924), 464. Harold Deutsch escreve: "Nem a letra nem o espírito de qualquer dos tratados ... haviam sido violados, em especial do Tratado de Amiens." *Genesis of Napoleonic Imperialism*, 93.
21. Napoleão diria em Santa Helena: "A causa do rompimento da paz não foi Malta, mas o tratado de comércio ... isso eu não queria." Ver também Chaptal, *Mes souvenirs sur Napoléon* (1893), 250-1. Historiadores franceses e ingleses têm um raro ponto de concordância na importância da frustração econômica como um fator de rompimento da paz. Ver Eric Hobsbawn, *The Age of Revolution* (1988), 100-10; Lefebvre, *The French Revolution and Napoleon*, 1:165-79; Fugier, *La Révolution Française*, 140-56.
22. Ver p.ex., *The Morning Post*, 1º fev 1803; Jean Tulard, Joseph Fiévée (1985), 135-8; Simon Burrows, "The Struggle for European Opinion in the Napoleonic Wars: British Francophone Propaganda", *French History*, 11, 1 (1977):29-53.
23. "Enquanto os *émigrés* puderam fazer intrigas livremente, publicações difamatórias se espalharam e os Bourbon pavonearam suas ordens, a situação não podia ser caracterizada como muito mais que um armistício." Deutsch, *Genesis of Napoleonic Imperialism*, 124. Ver também T. Ebbinghaus, *Napoleon, England und die Presse, 1800-1803* (1914); Robert Holtman, *Napoleonic Propaganda* (1950); Simon Burrows, *French Exile Journalism and European Politics, 1792-1814* (2000).
24. Até o embaixador britânico em Paris, lorde Whitworth, que estava longe de ser um amigo de Bonaparte, admitiu: "Isso já não é liberdade, mas anarquia de imprensa." Citado em Deutsch, *Genesis of Napoleonic Imperialism*, 115. Os artigos de Bonaparte são datados de 8 ago, 29 out e 5 nov de 1802; 23 mai 1803; 8 mar 1804. Embora não assinados, sua autoria é óbvia.
25. O resultado só piorou uma situação ruim: o governo francês teve uma vitória de Pirro na justiça contra o pior difamador *émigré*, Peltier. Ele foi condenado e obrigado a pagar uma multa, mas uma subscrição pública não só o reembolsou como lhe deu grande notoriedade. Alphonse Aulard, *Paris sous le Consulat* (1903-1904), 3:732.
26. C.L.R. James, *The Black Jacobins: Toussaint L'Ouverture and the San Domingo Revolution* (1964).
27. Afirmação de Luciano em Theodore Jung, *Lucien Bonaparte et ses mémoires* (1882), 2:165; Deutsch, *Genesis of Napoleonic Imperialism*, 117-18.
28. O governo britânico advertiu seus almirantes para um possível movimento francês no Oriente Próximo. John Holland Rose, *Life of Napoleon I* (1901), 1:434.
29. Pierre Geyl, *Napoleon, For and Against* (1949), 406.
30. Citado em Charles Feodorak, *Henry Addington* (2002), 118.

31. Citado em Deutsch, *Genesis of Napoleonic Imperialism*, 146. Para um sentimento antibritânico generalizado na Europa, ver Arnold David Harveu, "The Continental Images of Britain" em Frank A. Kafter e James M. Laux (orgs.), *Napoleon and His Times: Selected Interpretations* (1989), 92-103.
32. Sparrow, *Secret Service*, 267, 295.
33. Aulard, "Les Français face à l'ordre imperial", em *Terminée la Révolution* (IVe Colloque Européen de Calais, 101-12).
34. Alexandre de Hauterive, funcionário graduado do Ministério das Relações Exteriores francês, expressou de maneira eloqüente e persuasiva a posição (e as ilusões) da França em *On the State of France at the End of the Year VIII* (1801). Escrita por ordem direta de Napoleão e Talleyrand, a obra apresenta um brilhante panorama em que a França alcançaria — por meio da paz e sem ter de incorrer, com a Grã-Bretanha, em empréstimos arriscados e impostos exorbitantes — a supremacia comercial, colonial, industrial e marítima que lhe escapava havia muito e que ela, com a superioridade de sua população, exército, princípios e Estado, merecia.
35. H.D. Schmidt, "The Idea and Slogan of Perfidious Albion", *Journal of the History of Ideas*, 14 (1953):604-13. Para uma análise crítica do "imperativo da autopreservação" como pretexto para o engrandecimento, ver o ensaio de Peter Minowitz sobre Adam Smith em Mark Blitz e W. Kristol (orgs.), *Educating the Prince: Essays in Honor of Harvey Mansfield* (2000).
36. Stuart Woolf, "French Civilization & Ethnicity in the Napoleon Empire", *Past & Present* 124 (ago 1989):96-120.
37. Talleyrand, *Mémoires*, 1:128. Schroeder, *Transformations of European Politics*, 243. Schroeder também escreve (225): "O problema, como sempre, estava no caráter de Bonaparte: sua incapacidade de ver uma jugular sem saltar sobre ela, de abrir mão de oportunidades breves em troca de proveitos duradouros."
38. O reino de Nápoles, que tinha um inglês como primeiro-ministro, era um aliado seguro da Grã-Bretanha; também a Suécia, sob o reacionário Gustavo IV, era tão antifrancesa que pendia necessariamente para uma aliança britânica.
39. Charles K. Webster, *British Diplomacy, 1813-1815* (1921), apêndice 1.
40. "*Rex totius Italiae*" fora o título tomado por Carlos Magno ao assumir a coroa de ferro dos lombardos. Napoleão ofereceu essa coroa a José, que a recusou por não querer perder seu lugar na sucessão francesa.
41. A primeira linha de *Guerra e paz* que serve de epígrafe a esta seção é carregada de sentido. Piombino tornou-se a "propriedade" de Elisa, enquanto Lucca coube a seu marido. Gênova tornou-se uma província do Império Francês.
42. Quando Alexandre, com excessiva volubilidade, censurou Napoleão por ter executado Enghien, este lhe "lembrou" de sua própria aquiescência filial ao assassinato de Paulo I, levado a cabo por um grupo irado com a tendência do czar a romper a aliança inglesa em favor de um *rapprochement* com Napoleão. "Se os assassinos do pai de Vossa Majestade estivessem morando perto da fronteira russa, Vossa Majestade não agiria?" Alexandre ficou lívido; a verdade pode ferir.
43. Os austríacos lutaram pela precedência imperial até o fim em suas negociações com a França. Para eles, era uma questão absolutamente vital. O melhor estudo do rela-

cionamento entre Francisco e Napoleão continua sendo o do historiador austríaco Auguste Fournier, *Napoleon the First* (1891-92).

44. Jacques Godechot, *Le comte d'Antraigues: Un espion dans l'Europe des émigrés* (1986); Léonce Pingaud, *Un agent secret sous la Révolution et l'Empire: Le comte d'Antraigues* (1894); Le Comte Remacle, *Bonaparte et les Bourbons: Relations secrètes des agents de Louis XVIII à Paris, sous le Consulat (1802-1803)* (1899).
45. Um contemporâneo e amigo de Pozzo, Roger de Damas, escreveu sobre ele: "[Pozzo di Borgo] nunca pôde entender como, entre dois jovens da mesma idade, mesma classe e mesma cidade, a Sorte escolhera Napoleão, e não ele, para imperador. E nunca perdoou a Sorte." *Mémoires* (1912, 1914), 2:88-89. Ver também P.L. Albertini e J. Marinetti, *Pozzo di Borgo contre Napoléon* (1966).
46. C. de Grunwald, *Stein: L'ennemi de Napoléon* (1936).
47. Jean Tulard, *Dictionnaire Napoléon* (1987), 794.
48. Citado em Deutsch, *Genesis of Napoleonic Imperialism*, 143.
49. Na verdade, a Grã-Bretanha estava na frustrante posição de tratar com pequenas potências, cuja neutralidade era puramente fictícia; eram satélites franceses.
50. Arno J. Mayer, *The Furies: Violence and Terror in the French and Russian Revolutions* (2000), 570. Jacques-Olivier Boudon. *Histoire du Consulat et de l'Empire.*
51. Mme de Rémusat, *Mémoires*, 1:335.
52. Albert Sorel, *L'Europe et la Révolution Française* (1908), 5:179.
53. J. Christopher Herold, *The Mind of Napoleon* (1955), 161-2.
54. Charles J. Esdaile oferece um apanhado recente da significação política de todas as guerras napoleônicas em *The Wars of Napoleon* (1996).
55. Frédéric Masson, "Napoléon et l'Angleterre. Napoléon contre la marine anglaise (1797-1805)", *Revue du Souvenir Napoléonien* 400 (mar/abr 1995); Rose, *Life of Napoleon I*, 1: 487-505; Fernand Beaucour, *Quand Napoléon régnait à Pont-de-Briques* (1978), e "Le Camp de Boulogne ou la grande illusion de Napoléon", *Les Cahiers du Vieux Boulogne*, 49 (2001); P.A. Lloyd, *The French Are Coming!: The Invasion Scare, 1803-5* (1991).
56. Para uma consideração do suposto ditado feito por Napoleão antes da campanha do Danúbio, ver Fernand Beaucour, "La 'dictée' à Daru par Napoléon du plan de la campagne d'Austerlitz eut-elle lieu?", *Bulletin de l'Institut Napoléon*, 185 (2002-II), 19-30.
57. Entre os estudos clássicos estão Alain Pigeard, *Dictionnaire de la Grande Armée* (2002); John R. Elting, *Swords Around the Throne: Napoleon's Grande Armée* (1988); David Chandler, *The Campaigns of Napoleon: The Mind and Method of History's Greatest Soldier* (1966). Para o estilo da liderança militar de Napoleão e sua relação com seus homens, ver Henry Lachouque, *Napoléon et la Garde Impériale* (1950), trad. inglesa Anne K. Brown em *The Anatomy of Glory, Napoleon and His Guard* (1962).
58. "Numa sociedade em que a hierarquia tendia a se solidificar em todas outras partes, era o exército que oferecia a maior oportunidade para o mérito, despertando por isso uma atração apaixonada em jovens ambiciosos." Georges Lefebvre, *Napoleon, from Brumaire to Tilsit*, 1:219.
59. John A. Lynn, "Toward an Army of Honor: The Moral Evolution of the French Army, 1789-1815", *French Historical Studies*, 16, 1 (primavera 1989):152.

60. O professor Lynn deprecia "honra" como um eufemismo para "controle social", mas John R. Elting, o autor do melhor estudo em inglês sobre a Grande Armée, opina que "o que os jacobinos entendiam por 'virtude' não era muito diferente da 'honra' de Napoleão." Ver Owen Connelly, "A Critique of John Lynn", *French Historical Studies*, 16, 1 (primavera 1989):174.
61. O texto clássico em qualquer língua sem dúvida é *The Campaigns of Napoleon*, de Chandler; ver, porém, seus ensaios atualizados em *On the Napoleonic Wars* (1994). Para mapas detalhados de todas as campanhas, ver Vincent J. Esposito e John R. Elting, *A Military History and Atlas of the Napoleonic Wars* (1999). A síntese mais recente em francês está nos verbetes de Jacques Garnier em Tulard, *Dictionnaire*. Ver também o provocativo *Blundering to Glory: Napoleon's Military Campaigns* (1987), de Owen Connelly. Para a estratégia e táticas napoleônicas (e aliadas), ver também Rory Muir, *Tactics and the Experience of Battle in the Age of Napoleon* (1998); Gunther Rothenberg, *The Art of Warfare in the Age of Napoleon* (1980).
62. Citado em Chandler, *On the Napoleonic Wars*, 118.
63. O Schönbrunn era o palácio dos imperadores Habsburgo, nos arredores de Viena. *Mémoires de Talleyrand*, 1:297.
64. "Talvez nunca na história um incidente semelhante em caráter à violação de Ansbach tenha mudado uma situação crítica tão completamente". Deutsch, *Genesis of Napoleonic Imperialism*, 367.
65. Clausewitz, *On War*, 698.
66. Convém observar neste ponto um golpe que Napoleão-imperador nunca deu, mas Napoleão-general certamente poderia ter dado. Instado por alguns conselheiros a pedir a líderes húngaros que declarassem seu país independente da Áustria, e até a conclamar uma revolução social — como ele fizera, em certo sentido, no norte da Itália em 1797 —, Napoleão se recusou a fazer da Hungria uma "república-irmã", nas mesmas condições que a Lombardia. O conservador social que havia nele pesou mais que o general *in extremis*.
67. O melhor relato em inglês da batalha de Austerlitz é o de Christopher Duffy, *Austerlitz, 1805* (1977); mas para um texto absorvente, ver Alistair Home, *How Far from Austerlitz: Napoleon 1805-1815* (1996), 133-89. Jacques Garnier, a quem sou muito grato por seu conselho nesta seção, está preparando uma revisão e uma análise definitivas da batalha em obra a ser publicada pela Fayard em 2004.
68. Chandler, *On the Napoleonic Wars*, 123-4.
69. Segundo um mito muito difundido, proclamado pela primeira vez no *Trigésimo Boletim* da Grande Armée, e repetido em muitas histórias e biografias, o flanco esquerdo russo recuou para alguns lagos congelados perto de Aujest Markt. Ao ver isso, Napoleão ordenou à artilharia que atirasse no gelo, o que resultou na morte de 20.000 soldados aliados. Isso não aconteceu: as águas eras rasas demais; provavelmente menos de cem soldados se afogaram.
70. Lachouque, *Anatomy of Glory*, 65.
71. Filho do conde e da condessa de Rémusat (1797-1875). *Mémoires de ma vie*, 62.
72. P. Bertrand, *Lettres inédites de Talleyrand à Napoléon* (1889), #138, 209.
73. Esse foi o Primeiro Reich "Alemão"; o segundo foi o Império dos *kaisers* alemães (1871-1918); o terceiro foi o de Hitler, que não durou os mil anos previstos por seu

fundador. Ver John G. Gagliardo, *Reich and Nation: The Holy Roman Empire as Idea and Reality, 1763-1806* (1980).

74. Deutsch, *Genesis of Napoleonic Imperialism*, 418.
75. Emile Dart, *Napoléon et Talleyrand* (1935), 66.
76. W. Venohr, *Napoleon in Deutschland: Zwischen Imperialismus und Nationalismus, 1800-1813* (1998); Brenda Simms, *The Struggle for Mastery in Germany, 1779-1850* (1998); Marcel Dunan, *Napoléon et l'Allemagne: Le système continental et les débuts du royaume de Bavière, 1806-1810* (1942); Roger Dufraisse, "L'opposition anti-napoléonienne en Allemagne, 1805-9", em *L'Allemagne à l'époque napoléonienne* (1992).
77. Auguste Fournier, *Napoleon the First*, 2:22.
78. Dwyer, "Napoleon and the Drive for Glory", 132.
79. Citado em Thierry Lentz, *Nouvelle histoire*, 209.
80. Rose, *Life of Napoleon I*, 2:55.
81. John M. Ehrman, *The Younger Pitt* (1997), 3:161.
82. Cambacérès tentou justificar isso perante o Senado alegando que "as honras dadas aos príncipes o são especialmente no interesse do povo" — isto é, dar ao povo exemplos de submissão à pátria (leia-se: o imperador). *Le Moniteur*, 1º abr 1806.
83. Oficialmente, o retorno ao calendário gregoriano se deu por razões científicas, pois o calendário revolucionário tornara-se astronomicamente incorreto. Mas o abade Sieyès, em seu confortável exílio em suas propriedades, talvez tenha se lembrado do que dissera em 1793 contra qualquer tentativa de alteração do calendário: o calendário e os costumes cristãos representavam "uma massa temível demais para se mover". Matthew Shaw, "Reactions to the French Republican Calendar", *French History*, 15, 1 (mar 2001):25.
84. Mme de Rémusat, *Mémoires*, 1:292.
85. Lentz, *Nouvelle histoire*, 205.
86. Shroeder, *Transformation of European Politics*, 284.
87. A citação de Charles de Rémusat que abre esta seção, por exemplo, foi escrita após 1858.
88. Afinal, a lógica da maior parte das estratégias políticas está, como Lentz salienta, "tanto certa quanto errada, dependendo do nosso ponto de vista". Lentz, *Nouvelle histoire*, 264.
89. Louis de Villefosse e Janine Bouissounouse, *L'Opposition à Napoleon* (1969), 266.
90. Mme de Rémusat, *Mémoires*, 1:345.
91. Chateaubriand, *Mémoires d'outre tombe*, cap.24. E Stendhal: "Nunca se disse nada mais verdadeiro sobre o povo francês que a avaliação de Napoleão: 'Eles são indiferentes à liberdade. Não a compreendem nem a apreciam. A vaidade é sua paixão dominante e a igualdade política, que lhes permite sentir que qualquer posição está a seu alcance, é o único direito político com que se preocupam'." *A Life of Napoleon* (1956), 42. O historiador austríaco Auguste Fournier assim se exprime: "O povo francês como nação era orgulhoso demais, vaidoso demais, para não reivindicar como seu um homem que dava ordens a monarcas, que fazia e desfazia reis, e por meio do qual o nome da França havia sido mais exaltado que nunca sob seus soberanos anteriores." Fournier, *Napoleon the First*, 326.

92. O tratamento que Louis Bergeron dá a isso tornou-se clássico: *Banquiers, négociants et manufacturiers* (1978), 145-50; e *France Under Napoleon* (1981), mas ver também Jean Bouvier, "A propos de la crise dite de 1805", *Revue d'Histoire Moderne et Contemporaine*, 17 (1970):506-13; Lefebvre, *The French Revolution and Napoleon*, 1:232-40.
93. Segundo um espião inglês, Fouché era um possível cúmplice em qualquer conspiração que britânicos e monarquistas pudessem tramar — contanto que ela desse certo. Quer isso seja verdade ou apenas a opinião de um agente ingênuo, o fato é que ele realmente tinha uma forte rede entre monarquistas, jacobinos e homens de negócios. Sparrow, *Secret Service*, 303, 321; Louis Madelin, *Fouché*, 2:20-25.
94. Jean Tulard, "Le fonctionnement des institutions impériales en l'absence de Napoléon d'après les lettres inédites de Cambacérès", *Revue des Travaux de l'Academie des Sciences Morales et Politiques* (1973), 231-46.
95. Esses homens, exceto um, retornaram bastante rápido, e há alguma razão para acreditar que o próprio Napoleão e outros altos dignitários se beneficiaram com o escândalo. A crise de 1805 foi essencialmente uma crise deflacionária de crédito, circulação e reserva de moeda — isto é, uma crise como as do Antigo Regime: intensa mas limitada, envolvendo o Estado (o Tesouro) e a especulação desenfreada de poucas dúzias de empresários parisienses, sem ter porém nenhum impacto sobre o vasto setor agrícola francês. J. Bouvier, "A propos de la crise", 511-13.
96. Schroeder, *Transformation* of *European Politics,* 303.
97. Frederico Guilherme enviou o duque de Brunswick a São Petersburgo para garantir pessoalmente a Alexandre I que a Prússia jamais pegaria em armas contra a Rússia, como os franceses a estavam pressionando a fazer.
98. Entre as acusações constantes do ultimato de Hohenzollern, aliás, estava a torpeza do seqüestro de Enghien, embora na época em que ocorrera a Prússia mal tivesse protestado. A facção pró-guerra na corte prussiana estava sintonizada com a visão russa. Deutsch escreve: "Não há dúvida de que Napoleão ficou sinceramente ofendido e nunca perdoou a Prússia pelo que considerou uma punhalada nas costas." *Genesis of Napoleonic Imperialism,* 396.
99. Além das obras de história militar citadas antes, há, para essa campanha, Henri Houssaye, *Jéna et la campagne de 1806* (1912); Clausewitz, *Notes sur la Prusse dans sa grande catastrophe de 1806* (1903). Clausewitz, embora ele mesmo um oficial prussiano, é implacavelmente severo com a liderança de seu próprio lado.
100. "Bernadotte não tem alma. É preciso ter alma", disse Napoleão ao general Bertrand em Santa Helena (10 jan 1821).
101. Clausewitz detesta o que chama "a estupidez do metodismo". *On War*, 91.
102. O escritor britânico Alastair Horne comenta: "Em velocidade, [a campanha francesa de 1806] suplantaria até o triunfo mecanizado de Hitler em 1940, quando derrubou Franco em seis semanas." *How Far from Austerlitz?*, 212. Hohenlohe rendeu 100.000 homens porque acreditou (ou simulou acreditar) que Murat, com sua única unidade, tinha mais do que isso!
103. Metternich, *Mémoirs* (1881), 1:54.
104. Ver Marcel Handelsman, *Napoléon et la Pologne, 1806-1807* (1909); Norman Davies, *God's Playground: A History of Poland* (1981).

105. Handelsman, *Napoléon et la Pologne, 1806-1807,* 69.
106. Comte d'Ornano, *Marie Walewska: L'épouse polonaise de Napoléon* (1947).
107. Ver o inesquecível "Lisette at Eylau", do Baron de Marbot, em Ernest Hemingway (org.), *Men at War* (1949).
108. *Journal des campagnes du baron Percy* (1904), 15.
109. Orientou Fouché a espalhar "oficiosamente" a notícia de uma vitória, o que revela que bem sabia que poucos tendiam a acreditar em relatórios oficiais.
110. Citado em Christopher Prendergast, *Napoleon and History Painting: Antoine-Jean Gros's* La Bataille d'Eylau (1997), 185.
111. Inusitadamente, Denon estimulou os artistas a reconhecerem (em certa medida) que Eylau fora um desastre. Deu-lhes alguma liberdade para escolher como representariam a cena, cujo esquema geral humano e topográfico lhes foi comunicado. Prendergast escreve: "Ele reconhecia que a pintura não pode ser simplesmente a serva da propaganda." *Napoleon and History Painting,* 142. Ver também David O'Brien, "Propaganda and the Republic of Arts in Gros' *Napoleon Visiting the Battlefield of Eylau*", *French Historical Studies,* 26, 2 (primavera 2003), 281-314.
112. Em seu leito de morte, Géricault pediu a seu discípulo Montford que pintasse uma cópia da obra de Gros, para poder contemplá-la durante sua doença. Prendergast, *Napoleon and History Painting,* 171.
113. Chandler, *Napoleon's Campaigns,* 584.
114. Napoleão a Haugwitz, 26 dez 1805. A melhor discussão recente de Tilsit é a G. Casaglia, *Le partage du monde: Napoléon et Alexandre à Tilsit* (1998), mas ver também, é claro, a inestimável obra de Schroeder, *Transformation of European Politics,* 320-32.
115. P. Rain, *Un tsar idéologue: Alexandre Ier* (1777-1825) (1913), 1:14.
116. Um tambor-mor da Guarda Imperial francesa instruiu seus tambores quando Frederico Guilherme tornou-se visível: "Não toquem tão alto, ele não passa de um rei." Citado em ibid.
117. Ver Arnold David Harvey, "Continental Images of Britain", em Frank A. Kafker e James M. Laux (orgs.), *Napoleon and His Times: Selected Interpretations* (1989), 92-103.
118. Isso foi um alívio para a nobreza polonesa, sob o terror de uma versão do Ano II. Grande parte do clero polonês via os franceses, anacronicamente, como "descristianizadores". Napoleão quisera que o herói republicano Kosciuszko participasse do governo do ducado, mas, desconfiando que os franceses pretendiam avassalar a Polônia, ele recusou. Quanto ao impacto duradouro da lenda de Napoleão sobre os poloneses, ver Andrzej Nieuwazny, *My z Napoleonem* [Nós e Napoleão] (2002, edição corrigida). Meus agradecimentos a minha amiga Katarzyna Anna Wrzos por sua ajuda com esta fonte.
119. O imperador francês pensara nomear seu irmão Jerônimo para o trono da Polônia, mas acabou se decidindo em favor do aliado francês rei Frederico Augusto da Saxônia.
120. Paul Schroeder considera a aceitação do Grão-Ducado de Varsóvia por Alexandre "o que houve de mais notável em Tilsit" (*Transformation of European Politics,* 322). Concordo.
121. O próprio Savary, embora fosse um firme antijacobino, era visto como um "general revolucionário", a quem ninguém quis alugar uma casa até que o czar interveio. A imperatriz-viúva, que tinha um poder próprio em São Petersburgo, estava cercada por *émigrés* franceses e era uma consumidora regular de textos de propaganda antinapoleônica britânica, vendidos livremente nas "melhores" livrarias mesmo durante

algum tempo após Tilsit. Ver as *Mémoires du duc de Rovigo, pour servir à l'histoire de l'Empereur Napoléon* (1828), vol.3; também Thierry Lentz, *Savary: Le séide de Napoléon* (2001), 163-69.

122. Numa época em que o continente ainda hesitava em publicar caricaturas *ad hominem* violentas de Napoleão, um jornal inglês estampou John Bull tocando um contrabaixo na forma de Bonaparte, usando uma espada como arco. A legenda: "Os britânicos conseguem o que queriam." Os britânicos conseguiram o que queriam. As caricaturas de Napoleão feitas no continente foram, em grande parte, produto de uma época posterior (pós-1812), mas os jornais britânicos já não tinham limites em sua zombaria do "Little Boney in a strong fit" (James Gillray, 24 mai 1803), uma década antes. Ver "*Die Kehrseite der Medaille*", "*Napoleon-Karikaturen aus Deutschland, Frankreich und England*, E. Eggs e H. Fischer (orgs.) (Hanover, 1985), 90. Para um sentimento antibritânico generalizado na Europa, ver Harvey, "The Continental Images of Britain", 92-103.
123. Friedrich Gentz, *Von dem politischen Zustande von Europa vor und nach der französischen Revolution* (1801).
124. As percepções continuam sendo, em parte, uma questão de nacionalidade. Um historiador de Cambridge prefere se referir à Inglaterra nessa época como "a combatente em defesa das liberdades européias contra a hegemonia francesa". Brendan Simms, "Britain and Napoleon", em Philip G. Dwyer (org.), *Napoleon and Europe* (2001), 194.
125. O uso da palavra "bloqueio" (*blocus*) é curioso, dada a calma em que estava a marinha francesa, mas as palavras são uma parte da guerra, e "bloqueio" pretendia ser atemorizador. Na verdade, é claro, os ingleses é que estavam bloqueando o continente europeu.
126. E. Chevalley, "Le blocus continental", dissertação de doutorado, Sorbonne (1914), 166-75. "Land und Meer-Napoleon gegen England", em Roman Schnur, *Revolution und Welbürgerkrieg: Studien zur Ouvertüre nach 1789* (1983), 52. Para um olhar frio à prática marítima britânica no século XVIII, ver Nial Ferguson, *Empire: How Britain Made the Modern World* (2003).
127. Paul Schroeder acredita que a situação da Inglaterra em 1807-8 supera 1940 como "a melhor hora da Grã-Bretanha". *The Transformation of European Politics*, 326. Ele escreve também: "As Guerras Napoleônicas impuseram um ônus proporcionalmente maior à Grã-Bretanha em termos de vidas e recursos do que a Primeira Guerra Mundial", 486.
128. François Crouzet, *L'Economie britannique et le blocus continental, 1806-1813* (1958), 1:203. Ver também o excelente e longuíssimo ensaio de Roger Dufraisse sobre "Le Blocus continental", em Jean Tulard, *Dictionnaire*, 219-39.
129. Bertrand de Jouvenel, *Napoléon et l'économie dirigée: Le blocus continental* (1942), 191.
130. Thiers, 7:362.

CAPÍTULO XI: *O império e suas fissuras (1807-10)*

1. John Holland Rose, *The Life of Napoleon I* (1901), 1:177.
2. Mme de Rémusat, *Mémoires*, 1:378; a observação é de seu neto, Paul de Rémusat, em nota de rodapé.

3. Citado em Proctor Jones, *Napoleon: An Intimate Account of the Years of Supremacy 1800-1824* (1992), 148.
4. Count Mollien, *Mémoire d'un ministre du Trésor public* (1789-1815) (1898), 2:138.
5. Emile Dard, *Napoléon et Talleyrand* (1935), 145.
6. H.A.L. Fisher, *Bonapartism* (1908), 75.
7. Pierre-Louis Roederer, *Oeuvres,* 3:382. A maioria desse punhado de colaboradores ainda era de homens da Revolução, mas as coisas logo começariam a mudar, com o retorno dos antigos nobres. Isser Woloch, *Napoleon and His Collaborators* (2001), 183.
8. Mme de Rémusat, *Mémoires,* 1:407. Para a corte, ver Charles-Otto Zieseniss, *Napoléon et la Cour impériale* (1980); Jean Tulard, "La Cour de Napoléon Ier", em Hof, *Kultur und Politik im 19 Jahrhundert* (1985); Philip Mansel, *The Eagle in Splendour: Napoleon I and His Court* (1987). Ver também *Etiquette du Palais Impérial,* escrito pelo grão-mestre de cerimônias do imperador, o conde de Ségur, para instruir os novos cortesãos.
9. Além disso havia o séquito da imperatriz, dos príncipes, e as cortes adjuntas nos reinos governados pelos Bonaparte — sem esquecer que *l'Empereur* tinha residências e *entourages* imperiais em 17 lugares, de Amsterdã a Roma.
10. Philippe-Paul de Ségur, *Napoleon's Russian Campaign* (1959), 145.
11. O grifo é meu. Os nobilitados com meios para tanto podiam transmitir seu título a um filho, instituindo uma propriedade hereditária (um *majorat*). Natalie Petiteau, *Elites et mobilités: La noblesse d'Empire au XIXe siècle, 1808-1914* (1997); Jean Tulard, *Napoléon et la noblesse d'Empire* (1979).
12. Rafe Blaufarb escreve: "Nem restaurando instituições monárquicas, nem conservando instituições republicanas, a conduta social napoleônica propôs novas abordagens para velhos problemas que haviam sido trazidos à luz por uma forte corrente de reformismo ancien régime." "The Ancien Régime Origins of Napoleonic Social Reconstruction", *French History,* 14, 4 (2000):423.
13. Fora por essa ordem social ampliada, estável, aliada à promoção por meio do mérito e do serviço ao Estado — isto é, a glória adquirida, não herdada — que a burguesia mais ambiciosa e a nobreza provincial de 1789 haviam se disposto a lutar. É comum referir-se a esses 100.000 notáveis como os verdadeiros "blocos de "granito" do Império. Ver Louis Bergeron e Guy Chaussinand-Nogaret, *Les "Masses de granit": Cent milles notables du Premier Empire* (1979).
14. O uso dos antigos títulos permaneceu, portanto, proibido sob o Império, embora o imperador se esforçasse por integrar os grandes nomes de Versalhes à sua corte, concedendo-lhes títulos na nova nobreza. Estes foram assim distribuídos: 58% para a burguesia, 20% para as classes populares, 22,5% para a nobreza antiga.
15. Para uma visão diferente, ver Geoffrey Ellis, *The Napoleonic Empire* (1991), 76-7.
16. Ver a análise de Norbert Elias da corte real em Versalhes, *A sociedade de corte* (1969).
17. Nome da famosa janela oval (Olho de Boi) em Versalhes pela qual o rei espiava seus cortesãos. Marcel Proust faz uma comparação inesquecível entre a funcionalidade da corte napoleônica e a "impotência e a afabilidade exagerada da nobreza monarquista" em Versalhes. *Le Côté de Guermantes,* 1:180.
18. Metternich, *Mémoirs* (1881), 1:295.

19. Jean Daniel, *La Légion d'honneur* (1957). Ver também os ensaios em *La Phalère* (*Revue Européenne d'Histoire des Ordres et Décorations*), 1 (2000), "Napoléon et la Légion d'honneur"; John Lynn, "Toward an Army of Honor", *French Historical Society*, 16, 1 (primavera, 1989).
20. "O bispo, como qualquer homem, deveria ter preferido morrer a cometer uma infâmia", escreveu o imperador a Fouché. Mais tarde se soube que o bom bispo não entregara nem sua condecoração, nem seu anel episcopal. Claude Langlois, "Complots, propagandas et répression policière en Bretagne sous l'Empire (1806-1807)".
21. Os legionários tinham, por lei, direito ao grau de cavaleiro, mas quando grandes números começaram a reivindicá-lo, passou-se a exigir *de facto* deles uma renda mínima (discutida antes). Descontente com essa mancha em seu ideal, Napoleão presenteava muitos legionários com dotações anuais para que pudessem transpor o limiar. Os demais tinham o direito de usar o título "cavaleiro por direito da Legião de Honra". De todo modo, o estatuto de 1808 que dava aos legionários o direito de serem feitos cavaleiros nunca foi formalmente rescindido.
22. Algumas vezes, precisamente isso: em 1807 um grupo de magníficas colunas de pórfiro antigas, romanas e egípcias, chegou a Paris — parte de uma compra feita à coleção Borghese em Rome. Annie Jourdan, *Napoléon, héros, imperator, mécène* (1998), 285.
23. O Obelisco foi originalmente idéia de Napoleão, mas artistas e pedreiros lhe garantiram ser impossível construí-lo a partir de um único bloco de rocha, como ele exigia, e com as enormes dimensões que tinha em mente. O Obelisco que se vê hoje em Paris foi doado à França pelo governo egípcio em 1829.
24. Elas não ficaram todas prontas durante o Primeiro Império. Ver Georges Poisson, *Napoléon Ier et Paris* (2002 ed.).
25. Dominique Poulot, *Musée, nation, patrimoine, 1789-1815* (1997).
26. Bourrienne, 4:39 e 53.
27. Para não mencionar os famosos compositores Méhul e Cherubini. Timothy Wilson-Smith, *Napoleon and His Artists* (1996); Christopher Prendergast, *Napoleon and History Painting: Antoine-Jean Gros's*, La Bataille d'Eylan (1997).
28. A Sala dos Marechais no palácio das Tulherias ilustra bem a homenagem aos mortos: celebra os companheiros de armas de Napoleão. Outros monumentos pela cidade homenageiam os generais Desaix e Kléber, ao passo que o friso central do Panthéon proclama sua *raison d'être*: *"Aux grands hommes, la Patrie reconnaissante." Napoleon and History Painting: Antoine-Jean Gros's*, La Bataille d'Eylau (1997).
29. Mas Fontaine venceu na questão de exibir novas máquinas no Louvre, assim como conseguiu derrotar a idéia de Napoleão de que a igreja dos Invalides e o hospital dos veteranos era o lugar certo para pôr em exibição os tesouros que ele trouxera da Itália. Elas foram para o Louvre ou para as Tulherias.
30. Wilson-Smith, *Napoleon and His Artists,* 120.
31. Esses planos foram de fato executados por um outro Bonaparte e seu prefeito, o barão Haussmann, no Segundo Império (1851-70), mas fora seu tio que tivera a maioria das idéias.
32. Antoine-Vincent Arnault, *Souvenirs d'un sexagénaire* (1833), 4:7-12.
33. Pierre-François Fontaine, o arquiteto oficial das Tulherias, escreveu em seu diário: "Durante os 14 anos em que ali residiu, Napoleão fez obras nas Tulherias muito

menos no seu próprio interesse e conveniência que em prol da harmonia, beleza e magnificência gerais do edifício, que considerava o santuário da monarquia." *Journal*, 1:410.

34. Para esta seção, além do livro de Annie Jourdan, ver Michael Polowetzky, *A Bond Never Broken: The Relations Between Napoleon and the Authors of France* (1993); J.K. Burton, *Napoleon and Clio: Historical Writing, Teaching and Thinking During the First Empire* (1979).
35. Até oponentes de Napoleão atribuíram essa escassez de grandes talentos literários à mudança histórica. "O gênio se consome sucessivamente em cada país, e só ressurge após certos intervalos." Germaine de Staël, *De l'Allemagne* (1810), 417.
36. Jourdan, *Napoléon, héros, imperator, mécène,* 185.
37. Por instrução do imperador, o pintor incluiu Madame Mère na tela, embora ela tivesse boicotado a cerimônia em solidariedade a Luciano, que não fora convidado. Uma série de outros detalhes foi introduzida a mando de Napoleão. Ver Bernard Berthod, "David n'était pas un enfant de choeur", *Revue de l'Institut Napoléon,* 181 (2000).
38. Ele disse ao ministro do Interior: "Quando essa obra ... for publicada, ninguém terá vontade ou paciência de fazer outra versão, especialmente quando, longe de ser encorajado a isso pela polícia, será desencorajado." Afirmou que tinha em mente *Le Siècle de Louis XV* de Voltaire. Mme de Rémusat, *Mémoires,* 1:266.
39. Mme de Rémusat, *Mémoires,* 1:266.
40. Percebe-se que, no fundo, ele compreendia isso, pois, embora brincasse com a idéia de nomear um historiador oficial (e um poeta laureado), ele a rejeitava. Esses paus-mandados, ele suspirava, escreviam sátiras ou panegíricos, mas, não importa o que escrevessem, seu empregador acabava parecendo idiota. De fato, chegou a pensar na criação de uma escola especial de história e geografia, e, se tivesse tido tempo e recursos, provavelmente a teria fundado.
41. No melhores casos, como em *Napoleon* (1926) de Emil Ludwig, é difícil distinguir os gêneros.
42. Isser Woloch, *The New Regime: Transformations of the French Civic Order, 1789-1820s* (1994), caps.6, 7; M. Gontard, *L'Enseignement en France de la Révolution à la loi Guizot, 1789-1833* (1959); R.R. Palmer, *The Improvement of Humanity: Education and the French Revolution* (1985).
43. Alphonse Aulard, *Napoléon Ier et le monopole universitaire: Origines et functionnement de l'Université* (1911); Robert Holtman, *The Napoleonic Revolution* (1967), cap.7; Georges Lefebvre, *Napoleon, From Tilsit to Waterloo* (1969), 2:191-2. Woloch é mais imparcial, mas considera a aliança do Império com a Igreja fundamental para sua política educacional. *The New Regime* (1994), 212-16.
44. Woloch conclui: "À maneira irônica da história, essa derrota definitiva dos adeptos [revolucionários] da secularização foi provavelmente um passo necessário para que a instrução pública pudesse avançar." *The New Regime,* 235.
45. Pesquisas recentes, contudo, mostram que a política napoleônica progrediu mais do que se costuma admitir nessas áreas, e talvez seja prematuro concluir que a política educacional de Napoleão não foi "muito ousada em seu conjunto em razão do preconceito do imperador contra as massas" (Frédéric Bluche, *Le bonapartisme*, 64). Ver René Greveet, "L'Enseignement primaire sous le Premier Empire: Une nouvelle

donne?" e Rebecca Rogers, "L'Education des filles à l'époque napoléonienne", em Jacques-Olivier Boudon (org.), *La création des lycées et la politique scolaire de Napoléon*, Actes du Colloque du 15-16 nov 2002 (2003).

46. A Terceira República acrescentou um sopro de anticlericalismo à educação nacional, que, no fundo, revelou-se um elemento de política não mais profundo que o suposto clericalismo napoleônico. No fim das contas, a Terceira República, como a Primeira, promoveu uma moralidade deística. Ver Antoine Prost, *L'Enseignement en France, 1800-1967* (1968).
47. A.-J. Arnaud, *Les Juristes face à la société du XIXe siècle à nos jours* (1975), 10-11.
48. O Código Comercial do Império foi publicado em 1807; o Código Rural — como o enorme projeto de um levantamento das terras da nação (o *cadastre*) — não foi completado antes de Waterloo. Ver Bluche, *Le bonapartisme*, 58.
49. André Cabanis, *La presse sous le Consulat et l'Empire, 1799-1814* (1975) e Holtman, *Napoleonic Revolution*, cap.8. "Numa nação tão propensa a tirar conclusões precipitadas, dotada de tão vívida imaginação e tão capaz de registrar emoções fortes, uma liberdade de imprensa ilimitada ... não produziria nenhum bem e muito mal", disse Napoleão ao Conselho de Estado (abr 1809).
50. Essa idéia é convincentemente defendida por Dennis A. Trinkle, "The Napoleonic Press: The Public Sphere and Oppositionary Journalism" (dissertação de doutorado, University of Cincinnati, 1993).
51. Houve uma discussão acalorada entre o conservador *Mercure* e *La Revue Philosophique* sobre os judeus. O filósofo católico reacionário Bonald, escrevendo no primeiro jornal, exigiu a conversão ou expulsão dessa gente "vil" e "usurária", enquanto um artigo em *La Revue* defendeu a política imperial de integração dos judeus à nação. *La Mercure de France* e *La Décade Philosophique*, 8 fev 1806.
52. *Le Journal de l'Empire* (29 jan 1806) publicou o texto de um debate parlamentar britânico que discutiu a derrota da frota franco-espanhola em Trafalgar. Trinkle escreve: "Em quase todas as questões de interesse político, editores e jornalistas encontravam maneiras de expressar e sustentar informação e comentário contrários às diretivas oficiais napoleônicas — até sobre a base de poder pessoal de Napoleão e as representações públicas dele." "The Napoleonic Press", 107.
53. Mme de Staël, *Considérations de la Révolution Française* (1818), 2:196-7. Como essas palavras só foram escritas após 1815, é inconcebível que reflitam apenas as impressões da autora em 1797. Em Santa Helena, Napoleão diria considerar "verdadeiro" o retrato que ela traçara dele (Bertrand, *Cahiers*, 328).
54. Joseph Fouché, *Mémoires*, 221.
55. Por outro lado, Napoleão foi capaz de promover a obra de Chateaubriand *O gênio do cristianismo* (numa edição posterior), defendendo que lhe fosse dado um dos ricos prêmios literários do Império, criado para estimular as belas-letras. Os ideólogos do Instituto, encarregados do julgamento, opuseram-se, julgando o livro reacionário e sem dúvida lembrando a seu confrade (Napoleão) que Chateaubriand deixara de apoiar o regime imperial desde a execução de Enghien. Napoleão perdeu; o prêmio não foi dado.
56. Fouché mandou vigiar o próprio Napoleão, e este, usando outra rede policial que respondia diretamente a ele, fez o mesmo com Fouché. Ver Michael Sibalis "The

Napoleonic Police State", in Philip G. Dwyer (org.), *Napoleon and Europe* (2001), 79-93; Peter de Polnay, *Napoleon's Police* (1970); Jean Tulard, *Fouché* (1998); Thierry Lentz, *Savary* (1993); para relatórios diários, ver os trabalhos padrão de Ernest d'Hauterive (1908-22) e Nicole Gotteri (1997).

57. Além disso, as condições nas sete prisões políticas do Império não eram penosas.
58. Se ela era "arbitrária, é que isso é da natureza [da polícia]", e de todo modo era muito "menos arbitrária" que a polícia em outras monarquias. Não era cruel, disse seu ex-chefe, nem carecia de princípios. "De minha parte, posso garantir que em toda a correspondência ministerial, nunca vi nada que pudesse ofender a consciência de um homem honesto." Antoine-Claire Thibaudeau, *Mémoires sur le Consulat 1799 à 1804* (1827), 355-6.
59. Em geral, como disse Isser Woloch, ele "oferecia um raio de esperança a indivíduos mergulhados na frustração ou no desespero de prisões preventivas prolongadas". Woloch, *Napoleon and His Collaborators*, 204.
60. Alfred Marquset (org.), *Napoleon sténographié au Conseil d'Etat, 1804-1805* (1913), 35.
61. Jacques Ellul, *Histoire de la propagande* (1967), 3.
62. O estudo clássico nessa perspectiva é o de Robert Holtman, *Napoleonic Propaganda* (1950), atualizado por seu *Napoleonic Revolution*, cap.8. Neste caso, os historiadores franceses tendem a seguir-lhe o exemplo: p.ex., François Monnier, "Propagande", em Tulard, *Dictionnaire*. Uma apreciação mais sutil, que tampouco propõe uma conclusão diferente, é Jourdan, *Napoléon, héros, imperator, mécène*; e David O'Brien, "Propaganda and the Republic of the Arts in Gros's *Eyla*", *French Historical Studies*, 26, 2 (primavera 2003), 281-314. Ver Périvier, *Napoléon Journaliste* para os artigos de Napoleão no *Moniteur*. Para exemplos das intenções de Napoleão de dominar a opinião pública, ver *Correspondance*, 10:467; 18:71-2; e 21:242. Ver todas as suas cartas de 4 set 1809 em E. Picard e L. Tuetey (orgs.), *Correspondance inédite de Napoléon Ier conservée aux Archives de la Guerre*, 5 vols. (1912-1925), 3:220.
63. *Mémoirs of Prince Metternich* (trad. A. Napier, 1880-81), 2:225-6.
64. Estava repreendendo Savary em 1813.
65. Monnier, em Tulard, *Dictionnaire*, 1.407.
66. "A pintura expressava uma preocupação que emanava organicamente da esfera pública em oposição à política oficial — o custo da guerra interminável ... A crítica que o pintor fazia da guerra pertencia a um programa de propaganda mais amplo, que preservava a forma e os protocolos de uma esfera pública aberta apenas com o objetivo de manipular a opinião." David O'Brien, "Propaganda as Art", 312.
67. Para um outro exemplo de difícil destrinçamento, ver a carta do imperador a Portalis sobre a morte de um bispo por quem tinha afeto e estima. Claude Langlois admite que a carta, destinada a uso político, é um "monumento de propaganda, ainda mais engenhoso porque faz uso de sentimentos reais em louvor do [bispo]." "Complots, propagandas et répression policière en Bretagne (1806-7)", *Annals de Bretagne*, 78 (1971):416.
68. Ver Todd Porterfield, *The Allure of Empire in the Service of French Imperialism, 1786-1836* (1998); David O'Brien, "Propaganda as Art", 313.
69. Bluche, *Le bonapartisme*, 72.
70. Mme de Rémusat, *Mémoires*, 1:334.

71. Citado em Louis Bergeron, "Présentation" a *Chaptal: De l'industrie française* (1995), 36.
72. Georges Lefebvre, *Napoleon: From Tilsit to Waterloo* (1969), 179.
73. Tipicamente, Napoleão afirmava que o *cadastre* era mais importante que qualquer mera constituição política do Império, pois, uma vez concluído, garantiria a propriedade e a tributação. Diria o mesmo em relação aos códigos legais.
74. Lefebvre, *Napoleon: From Tilsit to Waterloo,* 175.
75. Napoleão fazia cálculos complicados com *excessiva* facilidade. O ministro queixou-se: "O imperador imaginava que estava criando novos recursos quando realinhava e recalculava 'os números'; acreditava que podia manobrar cifras pela página e em orçamentos da mesma maneira como manobrava batalhões ... [e] era preciso ter muita paciência para dissipar suas ilusões, que sempre renasciam, e das quais ele tanto se orgulhava." Citado em "Note Liminaire" (a *Napoléon Ier: Lettres au Comte Mollien)* de Bernard Gille, xvi.
76. Sob esse aspecto, Napoleão era "o filho de sua mãe (ou de seu pai)". Como William Bolitho escreveu — de maneira inesquecível — sobre Letizia Bonaparte: "Se Leipzig e Waterloo tivessem deixado apenas um parco ganho de uns mil dólares para a família, ela os teria contado." *Twelve Against the Gods* (1929), 207. Por outro lado, Napoleão perdeu a maior parte de suas economias para subordinados desonestos em 1814.
77. Louis Bergeron, *Banquiers, négociants et manufacturiers,* 304. "Toda vez que a questão do crédito público vem à tona neste país, a primeira reação é medo", escreveu Fiévée (citado em *Napoléon Ier: Lettres au Comte Mollien,* xx).
78. Citado em Philippe Minard, "Etat et économie en France après la Révolution: Quel libéralisme?", em M. Biard (org.), *Terminée la Révolution* (2002), 208-11. Minard fala de uma combinação de *laissez-faire* verbal e intervencionismo efetivo.
79. Para esta seção, ver *Napoléon Ier: Lettres au Comte Mollien* (ed. 1959), ix; Robert Lacour-Gayet, "Les idées financières de Napoléon", *Revue de Paris,* 1º jun 1938, 562-93; Emile James, "Napoléon et la pensée économique de son temps", *Revue de l'Institut Napoléon,* 1966, 113-23; Geoffrey Ellis, "War and the French Economy (1792-1815)", em E. Aerts e François Crouzet (orgs.), *Economic Effects of the French Revolutionary and Napoleonic Wars* (1990); Crouzet, "Avant-propos", à edição de *Souvenir Napoléonien* intutulada "Napoléon et l'industrie" (jan 1971); Louis Bergeron, "L'Etat et l'intervention dans la vie économique (1789-1815)", *Etudes Napolioniennes,* 23-5 (1990), 293-99; Bergeron, "Les Milieux d'affaires, la guerre et la paix (1792-1815)", em Aerts e Crouzet; Philippe Minard, "Etat et économie en France"; Michel Peronnet (org.), *Chaptal* (1988), especialmente os ensaios de Poujol, Maurin, Gavignaud, e Georgelin; e André Conquet, *Napoléon et les Chambres de Commerce* (1978); Richard Whatmore, *Republicanism and the French Revolution: An Intellectual History of Jean-Baptiste Say's Political Economy* (2000); Ha-Joon Chang, *Kicking Away the Ladder: Development Strategy in Historical Perspective* (2002); Francis Démier, *Nation, marché et développement dans la France de la Restauration* (1991), 155-65; Jean-Pierre Hirsch, *Les deux rêves du commerce* (1991); F. Fourquet, *Richesse et puissance* (1989).
80. Um agente comercial francês que investigava mercados nos EUA escreveu à sua firma (1804) que os consumidores americanos costumavam se queixar do preço e da qualidade das mercadorias francesas, que simplesmente não eram competitivas com

as inglesas. L. Bergeron, "Problemes économiques de la Farance napoléonienne", *Revue d'Histoire Moderne et Contemporaine* (1970), 479.

81. Um exemplo típico: em plena explosão da guerra espanhola na cena política francesa, Napoleão ainda aproveitou sua viagem a Bayone (para se encontrar com Fernando VII e Carlos IV) para visitar a cidade portuária de Nantes, naquele momento muito prejudicada pelo Bloqueio. Concebeu vários projetos para a reabilitação de Nantes (p.ex., aprofundar o porto), embora, caracteristicamente, a maioria, ou todos, tenha ficado no papel, por falta de recursos, até a queda do Império. Ver Louis Villat, "Napoléon à Nantes", *Revue des Etudes Napoléoniennes*, 2 (1912), 335-65.
82. Jean-Claude Perrot e Stuart Woolf, *State and Statistics in France, 1789-1815* (1984).
83. Esta última, fundada por Chaptal, contou com a adesão de Napoleão, Cambacéres, Murat e os mais destacados atores econômicos do Império. Serge Chassagne, "Une institution originale de la France post-révolutionnaire et impériale: La Société d'Encouragement de l'Industrie Nationale", *Annales, Historie-Economie-Société 2* (1989):147-65.
84. Napoleão estava meramente fazendo eco, contudo, à Convenção e ao Diretório. Louis Bergeron, "L'Etat et l'intervention dans la vie économique (1789-1815)", 295. Além disso, os capitalistas franceses não estavam à altura de todos os desafios. Os fabricantes de aço, por exemplo, nunca conseguiram assimilar o processo de Huntsman (para fundir aço num cadinho), embora sua superioridade fosse bem conhecida (a manufatura de aço inglesa o utilizava havia muito). Resultado: o aço francês continuou não competitivo com o britânico — fato que desagradava ao imperador, que atribuía aos industriais franceses a responsabilidade por seu fracasso.
85. Schroeder, *The Transformation of European Politics*, 390-1.
86. Geoffrey Ellis, *Napoleon's Continental Blockade, The Case of Alsace* (1981).
87. Patrick Verley, "Quelques remarques sur l'économie française à l'époque impériale", em Natalie Petiteau (org.), *Voies nouvelles pour l'histoire du Premier Empire* (2003).
88. "... e a queda do imperador foi celebrada como um triunfo pessoal. A Sagrada Aliança foi transformada numa espécie de seguro contra a classe média e os camponeses." Lefebvre, *Napoleon: From Tilsit to Waterloo* (1969), 270. François Crouzet, "Le Système continental, antécédent de la Communauté?", em European University Institute, Florence, Colloquium Papers (1992), 2; Bertrand de Jouvenel, *Napoléon et l'économie dirigée: le blocus continental* (1942). Uma opinião muito diferente sobre as raízes da integração européia é oferecida em H. Mikkel, *Europe as an Idea and an Identity* (1998), que basicamente ignora o Primeiro Império.
89. Mas a Itália também levou seus golpes do sistema. Ver Pasquale Villani, "Quelques aspects de la vie économique italienne à l'époque napoléonienne", *Annales Historiques de la Révolution Française* (out-dez 1977), 587-617; Stuart Woolf, "L'impacte de l'occupation française sur l'économie italienne (1796-1815)", *Revue Economique*, 40, 6 (1989):1.097-117.
90. Roger Dufraisse, "L'intégration hégémoniale de l'Europe sous Napoléon Ier", *Revue de l'Institut Napoléon*, 142 (1984):11-41.
91. Ver Paul Schroeder, *The Transformation of European Politics*, cap.8.
92. *Napoleon and His Artists.*
93. Michael Broers, em Dwyer, *Napoleon and Europe*, 193.

94. Charles Durand, "Les Rapports entre la loi et le règlement gouvememental, de l'an IV à 1814", *Travaux et Mémoires de la Fàculté de Droit et de Science Politique d'Aix-Marseille*, 26 (1977); Jean Tulard, *Napoléon: Le mythe du sauveur* (1977), 307.
95. Ao falar francês usando o tempo futuro, Napoleão acrescentava sibilâncias que confundiam no fim da primeira pessoa ou *ts* incorretos no fim da terceira pessoa. Miot de Melito, *Mémoires,* 2:248-52. Seus neologismos tendiam a ser palavras italianas transformadas em francesas.
96. Para opinião negativa no Império, ver Richard Cobb, *The Police and the People: French Popular Protest, 1789-1820* (1970); Jean Vidalenc, "L'Opposition sous le Consulat et l'Empire", *Annales Historiques de la Révolution Française,* 40 (1968): 472:88; Natalie Petiteau, "Les Français face à l'ordre imperial", em *Terminée la Révolution* (IV Colloque Européen de Calais); Michael David Sibalis, "The Police and the People in Napoleonic Paris: Working-Class Opposition to the Napoleonic Regime, 1800-1814", artigo inédito.

    Fouché escreveu para Napoleão: "Estaríamos nos enganando se acreditássemos que a maioria do povo não é indiferente a todas as idéias políticas ... O imperador é tudo para a maioria do povo da nação" (set 20-1, 1807). Michael Sibalis, que comunga do ponto de vista de Lefebvre, observa sarcasticamente sobre o boletim bajulador de Fouché: "Se isso fosse verdade, certamente representaria uma brusca mudança com relação ao que se via apenas poucos anos antes." Depois de arrolar todas provas que podia da *oposição* da classe trabalhadora ao Império, Sibalis conclui: "As provas estão longe de ser incontroversas, mas há indícios suficientes de considerável insatisfação com o regime napoleônico e de oposição a ele no seio da classe trabalhadora de Paris. Mas o leitor não deveria se deixar enganar. A informação apresentada neste artigo foi selecionada exatamente com esse intuito; tende portanto a desfavorecer o regime. Ou seja, ignora todas as declarações que nos dizem o quanto Napoleão era amado por seus súditos." Artigo inédito, 2-3, R. Monnier, *Le Faubourg Saint-Antoine, 1789-1815* (1981), 245.
97. Adam Gopnik, *The New Yorker*, 24 nov 1997, 82.
98. Vidalenc, "L'opposition sous le Consulat et l'Empire", 479. Royer-Collard, contudo, demonstrou uma firme lealdade ao imperador, decidindo apoiá-lo durante os Cem Dias em 1815.
99. Jourdan, *Napoléon, héros, imperator, mécène*, 295.
100. "Longe de se livrar daqueles ex-revolucionários, [Napoleão] serviu-se deles de maneiras tais que satisfaziam suas necessidades mais prementes: segurança política, interesses materiais, status social, e (o que não deve ser subestimado) oportunidade de prestar serviço público de alto nível." Woloch, *Napoleon and His Collaborators,* 156.
101. Citado em Jean Tulard, *Fiévée* (1985), 235.
102. As obras centrais para esta seção são: Owen Connelly, *Napoleon's Satellite Kingdoms* (1965); Jean Tulard, *Le Grand Empire* (1982); Stuart Woolf, *Napoleon's Integration of Europe* (1991); Michael Broers, *Europe Under Napoleon, 1799-1815* (1996); Geoffrey Ellis, *The Napoleonic Empire;* capítulos da autoria de Ellis, Dwyer, Esdaile, Broers, Grab, e Rowe em Dwyer, *Napoleon and Europe*; Jean-Clément Martin (org.), *Napoléon et l'Europe* (2002); Thierry Lentz, *Nouvelle histoire du Premier Empire*, vol.1, *Napoléon et la conquête de l'Europe, 1804-1810* (2002). Estes autores nem sempre estão de acordo: em particular, Ellis (em sua contribuição à compilação de Dwyer) fez uma crítica

devastadora das teses de S. Woolf, a quem deu uma resposta em "Napoleon and Europe Revisited", *Modern and Contemporary France*, 8, 4 (2000), 469-78.

103. Escolhido, em parte, porque nomear a região segundo algum dos povos que ali viviam (Croácia, Eslovênia etc.) seria tomar partido nas disputas "nacionalistas" que tinham lugar nos Bálcãs, o que os franceses eram "imperiais" e precavidos demais para fazer.
104. Dos direitos dos povos a decidir por si mesmos, a Revolução passou para um sistema de franca anexação, traindo um princípio. As anexações promovidas por Napoleão, a começar por Piemonte em 1802, nada mais eram que um retorno ao Antigo Regime. Gaston Zeller, *Aspects de la politique française sous l'Ancien Régime* (1964); "La monarchie d'Ancien Régime et les frontieres naturelles", *Revue d'Histoire Moderne* (1933), 305-33.
105. O historiador britânico David Chandler (*Campaigns of Napoleon* [1966], 450) qualifica o nepotismo de "tipicamente corso", mas por que não "tipicamente Habsburgo" ou "tipicamente Bourbon"? Todas as dinastias poderosas designavam seus membros para tantos tronos quanto podiam; Napoleão apenas teve mais tronos para distribuir.
106. Lord Roseberry, *Napoleon: The Last Phase* (1900), 133.
107. Pieter Geyl, *Napoleon, For and Against* (1949), 323.
108. Charles J. Esdaile, "The Napoleonic Period: Some Thoughts on Recent Historiography", *European History Quarterly*, 23 (1993), 422; S. Woolf, "Napoleon and Europe Revisited", 476.
109. Fisher, *Bonapartism* (1908), 70.
110. E. Fehrenbach, *Der Kampf um die Einführung des Code Napoleon in den Rheinbundstaaten* (1973); J.M. Diefendorf, *Businessmen and Politics in the Rhineland 1789-1834* (1980); H. Berding, *Napoleonische Herrschafts- und Gesellschaftspolitik im Königreich Westfallen, 1807-1813* (1973); F. J. Bundy, *The Administration of the Illyrian Provinces of the French Empire, 1809-1813* (1988); Simon Schama, *Patriots and Liberators: Revolution in the Netherlands, 1780-1813* (1977); F.G. Eyck, *Loyal Rebels: Andreas Hofer and the Tyrolean Uprising of 1809* (1986); Michael Broers, *Napoleonic Imperialism and the Savoyard Monarchy* (1997); M. Senkowska-Gluck, "Les majorats français dans le duché de Varsovie, 1807-1813", *Annales Historiques de la Révolution Française*, 36 (1964):373-86.
111. Citado em Chandler, *Campaigns of Napoleon*, 561.
112. Jacques-Olivier Boudon, "L'Expropriation du modèle français dans l'Allemagne napoléonienne: l'exemple de la Westphalie", em Martin, *Napoléon et l'Europe*.
113. Geoffrey Ellis, *Napoleon* (1997), 112. O *Grand Empire* era menos ainda a harmoniosa "integração da Europa" com que, em Santa Helena, Napoleão disse ter sonhado. Tulard, *Le Grand Empire*, 189; Natalie Petiteau, "Débats historiographiques autour de la politique européenne de Napoléon", em Martin, *Napoléon et l'Europe*; Stuart Woolf, "The Construction of a European World-View in the Revolutionary Napoleonic Years", *Past and Present*, 137 (nov 1992); *Le Moniteur Universel*, 17 ago 1807.
114. Alexander Grab, "State, Society and Tax Policy in Napoleonic Europe", em Dwyer, *Napoleon and Europe*, 186.

115. Charles J. Esdaile, "Popular Resistance to the Napoleonie Empire", em ibid., 141-2. Ver também Carl Schmitt, *Theorie des Partisanen. Zwischenbemerkung zum Begriff das Politischen* (ed. 1975).
116. Stuart Woolf, "French Civilization and Ethnicity in the Napoleonic Empire", *Past and Present*, 124 (ago 1989).
117. "Sob alguns aspectos, Napoleão foi um mal necessário, o equivalente, na política exterior e no plano social, de um enema", escreve Philip Dwyer numa metáfora expressiva. "Introduction", em Dwyer, *Napoleon and Europe*, 20.
118. Paul-L. Weinacht, "Les Etats de la Confédération du Rhin face au Code Napoléon", em Martin, *Napoléon et l'Europe*, 100. Fehrenbach (*Der Kampf*) conclui que, em geral, o Código foi um fracasso na Confederação Alemã, o que *não* significa negar que tenham ocorrido reformas napoleônicas na Alemanha além da margem esquerda.
119. Os gendarmes napoleônicos "levaram ordem, estabilidade e padrões mais elevados de serviço público a sociedades que haviam muitas vezes tolerado a violência e o crime como endêmicos". "Os que estavam no leme do regime nunca perderam de vista a necessidade de imparcialidade, ou que o verdadeiro objetivo dessa política era pôr fim à vendeta e às divisões políticas do período de guerra, não apenas restaurar a ordem pela ordem. ... Comunidades locais por toda a Europa ocidental aprenderam a detestá-los por muitas razões, mas também passaram a ver que, diante do perigo real, podiam contar com esses mesmos soldados da gendarmaria para defendê-los de bandidos, ladrões ou lobos. O mais importante, contudo, era o simples fato de eles estarem ali." Michael Broers, "Policing the Empire", em Dwyer, *Napoleon and Europe*, 164, 168.
120. Mme de Staël, *Considérations sur la Révolution Française*, 425.
121. Stuart Woolf, "Napoléon et l'Italie", em Martin, *Napoléon et l'Europe*, 123. Os antifranquistas na Espanha tendiam a ver a Espanha napoleônica à luz de uma revolução liberal. Lluís Rouray Aulinas, "Napoléon et l'historiographie espagnole", em Martin, *Napoléon et l'Europe*, 142-3. M. Skenowska-Gluck, "Duché de Varsovie", em Tulard, *Dictionnaire*, 1.347; Andrei Nieuwazny, "The Polish Kingdom (1815-1830): Continuity or Change?", em David Laven e Lucie Riall (orgs.), *Napoleon's Legacy* (2001).
122. Anatole France, *La révolte des anges* (1914), 249.
123. Bluche, *Le bonapartisme*, 82.
124. Geyl, *Napoleon, For and Against*, 389.
125. Por exemplo, Geoffrey Ellis, que acrescenta: "Ele acreditava evidentemente ser a personificação, a soma individual de todos aqueles domínios, não o servidor de uma civilização francesa mais elevada, o mero instrumento de sua disseminação através da Europa. "The Nature of Napoleonic Imperialism", em Dwyer, *Napoleon and Europe*, 113.
126. Philip Dwyer, em ibid.; Luigi Mascilli Migliorini, *Il mito dell'eroe* (1984) and *Napoleone* (2002).
127. J.M. Thompson, *Napoleon Bonaparte*, 183.
128. "Provavelmente, portanto, teriam ocorrido graves desordens mesmo que Napoleão jamais tivesse nascido." Esdaile, "Popular Resistance", em Dwyer, *Napoleon and Europe*, 137. Ver J.R. Aymes, *La guerre d'indépendance espagnole, 1808-1814* (1973); G. Lovett, *Napoleon and the Birth of Modern Spain*, 2 vols. (1965); David Gates, *The Spanish*

Ulcer: A History of the Peninsular War (1986); Esdaile, *The Wars of Napoleon* (1995); R. Hocquellet, "La nation espagnole face à Napoléon: Résistance et collaboration", em Martin, *Napoléon et l'Europe*; F. Lafage, *L'Espagne de la contre-révolution: Développement et déclin XVIII*[e]*-XX*[e] *siècles* (1993); J.L. Tone, *The Fatal Knot: The Guerrilla War in Navarre and the Defeat of Napoleon in Spain* (1994).

129. Quase metade (28.000) dos padres não exercia quaisquer funções paroquiais, simplesmente vivia das imensas propriedades rurais da Igreja espanhola. Jacques-Olivier Boudon, *Napoléon et les cultes* (2002), 246.

130. Ver a longa e muito interessante, ainda que digressiva, análise de Napoleão sobre a Espanha, feita para Caulaincourt em 1812. Caulaincourt, *Avec l'Empereur de Moscou à Fontainebleau* (ed. 1968), 248.

131. Anos depois (em suas *Memórias)*, Talleyrand afirmaria que se opusera à aventura espanhola, mas não foi o que fez na época. Com "Casa de França" ele se refere a Luís XIV, que envolvera profundamente o reino francês nos negócios espanhóis instalando sua família no trono espanhol vacante.

132. Viam "a nação" não em termos nacionalistas modernos ou de nacionalidade, mas como uma "comunidade de destino comum" tradicional. Ver Pierre Vilar, *La Catalogne dans l'Espagne moderne: Recherches sur les fondements économiques des structures nationales* (1962), vol.1. Os generais britânicos sabiam perfeitamente que as forças que apoiavam na Espanha alimentavam muitos rancores de seus compatriotras espanhóis, não só dos franceses.

133. "Prefeito Coroado" é o título que Paul Schroeder dá aos reis da Baviera, Holanda, Vestfália etc. *The Transformation of European Politics*, 337.

134. A duas primeiras mulheres de Francisco I haviam morrido. Maria Ludovica era membro do ramo da família Habsburgo que Napoleão recentemente substituíra no trono da Toscana por sua irmã Paulina.

135. Nominalmente, a Quinta Coalizão contra a França era integrada pela Áustria, a Grã-Bretanha e os insurgentes espanhóis. A aliança francesa incluía, além da França ampliada, a Baviera, a Saxônia, Württemberg, a Vestfália, o reino da Itália etc.

136. Charles J. Esdaile, *The Wars of Napoleon* (1995); Marcel Dunan, *Napoléon et l'Allemagne: Le système continental et les débuts du royaume de Bavière, 1806-1810* (1942); J. Sévilla, *Le Chouan du Tyrol: Andreas Hofer contre Napoléon* (1991); W. Langsam, *The Napoleonic Wars and German Nationalism in Austria* (1930).

137. Além de Chandler e Connelly, ver para essa campanha Robert M. Epstein, *Napoleon's Last Victory and the Emergence of Modern War* (1994); G.E. Rothenberg, *Napoleon's Great Adversaries: The Archduke Charles and the Austrian Army, 1792-1814* (1982); R. Arnold, *Napoleon Conquers Austria: The 1809 Campaign for Vienna* (1995); e Patrick Rambaud, *The Battle* (1997), uma versão ficcional da batalha Aspern-Essling que ganhou o Prix Goncourt.

138. Roederer, *Oeuvres*, 3:537.

139. Ver Epstein, *Napoleon's Last Victory*, 59, 69 passim.

140. Maria Walewska, que foi instalada numa casa perto do Schönbrunn, teve um filho de Napoleão, Alexandre, em 1810 (ele já tinha um filho natural, o conde de Léon, com a atriz Eléonore Denuelle). Mais tarde o conde Walewski desempenharia um importante papel no Segundo Império (1852-70). Maria mudou-se para Paris e depois

para Elba, para ficar perto do homem sobre o qual escreveu: "Todos os meus pensamentos, toda minha inspiração vêm dele e a ele retornam; ele é toda minha felicidade, meu futuro, minha vida", como registrou Constant, o camarista de Napoleão. Ver Proctor Patterson Jones (org.), *Napoleon: An Intimate Account of the Years of Supremacy, 1800-1814* (1992), 214. O marido polonês de Walewska morreu em 1815.

141. Estritamente falando, Essling foi uma vitória técnica dos franceses, uma vez que o arquiduque Carlos foi o primeiro a abandonar o campo de batalha mais amplo. Por outro lado, os franceses acabaram com metade de seu exército aprisionado até que conseguiram reconstruir uma ponte.
142. Segundo alguns historiadores as últimas palavras que Lannes, ao morrer, disse ao imperador (a quem tratava por "*tu*") foram uma diatribe contra a guerra, mais especificamente as guerras napoleônicas, mas essa é uma anedota apócrifa acrescentada durante a Restauração a um manuscrito autêntico por Cadet de Gassicourt (1812). Lentz, *Nouvelle histoire*, 470.
143. Talleyrand, *Mémoires* (ed. 1989), 2:6.
144. Segundo o Baron Bignon, diplomata napoleônico que deixou uma obra inacabada em 11 volumes: *Histoire de France depuis le 18 Brumaire jusqu'à la Paix de Tilsit* (1829-41), Napoleão teve dez oportunidades, que não aproveitou, para fazer uma paz duradoura antes de Tilsit. Ver Petiteau, "Débats historiographiques", em Martin, *Napoléon et l'Europe*, 24.
145. Philip Dwyer, "Napoleon and the Drive for Glory", em Dwyer, *Napoleon and Europe*, 132.
146. Gabriel Hanotaux, citado em Geyl, *Napoleon, For and Against*, 412.
147. Ver a comovente descrição de Patrick Rambaud, *The Battle*, 169. Rambaud fez sua narrativa da batalha porque Balzac, que tivera a intenção de escrever um livro sobre Essling, nunca chegou a fazê-lo.
148. Para este caso, ver Gchot, "Un régicide allemand, Frédéric Staps", *Revue des Etudes Napoléoniennes*, 1922; e Jean Tulard, *Napoléon: Une joumée particulière, 12 octobre 1809* (1994).
149. Como disse Tulard, a faca de Staps penetrou no coração de Josefina, não no de Napoleão. *Le Grand Empire*, 140.
150. Editado e introduzido por Marc Raeff (1991). Para von Baldinger, ver Annedore Haberl, "La destinée d'un officier bavarois au temps de Napoléon", *Revue de l'Institut Napoléonien* 184, 1 e 2 (2002):45-83, 33-69.
151. Para o renascimento prussiano, ver Constantin de Grunwald, *Stein, l'ennemi de Napoléon* (1936); Brendan Simms, *The Impact of Napoleon: Prussian High Politics, Foreign Policy and the Crisis the Executive, 1797-1806* (1997); Peter Paret, *Yorck and the Era of Prussian Reform, 1807-1815* (1966).
152. Em 1809 Napoleão conclamou uma insurreição nacional na Hungria (o que não fizera antes), mas de fato ela não teve sucesso; a nobreza magiar manteve seu antigo (embora ambivalente) laço com os Habsburgo. A nação húngara, idéia e entidade de origens aristocráticas, precisaria da maior parte do século XIX para se tornar popular, democrática. D. Kosary, *Napoléon et la Hongrie* (1977). Tampouco a invasão inglesa prometida havia muito — uma confusa operação anfíbia que depositou 44.000 soldados britânicos na costa holandesa no fim de julho de 1809 (i.e., tarde para ajudar os austríacos) — fomentou uma revolta popular nos Países Baixos. Autoridades

francesas, notavelmente Fouché, reagiram rápido, tendo sido ajudados em seus esforços pela irrupção de uma doença entre as tropas britânicas. Em dezembro a Marinha Real transportou o que restava da força expedicionária britânica abandonada em Walcheren.

153. Michael Broers chama a atenção para isso em "Popular Resistance to the Napoleonic Empire", em Dwyer, *Napoleon and Europe*, 156. Como Hew Strachan observa, o Ancien Régime "preferia adotar as aparências à essência da 'Nação em Armas'." "The Nation-in-Arms", em Geoffrey Best (org.), *The Permanent Revolution: The French Revolution and Its Legacy, 1789-1989* (1989), 63.

154. Palavras de Frederico II (Hohenstaufen) em sua confrontação com o papa Inocêncio IV no século XIII. E. Kantorowicz, *Frederick II* (1931).

155. Para o papa e o imperador, ver Boudon, *Napoléon et les cultes* (2002); Ph. Boutry, "Pio VII", *Enciclopedia dei Papi* (2000) 3:509-29; Jean Leflon, "Pie VII, face à Napoléon", *Revue de l'Institut Napoléon*, 131 (1975):3-19; Bernardine Melchior-Bonnet, *Napoléon et le pape* (1958); Robin Anderson, *Pope Pius VII* (2000); E.E.Y. Hales, *The Emperor and the Pope: The Story of Napoleon and Pius VII* (1961); André Latreille, *Napoléon et le Saint-Siège, 1801-1808: L'Ambassade du Cardinal Pesch à Rome* (1936) e *L'Eglise catholique et la Révolution Française*, vol.2, 1800-1815 (1970); d'Haussonville, *L'Eglise romaine et le Premier Empire, 1800-1814* (1868-1869); G. de Grandmaison, *Napoléon et les cardinaux noirs, 1810-1814* (1895); Henri Welschinger, *Le Pape et l'Empereur, 1804-1815* (1905).

156. Grégoire, ex-bispo constitucional renomado por sua integridade, contrastou o catecismo imperial com um "catecismo nacional" (*Essai historique*, 227) — o tipo de distinção a que Napoleão objetava fortemente.

157. Citado em Hales, *The Emperor and the Pope*, 84.

158. Como Napoleão expressara antes: "Vossa Santidade pode ser o soberano de Roma, mas eu sou o imperador da cidade." Pio VII salientou que Carlos Magno simplesmente confirmara o papa e sua soberania sobre Roma e suas cercanias e lhe dera outras terras. O sacro imperador romano, porém, não reivindicara nenhuma autoridade temporal sobre o papa. Welschinger, *Le Pape et l'Empereur*, 56.

159. Ao que parece, Alquier insistiu com Paris que nada venceria a obstinação de um homem (Pio) sinceramente convicto de que a Igreja se beneficiava com o infortúnio e a provação. "O senhor não conhece este homem", ele escreveu a Talleyrand. H. Perrin de Boussac, *Un témoin de la Révolution et de l'Empire: Charles Jean-Marie Alquier, 1752-1826* (1983). Gostaria de agradecer ao almirante Philippe Alquier a permissão para ler as cartas e outros documentos de seu ancestral, o diplomata.

160. O encarregado de negócios francês, Lefebvre, conjeturou isto por conta própria, a maioria do Sacro Colégio teria votado pelo ingresso na Confederação francesa.

161. Radet (1762-1825) dedicaria grande parte do resto de sua vida à tentativa de justificar sua ação. Ver as *Mémoires du général Radet* (1892).

162. Segundo um bem-achado dito italiano, "Pio VI, para salvar a fé, perdeu a Santa Sé, e Pio VII, para salvar a Santa Sé, perdeu a fé" .

163. "Se soubesse que vida de angústia eu levo, dia e noite — a aflição constante — compreenderia melhor o que por vezes provoca uma tempestade em meu coração", disse

ele a um representante austríaco que teve permissão para vê-lo. Ao prefeito Chabrol, disse: "Não se deixe enganar por minha aparente serenidade." Citado em Leflon, "Pie VII, face à Napoléon", 14.

CAPÍTULO XII: *O grande desfecho (1810-12)*

1. Bernard Chevallier e Christophe Pincemaille, *L'Impératrice Joséphine* (1988).
2. Na véspera da coroação, à noite, o cardeal Fesch, que casara Napoleão e Josefina, afiançou a ortodoxia religiosa da cerimônia que realizara, mas a ausência de testemunhas já era uma irregularidade. Jean Leflon pergunta: teria Napoleão na época (1804) desejado essa ausência de testemunhas prevendo que um dia poderia precisar dissolver aquela união? "Pio VII, face à Napoléon", 131.
3. O título era semelhante ao conferido aos filhos dos sacro imperadores romanos: "Rei dos Romanos". Alan Palmer, *Napoleon & Marie Louise: The Emperor's Second Wife* (2001); Frédéric Masson, *L'Impératrice Marie-Louise, 1809-1815* (1902).
4. E foi para Roma, onde Letizia já morava. Experimentou escrever romances, mas não se revelou um talento.
5. No tocante a esses antigos revolucionários, ver Isser Woloch, *Napoleon and His Collaborators* (2001), 168. Ver também Louis Madelin, *La crise de l'Empire, 1810-1811* (1945).
6. Na visão de Annie Jourdan, Napoleão via-se dividido entre o desejo de entrar para a história como um mecenas e pelo de impressionar o mundo com pompa e luxo, de acordo com a imagem que queria projetar como imperador e soberano. *Napoléon, héros, imperator, mécène* (1998),184.
7. O imperador teve êxito "porque ele e seus colaboradores ouviram as necessidades da maioria dos segmentos da elite local e as atenderam, ... no contexto de um estado centralizado" que proclamava "os princípios de 1789" e cumpria normas jurídicas e procedimentos constitucionais. Jeff Horn, "Building the New Regime: Founding the Bonapartist State in the Department of the Aube", *French Historical Studies*, 25, 2 (2002):262-63. Thierry Lentz chega a dizer que a prática imperial, mesmo após 1810, foi um sinal da agonia de morte do absolutismo. *Nouvelle histoire*, 520.
8. G. Daly, "Merchants and Maritime Commerce in Napoleonic Normandy", *French History*, 15, 1 (2001):26-50.
9. H.G. Wells, *The Outline of History* (1920).
10. Palavras do cardeal Boisgelin de Cucé, bispo de Tours. Citado em B. Ardura et al., *Le Concordat entre Pie VII et Bonaparte* (2001), 108.
11. Não que tentassem: *Don José Primero* e sua administração civil não tinham nenhum controle formal ou influência sobre os marechais, que recebiam ordens de Napoleão e desdenhavam as aspirações liberais de José de "encarnar a nação espanhola". Quanto ao imperador, nem deu apoio ao irmão enquanto a guerra prosseguia, nem lhe permitiu abdicar.
12. Citado em Thierry Lentz, *Nouvelle histoire*, 522.

13. Para a crise, ver Odette Viennet, *Napoléon et l'industrie française. La crise de 1810-1811* (1947); P. Coftier e P. Dartiguenave, *Révolte à Caen*, 1812 (1999); Fernand Braudel e Ernest Labrousse, *Histoire économique et sociale de la France*, vol.3, *1789-1880* (1993). Ver o excelente sumário da historiografia econômica do Primeiro Império em Natalie Petiteau, *Napoléon, de la mythologie à l'histoire* (1999), 331-56. Sou grato a Thierry Lentz por me permitir ler as páginas em que narra e analisa essa crise ("L'Ébranlement de l'économie") no volume 2, a ser publicado proximamente, de sua *Nouvelle histoire du Premier Empire.*
14. Um bastante ameaçador, exposto em maio de 1811, dizia: "Pegamos o Padeiro e a mulher do Padeiro [i.e., Luís XVI e Maria Antonieta, agora vamos pegar o Açougueiro [Napoleão]." Citado em Michael Sibalis, artigo inédito, 36.
15. C. Lesage, *Napoléon Ier, créancier de la Prusse (1807-1814)* (1924), 209 passim. Ao se casar com Marie Louise, o imperador perdoou — embora resmungando muito — o que ainda restava à Áustria pagar de sua dívida de guerra com a França.
16. Para um bom sumário, ver Geoffrey Ellis, *The Napoleonic Empire* (1991), 104-5.
17. Citado em Roger Dufraisse, "Le Blocus continental", em Jean Tulard, *Dictionnaire*, 233. Georges Lefebvre: *Napoleon: From Tilsit to Waterloo* (1969), 130.
18. Paul Schroeder, *The Transformation of European Politics*, 310.
19. Francis d'Ivernois, *Effects du blocus continental sur le commerce, les finances, le crédit et la prosperité des îles britanniques* (1809), 2. Ver também François Crouzet, "Wars, Blockade and Economic Change in Europe, 1792-1815", *Journal of Economic History*, 24 (1967), 567-88.
20. Ver o estudo notavelmente penetrante e íntegro de François Crouzet, *De la supériorité de l'Angleterre sur la France? L'Économique et l'imaginaire, XVIIe-XXe siècle* (1999).
21. Tony Judt, "The French Difference", *New York Review of Books*, 12 de abril de 2001. Niall Ferguson escreve convincentemente sobre a combinação singular de lucro, motivo, evangelismo religioso e emigração colonial para explicar o sucesso inigualável da Grã-Bretanha na construção de um império. *Empire: How Britain Made the Modern World* (2003).
22. Mesmo um observador tão imparcial quanto Chaptal descreveu a Grã-Bretanha como um país "identificado com o comércio, praticamente indistinguível dele". *De l'industrie française* (ed. 1993), 211.
23. O mais curioso é a semelhança das críticas de Napoleão à economia britânica de seu tempo com as críticas atuais (do século XXI) dos franceses aos *déficits* comerciais, políticas de endividamento público e "imperialismo" econômico dos americanos.
24. "Assim foi que as classes dominantes de nosso país mostraram-se prontas para uma duradoura infidelidade à própria filosofia do progresso que tornara possível o seu sucesso." Louis Bergeron, *France Under Napoleon* (1981), 204.
25. Crouzet sustenta que, se Napoleão tivesse vencido na Rússia, provavelmente teria podido pressionar a Grã-Bretanha o suficiente para forçá-la a sair da guerra. *Economie britannique et le blocus continental, 1806-13* (1958), 2:804. Frank Darvall, *Popular Disturbances and Public Order in Regency England* (1934), 306-12, demonstra que o ano de 1812 teria sido mais favorável ao sucesso de um movimento revolucionário que qualquer outro momento na história moderna da Grã-Bretanha.
26. Karl Marx, *The Holy Family* (ed. 1975), 145.

27. Louis Bergeron, "Problèmes économiques de la France napoléonienne". *Revue d'Histoire Moderne et Contemporaine* (1970), 504-5.
28. A expressão é de Jean-Louis Billoret, citada em Francis Démier, *Nation, marché et développement dans la France de la Restauration* (1991), 159.
29. Em Santa Helena, Napoleão posará de defensor do livre-comércio.
30. Jean-Baptiste Say, o mais destacado dos economistas que propunham o livre-comércio na época, apoiou o regime consular e serviu-o no Tribunato. Admirado por Napoleão, Say foi "convidado" a acrescentar uma defesa do regime a seu clássico *Treatise on Political Economy* (1803), obra que o primeiro-cônsul muito apreciava. Say declinou e em 1804 rompeu com Napoleão, *mas não por questões econômicas.* Uma leitura cuidadosa de *Republicanism and the French Revolution: An Intellectual History of Jean-Baptiste Say's Political Economy* (2000), de Richard Whatmore, revela que os dois homens partilhavam várias idéias fundamentais.
31. O mercantilismo é a filosofia político-econômica segundo a qual o Estado deveria tentar alcançar a auto-suficiência à custa das finanças de outros Estados; é uma noção do "econômico" orientada para o Estado. Foi anterior e oposto à doutrina do livre-comércio, que afirmava que é o bem-estar de cada um (empresário) que mais bem assegura o bem-estar geral, e que cada agente econômico é o melhor juiz de seus próprios interesses e o autor de suas próprias decisões.
32. Na carta acusatória que escreveu a Alexandre em 1º jul 1812 (#18.878), Napoleão lhe lembra sua promessa de "agir como meu padrinho em meu duelo com a Inglaterra". Observa que tolerara, da parte de Alexandre, uma linguagem ameaçadora que mais bem caracterizava "o tipo de linguagem que a imperatriz Catarina poderia ter usado com os últimos reis da Polônia".
33. Napoleão desejara construir uma ponte de ferro de vão único onde hoje se encontra a ponte Alexandre III (de vão único), mas seus engenheiros alegaram que o estado da ciência na época não o permitia.
34. "A diplomacia de Alexandre continuou amadorística sob muitos aspectos, sempre flutuando com as várias influências a que ele se abria. A idéia que mais o atraía era a de suceder a Napoleão como ditador continental." G.J. Renier, *Great Britain and the Establishment of the Kingdom of the Netherlands (1813-1816)* (1930), 36. Ver também P.K. Grimsted, *The Foreign Ministers of Alexander I: Political Attitudes and the Conduct of Foreign Policy, 1801-1825* (1969). O estudo clássico continua sendo o de Albert Vandal, *Napoléon et Alexandre Ier*, 3 vols. (1891-96).
35. Roger Dufraisse e M. Kerautret, *La France napoléonienne: Aspects extérieurs* (1999), 48. Quando a guerra se aproximou em 1812, Alexandre tratou de solucionar seu conflito com a Turquia a qualquer preço, devolvendo a Moldávia e a Valáquia, mas conservou a Bessarábia.
36. A Rússia concordou em participar da guerra econômica contra a Inglaterra, mas não em se arruinar ou se transformar num vassalo econômico da França. Em 1810 Alexandre compreendeu que a Grã-Bretanha estava sofrendo menos, no plano do comércio, que seus adversários.
37. Napoleão tinha também um interesse de Estado: A costa norte de Oldenburg estava aberta ao comércio com a Grã-Bretanha, e "precisava" ser fechada. É também verdade que foram oferecidas ao duque compensações em outro lugar.

38. Oleg Sokolov (professor na Universidade de São Petersburgo), "La Campagne de Russie/V", *Napoléon Ier*, jul/ago 2001, 47.
39. Champagny também desaconselhou fortemente uma invasão da Rússia. Napoleão o substituiu por Maret, o chefe de seu estado-maior político e homem sem experiência política nem talento — mas ainda mais dócil que Champagny. Para os preparativos russos, ver *La Guerre nationale de 1812* (publicação do Comitê Científico do Grande Estado-Maior Russo, c.1900). Mas também Napoleão estivera pensando sobre a guerra e, em 1810, solicitara mapas e documentação detalhados sobre a Rússia a seu ministro da Guerra.
40. Bernadotte assumiu a coroa sueca sem que Napoleão manifestasse qualquer entusiasmo ou lhe desse qualquer ajuda; a antipatia e a desconfiança entre os dois perduraram. Ademais, não só a Suécia era tradicionalmente contra-revolucionária como seu comércio estava sendo arruinado pela adesão ao sistema continental. Apesar de tudo, ela provavelmente teria tomado o partido da França — isto é, até que a ocupação da Pomerânia por Napoleão a empurrasse para o outro lado.
41. Estou adotando a idéia de Sokolov, mas, para um contraste — embora muito menos ancorado em fontes militares — ver Schroeder.
42. A expressão é usada por Schroeder em *Transformation of European Politics,* 314.
43. Para a campanha, ver (além de David Chandler) E. Cazalas, *La Guerre nationale de 1812,* 7 vols. (1904-11); Otto von Pivka, *Armies of 1812* (1977); Nigel Nicolson, *Napoleon: 1812* (1985); Curtis Cate, *The War of the Two Emperors: The Duel Between Napoleon and Alexander, Russia, 1812* (1985); e Oleg Sokolov, "La Campagne de Russie", em seis fascículos de *Napoléon Ier*, jan-jun 2001. Uma narrativa clássica contemporânea é *Napoleon's Russian Campaign* (1958 ed.), de Philippe-Paul de Ségur. Um breve e excelente resumo é "Campagne de Russie" de Jacques Garnier, em Jean Tulard, *Dictionnaire.*
44. Henri Troyat, *Alexander of Russia* (1982),140.
45. Afirmou-se que se alguém tivesse aconselhado Luís XIV a invadir a Rússia, ele teria achado a idéia "*tola*" (Orville T. Murphy, "Napoleon's International Politics: How Much Did He Owe to the Past?" *Journal of Military History*, 54 (1990), 167; Philip Dwyer, "Napoleon and the Drive for Glory", em Dwyer, *Napoleon and Europe,* 132). Isto só é verdade por duas razões: os talentos e habilidades de Luís XIV para a guerra não eram propriamente ilimitados e, sobretudo, a França e a Rússia não estavam se enfrentando na época. Se o Rei Sol tivesse vencido todas as suas batalhas e entrado em conflito com Alexandre o Grande, a idéia de um ataque francês ao reino dos moscovitas poderia ter sido *facilmente* ter sido aventada em Versalhes.
46. Tecnicamente falando, essa foi a Guerra da Sexta Coalizão (Rússia, Suécia, Inglaterra *versus* França etc.), embora seja universalmente chamada apenas de "a campanha russa".
47. A força principal, diretamente sob Napoleão, era composta sobretudo de franceses; as duas alas tinham maioria italiana, alemã e polonesa. Pequenas forças austríacas e prussianas também marcharam com os franceses. Os soldados franceses, aliás, envergavam casacos de confecção britânica — mais um caso em que o sistema continental se curva à necessidade, mas apenas à de Napoleão.
48. Marechal Auguste de Marmont, *Mémoires de 1792 à 1841* (1856-57), 5:122. Marmont continua: "Se seu cérebro era precisamente o que sempre fora —, o mais vasto, mais

profundo e mais produtivo que jamais houve —, não havia nele, contudo, mais nenhuma força de vontade ou decisão, e havia uma instabilidade que se assemelhava à fraqueza."

49. Um outro general russo, Bagration, escreveu ao general Ermolov: "Estou com vergonha de usar meu uniforme." Sokolov, "La Campagne de Russie/II", 43.
50. "Ele sempre me perguntava o que eu pensava dos movimentos russos", escreve Caulaincourt. "Queria me ouvir dizer que ficariam parados e atacariam, como desejava. Parecia precisar certificar-se. Mas como eu acreditava que, ao contrário, os russos continuariam a recuar — dizia-lhe isso francamente."
51. Os franceses chamam esse confronto de batalha do Moscova (rio) e os russos de batalha de Borodino.
52. Robert Epstein escreve: "O que Napoleão não compreendeu, e nunca compreenderia, era que, com a crescente modernização dos exércitos, as batalhas tendiam a ser menos decisivas ... Nenhuma das batalhas mais importantes [desde Wagram] resultou numa vitória decisiva. Isso não queria dizer, porém, como muitas vezes se afirma, que a capacidade de Napoleão como comandante estava em declínio, ou que seus soldados não eram de primeira ordem (isso viria mais tarde)." *Napoleon's Last Victory and the Emergence of Modern Warfare* (1994), 176-7, 117.
53. De Ségur, *Napoleon's Russian Campaign*, 103. A verdade, porém, é que vários dos principais generais russos consideraram um erro grave de Kutuzov não lutar mais uma batalha em regra diante dos muros de Moscou.
54. Também neste caso Napoleão calculou mal, pois sempre acreditara que os camponeses russos eram "bárbaros supersticiosos, de idéias simples". "Um golpe terrível à grande e santa Moscou", pensava ele, "jogaria nos meus braços essas massas cegas, sem instrução." Seja porque confiava na vitória, ou por medo de perder uma "guerra de classes" na Europa oriental de que nem ele conseguiria tirar "proveito", Napoleão não conclamou os camponeses russos a se levantar contra seus senhores, nem aboliu a servidão na Rússia. Ver Jean Tulard, *Napoléon, la nation, le pouvoir, la légende,* 128-38; Sokolov, "La Campagne de Russie/V".
55. A condessa de Gouffier-Choiseul. Citado em Troyat, *Alexander of Russia,* 159.
56. De Ségur, *Napoleon's Russian Campaign,* 109.
57. Como Caulaincourt, indignado, recusou essa missão, Napoleão mandou outro diplomata, Narbonne.
58. Owen Connelly, *Blundering to Glory* (1987), 177.
59. Coronéis John Elting e Vincent Esposito, em Alastair Horne, *How Far from Austerlitz? Napoleon, 1805-1815* (1996), 323. A última linha é uma citação de Napoleão.
60. Brendan Simms, "Britain and Napoleon", em Dwyer, *Napoleon and Europe*, 200.
61. Ambos os números incluem os reforços que chegaram ao teatro de operações. Os homens morriam de doença, fome, calor, frio, fadiga e ferimentos (Sokolov, "La Campagne de Russie/VI"). Na verdade, não há consenso entre os estudiosos quanto ao número de baixas nessa campanha. Segundo alguns, as baixas russas (e francesas) teriam sido muito menores. Ver a discussão em Alexander Martin, "The Russian Empire and the Napoleonic Wars", em Dwyer, *Napoleon and Europe*, 316 n.22.
62. Percy, um médico do exército, escreveu: "Dir-se-ia que os doentes e feridos deixavam de ser seres humanos quando não podiam mais ser soldados". Citado em A.

Forrest, "The Military Culture of Napoleonic France", em Dwyer, *Napoleon and Europe*, 55.

63. De Ségur, *Napoleon's Russian Campaign*, 243. Numa campanha napoleônica anterior, um soldado escreveu ao tio: "Acho que nunca senti tanto frio como naquele dia e não sei como o imperador pôde suportar aquilo; os soldados mal conseguiam segurar as armas, mas era como se a presença dele nos aquecesse." Citado em Forrest, "Military Culture of Napoleonic France", 49.
64. "Lannes me amava como uma amante", comentou Napolão, "mas queria me influenciar e tinha o caráter de um sectário político [*frondeur*]." Caulaincourt, *Avec l'Empereur, de Moscou à Fontainebleau* (ed. 1968), 311.
65. John Lynn, "Toward an Army of Honor", *French Historical Studies*, 16, 1 (1989):165-6.
66. Aníbal não era de fato o chefe do Estado cartaginês quando comandou o exército; isso aconteceu mais tarde. Já Frederico o Grande, um notável diletante, não tinha uma relação estreita com seus homens. Na era moderna, Robert E. Lee, Trotsky e Eisenhower, quando foram comandantes-em-chefe de exércitos não eram chefes de Estados.
67. *La confession d'un enfant du siècle*, citado em Michael Broers, *Europe Under Napoleon* (1996), 1-2.
68. Caulaincourt, *Avec l'Empereur.* Também Jacques Jourquin, "La chevauchée fantastique", *Historia*, jan 1984.
69. Agradeço a Jacques Garnier por esse pensamento.
70. Por fim, ele se engana por completo acerca do repouso e da restauração que acredita que seu exército encontrará em breve, quando retomar Vilna, na Lituânia. Graças a escavações arqueológicas recentes, temos agora uma idéia melhor da catástrofe humana que aguardava o resíduo da Grande Armée numa Vilna congelada, escassa de alimentos, remédios, roupas — ou boa vontade. Dezenas de milhares de soldados franceses encontrariam a morte onde buscavam a salvação. *New York Times*, 14 set 2002.
71. Uma testemunha contemporânea — embora pouco confiável — afirma em memórias escritas muito após 1812 ter visto na bagagem imperial, na época, os elementos para a cerimônia, a ser realizada em Moscou, em que Napoleão seria coroado também "Imperador do Oriente". A testemunha foi um general francês exilado a serviço do czar, Andrault de Langeron, que afirmou ainda que o papa participaria da coroação e que o primeiro ato de Napoleão como Monarca Universal teria sido reunir as Igrejas ortodoxa e católica. Um *scholar* francês, André Ratchinski, dá crédito a Langeron (*Napoléon et Alexandre I* [2002]), como o faz Dwyer, *Napoleon and Europe*, 131. Jean Tulard observa, em seu prefácio a Ratchinski, que os "documentos são insuficientes e, em especial, que não há quaisquer ordens específicas de Napoleão que provem a afirmação de Langeron".
72. Napoleão admite também que tratou os soberanos "napoleônidas" como pouco mais que procônsules coroados. Caulaincourt, de sua parte, deseja que "toda a Europa pudesse ver esse lado do imperador. "Toda a Europa" teria sem dúvida preferido a remoção dos gendarmes ou dos agentes alfandegários franceses.

Capítulo XIII: *A derrocada (1812-14)*

1. 1754-1812. Ver Bernardine Melchior-Bonnet, *La conspiration du Général Makt (1963)*; G. Artom, 23 *Octobre 1812: Napoléon est mort en Russie* (1969); Louis de Villefosse e Janine Bouissounouse, *L'Opposition à Napoléon* (1969), 301-11; Jacques-Olivier Boudon, *Histoire du Consulat et de l'Empire* (2000), 366-75; Thierry Lentz, *Savary* (2001), 309-26.
2. Há relativamente poucos registros arquivísticos do caso Malet, em marcado contraste com a abundância de dados disponível sobre a maioria dos aspectos da história napoleônica. Muitos documentos desapareceram sob a Restauração (1815-30), quando os protagonistas do caso e seus sucessores os removeram dos arquivos da polícia. Elizabeth Sparrow, *Secret Service: British Agents in France,* 1792-1815 (1999), 353-5, 392-4.
3. Seu aliado na conspiração, o general Lahorie, comparou o seu golpe ao do 18 Brumário.
4. Napoleão perguntou com veemência a Caulaincourt. "Que poderiam [eles] esperar, que não teriam recebido de mim?" E acrescentou: "Como os homens são cegos, até para seu verdadeiro interesse!" O leal Caulaincourt não sugeriu que esse apotegma poderia se aplicar igualmente a Sua Majestade. Napoleão demitiu Frochot.
5. Resposta *sotto voce* de Talleyrand: "Que lástima que tão grande homem seja tão mal-educado." Comentou-se que Talleyrand podia levar uma dúzia de chutes no traseiro sem que nada transparecesse no seu rosto. Duff Cooper, *Talleyrand* (1932), 86, 187.
6. No valor de 1,4 milhão de francos. Napoleão comprou uma mansão de Talleyrand por muito mais do que ela valia. Méneval, em Proctor Patterson Jones (org.), *Napoleon: An Intimate Account of the Years of Supremary, 1800-1814* (1992), 326.
7. Ver Paul Schroeder, *The Transformation of European Politics*, 467-8.
8. Discutiu o palácio onde ele próprio se recolheria após deixar o trono — um Sans-Souci que fosse "confortável para um convalescente, ou para um homem que vê a velhice se aproximar". Constant, em Proctor Jones, *Napoleon,* 384-85.
9. Isser Woloch, *Napoleon and His Collaborators* (2001), 214.
10. Cambacérès, *Mémoires inédites*, 2:17.
11. Henri Welschinger, *Le Pape et l'Empereur, 1804-1815* (1905), 220.
12. De uma carta de Fesch para Napoleão: "Dizes que aprecias que as pessoas te digam o que realmente pensam, e que não te sentes ofendido quando o fazem. ... [Saibas pois que] vejo formar-se em mim uma convicção que não posso recusar." Citado em Welschinger, *Le Pape et l'Empereur*, 259.
13. De Fesch para Madame Mère: "Antevejo que ele será derrubado e completamente derrotado. Todos os que tocam na Arca Sagrada, o Sumo Pontífice, sofrem o mesmo destino. Meu sobrinho está perdido, mas a Igreja está salva; pois se o imperador tivesse retornado em triunfo de Moscou, quem pode dizer até onde teria ido?" (R. Anderson, *Pope Pius VII*, 137). Confissão extraordinária de parte de um clérigo que, mais que qualquer outro, contribuiu para o estabelecimento da Igreja napoleônica.
14. Não é verdade, contudo, como por vezes se relata, que Napoleão sacudiu Pio pela sotaina, ou que o papa tenha mais tarde chamado o imperador, depreciativamente, um "ator".

15. Jacques-Olivier Boudon, *Napoléon et les cultes* (2002), 332.
16. Ver o artigo sobre Pio VII em *Enciclopedia dei Papi*, vol.3 (2000).
17. Albert Sorel, *Les écrivains français* (1890), 33.
18. Michael Sibalis, artigo inédito, 30.
19. John Holland Rose, *The Life of Napoleon I (1901)*, 2:267.
20. Como escreve Isser Woloch, a resposta ao recrutamento de 1812-13 foi "sem precedentes, claramente mais que uma resposta temporária a uma *force majeure* ... Deveria ser vista com uma mutação estrutural — não em atitude, porque o alistamento continuava impopular, mas em comportamento. Uma resistência instintiva e já tradicional ao alistamento estava dando lugar a uma obediência relutante." *The New Regime* (1994), 418.
21. O filósofo político posterior cuja análise desse período da história "alemã" talvez seja preferível à de Clausewitz é Carl Schmitt. Sua *Theorie der Partisanen: Zwischenbemerkung zur Begriff der Politischen* (ed. 1975) vê a distinção "amigo/inimigo" como a raiz de "político", tema desenvolvido nos livros posteriores de Schmitt.
22. Rose, *Life of Napoleon I*, 2:237.
23. Para esse renascimento prussiano posterior, ver Karen Hagemann, *"Mannlicher Muth und Teutscher Ehre": Nation, Militär und Geschlecht zur Zeit der Antinapoleonischer Kriege Preussens* (2002); W. Simon, *The Failure of the Prussian Reform Movement, 1807-1819* (1971); e Matthew Levinger, *Enlightened Nationalism: The Transformation of Prussian Political Culture, 1806-1848* (2000); Schroeder, *Transformation of European Politics*, 450-9.
24. Atualmente o termo é usado de maneira tão vaga que costumamos nos referir a "nacionalismo islâmico", embora seja, na melhor das hipóteses, metafórico, se não errôneo, falar de uma religião como uma nação. Da mesma maneira, falamos de "nacionalismo babilônio", embora os impérios do antigo Oriente Médio claramente não fossem nações no sentido que hoje damos ao termo.
25. Quando o general reformador Gneisenau apresentou a seu rei um plano para uma "ascensão do povo prussiano", Frederico Guilherme o devolveu com o comentário: "Como poesia é ótimo." Essa "ascensão" estava mais próxima daquilo que o rei estava lutando para *evitar*, não promover. Philip Bobbitt, *The Shield of Achilles: War, Peace, and the Course of History* (2002).
26. Levinger, *Enlightened Nationalism*, 241.
27. Mais ou menos como apóstolos dos séculos IV e V afirmaram que Jesus e os discípulos haviam outrora fundado intencionalmente uma Igreja papal e a ortodoxia.
28. Para não mencionar a ameaça que uma "Alemanha" representava para o imperador Habsburgo, cujo reino central (a Áustria) era alemão. Brendan Simms fala do "primado da política exterior" nesses Estados alemães médios, cujas soberanias corriam o risco de extinção ao serem englobadas na "Alemanha". *The Struggle for Mastery in Germany, 1779-1850* (1998), 130-46.
29. Bobbitt inverte a expressão usual para enfatizar o grau em que o Estado emprega um "discurso nacional" para se definir e impor sua autoridade agora reforçada. Nesse sentido, podemos falar de um renascimento nacional também na Inglaterra nesse período. Ver Linda Colley, *Britons: Forging the Nation, 1707-1837* (1992). "Nacionalismo", no entanto, é um termo cunhado no final do século XIX e descreve melhor

fenômenos políticos que foram deturpações e caricaturas dos eventos nacionais originais de um século antes.

30. Clausewitz, *On War*, 671.

31. Pelo Tratado de Reichenbach, assinado secretamente em 27 de junho, a Áustria associou-se à Prússia e à Rússia.

32. Schroeder, *Transformation of European* Politics, 485-500. Metternich, em suas memórias, afirma que "sabia o tempo todo" que Napoleão rejeitaria condições razoáveis e que por isso a Áustria se uniria aos aliados. É mais provável, como Schroeder observa, que na época o próprio Metternich não soubesse o que iria acontecer e estivesse tentando se orientar em meio ao nevoeiro, como todos os demais.

33. Além disso, sua frota estava em mãos britânicas, onde os russos a haviam posto para evitar perdê-la para os franceses.

34. O povo francês, contudo, foi mantido na ignorância e levado a crer que a proposta de paz dos aliados fora feita de má-fé.

35. Digby Smith (também conhecido como Otto von Pivka) mostra que a deserção dos saxônios estava ligada à sua crença na probabilidade de uma derrota francesa, ao tratamento que haviam recebido dos franceses e à ambivalência de seu rei com relação à aliança francesa, mais que a uma consciência nacional alemã. *1813, Leipzig: Napoleon and the Battle of the Nations* (2001), 226-36.

36. Os reis da Baviera, Saxônia e Württemberg aderiram à Coalizão por motivos geopolíticos — supunham que Napoleão não tinha chances de vitória e a Áustria estava lhes prometendo que poderiam conservar seus reinos — que não eram lá muito patrióticos, por mais lisonjeiro que tenha sido sugerir isso mais tarde. Esses soberanos poderiam ter sido capazes de fomentar um levante nacional, mas tinham um medo mortal de tentá-lo.

37. A Itália era o oposto da França. Ali as classes populares detestavam o regime napoleônico ao passo que a classe média o servia e respeitava. Na França, os camponeses e os trabalhadores eram leais enquanto a mimada nobreza tratou de desertar rapidamente. "O Estado revolucionário napoleônico derrubara fundações mais firmes no 'estrangeiro' que em grande parte do sul e do oeste da França. ... [Na verdade] a Europa napoleônica nem sempre foi sinônimo de França." Michael Broers, *Europe Under Napoleon*, 1799-1815 (1996), 251, 257.

38. 26 jan 1814. Napoleão continuou: "Você se rendeu à fraqueza da sua natureza. É um bom soldado no campo de batalha, mas fora dele não tem vigor nem caráter! Tire bom proveito desse ato de traição que atribuo unicamente ao medo de me ser mais útil. Conto com você, com seu arrependimento e suas promessas."

39. As ações de Murat eram motivadas sobretudo por sua ambição de conservar o trono de Nápoles, mas as palavras que ele escolheu dizer em sua proclamação são sugestivas: "Já não alimento ilusões. O imperador quer a guerra. Eu estaria traindo os interesses de minha antiga pátria, meu próprio Estado e [do resto da Itália] se não separasse imediatamente minhas armas das dele ... Soldados! Há apenas duas bandeiras na Europa. Numa podeis ler: religião, moralidade, justiça, moderação, direito, paz e bem-estar, na outra, artifício, violência, perseguição, guerra e luto em todas as famílias. Escolhei."

40. Para 1814, ver Pierre Miquel, *La campagne de France de Napoléon* (1991); David Hamilton-Williams, *The Fall of Napoleon: The Final Betrayal* (1994); François Rude, "Le reveil du patriotisme révolutionnaire dans la région Rhône-Alpes", *Cahiers d'Histoire* (1971), 433-55; Félix Ponteil, *La chute de Napoléon I*[er]*, et la crise française de 1814-15* (1943); F. Benaerts, *Les commissaries extraordinaires de Napoléon I*[er] *en* 1815 (1915); Henry Houssaye, 1814 (1888).
41. Adolphe Thiers, *L'Histoire du Consulat et de l'Empire,* 17:21.
42. Depois de nacionalizar propriedades de aldeias, Napoleão mudou de idéia e acabou vendendo-as para os ricos, privando assim milhares de comunidades locais de sua preciosa propriedade comunal. Ver Isser Woloch, *Napoleon and His Collaborators,* 216.
43. Savary, *Mémoires,* 6:202.
44. Thiers, *Histoire du Consulat et de l'Empire,* xvii, 171.
45. "Não estou a par dos vossos negócios", disse ele ao imperador, que apenas uma semana antes o cobrira de invectivas que lembravam as de 1809. O ex-ministro tinha plena ciência da necessidade que Sua Majestade estava sentindo de seu arquichanceler.
46. Pierre-Joseph Proudhon, *Napoléon I*[er] (1898), 46.
47. Ver a descrição desse ano feita pelo barão Fain em seu *Manuscrit de l'an 1814* (1823).
48. Count Mollien, *Mémoire d'un ministre du Trésor public (1789-1815)* (1898), 3:116.
49. Algumas cartas de Napoleão nesse inverno poderiam ter sido escritas durante a campanha russa. "O exército está morrendo de fome", escreveu ao comissário intendente, 8 fev 1814, #21.214.
50. Segundo um eminente historiador militar francês da atualidade, Montmirail foi "uma vitória magnífica, a melhor da campanha". Ela realça a diferença em lucidez e rapidez de julgamento entre Blücher — que, embora não fosse ingênuo, pensou que estava lidando apenas com a guarda do flanco francês, quando na verdade se tratava do exército de Napoleão — e o imperador francês, que, embora também confuso de início, percebeu imediatamente a oportunidade na confusão do adversário. Jacques Garnier, "La campagne de France (II)", *Napoléon I*[er], 19 (mar/abr 2003), 45-6.
51. "Durante esses últimos dez dias Napoleão exibiu uma fertilidade de recursos, um poder de conter a maré dos acontecimentos, que consternaram o inimigo e deslumbraram a posteridade. É inútil procurar um paralelo, exceto talvez nas carreiras de Aníbal e Frederico ... Mas a estrela destes nunca baixou tanto quanto a de Napoleão após La Rothière, nem subiu ao zênite com um esplendor equiparável ao que ofuscou as hostes bem treinadas de Blücher e Schwarzenberg ... Há algo que desafia a análise na maneira súbita como Napoleão transformou seu bando alquebrado, abatido, numa força triunfante perante a qual um número quatro vezes maior de soldados buscou refúgio na retirada ... Ali onde a análise malogra, começa o gênio." Rose, *Life of Napoleon,* 2:397-8.
52. Metternich a Caulaincourt, registrado por este em suas *Mémoires,* 1:214.
53. Relatório do promotor público, 12 fev 1814; citado em Michael Sibalis, artigo inédito, 32.
54. Aberdeen era um emissário britânico a Viena. Citado em Rose, *Life of Napoleon I,* 374
55. Caulincourt, *Mémoires,* 3:40; 2:11, 15-17.
56. O historiador Frédéric Bluche compara a carta do rei ao famoso "apelo de 18 de junho" feito por De Gaulle, de Londres, em 1940. *Louis XIV* (1986), 797-800.

57. "Quando ele não mais fizer guerra para o exército, fará paz para os franceses e se tornará rei da França." Schwarzenberg (15 abr 1813), citado em Rose, *Life of Napoleon I*, 2:368.
58. Alguns historiadores discordam. Por exemplo, Charles Esdaile: "Se o imperador continuava lutando, não era porque a França, os princípios da Revolução ou mesmo sua própria dinastia estivessem em perigo. Ao contrário, continuava lutando porque não podia aceitar as limitações que as potências estavam agora determinadas a impor à sua influência. Não foi, assim, a França que traiu Napoleão; foi sem dúvida Napoleão que traiu a França." *The Wars of Napoleon* (1995), 284. Para ter traído a França, Napoleão teria de estar agindo em consciente má-fé em relação ela, e não foi o que fez nessa campanha.
59. 1º jan 1814, Hartwell House, Inglaterra.
60. Thiers escreve sobre Pozzo: "É preciso ter um tipo raro de arrogância para invejar um gênio como Napoleão." (*Histoire du Consulat et de l'Empire*, 17:114). Em Santa Helena, Napoleão atribuiu a Pozzo o mérito de ter convencido o czar a marchar diretamente sobre Paris, mudando assim o destino da campanha e do mundo.
61. Talleyrand teve até a satisfação pessoal de saber que aconselhara José e Cambacérès de maneira sensata, ainda que hipócrita, ao insistir em que eles e a imperatriz deveriam ficar e lutar.
62. O conde d'Artois (irmão de Luís XVIII), contudo, volta e meia precisava ser lembrado de que não devia chamar Talleyrand de "Vossa Reverendíssima, Bispo de Autun".
63. "Talleyrand", em *Napoléon Ier*, 2 (mai/jun 2000), 53.
64. Talleyrand observou sobre ele: "Por que escolher um soldado quando acabaram de descartar o melhor deles?" Ver Alan Palmer, *Bernadotte: Napoleon's Marshal, Sweden's King* (1991).
65. A primeira dinastia a reinar sobre a França foi a merovíngia, depois veio a carolíngia e por fim, em 986, a casa de Hugo Capeto, os Capeto — de quem os Bourbon descendiam. Thibaudeau, um ex-*conventionnel*, prestou valiosos serviços a Napoleão no Conselho de Estado antes de ser nomeado prefeito do departamento de Bouches-du-Rhône (que inclui Marselha). Leal servidor do Império, era também um forte defensor da Revolução, e talvez tenha sido por isso que Napoleão quis vê-lo longe de Paris após o casamento Habsburgo. *Mémoires* (1913), 375.
66. Thiers, *Histoire du Consulat et de l'Empire*, 17:646
67. Mas, apenas para mostrar que nem tudo se reduzia a mero negócio e que algum sentimento continuava vivo em seus corações, os senadores e o governo provisório designaram o general Dupont, que apodrecia numa prisão napoleônica, como ministro da Guerra. Também curiosamente, como Tulard observa, o Conselho Municipal de Paris, agindo por conta própria, sem consultar Talleyrand ou o Senado, já votara uma proclamação em que renegava seus juramentos a Napoleão e dava boas-vindas aos Bourbon. *Les vingt jours: Louis XVII ou Napoléon?* (2001), 22-3.
68. Ver as intenções de *Gneisenau*, citadas em Gerhard Ritter, *Staatskunst und Kriegshandwerk* (1954), 110-11.
69. Citado em Ponteil, *La chute de Napoléon*, 86.
70. Thiers, *Histoire du Consulat et de l'Empire*, 17:697.

71. Deixar 125.000 soldados na fortaleza alemã — um ato de vaidade e uma recusa a admitir que o *Grand Empire* desaparecera —, o maior erro militar de Napoleão em toda a campanha.
72. As palavras são de Thiers, que concorda com essa linha de raciocínio. *Histoire du Consulat et l'Empire*, 17:692.
73. Os detalhes da defecção são dignos de uma história de suspense combinada com uma comédia de erros, pois Marmont mudou de idéia no último minuto, mas seus generais — especialmente o general Souham —, temendo que Napoleão estivesse informado do que estavam fazendo, marcharam para o lado inimigo. Marmont teve então uma oportunidade de repudiar o ato, mas fez justamente o contrário. Para uma vigorosa tentativa de defesa de seu antepassado, ver Gérard Souham, *Le Général Souham* (1990).
74. Thiers, *Histoire du Consulat et de l'Empire*, 17:717. Ver também R. Christophe, *Le Maréchal Marmont* (1986); P. Saint-Marc, *Le Maréchal Marmont* (1957).
75. Thiers, *Histoire du Consulat et de l'Empire*, 17:692.
76. François Piétri nos lembra convincentemente o respeito de Napoleão por minudências legais. "Em 1813", ele observa, "um verdadeiro ditador teria prendido Lainé e companhia, mas Napoleão preferiu o recurso legal de prorrogar a legislatura do Corpo Legislativo. Depois, quando o Império caiu, não foi por causa de tumultos e guerra civil, mas porque "o vencedor de Austerlitz" curvou-se perante o voto, de legalidade questionável, de um Senado desfalcado. *Napoléon et le Parlement* (1955). Para uma crítica acerba desta visão, ver Charles Durand, *L'Exercice de la fonction legislative de 1800 à 1814* (1955).
77. "Ah, Caulaincourt, Caulaincourt, os homens! Os homens! ... Meus marechais teriam constrangimento em imitar a conduta de Marmont, pois só falam dele com indignação, mas estão simplesmente furiosos por ele ter conseguido deslanchar primeiro no caminho da sorte ... Gostariam de adquirir os mesmos títulos e favores dos Bourbon, sem se desonrar como ele ... Eu o tratara como um filho ... E tenho de dizer que confiava nele. Ele talvez seja o único homem cuja deserção nunca temi: mas a vaidade, a fraqueza, a ambição o perderam. O desgraçado não sabe o que o espera; seu nome ficará marcado [para sempre]." Citado em Thiers, *Histoire du Consulat el de l'Empire*, 17:751.
78. E.E.Y. Hales, *The Emperor and the Pope* (1961), 162.
79. Não há dúvida de que o ataque mais inclemente, mais eficaz, foi o panfleto de Chateaubriand de 14 de abril, em que ele tirou partido, com um efeito devastador, do questionamento rude que o general Bonaparte fizera ao Diretório: "Que fizestes com esta França que vos deixei tão brilhante? Que fizestes, não com cem mil, mas com cinco milhões de franceses que todos conhecemos, nossos pais, nossos amigos, nossos irmãos? ... Nossas colônias? Nosso comércio? ... Quisestes reinar pela espada de Átila e as máximas de Nero." *De Buonaparte, des Bourbons, et de la nécessité de se rallier à nos princes légitimes pour le bonheur de la France et de celui de l'Europe* (1814).

Capítulo XIV: *"Discurso nacional": o império liberal*

1. A Beugnot, ministro da Polícia. Citado em Louis Madelin, *Fouché*, 2:321.
2. A Córsega era uma possessão francesa e, mesmo que Napoleão a desejasse — do que não há indícios — teria sido uma escolha inconveniente.
3. Ver Guy Godlewski, *Trois cents jours d'exil: Napoléon à l'île d'Elbe* (1961); Norman MacKenzie, *The Escape from Elba: The Fall and Flight of Napoléon, 1814-1815* (1982); e Fernand Beaucour, "L'île d'Elbe", em Jean Tulard, *Dictionnaire*, 649-52. As obras clássicas para este capítulo são: Thomas Babington Macaulay, *Napoleon and the Restoration of the Bourbons* (ed. 1977); Adolphe Thiers, *Histoire du Consulat et de l'Empire*, vols.19-20; Albert Sorel, *L'Europe et la Révolution Française*, vol.8 (1908); Henry Houssaye, *1814-1815*, vols.3-4 (1898-1905).
4. Foi Metternich quem destinou para ela o conde bonitão, instruindo-o praticamente a seduzir a "arquiduquesa", como Maria Luísa era chamada agora. Foi o que de fato aconteceu num curto tempo.
5. Passou apenas duas noites ali, porque Napoleão temia que espiões informassem Maria Luísa da visita da amante. O filho de Walewska com Napoleão, Alexandre, seria ministro das Relações Exteriores sob Napoleão III.
6. Pons de l'Hérault, diretor da mina de ferro de Elba, ilustra esplendidamente as idéias da população da ilha e sua evolução: republicano convicto, fora um grande admirador do general Bonaparte mas era um crítico severo do imperador. Assim que teve contato com "o imperador", porém, mal levou um dia para voltar a admirá-lo. Deu provas disso depois, acompanhando Napoleão em sua volta à França, onde foi nomeado prefeito de departamento.
7. *Mémoires de A.C. Thibaudeau (1799-1815)* (1913), 4:301.
8. Marmont, *Mémoires de 1792 à 1841* (1856-57), 9:211.
9. Fernand Beaucour, "Napoléon à l'île d'Elbe", *Napoléon Ier* (jan/fev 2001), 10.
10. Muito menos do que possuíam Maria Luísa e muitos membros da corte imperial. Pouco tempo depois, Luís XVIII partiria de volta para o exílio, na Bélgica, com quatro milhões.
11. Mme de Staël chegou a alertar o imperador de conspirações contra a sua vida. Em 1814, Henri Houssaye esquadrinha os indícios de que Talleyrand teria tramado a morte de Napoleão, concluindo que embora isso não possa ser inequivocamente provado, é bastante possível.
12. Ver Pierre Rosanvallon, *La monarchie impossible: Les Chartes de 1814 et de 1830* (1994); Stéphane Rials, *Révolution et contre-révolution au XIXe siècle* (1987); Guillaume de Bertier de Sauvigny, *La Restauration* (1990); E. de Waresquiel e Benoit Yvert, *Histoire de la Restauration* (1996).
13. *The Dictionary of Weather Vanes* [*Girouettes*], que concedeu *girouettes* a várias pessoas. Talleyrand foi distinguido com 12; Fouché com 13.
14. O excelente livro de Rosanvallon, *La monarchie impossible*, discute esse ponto. Essencialmente, a monarquia Bourbon estabeleceu-se, de maneira intencional ou não, como um centro neutro, o que não agradou a seus súditos. Os franceses, especialmente depois do Império, gostam de saber a posição exata de cada um.

15. O grande historiador *whig* continua: "Napoleão, elevado ao trono da França, teria tanto a inclinação quanto os meios." Macaulay, *Napoleon and the Restoration of the Bourbons* (ed. 1977), 91-2.
16. Por exemplo, para justificar uma redução do tamanho do exército por razões orçamentárias, o rei disse a um grupo de oficiais: "A paz chegou, não precisamos mais de homens de coragem." Lafayette, *Mémoires, correspondance et manuscripts* (1837-38), 5:86.
17. Thibaudeau, *Mémoires*, 3:310. O grifo é meu. Esse não foi um fenômeno meramente francês. Em 1815 os genoveses enviaram uma petição ao Congresso de Viena pedindo (em vão) que lhes fosse permitido voltar ao domínio francês.
18. Citado em Sorel, *L'Europe et la Révolution Française*, 14:295.
19. De início Carnot conclamou "*patriots*" e "*nationaux*" a se unirem ao rei ("Guerre aux pamphlets, ou appel à la postérité") e, em *Mémoire adressé au Roi en juillet 1814*, perguntou a Luís: "O que tornou a tirania de Napoleão suportável por tanto tempo? Foi o fato de que ele estimulava o orgulho nacional. Com que devoção o serviam mesmo aqueles que mais o punham à prova! Era só por desespero que alguém finalmente abandonava suas águias."
20. Alguns corpos políticos eram seletivos ou censuravam o modo como eles próprios se expressavam ao rei, em especial quando queriam favores. Em abril de 1814, por exemplo, o Conselho Municipal de Paris, em geral cheio de adeptos do "discurso nacional", enviou uma carta bajuladora ao conde de Lille-Provence, para convidá-lo a ser rei, em que não mencionava uma só vez "a nação", somente "nossa França", "vossos franceses", "todos os franceses", "nosso rei" e "sua pátria". *Le Moniteur*, 8 mar.
21. Faz menção a "essa guerra verdadeiramente nacional" contra Napoleão.
22. Chateaubriand: "Bonaparte nada tem de francês." *De Buonaparte et des Bourbons.*
23. Georges Blond, *Les Cent-Jours: Napoléon seul contre tous* (1983). Citado em Dominique de Villepin, *Les Cent-Jours, ou l'esprit de sacrifice* (2001), 104, n.3. Para esta seção, ver Annie Duprat, "Une guerre des images: Louis XVIII, Napoléon et la France en 1815", *Revue d'Histoire Moderne et Contemporaine*, 47, 3 (jul-set 2000); 487-504; Jean Tulard, *Les vingt jours (1er-20 mars 1815): Louis XVIII ou Napoléon?* (2001).
24. É curioso, como Michael Sibalis ressalta, que os trabalhadores não tenham se manifestado a favor de Napoleão na primavera de 1814, quando ele foi forçado a abdicar. Ao contrário, o sentimento dominante nos *faubourgs* foi de alívio. Claramente alguma coisa mudara nesse ínterim. Artigo inédito, 32.
25. A aproximação ocorreu, embora as conversas entre os líderes tivessem sido interrompidas nos dias anteriores à volta de Napoleão. "De certa maneira a antiga tradição revolucionária estava longe de ter morrido, apenas se tornara clandestina. Como foi transmitida pelos 20 anos transcorridos desde Babeuf, não se sabe", escreve Sibalis (artigo inédito). Os contemporâneos, aliás, não tiraram proveito do nome do partido, "bonapartista".
26. Henry Wadsworth Longfellow, "The Day is Done". O verso correto é: "Shall fold their tents, like the Arabs,/ And as silently steal away." (Dobrarão suas tendas, como os árabes,/ e em igual silêncio se furtarão.)
27. A idéia é proposta no excelente *Les vingt jours*, de Tulard.

28. Numa das várias ocasiões em que Napoleão declarou que gostaria de ter morrido em Moscou, um de seus "evangelistas" (Las Cases) contestou: "Mas nesse caso não teria vivido o extraordinário episódio do retorno de Elba." "Bem, você não deixa de ter razão", respondeu o imperador. Muito bem, digamos então que eu devia ter morrido em Waterloo." *Mémorial*, 4 nov 1816.
29. *Mémoires pour servir à l'histoire*, escritas por Napoleão em Santa Helena, citado por Pierre Larousse, *Napoléon* (ed. 2002, prefácio de Maurice Agulhon).
30. "Quando um governo não está solidamente estabelecido, homens para quem a consciência não conta se tornam, segundo sua maior ou menor força de caráter, um quarto, metade ou três quartos conspiradores. Esperam que a sorte decida por eles; ao que se vê, os fatos geram mais traidores que as opiniões." Chateaubriand, *Mémoires d'outre tombe*, parte 3, livro 5, 11.
31. Para esta seção, ver Benjamin Constant, *Mémoires sur les Cent-Jours* (1829); L. Radiguet, *L'Acte additionnel aux constitutions de l'Empire du 22 avril 1815* (1911); E. Le Gallo, *Les Cent-Jours: Essai sur l'histoire intérieure de la France depuis le retour de l'île d'Elbe jusqu'à la nouvelle de Waterloo* (1924); Frédéric Bluche, *Le Plébiscite des Cent-Jours* (1974); Alan Schom, *One Hundred Days: Napoleon's Road to Waterloo* (1992); Villepin, *Les Cent-Jours* (2001).
32. "Eu havia sonhado os mais magníficos sonhos para a França. Nos dias que sucederam a Marengo, Austerlitz, Iena, Friedland, esses sonhos eram perdoáveis. Não preciso lhes dizer que desisti deles ... Não é apenas paz que a França quer, é também liberdade ... Amei o poder ilimitado, precisei dele quando procurei reconstituir a França [após a Revolução] e fundei um imenso império. Tudo isso está acabado ... Devo me contentar com a autoridade de um rei constitucional ... Será bastante para meu filho ter o poder de um rei da Inglaterra! ... O que me interessa é viver tranqüilamente e usar o resto de minha vida para reparar o mal que 20 anos de guerra, arrematados por uma invasão, fizeram à França." Citado em Thiers, *Histoire du Consulat et de l'Empire*, 19:298, 312, 344.
33. Vários fiéis servidores do Napoleão (p.ex., Savary, Montalivet) estavam também associados aos princípios e práticas repressivos e autoritários do antigo Império e por isso foram sacrificados.
34. Fouché armara as coisas de modo a ser perseguido pela polícia do rei e assim parecer mais apetecível a Napoleão. Quanto a Talleyrand, por uma vez, como nota Jean Tulard, ele permaneceu leal e incorruptível. Napoleão fez o que pode para seduzi-lo, separando-o de Luís XVIII, mas o diplomata continuou a servir o rei em Viena. *Les vingt jours*, 235-6.
35. *Les Débats*. Constant havia comparado Napoleão com Gêngis Khan e Átila em seu panfleto *De l'esprit de Conquête et l'usurpation*. Sua reviravolta depôs contra ele aos olhos de alguns historiadores: p.ex., "Mais uma vez, o caráter de Benjamin Constant foi inferior a seu pensamento" (Louis de Villefosse e Janine Bouissounouse, *L'opposition à Napoléon* [1969], 324). Dominique de Villepin apelidou-o "Benjamin o Inconstante" (*Les Cent-Jours*, 271); Napoleão, por sua vez, disse a Bertrand em Santa Helena (27 jan 1821) que Constant sempre desejara trabalhar para o imperador: "Eu é que não dei a menor importância a isso." Marcel Gauchet, contudo, afirma que o "salto" de Constant "dos princípios republicanos para os monárquicos ocorre na

continuidade [de seu apoio ao liberalismo], de tal modo que poderíamos quase chamá-lo uma transição natural" (*La Révolution des pouvoirs* [1995], 251).

36. Napoleão tinha também o direito de dissolver as câmaras num prazo de seis meses antes das eleições, durante o qual podia governar por decreto. Ele fez questão de que constasse do Preâmbulo que o chefe de Estado (ele próprio) "vem atendendo ao desejo da nação francesa continuamente, desde 1799", como se a Restauração não tivesse ocorrido. Essa foi, é claro, sua resposta ao fato de Luís se situar "no 19º ano de Nosso reinado".
37. O jornal britânico de oposição, *The Morning Chronicle*, porém, tinha uma visão diferente: "Os Bourbon perderam seu trono por sua própria culpa. Seria monstruoso fazer guerra a uma nação para tentar impor-lhe um governo que ela não quer!" Citado por Villepin, *Les Cent-Jours*, 400.
38. "A verdade", Napoleão informou francamente a Davout, "é que não há nada disso. De fato estou sozinho contra toda a Europa. Esta é a minha situação. Você também vai me abandonar?"
39. Etienne-Denis Pasquier, *Histoire de mon temps: Mémoires du Chancelier Pasquier* (1893-95), 3:195. Pasquier estava em desgraça nessa época por ter aderido cedo demais a Luís XVIII.
40. Fontaine, o arquiteto de Napoleão, escreveu em seu diário por volta desse momento: "Foi-nos impossível recuperar as ilusões do [antigo] sonho. Continuamos convencidos de que aquilo logo acabaria, mas sabíamos que devíamos cumprir as ordens que nos haviam sido dadas." Pierre-François Fontaine, *Journal*, 1799-1853, 2 vols. (1987), 1:401.
41. Villepin, *Les Cent-Jours*, 244.
42. Jacqueline Chaumié, "Les Girondins et les Cent-Jours", *Annales Historiques de la Révolution Française*, 43, 205 (jul-set 1971):355.
43. Embora o movimento tenha sido fundado no oeste da França, onde surgiu para combater o monarquismo renascido, os *fédérés* eram mais fortes em Paris e nos departamentos do leste, que haviam oscilado sob os golpes da invasão de 1814. Seus membros eram sobretudo da classe baixa, mas continha um pequeno número de representantes de todos os estratos sociais. A obra mais abalizada sobre o assunto é R.S. Alexander, *Bonapartism and Revolutionary Tradition in France: The Fédérés of 1815* (1991).
44. Atual residência dos presidentes da República Francesa.
45. Em sua agressividade, zelo missionário e espírito de corpo, os "federados" lembram mais o espírito cívico e a unidade dos gregos e romanos do que o individualismo liberal moderno. Opunham-se violentamente aos liberais moderados como Benjamin Constant, em cujo Ato Adicional viam uma tentativa de excluí-los e contê-los.
46. Frédéric Bluche fala do fracasso de Napoleão em permanecer o senhor absoluto de sua doutrina como "a verdadeira revolução de 1815". *Le bonapartisme*, 121.
47. A análise clássica é *Le plebiscite des Cent-Jours* de Bluche. Em outra obra, ele conclui: "Como quer que se calculassem os resultados, os bonapartistas eram uma minoria eleitoral [contando, no máximo, com um francês em três]." *Le bonapartisme*, 109.
48. Citado em Andrew Roberts, *Napoleon and Wellington* (2002),145.

49. "Ai daqueles que nos trataram como mais uma Gênova ou Genebra, impondo-nos leis inaceitáveis pela Nação" (9 abr, *Correspondance*, #21.779). Uma área cantada com a melodia da "Marselhesa" incluía o verso: "Devemos curvar nosso rosto humilhado ao jugo dos alemães?"
50. A expressão usada por Bluche é "soberania metafísica" (119), enquanto Stéphane Rials (*Révolution et contre-révolution au XIXe siècle*, 33) vê isso como uma mistificação do fato de que a verdadeira soberania estava nas mãos de Napoleão. Rials, ele próprio um legitimista, admite que os franceses aceitavam passivamente a mistura incongruente de legitimidades (carismática, democrática etc.). Contrasta isso com a "soberania claramente definida da Carta de Direitos".
51. Convém não esquecer, igualmente, que o direito ao voto (sem contar o plebiscito) na França napoleônica, que permitia ao povo eleger deputados para a legislatura, estava limitado a 70.000 homens — um eleitorado menor que o admitido pela Restauração Bourbon, e não era um regime nominalmente nacional!
52. "Os reis e seus povos estavam errados ao me temer", ele disse a Las Cases. "Voltei um novo homem, mas eles não puderam acreditar. Não foram capazes de conceber que um homem podia ter uma alma forte o bastante para mudar seu caráter, ou simplesmente curvar-se perante a força das circunstâncias. Não sou homem de meias medidas. Teria sido o monarca da Constituição e da paz."
53. Adolphe Thiers (1797-1877), cuja história do Consulado e do Império citamos muitas vezes, fez sua carreira política como ministro da Realpolitik na Monarquia de Julho (1830-48) e chefe do Executivo da conservadora Terceira República (1871-73), mas foi em aliança com a oposição republicana que a encerrou (1873-77). Jean Jaurès (1859-1914) começou como deputado republicano conservador pelo Tarn (1885-89), converteu-se ao socialismo no inicio da década de 1890 e acabou por se tornar o "pai" do socialismo parlamentar francês.
54. Constant, *Mémoire sur les Cent-Jours* (ed .1961).
55. Louis Madelin, *Deux relèvements français: 1815-18 et 1871-78* (1951). Ver também Jean Marc Largeaud, *Waterloo: La Culture de la défaite* (2004).
56. H.A.L. Fisher, *Bonapartism* (1908), 101.
57. Bertier de Sauvigny, *La Restauration* (1965), 361.
58. Thiers, *Histoire du Consular et l'Empire*, 5:59.
59. Citado em Largeaud, *Waterloo.*
60. A descrição clássica da batalha é Henry Houssaye, *Waterloo* (1899), e sua representação literária clássica é o capítulo sobre Waterloo em *Os miseráveis*, de Hugo. Para descrições e análises mais modernas, ver David Howarth, *Waterloo: The Day of Battle* (1968); Henry Lachouque, *Waterloo* (1972); John Keegan, *The Face of Battle* (1976); Andrew Roberts, *Napoleon and Wellington* (2001); Largeaud, *Waterloo* (2004). A melhor narrativa curta é Jacques Garnier, "Waterloo" em Jean Tulard, *Dictionnaire*, 1.741-3.
61. Murat era o único soberano que julgava que Napoleão poderia vencer a guerra que se aproximava. Seu ataque a Roma e sua arrebatada proclamação "aos italianos!" teria liquidado qualquer possibilidade de Napoleão vir a ser levado a sério pelos aliados — se houvesse alguma. A campanha "nacional" de Murat, que foi uma caricatura do "discurso nacional" pela maneira óbvia como o utilizou para fins de intri-

ga e ambição, não despertou nenhuma reação popular. Veio a se tornar, porém, uma raiz histórica para o *Risorgimento* nacional. Ver A. Valente, *Gioacchino Murat e L'Italia meridionale* (1941) e Jean Tulard, *Murat* (1999).

62. Para o melhor contraste breve entre os dois homens, ver Georges Lefebvre, *Napoleon: From Tilsit to Waterloo*, 2:95. A comparação de Andrew Roberts (mencionada acima) é mais elaborada, mas menos expressiva.
63. "As vitórias de Napoleão (Lodi, Vim, Marengo e Iena) haviam todas sido obtidas mediante o uso da famosa *manoeuvre sur les derrières*, ao passo que suas derrotas (Eylau, Aspern, Borodino e Waterloo) foram todas fruto de ataques frontais cegos." Charles J. Esdaile, *The Wars of Napoleon* (1995), 296.
64. Citado em Largeaud, *Waterloo*, 210.
65. Citado em Villepin, *Les Cent-Jours*, 449.
66. Dito a Chaptal. *Mes souvenirs sur Napoléon* (1893), 211.
67. Citado em Arno J. Mayer, *The Furies: Violence and Terror in the French and Russian Revolutions* (2000), 36.
68. Lafayette, na Câmara: "A nação o seguiu lealmente através das areias do Egito e dos ermos da Rússia, através de 50 campos de batalha; partilhou tanto suas derrotas como suas vitórias. E de fato foi por tê-lo assim seguido fielmente que hoje contamos o custo no sangue de três milhões de franceses!"
69. *Histoire de mon temps: Mémoires du Chancelier Pasquier* (1893-94), 3:177.
70. Citado em Villepin, *Les Cent-Jours*, 492. Ele diria em Santa Helena que pensava passar apenas dois ou três meses nos Estados Unidos antes de fazer mais um "retorno" à França.
71. Ele falara interminavelmente sobre Josefina a Hortense naqueles últimos dias, tendo inclusive lamentado: "Pobre Josefina, não consigo me acostumar a viver aqui sem ela. Estou sempre esperando vê-la surgir de uma trilha, colhendo alguma daquelas flores que amava tanto ... Ela foi a mulher mais graciosa que conheci."
72. Seis mil pessoas enfrentaram condenações políticas. Centenas foram assassinadas à traição ou fuziladas por monarquistas armados. Arno J. Mayer desenvolveu uma vigorosa discussão sobre a "besta que aflorou tanto no homem como no soldado" na França nessa época. *Furies*, 578. O futuro sogro de Victor Hugo observou que foi nesse período da segunda Restauração que nasceu a "maravilhosa" tradição francesa de investigar e classificar as pessoas basicamente de acordo com sua filiação política, fosse qual fosse o objetivo da inquirição. Tulard, *Les vingt jours*, 261.
73. Ou "Luís duas vezes nove", sendo que *neuf* significa tanto nove quanto novo. Thierry Lentz, *Napoléon* (2001), 45.
74. Proscrito por seus concidadãos atenienses, Temístocles refugiou-se com Artaxerxes, filho do rei persa que ele derrotara na grande batalha naval. Além de um grande general, era um símbolo da democracia ateniense e fora rechaçado por uma oligarquia corrupta.
75. Arthur Lévy encerra seu *Napoléon intime* ([1893], 650) com essa história de Plutarco.

CAPÍTULO XV: *Sombras: O Império Liberal*

1. *The Black Room at Longwood: Napoleon's Exile on St. Helena* (1997, ed. inglesa), 281.
2. Para esta seção, ver Lord Roseberry, *Napoleon: The Last Phase* (1900); Paul Ganière, *Napoléon à Sainte-Helene*, 3 vols. (1957-62); Gilbert Martineau, *Napoléon se rend aux Anglais* (1969); Julia Blackburn, *The Emperor's Last Island: A Journey to St. Helena* (1992); Jean-Paul Kauffmann, *The Black Room at Longwood*; Jacques Jourquin, "Sainte-Hélene, choisie par raison d'Etat", *Napoléon Ier*, 11 (nov/dez 2001); Jean Tulard (org.), *Napoléon à Sainte-Helene* (1981).
3. Depois de Napoleão, alguns chefes de Estado de grande importância partiram para exílios bem menos remotos e severos, escolhidos por eles mesmos: Napoleão III, o Kaiser Guilherme II, Alfonso XIII e Juan Perón, entre outros.
4. Blackburn, *Emperor's Last Island*, 220.
5. "A melancolia de Longwood infiltra-se suavemente, gota a gota ... essa água a escorrer interminavelmente é a única canção de Longwood'" escreve Kauffmann, *Black Room at Longwood*, 175.
6. Mme de Rémusat, *Mémoires*, 2:312.
7. Os britânicos apelidaram o general Bertrand de "Shrug" (dar de ombros) porque ele não tomava partido nos conflitos entre Montholon e Gourgaud. Por vezes, Napoleão teve por amante a mulher de Montholon, provavelmente com o consentimento deste — como era costume entre monarcas — mas não foi longe nesse departamento com Fannie Bertrand, e não por falta de tentar.
8. A expressão é de G.K Chesterton, é claro.
9. Sir Walter Scott, que não era um fã de Napoleão, escreveu: "Não poderia haver razão alguma para que a Grã-Bretanha, quando não havia nada a obter dele [Napoleão] em troca, negasse a seu prisioneiro um título que estivera perfeitamente disposta a reconhecer quando havia algo a ser ganho." A única coisa em relação à qual os vários comissários aliados instalados em Santa Helena para observar Napoleão podiam concordar, alto custo de vida e os efeitos nocivos do clima, era a inadequação de Lowe para a missão que lhe fora atribuída. Roseberry, *Napoleon*, 80, 148.
10. Bertrand, 1:17 (17 ago 1816), 107.
11. J. Christopher Herold, *The Mind of Napoleon* (1955), xxxvii.
12. O livro de Gourgaud, *Sainte-Hélène: Journal inédit de 1815 à 1818*, em dois volumes, só foi publicado em 1899, muito depois de sua morte (1852); e os *Cahiers de Sainte-Hélène* de Bertrand só foram descobertos em meados do século XX! Gourgaud é o único que relata os últimos anos na ilha, ao passo que a versão de Bertrand é a mais pessoal, narrando os hábitos diários de Napoleão (1949-59, 3 vols.). Uma útil antologia de extratos de todos os quatro é Jean Tulard, *Napoléon à Sainte- Hélène* (1981). O mais interessante estudo da linguagem e do pensamento das memórias de Santa Helena está disponível na última terça parte de Antoine Casanova, *Napoléon et la pensée de son temps* (2001).
13. Marcel Dunan na introdução à sua edição erudita do *Mémorial* (1947).
14. Num aniversário de Napoleão, seus auxiliares o presentearam com um buquê de flores supostamente enviado pelo Rei de Roma. "Ora!" ele exclamou. "O Rei de Roma não pensa em mim tão pouco quanto em vocês."

15. "Fouché era o Talleyrand dos clubes, Talleyrand era o Fouché dos salões."
16. "É um velho cheio de tolerância e luz. Circunstâncias fatais obscureceram isso. Lamento-o profundamente." Montholon, 2:527.
17. Montholon, 18 mai 1818. Um dia Napoleão censurou Gourgaud por estar triste e desanimado: "Você pensa que tem problemas, você? E eu? Quantos remorsos eu tenho! Quantas razões para me censurar!"
18. Barry Edward O'Meara, *Napoleon in Exile, or the Echo of St. Helena* (1822), 17 fev 1817.
19. "Ele mesmo, se tivesse feito a pergunta [foi ele um bom homem?], teria imediatamente discriminado entre o homem público e o homem privado. Teria dito que a moralidade privada nada tinha a ver com a política, e a política, se é que tinha alguma moralidade, tinha a sua própria. Quanto à moral dele mesmo, teria dito, e de fato pensado, que ela estava perfeitamente à altura de um ser tão completamente excepcional." Lord Roseberry, *Napoleon*, 247-8. "[Pessoas como Napoleão e Joana d'Arc] obedecem a um plano, um esquema de coisas superior. 'Agem sob a as ordens de Deus', 'nasceram para isso', como Joana d'Arc o expressou. Seu curso foi *traçado* para elas, *seguem* sua estrela. ... [São] naturezas extraordinárias." Gabriel Hanotaux, "Du Consulat à l'Empire", *Revue des Deux Mondes* (1925), 26:81-82.
20. Citado por Jacques-Olivier Boudon, *Napoléon et les cultes* (2002), 43. A melhor discussão recente das crenças religiosas de Napoleão (ou de sua descrença) em Santa Helena é a de Antoine Casanova, "Matérialismes, expériences historiques et traits originaux des élaborations philosophiques de Napoléon Bonaparte", em Natalie Petiteau (org.), *Votes nouvelles pour l'histoire du Premier Empire* (2003), 253-82.
21. O papa também orientou seu secretário de Estado (Consalvi) a exortar o governo britânico a transferir Napoleão para um exílio "menos mortalmente prejudicial à sua saúde, onde o pobre exilado [não] morresse pouco a pouco". O papa observou: "A iniciativa piedosa e corajosa de 1801 há muito Nos levou a esquecer e perdoar os males que se seguiram. Savona e Fontainebleau foram apenas erros resultantes do temperamento ou das exaltações da ambição humana. A Concordata foi um ato reparatório, cristão e heróico ... Nada Nos daria maior alegria que ter contribuído para minorar os sofrimentos de Napoleão." E.E.Y. Hales, *The Emperor and the Pope* (1961), 168.
22. Ben Weider e David Hapgood, *The Murder of Napoleon* (1982), baseado em teorias publicadas do dr. Sten Forshufvud, dentista e toxicologista sueco. Um defensor francês da tese é René Maury, *L'Assassin de Napoléon ou le mystère de Sainte-Hélène* (1994); Maury e F. de Candé-Montholon, *L'Énigme Napoléon résolue* (2000). A revisão mais recente do conjunto das informações e do debate é de Barbara Krajewska, "Examen des causes de la mort de Napoléon", *Revue du Souvenir Napoléonien*, 431 (out/nov 2000) e dr. J-F. Lemaire et al., *"Autour de l'empoisonnement" de Napoléon* (2002). A mais recente avaliação geral por um historiador é a de Jacques Macé em sua biografia de Montholon, *L'Honneur retrouvé du général Montholon* (2000).
23. Escrita por Jacques Macé.
24. Embora os extensos arquivos Hudson Lowe, por exemplo, estejam disponíveis no British Museum, e talvez pudessem fornecer provas de uma conspiração contra a

vida de Napoleão. Afinal de contas, a manutenção e vigilância de Napoleão em Santa Helena foram extremamente dispendiosas.

25. Dr. Pascal Kintz, presidente da Sociedade Francesa de Toxicologia Analítica: "Minha impressão é que o estado geral do imperador poderia justificar sua morte [i.e., sem recurso ao arsênico]." Lemaire, *Autour*, 72.
26. Observação de Thierry Lentz, que comenta também o forte viés ideológico presente nos livros e artigos de Weider: p.ex., Weider nega que as memórias de Napoleão em Santa Helena tenham sido escritas com qualquer intenção de promover sua própria lenda! (*Was Napoleon Poisoned?* [1999], 9), em Lemaire, *Autour*, 83n. Lentz, aliás, é o autor do melhor livro em francês sobre o assassinato do presidente norte-americano: *Kennedy: Enquêtes sur l'assassinat d'un président* (1995).
27. Adolphe Thiers a Mme Dosne, 5 ago 1856, em *Correspondance* (1904), 503. 28.
28. Citado em Jean-Marc Largeaud, *Waterloo: La culture de la défaite* (2004), 256.
29. Entre inúmeras obras sobre o legado napoleônico/bonapartista, ver Ph. Gonnard, *Les origines de la légende napoléonienne* (1906); Albert Guérard, *Reflections on the Napoleonic Legend* (1924); J. Lucas-Dubreton, *Le culte de Napoléon* (1960); Pieter Geyl, *Napoleon, For and Against* (1949); Jean Tulard, *L'Anti-Napoléon, la légende noire de l'Empereur* (1965), *Le mythe de Napoléon* (1971), *Le temps des passions. Espérances, tragédies et mythes sous la Révolution et l'Empire* (1996); Frédéric Bluche, *Le bonapartisme* (1980); Keith Wren, "Victor Hugo and the Napoleonic Myth", *European Studies Review*, 10 (1980):429-58; Luigi Mascilli Migliorini, *Le mythe du héros: France et Italie après la chute de Napoléon* (2002; 1ª ed. 1984); Philip Thody, *French Caesarism* (1989); Michael Paul Driskel, *As Befits a Legend: Building a Tomb for Napoléon, 1840-1861* (1993); Barbara Ann Day-Hickman, *Napoleonic Art: Nationalism and the Spirit of Rebellion in France (1815-1848)* (1999); D. Laven e L. Riall (orgs.), *Napoleon Legacy* (2000); J. Benoit et al., *Napoléon au Chat Noir: L'Épopée vue par Caran d'Ache* (2000); Thierry Lentz, *Napoléon* (2001); R.S. Alexander, *Napoleon* (2001); Gérard Gengembre, *Napoléon, l'Empereur immortel* (2002).
30. Citado em René Rémond, *Les Droites en Franee*, 4ª ed. (1982), 107.
31. Citado em Alan Schom, *One Hundred Days* (1992), 320. Chateaubriand escreveu: "O peso dos grilhões que ele impôs à França foi esquecido em seu esplendor." *De Buonaparte et des Bourbons.*
32. Napoleão a Molé, citado em Casanova, *Napoléon*, 133.
33. A constituição de Cadiz, de inspiração napoleônica, foi restaurada, mas em 1823 um exército francês monarquista (100.000 "filhos de são Luís") invadiu o país, com a permissão dos aliados, e pôs de novo no poder o monarca reacionário. As coisas tinham voltado ao ponto de partida, mas a ação de Luís XVIII na Espanha reconfirmou o mito do liberalismo napoleônico. "Em última instância o destino da monarquia constitucional e do liberalismo na Espanha estava preso ao destino de Napoleão ... Não espanta que, após a derrota de Bonaparte e a retirada dos exércitos franceses, a restauração na Espanha tenha tido um alcance consideravelmente maior que na França." Mayer, *Furies*, 578.
34. Em alguns desses países, entre os quais a Itália papal, Napoleão passou a ser injuriado, mas suas reformas foram conservadas.

35. Jean Tulard destaca que *Napolon*, a forma polonesa de "Napoleão", significa "Apolo", o Sol, em sua capacidade de exterminar e de iluminar. "Ne" ou "Nai", por sua vez, significa "verdadeiramente", tendo-se assim "Verdadeiramente Apolo". *L'Anti-Napoléon*, 24.
36. Citado em Alexander, *Napoleon*, 134.
37. Apesar disso, como muitos outros que escreveram romanticamente sobre *l'Empereur*, Béranger continuou sendo um republicano anticlerical, sem nenhum interesse pelo bonapartismo como alternativa política. Jean Touchard, *La gloire de Béranger* (1966).
38. Ver Gérard de Puymege, *Chauvin, le soldat-laboureur* (1993).
39. Um eminente historiador pró-Napoleão, Louis Madelin chegou a traçar uma célebre comparação entre as duas épocas revanchistas: *Deux relèvements français, 1815-1818, 1871-1878*. O livro foi publicado em 1951, mas Madelin o escreveu durante a ocupação alemã e Vichy — mais uma época de revanchismo francês e de culto da derrota, em que a lembrança do imperador serviu para estimular esperanças.
40. Dominique de Villepin, *Les Cent-Jours, ou l'esprit de sacrifice* (2001), 244.
41. Citado em Gérard Gengembre, *Napoléon, l'Empereur immortel* (2002), 189. Não menos romântica é a biografia clássica *Napoleon*, de Emil Ludwig (1925).
42. Por exemplo, Desmond Seward, *Napoleon and Hitler* (1989), mas nessa linha ver também Roger Caratini (um francês), *Napoléon* (2002).
43. Confidência de De Gaulle ao filho, Philippe: "Os franceses ainda não se consolaram por Waterloo porque, apesar de tudo, só não venceram a batalha por um triz." Philippe de Gaulle, *Mémoires accessoires* (1997).
44. Robert Tombs, *France, 1814-1914* (1996), e "Was There a French Sonderweg?" in *European Identities/Identités Européennes* (1994). O historiador francês Fernand Rude, por exemplo, vê a resistência de 1814, que abriu caminho para que Napoleão voltasse de Elba, como precursora da "insurreição nacional" da resistência francesa contra os nazistas em 1940-44. Assim um mito cria e sustenta outro. "Le réveil du patriotisme révolutionnaire dans la région du Rhône-AIpes en 1814", em *Cahiers d'Histoire*, 16 (1971). Assim também, um humanista francês contemporâneo, o mais virulento crítico de Napoleão que o humanismo gerou, admite: "Mas permitam-me ser claro ... Não hesito em dizer que posso facilmente me imaginar gritando '*Vive l'Empereur!*' quando Napoleão voltou de Elba, ou ainda nos degraus do Palácio Elysée no dia 21 de junho de 1815, contra o retorno dos Bourbon. Posso até me imaginar gritando '*Vive l'Empereur!*' quando seu corpo voltou em 15 de dezembro de 1840." Yves Benot, *La démence coloniale* (1991), 11.
45. Mais recentemente, ver Marcel Normand, *Il faut fusiller Napoléon* [É preciso fuzilar Napoleão] (2003).
46. A "rue Bonaparte", no 6º *arrondissement* é claramente uma homenagem ao general pré-imperial, não ao Primeiro Imperador dos Franceses. Não faltam, contudo, ruas e praças com nomes de reis (Philippe Auguste, Charlemagne, Louis XIV etc.).
47. Nas palavras de Villepin, "O Império é o imperador, o carisma de um homem, o gênio de um guerreiro, a legitimidade efêmera, mas de maneira alguma os princípios e instituições de um regime." *Les Cent-Jours, ou l'esprit de sacrifice* (2002) termina com um paralelo entre os destinos de Napoleão e De Gaulle. Jean-Marc Largeaud observa com que clareza, mesmo que inconsciente, Villepin se insere assim na "cul-

tura política da derrota" (i.e., de nostalgia e "renascimento") da era contemporânea, que vê o Estado nacional francês perder seus contornos outrora nítidos, dissolvendo-se na Europa. *La culture de la défaite* (2003).

48. Uma excelente discussão de toda a questão das versões oficiais do passado francês pode ser encontrada em Robert Gildea, *The Past in French History* (1994).
49. Geyl, *Napoleon, For and Against*, 375.
50. Jean Tulard, *Le temps des passions: Espérances, tragédies et mythes sous la Révolution et l'Empire* (1996), 152-5.
51. Grande parte do qual foi traduzida em inglês por Columbia e Harvard University Presses.
52. A exceção notável é o excelente ensaio de Jean Tulard sobre o retorno do corpo de Napoleão à França em 1840.
53. Como disse Maurice Agulhon, "Está mais do que na hora de escrever a palavra mágica [*nação*] a propósito de Napoleão", enquanto Villepin — que, reveladoramente, não recorre a nenhum estudo em inglês para seu bem escrito, quase elegíaco, estudo dos Cem Dias (mar a jun 1815), compara Napoleão a (quem mais poderia ser?) De Gaulle, enfatizando a dignidade de ambos os homens na derrota, seu "espírito de sacrifício" no interesse nacional da França. Ver o prefácio de Agulhon a Pierre Larousse, *Napoléon* (2002). Para as idéias de Villepin, ver *Les Cent-Jours, ou l'esprit de sacrifice* (2001). De sua parte, Pierre Nora, o organizador de *Les Lieux de Mémoire*, escreve: "O que [Napoleão] conseguiu 'casar' foi antes a prosa da Revolução com a poesia perdida da monarquia. É nesse sentido que ele pertence à Revolução como De Gaulle à República." Artigo inédito, "Notes provisoires sur Napoléon et la Révolution: Les Lieux de la mêlée."
54. "Totalitário" é um termo carregado (i.e., politicamente engendrado) que combina a política comunista com as políticas nazista e fascista. Utilizo-o por conveniência, mas recomendo ao leitor a leitura da excelente crítica do conceito em Arno J. Mayer, *The Dynamics of Counterrevolution in Europe, 1870-1956.*
55. Edouard Driault, *Napoléon en Italie* (1906), 667.
56. Alguns historiadores recentes consideram que Mussolini, Hitler e Stálin adotaram o mesmo passo (ainda que *não* de ganso) do imperador francês. A citação é de Paul Johnson, *Napoleon*, 187. Para uma comparação sistemática ver Desmond Seward, *Napoleon and Hitler* (1988), mas Johnson, Schom e Alistair Horne (*How Far from Austerlitz? Napoleon, 1805-1815* (1996)), entre outros, também fazem um confronto.
57. "The New Age of Tyranny", *The New York Review of Books*, 24 out 2002, 28-9.
58. A definição é de Christian Meier, parafraseando Cícero. *Caesar*, 313. Daí o termo *teratologia* — o estudo ou ciência das monstruosidades ou más-formações em animais ou plantas.
59. "As batalhas [de Cortés] perderiam sua aura heróica, e os conquistadores mais pareceriam empregados de matadouro." A.B. Bosworth, "A Tale of Two Empires: Hernán Cortés and Alexander the Great", em A.B. Bosworth e E.J. Baynham (orgs.), *Alexander the Great in Fact and Fiction* (2000), 38. Ver também Christian Duvergler, *Cortés* (2000).
60. O livro de Mayer gerou um animado debate entre estudiosos (de modo algum restrito às suas idéias sobre Napoleão). Ver, em especial, as críticas a *Furies* em *The Journal of Modern History*, 73, 4 (dez 2001).

61. Renzo de Felice, *Mussolini, il duce: Gli anni del consenso, 1926-1936* (1974), 83.
62. Em 1934, quando Hitler ordenou a morte de seus aliados contra-revolucionários, os "camisas pardas", que haviam se tornado um risco para ele. Na *Kristallnacth* (9-10 nov 1938), quando os bandidos nazistas foram autorizados a atacar lares e estabelecimentos comerciais judaicos.
63. Em termos morais, perdas militares em guerra estão longe de ser sinônimo de matança de inocentes ou de repressão de inimigos políticos. Fomos, é claro, discutindo cada campanha napoleônica à medida que se apresentava, mas nem todo o conflito armado durante o Império foi simplesmente "culpa de Napoleão, assunto encerrado". Além disso, resta um problema de ordem de magnitude. Mais de dois milhões de homens, franceses e estrangeiros, foram alistados na Grande Armée no período 1803-1814. Destes, estima-se que 900.000 morreram em batalha ou em decorrência de ferimentos, ou desapareceram (Jacques Houdaille, "Pertes de l'armée de terre sous le premier Empire d'après les registres matricules", *Population*, 27 [1972]:27-50). Supondo que as perdas aliadas foram mais ou menos equivalentes, o número total de militares mortos de 1803 a 1814 — 1,8 milhão — ainda fica proporcionalmente muito abaixo dos 25 milhões de soldados mortos de ambos os lados em todos as guerras que envolveram Hitler e Stálin. O número de civis mortos, é claro, foi incomparavelmente maior na Segunda Guerra Mundial que nas guerras napoleônicas.
64. Ver o útil (e divertido) sumário de Curzio Malaparte (pseudônimo de Kurt Erich Suckert), *Technique du coup d'Etat* (1931).
65. Em outras palavras, é à experiência contra-imperial *per se*, não à experiência imperial, que chegamos com relação à relevância da distinção "amigo-inimigo" como a fonte do "político" — idéia tão cara ao jurista-filósofo alemão do século XX Carl Schmitt, que a cunhou. Schmitt, convém não esquecer, fez muitos de seus mais profundos achados sobre o homem político ao estudar os guerrilheiros "alemães" que se ergueram contra Napoleão.
66. Embora nunca tenha se deixado seduzir por ele tanto quanto seu contemporâneo Hegel, o escritor alemão Goethe, quando soube da morte de Napoleão, imaginou um diálogo entre Deus e o Demônio, em que o primeiro desafia o segundo nos seguintes termos: "Se tiveres a coragem de tocar uma só mão neste mortal, trata de carregá-lo pelo teu portal diabólico adentro."
67. *Napoleon: The Last Phase* (1900), 226. Curioso foi o fato de Napoleão ter explorado o mito e a superstição (restabelecendo o catolicismo oficial) e ter aparentemente sucumbido à crença em sua "estrela" ou "destino" que repeliram Nietzsche. Na visão do filósofo alemão, Napoleão, para ser coerente consigo mesmo (leia-se: digno de si mesmo), não deveria ter atribuído seus êxitos a nada senão seu talento e vontade. A ruína de Napoleão, portanto, deveu-se a uma falha na sua capacidade de compreender a si mesmo.

Introdução (fora do lugar)

1. Jacques-Olivier Boudon, *Histoire du Consular et de l'Empire* (2000), 265.
2. Montesquieu, *Mes pensées,* 137.575. Sou grato a Elena Russo por esta citação.

3. Ver *La culture de la défaite* (2003), de Jean-Marc Largeaud, um notável estudo do caso de amor da França com "a cultura da derrota". *Waterloo: La culture de la défaite* (2004).
4. "Ave, César, os que vão morrer te saúdam." Alfred de Vigny usa esta famosa frase gladiatória como epígrafe de seu livro *Servitude et Grandeur Militaires*. A obra de Robert Kaplan, *Warrior Politics: My Leadership Requires a Pagan Ethos* (2002) propõe uma compreensão pós-moderna desse antigo *ethos* de guerra, mas como pretende sobretudo defender um programa político neoconservador, seu valor para este nosso esforço é limitado.
5. Marcel Reinhard, "Discussion", *Revue d'Histoire Moderne et Contemporaine*, 17 (jul-set 1970):467.
6. Consideremos o ponto de vista de Nietzsche: "É por causa de Napoleão (e de maneira alguma da Revolução Francesa, que visava a 'fraternidade' das nações e um florescimento do intercâmbio internacional) que nos defrontamos agora com uma sucessão de séculos belicosos sem paralelo na história; em suma, que ingressamos na *idade clássica da guerra*, da guerra tanto científica quanto popular, na mais ampla escala (em armas, talentos e disciplina). Todos os séculos futuros voltarão os olhos para estes nossos com inveja e assombro por sua perfeição." *The Gay Science*, Walter Kaufmann (org.) (1974), seção 362. Um interessante estudo alemão recente é Karen Hagemann, *"Mannlicher Muth und Teutsche Ehre": Nation, Militär und Geschlecht zur Zeit der Antinapoleonischen Kriege Preussens* (2002).
7. Ver meu livro, a ser publicado em breve, *The Political Sense of the Idea of "the Nation" in French History*.
8. Frédéric Bluche, *Le bonapartisme* (1980), 10. Na esplêndida síntese de Adam Gopnik: "O legado de Napoleão não é evocatório do poder da pura ação. Tornou-se antes mais uma demonstração do poder que as palavras e o simbolismo abstrato possuem de criar uma realidade própria ... Parece satisfazer uma profunda necessidade humana de aparato, ordem e *glamour* que nenhum outro sistema de honra moderna conseguiu realmente produzir." *The New Yorker*, 24 nov 1997, 84. O grifo é meu.
9. John Holland Rose, *The Life of Napoleon I* (1901), 1:505-6.
10. Yves Benot, *La démence coloniale sous Napoléon* (1991), 11.
11. "Vi o imperador — esse *anima mundi* — saindo da cidade a cavalo para uma inspeção militar. É realmente uma sensação magnífica ver um indivíduo como esse, que, concentrado aqui num único ponto, montado num cavalo, abrange o mundo inteiro e o domina ... esse homem extraordinário, a quem é impossível não admirar." Escrito em 1806, de Iena. *Briefe von und an Hegel*, Johannes Hoffmeister (org.) (1969), 1:74; *Hegel: The Letters*, trad. Clark Butler e Christine Seiler (1984), 114.
12. Christian Meier, *Caesar* (1982), 302.
13. Jean-Paul Kauffmann, *The Black Room at Longwood: Napoleon's Exile on Saint Helena* (1997), 209. Esta sensível exploração, escrita na primeira pessoa, tornou-se justificadamente um clássico.

Comentários bibliográficos

No outono de 2002, dei um jantar em Paris a que compareceram vários especialistas no Primeiro Império francês. Entre eles estavam dois brilhantes jovens historiadores, um anglófono e o outro francês (em círculos de historiadores, quem tem menos de 50 anos é "jovem"). Tivemos uma discussão sobre, bem, sobre Napoleão — especificamente sobre a preponderância de seu papel na precipitação da guerra. Em pouco tempo uma conversa amena, ainda que animada, degenerou numa briga francamente desagradável, com o anglo-saxão — como os franceses designam todo mundo que escreve em inglês — insistindo em que todas as últimas guerras do Império, mesmo a da Segunda Coalizão (1798-1802), haviam sido responsabilidade pessoal (leia-se: culpa) de *l'Empereur*, enquanto o francês defendia obstinadamente a idéia de que as potências da coalizão também tinham sido culpadas de cobiça e rivalidade, para não dizer de feias intenções contra-revolucionárias. A altercação continuou, sem que nenhum dos dois arredasse pé de sua posição, até que o relógio bateu meia-noite e as pessoas se levantaram para ir embora.

O que realmente me impressionou, e não cessa de me espantar, é que os 200 anos de escrita, em que os dois debatedores estavam profundamente imersos, não tivessem quase nenhum efeito sobre as paixões ou mesmo sobre os argumentos suscitados. Para todos os propósitos, aquele jantar poderia perfeitamente estar acontecendo no outono de 1802, e a discussão estar opondo um inglês a um francês a respeito da responsabilidade pelo fracasso iminente do Tratado de Amiens. Nossa atitude subjacente em relação a Napoleão é uma questão emocional e cultural, e não pode ser facilmente transposta para moldes racionais. Um outro historiador disse-me certa vez que se todos os livros sobre a batalha de Waterloo, tema em que era especialista, fossem traduzidos numa língua neutra — digamos, italiano, já que o protagonista é corso —, só o tom das primeiras frases já lhe permitiria dizer quais deles haviam sido por um francês, quais por um "anglo-saxão".

Esse estado de coisas deixa numa posição delicada um americano que mora em Paris, não abençoado com a capacidade de discernir as "almas" humanas e as realidades históricas tão claramente quanto seus comensais. Para citar Jean Genet, "Minha fé nunca é total nem minha opinião indivisa." Impressiona-me, portanto, que ambos os lados pareçam estar reclusos "na limpa e bem iluminada prisão de uma só idéia", como G.K. Chesterton se exprimiu: os detratores sendo incapazes de apreender o poder da singularidade do homem e o bem que ele também fez; talvez sendo sobretudo incapazes de explicar o domínio que ele exerceu sobre os contemporâneos, que não eram simplesmente ingênuos. Os cultores do herói, por outro lado, subestimando o sangue e a lama, bem como as conseqüências do mito napoleônico para a credulidade humana.

Nenhum dos dois lados ficará plenamente satisfeito com as interpretações propostas neste livro, cujo tom subjacente poderia ser sintetizado como de admiração tocando as raias do assombro, bruscamente pontuada por uma reprovação cada vez mais forte, muitas vezes impregnada de tristeza. Devo esta atitude ao adolescente que fui, cujo interesse em Napoleão fez de mim alvo de caçoadas e brincadeiras em minha família de tendências esquerdistas. Ela está sem dúvida mais próxima das idéias dos franceses sobre Napoleão do que das de meus compatriotas "anglo-saxões" das gerações recentes. A repulsa inexorável destes últimos a Napoleão e o desejo impiedoso de arrancá-lo do pedestal e reduzi-lo ao que julgam ser as devidas proporções estão ausentes deste livro.

Por outro lado, concordo sem hesitação com Eucrates quando diz ao conquistador romano Sila no diálogo imaginado por Montesquieu: "Senhor, é sem dúvida uma bênção que o Céu tenha poupado a humanidade de um número maior de homens do seu naipe. Nascidos que somos para a mediocridade, os espíritos sublimes nos oprimem. O custo para que um homem se eleve tão acima do resto da humanidade é alto demais." Como Montesquieu compreendeu, quando homens assim aparecem, o que é raro, *compreendê-los* é mais que uma questão de vituperá-los. No caso do primeiro Imperador dos Franceses, é também uma questão de compreender por que tantos dos seus contemporâneos, e dos nossos — não apenas franceses, em absoluto —, "tremeram" e tiveram "medo da própria saudade" dele. Esta é uma compreensão mais delicada.

Somos sôfregos por novo material primário de importância sobre Napoleão. O que horroriza é que, de certo modo, a mais completa e bem escrita biografia desse homem seja, até hoje, a história do Consulado e do Império em 20 volumes produzida pelo estadista Adolphe Thiers em meados do século XIX. Desde então, vieram à luz relativamente muito poucas informações surpreendentemente novas e relevantes para a biografia do imperador, ao passo que pouco do que se sabe existir deixou de ser esquadrinhado. Frédéric Masson exumou os escritos de juventude de Napoleão no início do século XX e as expressivas memórias de Bertrand e Caulaincourt apareceram algumas décadas mais tarde; mais recentemente ainda, veio à luz a música da missa da coroação de Napoleão. Tudo isso naturalmente leva qualquer pessoa que se proponha a escrever um livro como o meu a alimentar a esperança de, também ele, como o arqueólogo Howard Carter, topar com um tesouro como o túmulo de Tutancâmon.

Mas as chances de isso ocorrer são exíguas e o que eu disse acima já revela que não tive essa sorte. Sequer me deixei seduzir por uma mistificação maravilhosa, como aquela de que foi vítima, alguns anos atrás, André Malraux, o eminente escritor e ministro da cultura de De Gaulle.[1] Afora várias cartas inéditas de Napoleão, uma versão mais completa de seu romance inacabado (*Clisson et Eugénie*) que me foi mostrada por Peter Hicks, da Fondation Napoléon, e os papéis privados de um de seus mais importantes diplomatas, não pus os olhos em nada de novo. Os documentos Hudson Lowe guardados no British Museum continuam à espera dos historiadores, mas é improvável que tenham muito a oferecer ao biógrafo, exceto, *talvez*, quanto à questão do modo como Napoleão morreu. Uma busca rigorosamente sistemática de grande número de volumes do registro semi-oficial do governo francês, o *Moniteur Universel*, rechearia a história política do Primeiro Império, mas provavelmente não reservaria grandes surpresas para o biógrafo.

As memórias escritas na época de Napoleão são, é claro, uma fonte de fundamental importância para qualquer biografia dele. A todo momento surgem novas, à medida que vão sendo descobertas, e os editores se mostram à altura do desafio de publicá-las.[2] Centenas de contemporâneos de Napoleão sentiram necessidade, muitas vezes de caráter financeiro, de narrar e comentar aspectos da vida do imperador. Fiz uso de memórias, aqui e ali, mas impõe-se uma palavra de cautela: a grande maioria delas foi escrita muito tempo *depois* dos eventos de que prestam testemunho e, portanto, por pessoas com pleno conhecimento do desfecho desastroso da vida de Napoleão. É isso que gera a tendência dos vários memorialistas a ver Napoleão sob uma variedade de luzes, muitas vezes relacionadas com as circunstâncias políticas ou de vida do memorialista no momento em que escreveu.[3] As memórias tendem a negar o carisma imperial e a ver através da beneficência imperial, em geral solucionando as ambigüidades de Napoleão no pior sentido, exagerando os pontos de divergência (originalmente tênues ou inexistentes), e em geral num tom "superior" ao que mostraram na presença de Sua Majestade. Em suma, os memorialistas tendem a explicar os fracassos, não os êxitos. A maior parte das grandes carreiras políticas termina em um ou outro fracasso; isso é da "natureza da política e dos negócios humanos", como Enoch Powell disse — e constatou em primeira mão. A queda de Napoleão foi tão clataclísmica quanto sua natureza foi fenomenal, e nem seus contemporâneos nem a posteridade são capazes de se abstrair desse fim com facilidade. Quando se tenta explicar a ascensão de Napoleão, seu domínio sobre as pessoas e seu poder, uma consciência constante desse desfecho titânico nem sempre é iluminadora. É preciso fazer um nítido esforço para ver o homem, ano a ano, como ele era. Por isso o uso que fizemos de memórias foi crítico e comedido.

Napoleão Bonaparte não é um homem de quem se possa escrever a biografia definitiva; na verdade, nenhuma biografia dele escrita antes da obra clássica de J.M. Thompson, de 1952, continua sendo amplamente lida. Cada geração quer retratar ela mesma essa força da natureza que foi o primeiro Imperador dos Franceses. Isso me traz ao que acredito ser crucial para a produção de uma biografia nova e interessante dele — isto é, afora a inserção do autor no complexo cambiante de emoções, conflitos e questões do momento, que a sociedade sempre acrescenta à compreensão e à interrogação da história: trata-se do conhecimento armazenado nas últimas três ou quatro décadas sobre Napoleão e o Primeiro Império francês. Os títulos mencionados nas notas de rodapé deste livro representam um conjunto verdadeiramente excelente e útil de textos que refletem os melhores métodos e achados dos estudos históricos internacionais: de edições anotadas de documentos, memórias e cartas a monografias e estudos mais amplos sobre os mais variados aspectos do Primeiro Império e seu fundador, passando por um punhado de obras gerais importantes — por exemplo, a história do Primeiro Império em três volumes de Thierry Lentz ainda inconclusa. Há centenas de rosas em flor, basta encontrarmos tempo para cheirá-las.

Graças a obras trabalhosas e reflexivas como as de Antoine Casanova, Annie Jourdan e Frédéric Bluche, temos agora um conhecimento inestimavelmente mais seguro que o de Thiers sobre a evolução das idéias de Napoleão, suas racionalizações, sua propaganda, suas estranhas predileções (p.ex., por Robespierre); sobre a inter-relação da psicologia social e da sua psicologia pessoal com a história intelectual circundante. Graças a Jean-Marc Largeaud, temos uma apreensão matizada da "cultura da derrota" que começou com a batalha de Waterloo e influenciou, de maneira sutil mas indubitável, a história francesa desde então. Por exemplo, ela impregna o magnífico livro do ministro das Relações Exteriores Dominique de Villepin sobre os Cem Dias, sem que o autor se dê conta disso. A sutil apreciação de Andy Martin sobre os escritos juvenis de Napoleão é irritante, mas instrui e faz pensar, tal como o estudo de Christopher Prendergast e David O'Brien sobre uma única pintura do barão Gros após a batalha de Eylau — uma pintura que nunca voltarei a olhar da mesma maneira. Tranqüilamente, com uma prosa simples e total domínio das fontes, Jacques Garnier reconfigurou nossa compreensão das campanhas napoleônicas (e Owen Connelly nos mantém atentos às suas tolices). Jacques Macé, Jean-Paul Kauffmann e Julia Blackburn permitiram-nos partilhar mais profundamente as experiências de Napoleão em Santa Helena, a sentir até os mesmos aromas que ele; o estudo que Dorothy Carrington nos oferece da infância de Napoleão e de sua família na Córsega é uma preciosidade, tal como sua biografia de Carlo Bonaparte, publicada postumamente. Com paciência e perícia infinitas, François Crouzet procedeu a uma avaliação completa da face econômica da guerra entre a Inglaterra e França.

Continuemos. Jacques-Olivier Boudon reforçou nossa compreensão das políticas religiosa e educacional de Napoleão e Louis Bergeron fez o mesmo em relação à vida social e econômica do Império. Grande número de historiadores internacionais — Stuart Woolf, Geoffrey Ellis, Michael Broers, Philip Dwyer, Elisabeth Fehrenbach, Helmut Berdind e outros — ampliaram enormemente e nos fizeram rever por completo nossa compreensão do *Grand Empire*, em especial (mas não só) seus aspectos negativos para as populações subjugadas. Num enfoque mais positivo, o estudo do Consulado (1799-1804) de Thierry Lentz sugere que o regime deveria passar a ser chamado "O Grande Consulado" pela contribuição singular que deu à história da França e do mundo. David Bell palpou com mestria o nacionalismo francês no século XVIII e no início do período napoleônico. A importância do legado de Napoleão para a França e a Europa nunca foi mais bem compreendida que agora, graças às novas e percucientes obras de Isser Woloch, Jean-Claude Martin, David Laven e Lucy Riall, Martyn Lyons, R.S. Alexander, Gerhard Bauer, Andrei Nieuwazny, Luigi Mascilli Migliorini e outros. Inúmeros membros do enorme elenco de personagens do drama napoleônico (p.ex., Murat, Fouché, Talleyrand, Cambacérès) foram objeto de biografias sérias, que completam o quadro geral de nossa compreensão da interação de Napoleão com seus colaboradores e do uso que fez deles.[4]

Por fim, dois autores sobressaem entre os demais, como minhas notas deixam claro. Paul Schroeder, da Universidade de Illinois, produziu uma sucinta obra-prima sobre relações exteriores em 1763-1848 que não pode deixar de ter profunda influência sobre quem quer que se esforce por sondar suas idéias e análises cuidadosamente trabalhadas, concordando ou não com muitas de suas posições. Ganha-se intelectualmente (eu ganhei) lendo-o e discutindo mentalmente com ele. Em segundo lugar, Jean Tulard, da Sorbonne, foi responsável, quase sozinho, pelo estabelecimento dos estudos napoleônicos como um empreendimento acadêmico sério na França, o que — espantosamente — não eram antes dele (por razões que discutimos no Capítulo 15). Esse homem é de uma industriosidade e produtividade impressionantes. Escreveu livros ou ensaios sobre quase todos os tópicos mencionados acima, e sobre vários outros também, tendo chegado até a produzir um estudo sobre a interação de Napoleão com o compositor da "Marselhesa", Rouget de L'Isle. Entre as visões "negras" e as "douradas" de Napoleão — diz ele —, "não tomo partido. Contento-me em expor e registrar."[5] A verdade, porém, é que Tulard é extremamente crítico e cético, embora justo, em sua abordagem a Napoleão e, como muitos historiadores, admite que o Império o interessa muito mais que o imperador que o criou e conduziu.

Et cetera, et cetera, et cetera, e poderia acrescentar muito mais et cetera: o quadro geral é este. As obras acima e outras não citadas são o que faz de uma biografia de Napoleão em nosso tempo e para o nosso tempo uma perspectiva intelectualmente empolgante e proveitosa. Ignorar esse conhecimento acumulado — ou considerar apenas parte dele — é, na minha opinião, condenar o próprio projeto. Até um escritor do calibre literário de Anthony Burgess, que ignorou solenemente os estudos especializados, preferindo simplesmente se haver à unha com *l'Empereur* (*Napoleon Symphony*, 1974) com base no domínio da narrativa, condenou-se a produzir uma brilhante e colorida repetição de idéias românticas sobre Napoleão.

Ultimamente, como convém a uma época de reflexão bicentenária, pudemos desfrutar de repente de uma avalanche de biografias de Napoleão: cinco, desde 1997.[6] "Quanto mais, melhor", é nossa primeira reação, mas ao lê-las nos damos conta da utilidade reduzida de obras cujos autores são mais rápidos em emitir juízos sobre Napoleão do que em compreendê-lo, a ele e a seu tempo — um tempo que, enfaticamente, *não é o nosso*.

Pois uma biografia de Napoleão é um empreendimento desalentador, e o problema em décadas recentes residiu em conseguir que biógrafos sérios considerassem seriamente a vida desse homem. Em 2001, um dos mais destacados jovens historiadores dos Estados Unidos brandiu o punho para "a figura superdimensionada de Napoleão [que] nos intimidou e repeliu por tempo demais".[7] Além da superabundância das fontes — o material disponível ultrapassa de longe o que uma pessoa seria capaz de ler, que dirá dominar — os candidatos a biógrafo enfrentam uma grande problema: a famigerada inapreensibilidade do objeto. A esta altura, o leitor terá julgado por si se o presente autor foi bem-sucedido.

Notas

1. Malraux deixou-se iludir pela fraude urdida por Lullin de Châteauvieux no século XIX, o "Manuscrit venu de Sainte-Hélène d'une manière inconnue", e alertou a editora Gallimard de que tinha um grande "achado" para a casa publicar. Ver Jean Tulard, *Le temps des passions: Espérances, tragédies et mythes sous la Révolution et l'Empire* (1996), 148.
2. Por exemplo, de Johann-Friedrieh Reichardt, *Un hiver à Paris sous le Consulat (1802-1803)*, publicado em 2003, com notas e introdução de Thierry Lentz.
3. Para uma crítica penetrante do problema das memórias napoleônicas, ver Stuart Woolf, "Napoleon and Europe Revisited", *Modern & Contemporary France*, 8, 4 (2000), 469-78; e também suas críticas a *Napoleone* (2001), de Luigi Mascilli Migliorini, a serem publicadas proximamente numa edição de *French History.*
4. A recente obra de Isser Woloch, *Napoleon and His Collaborators* (1999) consegue reunir esse material de maneira decisiva.
5. Tulard, *Le temps des passions,* 181. Ele escreve: "É preciso ter um espírito de jogador para tratar do Grande Império, e proporíamos como mote do historiador que se propusesse a tanto algumas palavras de [Jean] Cocteau, ligeiramente refraseadas: "Para montar esse espetáculo, finjamos encontrar mistérios nele", 186.
6. Vincent Cronin, *Napoleon Bonaparte* (1971); Alan Schom, *Napoleon Bonaparte* (1997); Frank McLynn, *Napoleon, A Biography* (2002); Robert Asprey, *The Rise and Fall of Napoleon Bonaparte,* 2 vols. (2000, 2001); Paul Johnson, *Napoleon* (2002). Luigi Mascilli Migliorini, *Napoleone* (2001), em italiano, é uma obra-prima, especialmente no tocante ao legado político de Napoleão. Por fim, de Isser Woloch, *Napoleon and His Collaborators: The Making of a Dictatorship* (2001), embora não seja uma biografia *stricto sensu,* é um estudo excelente, que não podemos deixar de mencionar. A biografia em francês em quatro volumes *Napoléon* (1997), de Max Gallo, foi a base para um filme de televisão em quatro partes, com Christian Clavier no papel principal. Inquestionavelmente, a melhor biografia de Napoleão escrita até hoje é a de Jean Tulard, *Napoléon, le mythe du sauveur* (1978), publicada em inglês em 1985 em péssima tradução: *Napoleon: The Myth of the Saviour.*
7. O professor da Johns Hopkins University, David Bell, continua: "O *cordon sanitaire* erudito em torno de seu *regime* deveria ser removido. Ele não é tão colossal, ou tão *sui generis* a ponto de não ser susceptível de análise histórica rigorosa." "Collaborators", *The New Republic,* 2 abr 2001, 45.

Agradecimentos

Nada me dá um prazer mais puro em relação a este livro que agradecer às muitas pessoas que contribuíram, muitas vezes consideravelmente, para que ele fosse escrito. Entre meus colegas historiadores, gostaria de mencionar Philippe Minard, Elena Russo, Philip Dwyer, Jacques-Olivier Boudon, Jean Tulard, François Crouzet, Joe Byrnes (e seu seminário na pós-graduação), Pierre Sorlin, Alain Pillepich, Fernand Beaucour, Lydia Moland, Maurice Agulhon, Jacques Garnier e Bertrand Joly. Alguns colegas mostraram-se de uma generosidade irrestrita, por mais que eu pedisse: Larry Ceplair, Jean-Mare Largeaud, Peter Hicks, Louis Bergeron, Thierry Lentz e Edward Castleton.

Ademais, vários leitores de diferentes formações prestaram-se a servir de cobaias nas sessões que promovi para "experimentar" meu texto: George Kollock, Ian Robertson-Smith, Janet Thorpe, Terry Hankey, Bredo Johnsen, Mary Yost, Stéphan e Apple Guérin, George Englund, Paul Ress, Lawrence Goldman, Marie-France Pochna, David Shaw e Michel Jaequet.

Do lado editorial, quero agradecer ao meu velho amigo Tom O'Brien, cuja inigualável habilidade para aperfeiçoar uma prosa me foi de extrema valia, como em dois livros anteriores. Os velhos amigos Jack Miles, Vanessa Ochs, e Arlette Ricci deram-me uma ajuda notável com "*Frisson*" — na verdade, este texto só existe graças a seus suspiros com relação ao manuscrito anterior deste texto crucial do livro. É difícil confessar a contribuição singular de John Nelson à abertura do Capítulo 1 (por que diabos eu mesmo não consegui atinar com aquilo?). São muitas as pessoas na Seribner que me ajudaram enormemente: Erin Curler, Charlotte Gross, Eva Young, George Wen, Erich Hobbing e Rodrigo Corral.

Com isto, restam duas pessoas — grandes e leais amigos. Sem uma delas, este livro simplesmente não teria sido escrito: Lisa Drew, minha editora; a outra é Vincent Curcio, sobre cujas costas largas deve recair a responsabilidade sobre quase tudo que tenha algum valor nas páginas precedentes.

STEVEN ENGLUND
Paris, 24 de junho de 2003

Índice remissivo